The Reform
of State-owned Enterprises
in Memoir

邵宁 主编

熊志军 杨永萍 副主编

国有企业改革实录

实录

The Reform
of State-owned Enterprises
in Memoir

(1998～2008)

经济科学出版社
Economic Science Press

序

全国人大财经委员会副主任委员　邵　宁

国有企业改革是一个世界性的难题，对中国来说尤其如此。在改革初期，我们面对的国有和集体企业超过 200 万户，职工人数达到 1.1 亿人。这些国有和集体企业都是按计划经济的要求和模式建立的，是计划经济的组成部分，其体制机制、结构布局、社会定位、职工观念都是计划经济的属性，与市场经济、市场竞争完全没有关系。把这样一个庞大的经济体系从计划经济的轨道转到市场经济的轨道，是中国国有企业改革的任务。

在中国改革之前，欧洲一些资本主义国家曾推进过国有企业的改革，最著名的是撒切尔任首相时英国的改革；1989 年苏东剧变后，对原有国有企业如何处置也是经济转轨的一大难题。欧洲资本主义国家国有企业的数量很少，大都是第二次世界大战后为加快恢复本国经济由政府投资建立的一些大企业，加之其经济背景和经济规则都是市场化的，这些国有企业在股份制改革后很容易融入到市场体系之中，难度并不很大。中国则完全不是这种情况。苏、东原社会主义国家对国有企业的改革方式是在政权更迭背景下的全面私有化，经济效果并不好、社会代价却很大。这条路中国也不能走。国际经验可以借鉴，但不能照搬。中国必须走出一条自己的改革道路。

中国的国有企业改革是一个长期、艰难的探索过程，这个过程大致可以分为几个阶段。从 1984 年城市经济体制改革启动，到 1998 年开始改革攻坚，这 14 年应该说是改革的起步阶段。这一时期面上的体制调整止于企业承包经营责任制的全面推行，这是一种以市场导向和调动积极性为目的的、浅层次的改革形式，很难实行长久。但同时，一些重大的改革措施在这期间开始了探索或试点，如国有中小企业改制、公司制股份制改革、企业破产的操作、建立再就业中心托管下岗职工等。这些意义重大的探索性实践虽然还是小范围的试点，但为日后大规模的改革攻坚做好了实践准备。

改革都是逼出来的。当不改革的风险大于改革风险的时候，改革就是必然的选择，1997 年中国的国有企业就是这种情况。由于之前并没有做实质性的退出，1997 年的国有经济仍然维持着一个庞大的摊子。但由于其他所有制企业快速发展和市场竞争日趋激烈，国有企业已在竞争中处于明显下风。1997 年，国有独立核算工业企业中亏损企业的亏损额达到 831 亿元，比 1987 年上升了 12 倍；盈亏相抵后实现的利润只有 428 亿元，比 1987 年下降了 42%。企业的困难是大面积的，相当一部分企业不能正常发放工资和退休金，由此引发的不稳定事件不断发生。按当时的趋势发展下去，中国的国有企业将是一个全面瓦解和溃败的形势。这就是三年改革脱困的背景。

有些同志对国有企业三年改革脱困工作有些微词，认为行政色彩过重。但对于中国这样一个行政力量很强大而市场机制发育不完善的国家，这恰恰是一副对症的良药。三年改革脱困作为党中央提出的一项中心工作，为国有企业改革创造了三个方面的条件：第一，它使国有企业改革从一项由分管领导主持的部门工作，变成各级党委、政府主要负责人必须向中央交账的"一把手工程"，工作位置完全不一样了；第二，各级党政"一把手"亲临国企改革第一线，各相关部门主动跟进，为中心工作制定配套政策，改革的政策环境大大改善；第三，各级党委、政府的号召和推进，各层级的积极响应，创造出一种理解和支持国企改革的浓厚的社会舆论氛围。这三点对于改革的大规模推进都是必不可少的条件。

三年改革脱困包括其后的两年时间（1998～2002 年），中国的国有企业改革在三个方面实现了重大突破：一是通过国有中小企业改革，上百万家国有、集体中小企业改制退出了公有制序列，涉及职工4000 多万人，国有经济的战线由此大大收缩，布局结构得到优化。二是通过国有大中型困难企业的政策性关闭破产，5000 多户扭亏无望的困难企业退出了市场，安置职工近千万人，由此化解了大量转轨时期的结构性矛盾，市场经济优胜劣汰的机制开始发挥作用。三是在社会保障制度尚不健全的情况下，通过再就业中心和基本保障线政策，托管、安置了近 3000 万名下岗职工，建立了国有企业职工可以流动的机制，为改革攻坚阶段的社会稳定提供了有力的保障。这一时期的改革，是中国国有企业改革推动力度最大同时也是最艰难、社会风险最大的阶段。这一阶段改革的成功，为下一步中国国有企业改革的深化打下了极其重要的基础。

到 2003 年前后，以解决国有企业突出困难和矛盾为主要内容的各项改革陆续进入尾声，余下的国有企业主要是那些经营状况尚好的大型企业。中国的国有企业改革由此进入了以国有大企业改革为重点的阶段。由于前期改革过程中国有大企业的体制基本没有触动，在迅速发展的市场环境中其扭曲的状态日益暴露。政府对国有大企业的管理依然直接而具体，计划经济时期的政企关系并没有实质性的改变。同时，政府对国有大企业的干预又是多头的，管人、管事、管资产分属于不同的系统，系统内往往也是政出多门，因而有"五龙治水"或"九龙治水"之说。在这种政企关系之下，企业的经营责任是说不清楚的，因为企业的重大经营决策都是由政府决定的；政府部门的管理责任也是说不清楚的，因为企业的事务是由众多的党政部门分别管理的。这是一锅责任粥、一笔糊涂账。如此巨额的国有资产既说不清经营责任，也说不清管理责任，其弊端可想而知。

2002 年 11 月召开的党的十六大决定启动国有资产管理体制改革，这是中国国有企业改革进程中又一个里程碑性质的大事。各级国资委的成立，标志着国有资产管理有了明确的责任主体，管资产、管人和管事的结合，初步实现了国有资产所有者权利、义务和责任的统一。在政府层面，国有资产的管理责任趋于清晰，这就从根本上改变了长期以来国有资产多头管理、无人负责的局面。国资委成立之后，抓紧制定和建立企业国有资产管理的法规和制度体系，包括企业清产核资制度、企业发展战略和主业管理制度、企业经营业绩考核制度、经营者薪酬制度、职工收入总水平控制制度、国有产权转让管理制度、国有资本经营预算制度、加强对国有企业的外部监督制度等。这样一套法规和制度建设既为国有资产出资人和国有企业的行为划清了界限，也初步实现了对企业经营者的激励和约束，企业的经营责任也趋于清晰。同时，从国有大企业的实际出发，国资委还推进了一系列有针对性的改革和结构调整措施，如企业内部及企业之间的重组、推动企业内部三项制度改革、企业改制上市、建立规范的董事会试点、减轻国有企业的社会负担、解决企业的历史遗留问题，等等。国资委出资人职能的有效发挥，一方面优化了国有企业外部的制度和政策环境，另一方面促进了国有企业内在问题的解决。这些改革举措都具有解放生产力、促进发展的性质。所以，这10年来国有企业的经济效益明显改善不是偶然的。

中国的国有企业改革已经进行了近30年，改革使国有企业的面貌发生了巨大的变化，这是几代人努力的结果。由于政府机构变动频繁，国有企业改革在不同的时期由不同的部门负责。早期国家经委的吕东、袁宝华、张彦宁同志，国家体改委的高尚全、洪虎、邵秉仁同志，国家经贸委的王忠禹、盛华仁、陈清泰、蒋黔贵同志，国资委时期的李荣融、李毅中同志等，都是不同时期国有企业改革具体的领导者，改革每前进一步，都记录着他们的智慧和努力。中国的国有企业改革又是一项多层次参与和推动的改革。各省、市、县级相关部门的负责同志是实际工作的推动者，大量具体的矛盾、问题，甚至冲突都是在他们手中解决的。改革之初，几乎每一位在第一线负责改革的同志都有这样的经历：企业破产或改制经常会引发一些群体性事件，第一批去做工作的工作组往往会被围困，多少小时不能吃饭、不能喝水、不能上厕所，无论职工行为如何过激也不能还嘴、还手。这些第一线的同志数以千计、万计，他们在改革第一线付出的辛劳、受到的委屈、做出的贡献是我们不能忘记的。还需要特别提到和感谢的，是数千万因企业改制、破产、重组、脱困而下岗的职工们，他们在改革的大潮中失去了原来的工作，付出了代价、做出了牺牲，没有他们的付出和牺牲，很难想象国有企业改革能够顺利推进。我们由衷地怀念和感激那些在改革年代为了国家的明天、为了国企的改革做出巨大努力和贡献的每一个人，不论他们地位高低、是否知名，当我们看到改革成果的时候都不应该忘记他们。

中国的国有企业改革还没有结束，还有大量的工作需要推动和完成，还需要继续攻坚克难。但在改革目前的深度上，前景已经可以看得比较清楚了。下一阶段的国有大企业的改革很可能是从分类改革入手，明确不同类型的国有企业的功能定位及与市场经济最终结合的模式，并通过进一步的改革措施创造条件趋近于这种模式。具体地讲，目前少数承担公共服务职能和责任、具有一定资源垄断地位的国有大企业，很可能通过改革加监管的路径，使之最终成为市场经济中受到专门法律约束和社会监管的特殊企业；那些竞争性的国有大企业，很可能通过资本市场改制成为公众公司的改革方式，实现国有企业的多元化和国有资产的资本化，最终成为市场经济中规范的公众公司。我们离这样的目标模式已经不是很远了。

国有企业改革的确是一个世界性的难题。经过近30年不懈的探索、艰难的努力，中国的国有企业一部分退出去了、一部分站住脚了，初步实现了与市场经济的融合，从社会稳定的隐患变成为国家经济发展的重要推动力量，这是一个了不起的成就。中国的国有企业改革完全是从国情出发、从企业的具体情况出发的，而且体制的改革、结构的调整、人员的分流安置是结合在一起进行的，大量丰富的实践筑就成一条具有中国特色的、自己的改革道路。在目前的改革阶段上，我们甚至可以认为，如果下一个阶段的改革举措得当，中国完全有可能成为世界上第一个完整地解出这道难题的国家。

中国的国有企业改革是一场规模宏大的、历史性的社会变革。有上亿人被卷入了这场改革，有千千万万人为这项改革贡献了智慧、做出了努力、付出了代价，从不同的角度推动了这项改革。历史是不应该被忘却的，尤其是这样一段历史。作为这项改革的亲历者，我们觉得有责任尽可能真实地把这段历史记载下来，留给国家、留给后人。这就是我们组织编写这本书的初衷。

目　录

引　言

　　发端于 20 世纪 80 年代初的国有企业改革，从初期的"摸着石头过河"到逐步找到建立现代企业制度的改革目标，是在实践中不断探索的结果。改革最初从四川、重庆等地扩大企业自主权试点、实行工业产品出厂价格双轨制起步，后来发展到放权让利、承包制等一系列尝试，尽管其制度基础依旧是计划经济体制，但已然向市场经济迈出了极为重要的一步——企业有了一定的自主权和追求经济利益的动机，开始成为经济主体。在这一过程中，刚刚兴起的市场竞争与计划经济的桎梏在国有企业同时并存，市场竞争的要求不断推动着计划体制约束的坚冰解冻。与正在兴起且呈现勃勃生机的个体经济、民营企业，中外合资、"三资"企业面对市场的灵活机制相比，国有企业"体态臃肿"、机制僵化的弊端在市场竞争中日益显现，初期有限的改革已经远远不能满足企业参与市场竞争的需要。就这样，实践推着国企改革过了一山又一山，一直走到了建立现代企业制度这座大山面前，似乎也还没有穷尽对于国企改革的认识……

　　1984 年 10 月召开党的第十二届三中全会做出的《关于经济体制改革的决定》，正式开启了以国有企业改革为中心环节的城市经济体制改革进程。"决定"明确提出企业是自主经营、自负盈亏的社会主义商品生产者和经营者，是具有一定权利义务的法人，应该真正成为相对独立的经济实体。一些国营企业由此开始变革过去传统的人财物、产供销"大一统"的计划经营模式，探索所有权与经营权适当分离的自主经营方式。最先的变革方式是受 20 世纪 70 年代末兴起的农村联产承包制的启发，借鉴农村的改革模式，在工业企业复制承包经营。所谓"承包经营"，实际上就是在不改变企业所有权的前提下，由企业经营者与所有者的代表——政府主管部门签订一个合约，确定在一个约定的承包期限内上缴利税的基数，或按一定基数每年增长的幅度，企业完成上缴基数后剩余部分可以由企业留存用于扩大再生产和职工福利。

　　政府与企业之间的利益关系通过承包合同的方式固定下来之后，政府便基本不再干涉企业的日常经营活动，企业则拥有了相对经营自主权，从过去完全依赖政府开始转向市场，关注市场需求，实际上是在国有企业僵化、单一的计划经济运作模式中打开了一个缺口。对比之前完全统收统支的"大锅饭"模式，极大地调动了从企业厂长到一线员工的生产积极性，一批条件和基础较好的国有企业很快焕发出活力和生机，因此得到企业的普遍欢迎。到1987年，承包经营已成为当时国营企业的主要经营形式。1987年全国人大六届五次会议第一次明确肯定了承包制的经营模式，提出"改革重点要放在完善企业经营机制上，根据所有权与经营权适当分离的原则，认真实行多种形式的承包经营责任制。"1988年2月27日，国务院发布了《全民所有制工业企业承包经营责任制暂行条例》。《暂行条例》以政府法规的形式明确了承包经营的一系列原则方针。

到1987年年底，全国预算内工业企业承包面积已达78%，其中大型企业达到82%。承包一年以上的大中型企业占64%，国有小企业也都基本上实行承包或租赁的方式。

"一包"并不"全灵"。随着改革开放的不断深入，承包制局限也逐渐暴露出来，尤其随着国家价格、财税、投资体制的改革，以及企业进入市场之后发展的要求，新的问题出现了：企业责任权利不对称，国家缺乏必要的手段监管企业经营者的经营风险，导致包盈不包亏的后果；承包基数的讨价还价使得利益分配极不规范，信息不对称使政府很难与企业博弈；由于财产权利不清晰，人财物资源固化，使企业经营者影响了企业长期发展难以对企业自身乃至从更大范围内优化配置资源、推进结构调整；缺乏科学的制度安排，企业经营状况受经营者自身能力与道德约束所限，出现了"花光用光，讨价还价、暗箱操作"等短期行为，影响了企业长期发展；在现代化大生产中实行层层承包，将每个生产单位变为"都市里的村庄"，缺乏整体合力，小"作坊式"的生产方式造成部门之间、分厂之间、总厂与分厂之间的利益冲突等。这些由承包制引发的弊端日益显现，严重制约和影响企业尤其是国有大中型企业按照集约化、规模化组织生产，过度追求短期、局部利益的做法导致企业缺乏后劲，不利于提高企业的竞争力和持续健康发展。

承包经营责任制在实践中暴露出来的弊端，归根到底在于这种改革方式本身的局限，即它只是计划经济模式下企业管理方式的一种进步与改良，并没有解决企业作为市场经营主体的一系列根本问题。即便是那些走在承包制前沿的国有大企业——包括首钢、二汽等，在推进一段时间后，都不约而同地面临着一系列复杂而难以回避的新矛盾、新问题。20世纪80年代末90年代初陆续出现的武汉"长动于志安事件"、云南红塔"褚时健事件"、北京首钢"周冠五事件"，等等，这些曾经的改革风云人物纷纷折戟引发改革者和社会各界更深层次的讨论与思考：这些具有一定标志性人物身上出现的问题，绝不仅仅是他们个人的悲剧，同时也深刻反映了企业制度缺陷和体制性矛盾，"国企改革该如何走"引起全社会广泛的深思和探讨……

第一章

破冰起航：1998 年以前的国有企业改革

新中国成立后，我国学习苏联模式实行计划经济体制，这套体制的微观基础，是遍布国民经济各个领域的国有工厂。宏观的计划体制和微观的国有工厂，像是骨骼和肌肉的关系，是不可分割、密切相关的，国有工厂的分布、形态、管理制度和意识文化，都需要和计划体制相一致。由于计划体制高度集中的特点，国有工厂缺乏自主性，因此还称不上严格意义上的国有"企业"。在当时那种经济基础十分薄弱、各个产业百废待兴的特殊时期，计划体制通过行政手段形成的资源集中能力、通过政治动员形成的精神激励能力，在短期内促进了国民经济的迅速恢复和发展。但这种"一大二公"的体制，严重抑制了作为个体的每个人的积极性和创造力，因此是不可长期持续的。邓小平等第二代领导集体，正是认识到并敢于承认这一点，才大刀阔斧地推进改革，将计划体制向着市场体制转变。随着计划体制这个"骨骼"的逐渐解体、重构，国有工厂这个"肌肉"必然需要进行脱胎换骨的改革，以适应新的"骨骼"——市场体制的要求，成为真正的市场竞争主体，成为严格意义上的国有"企业"。从国有工厂到国有"企业"的改革，便从此起航了。

一、国企沉浮：曾经的辉煌与现实的挑战

我国在 1953 年完成国民经济恢复后，开始着手恢复经济，建立社会主义经济制度。国有企业作为计划经济体制的重要支撑，在当时历史条件下，对迅速改变我国经济的落后面貌、集中资源进行经济建设、建立比较独立的工业体系、奠定国民经济物质基础，发挥了重要作用。

（一）为共和国奠基：初步建立起较为独立和完整的工业体系

改革开放前 30 年，我国通过对国有企业实行高度集中的计划经济体制来推进工业化进程。在此期间，尽管三年"大跃进"的错误决策、十年"文化大革命"动乱给国民经济造成重大损失，但不可否认，我国的经济建设仍然取得巨大的成就，作为整个国民经济支柱的国有经济在特定的历史条件下发挥了重要作用。1952~1978 年，我国独立核算的国营工业企业，固定资产原值由 149.2 亿元增加到 3193.4 亿元；资金总额由 147.1 亿元增加到 3273 亿元；利润和税金总额由 37.4 亿元增加到 790.7 亿元。1952~1978 年，国营商业企业的收购总额由 175 亿元增加到 1739.7 亿元，其中工业品收购额由 84.5 亿元增加到 1263.4 亿元；农副产品由 90.1 亿元增加到 459.9 亿元。

与此同时，我国的主要工业产品生产能力得到大幅度增长（详见表 1-1），初步形成了较为独立的、相对完整的工业体系和国民经济体系，为国家经济的进一步发展奠定了必要的物质基础。

表 1-1　　　　　　　　　主要工业产品产量

项目	单位	1952 年	1978 年	1978 年比 1952 年增长（倍）
布	亿米	38.3	110.3	2.9
丝织品	亿米	0.65	6.11	9.4
机制纸及纸板	万吨	37	439	11.9
糖	万吨	45	227	5.0
自行车	万辆	8	854	106.8
缝纫机	万架	6.6	486.5	73.7
手表	万只		1351.1	
原煤	亿吨	0.66	6.18	9.4
原油	万吨	44	10405	236.5
发电量	亿度	73	2566	35.2

续表

项目	单位	1952 年	1978 年	1978 年比 1952 年增长（倍）
生铁	万吨	193	3479	18.0
钢	万吨	135	3178	23.5
成品钢材	万吨	106	2208	20.8
水泥	万吨	286	6524	22.8
木材	万立方米	1233	5162	4.2
金属切削机床	万台	1.37	18.32	13.4
汽车	万辆		14.91	
内燃机	万马力	4	2818	704.5
民用钢质船舶	万吨	2.1	86.1	41.0

（二）体制之困："笼中鸟"难飞

然而随着国民经济的发展，国营企业①作为计划经济的产物，其问题和矛盾也日渐凸显出来，最为重要的是计划体制从根本上束缚了企业发展的动力和活力。

第一，企业在计划经济时期完全被当作政府行政机构的附属物，没有任何生产经营的自主权，只需完成上级下达的产品生产计划，原材料由国家有关部门计划调拨，生产的产品则由国家商业部门、物资部门和外贸部门统一收购和销售。企业的人财物、产供销完全由政府计划部门决定，企业不能根据市场需求来调整和完善内部的结构和功能，甚至不能改变产品型号、规格。这样的企业缺乏内在的主动性和积极性，完全是一个被动执行上级计划指令的主体执行者，企业生产与需求割裂，完全听从围绕计划指令而不是市场需求来组织进行，资源无法得到有效利用，造成效率低下、浪费严重。另一方面，社会物质匮乏，经常供不应求，"短缺"成为当时一个普遍现象。这种状况显然与社会主义的优越性是背道

---

① 我国国有企业的称谓在不同的历史阶段有所不同，代表了国家对国有企业管理理念的变迁。在我国计划经济体制时期，国有企业被称为国营企业。国营企业强调的是企业的营运情况，并未关注企业的产权关系或出资人权利。我国经济体制改革初期，为搞好搞活国有企业，将国有企业的所有权与经营权分开，出现了承包、租赁经营以及中外合资、合作的情形，从 20 世纪 80 年代中期将国营企业改称为国有企业。我国 1986 年《民法通则》和 1988 年《全民所有制工业企业法》在法律规定中将国营企业改称为全民所有制企业。1993 年八届全国人大第一次会议对《宪法》进行了修改，正式采纳了"国有企业"的提法。

而驰的。

第二，国有企业严格按照中央和地方各级政府部门的不同行政隶属关系进行管理，造成条块分割、区域分隔，人为阻断了企业之间自然合理的经济联系。计划体制对企业实行纵向领导，部门之间、行业之间、地区之间是通过计划进行衔接，然而无所不包的计划不能满足没有经济约束的需求，于是形成了相互分割、自成体系的"大而全"、"小而全"格局，资源不能按照专业化分工和优势互补的要求合理流动，导致低水平的重复建设、重复生产，造成大量的人力、物力和财力浪费。由于企业之间缺乏横向联系，不直接进行产品和服务的供应与销售，必须经过行政计划分配环节，进一步人为增加了产品流通费用。

第三，企业严格执行计划安排的生产与复杂多变的社会需要完全脱节。由于企业按指令性计划组织生产，与需求隔层皮，因此，指令性计划决定着全社会产品和服务的生产及供给。而全社会需要的产品和服务，其品种、规格是一个巨大的数据，并且处于不断的变化之中。这种生产需求"两张皮"的状况，使得人民群众的物质和文化需求长期以来无法得到满足。

第四，统收统支、统负盈亏的管理体制扼杀了企业的活力。严格的计划管理体制下，企业全部利润甚至折旧基金要全部或大部分上缴财政，亏损则由政府财政给予补贴。企业生产所用的固定资金、流动资金等，由国家无偿拨付，企业对资金的使用效果并不需要负任何经济责任。职工收入则由国家统一的分配政策确定，干多干少、干好干坏都一样，即使企业亏损，也与职工工资毫不相干：企业吃国家的"大锅饭"，职工吃企业的"大锅饭"。"两个大锅饭"的结果就是两个积极性丧失：企业丧失努力提高经济效益的积极性，职工丧失努力做好工作的积极性。

点评：

一个完整的工业体系

新中国成立后，我国经过一轮大规模的经济建设，建成了一个独立的、比较完整的工业体系。这个庞大的工业体系既为我国的现代化事业奠定了宝贵的基础，也为日后的国有企业改革留下了大量的工作任务和难题。

这一轮工业体系建设是跨越式的，越过了轻工业充分发展的阶段，集中资源建成了一个重化工业系统。因此，中国比同样发展水平的国家更早地受到了重化工业的训练，包括制造能力的形成和人才队伍的培养。当今"中国制造"的优势很大程度上根源于此。

但同时，这个庞大的工业体系完全是按照计划经济的思路和模式建成的，包括企业的布局结构和组织结构、企业的管理体制和社会功能、职工的观念意识和社会定位，等等，无一不是按照计划经济的要求塑造的。考虑到这一体系中包含了数以十万计的企业和近8000万名职工，使之转身市场经济并能够与市场经济融合，就成为日后国有企业改革要解决的艰巨任务。

——邵　宁

（三）困境破局：在市场中探寻改革新生之路

当中国从"文化大革命"中觉醒，开始寻求突破传统经济体制的改革之路时，国有企业何去何从，是一个必须首先面对的问题。多年计划经济体制严重束缚了企业行为，没有发挥企业的主观能动性和创造性的空间。因此，改革过度集中的计划体制，就意味着将企业从计划经济体制的束缚下解放出来，调动和激发企业内在动力，与市场接轨，这是解决国民经济困难，加快经济发展的必然选择。

1. 国务院务虚会首次提出改革经济体制

1978年7～9月，国务院召开务虚会，主要研究加快四个现代化建设，会上提出了有关经济管理体制改革问题。国务院副总理李先念在会议总结讲话中指出，过去的经济体制改革，往往从行政权力的转移着眼多，在"收"与"放"之间循环。要打破小生产的狭隘眼界，改变手工业、小农经济式甚至封建衙门式的管理方法，要坚决实现专业化、发展合同制和贯彻执行按劳分配原则。一定要给予各企业以必要的独立地位，使它们能根据自身的经济需要，自动地履行经济核算，降低经济消耗，提高劳动生产率和资金利润率，提高综合经济效果。由于计划经济体制和国有企业的弊端所造成的短缺经济的困局在现实中显而易见，把企业经营的自主权从政府行政部门逐步还给企业，成为国有企业改革起步阶段最现实的选择。上述改革共识很容易在党内外形成。

2. 四川省6户国有企业率先改革试点

国务院务虚会后的1978年10月，经国务院批准，中共四川省委、四川省人民政府选择了不同行业有代表性的重庆钢铁公司、成都无缝钢管厂、宁江机械厂、四川化工厂、新都县氮肥厂和南充钢厂6户地方国营工业企业率先进行了"扩大企业自主权试点"。试点的主要内容是，逐户核定企业的利润指标，规定当年的增产增收目标，允许在年终完成计划以后提留少量利润作为企业发展基金，允许给职工发放少量奖金。到试点当年的第四季度，这些企业就超额完成了计划，取得预想不到的效果。改革显示出企业蕴藏的巨大潜力。四川省6户国有企业改革试点成为国有企业改革乃至整个城市经济体制改革起步的标志。

3. 高层决策一锤定音

在改革实践春潮涌动之际，高层决策正为改革谋篇布局。

1978年11月10日～12月15日，中共中央工作会议在北京召开。12月13日，邓小平在会上作了题为《解放思想，实事求是，团结一致向前看》的讲话。

讲话提出，"现在我国的经济管理体制权力过于集中，应该有计划地大胆下放，否则不利于充分发挥国家、地方、企业和劳动者个人四个方面的积极性，也不利于实行现代化的经济管理和提高劳动生产率。应该让地方和企业、生产队有更多的经营管理的自主权。我国有这么多省、市、自治区，一个中等的省相当于欧洲的一个大国，有必要在统一认识、统一政策、统一计划、统一指挥、统一行动之下，在经济计划和财政、外贸等方面给予更多的自主权。"邓小平这个讲话后来成为了国有企业改革起步阶段的基本思路及指导思想。

12 月 18 日～22 日，在中共中央工作会议已做好充分准备的基础上，中共十一届三中全会在北京举行。十一届三中全会开辟了我国改革开放的新时代。在这次全会上，中央决定将全党工作的着重点转移到社会主义现代化建设上来，号召要为在 20 世纪内把我国建设成为社会主义的现代化强国而进行新的长征。全会指出，现在我国经济管理体制的一个严重缺点是权力过于集中。应该有领导地大胆下放，让地方和工农业企业在国家统一计划的指导下有更多的经营管理自主权；应该着手大力精简各级经济行政机构，把它们的大部分职权转交给企业性的专业公司或联合公司；应该坚决实行按经济规律办事，重视价值规律的作用，注意把思想政治工作和经济手段结合起来，充分调动干部和劳动者的生产积极性；应该在党的一元化领导之下，认真解决党政不分、以党代政、以政代企的现象，实行分级分工分人负责，加强管理机构和管理人员的权限和责任，减少会议公文，提高工作效率，认真实行考核、奖惩、升降等制度。思想的解放，党的工作重心向经济工作的转移，为国有企业改革创造了良好的氛围。

二、放权让利：走向市场的现实起点

四川省 6 户国有企业扩大自主权试点取得的明显成效及党的十一届三中全会关于改革的重大决策，有力地推动了扩大企业自主权试点在更大范围内的逐步展开。改革首先指向高度集中的经济管理权。将原来集中于政府部门的经营管理权限逐步还给企业，让企业具有自主经营的权力，成为国有企业改革的现实起点。

（一）四川扩权捷足先登

四川扩大企业自主权试点起步阶段的成效极大地鼓舞了改革者，局部试点迅速成为燎原之势。1979 年 1 月 31 日，中共四川省委根据中央精神，在总结 6 户试点企业做法的基础上，制定了《关于地方工业扩大企业权力，加快生产建设步伐的试点意见》，把试点的工业企业由 6 户扩大到 100 户，同时还选择了 40 户国营商业企业进行扩大经营管理自主权的试点。其主要做法是：改革原来的计划管理方式，允许企业在国家计划之外，根据市场需要自行制订补充计划，对于国家计划中不适合市场需要的品种规格也可以修改；在物资管理上，除少数关系国计民生的产品、短线产品和炸药等危险产品仍由国家统购统配外，大部分超过计划之外的生产资料可以进入市场，企业与企业之间可以不经过物资部门直接订立供货合同，也可以在市场上采购来满足自己的需要，企业由此获得了一部分产品的自销权；国家与企业的利润分配方面，在保证完成国家利益指标的前提下，企业可以根据自己经营的好坏分享一定的利润留成，留存利润可用于企业的挖潜、革新、改造以及用于企业集体福利和职工奖金；在劳动人事管理上，企业有权选择中层干部，招工择优录取和辞退职工。

专栏 1-1

国务院原副总理田纪云回忆：四川省扩大企业自主权试点

四川省最早探索扩大企业自主权、调动企业积极性的路子。扩大企业自主权的核心是放权让利。长期实行的计划经济体制将工业企业捆得死死的，窒息了企业的活力。1978 年 10 月，四川省委决定选择 6 个不同类型企业，进行扩大自主权的试点。1979 年 1 月，省委根据党的十一届三中全会精神，在总结初步试点经验的基础上，制定了扩大企业自主权急需落实的 14 项政策措施，并选择 100 个企业作为第一批试点。

我当时作为四川省财政局长、党组书记，十分赞赏并积极支持省委的改革思路，对省委提出的改革措施或者要财政上解决的问题，总是千方百计给予支持。根据省委的指示，先后出台了促进经济发展的一些措施，如对新办的社队企业和城镇集体企业 3 年内免征所得税，对集体手工业增长的所得额减半征税，对红薯、甘蔗等代用品烧酒适当降低税率，对一些政策性亏损的产品如小生铁实行定额补贴，"五小工业"实行利润分成，小水电利润不上交用于以电养电等。同时，还对广汉、新都、邛崃等县进行了财政包干试点。这些在当时看来"合理而不合法"的政策，对于四川工业生产的恢复和发展起到了积极的促进作用。

四川省 100 个扩大自主权试点企业生产上升、利润增加的可喜成效迅速传遍全国。当时的国务院副总理兼国家经委主任康世恩敏锐地感觉到，这是改革现行"统收统支"财政管理体制、搞活国有企业的勇敢尝试，对打破"大锅饭"、激励企业积极性有着重要意义。1979 年 7 月，在对企业扩权有争议的情况下，国家经委党组毅然决定在成都召开带有现场会议性质的全国工业工作会议，推广四川省企业扩权的经验。康世恩在会上指出："扩大企业自主权，这是一个大政策，势在必行。这样做，解决了目前许多企业中存在的干多干少一个样，干好干坏一个样，盈利亏损一个样的问题。"会上，除主管工业的省委书记杜星垣作了报告外，我在会上作了发言，介绍财政如何支持工业生产和改革的做法。我说："逐步调整国家、企业、职工之间的分配关系，打破'统收统支'的局面，恢复社会主义企业作为相对独立的商品生产者的应有权益，这个方向是不可动摇的。"

（二）政策引导为扩权改革助力

小范围的扩大企业经营权试点迅速得到高层的支持。1979 年 4 月 5 日，中共中央召开工作会议，明确提出来，为在全国范围内搞好国营企业改革试点，要扩大企业自主权，把企业经营好坏同职工的物质利益挂起钩来，按照统一领导、分级管理的原则，明确中央和地方的管理权限。根据这次会议精神，4 月 13 日～20 日，国家经委召集京、津、沪三市的首都钢铁公司、北京清河毛纺厂、天津自行车厂、上海柴油机厂、上海汽轮机厂等 8 户企业和有关部门负责人在北京召开座谈会，讨论企业管理体制改革问题。5 月 25 日，国家经委、财政部等 6 部委联合发出通知，确定在这 8 户企业进行扩大经营管理自主权的改革试点。试点内容：（1）主管部门要在当年内对企业实行"五定"（即定生产方向、生产规模、燃料动力、原材料和协作关系）；（2）企业的人财物、产供销，由企业主管部门综合平衡，统一安排；（3）主管部门安排生产计划时，对所需要的物资条件必须保证；（4）试行企业利润留成；（5）从 1979 年起，企业计提的折旧基金，70% 留给企业；（6）新产品试制费用按一定比例，在企业利润中留用；（7）企业有权申请产品出口，参与外贸谈判，并取得外汇留成；（8）企业在招工计划内择优录取职工；（9）职工提出合理化建议，有经济效益者，企业可以予以奖励，职工失职造成重大经济损失，企业可予以处分直至开除；（10）经营管理好的企业，在调整工资时，职工的升级面可以略高于平均水平；（11）在定员、定额内，企业有权决定机构设置，并任免中层以下干部。

为规范并加快扩大企业自主权试点工作，1979 年 7 月 13 日，国务院颁发《关于扩大国营工业企业经营管理自主权的若干规定》，同时下发的还有《关于国营企业利润留成的规定》、《关于开征国营企业固定资产税的暂行规定》、《关于提高国营工业企业固定资产折旧率和改进折旧费使用办法的暂行规定》、《关于国营工业企业实行流动资金全额信贷的暂行规定》等 5 个文件，这是改革开放后中央政府关于国有企业改革的第一批文件。主要文件《关于扩大国营工业企业经营管理自主权的若干规定》后来被称为"扩权十条"。这些文件为方兴未艾的扩大经营权改革提供了政策上的依据。

1980 年，扩大企业自主权的试点工作继续在全国推进，相关政策也在不断完善。为明确扩权企业的利润留成办法，1月22日国务院批转国家经委、财政部《关于国营工业企业利润留成试行办法》，决定从1980年起在批准的试点企业中试行。《试行办法》对原来的利润留成办法做了如下调整：（1）把原规定的全额利润留成改为基数利润留成加增长利润留成。（2）重新核定企业基数利润留成的比例。（3）企业增长利润留成的比例，不同行业比例不同。（4）企业基数利润留成比例的核定，采取自上而下、逐级核定的办法。（5）工业企业必须完成产量、质量、利润和供货合同四项计划指标，才能按照核定和规定的留成比例提取全部利润留成资金。（6）企业提取的基数利润留成资金，完成月度计划指标的，可以按规定提取，没有编制或没有完成月度计划指标的，可以按月预提80%。（7）企业从基数利润中提取的利润留成资金，按照核定的生产发展基金、职工福利基金和职工奖励基金的留成比例分别提取，分别管理和使用。这样扩权与让利作为国企改革起步阶段的两翼，都有了明确的政策依据。

（三）活力在改革中迸发

扩大企业自主权的改革措施，明显地提高了企业的经营效果。1979年年底，四川省84户试点工业企业的总产值、利润、上缴利润分别比1978年增长14.7%、33%和24.2%。试点随即在各地推广。截至1980年6月，全国进行扩大自主权试点的工业企业已达6600多户，占全国全民所有制工业企业总数的16%，其产值、利润分别占60%和70%，进行试点的企业仅半年之后，一般都实现了增产增收。据28个省、直辖市、自治区的5777户试点企业初步统计：1980年完成工业总产值1653亿元，比1979年增加105亿元，增长6.8%；实现利润333亿元，增加35亿元，增长11.8%；上缴利润290亿元，增加20亿元，增长7.4%。在1980年12月召开的中共中央工作会议上，邓小平肯定了扩大企业自主权的试点工作。他说："今年扩大企业自主权的试点单位，已经达到6000多个。这些单位的产值占到全部工业总产值的60%左右。怎样把国家利益、企业利益、职工利益比较好地结合起来，调动各方面的积极性，我们开始找到了门路。试点的面明年不再扩大，重点放在总结经验、巩固提高方面。"

三、经济责任制：责任与权利之间的权衡

扩大企业自主权的改革虽然未从根本上触动传统计划体制，但却第一次赋予了企业一定的经营自主权及相应的利益机制，从而极大地调动了企业的生产经营积极性。此时新的问题接踵而至：国家对扩权后的企业如何进行必要的管理，如何科学评价企业的经营业绩，防止竭泽而渔的短期行为，如何保证国家、企业和员工在利益分配上的平衡，如何对企业经营行为进行有效监督与管理，等等。一

句话，扩权后的企业需要厘清权力、利益与责任的关系，建立相应的约束机制。在扩权基础上实行的企业经济责任制，实际上是对企业应有权利和责任的初步规范。

（一）跟着实践走——经济责任制的兴起

1981 年春，山东省开始实行经济责任制。办法是政府对企业采取行业利润包干、亏损企业包干和地区包干等盈亏包干的方式，在企业内部则实行多种形式的计件工资制度，将职工收入和劳动成果直接挂钩。实行这种办法，不仅进一步调动了企业和职工的积极性，而且解决了地方财政增收问题，实现了多赢。

当年 4 月 15 日～25 日，国务院在上海召开全国工业交通工作会议。会议提出，工交生产要在调整和改革中走出一条适合发展我国经济的新路子，使我国工业逐步由重型结构转到轻型结构；由"小而全"、"大而全"转向专业化协作和经济合理的社会化大生产；从消耗高、质量低、效益差转向产品适销对路、讲求效益。工交企业也要像农村搞联产承包责任制那样实行经济责任制。

8 月 22 日至 9 月 1 日，国务院在北京召开全国工业交通工作座谈会。会议认为：工交战线实行经济责任制，是适合我国当前生产水平、管理水平和广大群众觉悟程度的一项重大改革；它对于克服长期以来吃"大锅饭"和平均主义的弊病，调动企业和职工的积极性，起到了积极作用；全国县属以上工业企业实行经济责任制的已占企业总数的 65%；搞好经济责任制，主要要克服两个平均主义，全面完成国家计划，但做法不要搞"一刀切"；可以在省、区城市范围内实行行业或公司包干。

10 月 29 日，国务院批转国家经委、国家体制改革办公室《关于实行工业生产经济责任制若干问题的意见》，要求全面试行经济责任制。11 月 11 日，国务院又批转国家经委、国务院体改办《关于实行工业生产经济责任制若干问题的暂行规定》（以下简称《规定》）。《规定》强调，工业生产经济责任制是国家计划指导下以提高经济效益为目的，责、权、利紧密结合的生产经营管理制度；实行经济责任制的单位，必须保证全面完成国家计划，首先要保证财政上缴任务的完成。《规定》要求，实行"基数利润留成加增长利润留成"办法的企业，其留成基数按前三年平均利润计算，利润包干基数要确定不同的递增速度；盈亏包干的超收或减亏分成比例，上缴国家部分一般不能低于 60%，留给企业的部分一般不超过 40%，奖金发放要有所控制。

针对经济责任制实施的情况，1982 年 10 月 15 日～23 日，国家体改委、国家经委、财政部联合召开有 11 个省、区、市参加的工业经济责任制座谈会，会议讨论了《关于完善工业经济责任制的几个问题的报告》，提出在完善工业经济责任制时要着重研究解决的五个问题：贯彻计划经济为主，市场经济为辅的原则；努力搞好企业内部的经济责任制；正确处理国家、企业、职工三者利益的关系；把完善经济责任制和企业技术改造结合起来；统筹规划、加强领导。国务院还就此发出通知，要求各地结合本地区、本部门的情况，认真总结经验，寻找和创造出一套适合工业企业特点的，既能保证国家统一领导，又能发挥企业和职工积极性的具体制度和办法。力争在两三年内使责任制健全和完善起来。

从扩大企业自主权试点到实行经济责任制，是一个合乎逻辑的发展过程。扩大企业自主权重点是解决企业权限过小的问题，给企业以发展的自主话语权，目的是把企业搞活；实行经济责任制则要求"责、权、利"紧密结合，把责任放在更突出的位置，从而更加明确了扩大企业自主权的目的性。

（二）不拘一格的创造——经济责任制的主要形式

实行经济责任制，主要包括两个方面：一是国家对企业实行的经济责任制，主要是处理国家和企业之间的关系，解决企业经营好坏一个样的问题；二是建立企业内部的经济责任制，主要是处理企业内部的关系，解决职工干好干坏一个样的问题。

国家对企业的经济责任制在分配上主要体现的三种类型：

第一，利润留成。

主要分为：（1）基数利润留成加增长利润留成。这种办法适用于增产增收潜力比较大的企业。确定每年利润的基数，可以将原来的"环比"办法改为按前三年平均利润数来计算。（2）全额利润留成。这种办法适用于生产正常、任务饱满、利润比较稳定的企业。留成利润按照前三年企业实际所得（包括基数利润留成和增长利润留成）占利润总额的比重来确定。（3）超计划利润留成。这种办法适用于调整期间任务严重不足、利润大幅度下降的企业。

第二，盈亏包干。

具体分为"基数包干，增长分成"、"基数包干，增长分档分成"、"基数递增包干，增长留用或分成"等不同办法，它们一般适用潜力比较大的微利企业。有些增收潜力不大的微利企业可实行"基数包干、超收留用、短收自负"的办法。对亏损企业实行"定额补贴、超亏不补、减亏留用或分成"和"亏损递减包干、减亏留用或分成"的办法。

第三，以税代利、自负盈亏。

这种办法适用于领导班子比较强，管理水平比较高，生产比较稳定的企业。有盈利的大中型企业，经财政部批准只是在少数企业中试行。国营小型企业，包括县办工业交通企业和城市国营小型企业，参照集体所有制企业的纳税办法，改上缴利润为上缴所得税和固定资金、流动资金占用费，实行自负盈亏。二轻集体所有制企业由统负盈亏改为自负盈亏的办法。经省、直辖市、自治区批准，在今后几年内确定一个合理的课税所得额为基数，增长部分按一定比例减征所得税，税后利润大部分留给企业。

在企业内部实行经济责任制的同时，多数企业还实行了全面经济核算，即把企业内部每个岗位的责任、考核标准、经济效果同职工收入挂钩。在分配上基本有 5 种形式：一是指标分解，计分计奖；二是计件工资，包括超额计件工资和小集体超额计件；三是超产奖；四是定包奖；五是浮动工资。

从推行经济责任制实践的结果看，绝大部分企业选择了"盈亏包干"。到 1981 年年底，实行这种经济责任制的企业达到 4.2 万户。实行经济责任制，调动了企业和广大职工的积极性，促进了企业增产增收，国家财政状况也明显好转，国家财政赤字由 1979 年的 170 亿元、1980 年的 127 亿元降到 1981 年的 25.4 亿元。

【案例】

首钢——经济责任制的典型

在实行经济责任制涌现中了首钢等一批先进典型。首钢承包之初，正值国民经济调整时期。当时，全国基建下马，钢铁滞销。首钢四号高炉被迫封炉，钢铁减产 36 万吨，预计全年实现利润将由上年的 2.9 亿元降为 2.65 亿元。对此，北京市同意首钢实行承包利润 2.7 亿元，超额全留的方案；同时，还允许首钢有 15% 的钢材可以自销（其他企业只有 2%）。在承包制的激励下，首钢当年实现利润 3.16 亿元，获得留利 4600 万元。1982 年，首钢和一些企业开始实行递增包干。办法是包死基数（当时递增率定为 6%，1983 年改为 7.2%），超包全留。包死基数有两重含义：一是企业必须按规定定额和递增率上缴利润，欠收时用自有资金补足。不能只包盈，不包亏。二是承包后国家不再增加企业税负。承包期内，国家对税种和税率进行重大调整时，多缴税金视同上缴利润。超包多留，超多少，留多少。对超包留利部分按 6：2：2 比例分别用于发展生产、集体福利和工资奖励。60% 的生产发展基金加上折旧、大修理基金，使企业 70% 以上自有资金都用于再投入，从而保证了首钢实现利润以每年 20% 的速度递增。40% 的消费基金使职工生活逐年有所改善。由于实行工资总额与实现利润按 0.8：1 的比例挂钩，因此，工资总额的增长不会超过经济效益的增长。

实行利润递增包干后，首钢增强了活力，很快改变了面貌。具体表现为：（1）1981～1984 年，每年利润递增 20%。1984 年实现利润 60798 万元，比 1978 年增加 41487 亿元。（2）1979～1984 年，运用自我积累的资金，为国家新增固定资产 5 亿多元，使企业达到 20 世纪 70～80 年代国际先进水平。（3）1979～1984 年，首钢上缴利税平均每年递增 11%，上缴给国家的财政收入增加近 1 倍。

四川省作为扩大企业自主权改革的先行者，也积极推行工交企业经济责任制。1983 年 2 月 1 日的新华社报道了四川的具体做法：（1）在成都、重庆各选一家大企业实行首钢模式的利润递增包干，确定合理包干基数，一定五年不变；（2）在重庆、成都、自贡三个市的大中型企业和全省蚕丝绸、烟草、医药等公司全面推行以税代利、自负盈亏试点，其他地区在试点的基础上推开；（3）对国营小企业推行集体经营或职工个人承包、租赁等多种经营方式，实行国家征税、资金付费（指固定资金、流动资金占用费）、自负盈亏的制度；（4）继续进行工资制度改革试点工作，在部分企业实行浮动工资制；（5）在重庆市进行经济体制改革综合试点，逐步形成以重庆为依托的，工、农、交运、内外贸、科技、金融业统筹安排，综合发展的经济区。

（三）有限的成效推动新的探索

各种形式的经济责任制对搞活企业起到了积极作用：通过合约划分国家和企业的责权利边界，初步解决了所有权与经营权的分离问题；在分配上包死国家一头，保证完成上缴利润后，新增利润全部或大部留给企业，不仅增强企业自我发展的动力，而且使企业有了自我发展的能力；职工收入同企业经济效益挂钩，有利于实现国家、企业、个人三者利益的结合；经济责任制形式多样，可根据企业规模大小进行选择。

但经济责任制也存在着明显的缺陷：一般来说，包盈容易包亏难，经济责任制实际上并不能从根本上解决企业自负盈亏问题，亏损的包袱仍然由国家承担，传统的软预算约束问题没有根本解决；从期限上看，一般承包期短，容易导致企业短期行为，往往能保证即期上缴利润和职工福利，而不能保证长远的企业技术改造和设备更新，有的企业甚至采取过度消耗现有资产的办法来增加利润；并未触及企业优胜劣汰和经济结构优化的问题，承认现存的所有企业都有存活和留利的权利，即使亏损企业也可以减亏承包，对于扭亏无望的企业没有解决办法；由于价格、税收体系没有理顺，各企业面临的经营环境和条件不一致，企业主管部门对企业确定承包基数只能采取"一对一"的谈判办法，讨价还价的情况比较普遍，缺乏统一的规范。因此，实行经济责任制还只是作为国有企业改革的过渡办法。

随着实践的发展，改革初期的积极作用逐步为其内在的缺陷所抵消，实践要求必须探索新的改革路子。

四、"利改税"：规范国家与企业分配关系的初步尝试

实行经济责任制后，国家与企业的分配关系是通过一对一谈判的方式决定的，

基本上是一企一策，这种方式不可避免地存在着不规范的问题，进而导致企业之间苦乐不均等问题的发生。为规范国家与企业的分配关系，国家开始试行"利改税"的改革措施。所谓"利改税"，就是将企业与国家之间的按盈利的比例分配的方式改为按统一的税率征收，并以法律的形式固定下来，相对于一对一的利润留成比例显然更为规范。而在此之前，大多数国有企业无论是在计划经济时期统负盈亏，还是承包制、经济责任制的利润分成，都没有"所得税"的概念。

（一）试水"利改税"

早在1979年，国家就曾在湖北省光化县、广西壮族自治区柳州市、上海市和四川省的部分国营企业小范围试行开展征收所得税的试点，实际上即"利改税"试点。"利改税"的好处是：它将国家与企业的利润分配用法律的形式固定下来，形成规范而稳定的分配关系，既可保证国家的财政收入，又能激励企业多创多收，随着生产发展和经营管理的改善，留给企业的财力也会相应增长，有利于企业根据国家计划和市场需要，开展经营活动；再将企业和职工的经济利益与经营好坏直接挂钩，即可有效促进企业改善经营管理，提高效益。

在总结试点的基础上，财政部于1980年8月26日向中央财经领导小组作了关于税制改革问题的汇报，中心内容就是推进"利改税"，将国营企业上缴利润改为征收所得税。同年9月2日，国务院同意并转发国家经委报送的《关于扩大企业自主权试点工作情况和今后工作意见的报告》中，提到"要积极进行'企业独立核算，国家征税，自负盈亏'的试点"。

（二）"放水养鱼"：第一步"利改税"

1982年五届全国人大五次会议后，国务院决定加快国营企业"利改税"步伐。国务院领导对"利改税"问题做出指示：要下决心，除极少数企业外，都集中搞"利改税"办法。"利改税"步子可以加快。关于改革的原则，提出要抓住两头：一头是要把企业搞活；一头是国家要得大头，企业得中头，个人得小头。关于改革的步骤，则先考虑大面积解决企业"活"的问题，要求是又活又不致出大问题。至于征收地方税的问题，则放到后一步再研究。第一步先实行税利并存，大企业上缴55%的所得税，税后利润国家与企业合理分配，可以按财政部提出的利润递增包干、定额包干、比例包干办法，也可以搞调节税。

根据国务院领导的指示精神，财政部和国家体改委在1982年12月~1983年1月，派联合调查组分赴上海、天津、济南等地，对6691户国营工、交、商企业进行了系统的调查测算工作。财政部在总结试点经验和调查测算的基础上，拿出了《关于国营企业"利改税"试行办法（草案）》，并于1983年2月25日向国务院作了报告。同年2月28日，国务院批转了财政部的这个《报告》，决定从 1983 年 1 月 1 日开始对国营企业实行"利改税"，业内也称为"第一步利改税"。其基本内容是：国营企业保留原来（按销售收入计征）的工商税，把相当于基数利润的部分改为所得税。凡有盈利的国营大中型企业，均对实现的利润征收 55% 的所得税，税后利润再在国家和企业之间合理分配。根据实行利润留成制度的历史情况和经验，对不同行业、不同企业实行不同形式的利润上缴办法，如利润递增包干上缴、固定比例上缴、缴纳调节税和定额包干上缴等。税后利润分配的核定，原则上以 1982 年的数据为准，一定三年不变（1983～1985年）。对小型企业则按原八级超额累进税率计征所得税。

1983 年 3 月 17 日～29 日，财政部在北京召开全国"利改税"工作会议，讨论修改《关于国营企业"利改税"办法（草案）》及有关征收所得税和企业财务处理的具体规定，部署"利改税"工作。4 月 12 日，财政部向国务院提交《关于全国"利改税"工作会议的报告》，将修改后的《关于国营企业"利改税"试行办法》正式报国务院审查。4 月 24 日，国务院批转财政部《关于全国"利改税"工作会议的报告》以及《关于国营企业"利改税"试行办法》。4 月 29 日，财政部发布《关于对国营企业征收所得税的暂行规定》，明确了对国营企业征收所得税的具体办法。同年 6 月 1 日，国营企业普遍实施征收所得税。至 9 月下旬，除煤炭部、邮电部等部门所属企业暂不实行"利改税"外，其余的中央所属 21 个部（局、公司）以及地方各省、自治区、直辖市的"利改税"方案，均落实到企业。

1983 年年底，全国国营企业除微利企业及经国务院或国家经委、财政部批准继续实行利润包干等办法的少数企业外，实行"利改税"的工、交、商企业达 107145 户，占全国盈利企业总户数的 92.7%。1983 年实行"利改税"的国营工、交、商企业共实现利润 633 亿元，当年实行"利改税"后共留利 121 亿元，比 1982 年增长 27 亿元，增长 28.2%，大大超过工业产值、实现税利和上缴得利的增长幅度。企业留利占税利总额的比例由过去的 15.7% 上升到 17.9%。

（三）"打破条块"：第二步"利改税"

第一步"利改税"在解决国家与企业分配关系的探索中取得了初步经验，但也存在需要进一步完善的地方，主要是：税种比较单一；由于税利并存，税后利润的分配办法包括递增包干、定额包干、比例包干等多种方式，国家同企业的分配关系不够稳定；分配方式的不规范导致企业之间留利差别悬殊等，因此，以完善第一步"利改税"为目的的第二步"利改税"方案随之提出。

1983 年 8 月，国务院副总理田纪云向中共中央和国务院汇报了第一步"利改税"的成效和问题，提出了关于进一步完善"利改税"办法的设想。1984 年 1 月 12 日，田纪云在《经济日报》上发表了题为《关于完善"利改税"制度的几个问题》的署名文章，阐述了第二步"利改税"的根本目的和原则。文章指出：在拟定第二步改革方案中，要进一步解决中国经济体制政企不分的弊端。通过"利改税"制度，使企业在经济利益上同条条或块块脱钩，由按企业的行政隶属关系确定利益分配的做法，改为不分隶属关系统一依法向中央和地方缴纳不同税收的办法，以利于把企业应有的经营管理权真正交给企业，政府职能部门真正"从政"。

1983 年 9～10 月，财政部和国家体改委组织联合调查组，分赴上海、湖北、四川、陕西等地，开展调查研究和测算工作，拟定第二步"利改税"方案。1984 年 4 月 21 日，国务院召开常务会议，听取了财政部关于第二步"利改税"方案的汇报。经过讨论后改革方案初步确定下来。1984 年 5 月 15 日，国务院在向六届全国人大二次会议提交的《政府工作报告》中提到，计划从 1984 年 10 月在全国进行第二步"利改税"改革。

1984 年 6 月 22 日至 7 月 7 日，在北京召开的全国"利改税"第二步改革工作会议，着重讨论了"利改税"第二步改革的重大意义，研究部署了具体的改革方案，修改了财政部草拟的几个税收条例草案，以及有关的财务会计处理办法草案。9 月 18 日，六届人大七次会议通过国务院提交的《关于提请授权国务院改革工商税制和发布有关税收条例（草案）的议案》。9 月 19 日，国务院批转财政部《关于在国营企业推行"利改税"第二步改革的报告》，决定从 1984 年 9 月开始实施第二步"利改税"方案，从 1985 年 1 月 1 日起开征。第二步"利改税"的主要内容：一是将工商税按纳税对象划分为产品税、增值税、盐税和营业税；改变企业利润上缴形式，国家对国营企业实现利润分别征收所得税和调节税，调节税后剩余利润为企业留利。二是允许企业在征收所得税前从利润中归还技措贷款。三是调节税采取一户一率的办法分别核定，国营大中型企业基期利润扣除按 55% 计算的所得税和 1983 年合理留利后的部分，占基期利润的比例为调节税税率。企业当年利润比核定的基期利润增长部分，减征 20% 调节税，并由"环比"改为"定比"，一定 7 年不变。核定的基期利润扣除 55% 所得税后，余额达不到 1983 年合理留利水平的大中型企业，不再征收调节税，经批准可在一定期限内减征一定数额的所得税。四是放宽小型企业标准，对小型国有企业所得税试行新的八级超额累进税率，对少数税后利润较多的企业仍按规定收取一定承包费。五是对亏损企业和微利企业继续实行盈亏包干。六是增加资源税、城市维护建设税、房产税、土地使用税和车船使用税。

实行第二步"利改税"后，国务院明确，原来实行利润递增包干的企业不再增加。主要原因是，如果实施范围过大，难以保证财政收入的合理增长；用企业留利进行投资容易造成资金分散和重复建设。但首钢等少数企业认为，递增包干是"放水养鱼"，有利于搞活企业，应当坚持下去。经中央同意，首钢等少数企业仍实行承包制不变。

"利改税"对保证国家财政收入的稳定增长，进一步扩大企业自主权，改变企业吃国家"大锅饭"的局面，缓解价格不合理的矛盾起到了一定的积极作用；同时也规范了国家与企业的分配关系，促进和推动了政企分开和整个经济体制改革。

（四）"利改税"的得失

两步"利改税"的目的是要克服国营企业"苦乐不均"、"鞭打快牛"的现象，为企业创造公平竞争的环境；同时，也可以规范国家和企业的分配关系，保证财政收入的稳定增长。但在具体实施后，"利改税"并未达到预期效果。第一步"利改税"，税利并存，同原来的利润包干差别并不大，效果还比较好，而第二步"利改税"实施后遇到的问题就比较多了。首先，国家既是国营企业的社会管理者又是资产所有者。作为社会管理者可以向企业征税，而作为资产管理者又要参与企业所得税后的利润分配"利改税"混淆了两者的区别。出于财政收入的考虑，税率定得比较高，又加上调节税，因而增加了企业的负担。据测算，产品税、增值税、营业税、城市维护建设费、教育费附加拿走企业纯收入的50%～55%；然后，对实现利润征收55%的所得税、5%～25%的调节税；再从税后利润中收取15%的能源交通建设基金，还要派购国库券、重点建设债券。以上三项合计占到了企业纯收入的90%，剩余10%还要支付其他费用和应付各种摊派。"利改税"在当时有操之过急之嫌，在一定程度上影响了企业的积极性，以致在两步"利改税"实施后，全国国营企业实现利润反而连续22个月滑坡，没有达到预期的"国家得大头、企业得中头，个人得小头"的目的。而对于那些没有实行"利改税"，仍在继续沿用实行经济责任制的吉林、广东等省及首钢、二汽等企业，经济效益却保持了较好的增长势头。两者实施效果的明显反差，导致"利改税"实施不久就很快被承包经营责任制所取代。"利改税"随之被终结。

五、经营方式的变革：承包经营责任制

"利改税"旨在替代原来实行的经济责任制，通过规范国家与企业分配关系的改革来落实企业的经营自主权，将国营企业塑造为独立的生产经营者。但"利改税"的实施并未达到预期目标，原来的经济责任制又被重新实施并发展为承包经营责任制。

（一）承包经营责任制应运而生

所谓"承包经营"，实际上就是在不改变企业所有权的前提下，由企业经营者与所有者的代表——政府主管部门签订合约，确定在一个约定的承包期限内上

缴利税的基数，或按一定基数确定一个每年增长的幅度，企业完成上缴基数后剩余部分可以由企业留存用于扩大再生产和职工福利。

政府与企业之间的利益关系通过承包合同的方式固定下来，保证了政企双方的利益，因此得到企业的普遍欢迎，一批条件和基础较好的国有企业很快焕发出活力和生机。企业承包制最具典型意义的是在前面提到的首钢。1981～1986 年，首钢实行经营承包制 5 年期间，累计上交国家 35.04 亿元，几乎相当于改革前 30 年的总和，同时为国家新增固定资产 8.3 亿元，是承包制之前首钢净资产的 3.36 倍，相当于 5 年为国家贡献了三个首钢。首钢的成功经验为承包制注入了实践的活力。

1986 年 11 月 7 日，国家体改委提出《实行企业经营责任制试点意见》，确定在沈阳、重庆、武汉、石家庄等 6 个城市进行试点。1986 年 12 月 5 日，国务院发出《关于深化企业改革增强企业活力的若干规定》（下称《若干规定》），提出了要"推行多种形式的经营承包责任制，给经营者以充分的经营自主权"。《若干规定》出台表明第二步"利改税"被终止，又重新回归到实行经营承包责任制。经营承包制又迎来第二次高潮。但此时的经营承包较之前实际上已经有新的发展，有的措施还超出了承包经营的范畴。《若干规定》里就提出了许多新的形式："全民所有制小型企业可以积极试行租赁、承包经营。选择一部分亏损或微利的全民所有制中型企业，进行租赁、承包经营试点。""全民所有制大中型企业要实行多种形式的经营责任制。""各地可以选择少数有条件的全民所有制大中型企业，进行股份制试点。""有些全民所有制小型商业、服务业企业，可以由当地财政、银行、工商行政管理部门和企业主管部门共同核定资产，由企业主管部门进行拍卖或折价出售，允许购买者分期偿付资产价款。"1987 年，承包经营已成为当时国营企业的主要经营形式。1987 年全国人大六届五次会议第一次明确肯定了承包制的经营模式，提出"改革重点要放在完善企业经营机制上，根据所有权与经营权适当分离的原则，认真实行多种形式的承包经营责任制"。1987 年 4 月 22 日～27 日，受国务院委托，国家经委召开全国承包经营责任制座谈会，总结吉林、广东等省及首钢、二汽的经验，全面部署企业承包经营工作。决定从当年 6 月起，在全国范围内普遍推行承包经营责任制。1987 年 8 月 25 日～29 日，国家经委、中央组织部、全国总工会在北京召开全面推行厂长负责制工作会议。会议提出：作为经营承包制的一个主要内容，全国所有的大中型工业企业 1987 年内要普遍实行厂长负责制，全民所有制工业企业全面实行厂长负责制要在 1988 年年底前完成。会议要求今后各地把厂长负责制作为企业的根本制度，加快改革的步伐，以完成企业领导制度改革这一历史任务。1987 年 8 月 29 日，国家经委、国家体改委印发了《关于深化企业改革、完善承包经营责任制的意见》。《意见》指出，实行承包经营责任制，必须坚持"包死基数、确保上缴、超收多留、欠收自补"的原则，兼顾国家、企业、职工三者利益。承包基数要体现鼓励先进、鞭策后进的原则。承包后新增加的留利，要大部分（一般70%以上）用于发展生产。普遍推行承包经营责任制促进了企业领导制度的改革。

承包制全面推行后果然不负众望。仅仅两个月，就一举扭转了全国工业企业实现利润连续22个月下滑的局面，当年即增加财政收入60多亿元。到1988年年底，即全面推行承包经营责任制后20个月，全国预算内工业企业增创利税369亿元，相当于1981～1986年6年间企业所创利税的总和。

据国家统计局数据，到1987年年底，全国预算内工业企业承包面积已达78%，其中大中型国营工业企业中，实行多种形式的承包经营责任制的企业占82%；承包一年以上的大中型企业占64%，小企业也都基本上实行承包或租赁的方式。小型国营工业企业中，由集体或个人经营、租赁或承包的企业占46%。大中型国营商业企业有60%以上也实行了承包经营责任制。

专栏 1-2

改革亲历者于吉回顾承包经营责任制改革

1986年11月，时任国家经委主任的吕东同志在北京主持召开20户大中型企业领导人参加的企业改革座谈会。会议总结了承包经营试点的具体形式。1986年12月初，国家经委向国务院报告了企业承包经营的试点情况。

1987年1月，国务院召开全国经济工作会议，提出要深化企业改革，关键在于推行多种形式的承包经营责任制。1987年4月20日，国家经委青年经济研究小组起草了《实行承包经营责任制若干问题的研究》，就承包的原则、承包的形式、承包的方式、基数与比例、消费基金的控制、承包的配套改革等，做了较详细的阐述。该报告（起草人包括任克雷、王大成、王芹、邵宁、姚广海、于吉、秦世才、李德伟）受到时任总书记的高度评价。1987年4月，国家经委受国务院委托，召开了全国企业承包经营责任制座谈会，研究部署实行企业承包经营责任制。从此，承包经营责任制在国有大中型企业得到普遍实行。1987年8月31日，国家经委、国家体改委发出《关于深化企业改革、完善承包经营责任制的意见》，提出坚持"包死基数、确保上缴、超收多留、欠收自补"的原则，合理确定承包要素，招标选聘经营者，投资主体转向企业，控制工资奖金过快增长等要求。

1988年2月27日，国务院发布了《全民所有制工业企业承包经营责任制暂行条例》（以下简称《暂行条例》）。《暂行条例》以政府法规的形式明确了承包

经营的一系列原则方针：在坚持企业的社会主义全民所有制的基础上，按照所有权与经营权分离的原则，以承包经营合同形式，确定国家与企业的责、权、利关系，使企业做到自主经营、自负盈亏；兼顾国家、企业、生产者利益，调动企业经营者和生产者积极性，挖掘企业内部潜力，确保国家上缴利润，增强企业自我发展能力，逐步改善职工生活；按照责权利相结合的原则，切实落实企业的经营管理自主权，保护企业的合法权益，按照包死基数、确保上缴、超收多留、欠收自补的原则，确定国家与企业的分配关系。

专栏 1 - 3

《全民所有制工业企业承包经营责任制暂行条例》主要内容

为规范企业承包经营责任制，1988年2月27日，国务院发布《全民所有制工业企业承包经营责任制暂行条例》。《暂行条例》指出，承包经营责任制，是在坚持企业的社会主义全民所有制基础上，按照所有权与经营权分离的原则，以承包经营合同形式，确定国家与企业的责权利关系，使企业做到自主经营、自负盈亏的经营管理制度。实行承包经营责任制，必须兼顾国家、企业、经营者和生产者利益，调动企业经营者和生产者积极性，挖掘企业内部潜力，确保上缴国家利润，增强企业自我发展能力，逐步改善职工生活；应当按照责权利相结合的原则，切实落实企业的经营管理自主权，保护企业的合法权益；应按照包死基数、确保上缴、超收多留、欠收自补的原则，确定国家与企业的分配关系；合同双方必须遵守国家法律、法规和政策，接受人民政府有关部门的监督。《暂行条例》提出，承包经营责任制的主要内容是：包上缴国家利润，包完成技术改造任务，实行工资总额与经济效益挂钩。在此基础上，不同企业可以根据实际情况确定其他承包内容。承包上缴利润的形式有：上缴利润递增包干；上缴利润基数包干，超收分成；微利企业上缴利润定额包干；亏损企业减亏（或补贴包干），以及国家批准的其他形式。《暂行条例》还提出：上缴利润基数一般以上年上缴的利润额（实行第二步"利改税"的企业，是指依法缴纳的所得税、调节税部分）为准。受客观因素影响，利润变化较大的企业，可以承包前两至三年上缴利润的平均数为基数。上缴利润的方式为：企业按照税法纳税，纳税额中超过承包经营合同规定的上缴利润额多缴的部分，由财政部门每季返还80%给企业，年终结算，多退少补，保证兑现。实行工资总额与经济效益挂钩，其具体形式，可根据国家的规定和企业的实际情况确定。企业承包期限，一般不得少于3年。

从 1978 年 10 月以扩大企业自主权试点启动的国有企业改革，其间探索过各种改革举措，到 1986 年，承包经营责任制成为了推进国有企业改革的主要形式。其原因是：第一，在政府职能没有转变、市场体系不完善、企业的内外部条件差别很大的情况下，承包制采取以合同方式来明确国家与企业作为契约双方的责权利关系，改变了过去企业对政府的行政隶属依附关系。第二，承包制实际上是实现两权分离的初级形式，在明确企业责任的同时，赋予了企业最基本最必要的经营自主权，推动了企业向商品生产者和经营者的转变。第三，承包制有利于引进竞争机制，在当时创造了"能人治企"的强烈氛围，在实践中涌现了一批像马胜利、关广梅、张兴让等全国知名的企业经营管理者。第四，承包制改变了企业吃国家"大锅饭"的旧体制，极大地激发了企业的积极性，促进了企业经济效益的提高，实现了国家财政、企业留利和职工收入共同增长的新格局。

专栏 1 - 4

首钢模式——承包经营责任制

所谓"首钢模式"，是指"上缴利润递增包干"的承包经营责任制，主要内容为：

第一，以 1981 年企业上缴利润指标为包干基数，每年递增 5%，10～15 年不变，10 年后，即 1991 年企业的上缴利润可由 1981 年的 26810 万元增加到 43980 万元，增长 163%。如企业上缴利润递增小于 5%，企业必须按规定缴足 43980 万元，如此，企业留利就会相应减少；如企业上缴利润递增大于 5%，企业留利就会相应增加。这样，既可保证企业上缴利润的稳定增长，又可激励企业努力提高上缴利润递增率，取得一举两利的效果。

第二，根据企业的具体情况，规定企业留利的使用方向和比例。如首钢经过讨论测算，提出的方向和比例是：60% 用于技术改造和扩大再生产；20% 用于集体福利，主要用于职工住宅建设；20% 用于奖励和日常的福利费用。

第三，奖金与上缴利润递增率挂钩。如果上缴利润递增率达不到 5%，职工奖金水平不变；如果连递增基数也达不到，则停发奖金；如达到或超过 5%，每增 2% 可多发 0.1 个月的标准工资作为奖励。

第四，利用利润留成提取的奖励基金调整部分职工工资，实行内部工资制。具体办法是：在严格考核的基础上，对确实达到上一级技术标准并圆满完成岗位责任的职工，由企业予以"升级"；如果第二年完不成任务，就取消升级；连续三年保持合格的，再把级定下来；调出首钢的不带所升工资。

（二）承包制方式百态

承包经营责任制作为普遍推行的改革方式后，各地在具体实践中进行了多种方式的探索，充分显示了中国国企改革实践的丰富性。

1. 招标承包

招标承包实际上是把经营者选聘和承包经营责任结合起来，实行能人治企。1987 年，招标承包的方式还只是在少数地区和个别微利、亏损的中小企业试点。到 1988 年，全国实行承包责任制的企业中，招标选聘经营者的已达 30%。为推动招标选聘经营者的工作，1988 年 6 月，中央组织部和人事部联合发出通知，要求各地积极推进竞争招标选聘企业经营者，并就有关政策提出了指导性意见。北京、天津、吉林、辽宁、河北、湖北，以及福州、苏州、哈尔滨、洛阳等省市也分别制定了招标竞争承包的有关规定，有的地方还初步建立了承包、发包市场，成立了承发包工作指导小组，使招标承包逐步科学化、规范化。

公开招标选聘经营者有力地促进了企业改革。一是开始突破选拔、任用企业领导干部的传统做法，使选拔干部由封闭式变为开放式，拓宽了选人视野，使企业人事制度发生变革，一大批经营管理人才脱颖而出。二是改变政府"一对一谈判"确定企业承包基数的格局。通过招标者的竞争，确定企业承包基数，使承包指标趋于科学合理。三是调整了主管部门同企业的关系，促进了企业经营自主权的落实。四是增强了企业经营者的责任感，树立了他们的权威，有利于实行厂长（经理）负责制。

2. 试行全员风险抵押承包

全员风险抵押承包是指企业经营者和全体职工均缴纳一定数额的承包抵押金，与企业共担承包经营风险，若企业完不成承包合同规定的上缴利润额，要以抵押金补足，这样在一定程度上改变了负盈不负亏的问题，增强了承包人的风险约束机制。全员风险抵押把经营者和全体职工的利益捆在一起，而他们的利益又同企业经营成果密切相连，职工和经营者共担风险，以此强化全体职工的经营意识，有利于增加企业的凝聚力。1988 年，全国实行承包制的企业中，有 25% 实行全员风险抵押承包，少数地区甚至超过 80%。

3. 竞争上岗优化劳动组合

承包制的层层推行要求明确岗位责任，落实岗位责任制是完成经营承包的前提。"大锅饭"的用工制度在承包责任制中受到了冲击。1985 年，北京、沈阳、青岛、株洲 4 城市先后在部分企业进行优化劳动组合试点。在总结试点经验的基础上，1988 年年初，国家经委在全国承包经营座谈会上提出了"要大力推行优化劳动组合，推进劳动制度改革"。当年底，全国有 3.6 万个国营企业 1300 万名职工实行了优化劳动组合，部分集体企业也开展了这项工作。其做法：一是按照"先科室、后车间"，"先干部，后工人"，"先二、三线，后一线"的程序进行组合，在组合中坚持机会均等、条件公开，采取干部层层招聘、选聘，工人自愿组合或"兵选将、将点兵"等多种形式。二是在进行优化组合的同时，普遍取消了固定工资制，采取多种分配形式，提高了一线特别是艰苦岗位职工的工资。这有效地引导了企业内部劳动力的流向。三是以企业内安置为主、社会安置为辅的原则，广开就业门路，妥善安置企业众多的富余人员。

4. 工效挂钩办法与承包相适应

工效挂钩是承包制的重要内容，企业员工收益与效益挂钩体现了责任与利益的统一。1988 年，随着承包经营责任制的推行，50% 的国营企业，60% 的大中型企业都实行了各种形式的工效挂钩，实行工效挂钩办法的企业进一步扩大。实行工效挂钩，使职工收入同企业效益捆在一起，同时把企业内部的工资分配权交给企业，促进企业内部分配制度改革，进一步打破"大锅饭"。很多企业根据自身实际，采取了不同的工资分配形式，如岗位工资、结构工资、浮动工资、计件工资等。

5. 放开企业经营权试验

承包制在明确企业责任并给予企业利益激励的同时，对企业经营的自主权也提出了新的要求。1988 年，一些地区针对企业经营自主权不落实，缺乏活力等问题，积极地进行多种形式的企业放开经营试验。较早试验的是辽宁省鞍山市，随后从辽宁很快发展到黑龙江、河南、四川、浙江、河北、江苏、陕西、吉林、湖北、山东、上海等省市，400 多家企业都相继进行了放开企业经营权的试验。试验企业的做法：一是进一步扩大和落实企业的经营自主权。如在干部任免、机构设置、劳动工资、投资决策、产品定价、财产处理，以及进出口等方面享有更大的自主权。二是政府和主管部门对企业实行间接管理。政府和主管部门对试验企业的管理只限于负责招聘企业经营者、监督承包合同和国家指令性计划的执行，审定企业"工效"挂钩系数。从各地试验情况看，放开经营加速了企业经营机制的转变，促进了企业内部配套改革的深化，推动了政府主管部门的职能由过去直接管理企业，向服务、监督和宏观调控转变。

6. 推进企业兼并

1987 年全面实行承包制后，出现了"能人治企"的现象，资源开始向优势企业和经营能人集中。一些生产技术水平较高、经营管理较好的企业开始以法人身份承包一些效益较差的企业。使企业间的横向经济联系有了突破性的进展。有的地方推行先承包后兼并，先搞经营一体化，逐步过渡到资产一体化, 企业兼并应运而生。兼并主要有三种方式: 承债式、购买式和控股式。1988 年, 全国有 2856 个企业兼并了 3424 个企业。成都、武汉等地还创办了企业产权交易市场。到 1989 年, 全国有 2315 户企业兼并了 2559 户企业, 通过兼并, 转移存量资产 20.15 亿元, 减少亏损企业 1204 户, 减亏达 1.34 亿元。

7. "税利分流, 税后承包"试点

为解决企业债务负担过重的问题, 国家体改委和财政部制定了"税利分流, 降低所得税, 改税前还贷为税后还贷, 实行税后承包"的改革方案, 作为完善承包经营责任制的重要政策举措, 并于 1988 年选择重庆市进行试点。其做法是: 将原 55% 的所得税税率降为 35%, 税后利润再由企业承包上缴一部分, 其余为企业留利, 企业要以留利归还贷款。在具体实施中, 则根据企业的不同情况, 逐个确定分成比例。不过, 多数已经实行承包制的企业认为, 这种办法尽管比较灵活, 但利益分配环节多, 不如承包制的激励作用大、透明度高, 因此, 对试点的积极性并不高。

(三)"一包"并不"全灵"

随着改革开放的不断深入, 承包经营责任制在激发企业活力的同时, 其局限也逐渐暴露出来, 尤其随着国家价格、财税、投资体制的相继改革, 以及企业进入市场之后发展的要求, 出现了新的问题: 企业责任权利不对称, 国家缺乏必要的手段监管企业经营者的经营风险, 说是自负盈亏, 但实际上包盈不包亏; 承包基数的讨价还价也导致利益的分配不规范, 信息不对称使政府与企业博弈成本大增; 而财产权利不清晰, 人财物资源固化, 使企业经营者难以在企业以及社会的更大范围内进行资源的优化配置; 企业缺乏科学的制度安排, 经营状况受经营者自身能力与道德制约, "花光、用光, 讨价还价、暗箱操作、个人说了算"等短期行为时有发生, 这给企业长期发展带来了不利影响; 而在大企业中的层层承包, 使每个生产单位被分割成为一个个"都市的村庄", 分散了整体实力, 小"作坊式"的生产方式时常引发部门之间、分厂之间、总厂与分厂之间的利益冲突。由承包制带来的"以包代管、短期效益, 各自为政"弊端长此下去, 导致企业发展中局部利益、短期利益至上的倾向, 本位主义不断强化, 严重制约了企业尤其是国有大中型企业按照集约化、规模化组织生产, 致使企业缺乏后劲, 从长期看不利于提高企业的竞争力和持续健康发展。从更深层次看, 承包制更在一定程度上固化了现行体制, 使经济结构调整和资源优化配置受到限制。

专栏 1-5

二汽承包显窘境

"三线"时期建设的第二汽车制造厂是我国有名的国家特大型企业，不仅整个二汽对国家实行总承包，其各个分厂对总厂也实行层层承包，是当时实行全面承包制的典型企业。二汽实行各分厂承包制之后，通过放权让利，减少束缚，各分厂全面走向市场，极大激发了企业活力。尤其是产品最短线的部门，承包制将企业扩大产能、挖掘潜力的主动性推进到了极致。二汽及各个承包单位生产红红火火。但随着企业发展，在二汽，各个专业化协作的分厂与总部制定的现代化分工协作的系统思维和精细化管理的大公司战略目标出现了很大矛盾冲突。二汽很快发现自己从受益于承包，变成了受困于承包。李肃《真相——谁动了中国改革》一书中，有一段对当年二汽承包制进行考察时的描述：

"在不同分厂陆续走向市场的过程中，二汽出现了三个很难解决的难题：第一个难题，作为一个专业化协作要求很强的大汽车公司，各部门之间的本质是内部协作，但层层承包却使协同变得极其困难，各个工厂本来都是整体生产链条中的很小的一部分，每个分厂各自冲向市场以后，为追求计划内产品和计划外市场产品之间的价格差，各部门努力扩大生产，而其往往是满足外部市场需求的冲动更大。各分厂效益的不同使得分厂的总产能不再具有协同性，为整体的计划管理带来困难（集团整体协同的计划性削减）。第二个难题是，各部门不同的效益形成互相攀比，利益不均衡产生利益冲突。在一个国有企业，利益攀比容易导致灰色地带的衍生。为避免来年承包基数加大，效益好的部门产品会出现灰色体外运作——严重时甚至发生了热销产品表面上丢失，实际上却是灰色渠道流出企业的事件。同时，市场销售最困难的部门又容易发生破罐破摔，强调产量不足进而压低计划指标。第三个难题是，分厂承包后，内部利益和福利产生巨大差异。灰色福利分配的机制开始向集团总部渗透，不仅影响资源的合理分配，而且导致腐败和内部矛盾层出不穷。"

上述问题发展到一定阶段后，小作坊式的管理方式与现代的社会化大生产运作模式相背离，对企业向大公司、大集团发展产生了直接的负面影响。

事实上，承包制解决的仅仅是企业进入市场之后的初始动力和最低限度的经营自主权，并没有触及企业进入市场的深层次问题，企业内部的经营机制也未发生实质性变化，可谓"治标未治本"，只不过是计划经济模式下企业管理方式的一种改良。

点评：

承包制：改革的阶段性标志

扩大企业自主权的努力发展到各种类型的承包经营责任制，算是基本到位了。这一阶段的改革是国有企业改革的起步阶段，主要是解决两个方面的问题：一是确立企业的动力机制，一是实现企业的市场导向。在企业实行承包经营责任制的同时，国家不断缩小指令性计划的范围和品种数量，从而逐步放出市场的空间。

承包经营责任制是中国国有企业改革一个重要的阶段性标志。承包制及其之前的改革形式的主要特征是：所有制没有变，结构没有变，企业和职工的社会定位也没有变，改变的是政府对国有企业管理方式和国家与企业分配关系。简言之，即是在原有体制、原有结构的基础上，尽可能充分地调动企业和职工的积极性，并通过多种承包形式尽可能适应各种企业的不同情况。应该说，在种种不变的限定条件下，承包制已经做到极致了。但种种不变的前提也说明，承包经营责任制的适应性有限，仍是一种浅层次的改革，尤其是当短缺经济终结、结构调整加快的时候。

——邵　宁

六、股份制出场：实践呼唤深层的制度创新

承包制在激发企业活力的同时，一些长期困扰国有企业的政企不分、产权不清、包袱过重、缺乏自我约束和自我发展能力等问题相继浮出水面，新的课题提到了改革者面前。深化国有企业改革，必须找到继续前进的出路，而在没有任何先例可循的情况下，只能借鉴成熟市场经济体中的企业制度。股份制顺理成章地进入改革者的视野。

（一）全新视角——股份制的引入

1984 年，世界银行驻北京办事处主任、菲律宾籍华人林重庚在世界银行对中国经济趋势的评价中，针对中国的国营企业改革问题提出，借鉴西方的股份制企业形式，可能是解决中国国营企业问题的一种办法。此建议虽然没有具体化，却引起了当时的国务院领导人的高度重视，让国家体改委等有关部门展开研究。1984 年 4 月，国家体改委在江苏省常州市召开的城市经济体制改革试点工作座谈会上提到了"股份制"问题。会后下发的《座谈会纪要》提出对城市集体企业和国有小企业要进一步放开搞活的办法是，"允许职工投资入股，年终分红"。

【案例】

上海飞乐音响有限公司——股份制改革的先锋

1984 年 11 月 18 日，由上海电声总厂发起成立的上海飞乐音响公司向社会公开发行股票。这是新中国第一张符合规范的股票。上海飞乐音响公司随后改名为上海飞乐音响股份有限公司。飞乐股份有限公司的前身是上海无线电十一厂。1980～1987 年，该厂经历了三次改革。

第一次。1980 年，上海无线电十一厂为扩大生产能力，与上海市仪表电讯工业局（即上海仪表局）局内两个集体企业：上海电子元件十厂和上海风雷广播器材厂联合组成的国营、集体联营企业性质的上海飞乐电声总厂。联营后，生产发展，效益提高。但由于资产关系不顺、内部关系不顺、利益关系不规范，企业在生产经营中遇到了不少问题和困难。

第二次。1984 年经中国人民银行上海市分行批准，采取总厂投资入股，并向社会和企业职工发行股票的办法，自筹资金，开办了上海第一家股份公司——上海飞乐音响公司（社会大众称"小飞乐"）。公司开办 4 年，资本增值一倍。

第三次。1987 年 9 月，经上海市人民政府批准，正式成立飞乐股份有限公司（社会大众称"大飞乐"），经中国人民银行上海市分行批准，当年的 9 月 8 日向社会公开发行股票，1988 年 4 月 18 日被批准股票上市。

1986 年 11 月，来北京出席中美金融研讨会的纽约证券交易所董事长范尔霖先生，在受到邓小平接见的同时，还收到了邓小平赠送的一件礼物：新中国的第一只股票、面值 5 元的上海飞乐公司的股票。几天后，范尔霖来到上海，为邓小平赠送的那张股票办理过户手续。

从 1986 年起，当时改革开放的前沿——深圳开始有意识地选择少数企业试行股份制，个别企业还试探着发行股票。1987 年 5 月，深圳发展银行首次以自由认购的形式，向社会公开发售人民币普通股，后来又三次增发股票。此后，深圳万科企业股份有限公司、金田实业股份有限公司、蛇口安达运输股份有限公司、原野实业股份有限公司 4 家企业，在 1988～1990 年也相继向社会公开发行股票。

但早期深圳发行股票并不顺利，人们购买的积极性并不高。

1990 年 11 月 26 日，经国务院授权、中国人民银行批准，上海证券交易所正式成立。当日举行成立大会暨第一次会员大会，交易所于同年 12 月 19 日正式开业。这是改革开放以来在中国大陆开业的第一家证券交易所。过去曾被视为资本主义标志的证券所在中国大陆落地，是改革开放深入的一个突破性事件。

（二）走向制度创新之路

股份制等一系列市场经济的产物进入中国之后，是否符合国情和改革方向，还有不少的怀疑者、观望者甚至反对者。1992年，邓小平发表南方谈话，明确提出了中国经济体制改革方向的市场化取向。随后召开的党的十四大根据小平同志讲话精神，进一步确定"中国经济体制改革的目标是建立社会主义市场经济体制"。这给国有企业加快股份制改革步伐增添了动力。

建立什么样的股份制，对中国国有企业是一个全新的课题。为了引导规范这项改革，1992年，国家体改委会同有关部门制定并陆续公布了《股份制企业试点办法》、《股份有限公司规范意见》、《有限责任公司规范意见》及股份制企业财会制度、人事管理制度等14个引导股份制试点健康发展的配套文件，加强对试点工作的指导，力图将股份制试点逐步纳入规范化发展的轨道。

截至1992年年底，全国股份制试点企业已达3700多家，其中有69只股票（包括18只B股）分别在上海和深圳的证券交易所公开上市。国家体改委还会同有关部门选择上海石化总厂等9家大型工业企业进行股份制改造和在境内外公开发行股票并到海外上市交易的试点。在以内部职工持股和法人持股为主进行股份制试点的基础上，1992年全国公开发行股票和上市交易的股份有限公司逐渐增加，股票异地上市交易开始试水，试点企业的选择也逐渐转向大型工业企业。

1993年是我国股份制试点迅速发展的一年。据国家体改委生产体制司统计，到1993年年底，共有股份制企业11489家，股本总额达3396.66亿元，其中国家股1247.6亿元，占36.7%；法人股1479.6亿元，占43.6%；内部职工股368亿元，占10.8%；向社会个人公开发行股票100.8亿元，占3%；外资股200.6亿元，占5.9%。

1993年12月20日，八届人大五次会议审议通过了我国第一部《公司法》。按照《公司法》要求组建及规范现有的股份制企业，成为1994年国企改革的一项重要任务。1994年，我国新增股份制企业19847家，其中，有限责任公司17456家，股份有限公司2391家。截至1994年年底，据不完全统计，全国共有股份制企业3.3万家，比1993年增长1.52倍。其中，股份有限公司达到6326家，股本总额2867.56亿元。1994年年底，上海证券交易所、深圳证券交易所，有291家公司挂牌股票上市，比上年新增106家。两地股票市值达3687.83亿元，比1993年增长近200亿元，全年上市总额达644.55亿元，比1993年增长50%以上。17家国有企业完成了股份制改造和到境外募集股份并上市的工作，共募集境外资金192.3亿港元，9.58亿美元。

股份制企业建立初期，社会上普遍开始注重建立符合社会主义市场经济体制要求的新的运行机制，企业的经济效益也随之明显提高。据对1994年中国最大的300家股份制企业中的50家抽样调查统计，销售收入平均增长率为49.73%，利润平均增长率为97.44%，净资产的平均增长率为35.19%，均高于全国平均水平。

与此同时，国有小型企业的改革也在悄然兴起，其方式多采取股份合作制及租赁形式。各地鼓励城镇集体企业、乡镇企业和国有小型企业的内部职工购买本企业的产权或股权，将企业转变为内部职工持股的股份合作制企业。据对上海、沈阳、青岛、南京、哈尔滨、福建、广州等7省市的不完全统计，城乡股份合作制企业已有7300户，城乡集体企业股份合作制已达29万户。通过股份合作制改革，逐步理顺了集体企业的产权关系，建立新的企业领导制度。改组后的企业经济效益也有所提高。

点评：

改革向正确方向迈出的重要一步

股份制概念的引入，是中国国有企业改革向正确方向迈出的重要一步。因为沿着股份制的思路，就必然会遇到产权的问题、包括国有产权的问题，股东的问题、包括国有股东的问题。

在放权让利、扩大企业自主权的改革阶段，政府是一个被动的放权者。政府管的越少越好，是改革所推崇的方向。当时，理论界提出了著名的"企业所有制"理论，实际工作中也已出现了所谓"无上级企业"的试点。从弱化政府对企业行政管理的角度，这个方向有合理的因素；但从政府所有者职能的角度、从国有资产的角度，这个方向实际上是很危险的。

股份制的引入是走向规范的产权制度的第一步。当然，当时的股份制是不成熟的的，治理结构还很不规范；股份合作制事后被证明是一种不成功的改革尝试，按此方式改制的企业都进行了二次改制。但是，在承包经营责任制已经在原有改革路径上走到尽头时，股份制的引入为国有企业改革的深化开创出了全新的天地。

——邵　宁

七、破"三铁"：深层利益关系的调整

所谓"三铁"，是对计划体制下国有企业劳动、工资和人事制度特点的形象概括，即劳动用工制度的计划化和固定化形成的"铁饭碗"；工资分配制度的统一化和刚性化形成的"铁工资"；企业人事制度的资历化和终身化形成的"铁交

椅"。"三铁"导致的直接结果就是企业员工"干多干少、干好干坏、干与不干"都一个样，这样一种机制极大地束缚了企业全体职工的积极性，致使企业缺乏生机与活力，特别是在多种所有制经济蓬勃发展的环境中，其弊端日益突出。

【案例】

"小机斗大机"的故事引发的一场全国性国企改革大讨论

1993年2月7日～3月10日，《经济日报》在头版刊登了发生在大连两家不同所有制企业间的一场风波，一家是成立50余年，为一汽、二汽、北京吉普等大型汽车厂提供90%以上精密组合机床，列入国家"七五"和"八五"技术改造计划，先后投资1.2亿元开发数控柔性组合机床，1992年产值达1.6亿元、利税1600万元，有6000多名职工的国家大型一级企业——"大连机床厂"（简称为"大机"）；另一家则是成立刚两个月，人数不满100人的乡镇企业——"大连渤海机床厂"（简称"小机"）。时值农历"鸡"年，编者起了一个形象而富有深意的标题来记录这场"两机风波"——《"小机"斗"大机"》。

1992年9月，"大机"厂的总经济师、总设计师、总会计师助理三名高层人员同时出走，落户到村办"小机厂"，创办大连机电设备制造销售公司。随后该厂包括设计、经营和生产一线的50余名骨干相继投奔而去，直接承担"大机"厂1994年1.35亿元设计产值任务的30余名主管设计人员，包括室主任在内，被"挖"走了22人，"大机"组合机床60名装配专业骨干走了5人，还有十几人也在酝酿出走。因人才的流失，给"大机"带来巨大冲击：人心不稳，生产组织困难，企业面临严重亏损，最终将可能被"小机"拖垮的危险。而相比之下"小机"的生产却红红火火，短短几个月，设计部门拿出了新产品的图纸，经营部门拿到了大量订单，生产部门紧锣密鼓加班加点，计划短期内拿出第一批产品……不到半年时间，"小机"干出了"大机"几十年都干不成的事：4000万元投资得以落实，计划上亿元产值的新厂已经奠基，预计单是汽车变速箱就上30万台，产值9亿元，更瞄准今后发展成为综合机械企业集团的目标。

陈述"出走"原因，当事者原"大机"的总经济师，后任"小机"厂厂长的李福喜对记者道出原委：除了个人待遇外，更主要看中"小机"厂给予事业发展空间："当时'东家'给条件：一是工厂全权交我负责，他们绝不插手；二是3000万元以下投资由我说了算，他们不干预；三是企业分配由我定，挣得多拿得多，随效益浮动。说穿了也就是充分授权。而在'大机'厂干，掣肘太多，限制很死，事业不会有多大发展。"这从一个侧面反映了不同企业经营机制的差异。

"两机之争"引发了一场国企如何面对市场竞争的争论。由于事件揭示了国企改革中有代表性的深层次问题，报道一出，立即在全国引起了强烈反响和共鸣。讨论罕见的热烈，以致《经济日报》为此进行了连续一个多月的系列报道。除双方当事人，企业界、理论界、政府部门的专家学者、官员，企业职工都参与了讨论。社会各界纷纷从不同角度发表各自看法。有反对，有支持，有失落和愤怒，有赞誉和鼓励，有人发出"救救国企"的呼声；更多的人认为，"小机"代表了时代的潮流，"大机"的尴尬是改革带来的"阵痛"。一个"老国营"的人说，多年的计划体制，企业被管得很死，利润交国家，发展靠计划，厂长经理有力无处使。国企职工与企业利润没有关系，谁还给你多干？有人投稿《经济日报》道：如果国有大中型企业不尽快转换经营机制，企业骨干技术力量流向乡镇企业和"三资"企业、私营企业的现象不仅不可避免，而且还会加剧。很多读者在打给报社的电话中都提到，"两机"风波冲击了现有体制、机制和思想观念，折射出国企改革在由计划经济向市场经济转变过程中新旧体制碰撞所产生的问题和矛盾已日益显性化、尖锐化。这是国企走向市场化中的必然现象。

（一）转机制——回归市场的条件

随着国企改革的逐步推进，人们开始认识到，要真正搞活企业，除了改善企业生产经营的外部环境，实现所有权与经营权的分离、规范政府行为外，还必须改革企业内部的各项基本管理制度，特别是计划经济体制下的劳动、分配和人事制度。这项改革实际上从 20 世纪 80 年代起就已经开始。

1. 从"终身制"到合同制——劳动用工制度改革

1982 年，全国首先开始在 9 个省（市、自治区）16 万人中试行劳动合同制，这是新中国的历史上第一次对实行了几十年的固定工制度发起挑战。到 1985 年，全国全民所有制单位的合同制职工就达到了 332 万人。根据试行的情况，到 1986 年，国务院就劳动制度的改革陆续发布了四个文件：《国营企业实行劳动合同制暂行规定》、《国营企业招收工人暂行规定》、《国营企业辞退违纪职工暂行规定》、《国营企业职工待业保险暂行规定》。到 1991 年年底，全国合同制职工人数达到 1971.9 万人，合同制职工占全部职工总数的 13.6%。大多数省（市、自治区）还推行了优化劳动组合的改革试点，到 1990 年年底，全国国营企业实行优化劳动组合的已经达到 5 万多户，涉及职工 1500 万人。企业劳动关系调整使"终身制"开始动摇。

2. 人事制度改革

1988 年伴随着落实承包经营责任制，企业人事制度也在发生变革，一些地方、企业开始试行以公开招标方式，择优选聘企业承包经营者。1988 年 6 月，中央组织部和国家人事部联合发出通知，要求各地突破传统选拔、任用企业领导干部做法，积极推进竞争招标选聘企业经营者，并就有关政策提出了指导性意见，随后，北京、天津、吉林、辽宁、河北、湖北，以及福州、苏州、哈尔滨、洛阳等省市分别制定了规范招标竞争承包的相关规定。干部选拔由封闭式变为开放式，拓宽了选才视野，一大批经营管理人才得以脱颖而出。据统计，全国实行承包制的国营工业企业中，约占 30% 的承包经营者是通过公开招标选聘的；有的还从企业主管部门对厂长的聘任，扩大到厂长对副厂长、中层干部和技术人员的聘任。

3. 分配制度改革

1985 年以前伴随扩大企业自主权，企业尝试对资金分配权进行改革：在企业内部，把大家评议决定奖金分配改为通过计算确定奖金，拉开档次；一些地方和企业还通过简化工资标准，试行新的工资形式，克服平均主义，理顺工资关系。1985 年以后，随着改革的进一步推进，特别是承包经营责任制的全面实施，各地普遍采用了工资总额与经济效益挂钩浮动（工效挂钩）的改革办法。1985 年 1 月，国务院发布《关于国营企业工资改革问题的通知》，要求从 1985 年起，在国营大中型工业企业中实行"工效挂钩"制度，同时就国营企业工资改革的一系列问题作了明确规定。到 1988 年，全国 40 多万个国营企业中，有 80% 的企业在不同程度上推进了企业内部分配制度的改革。

劳动、人事、分配制度改革在当时只是从局部入手，所涉及的职工也是有限的。在劳动制度的改革方面，采取实行劳动合同制的大多也是"老人老办法、新人新办法"，即实行合同制只限于新招收的工人，对原有的老职工仍然实行固定工制度，因此用工制度的"双轨制"对老职工并无任何冲击。在人事制度改革方面，涉及的也仅仅是一部分竞争承包的经营者，其他人员的聘任制，只是在极其有限的试点企业中进行。在分配制度改革上，也基本上是在保证原有收入水平不下降的前提下"做加法"的增量调整办法，在职工中也未产生太大的冲击。

（二）一石激起千层浪

1992 年加强企业内部改革被提上议事日程。是年 1 月 25 日，劳动部、国务院生产办（原国家经贸委前身）、国家体改委、人事部和中华全国总工会联合发出了《关于深化企业劳动人事、工资分配、社会保险制度改革的意见》。《意见》要求要深化企业劳动人事、工资分配和社会保险制度改革，在企业内部真正形成"干部能上能下、职工能进能出、工资能升能降"的机制，并将此作为转换企业经营机制的重要任务。此后，全国随即开展了大规模的"破三铁"活动。

所谓"破三铁"，就意味着企业可以辞退工人，工作岗位将不再"世袭"，企业管理人员不再终身制，员工工资将根据效益和绩效浮动。一时间，"破三铁"的改革声势大、来势猛。据对全国 23 个省（市、自治区）的统计，到 1992 年 2 月底，进行劳动用工制度改革的企业达到 3.9 万多户，职工 1730 万人，占职工总数的 17.3%。

【案例】

徐州市破除"三铁"的情况介绍

1991年5月，江苏省徐州市全市很多企业经济效益连续滑坡，470户地方工业企业中，已有210户亏损。而与此形成强烈反差的，是企业亏损增加，但干部职工工资照样升。1991年1~5月，全市消费基金增长速度却比利税增长速度多15个百分点。面对严峻的现实，徐州市委、市政府认真分析原因：尽管企业亏损有产品结构、经营管理等诸多因素，但根本原因还是缘于企业"机制不良"。"铁交椅"、"铁工资"、"铁饭碗"使企业内无动力，外无压力。要大胆突破以往"花钱买平安，输血搞抢救"的路子，把点子打在"破三铁，转机制"上。

通过广泛深入调查，徐州市出台了一系列政策措施改革了企业内部的人事、劳动、分配制度：以经济效益定升迁去留，打破"铁交椅"；以企业收益定收入，打破"铁工资"；以个人技能工效定岗位，打破"铁饭碗"。转换机制半年来，徐州市遏制了经济滑坡。到1991年年底，地方工业实现利润由上半年的负2700万元上升到盈利近7000万元，上半年9个全行业亏损中已有4个行业盈利。

"破三铁"改革不仅触动了企业全体员工的利益，给人们的观念也带来了冲击。由于长期以来国营企业形成的职工就业终身制、干部任职终身制和平均主义的分配方式，是作为"社会主义优越性"来宣传和认识的，因此，"破三铁"在企业中引起强烈反响。广大职工即使真心拥护改革，现实中在感情上也难以接受，更何况又涉及个人利益。除此之外，当时"三铁"赖以生存的计划体制未根本消除、相关的政府机构改革未跟上、社会保障不健全，社会环境和氛围尚未成熟，导致"优化"下来的大量职工仍滞留在企业内部。来自各方的阻力导致轰轰烈烈的"破三铁"未能收到预期效果而被迫戛然而止。

（三）玻璃门里的"三铁"

虽然说改革没有回头箭，但改革也没有顺风船。"破三铁"尽管符合改革的大方向，也是国有企业进入市场的必由之路，但由于改革所涉及的利益关系的调整，由于改革所需要的外部配套条件（如社会保障体制的建立）尚不具备，由于多年的体制惯性和观念束缚，这项改革未能按照预期的目标推进。其后又有两次机遇本来有可能解决这一体制性的难题，但也因为种种原因而丧失。一次是三年脱困时期的"减员增效、下岗分流、实施再就业工程"，当时因为一大批困难企业和破产关闭企业的员工被迫离开企业进入到社会再就业（实际为失业），然而最后仍没有将这次改革制度化；还有一次是国有企业改制上市，本来也是内部改革三项制度的绝好机会，但同样没有抓住。因此直到现在，国有企业虽然在改革的路上已经走了很远，在很多国有企业中内部三项制度的改革仍然还很不彻底，以至于成为改革的一道难题和进入市场的障碍。

点评：

未砸烂的"三铁"

砸"三铁"是国有企业内部三项制度改革的先声，针对的是传统国有企业内部僵化的机制，这是国有企业改革一个非常重要的方向和内容。由于企业内部人事、用工和分配制度改革涉及几乎每一个职工的切身利益和观念，因此这项改革的推进是非常艰难的。

推进砸"三铁"这样的改革需要有两个前提：一是非常强的改革氛围，二是社会保障体系健全。因此，这项改革的推进往往是区域性的，一个区域党委、政府重视并大力推动，可以在区域内部形成强大的改革氛围来克服企业内部的阻力。但是，社会保障条件不是一个区域能够创造的。在社会保障体系建立之前，砸掉"铁饭碗"会使职工失去基本生活保障的来源，这会极大地激化社会矛盾。所以，当时砸"三铁"的改革包括劳动合同制改革都有些超前，因为新的社会保障体系尚未建立，这就决定了砸"三铁"的改革难以持续、也难以彻底。但是，这个热潮毕竟把国有企业内部改革的问题鲜明地提上了日程。

——邵 宁

八、制度规范：揭开改革新篇章

国有企业改革前期在"摸着石头过河"的策略下，紧紧围绕企业进入市场进行了各项改革的探索，成效突出，与此同时，新的问题和矛盾也在不断出现。随着国企改革目标的逐步明确，如何将改革中的具体措施逐步纳入规范的轨道，将成熟的做法制度化、法律化，一直是改革者孜孜以求的目标。因此伴随着改革实践的深化发展，国有企业改革逐步从局部调整向制度创新迈进，一些重大的法规和政策陆续出台。

（一）八年磨出《企业法》

20 世纪 80 年代初开始启动的《中华人民共和国全民所有制工业企业法》（以下简称《企业法》）堪称国企改革进程中的一个里程碑。这是新中国成立以来规范国有企业的管理体制和经营行为的第一部基本大法。该法的起草前后经历了 8 年时间，1988 年 4 月才正式颁布实施。

专栏 1-6

《企业法》出台始末

负责起草工作的原国家经委主任、《企业法》起草小组副组长袁宝华在日后回忆了《企业法》出台过程：根据小平同志讲话和指示精神，在 1981 年国家经委就拿出了工业企业法初稿。1983 年 12 月，彭真同志受中央委托，要求按照厂长负责制框架加快制定工业企业法。1984 年年初国家经委再次着手工业企业法草案的研究工作，将解决国有工厂存在问题的关键，明确为解决企业无人负责、无权负责、无法负责、无力负责的问题。1984 年年中，中央书记处以中共中央办公厅、国务院办公厅名义下发了国家经委起草的《工业企业法（草案）》，并指定先在北京、上海、天津、沈阳、大连、常州 6 市进行试点。1984 年 10 月十二届三中全会通过的《关于经济体制改革的决定》明确提出，要实行厂长负责制。由于当时经济体制正处于新老交替时期，受旧的观念和环境等条件的局限，1984～1986 年，《企业法》草案又经过数次修改并数次提交全国人大常委会讨论，因意见不一一度被暂时搁置。为此，1986 年 6 月，党中央和国务院决定在企业法出台前，先将 1982 年下发的《基层党组织工作条例》、《厂长工作条例》和《职代会工作条例》三个文件进行若干重要修改，下发至正在进行企业领导体制改革试点的全民所有制工业企业中试行，进一步明确企业党组织、职工代表大会和厂长各自的责任制度，为实行厂长负责制创造必要条件。1988 年 3 月，《企业法》（草案）提交到党的十三届二中全会进行讨论，之后作为立法建议提交到 1988 年 4 月全国人大七届一次会议审议，获得了通过。

《企业法》确立了国有企业是独立的法人主体而不是政府附属物的法律地位，解决了企业作为独立法人实体的地位问题，使国有企业成为自负盈亏的责任主体。基本原则就是要实行"两权分离、厂长负责制、民主管理、两个文明建设一起抓和按劳分配"。《企业法》对企业的内、外部关系、经济关系和行为规范等做了明确规定，提出要改变国有企业的领导体制，使厂长真正负起责任来。作为企业则必须自负盈亏、自主经营，具有自我发展能力。"把国营大中型企业推向市场"则是《企业法》中另一项尤为引人关注的内容。总体看，《企业法》是一部中国特色社会主义的企业制度。

但是，《企业法》受制于当时的认识水平、体制条件、客观历史环境和企业自身状况等，在具体实施中与法律规定还有很大距离，政企不分、职责不清的问题在《企业法》颁布后并没有从根本上解决，企业应享有的权利还没有到位。尽管如此，从法律上对国有企业的权力地位责任做出比较清晰的规定，至少表明认识和观念上向前进了一大步。

（二）破产制度在法律上确立

实行企业破产制度是市场经济发展的客观要求，也是一项基础性的制度。市场经济中的优胜劣汰法则主要体现为企业的"有生有死"。但国有企业在传统的体制中是只生不死，这也是国有企业缺乏效率和活力的重要原因之一。国有企业实行市场化改革以来，逐步成为市场竞争主体，一些长期亏损扭亏无望的低效甚至无效的企业应不应该退出市场以及如何退出市场，日益成为一个迫切需要回答和解决的问题。如何退？如何实施"破产"？最终是借鉴市场经济中的做法，先从法律上入手，为企业退出市场提供基本的规则。立法被提上了议事日程。1986年 6 月，国务院向全国人大常委会提交了《企业破产法（草案）》。全国人大常委会于 12 月 2 日审议通过，规定自《企业法》实施满三个月之日起在全国范围内试行。《企业破产法（试行）》明确，凡经营管理不善造成严重亏损，不能偿还到期债务的企业，将依法宣告破产，其适用范围涵盖了全部全民所有制企业。

就在全国人大常委会审议《企业破产法（草案）》期间，1986 年 8 月 3 日，沈阳防爆器材厂宣告破产，这是新中国成立后第一家正式宣告破产的国营企业。在此期间，武汉、重庆、太原等城市先后对 10 余家集体所有制企业、全民所有制企业进行了破产试点工作。

国有企业破产是建立优胜劣汰机制的必然之路，但国有企业破产的难度之大也超出改革者的意料，它不只是涉及债权债务方面的问题，更有着职工就业、社会稳定等方面的挑战。鉴于此项改革的艰巨性，1994 年，在《企业破产法（试行）》的基础上，国务院又出台了《关于在若干城市试行国有企业破产有关问题的通知》（国发［1994］59 号），确定先在上海等 18 个城市进行国有企业破产工作试点。到 1995 年，据山东、河北、辽宁、武汉、长春等 19 个省市统计，破产和进入破产程序的企业超过了 1000 家。

（三）《转机条例》再出招

《全民所有制工业企业转换经营机制条例》（以下简称《转机条例》）是又一部关于国有企业改革的重要法规。《转机条例》是在时任国务院副总理的朱镕基亲自指导下，由国务院生产办、国家体改委、国务院法制局等有关部门根据《企业法》制定，在 1992 年 7 月 23 日以国务院第 103 号令颁布。《转机条例》认为，国有企业改革的关键是转换经营机制，"转机"的目标是适应市场的要求，成为依法自主经营、自负盈亏、自我发展、自我约束的商品生产和经营单位，成为独立享有民事权利和承担民事责任的企业法人。企业转换机制的重点就是落实企业自主权，《转机条例》还明确要求政府转变职能，改革管理企业的方式。

《转机条例》规定企业应享受的最基本的 14 条经营自主权：企业享有生产

经营决策权；产品、劳务定价权；产品销售权；物资采购权；进出口权；投资决策权；留用资金支配权；资产处置权；联营、兼并权；劳动用工权；人事管理权；工资奖金分配权；内部机构设置权以及拒绝摊派权。

从《转机条例》赋予企业的 14 项经营权可以反证出，在计划经济时期，企业作为经济活动的基本经济单位，实际上并不享有包括人财物、产供销等的最基本的权利。因此，转换经济机制最大意义实际上就是要还原企业的真实面目，让企业具备进入市场的基本条件。其中，打破企业的"铁交椅"、"铁饭碗"、"铁工资"，真正形成"干部能下能下、职工能进难出、工资能升能降"的机制，也被纳入《转机条例》，成为转换企业经营机制的主要任务和改革重要内容。

在《转机条例》发布一周年之时，朱镕基副总理曾批示：《条例》是建设社会主义市场经济体制的一块基石，认真贯彻《条例》就会收到转换企业经营机制、改善经营管理、提高经济效益的效果。

然而，转换企业经营机制必然涉及大的制度环境和方方面面利益的调整，以及企业法人财产权的落实等深层次的改革，在《转机条例》实施过程中遇到了来自政府、企业、社会直至企业职工在观念、体制、利益等各方面的阻力。如在破除铁饭碗、铁交椅中厂长们有"几怕"：一怕乱工厂秩序，二怕人才流失；三怕上下左右干预，四怕"钉子户"闹事。另外，还有企业裁减冗员与社会充分就业冲突，企业新机制与政府旧体制的冲突，等等。这些矛盾冲突交织在一起，现实而具体地告诉人们：建立有效的社会主义市场经济体制下的企业运行机制，并非企业单方面所能解决的。在进一步推进国有企业改革过程中，必须处理好"点"（企业）和"面"（社会）的关系、"烧火"（推进改革）与"揭锅"（问题暴露）的关系、"开渠"（制度建设）与"放水"（进一步放松对企业管治）的关系、断退路与找活路的关系、放水养鱼和杀鸡取蛋的关系等一系列问题。

1993 年 3 月 8 日，国家经贸办陈清泰副主任在回答新华社和《人民日报》记者问时提到《条例》贯彻中遇到的几个问题：一是少数地区和部门单位重视不够；二是政府部门职能转变滞后，机构未精简是制约企业经营机制转化的重要因素；三是配套政策跟不上，如社保、人事劳动制度、金融体制等，影响企业走向市场；四是等待观望情绪严重等。

国有企业在"转机"过程中面临的困境表明，通过放权让利扩大国企自主权，在经济活动中引进市场的机制受到了制度上的阻碍，不从根本上摆脱原来计划经济框架的束缚，寻求制度上的突破，国企改革难以继续深化。在围绕《条例》贯彻中的问题进行讨论时，1992 年前后一些专家学者开始提出有关国有企业的制度建设方面的问题。时任国家体改委副主任的高尚全在《国有企业转换经营机制的难点和对策》中提到：企业实现转机的两大难点，一是没有形成企业自主经营、自负盈亏的市场环境；二是还没有找到企业能够自负盈亏的具体实现形式。著名经济学家王珏撰文《企业走向市场需要理顺产权关系》，提出股份制的现代企业制度是国有企业改革的目标模式。在实践中各方面日益形成共识：国企转换机制根本上要着眼于解决体制和制度问题，使企业拥有法人财产权，真正从政府的附属部门转变为自负盈亏、独立承担民事责任的经营主体，只有这样，《条例》才能真正得到落实。这些观点逐步被大家认同，有的还被吸收到党和政府的决议之中。

（四）现代企业制度走向前台

国企改革的深化与中国经济体制改革是相互促进的。1993年党的十四届三中全会《关于建立社会主义市场经济体制若干问题的决定》（以下简称《决定》）在将改革的目标确立为建立社会主义市场经济体制，明确了国有企业改革的方向，提出了建立现代企业制度的问题。因为现代企业制度是市场经济中成熟的企业制度，中国建立社会主义市场经济体制，其微观基础的构造只能借鉴这一制度。《决定》指出："一般小型国有企业，有的可以实行承包经营、租赁经营，有的可以改组为股份合作制，也可以出售给集体或个人。出售企业和股权的收入，由国家转投于急需发展的产业"。对国有大中型企业，尤其是特大型企业改革的方向则明确提出是建立现代企业制度，并将现代企业制度的基本特征和内涵概括为"产权清晰、权责明确、政企分开、管理科学"。现代企业制度建设的提出标志着国有企业改革由过去的既有制度框架下进行利益关系的局部调整，转向按照建立社会主义市场经济的要求，全面系统地构建全新的企业制度，改革的方向和任务更为清晰明朗。

专栏 1-7

现代企业制度的内涵

现代企业制度的含义有5个方面：第一，产权关系明晰，企业中的国有资产所有权属于国家，企业拥有包括国家在内的出资者投资形成的全部法人财产权，成为享有民事权利、承担民事责任的法人实体。第二，企业以其全部法人财产，依法自主经营，自负盈亏，照章纳税，对出资者承担保值增值的责任。第三，出资者按投入企业的资本额享有所有者的权益，即资产收益权、重大决策和选择管理者等权利。企业破产时，出资者只以投入企业的资本额对企业债务负有限责任。第四，企业按照市场需求组织生产经营，以提高劳动生产率和经济效益为目的，政府不直接干预企业的生产经营活动。企业在市场竞争中优胜劣汰，长期亏损、资不抵债的应依法破产。第五，建立科学的企业领导体制和组织管理制度，调节所有者、经营者和职工之间的关系，形成激励和约束相结合的经营机制。

　　与党的关于国有企业建立现代企业制度的决议相呼应，1993 年 12 月 29 日，第八届全国人民代表大会第五次常务会议通过了第一部《中华人民共和国公司法》（以下简称《公司法》），为现代企业制度建设提供了法律框架。1994 年，按照中共十四届三中全会的《决定》，为探索建立现代企业制度的有效途径，国务院决定选择 100 家国有大中型企业，按照《公司法》进行现代企业制度试点。各省（直辖市、自治区）政府在积极参加国务院组织的试点的同时，也在各自的范围内选择企业开展建立现代企业制度的试点工作。国企改革由此进入制度创新阶段。

点评：

解决深层次问题的探索

　　20 世纪 80 年代的国有企业改革，几经探索最后定位在承包经营责任制的模式上。进入 90 年代以后，随着多种所有制经济的发展和中国短缺经济的终结，市场竞争日益加剧、结构调整的压力日益加大。这种形势使得不动所有制、不调结构、不改变职工身份的改革模式越来越难于适应，各种触及深层次矛盾的改革探索也随之展开。

　　值得注意的是，构成日后三年改革脱困攻坚战的几项重大改革措施在 1998 年之前已在酝酿。国有企业政策性破产工作开始试点，以退为方向的国有小企业改革在一些县级区域悄然推开，安置下岗职工的再就业中心在上海纺织控股集团公司已开始运作。这些涉及所有制、涉及结构、涉及职工的改革探索，虽然还是局部性的、试点性的，但为 1998 年之后大规模的改革攻坚进行了重要的实践准备。

——邵　宁

第二章

浴火重生：国企三年脱困

在中国国有企业改革的历史进程中，1998～2000年的三年改革脱困是一个具有标志性的阶段和重大的转折。从1984年城市经济体制改革开始，国有企业改革成为经济体制改革的中心环节，经过10余年艰苦探索和实践，逐步从传统体制下的政府附属物转变为自主经营的经济实体，无论是在体制上还是内部的管理上都取得了显著成效，整体素质有了明显提高。但在改革进一步深入推进的过程中，国有企业遇到了与旧体制的深刻碰撞，陷入了前所未有的困境。为了解决国有企业面临的这些深层次的矛盾，1997年年底中国共产党十五届一中全会提出，要用三年左右的时间，通过改革、改组、改造和加强管理，使大多数国有大中型亏损企业摆脱困境，力争到20世纪末时大多数国有大中型骨干企业初步建立现代企业制度。这就是改革脱困的"三年两大目标"。1998年新一届中央政府组成之后，即把实现三年两大目标作为本届政府最重要的任期目标之一，一场意义深远的改革攻坚战由此打响。

一、改革进入地雷阵

不管前面是地雷阵还是万丈深渊，我都将一往无前，义无反顾，鞠躬尽瘁，死而后已。

——朱镕基，1998 年

（一）旧体制的遗产

我国经济步入改革开放的 20 世纪 90 年代，国有企业受到外部市场和政策环境变化及企业内部机制调整的双重挤压，遭遇到转轨中严重制约发展的瓶颈，大量国企经济效益逐年大幅度下滑，严重亏损，企业生产频频告急，大量国企员工下岗。就在国企落入低谷、形势严峻的 1997 年 7 月，时任国务院副总理朱镕基在辽宁考察。那次考察中首次以"三年脱困"来概括国有企业的改革目标和任务。朱镕基副总理在考察中提出：必须坚定信心，扎实工作，用三年左右时间使大多数国有大中型企业走出困境。具体要从三个方面入手：一是继续加强国有企业领导班子建设，尤其是要选好企业的厂长、经理；二是必须坚决走"鼓励兼并、规范破产、下岗分流、减员增效、实施再就业工程"的路子；三是要利用多种方式，包括直接融资的办法，帮助国有企业增资减债。

1998 年 3 月，刚刚当选的朱镕基总理在记者招待会上回答香港记者吴小莉的提问时说"不管前面是地雷阵还是万丈深渊，我都将一往无前，义无反顾，鞠躬尽瘁，死而后已"。

用改革的地雷阵来形容中国国有企业改革乃至整个中国经济体制改革所面临的复杂艰难却又绕不过去的局面，实在是再恰当不过了。为了更好地认识 1998 年中国国有企业和中国经济改革的困局，看清如何破局"地雷阵"，有必要回顾一下中国国有企业的改革路径。

以 1978 年党的十一届三中全会召开为标志，我国国有企业改革经历了三个阶段：1978～1997 年以放权让利为标志的改革探索阶段，1997～2002 年以三年改革脱困为标志的改革攻坚阶段，以及 2003 年以来以国有资产管理体制改革推动国有企业改革的制度创新阶段。

始于 1978 年的国企改革，充满了故事。1979 年 5 月，国家经委、财政部等6 部委联合发出通知，宣布选择在首都钢铁公司、天津自行车厂等 8 家大型国企率先扩大企业自主权的试验。① 1979 年 7 月，国务院下发了《关于扩大国营工业企业经营管理自主权的若干规定》等 5 个文件，扩大企业自主权的改革，并对

---

① 吴晓波：《激荡三十年——中国企业 1978～2008》，中信出版社 2007 年 1 月版。

扩权的主要内容做了规定。1983 年 2 月，国务院批转财政部《关于国营企业"利改税"试行办法（草案）的报告》，决定从 1983 年 1 月 1 日开始，对国营企业实行"利改税"办法①。之后，首都钢铁公司的周冠五、石家庄造纸厂厂长马胜利等企业家开始走上了历史舞台，探索以放权让利为特征的国有企业改革路径，并最终定格于企业承包经营责任制。

1992 年 7 月，国务院颁布了《全民所有制工业企业转换经营机制条例》，明确了企业转换经营机制的目标。1992 年 10 月，党的十四大明确提出中国经济体制改革的目标是建立社会主义市场经济体制。《股份制企业试点办法》、《股份有限公司规范意见》等各项配套法律法规、政策制度逐步出台，用于规范、推进国有企业的股份制试点工作。1995 年 9 月 28 日，十四届五中全会通过了《中共中央关于制定国民经济和社会发展"九五"计划和 2010 年远景目标的建议》，第一次提出了"抓大放小"的改革战略。这是中国国有企业经历了宏观管理改革（放权）、初级产权改革（承包制）的阶段后，开始进入产权改革的层面。

进入 20 世纪 90 年代，在国有企业改革进入产权改革的初期时，中国经济和国有企业的经营开始面临着新的困难，国有企业经营业绩急剧下滑。国有企业深层次矛盾与市场经济体制的逐步建立形成了强烈的反差，在财政体制、金融体制已经改变的背景下，在市场竞争格局初步形成且已大大激化的环境中，旧体制掩盖下的国有企业长期低效率运行问题凸显出来。在国有经济的运行上，具体表现为经济效益急剧下降，亏损企业增加，大批职工下岗，一大批企业亏损严重，难以为继，有的已濒临倒闭。

（二）屋漏偏逢连天雨

历史似乎喜欢在特殊的事件上刻上特殊的印记，正如 1997 年香港回归当晚的倾盆大雨。7 月 1 日的大雨，是洗刷耻辱的象征，也是 1997 年亚洲金融危机的前兆。

1997 年 7 月 2 日，泰国政府宣布放弃了从 1984 年以来一直执行的固定汇率制度，改为浮动汇率制度。泰铢当天下跌了 17%，而到了 10 月 1 日，泰铢已经跌去超过 30%。这一天成为了亚洲金融危机全面爆发的起点，亚洲的新兴市场国家像多米诺骨牌一样一个接一个地陷入经济混乱之中。当时的观察家评论说"某种以前不知道的且具高度传染性的经济瘟疫在亚洲大陆蔓延"②。菲律宾、马来西亚、印度尼西亚，"亚洲四虎"中的三只虎在做出了顽强抵抗后，最终分别以菲律宾比索下跌 25%、马来西亚吉林特下跌 25%、印尼盾下跌超过 59% "惨

---

① 张卓元、郑海航：《中国国有企业改革 30 年回顾与展望》，人民出版社 2008 年版。
② 戴维·德罗萨：《20 世纪 90 年代金融危机真相》，朱剑锋、谢士强译，中信出版社 2007 年版。

烈"收场。

随后，国际金融炒家将目标从"虎"转向了"龙"，并开始袭击日本、中国台湾、中国香港、韩国等国家和地区。1997 年 10 月，香港股市急剧下滑，第二轮亚洲金融危机开始了。尽管香港特区政府下决心入市干预以及中央政府对香港特区的支持，使得国际炒家在东南亚市场第一次"战败"。东南亚经济与金融市场逐渐回归平静，但这场"金融风波"已经对实体经济造成了冲击，日本、韩国、中国香港、泰国等国家和地区均出现了 2% ~7% 不同程度的负增长，在中国国内，经济受到影响的严重程度也是显而易见的，市场的剧烈变化，使得中国国有企业处境更为艰难。

点评：

"连天雨"不仅下在境外

造成 20 世纪 90 年代下半期国有企业极端困难的外部因素不仅仅是亚洲金融危机，这一时期我国财政和金融体制的变化对国有企业的影响更加深刻。

人们一般理解，国有企业背靠着国家资源的支持，尤其是财政和金融资源。但这种可依赖的关系随着我国财政和金融体制的改革迅速发生了变化。

财政对国有企业的资本金注入从 20 世纪 80 年代初的"拨改贷"就停止了，但此时还有财政对国有困难企业的亏损补贴。这项补贴在 1985 年曾占到财政收入的 20.2%，而后迅速下降，1990 年为 16.5%，1995 年为 5%，2000 年为 2%，2003 年完全停止。财政对国有企业的输血渠道切断了。

银行从本质上不愿给亏损的国有企业贷款，但受到政府尤其是地方政府的干预。随着中国金融体制改革加快，国有银行独立经营主体的地位日益强化。1998 年，为减少地方政府对银行的干预，中国人民银行撤销了 31 个省级分行，改按大区设置分行。这是金融系统独立性确立的一个标志性事件，国有银行对困难国有企业的输血渠道也切断了。

财政和金融系统停止对国有企业输血，是体制上的一大进步，迫使国有企业自负盈亏、真正走向市场。但同时也使长期被掩盖的国有企业的问题统统表面化并激化了，国有困难企业尤其如此。

——邵　宁

（三）不堪重负陷困境

根据国家统计局提供的数据，截至 1997 年年底，全国 31 个省（区、市）的国有及国有控股工业企业盈亏相抵之后，有 12 个省（区、市）为净亏损。从行业状况看，多个行业部门亏损严重，其中纺织、煤炭、有色、军工、建材全行业亏损，形势严峻，全国国有及国有控股的 16874 户大中型工业企业，亏损6599 户，亏损面达 39.1%，亏损额达 665.9 亿元。这一趋势还呈蔓延趋势。

表 2-1、表 2-2 可清楚直观地显示当年国有企业经营状况的窘境。

表 2-1　　　　　　　　　　国有大中型工业企业基本情况　　　　　　　　单位：亿元

年份 项目	1994	1995	1996	1997
企业数	14517	15668	15763	16874
亏损企业数	4220	5151	5885	6599
亏损面（%）	29.07	32.88	37.33	39.11
利润总额	831.43	704.97	493.56	856.50
盈利企业盈利额	1153.55	1145.41	1048.78	1522.40
亏损企业亏损额	322.12	440.44	555.22	665.90
资产总额	32188.22	39346.37	44246.30	57781.70
负债总额	21661.47	25426.24	28186.22	36462.34
资产负债率（%）	67.30	64.62	63.70	63.10

表 2-2　　　　　　　　　　国有工业企业亏损基本情况

年份	亏损额（亿元）	亏损面（%）	亏损率（%）
1990	348.76	27.55	47.33
1991	367.00	25.84	47.71
1992	369.27	23.36	40.83
1993	452.64	28.78	35.64
1994	482.59	30.89	36.79
1995	639.57	33.53	43.87
1996	790.68	37.70	63.51
1997	830.95	38.22	66.01

从表 2-1、表 2-2 可以清楚地看到，在 1997 年前后，中国国有经济状态低迷，由国有企业效益持续下滑引致了诸多问题，有的已经到了非常尖锐的程度。

（四）优胜劣汰求生存

2008 年，凤凰卫视主办的《凤凰网》以"中国这三十年"为题回顾了改革开放 30 周年，其中，1993～1997 年被定义为"激进与梦想"的五年。事实上当大部分国企的领导人在 1998 年年初回顾过去几年的经营业绩时，也许连梦想的勇气都没有了。

1. 辽宁现象

从地域上看，东北三省作为老工业基地，无疑是国企改革陷入困境的重灾区之一，其中，辽宁省所经历的国有企业转型的阵痛及其对地方经济的冲击更具有代表性。辽宁省作为重要的老工业基地之一，曾为全国的建设事业做出过重要贡献，但在向市场经济体制转轨的过程中，辽宁省国有企业历史上形成的机制性、结构性矛盾日益突出：国有企业比重过大、传统产业过重、企业负担过重、重工业企业集中以及单一的体制、单一的公有制结构、单一的产业结构、单一的财政来源，架构起一个典型的计划经济模式。到 1997 年，全省国有工业企业已经连续三年净亏损，当时的 926 户国有大中型企业中亏损 491 户，亏损面高达 53%，一大批企业处于停产、半停产状况。由于国有企业亏损严重、亏损面大、涉及面广，引起国内外的广泛关注，被称为"辽宁现象"。党中央、国务院对此十分关心和重视，江泽民总书记、朱镕基总理等党和国家领导人先后多次到辽宁省视察工作，帮助辽宁理清发展思路，解决重点和难点问题。国有企业三年改革与脱困的任务就是 1997 年 7 月朱镕基同志到辽宁考察国企时首次提出的。

2. "黑白双困"

2008 年 10 月，里昂证券研究部主管 Andrew Driscoll 公开向媒体表示，"如果中国神华在 2008 年到 101 港元，我将穿上超短裙与大家见面。"Andrew 之所以有如此"疯狂"的预言，来自于瑞银亚洲矿业分析员白仲义此前更"疯狂"的预测，将我国煤炭行业领军企业中国神华的目标价从 35.15 港元上调至 101 港元。如果我们把时间推回到 10 年前，很难想象作为三年脱困期间的"困难生"的煤炭行业，会给投资者如此美好的憧憬和想象空间。

煤炭行业和纺织行业面临的困境在当年的国企脱困过程中颇具代表性，我们称为"黑白双困"。下面以这两个行业为窗口，回到国企三年脱困前，看看当时国有企业面临的究竟是怎样的一种困境。

从 1996 年开始，煤炭行业随着经济周期的调整，面临需求不足、库存高企、价格持续回落的状况。从 1997 年开始煤炭产量出现负增长，1998 年的煤炭产量增速更下滑至 8.95%。相关资料显示，1997 年，煤炭行业有国有大中型企业 170 户，其中，原中央国有重点煤矿 94 户，其他煤炭企业 76 户。170 户企业实现利润 4.16 亿元，其中，盈利企业 108 户，亏损企业 62 户，亏损面为 36.5%。94 个国有重点煤矿亏损 1633 万元（补贴前，下同），其中，盈利企业 66 户，亏损企业 28 户，亏损面为 30%。年利润额在 10 万元以下的有 24 户，占国有重点煤矿的 1/4 以上，亏损额最高的鸡西矿务局亏 5.7 亿元，其次是抚顺矿务局，亏4.54亿元。盈利企业的基础也十分脆弱。到1998年，煤炭企业亏损额和亏损面大幅度上升，170户国有大中型企业中，盈利企业50户，亏损企业120户，亏损面为70.6%。94个国有重点煤矿亏损近40亿元，只有18户企业盈利，亏损企业76户，亏损面高达80.9%。大多数煤炭企业生产经营陷入困境之中。

作为三年脱困突破口的纺织行业的情形也不容乐观。1997年，朱镕基副总理在上海调研时指出："只要困难最大的纺织行业突破了，就没有哪个行业不能突破了。"一语道破纺织业的艰难。

作为我国传统产业部门的纺织业在国民经济中曾发挥过重要作用，即使到20世纪90年代中期，纺织工业的总产值仍占到全国工业的1/8，职工人数占到1/7，出口占到1/4。而在纺织行业中其国有经济比重一直较高，特别是棉纺织行业。1997年棉纺锭的70%分布在国有企业，相当一部分又分布在中心城市。从1993年开始，随着市场的变化和农村纺织工业的崛起，国有纺织行业逐渐成为全国国有工业中困难最大、亏损最严重的行业之一，到1996年跌入低谷。1996年国有大中型纺织企业亏损户数占全国国有大中型亏损企业总数的18%，亏损额占19%；涉及职工人数180万人，占全国大中型亏损企业人数的20%；企业亏损面达42%，高出全国国有工业8个百分点。1997年纺织业的工业增加值率仅为19.63%，低于全国平均水平7.7个百分点；每百元固定资产原值实现的利税仅2.52元，仅为全国工业平均水平的1/4；每百元销售收入实现的利润为-1.73元，全国平均水平为2.57元；工业成本费用利润率为-1.93%，全国平均水平为3.05%。到1997年年底，国有纺织工业平均资产负债率达到82%，比全国国有工业平均负债率高出17个百分点。有1/4的企业资产负债率超过100%，资产负债率在90%以上的企业占到了43%。同时，国有企业人员太多，我国棉纺企业用工水平为国际一般水平的2倍以上，中心城市纺织老企业离退休职工与在职职工的比例一般为1：1，有的企业甚至达到2：1。1997年国有纺织企业的平均劳动生产率仅为1万元，而非国有企业达到人均2.2万元。要达到有竞争力的水平，国有纺织企业职工要减少50%左右，大致250万名职工需要安置、转移。这是结构调整和改革的最大难点。

与国有纺织工业巨额亏损形成鲜明对比的，是非国有纺织工业利润逐年稳定的增长，从经济运行指标上看，具有明显的优势。1997年国有纺织企业净亏损72.2亿元，而非国有企业实现利润109.24亿元；国有企业实现利税总额7.31亿元，非国有企业实现利税总额276.71亿元。1997年非国有企业利润比1990年增长了4.38倍，平均年增长率达23.5%。这说明纺织工业的突出困难主要集中在国有企业。

表2-3 纺织服装化纤工业产值、职工人数、出口占全国工业和商品出口的比重 单位:%

年份	1978	1980	1985	1990	1994	1995	1996	1997	1998
产值比重	14.7	17.4	17.9	16.5	15.2	14.6	12.9	12.2	11.9
职工比重	10.5	11.4	12.7	14.8	14.6	14.2	14.2	13.5	13.0
出口比重	24.9	24.1	23.5	27.0	29.8	29.4	25.5	24.9	24.5

纺织行业先行扭亏解困，可以对其他行业起到重点突破、取得经验、带动全局的作用。纺织工业后来被作为突破口，成为脱困的重点。

专栏2-1

以纺织工业为改革脱困突破口

时任国家经贸委副主任的蒋黔贵同志在《重塑企业制度》一书中回忆当时改革脱困第一仗的纺织行业的情况时说：鉴于纺织行业的严峻形势，被朱镕基同志喻为"困难最大的行业"，在1997年的中央经济工作会议上，明确提出了以纺织工业为改革脱困突破口。具体任务：压缩淘汰1000万锭落后棉纺锭，分流安置120万名下岗职工，全行业实现扭亏。同时政府在政策上给予支持：每压一万锭，财政补贴300万元，银行贴息贷款200万元，用于发展改造和安置职工。1998年纺织全行业开始了以"压锭、减员、调整、增效"为主要内容的结构大调整。上海率先敲响压锭第一锤。首批销毁12万锭落后纱锭。由此拉开了脱困攻坚的序幕。到1999年年底已累计压锭906万锭，分流安置职工116万人，全行业实现利润9.5亿元，提前一年完成了全行业的脱困任务。到2000年实现利润更是打造出历史最好水平，打了一个"漂亮的翻身仗"。

---

3. 艰难的局面

令人担忧的是，国有企业这种艰难不是仅仅发生在某一地区、某个行业，而是全局性的。当时，从全国来看，国有及国有控股企业都同样面临着前所未有的困难局面。据《中国财政年鉴2002》的数据，国有资产利润率在1997~1998年达到了最低值。国家经贸委的统计数据和调查显示，全国31个省（市、区）的国有及国有控股工业企业盈亏相抵之后，有12个省（市、区）为净亏损，亏损总额达665.89亿元。从行业状况看，形势也比较严峻，纺织、煤炭、军工等多个行业亏损严重。在国家经贸委提交给国务院的一份报告中，描述了当时国有企业的现状："在1997年前后，中国的国有企业问题已经到了非常尖锐的程度……在一个变化了的宏观经济体制背景和市场竞争格局下，改革进展不平衡的后果越来越表面化。在财政不愿提供亏损补贴、银行不愿提供贷款的情况下，国有亏损企业的问题已经成为一个影响稳定的社会问题，尤其是在当前社会保障体系尚未健全的背景之下。"

在国企改革经过前期的探索和实践取得一系列成效的同时，体制、机制等方面的深层次问题却并未取得实质性突破，多年积累的矛盾和问题开始不断加深甚至激化。"下岗"、"破产"、"亏损"、"效率低下"、"改革似乎走到尽头"等词语成了1995～1996年"激情燃烧的岁月"之后国企状况描述中出现频率最高的词语。

对于一项涉及二十几万家企业数千万名职工的艰难改革来说，尽管需要一个较长期的过程，但问题是在一个变化了的宏观经济体制背景和市场竞争格局下，改革进展不平衡的后果越来越表面化。随着市场化推进，财政不再提供亏损补贴、银行不再提供贷款，国有企业因缺资金而没有创新、缺市场而没有订单、缺人才而社会负担压力沉重，由此所导致的竞争力低下，以及长期掩盖下的亏损显性化引发了大量企业经营艰难，处于停产、半停产，不能按时足额发放，甚至拖欠职工工资，大量职工下岗、失业，生活困难，在当时社会保障系统很不健全的背景下已经成为一个严重影响稳定的社会问题。有评论说，国企已到了生死存亡的边缘。这种严峻形势要求中央政府采取一种与以往不同的、力度更大的改革方针，强力推进改革，才可能扭转局面，促使国有经济逐步走上良性发展的轨道。

在这个背景下，提出国有企业改革三年两大目标，实际上是在那个非常时期所提出的非常之策。既是危机形势所迫，也是企业改革发展的必然，历史的必然。

（五）不仅仅是为了脱困

同中国的经济体制改革一样，中国的国有企业改革也是"摸着石头过河"，在不断尝试、解决问题的过程中渐进式推进。改革初期的一些问题，在"短缺经济"的经济环境下被掩盖或忽视了。随着市场进入买方市场，绝大多数商品出现供大于求的状况，种种不适应市场的结构性矛盾非常尖锐地暴露出来。这包括低水平重复投资、重复建设，在国有经济内部形成了大量过剩的生产能力；在计划经济体制下形成的不合理的生产力布局，还未得到及时有效的调整，严重妨碍了国有经济资源的合理配置；以自给自足为特征的"大而全、小而全"的国有企业组织结构，降低了企业的运行效率；受投资体制限制和企业长期缺乏必要积累以及计划经济的生产模式的影响，国有企业长期缺乏创新和市场开拓意识，重生产、轻开发、忽视营销，产品几十年一贯制，研发投入严重不足、技术创新能力低下，导致其装备水平落后、产品结构不合理，不能适应日益变化的市场需求，竞争力明显不足。这些问题，在纺织、家电等行业尤为突出。

企业内部经营机制的矛盾和严重不适应市场竞争的问题随市场化程度的提升也逐步暴露出来。1994年《中华人民共和国公司法》颁布实施后，国有企业改制有了法律依据。大多数国有企业按照《公司法》的要求，改为了有限责任公司或股份有限公司，问题是绝大多数改制公司的股权结构仍然是国有独资或国有绝对控股，政企不分的问题没有解决，出资人没有真正到位，经营责任难以落实、经营机制仍然难以适应市场竞争的要求。国有企业从20世纪80年代初期就开始推行的三项制度改革，在大多数企业还并没有到位，平均主义"大锅饭"没有根本打破，"职工能进不能出、管理人员能上不能下、收入能高不能低"的问题还在困扰着企业。与"三资"企业、民营企业、乡镇企业、改制真正到位的股份制企业相比，国有企业经营机制上反差强烈，一旦市场竞争加剧就会处于极为不利的地位。

除此之外，在计划经济时期，国有企业还扮演起一级社会组织的角色，为此承担了大量社会职能，在企业中，除了"大而全"、"小而全"的生产体系外，公检法司、从托儿所到大学的厂办教育、后勤商业服务等无所不包，当时形象的说法是：企业除了没有火葬场，什么都有。多年来形成的企业办社会、富余人员和债务负担，严重阻碍了国有企业进入市场。有关部门调查的情况显示，国有企业的富余人员一般都在1/3以上，有的甚至高达1/2；国有企业承办的义务教育阶段的学校占全社会城镇同类学校的1/3；国有企业办的医院占全社会医院数量的40%，病床数占1/3。各类社会服务机构的设立占用了企业的宝贵资源，过度的负债经营使企业的资产状况不断恶化。这些历史形成的包袱降低了企业效率，增加了生产成本，同时又在很大程度上掩盖了国有企业经营管理上的缺陷，妨碍了国有企业的企业素质提高和经营效益的改善，成为企业参与市场竞争的"拦路虎"。

因此，三年脱困目标的提出还承担着另一个重任，即在解决企业暂时的经营困难的同时，还要为下一步的国企改革进入"以建立现代企业制度为目标"的新阶段、进一步改善企业的生存环境和经营结构奠定重要的制度基础。

当我们回顾这段历史时，往往忽视了一些数字掩盖的更根本的制度性的因素，会自然地将焦点集中在那些"非常尖锐"的数据和一些充满悲观色彩的评论上，这也是在"三年脱困"后对其实际效果持质疑态度者所犯的一个"错误"。

点评：

困境期待着改革的突破

20世纪90年代下半期国有企业极端困难的内在原因是改革已严重不适应形势的发展。当时虽也出现了一些局部性的深层次探索，但就全局而言改革仍定格在承包经营责任制上。这种所有制不变、结构不变、员工身份地位不变的改革模式在实施初期效果明显，但那时国内是短缺经济，其他所有制经济也还没有充分发展。

进入90年代以后，多种所有制经济开始蓬勃发展、国内短缺经济现象迅速消除，日益白热化的市场竞争使得国有企业浅层次改革的局限性暴露无遗，形势要求改革向更深的层次推进。应该说，所有制问题、结构问题、员工的市场化问题并不是人们认识不到位，而是触及这些难题的风险非常大。调整所有制结构上存在意识形态障碍，"私有化"的批评当时在政治上仍有很大的杀伤力；结构调整和员工市场化的现实含义是国有企业的破产和国有企业职工的下岗问题，其中包含的社会风险是不言自明的。

在20世纪90年代中期，承包制改革的内在潜力已释放殆尽，面对国有企业的困境束手无策，改革必须拿出新的思路、新的办法。此时，国有企业的困境酝酿着也期待着改革的一个巨大突破，而实现这种突破需要一种环境、一种氛围，能够使整个社会被激发起来，使之在整体上能够承受住并消化掉改革深化所带来的各种风险。

——邵 宁

二、务实的选择：改革与脱困相结合

要用三年左右的时间，通过改革、改组、改造和加强管理，使大多数国有大中型亏损企业摆脱困境，力争到本世纪末大多数国有大中型骨干企业中初步建立起现代企业制度。

——中国共产党十五届一中全会，1997年

面对国有企业的严峻困局，党中央、国务院要求要加快推进国企改革进入新阶段，结合中国的国情，不断调整和完善国企改革思路，出台有益于国企改革发展的政策措施，积极引导国企进入到改革的突破口，打一场改革攻坚战。

1992年，中共十四大报告确立了"建立有中国特色的社会主义市场经济体制"的改革目标。江泽民同志在十四大报告中提出，"转换国有企业特别是大中型企业的经营机制，把企业推向市场，增强它们的活力，提高它们的素质。这是建立社会主义市场经济体制的中心环节，是巩固社会主义制度和发挥社会主义优

越性的关键所在。"

中国经济体制改革经过了 10 多年的探索，直到中共十四大才正式确立建立有中国特色的社会主义市场经济体制的改革目标。随着市场经济体制的逐步建立，要求建立改造和完善相应的微观基础便表现得更为迫切。1997 年 7 月，时任国务院副总理的朱镕基同志在辽宁视察国企，他在讲话提出，"要坚定信心、扎实工作，要用三年左右的时间，通过改革、改组、改造和加强管理，使大多数国有大中型亏损企业摆脱困境，力争到本世纪末大多数国有大中型骨干企业中初步建立起现代企业制度"，表明了党中央、国务院下决心解决上述严重制约国民经济发展的矛盾和问题。

1997 年 9 月初，中共十五大召开，会议正式将"三年两大目标"确定为全党和政府的工作目标。随后，在 1997 年 9 月 19 日的中共十五届一中全会上，江泽民同志在讲话中再次强调了这一重要任务。全会将此写入了公报之中。

十五大之后，国有企业三年改革脱困目标正式列入政府工作日程。1997 年 12 月 11 日中央经济工作会议召开，朱镕基同志要求：今后三年的工作，就是要按照中央确定的一系列方针政策，通过改革、改组、改造和加强管理，综合治理国有大中型工业企业，基本淘汰长期性亏损企业。会议同时还提出了三个具体步骤，一是把纺织行业作为国有企业改革和摆脱困境的突破口，并逐步扭转煤炭、兵器等特殊困难行业的亏损状况。二是鼓励兼并，规范破产，下岗分流，减员增效，实施再就业工程。三是积极推进配套改革，加快建立健全社会保障体系。

1998 年 3 月 15 日召开的第九届全国人民代表大会第一次会议将国有企业改革作为当前经济体制改革的重点，提出了实现"三年两大目标"的工作、任务和路径，是通过改革、改组、改造和加强管理，用三年左右的时间，使大多数国有大中型亏损企业摆脱困境，力争到本世纪末使大多数国有大中型骨干企业初步建立现代企业制度。改革的指导思想和基本任务，一是把国有企业改革作为经济体制改革的中心环节，以建立现代企业制度为方向，切实转换企业经营机制；二是实行分类指导，从搞好整个国有经济出发，"抓大放小"，对国有企业进行战略性改组；三是按"三个有利于"的标准，探索和发展公有制的多种实现形式；四是把改革同改组、改造、加强管理结合起来；五是鼓励兼并、规范破产、下岗分流、减员增效和实施再就业工程；六是推进以建立社会保障制度为重点的配套改革。

1999 年 9 月，中共中央《关于国有企业改革和发展若干重大问题的决定》要求，在三年改革脱困中，要把解决国有企业的突出矛盾和问题与国家经济长远发展结合起来，为新世纪国有企业及国有经济发展奠定基础。

可以看到，国企三年改革脱困是 1997～1999 年党中央、国务院高度关注的头等大事，是当时经济工作的中心和重心。

党中央、国务院提出国有大中型亏损企业三年摆脱困境，是一项具有前瞻性的重要决策。国有企业的困难和矛盾是由于传统体制的长期影响、历史形成的诸多问题、多年以来的重复建设以及市场环境的急剧变化等复杂因素造成的，解决这些问题需要有一个过程。但集中力量解决一些重大矛盾、突出问题，遏制国有经济效益下滑的势头，不仅可以为国有企业进一步改革与发展扫除障碍，而且也有利于保持国民经济的健康发展和社会稳定，坚定对国有企业改革的信心。因此实现三年脱困目标，事关改革与发展的大局。

这是一场国企改革的攻坚战。

三、锁定脱困目标：“六五九九”

三年左右摆脱困境是阶段性有限目标，定的要求不能过低也不能过高，各地情况不同，不可能搞一个标准。

——陈清泰，1997 年

（一）脱困的对象是谁

三年两大目标一是使大多数国企摆脱困境，再就是初步建立现代企业制度。能否实现党中央和国务院确定的国有企业三年两大目标，当时社会上有各种不同的议论，最主要的声音是缺乏信心，尤其对前一个目标。一部分人认为，国有企业陷入困境非一日之寒，其原因十分复杂、积重难返，三年不可能真正解决国有企业的问题。还有人则从根本上认为市场经济与国有企业难以相容，对国有企业在市场经济环境中的生存能力表示悲观和怀疑。面临着方方面面的舆论压力，更面临国企日益严峻的困难形势，需要尽快明晰国企改革的具体工作任务、内容和目标。亟待明确的问题：一是对三年两大目标任务有一个相对明确的界定，明晰三年里到底是要解决国有企业存在的若干问题中的哪些突出问题；二是明确三年两大目标的工作对象并具体化。

三年改革脱困目标从提出到最终的确立、从定性到定量，经历了一个不断研究和完善的过程。

1997 年作为国家主管经济运行和国有企业改革的综合部门——国家经贸委承担起了完成党中央、国务院交办这一重大的政治及经济任务的重任，负责具体牵头组织贯彻落实脱困任务。在国家经贸委陈清泰、蒋黔贵等同志主持下，开始研究这一涉及数千家国企、上千万国企职工前途命运的问题。

对于三年脱困目标的表述，国家经贸委起初的提法是三年解决国有大中型企业困难问题。1997 年 9 月初，由陈清泰同志主持，国家经贸委企业改革司具体拟定了一个“关于三年解决国有大中型企业困难问题的若干思路和措施”的讨论提纲（以下简称“提纲”）。在这份提纲中开始逐步细化国企改革脱困目标：

一是 2001 年前使目前处于困境的国有企业或者走出困境，或者退出市场；二是 2001 年前在多数大中型国家投资企业初步建立公司制度。这是三年两大目标的雏形。在提纲还提出了 6 条基本思路、18 条具体措施。基本思路包括：全面展开国有经济的战略性改组、抓大放小、大幅度收缩国有经济战线；用市场经济手段全面推进企业破产和购并重组；统筹解决国家对企业的历史欠账；在大多数大中型国家投资企业按《公司法》建立规范的现代企业制度等。这份提纲分发到国家经贸委各职能司局进行研究和修改，征求各方面意见。在听取和吸纳多方意见建议，反复讨论修改后，国家经贸委于 1997 年 10 月下旬按要求正式向中央财经领导小组办公室（中财办）提交了一份"三年搞好国有大中型企业的思路和明年的工作设想"，提出包括公司制改革、结构调整、兼并破产、推进再就业工程等在内的 5 项具体目标，总体思路是"把改革的措施、结构调整的措施、弥补历史欠账的措施集中、优先用于国有大中型亏损企业和关键行业、重点领域的骨干企业，实施辨证施治、综合治理"。讨论到工作的标准时，陈清泰同志提出：三年左右摆脱困境是阶段性有限目标，定的要求不能过低也不能过高，各地情况不同，不可能搞一个标准。这个目标的提法是比较客观和实事求是地对三年脱困的目标边界做出的界定，是希望在有限的时间里解决有限的问题，并不期望也不可能以脱困方式来解决国有企业的所有问题。但对实现目标的路径却是非常清晰，即要用改革的手段探索解决国企发展中突出矛盾和深层次问题。

1997 年 11 月，根据国家经贸委的年度工作安排，企改司司长邵宁同志开始着手主持研究"三年基本搞好国有大中型企业的规划框架"。"规划框架"将三年基本搞好国有大中型企业的工作范围进一步锁定在"国有大中型工业企业"，重点的行业是纺织、煤炭和兵器三个特困行业，强调三年基本搞好国有大中型企业"是国有企业改革和国有经济发展阶段性的有限目标"。围绕这个阶段性目标所提出的 5 项具体要求和 7 项相关的具体政策措施与上报中财办的报告基本一致。这份报告完成后，国家经贸委很快向国务院副总理吴邦国作了一次专题汇报，工作思路获得了其基本认可。

专栏 2 – 2

5 项具体要求和 7 项相关的具体政策措施

5 项具体要求：

（1）按照现代企业制度的要求和《公司法》的规范，实现对重点行业、关键领域及其他重点国有大中型骨干企业的公司制改革。

（2）通过结构调整和国有企业的战略性改组，培育一批具有国际竞争力的大型企业集团，力争到2000年一些优强企业进入世界优强企业的行列。

（3）对于长期亏损、资不抵债、扭亏无望的国有大中型亏损企业，通过兼并破产等方式，使之彻底退出市场。

（4）通过推进再就业工程、兴办非工业产业、鼓励职工自谋职业等途径，三年内从国有大中型工业企业中分流800万~1000万名富余人员，采取积极的措施分离企业办社会职能，大幅度减轻企业负担。

（5）集中力量首先抓好纺织工业的改革和结构调整，实现突破、取得经验，力争用三年时间使纺织工业扭亏为盈。

7项具体政策措施：

（1）全面推进现代企业制度建设。

（2）以纺织工业摆脱困境为突破口，重点推进，取得经验。

（3）调整所有制结构，抓大放小，推进国有企业的战略性改组。

（4）大力推进企业兼并破产和职工再就业工作。

（5）多渠道筹资，推进国有企业的增资减债。

（6）加强企业领导班子建设，加快培育企业经营者队伍。

（7）协调推进各项配套改革。

1997年年底，国家经贸委上报国务院并经国务院批准的《关于深化国有大中型企业改革的意见（要点）》（国经贸企［1997］772号），对三年两大目标最终明确为："用三年左右的时间，使国有大中型企业盈亏相抵后经济效益明显好转，骨干企业初步建立现代企业制度；以纺织工业的改革和调整为突破口使国有大中型企业的亏损面下降到正常水平；通过'三改一加强'，使国有大中型企业经营状况明显好转。"

此时，关于国企三年改革脱困中需要把握的几个重要问题，如工作思路、原则、内容、实现途径、措施等基本定调。

点评：

19字真经：伟大的政治勇气

"鼓励兼并，规范破产，下岗分流，实施再就业工程"，是改革脱困时期人们最熟知的一句政策概括。这句话是朱镕基总理亲自改定的，它意味着一系列重大的政策调整。

国有企业能不能破产、国有企业职工能不能下岗并不是一个复杂的理论问题。问题是国有企业多年来只能生、不能死，人们又都有意无意回避这一难题的情况下，我们已积累了上万家应该破产的国有企业，包含职工达到上千万人。捅开这层窗户纸的社会后果是什么，谁都得掂量掂量。

记得前些年一位学者不无嘲讽地说，世界上没有一个国家的政府号召职工下岗。但不知这位学者是否考证过，世界上哪一个国家的政府曾经面对过上万家发不出工资的困难企业的艰难局面。

为缓解大规模破产和大量职工下岗对社会的冲击，需要有一张可靠的社会安全网。但当时社会保障体系还没有建设完成，于是下决心在全国建立再就业中心。这又是一轮大规模的体制建设。

至此，困难企业破产、职工下岗分流、再就业中心托管等项工作开始大规模推开，涉及国有企业改革的深层次问题基本都触动了，除了所有制问题之外。中央层面不碰所有制问题是明智的，否则会引发大规模的意识形态争论，于大事无益无补。所有制问题是由地方政府冲破的。当脱困成为头等大事的时候，脱困的方式成为了次要的问题，脱困的紧迫性压住了意识形态的争论。

领导人是有任期的。敢于在自己的任期内挑开矛盾、解决矛盾，挺身承担责任和风险，实在是一种崇高的境界。至今人们还敬佩并受惠于当年决策者们的政治勇气。

——邵　宁

（二）现实与理想之间

国企改革脱困在当时既是重要的经济工作，也成为一项严肃的政治任务，旋即成为全国上下关注的焦点。要具体操作，首要的就是把三年两大目标转化为具体工作，使脱困目标切实可行。

工作的展开首先需要明确三个问题：大多数企业是指哪些企业？什么样的标准才算是脱困？在什么时间内完成阶段性目标？简单说就是锁定目标、界定范围、定具体时点。做好基础工作和确立"标杆"，从操作层面来说，为的是便于有的放矢，使工作有抓手，有针对性，并据此制定标准，落实责任，实施考核；从深层看，有益于以国企脱困为切入点和突破口，在解决国企改革、改制、改造中进一步解放思想，以点带面，通过具体的改革实践总结经验，为国企改革探路。

经过反复研究，目标确定原则定位在"阶段性的有限目标"上，即在三年内实现亏损企业数量大幅减少，亏损额显著下降，企业亏损面大幅降低。考虑到改革具体目标和工作标准的确定界定不清晰，或过高、过低，都会脱离国企实际，把一个特殊阶段的任务长期化、复杂化，不仅会影响脱困的效果，甚至还可能引起社会各界的质疑。因此，在工作中要求注意把握原则，尊重历史、尊重现实、实事求是。主要的脱困对象的确定主要针对在计划经济向市场经济转轨过程中，因历史原因形成的困难和亏损国有企业，并不包括一般意义上因市场竞争陷入困境的企业。为实现脱困工作可量化、可操作，可监控、可考核，脱困的对象还应保持相对稳定的状态，不随企业经营状况的变化而变化。同时还明确，锁定目标并不意味放弃在三年脱困期间出现的新增亏损企业的动态监测和管理。

（三）目标的最终确定

脱困企业选择以 1997 年年底国有大中型企业的盈亏情况为界确定相对容易；而较为困难的是亏损面的量化，原因在于它是个变动指标，随企业总量、亏损企业户数的变化而不断变化。最初，有人建议，把国有大中型企业的亏损面由39.1% 降到 13% 左右，这是一个比较激进的目标。13% 的亏损面是 20 世纪 80 年代的数据，而在 80 年代还是短缺经济时代，到了 90 年代后期经济环境已经发生了根本的变化，要达到 80 年代的亏损率的目标实际上是不现实的。国家统计局也曾提出要把亏损面降到 25% 左右，相比 13% 的目标显得较贴近实际。还有人提出亏损面降为 20%。综合考虑不断变化的企业数量状况、滚动因素和工作的实际，可以这样认为，脱困工作的核心是抓机制、体制上的改革，而在市场竞争中，一个企业的新生、成长及消亡，企业的盈利与亏损，是一个常态，单纯片面地强调遏制一个已完成机制体制转换的企业的盈亏，是不符合正常经济规律的。因此，人为地制定一个具体的数字，既不科学也没有意义。对于脱困率的问题，确定采取既不完全追求数字，又实事求是地体现工作要求的办法，最终选择了一个相对定性的指标，即大多数企业摆脱困境。这一想法得到了领导的认可。

确定具体的脱困企业名单经过了认真调研，反复斟酌。在具体操作上分成两步走，首先抓重点和难点。经过初步摸底，确定一个大致工作的重点和目标作为工作的基础，再进行逐户清理核对，形成详细名单。

按照以上步骤，1997 年年底国家经贸委《关于深化国有大中型企业改革的意见（要点）》上报国务院并获批准。"要点"提出的脱困目标具体为："从1997 年到 2000 年，要通过兼并破产、下岗分流、减员增效、实施再就业工程，综合治理国有大中型工业企业约 5500 户，其中破产和被兼并的企业约 3000 户，减员增效企业约 2500 户，分流企业富余人员 800 万～1000 万人（包括现已下岗人员），使国有大中型工业企业的亏损面降到 20% 左右，负债率每年下降 2～3个百分点，基本淘汰长期性亏损企业。"

1998 年 10 月，国家经贸委企业改革司起草了《1999 年国有大中型亏损企业脱困工作的规划意见（草案）》，报告提出脱困工作的重点和责任、企业脱困的主要政策措施、组织与领导等明确要求，以及分省市具体脱困企业的建议名单，明确在三年脱困期间对大中型工业企业划型标准保持不变，保证三年脱困工作的连续性。在当年年底召开的全国经贸工作会议上，印发了此规划意见的征求意见稿。在会上，相关部门认真听取了与会各省市各部门代表的意见，经过讨论，各省市及各部门对建议名单进行核实、调整和确认。会后相关部门进行了修改，报国务院总理办公会议同意。1999 年 3 月 22 日，国家经贸委正式下发《关于印发〈1999 年国有大中型亏损企业脱困工作的规划意见〉（草案）的通知》。《通知》按照当时企业的划型标准口径，下达了 2350 户（含中央企业）分地区的重点脱困企业及指导责任的建议名单。《通知》还提到，对"其余的国有大中型脱困企业名单将陆续下发"。就是说，这 2350 户企业是作为当年的工作重点，而不是最终锁定的脱困企业名单。

在国家经贸委 1999 年 2 月 13 日的一份内部签报中也可看到，国家经贸委当时在与各地、各部门逐一核对重点脱困企业名单时，也曾提出过一些意见，即希望一是能够明确脱困的考核基准，以 1997 年年底的企业年报为准，然后以 1998 年以后的各年度数据作为分析和监测之用；二是重点脱困名单相对稳定，先锁定重点目标解决问题；三是重点脱困企业数量不能过多，以免分散力量，使工作造成被动，也不便于突出重点。

1999 年 5 月，国家经贸委企业脱困工作办公室成立（以下称"脱困办"）。为更准确地掌握国有困难企业的具体情况，便于落实责任，跟踪分析，及时掌握工作进度，把握脱困中出现的新情况、新问题，并有针对性地研究并采取有效措施更好地引导脱困工作的推进，脱困办与各省市主管部门一起对 1997 年年底亏损的国有大中型企业就一年多以来的工作进展情况进行专项核查，逐户摸底，建立了脱困企业档案和数据库，按月实施跟踪监测和汇总分析，以此作为考核的依据。

脱困办在专项调研中发现，提出"三年脱困"一年多以来，由于各地企业改革与结构调整加大力度，企业兼并、破产、资产重组较为频繁，由此导致企业组织结构和规模变化较大。同时还发现，有的企业经过改制兼并已经销号，有的企业长期停产，事实上已经名存实亡却未办理工商注销手续，有的企业拆分、合并后未及时完善相应的变更手续，也有的企业出于希望享受国家相关企业脱困的政策优惠等自身利益考虑，没有如实反映和上报情况，把不应列入脱困名单的企业也放入了名单中，还有的在统计口径上不一致，未将国有实际控制的国有控股企业统计在内。此外，由于工作职责及技术上的原因，有的省（区、市）经贸委（计经委）掌握的情况与国家统计部门的统计口径不一致，也造成各自掌握的亏损企业名单出现差异，等等。以上种种情况，造成了企业范围底数不清，这给脱困跟踪监测和目标考核带来困难，也影响了脱困相关政策措施及时有效发挥。

为保证数据的严肃性、权威性和准确性，实事求是、扎扎实实将每一户亏损企业的脱困工作落到实处，国家经贸委与国家统计局共同成立了协调小组，用了近两个月时间，对 16874 户国有及国有控股大中型企业中在 1997 年年底出现亏损的企业，进行逐级、逐户认真核查清理，其工作原则具体为：（1）所有数的采集和获取以国家统计局统计数据为准，初始点为 1997 年年底；（2）企业范围确定为"国有及国有控股大中型工业企业"；（3）最终名单以双方核查后确定的名单为准；（4）国家统计局按照所筛选名单建立专门的国有大中型企业脱困统计数据库；（5）建立按月对亏损状况实施动态监测制度，统计局提供数据，经贸委负责经济运行质量分析，以便及时反映脱困进度和问题。同时建立国家与省（区、市）上下左右一起联动的格局，保证企业脱困统计数据库与各省市的数据一致性。

考虑到国企改革中大量企业通过改制、兼并、破产等措施减低了纯国有企业的比重而增加了国有控股的比重，尽管纯国有企业个数减少，但国有控股企业尤其是绝对控股和有实际控制权企业的增加使得国有经济的控制面实际上是被扩大了，在具体调整确定企业名单时，又在企业范围上重新做了调整，统计的口径从当初仅为国有大中型企业，扩大到国有及国有控股大中型企业（表述为 1997 年年底"国有及国有控股大中型亏损工业企业"），将国有控股大中型企业一并涵盖进来。依照上述目标确定的原则，以 1997 年年底的数据为准，最终锁定的脱困企业共计 6599 户。

（四）靶心——"6599"

据统计，6599 户国有及国有控股大中型工业企业（以下称"6599 户"），占 1997 年全国统计内国有及国有控股大中型 16874 户工业企业的 39.1%，共涉及资产 12512.26 亿元，占全部国有及国有控股大中型工业企业总资产的 21.7%；负债 9996.38 亿元，占国有及国有控股大中型工业企业全部负债的 28.8%；所有者权益 2515.88 亿元，平均资产负债率 79.9%，比国有及国有控股大中型工业企业的平均负债水平高出 19.8 个百分点。职工总人数 1008.85 万人，占全部国有及国有控股大中型工业企业总人数的 31.8%。1997 年销售收入 3935.06 亿元，亏损总额 665.9 亿元。

从区域分布的角度看，一半以上的困难和亏损企业分布在华东和中南地区，而经济欠发达的西北占比为 8%。东北、西南地区虽占比例不高，却大多为老工业基地集中地区，工作难度很大（见图 2-1）。

1997 年年末的初始情况是：14 个重点监测的行业中有 5 个全行业亏损，分别是纺织、有色、建材、军工、煤炭（虚盈实亏）；31 个省（区、市）中有 12 个国有及国有控股工业企业净亏损，分别是天津、辽宁、吉林、江西、湖南、广西、海南、重庆、陕西、甘肃、青海、新疆；国有及国有控股大中型亏损工业企业 6599 户；国有及国有控股工业企业盈亏相抵实现利润 807 亿元。

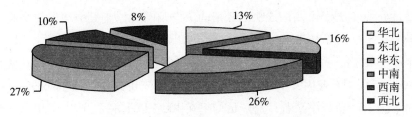

图 2-1　"6599 户" 各大区分布情况

表 2-4　　　　　　　"6599 户" 中各类企业所占比重　　　　　　单位：%

	资产总额	负债总额	所有者权益	销售收入	利润总额	税金总额	职工人数
特大	14	13	17	14	9	17	5
大一	23	22	28	23	21	19	21
大二	29	28	29	28	30	24	30
中一	14	15	14	15	15	18	15
中二	20	22	12	20	25	22	28
中央	70	72	63	69	75	62	77
地方	30	28	37	31	25	38	23

表 2-5　　　　　　　"6599 户" 经营情况分析　　　　　　单位：亿元

	资产总额	负债总额	所有者权益	销售收入	利润总额	税金总额	职工人数（万人）
总计	12512.26	9996.38	2515.88	3935.06	-665.90	225.15	1008.85
大型	8177.52	6315.71	1861.81	2526.58	-393.56	134.75	565.68
中型	4334.74	3680.67	654.07	1408.48	-272.33	90.40	443.17
特大	1735.38	1305.59	429.78	562.22	-57.26	38.05	52.11
大一	2885.69	2175.77	709.92	903.92	-139.38	42.47	211.25
大二	3556.45	2834.34	722.11	1060.44	-196.92	54.22	302.32
中一	1788.64	1496.36	292.28	605.23	-103.16	41.04	163.34
中二	2546.10	2184.30	361.79	803.25	-169.18	49.37	279.83
中央	3696.45	2762.29	934.15	1225.09	-165.08	86.56	233.96
地方	8815.81	7234.08	1581.73	2709.97	-500.81	138.59	774.89
地方中：							
省级	3.45	4.27	-0.73	0.55	-0.12	0.02	0.30

通过分析可以看到，在6599户亏损的国有及国有控股大中型工业企业中，中央企业为725户，占10.83%；地方企业5884户，占89.17%。从企业规模来看，中型企业4748户，占71.95%；大型企业1825户，占27.66%；特大型企业26户，占0.4%。而中型企业中又主要集中在中二型，为3303户，占全部6599户企业的50.05%。从资产负债率来看，资产负债率在100%以上的企业达1719户，占全部亏损企业的26%；有4370户企业资产负债率在70%以上。从亏损额来看，1997年年末6599户企业总计亏损6658967万元，平均每户亏损达1009万元，其中亏损额超过亿元的企业有52户，亏损1000万元以上的有1388户，78%以上的企业亏损额在1000万元以内，为5159户；中央企业亏损1466942万元，占全部亏损的22%，地方企业亏损占78%；从6599户企业所占有资产的情况来看，资产总额在50亿元以上的企业为12户，在5亿元以上的为389户，94%的企业资产总额在5亿元以下，为6210户，而这其中有1833户企业资产总额在5000万元以内；在地域分布上，华北地区843户，占12.77%，东北三省1084户，占16.43%，华东七省1686户，占25.55%，中南地区1788户，占27.1%，西南地区（不包括西藏）为660户，占10%，西北地区538户，占8.15%。按照亏损企业最多的省市排名，前10位的分别为辽宁（500户）、广东（490户）、湖北（382户）、江苏（372户）、山东（371户）、黑龙江（332户）、湖南（330户）、河南（299户）、四川（281户）、上海（275户）；从所涉及的1008.85万名职工来看，大型企业为565.68万人，占56.07%，中型企业443.17万人，为43.93%，中央所属企业233.96万人，地方774.89万人。分析结论表明，在1997年年底，6599户企业无论从亏损的企业还是所涉及的职工以及从数量上看都主要集中在地方，而这其中又以中型企业为主，以国家老工业基地中国有企业集中的地区为主。从涉及资产和亏损额来看，则主要分布在大型企业。这个分析为下一步制定和采取有针对性的措施提供了依据。

制定国企三年脱困指标的过程，依循了既要有针对性地切实解决困难和亏损企业的问题，又要防止追求不切实际的过高目标而做虚功的基本原则。应该说，上述脱困的工作目标针对性较强，但也留有余地，具有一定的弹性。三年脱困工作的提出是在1997年，目标也是以1997年年末的数据为基础。而实际上在1997年，亚洲金融危机的影响才刚刚有所表现，其结束的时间和影响的深度在当时难以准确预计。直到1998年这种负面影响才开始充分显现。1998年国有及国有控股工业企业实现利润总额由1997年的807亿元猛跌至525亿元，降幅达到34.9%。党中央、国务院所采取的抓大放小，调整国有经济结构布局，把三年脱困定位在主要是集中力量解决国有企业在特定历史条件下的突出矛盾和问题，以实现国企扭亏脱困带动整个经济提升的思路，的确是抓住了问题的关键，对在较短时间内解决当时国企严重亏损，遏制经济下滑局面所采取的措施也是十分准确和到位的。对于解决国有企业在体制和机制上的深层次矛盾，则是在操作中采取渐进的方式，逐步在改革的实践中去摸索，积极稳妥地寻求实现国有经济又好又快发展的有效路径。

四、统筹协调：攻坚的组织保障

这些人员中大部分都是长期在政府和企业从事经济管理的同志，有着丰富的理论与实践经验，是各行业和国企改革的专家。

——企业脱困办工作笔记，1999 年

（一）自上而下形成合力

组织保障是切实有效保证工作目标实现的先导。从中央到地方，各级政府都自上而下地成立了负责企业脱困工作的专职机构。

中央政府层面，1997 年 12 月 15 日召开的全国经贸工作会议，国家经贸委将实现三年改革脱困目标列为全国经贸工作的中心任务，提出了"深化改革、加快调整、重点突出、整体推进"的工作方针，标志着三年脱困工作开始展开。

国企三年脱困工作的组织机构建设分为两个阶段，即委内联席会议制度和专门机构——脱困办的设立。

1. 联席会议制度

1997 年至 1999 年 3 月，在国家经贸委内部，原是按照当时各司局的职能，分工负责，各司其职。1998 年 11 月，根据前一阶段实践的情况，为完善三年两大目标的组织体系，企改司邵宁同志拟定了一份"国有企业三年实现两大目标工作组织办法"，该办法提出两项组织措施，建议建立由委领导牵头、各有关司局参加的联席会议制度，对三年两大目标实现进行全面的组织领导。联席会议领导成员为盛华仁主任及郑斯林、石万鹏、张志刚三位副主任，成员单位包括办公厅在内的共 15 个司局和直属单位，其主要工作内容：一是确定三年两大目标的总体方案和大政方针；二是研究制定需要国务院发布、批转有关部门实施、转发各地执行的重要政策法规、部门规章等；三是检查通报企业脱困工作的进展情况；四是审定改革与脱困各工作小组提出的配套政策。在国家经贸委内部，针对具体工作形成了分工明确各负其责的工作体系，即在联席会议制度下成立 5 个改革与脱困的专题工作小组，分别是统计分析组、政策配套组、企业扭亏组、行业调整组、企业改革组，每组由一位牵头司局负责人任组长，相关司局为小组成员。

2. 专门机构的建立

1999 年，国企脱困进入关键时期。为进一步加大工作力度，集中力量打好攻坚战，国家经贸委研究决定，从委内各主要司局、国务院有关部门及企业抽调人员，成立专门负责国有企业脱困的办事机构，统一负责全国国有企业脱困的组织、指导、协调以及督促检查工作，综合掌握分析全国企业脱困工作情况，及时总结并组织交流国企脱困中的典型经验，向有关领导提出企业脱困工作有关意见和建议。

专栏 2 - 3

脱困办的组建

1999 年 6 月 9 日，国家经贸委办公厅正式印发《关于成立国家经贸委企业脱困工作办公室的通知》（国经贸厅［1999］209 号），决定成立企业脱困工作办公室。《通知》明确，脱困办是国家经贸委企业脱困工作联席会议的办事机构，其主要职责为：

（1）综合掌握分析全国企业脱困工作的情况。

（2）负责有关企业脱困政策协调；对各地区、各行业企业脱困工作进行指导、协调、督促和检查。

（3）综合协调委内各司局分工负责的企业脱困工作。

（4）向国家经贸委党组提出企业脱困工作意见和建议。

（5）完成国家经贸委党组交办的有关企业脱困的具体工作事项。

脱困办由国家经贸委分管企业改革的主任分管，设主任 1 人，副主任 3 人，下设三个工作组：综合组、企业一组、企业二组。综合组主要负责综合分析、政策研究、会议组织、文秘后勤、简报信息、内外联络协调等；企业一组主要负责联系东北、西南、西北片的省市区及轻工、建材、烟草、铁道、交通、信息产业、国防工业等行业；企业二组主要负责华东、中南、华北片，及内贸、冶金、有色、机械、煤炭、纺织、石化等行业。

脱困办第一任分管委副主任为郑斯林同志，第二任分管委副主任为蒋黔贵同志。企业改革司邵宁同志兼任脱困办主任，周放生、熊志军、朱明春同志任副主任。办公室其他人员分别由委内各司局、各地经贸委（体改委）以及各中央企业抽调人员组成。

专栏 2 - 4

脱困办的人员构成

国家经贸委企业脱困工作办公室正式成立于 1999 年春。办公室各位成员由三部分人组成，一部分是从原国家经贸委的司局，如改革局、产业局、综合局、研究室、经研中心等抽调；一部分从国务院各专业部门如冶金部、煤

炭部、机械部、纺织部、内贸部等借调，还有一部分人员来自地方政府到国家机关挂职锻炼的人员，如地方省地市一级的经贸委、体改委、发改革的同志等。这些同志大多都是长期在政府和企业从事经济管理的处一级干部，有着丰富的理论与实践经验，是各行业和国企改革的专家。脱困办期间，随着工作进展的变化和要求，人员也在发生调整，在脱困办工作高潮时人数多为27人，随着工作的推进和接近尾声，具体参加的同志也一直保持在10人以上。这个非常设的临时机构，一直持续到2001年10月左右才解散。随后的2002年年初，一本介绍和记录国企三年改革脱困工作实践的书籍——《中国企业脱困报告》面世，为脱困办画下最后的句号。

（摘自脱困办成员的工作日记）

按照《关于成立国家经贸委企业脱困工作办公室的通知》（国经贸厅[1999] 209号，以下称《通知》）要求，各省、自治区、直辖市、计划单列市及新疆生产建设兵团经贸委也随后建立并落实与脱困办相对应的责任机构或人员，形成了上下联动的工作体系。

事实上，在国家经贸委脱困办成立之前，在地方政府层面，各省（区、市）大多都已成立了由省主要领导为组长的国有企业脱困工作领导小组，地方的专门工作机构一般设在经贸委系统（也有的说在体改委、计委等综合部门），抽调专人负责本地区的国有企业脱困工作。从而形成了一套自上至下的完整的工作体系，为三年脱困目标的实现提供了有效的组织保障。

（二）四项基本的工作制度

根据国家经贸委《关于国有大中型亏损企业脱困工作的规划意见》的要求，国企脱困工作的主体是企业，企业脱困效果是考核企业领导班子的重点；国企三年脱困的责任由企业和政府指导单位共同承担，指导单位要帮助被指导企业分析现状及原因，逐户制定脱困方案，落实措施。为把三年脱困的各项工作落到实处，并形成严密的责任体系，企业脱困办公室制定了四项基本的工作制度在全国推行。

1. 确定国企脱困工作的责任主体

为避免国企改革中经常出现的"人人负责，人人不负责"的情况出现，脱困办成立后，制定了亏损的国有企业作为脱困工作的责任主体，提出将脱困效果作为对企业领导班子进行考核的重要依据。国家经贸委印发的《1999年国有大中型亏损企业脱困工作的规划意见》中，根据"实现国有企业三年脱困任务，其责任由脱困企业和有关的政府指导部门共同承担"的基本要求，按照企业的隶属关系、所属行业，把脱困工作的指导责任分解落实到各级政府和行业主管部门，地方企业由地方政府负责指导，中央企业由国家行业主管部门负责指导，地方政府对本地中央企业的脱困工作要给予支持和帮助，全行业的企业脱困工作由行业主管部门负行业性的指导责任。指导责任主要是帮助、指导重点脱困企业分析现状和亏损原因，逐户制定切合实际的脱困方案，落实脱困措施，督促企业做好改革、改组、改造和加强管理等各项工作。建立脱困工作指导责任制度的目的是弥补国有资产出资人不到位的制度缺口。由于国有资产管理体制改革滞后，国有资产出资人到位问题在体制上没有解决，经营者感受不到来自所有者的约束力和压力，也就难以产生加大改革力度、努力搞好经营的动力。但在一个较短的时期内建立一套出资人制度是不现实的，因此选择用行政责任的办法强化对亏损企业的督导是一个在短期内进行替代的可行方式。确定脱困工作责任主体之所以作为第一项制度主要是着眼于责任到位。对于当时的脱困目标企业"一把手"而言，这项制度无疑是给他们上了一个"紧箍咒"，进一步强化了企业负责人的责任与压力。

2. 建立脱困工作联席会议制度

解铃还需系铃人。造成国有亏损企业陷入困境的原因是多方面的，解决这些问题也需要多部门的合作和协调。为此，脱困办要求各地建立脱困工作联席会议制度，协调各方，制定和推出各项综合措施解决"五龙治水"、"各管一摊"等问题。鉴于国企改革与脱困工作的重要性、艰巨性和复杂性，在脱困工作的组织实施中，从国家经贸委到各省（区、市），改变过去由一家分管、单兵作战的工作方式，而普遍建立了企业脱困工作联席会议制度。各省（区、市）的联席会议由省主要负责人牵头，组织、人事、劳动、经贸委、财政、银行、税务等各有关职能部门负责人为工作成员。联席会议定期通报情况、分析问题、研究政策。脱困工作联席会议制度的建立一方面避免了当时体制下政出多门、相互掣肘的弊端，另一方面便于集中运用政府所掌握的组织资源和物质资源，从而有效地加大了脱困工作的力度和效率。

3. 建立脱困规划和目标责任制度

为实现三年脱困目标，各地区、各行业在对亏损企业进行调查研究的基础上，编制了三年脱困规划，逐级建立起目标清晰、责任明确、监控及时、奖惩分明的脱困目标责任制度。国家经贸委企业脱困工作办公室先后于1999年、2000年分别制定了《1999年国有大中型亏损企业脱困工作规划意见》和《2000年国有大中型亏损企业脱困工作指导意见》，就国有企业脱困工作的指导方针、目标、任务和责任，以及对脱困的组织领导、采取的措施等做出了明确的安排部署，在与各行业、各地区充分协商的基础上，下达了各省（区、市）国企三年脱困的具体实现目标。地方各级政府围绕三年目标，结合本地实际制定出本地区分年度的脱困目标规划，将任务逐级分解到地市及相关部门、企业和具体责任人，层层签订责任书，定期检查、通报工作进展情况，并作为对政府及企业领导班子严格进行考核、兑现奖惩的基本依据。一些省地市对扭亏脱困难度大的企业还采取了由省市领导定点联系的方式，重点研究落实脱困措施。由此，建立了一套纵向到底、横向到边、点面结合的企业脱困责任目标体系。

4. 完善目标跟踪监测和定期通报制度

为及时掌握脱困工作的进展情况，发现并研究工作中出现的新情况、新问题，为国家研究出台相关经济政策提供准确的基础数据，脱困办建立了脱困目标跟踪监测系统和定期通报制度。国家经贸委与国家统计局经过共同协商，决定对1997年年末亏损的6599户国有大中型企业的脱困进展情况和国有及国有控股大中型新增亏损企业的动态变化进行动态跟踪，并为此研究制定了有关跟踪监测上报制度。根据统一部署，各地经贸委与统计局密切合作，专门对本地区的脱困目标及对象建立了数据库，确定了监测范围和内容，结合对企业脱困的调研与定期分片督导工作，逐月跟踪了解"6599户"重点脱困企业的经营状况以及效益变动趋势。国家经贸委按月将各地情况进行汇总分析处理，定期报送国务院领导，同时向各省（区、市）通报。这种自下而上的监测体系和自上而下的通报制度不仅可以及时掌握脱困工作的实际进展情况，便于及时发现和处理问题，同时也大大强化了各级政府和部门的责任意识，有效地推动了国企脱困工作有条不紊的开展。

点评：

脱困工作的组织：严密的行政责任制

脱困工作的性质是用行政的办法推动改革难点问题解决的攻坚。采取这种行政性的方式是必然的：国有企业的问题政府不出面无法推动，而且难点攻坚造成的各种社会问题，还需要靠政府的力量化解。

三年脱困的组织工作是按照行政责任制的思路来设计的。首先是明确目标，既不能过低也不能过高，过低的目标产生的行政压力不大，过高的目标完成不了也无法交代，事实证明"6599户中的大多数"是一个适中和明智的选择。其次是责任分解，企业是脱困的责任主体，政府主管部门负指导责任。由于那时每一户国有企业都按隶属关系有一个主管部门，所以6599户亏损企业中每一户的脱困指导责任都分解到不同级次的政府和相关部门。再次，工作指导上强调"几个一批"，分类采取措施。包括关闭破产、债转股、改制退出、行业调整、内部改革、加强管理、调整领导班子等，每一种方式都有总结出来的成功经验进行引导。最后，建立目标跟踪监测和定期通报制度，每月一次向各省区市的进度通报是一种无形的压力和督促。

这样一套严密的行政责任体系把责任和压力层层分解传递，各级次政府部门和企业的责任都很明确、压力都很大，从而形成了脱困工作的动力机制。

——邵 宁

五、脱困举措：多管齐下治沉疴

国企三年脱困目标实践中，采取了一系列改革组合拳的措施，所运用的主要政策包括：一是行业调整与改组政策；二是企业联合与重组；三是兼并破产；四是直接融资；五是技术进步；六是内外贸政策；七是金融政策（封闭贷款等）；八是分离、分流政策；九是减轻企业负担。

——《中国企业脱困报告》，2001 年

中央层面成立的国有企业脱困办公室和各地成立的企业脱困领导小组为国有企业三年脱困目标的实施提供了有力的组织保障。在此基础上，中央政府和地方政府在多个层次、透过多个渠道，围绕三年脱困目标出台了各项具体措施，多管齐下，有力地协调、推动了国有企业的改革和三年脱困目标的实现。

（一）中央政府：着眼全局出政策

解决国有亏损企业的问题涉及多个层面的工作，中央政府及各有关部委对国企脱困中涉及的重大体制问题及关系全局的战略性调整问题的把握尤为重要。

1. 限产压锭——行业结构调整的代名词

1998 年 1 月 23 日，在中国最古老的机器纺织企业上海申新纺织第九厂，由当年的老厂长陈春馥敲下了国务院"压锭、减人、增效"战略的第一锤。以纺织等重点行业的脱困为突破口，实施行业性的重大结构调整，是解决部分行业普遍存在的产能过剩、结构单一问题的重大举措。国有企业脱困工作不仅具有鲜明的地域特征，而且具有显著的行业特征，因此，脱困工作既要从地区和企业的实际出发，也要充分考虑到行业性的矛盾和问题。特别是在经济增长方式转变时期，由于行业性的结构矛盾，导致仅在一个区域或单个企业的范围内采取措施解决企业亏损的问题是难以奏效的，必须由中央政府从全局出发，进行行业性的结构调整和战略性重组，在优化总体结构的基础上推动企业脱困。为此，国家先后对不同的行业采取了一系列有针对性的脱困政策和措施，其中亏损严重的纺织行业成为扭亏脱困的突破口。时任中国纺织总会会长的石万鹏在 1998 年接受媒体采访时表示，当时国企普遍存在"低水平重复建设、沉重的历史包袱、过多的富裕人员"等问题，如果纺织工业能在这些方面有所突破，必将起到鼓舞人心带动全局的作用。1998年2月17日国务院发出《关于纺织工业深化改革调整结构解困扭亏工作有关问题的通知》，拉开了重点行业脱困的序幕。国家针对压锭的纺织企业推出了一系列优惠政策：财政补贴和贴息贷款，对实施兼并破产的纺织企业核销银行呆坏账的额度予以优先安排，给予压锭减员分流安置工作的优惠政策，调整出口配额，提高出口退税率，控制纺机的生产销售，从源头防止重复建设，改革棉花流通体制，等等。在国家政策扶持下，纺织行业自1998年起在全国范围内全面开展了压锭重组工作，大量过剩的生产能力和陈旧装备被淘汰，纺织品市场的供求关系得以改善，为纺织行业提前实现脱困目标奠定了良好的基础，创造了必要的条件。

在纺织行业成功地进行了行业性结构调整之后，从1999年开始，中央政府还正式启动了对煤炭、冶金、有色金属、军工和制糖行业的结构性调整，集中政策手段帮助这些行业中的困难企业脱困，淘汰过剩的生产能力，这些措施也都取得了较明显的成效。

2. 下放与管理体系改革

"下放"一词来自于1852年的法国。1852年法国宪法的修正案注释中提到"我们可以从远处管理得跟近处一样好"。而法国19世纪政治家奥迪隆·巴罗把这种体制对理顺管理、提升效率的效应加以形象化的阐述："这是用同一把锤子捶，但是我们缩短了它的柄。"而在1998年的国企改革中，"下放"一词成了理顺国企管理体系的手段和措施。

1998年7月3日，国务院发布通知，将煤炭工业部直属和直接管理的94户国有重点煤矿下放地方管理。这是行业管理调整的第一步，也是最受关注的一个动作。国家针对行业管理体制不顺、地方积极性不足等问题出台了一系列理顺行业管理体系的政策，对煤炭、有色、军工等行业的管理体制进行了调整。根据国务院下发的《关于改革国有重点煤矿管理体制有关问题的通知》（国发［1998］22号）、《关于调整中央所属有色金属企事业单位管理体制有关问题的通知》（国发［2000］17号），先后将原中央直属和直管的94户国有重点煤矿、大部分中央所属有色企业下放地方管理，出台了相关配套的支持政策。体制的调整充分发挥了中央和地方两个积极性，对煤炭、有色金属行业的脱困和发展起了积极作用。到2000年年末有色金属行业已实现扭亏为盈，煤炭行业也实现了大幅度减亏。军工作为一个特殊行业，脱困的难度较大。为解决军工企业的脱困问题，国务院对军工行业的管理体制进行了重大调整，适度引入市场竞争机制，将原来的五个行政性公司重组为十大军工企业集团，从脱困政策上重点给予支持，使军工行业亏损大幅降低，为下一步军工行业的改革开了一个头。

3. "婆婆"的改革

1988年，为将直接管理转变为间接管理，强化宏观管理职能，国务院成立了国有资产管理局，虽然对国有资产出资人代表做了定位，但权力仍然分散在各行业主管部门，延续了"五龙治水"的局面。分权造成的责权利不明确和不对称，导致国企呈现出既无活力又难以控制的局面。为适应市场经济体制的要求，减少政府部门对企业的行政干预，1998年，国务院对政府机构实施了重大改革，将计划经济条件下按专业设置的国家工业部门改为行业国家局，在降低行政级别的同时，大力精简机构和压缩行政管理人员，简化政府的行政审批程序，弱化政府对企业的行政管理职能。随后又根据政企分开的要求，撤销了各个专业国家局。至此，在中国沿续了30多年的国有企业行政主管部门制度正式宣告完结。政府机构的调整为国有企业进入市场、成为真正的市场竞争主体创造了重要的制度条件。

在宏观指导上，中央政府及时采取扩大内需的积极财政政策和稳健的金融货币政策，创造了有利的宏观经济环境，适时推出了一系列有针对性的脱困政策和措施。

4. 宏观政策的导向——为脱困创造宽松的宏观经济环境

（1）积极的财政政策与稳健的货币政策。1998～2000年的3年间，中央政府共发行了3600亿元长期建设国债，用于扩大投资、增加国内需求。其中，主要用于增加基础设施投资的总规模达到2400多亿元，以此带动7500亿元银行贷款和自筹资金，共建设6620多个项目。到2000年年底，累计完成投资约1.5万亿元。积极的财政政策为我国经济的持续发展注入了新的动力。据统计，三年来国债投资拉动GDP增长分别达到1.5个百分点、2个百分点和1.7个百分点。国内需求的拉动和经济的持续增长，使国有企业获得了一个相对改善的发展环境，这是国有企业走出低谷的重要外部条件。

同时，中央银行实行稳健的货币政策大大降低了企业的融资成本。一方面从宏观上配合积极的财政政策，对宏观经济环境的好转起到了积极作用；另一方面从微观上保持了国有企业必要的资金需求，大幅度降低了国有企业高负债下的财务负担。从1996年5月1日开始，中央银行连续7次降息，到2000年6月10日，利率水平达到了新中国成立以来的最低点。一年期存款利率由1996年的12%降到2.25%，一年期贷款利率由1996年5月1日前的10.98%下降到2000年的5.85%。利率的降低，不仅减轻了企业的利息负担，降低了企业的筹融资成本，扩大了贷款规模，同时也降低了老百姓储蓄的欲望，分流部分储蓄资金进入消费，拉动内需，带动了经济的有效增长。与此同时，人民银行改革了存款准备金制度，两次下调存款准备金率，取消贷款规模的限额控制，提高商业银行贷款的积极性，扩大了商业银行的贷款自主权。三年中，金融机构贷款分别增加1.15万亿元、1.08万亿元和1.3万亿元，货币供应量和贷款的增长基本满足了经济增长的需要。

（2）税收政策的调整促进了出口的增长。1998年以来，税收政策作为实施积极财政政策的重要组成部分，在保证税收收入稳定增长的前提下，进行了有增有减的结构调整。

为了减轻东南亚金融危机对我国企业产品出口造成的巨大压力，扩大外贸出口，1998 年以来我国连续三次提高出口退税率，使平均退税率达到 15% 以上。"九五"期间，全国税务系统共办理出口退税 3100 多亿元，其中 1999 年和 2000 年分别为 628 亿元和 800 亿元。1998 年受亚洲金融危机的冲击，我国外贸出口仅增长 0.5%，出口退税率提高后，1999 年外贸出口比上年增长 6.1%，2000 年又比 1999 年增长 37.8%。

与此同时，为拉动投资，1999 年下半年国家对固定资产投资方向调节税减半征收，并从 2000 年起暂停征收，为此国家共减收 90 亿元；1999 年 7 月 1 日起，国家又对符合条件的国产设备技术改造投资实行抵免企业新增所得税的政策，对房地产业的营业税、契税、土地增值税等也出台了优惠政策，对外商投资于基础设施和高新技术产业给予税收鼓励。为支持高新技术产业发展和国企改革，先后出台了一系列税收优惠政策措施，如促进科技成果转化的税收优惠政策；对企业、社会力量资助科研机构和高等学校的研究开发费用允许在企业所得税前扣除；对自谋职业的国有企业下岗职工给予税收减免；对国有企业采取加速折旧、加大新产品开发费提取、减免进口先进技术与设备的关税和进口环节税，等等。国家的税负减免，减轻了国有企业负担，同时为国有企业扭亏脱困创造了一个较为宽松的政策环境。

（3）严打走私，整顿市场秩序。针对走私活动猖獗、严重危害国内市场秩序的状况，1998 年，党中央、国务院决定实行"联合缉私，统一处理，综合治理"的缉私新体制，开展声势浩大的反走私斗争。海关、公安、司法共同出击，仅 1998 年，全国海关调查部门查获偷逃税在 5 万元以上的走私大要案案值达 136.9 亿元，比上年增长 120%。打击走私有效维护了国内的市场秩序，许多受走私冲击商品的价格回升到合理水平，企业的合法权益得到保障。特别是由于加大了对成品油、植物油、纺织原料、汽车、计算机等重点商品走私的打击力度，国内相关企业的生产经营环境大为改善，出现了产品库存降低、销售收入和价格上升的"一降两升"的局面，为国有企业改革脱困创造了较好的外部市场环境。

5. 总量控制与产业结构调整

中国经济经过改革开放以来的高速发展，到 20 世纪 90 年代后期基本结束了短缺经济时代。但过剩经济的特征，却使大多数行业处于技术落后的低档次产品总量过剩和高技术水平、高技术含量的产品供给不足的双重矛盾之中。为尽快改变这种状况，国家实施了总量控制、结构调整、关闭"五小"、淘汰落后、大力压缩过剩生产能力的一系列重大政策措施，将存量调整与增量发展、淘汰落后与改造提高、做大做强结合起来。按照经济发展和城乡居民消费结构的变化趋势，压缩和淘汰不适应市场需求产品的生产能力，提高适销对路产品的有效供给水平。压缩总量、淘汰落后首先选择了当时矛盾最突出的棉纺行业为突破口，出台了"财政补贴、贴息贷款、银行核呆、分流安置、土地置换、出口配额、出口退税、纺机源头、棉花流通、借壳重组"等 10 项政策。在这种全面系统的政策扶持下，纺织行业自 1998 年起在全国范围内深入开展了压缩淘汰落后棉纺锭的工作的同时，对相关企业进行了配套的技术改造，使企业的技术装备水平上了一个大台阶。1999 年年底全国纺织行业累计压锭 906 万锭，分流安置职工 116 万人，实现利润 9.5 亿元，提前一年实现行业脱困目标。2000 年纺织全行业实现利润 290.1 亿元，创历史最高水平，其中国有纺织企业实现了扭亏为盈，由 1996 年亏损 83 亿元到 2000 年盈利 67 亿元，打了一个漂亮的翻身仗。

以纺织行业为突破口的战役取得明显效果后，从 1998 年开始，国家对冶金、煤炭、有色金属、军工四个行业为重点进行的行业性结构调整已取得成效。相关措施包括以安全生产标准、环境保护标准等为依据，对浪费资源、技术落后、质量低劣、污染严重的小企业，如小煤窑、小水泥、小玻璃、小钢厂、小炼油等实行关闭，淘汰落后、压缩过剩生产能力，有效地促进了相关行业的结构调整。

煤炭行业直到 1997 年年末，一直是严重亏损行业之一。从 1998 年开始实施"关井压产"政策以来，全国共关闭各类小煤矿 4.6 万处，压产 4 亿吨。到 2000 年年底，全国煤炭产量控制在 9.5 亿吨以内，比 1997 年压缩 4.2 亿吨。煤炭价格从最低点 137.82 元/吨上升到 141.47 元/吨。煤炭的社会库存也由 2 亿吨压到 1.4 亿吨，2000 年的产销率达 107%，一批大型煤炭企业的经营状况好转。到 2000 年，国有煤炭企业的亏损比上年减少了一半以上，30% 的国有煤炭企业开始盈利。

对冶金行业，2000 年 2 月 3 日，国家经贸委《关于清理整顿小钢铁厂的意见》经国务院同意，由国务院办公厅转发各地、各部门贯彻执行。全国冶金行业实施总量控制后，扭转了连续几年产量增长、价格下滑、效益下降的局面，产品结构得到了调整与改善。全行业实现利润从低谷时的 9 亿元（1998 年）提高到 2000 年的 130 亿元，增长 3 倍以上。

建材、制糖、石油化工、电力等行业的总量控制和结构调整也取得成效。据不完全统计，脱困期间，全国先后共关闭小水泥厂 2176 户、窑 1643 座；关闭小玻璃企业 171 户、175 条生产线；关闭 150 户小糖厂；取缔了 6000 座土炼油场点，压缩原油一次加工能力 1100 万吨；电力行业累计关停小火电机组约 1000 万千瓦。到 2000 年年末，建材行业实现利润 94.43 亿元，比上年同期增加 55.41 亿元；制糖行业在糖价连续 3 年下滑的情况下止跌回升，1999 年全行业亏损 22 亿元，到 2000 年盈利 6 亿元以上，实现了全行业扭亏为盈。

6. 加大兼并破产力度，构筑国有企业退出市场的通道

长期以来，由于国有企业缺乏必要的退出通道，市场经济的优胜劣汰机制难以建立起来，多年积累起来的一大批长期亏损、扭亏无望、资不抵债、濒临破产，已没有生存价值的国有企业无法退出市场，使得国有企业总体运行质量下降。1986 年 12 月颁布的《中华人民共和国企业破产法（试行）》也因缺乏社会保障体系等支撑条件难以发挥作用。针对这一情况，国务院在 1994 年、1997 年先后下发了《国务院关于在若干城市试行国有企业破产有关问题的通知》和《国务院关于在若干城市试行国有企业兼并破产和职工再就业有关问题的补充通知》，专门成立了由国家经贸委等五部委组成的全国企业兼并破产和职工再就业工作领导小组，开始进行国有企业实施破产、兼并的改革探索。由于国家在政策上就国有企业破产财产的处置、银行坏账损失的处置、担保和抵押的处置、土地使用权的处置、职工的安置及费用等难点问题都做了明确的规定，尤其是银行呆坏账准备金的核销、下岗职工安置政策的落实，使国有企业的破产和兼并开始在特定的政策框架下具备了可操作性。

为使兼并破产更好地服务于国有企业三年脱困目标，从 1999 年开始，国家有关部门改进了对核销银行呆坏账准备金按地区切块分配规模的办法，集中使用，确保重点，主要用于纺织、煤炭、有色金属、冶金、军工等重点行业国有大中型亏损企业的破产、关闭。在三年脱困期间，全国共批准下达企业兼并破产项目 1718 个，其中，大中型项目 1504 个，核销银行呆坏账准备金 1261 亿元。一批长期亏损、资不抵债、扭亏无望的企业和资源枯竭的矿山退出了市场。6599户重点脱困企业中，有 29.49% 的企业实施破产关闭。疏通企业退出通道，为那些早已名存实亡的国有企业退出市场找到了出路，消灭了一批亏损源。

7. 债权转股权，改善国有企业的资产负债结构

作为国企三年脱困的"三大杀手锏"之一的债权转股权，对国企脱困起到了积极作用。

国有企业资产负债率过高，不仅加剧了企业的生产经营困难，而且增加了银行系统的金融风险。实行债转股是化解这两方面难题、实现双赢结果的一项重大决策。1999 年，国务院决定在工行、建行、中行以及农行四大国有商业银行分别组建金融资产管理公司，依法处置银行原有的不良贷款，并作为投资主体，对部分具备条件的贷款企业实行债权转股权，优化国有企业的资产负债结构。1999年 7 月 30 日，国家经贸委、中国人民银行颁发《关于实施债权转股权若干问题的意见》（国经贸产业［1999］727 号），由国有商业银行组建金融资产管理公司，依法处置银行原有的不良信贷资产，同时为支持国有大中型企业实现三年改革与脱困的目标，设立金融资产管理公司作为投资主体实行债权转股权，企业相应增资减债，优化资产负债结构。债转股的目的是盘活商业银行不良资产，加快

不良资产的回收，增加资产灵活性，防范和化解金融风险；促使实施债转股的国有大中型亏损企业尽快转亏为盈；促进企业转换经营机制，加快建立现代企业制度。按照国家经贸委和中国人民银行联合下发的《关于实施债权转股权若干问题的意见》的有关规定和操作程序，国家经贸委向有关银行和金融资产管理公司首批就推荐了601户实施债转股的企业，拟转股金额达4596亿元。这些企业大多是产品有市场、技术水平高、管理基础好、领导班子强、通过降低资产负债率即可改善企业经营状况，较快地摆脱目前的困境。据统计，截至2005年6月底，除军工改革脱困企业外，经国务院批准债转股方案和协议的企业共有561户，转股额3769亿元。其中，完成工商登记注册组建新公司的企业有444户，占国务院已批准企业的79%，涉及转股额2547亿元，涉及职工400多万人。

债转股的实施，使一批国有大中型企业的资产负债率由70%以上下降至50%以下，平均每月可减轻利息负担37.23亿元。债转股还促进了国有企业加快建立现代企业制度、剥离非经营性资产，及时有效调整产品结构和强化企业内部的经营管理。大多数实施债转股的企业生产经营状况开始迅速好转，据不完全统计，到2000年，80%以上的债转股企业实现了扭亏为盈。中国铝业公司西南铝加工厂实施债转股后，资产负债率由102%降到44%，财务状况得到根本改善，实施债转股当年就由亏损3718万元到实现盈利152万元，结束了连续9年的亏损局面，公司经济效益不断增长。

【案例】

山海关船厂实施债转股成效显著

山海关船厂是中船重工集团公司所属骨干修造船企业。由于基建技改导致债务负担沉重，加之管理及运行机制方面的问题，企业长期在微利和亏损之间徘徊，到"十五"末期企业形成了严重亏损。该企业被列为军工第一批债转股企业。山海关船厂申请债转股金额5.1亿元，其中1.7亿元开发银行贷款经国务院批准后专案核销转增资本金，最后债转股3.35亿元。2006年年初，国务院正式同意了该企业的债转股实施方案。2007年1月，债转股新公司正式挂牌。企业资产负债率大幅减轻。与债转股之前相比，山海关船厂每年可以节省利息3000多万元。企业获得了宝贵的休养生息的机会，自身的造血功能得到恢复，发展后劲明显增强。债转股之后，通过采取综合措施，企业脱胎换骨，经济效益大幅增加，发展后劲十足。2007年实现利润7212万元，2008年达到2亿元。

8. 国债贴息支持国有企业技术改造

国有企业在技术改造和技术进步上欠账严重，是导致国有企业陷入困境的重要原因之一。在结构性矛盾突出的背景下，通过加快技术改造调整和优化产业结构，适时出台支持企业的技改政策，有助于国企尽快走出困境。1999 年 6 月，中央政府决定从增发的国债中，每年专门划出 90 亿元，用于企业技改和产业升级的贷款贴息，这相当于过去中央财政每年技改贴息额的 10 倍。在 1999 年、2000 年新增的国债资金中，国家共安排 195 亿元专项资金用于企业技术改造的贴息。截至 2000 年年底，国家经贸委分四批共安排重点技术改造国债资金项目 880 项，总投资规模达 2400 亿元，其中国债资金 195 亿元，贷款 1459 亿元。国债贴息资金的拉动效应达到了 1∶12。

国债技改项目在解决冶金、石化、纺织、机械、汽车等行业在结构调整中的重点和难点问题方面起到了积极的作用。一批标志性项目已经建成或正在建设。国债技改贴息资金的投入，增强了银行和社会资金对重点技术改造项目支持的信心和贷款力度，调动了企业技改的积极性，扭转了国有企业技改增幅下滑的态势。2000 年，我国企业技术改造投资一举扭转 1998 年以来持续下降的势头，增幅达 13.2%，为基本建设投资增幅的 2 倍，呈现出多年来少有的强劲增长态势。

9. 减人增效、下岗分流、实施再就业工程

1998 年 2 月 14 日，朱镕基副总理在天津考察工作时指出，能不能在 3 年内力争大多数国有大中型亏损企业实现脱困目标的关键是在于下岗人员能否得到妥善安置，这项工作直接关系到国有企业改革的成败。

1998 年 5 月 14 日～16 日，党中央、国务院在北京召开国有企业下岗职工基本生活保障和再就业工作会议。这次会议的主要任务是贯彻落实中共十五大和九届全国人大一次会议精神，部署国有企业下岗职工基本生活保障和再就业工作。江泽民总书记在会上说，搞好国企减员增效、下岗职工基本生活保障和再就业工作，不仅是重大的经济问题，也是重大的政治问题，各级党委和政府一定要把它作为一个头等大事抓紧抓好。对下岗职工的基本生活费一定要有保证，由政府、企业、社会三方共同承担资金，基本生活费要按时发放到每个下岗职工手里。江泽民同志强调，最重要的是帮助下岗职工实现再就业，要打开思路，广辟门路，努力建立全方位、多渠道、多领域的再就业体系。朱镕基总理在大会闭幕时作了总结讲话。这年的 6 月 9 日，中共中央、国务院发出《关于切实做好国有企业下岗职工基本生活保障和再就业工作的通知》。8 月 3 日，劳动和社会保障部、国家经贸委、财政部、教育部、国家统计局、全国总工会联合发出《关于加强国有企业下岗职工管理和再就业服务中心建设有关问题的通知》，就具体工作做出部署。

1999 年 1 月 12 日～13 日，国务院召开国有企业下岗职工基本生活保障和再就业工作会议。会议的主要任务是，全面总结 1998 年 5 月中共中央、国务院召开国有企业下岗职工基本生活保障和再就业工作会议以来的成绩和经验，分析新的形势，研究和部署1999年的工作。2月3日，国务院办公厅发出《关于进一步做好国有企业下岗职工基本生活保障和企业离退休人员养老金发放工作问题的通知》。2000年2月3日，国务院办公厅发出《关于继续做好确保国有企业下岗职工基本生活费和企业离退休人员养老金发放的通知》。5月28日，国务院再次发出《关于切实继续做好企业离退休人员基本养老金按时足额发放和国有企业下岗职工基本生活保障工作的通知》。

三年脱困期间，全国先后有2100多万名国有企业职工下岗，其中1300多万人实现了再就业，100多万人通过企业内部退养等方式得到安置；国家通过各种渠道累计筹集下岗职工基本生活保障资金近800亿元，95%左右的下岗职工领到了基本生活费并由再就业中心代缴社会保险费。到2000年年底，全国累计发放养老金4200多亿元，3100多万名享受养老金保险待遇的离退休人员中有98%左右按时足额领到了养老金。

据初步测算，各项政策产生的效益为：

——兼并破产。1998年以来下达兼并破产项目1718个，需要核销的银行呆坏账准备金1261亿元，初步匡算可减亏300亿元左右。

——债转股。580户企业债转股金额共计4050亿元，并已于2000年4月1日起生效，当年可减少利息支出200亿元左右。

——技改贴息。技改贴息195亿元，其效果也将随着技改项目的逐步投入运行而使企业竞争力加强，经济效益得到提高。

据有关部门对2000年1～10月全国国有及国有控股企业新增利润的因素分析，大体上国民经济增长速度加快等宏观环境改善的因素占48%；各项针对国有企业的具体政策措施直接导致的利润增加约占23%；企业通过加强管理，苦练内功，降低各项费用增加的利润约占29%。总体而言，国有企业三年脱困目标的实现是在完整的政策体系支撑下，综合运用各种手段的结果，同时各项政策的作用与国有企业自身的"三改一加强"也是密不可分的。国家拿出了"债转股、国家技改专项资金、国企上市变现用于社会保障"也即被大家称为改革脱困的"三大杀手锏"，有效地保证了三年脱困目标的实现。

上述一系列政策和改革措施的实施，扭转了国有企业效益连续下滑的趋势，经营状况发生了可喜的变化。1999年上半年，国有及国有大中型企业利润额同比增长1.34倍，亏损企业的数量开始下降（比上年同期下降100户），亏损面降低0.7个百分点，亏损企业亏损额同比降低19.3%。作为重点脱困对象的6599户企业，已有906户扭亏为盈，占亏损企业的18.3%。如果考虑到当年正是受到亚洲金融危机冲击最严重的时候，这种变化更说明改革脱困的各项举措的确是有效的。

（二）地方政府：落实责任解难题

如果说，对于国有企业三年脱困目标的实现，中央政府层面的工作主要是重大改革措施的研究制定，着力点放在对经济环境的治理、宏观政策的支持和全局性的结构与体制调整，从宏观政策上加以引导的话，地方政府层面所做的工作则主要在于微观体制与机制上的改革，着力点以操作实施层面为主。在国有企业三年脱困工作中，地方各级政府的探索已经触及了国有企业改革最深层次的问题，来自改革一线富有创造性的工作，使脱困工作在许多方面取得了重大进展，极大地丰富了国有企业改革的实践。

1. 资产重组与战略性改组

中国的国有企业市场化改革经历了从产品市场化逐步走向要素市场化的进程，这种进程在三年脱困期间更多地表现为引导生产要素在企业间的自由流动，引导企业重组与战略性改组。各地政府纷纷通过资产重组和战略性改组，推进国有企业的脱困和发展。上海市为规范资产重组，提出了"不流失国有资产、不逃废银行债务、不损害职工权益"的"三不原则"，在实践中引导国有资产向优秀企业集中、资源向优势企业集中、资金向优势产品集中。对优势企业的扩张重组、劣势企业的退出重组、土地资产的盘活重组以及各类企业交叉投资的多元重组等方式进行多方面的探索。通过几年的努力，上海工业系统资产重组规模已达1000亿元，其中通过股票市场筹资300多亿元，破产兼并核销银行坏账和非银行债务200亿元，盘活土地存量获得资金200多亿元。

根据中共十五大提出的"有进有退，有所为有所不为"的精神，地方政府在推进大型企业资产重组、战略改革的同时，也积极探索国有中小企业有序退出的途径。针对国有经济分布过宽、整体素质不高、资源配置不尽合理的问题，各地政府把放开搞活国有中小企业作为脱困工作的一项重要内容，如山东省菏泽地区按照投资主体多元化的思路，在实践中探索了整体划转、国有资产授权经营、股份合作制、整体兼并、公开拍卖、参股控股等多种企业改制形式。经过两年多的努力，实现了历史性的突破，到1999年全区工业整体扭亏为盈，经济效益综合指数提高19.7个百分点，5万多名下岗职工实现了再就业。

大庆市政府按照"三个有利于"的原则，对国有产权制度进行了多种形式的改革：一是内部职工和经营者购买；二是折股借贷（即对国有股权大的企业，对股权折价转成负债后由职工以负债进行转股）；三是向合资方出售；四是向社会公开出售，即将职工购买、折股借贷剩余的股份公开出售给社会投资人。三年产权改革共吸纳职工股金3.3亿元，出售到位资金2.1亿元，破产企业卸掉债务16.4亿元。改革使大庆市地方国有企业的面貌发生了根本变化，全市列入省国企三年脱困计划的 10 户国有大中型亏损企业全部完成脱困任务。

【案例】

黑龙江大庆市国有企业产权制度改革

黑龙江省大庆市从战略上调整国有经济布局，对地方国有企业进行战略改组，走出了一条以产权制度改革为主要方向的实现地方国有企业扭亏脱困的路子，在黑龙江省各地市中提前一年率先实现国有企业三年脱困目标。

1979 年设立市政府的大庆市，1981 年政企分开后，先后投入 13 亿元（含投资和银行贷款）用于建立和发展地方国有企业。到 1996 年年末，大庆市地方工业企业盈亏相抵后净亏损 1749 万元，资产负债率达到 96.4%；列入省解困范围的 10 户国有大中型亏损企业（其中大型 2 户）累计亏损 48880 万元，资产负债率达到了 127.6%。地方政府的大量投入非但没有任何收益，反而替企业支付了 2300 多万元的银行利息。国企三年改革与脱困中，在认真总结前一时期国企改革脱困的经验教训后，大庆市领导和有关方面提出只有进一步解放思想，在产权制度改革上有所突破，大庆国有企业扭亏和发展才有希望。

大庆市的地方国有企业改革于 1997 年 2 月推开。为保证产权改革顺利、规范、有序地进行，取得较好效果，大庆市委、市政府做了认真的思想、组织、政策准备和试点工作。一是制定实施方案，规范操作方法。1997 年 2 月 5 日，下发了《大庆市地方产权制度改革实施方案》。随后又下发了《关于深化企业改革的若干政策（试行）》，对企业公司制改造、企业兼并、企业的拍卖出售、股份合作制、企业破产、发展企业集团、企业增资减债和分流安置企业富余人员等方面的优惠政策均做出明确规定。印发了《关于企业产权制度改革中若干具体问题的意见》等一系列规范产权界定和资产评估的文件和办法。二是专门举办培训班，加强一线操作的同志对相关政策及具体操作办法的准确把握。三是加强组织领导。大庆市 12 位市级领导分别负责 12 户试点企业的产改指导工作；17 个大系统由市领导挂帅成立办公室，并抽调 104 名干部，组成 17 个工作队具体负责产改的协调、指导工作。四是总结试点经验，以点带面。通过召开全市产权制度改革现场会，选择不同类型并采用不同方式改制的企业进行典型介绍，交流经验，开阔思路。

按照"三个有利于"的原则，从 1997 年 5 月起，大庆市开始在全市全面实施产权制度改革。

在具体操作中，对效益好、负债率低、净资产在 1000 万元以上，有市场前景的企业，进行规范的公司制改造，并积极创造条件，向大企业集团方向发展。

对净资产在 1000 万元以下，保本微利或资债相当、扭亏有望的企业，把净资产一次出售职工，改造成股份合作制企业。这类企业共 58 户，占地方国有企业的 55%。对资产少、规模小、职工少的企业，特别是特困企业，出售给个人或者社会法人。对资不抵债或虽然资债相当但扭亏无望的企业，依法破产，共有 18 户地方国有企业实施了破产。帮助未纳入省脱困计划的 4 户企业卸掉债务 65772 万元，减亏 2952 万元。对市场前景广阔、基础条件较好，特别是原材料有保障但规模小或因资金问题难以快速发展的企业，则实施联营联合或者兼并。

对企业改制过程中国有经济不再适合保留的国有股和其他国有资本，采取多种方式予以退出。已有 48 户企业实现退出，占应退企业的 96%，共置换出国有资本 1.7 亿元。退出方式有以下几种：一是职工内部购买，采取平等自愿的原则，将企业的国有股卖给职工，以这种办法退出企业 31 户。二是折股借贷。对国有股额度大，职工购买困难的企业，将股本折价转为负债，由职工以负债转股。这种方式共退出企业 8 户。三是向合资方出售。将合资联营企业中地方政府控股部分，整体出售给合资方。共退出企业 9 户。四是向社会公开出售。将职工购买、负债转股剩余的股份公开向社会出售。

为巩固改革成果，防止和避免"一股了之"，大庆市采取了以下措施：一是抓企业内部配套改革。改制企业全部实行全员合同制，原职工身份存入档案；管理人员实行聘任制，做到能上能下；推行经营者年薪制。二是完善企业法人治理结构。理顺企业各种权责利关系，保证股东会、董事会、监事会依法发挥职能作用。三是建立股权流动机制。制定股权流动办法，解决股权平均、决策困难的问题，鼓励和提倡"能人持大股"，逐步改变股权分散的局面。到 2000 年，经营者持 30% 以上股份的企业已有 83 户，其中持 50% 以上股份的有 57 户。

1998 年，随着国有企业改制工作基本完成，大庆市政府积极转变政府的职能，明确提出"不办企业建环境，不管企业搞服务"，"只搭台不唱戏"，"开运动会不当运动员"。从政府投资办企业、直接管企业的误区中解放出来，把主要精力转向改善经济发展环境，为企业搞好服务上。

据统计，三年的产权改革，共吸纳职工股金 3.3 亿元，企业出售到位资金 2.1 亿元，破产企业实际卸掉债务 16.4 亿元。截至 1999 年年底，大庆市原有的 104 户地方国有工业企业有 101 户退出了国有经济，2 户租赁，1 户为国有控股的中外合资企业。列入黑龙江省国企三年脱困计划的 10 户国有大中型企业全部完成脱困任务；以产权制度改革为主线的扭亏脱困工作还极大地促进了大庆市地方工业整体效益的提高。2000 年全市地方工业完成工业增加值 38.3 亿元，是全面推行产权制度改革前 1996 年的 2.28 倍；实现利税 8.5 亿元，是 1996 年的 3.46 倍。

2. 从"破三铁"到劳动力的市场化

劳动力市场化是社会主义市场经济体制建立的重要基础，也是国有企业改革与脱困中必须解决的难点问题。传统的就业和保障体制以及国有企业的用工制度，使国有企业的职工依附在所在的企业和单位，劳动力不能按照市场需要自由流动优化配置，这不仅是国有企业陷入困境的重要原因之一，也是市场机制正常运行的一个极大障碍。始于1992年的"破三铁"（破除铁饭碗、铁交椅和铁工资）在实施不到半年之后便半途而废。因为"破三铁"是"企业改革15年来第一次把改革的矛头对准了企业中的一般职工"①，在当时社会保障体系不健全的情形下对社会稳定造成了一定的冲击。但冗员负担、能上不能下的用人体制、劳动力不能自由流动等问题，在竞争激烈经营困难的背景下更让国有企业不堪重负。为此，地方政府在国企脱困过程中，积极探索理顺国有企业与国有企业职工之间的劳动关系，在部分改制企业推进劳动力市场化改革。理顺职工与企业的劳动关系涉及每个人的切身利益，加上多年形成的就业观念的阻碍，相比其他各项改革其难度更大。浙江省各地充分利用本地市场经济发达、多种经济成分活跃的有利条件，在国有企业改制时解除职工与原企业的劳动关系，重新签订新的劳动合同。对解除劳动合同的职工，以1984年为界限，分别按不同标准给予适当的经济补偿。补偿所需资金，从原企业资产的变现部分，包括行政性划拨土地使用权的转让所得中支付，不足部分则从地方财政中予以补贴。全国大多数省份在推进国有企业改制的同时，都进行了企业职工劳动关系调整的操作，这应该看做是三年脱困过程中改革不断深化的一个重要标志。

3. 小社会与纯企业

分离企业办社会职能是实现国有企业改革与脱困的最直接的手段之一。计划经济体制下，国有企业替政府承担了部分社会职能，如自办学校、医院及后勤服务单位等。随着经济体制的转轨，企业成为市场竞争主体，企业办社会的负担已成为严重制约国有企业改革和发展的一大难题。分离企业办社会职能，涉及面广、政策性强、难度大，但却可使国有企业得以剥离非经营性资产，轻装上阵，以企业的"本来面目"公平地参与市场竞争。

在总结各地经验的基础上，国家经贸委、教育部、劳动和社会保障部、财政部、卫生部于2000年6月5日联合颁发《关于进一步推进国有企业分离办社会职能工作的意见》。各地按照国家经贸委等部门的文件要求，结合本地实际，积极寻求分离的途径与办法，对分离中难度较大的经费、人员安置等方面探索出一些有借鉴意义的经验。如福建省为了解决国有企业社会负担重、生产效率低的问题，将分离企业办社会职能作为推进国企改革的重点，在充分调研的基础上出台

---

① 吴晓波：《激荡三十年——中国企业1978～2008》，中信出版社2007年版。

了9个实施意见，分阶段组织实施。到2000年年末，全省企业所办中小学、居委会、派出所等机构已基本完成分离移交，医院的分离移交工作将与医疗保险制度改革同步实施，在全国省级地区率先完成这一改革任务。

4. "守夜人"与"天大的事"

为有效推进企业脱困的实施，地方政府积极转变政府职能，为国有企业发展和经济振兴营造良好的改革氛围与市场环境。各级地方政府为实现本地区三年脱困目标，出台了一系列促进国企脱困工作的地方性政策法规，涉及体改、财政、金融、劳动、人事各方面，同时还采取各种方式帮助解决国有企业进入市场的难点问题。如按照脱困规划，一厂一策地帮助企业制订脱困方案；对于重点脱困企业，政府有关部门组成工作组，深入企业实行结对挂钩帮扶；为支持困难企业脱困，有的省市还建立扭亏脱困专项资金，在技改贴息、封闭贷款、建立企业资本金自补机制、税收返还等方面加大政策扶持力度；认真抓好企业的治乱减负工作，对不合理收费、罚款及集资项目进行有重点的专项治理，有的地区还实行了对脱困企业的"扎口"管理，即政府多个部门归结为一个机构对口管理企业，克服政出多门的弊端。这些措施为国企脱困营造了宽松的经营环境。北京市对具有行政审批职能的50个部门1304项审批事项进行了全面清理，取消了369项，下放了85项，全市累计取消了不合理收费、集资、基金和摊派项目363项，每年可为企业及用户减轻负担20.65亿元。

地方各级政府把国有企业改革与脱困作为本地区经济工作的中心任务，全力以赴抓改革，集中力量促脱困，在全社会为推进国企改革营造一个良好、宽松的氛围。如广西壮族自治区政府把国有企业内部三项制度改革当成全区"天大的事"来抓。针对本地区国有企业机制僵化、内部改革滞后的状况，从上至下成立由党政"一把手"任组长的企业改革整顿领导小组和工作办公室。有关部门共同组成国有企业改革整顿指导组，深入到各地企业进行督导。由于工作力度大，到2000年年底，全区85%以上的国有及国有控股大中型企业内部三项制度改革基本到位，做到了员工能进能出、管理人员能上能下、收入能增能减，初步建立了适应市场竞争的企业内部机制。机制创造了活力，全区国有及国有控股工业企业2000年盈亏相抵净利润同比增长6.4倍，亏损面下降了9.9个百分点。山东省经贸委、财政、银行等部门一起，督促企业深入开展学"邯钢"活动，加强以资金、成本管理为重点的财务管理，把压缩两项资金占用作为重点来抓，与企业一道摸现状、查原因、提目标、定措施，加强重点监控，不仅有效缓解了国有企业资金紧张的局面，而且大大提高了资金运行效率。

（三）中央政府与地方政府的良性互动

三年脱困目标既是中央政府的重要施政内容，更是各级政府的燃眉之急，因为这直接关系到当地的经济发展、社会稳定和就业等。因此，尽快消除亏损源解决国企困难成为上下各方面的共识，在工作中上下的沟通和衔接十分紧密。国家经贸委企业脱困办作为实施脱困的工作机构，充分发挥了中央与地方政府的交流平台和联系纽带作用。许多脱困的典型得到及时总结和推广，各地成功的经验和做法得到及时提升和交流，脱困办从成立之初就坚持和倡导这样一种工作方式，先后多次召开脱困座谈会，介绍经验推广典型，发现问题，探索解决的办法，起到了政策难以替代的作用。其中最重要的有三次会议：

1999年4月13日～16日在浙江湖州召开了华东、东北片区的座谈会。华东七省（区）、东北三省以及青岛、宁波、杭州、湖州、长春、大庆市、山东菏泽地区等地经贸委主管企业脱困工作的负责人参加会议，并特邀了山东菏泽地委、上海埃通公司、宁波维科集团公司、江西南昌钢铁公司等地区和企业的负责人参加会议。这次会议重点讨论交流了国有中小企业的脱困方式和途径问题。在6599户需要脱困的企业中，除一部分是国有大型企业外，相当部分属于国有中型企业。这些企业规模不大，大多处于竞争性领域，缺乏比较优势，机制和体制僵化，加上计划体制下形成的沉重包袱和负担，单纯靠国家政策的支持很难实现脱困。当时已有一部分地区对这类企业的改革改制进行了大胆探索，并取得了显著的效果。在湖州会议上请了一些脱困成效较明显的困难地区和困难企业的负责人介绍各自的情况及做法。归纳起来，就是因地制宜、因企制宜，实行一企一策，通过重组、分拆、改制、出售、租赁等多种方式推进企业脱困。对于具备发展条件的企业或企业中的部分资产，其基本的做法就是在减人、减债、减负的基础上，实行产权制度改革，引入包括企业员工和经营者在内的多元投资主体，国有资产全部或部分退出。与此同时调整原来的劳动用工制度，建立人员能进能出的新机制。在会上介绍的山东菏泽地区、湖州的喜盈盈等企业的做法，引起参会人员的浓厚兴趣，并对其中的一些做法展开了热烈的讨论，从而进一步促进了思想的解放，极大地拓宽了脱困的视野。

2000年5月23日～25日，在广西柳州市召开了中南、西南地区企业脱困工作座谈会，主要目的是"拓展思路、交流经验、研究问题、推动工作"。主要讨论了企业改制、资产债务重组、企业三项制度改革，加强管理，理顺劳动关系，债务清欠、企业信用等直接关系到企业脱困的几个关键问题。

2000年7月12日～14日，在山西太原市召开了华北、西北地区国企脱困工作座谈会。北京、天津、河北、山西、内蒙古、陕西、甘肃、宁夏、青海、新疆等省（区、市）经贸委负责企业脱困的同志，以及新疆生产建设兵团和石家庄、太原、呼和浩特、包头、西安、兰州等市经贸委主管主任到会。会议特邀了7个单位介绍脱困的做法和经验：宁波维科集团关于宁波纺织行业结构调整、资产重组与企业改制的做法；长春市经贸委积极探索资产重组形式，促进企业脱困发展；武汉市建材工业总公司以改革企业产权制度改革为突破口，为企业快速进入市场创造了体制条件；山东菏泽地区经贸委以产权改革和资产重组为重点，推进国有企业扭亏脱困；兰新通信设备集团转换经营机制，外抓市场内抓管理，迅速改变企业经营状况；临汾钢铁公司通过兼并和转换经营机制实现脱困，等等。参加会议的代表大部分来自中西部地区，经济发展相对落后。国有经济所占比重较大，人们的思想观念尚不适应市场经济的发展，企业改革的外部环境也不够宽松。特邀代表介绍的一些做法，在会上引起了强烈反响，与会代表认为拓宽了国企改革脱困的思路，通过借鉴这些做法，加速推动本地区的企业改革脱困工作。

点评：

地方政府：逼出来的改革动力

在三年改革脱困工作中，地方政府发挥的作用至关重要。大体上讲，中央政府出台政策、营造氛围，操作性难题基本上都由地方政府解决。几个中央企业集中的亏损行业，如煤炭、有色等，行业脱困政策中最重要的一条都是企业下放，把亏损企业交给地方政府处理。这一时期地方政府的工作行为很值得研究，应该说是全力以赴、铁了心地推动企业脱困，以致有人评价其行为为近乎"变态"。当时外界对一些具体的脱困方式还是有争议的，而地方政府只是埋头操作，全然不理睬外面怎么说，甚至上面怎么说。很多地方政府怕引起争议，只做不说，即使有成功的经验也要求不总结、不宣传。这种行为方式确实有悖常理。

其背后的原因在于，金融体制改革把地方政府逼到一个不改已没有出路的地步。我国地方政府财政一直比较困难，没有能力为困难企业输血，地方国有亏损企业以往主要靠银行贷款维持。国有商业银行改革后不再向亏损企业贷款，使这些企业的矛盾迅速激化，并造成大量群体性事件，地方政府四处灭火，疲于奔命。这样的形势下，地方党委、政府保一方平安的政治责任就和本地国有企业的改革脱困效果挂在一起了。换言之，如果本地国有企业的问题解决不好，地方党委、政府自身不得安宁，也无法向上面交代。这种背景下地方政府的改革行为就不难理解了。当然，这只是对本级企业而言，中央企业地方政府是不管的。这就是为什么市县级企业改革比较彻底，省级次之，中央企业改革最滞后的原因。

——邵 宁

六、"对症下药"：办法总比困难多

加大"一把手工程"推进，努力实现国有企业改革整顿新突破。围绕放开搞活国有中小企业，实施"一把手工程"，是从北海实际出发，加快国有企业改革步伐的重大举措。各级部门要下"天大的决心"，"花天大的力气"，抓"天大的事"，切实抓出实际效果。

——北海市《政府工作报告》，2000 年

在国有企业三年脱困这个目标上，各级地方政府与中央政府体现了高度的一致性。对于地方政府来说，国有企业的脱困不仅仅是一个政治任务，更是地方自身经济发展、社会稳定和职工就业的现实需要。

国有企业亏损的原因是多方面的，脱困的方式和途径也是多样性的。各地在脱困工作中坚持从实际出发，以"三个有利于"为标准，按照中共十五大和十五届四中全会精神进行了多种形式的探索，取得了较好的成效。

（一）"三改一加强" 与企业内部管理

始于 1979 年的国有企业改革，以放权为主题（1978～1993 年），逐步进入尝试建立现代企业制度（1993～2001 年），直到目前的以改革建立国有资产管理新体系、推进股份制与公司制度改革为主线的改革思路（2001 年至今）[1]，其中最重要的一条思路在于通过企业内部管理改革，提升国有企业的市场竞争力。其中，在以放权为主题的国有企业经营改革试点的 8 家企业中，最出名的应属首钢和其领军人物周冠五，其所推行的改革模式更被概括为"周冠五模式"[2]。此后，从邯郸钢铁公司的成本否决，到安阳钢厂的指标系统攻关，再到济南钢铁公司的节能挖潜增效，钢铁行业的改革不乏创新。始建于 1958 年的南昌钢铁公司即是把加强内部管理作为实现企业脱困、轻装上阵的主要法宝的典型。

经过 42 年的发展，20 世纪 90 年代初期的南昌钢铁公司（以下称南钢）已拥有总资产 17.26 亿元，年生产能力为铁 70 万吨、钢 80 万吨、材 75 万吨、汽车板簧 2 万吨，职工 1.1 万人，是冶金行业的大型钢铁联合企业。随着市场经济的不断发展，钢铁产品供不应求的短缺经济已是明日黄花。南钢在自身先天不足和市场低迷不振的双面夹击下，从 1995 年开始出现了巨额亏损。截止到 1998 年，南钢已累计亏损 1.37 亿元，资产负债率上升到 75%。

1997 年 6 月，南钢调整了领导班子。新的领导班子紧紧依靠企业的干部职工，大刀阔斧地进行内部改革，在短短两年内就使企业面貌发生了深刻的变化，主要技术经济指标大幅度提高，部分指标已进入行业先进水平。继 1998 年企业大幅度减亏以后，1999 年 7 月南钢实现了扭亏为盈。钢产量由 1997 年的 34.3 万

---

① 也有部分学者，包括林毅夫等人，将国有企业改革的三阶段分为：国有企业经营层面的改革（1979～1986 年）、国企改革向所有权层面过渡（1987～1992 年），以及建立现代企业制度的改革（1992 年至今）。

② 吴晓波：《激荡三十年——中国企业 1978～2008》，中信出版社 2007 年版。

吨增加到 2000 年的 72.5 万吨，增长 47.56%；材产量增加到 67 万吨，比 1997年增长 43.4%；高炉利用系数从 1997 年的 1.6 提高到 3.0 左右，入炉焦比从569 千克降到 435 千克；连铸比和一火成材率从 1997 年的 32% 提高到 90% 以上，设备利用率和劳动生产率均大幅度提高。南钢实现扭亏为盈的生动实例，为国有企业走出困境提供了十分有益的借鉴。

对南钢的亏损，很多人认为是体制上的原因，特别是在计划经济时期出生的国有企业具有的先天不足，如人员与债务负担沉重、对市场竞争缺乏适应能力等弱点，只能靠国家的优惠政策解决。但是，南钢新班子在认真分析企业的情况后，一致认为，企业自身的疾病一定要从企业内部把脉诊治，自身问题不解决，再好的政策也只能治标而不能治本。为此，南钢推行了包括分配制度改革、劳动用工制度改革以及企业人事制度改革在内的"三项改革"，并以成本为主线，加强了成本控制、质量管理等内部管理，即"三改一加强"。

实施成本倒推管理的头一年，南钢的成本降低 1.25 亿元，降幅达 13.36%，销售成本率降到 87.37%，下降近 3 个百分点，而这是在每吨钢材的市场价格下降 186 元条件下实现的。1999 年 1~9 月，市场上每吨钢材价格同比又下降 201元，而企业的同期成本却又降低 13.6%，销售成本率下降到 87.13%。真正做到了有多少减利因素就消化多少。在 1998 年减亏 77.32% 的基础上，南钢 1999 年7 月即结束多年的亏损，提前实现扭亏为盈的目标。

通过分析国有企业的现状可以看出，大多数国有困难企业形成亏损的根本原因不仅在于体制的滞后，还在于自身内部机制上改革不能适应市场经济的要求，其内部的有效资源没有得到充分利用。因此，在脱困工作实践中，各地政府和困难企业都将狠抓企业内部管理，挖掘企业内部的巨大潜力作为脱困的主要途径之一。不少省市分别以召开扭亏脱困企业现场会、组织先进企业经验交流会等多种形式，引导亏损企业广泛采用现代管理方法和手段，提高自身适应市场变化的管理能力。山东省针对亏损企业内部管理混乱等问题，对全省企业的基础管理工作进行了全面整顿和考核，组织制定了 19 个行业的《企业管理工作基本要求和考核实施细则》，对企业管理的各个方面提出明确的量化考核要求，结合实施全省"管理示范工程"，组织 150 户省级管理示范企业与 414 户经营不善的亏损企业结成对子，开展管理输出和管理互助活动，帮助亏损企业提高管理素质。从脱困企业看，一大批困难企业在脱困过程中，虽面临企业生死抉择，但是不怨天尤人，不依赖政策，积极转变观念，大胆改革内部管理机制，依靠强化自身管理，使企业逐步摆脱了困境。

统计表明，"6599 户"中扭亏为盈的 1723 户企业，大部分都是依靠转换机制、强化管理实现脱困的。相当一批困难企业，如辽宁省东北制药厂、贵州水城钢铁公司、江西省南昌钢铁有限公司、萍乡钢铁厂、山东省淄博矿务局、甘肃省兰新通讯设备集团公司等，都是在极其困难的情况下，依靠自身的努力进行彻底改革，充分发挥存量资源的潜在优势，迅速摆脱困境，步入良性发展轨道。这些企业脱困的共同做法，一是面向市场转变观念，克服"等、靠、要"的思想，树立依靠自己求生存、面向市场求发展的思想。二是通过彻底的内部三项制度改革转换经营机制，做到"干部能上能下、职工能进能出、收入能高能低"，根本改变了国有企业的"大锅饭"、"铁饭碗"的旧体制，从而调动了企业职工的积极性。三是扎扎实实学习邯钢、学亚星比价采购等先进经验，以成本、资金和质量管理为重点，努力降低成本。据不完全统计，由于实行了比价采购，仅江苏省1999年、2000年两年间全省国有工业企业降低采购成本就达45亿元。据山东省对全省重点企业集团情况的统计，仅实行购销比价管理一项每年就节约采购支出30亿元。四是把技术创新与开拓市场紧密结合起来，加快产品换代和产业升级，从多方面增强市场竞争力。这类企业由于进行了较深层次的改革，脱困的基础更为扎实。他们的实践表明，国有企业脱困，政策只是必要的条件，而不是充分条件，问题的关键还在于企业内部的改革和管理能否真正到位，是否具备发展的动力与活力，否则仅靠政策脱困也难以收到巩固的和长远的效果。

（二）"将熊熊一窝"与领导班子调整

加大"一把手工程"推进，努力实现国有企业改革整顿新突破。广西自治区党委和政府把狠抓领导班子的建设和整顿，建立企业经营者选拔、考核、聘用的机制作为搞好国有企业的关键，在区委、区政府制定的12个企业整顿的配套文件中，有4个文件是关于班子建设的。

——摘自国家经贸委脱困办调研报告

2000年1月24日，长春市副市长柳有祥在长春经贸工作会议上表示，"国有企业能不能脱困，关键在领导班子。"在此之前，在广西自治区党委"天大的事"和"一把手工程"中，已经将领导班子调整作为企业脱困的重要措施。广西自治区党委和政府把狠抓领导班子的建设和整顿，建立企业经营者选拔、考核、聘用的机制作为搞好国有企业的关键，在区委、区政府制订的12个企业整顿的配套文件中，有4个文件是关于班子建设的，其主要措施包括对领导班子实行动态考核、公开选聘领导人引入竞争机制，以及建立激励与约束机制等。自1998年5月以来，广西区对870户国有企业的领导班子进行了调整，涉及班子成员2800人。1998年5月～1999年年末，全区共有254家企业通过公开招聘和选拔方式，产生了新的厂长、经理。在新班子的带领下，观念得以更新，措施到位，企业很快摆脱困境，步入良性循环的轨道。如果说前两项措施作为"破三铁"的一种延续和深化，有效实现了管理者作为一种生产要素的自由流动和优化配置。而试行建立企业经理人激励与约束机制则是试图解决国企改革较为深层的问题，即所有者与管理层的委托代理问题。广西区对企业经营管理者建立激励和约束机制的主要手段，一是试行年薪制。依据企业的规模、经营业绩、贡献大小和社会效益，确定和规范经营管理者年薪。在实际操作中，将年薪分为基本年薪和效益年薪两部分，重点考核国有资产保值增值情况，按目标值完成好坏奖优罚劣。在分配时一部分以货币形式兑现，另一部分以企业的股份形式体现。到2000年年末，全区已在34户国有大中型骨干企业试行了经营者年薪制，收到了较好效果。二是向重点企业派驻财务总监。为了促进企业依法进行国有资产运营，规范财务活动，避免财务信息失真，防止国有资产流失，广西区试行向重点企业派驻财务总监的制度。通过财务总监的派驻，加强了对企业财务活动的日常监督，特别是事前、事中的监督。1998年以来，自治区各级政府向358户国有大中型企业派驻财务总监326名。据统计，通过财务总监的监管，全区避免乱投资3.2亿元，制止了可能对派驻企业造成经济损失的贷款担保风险4243万元，为派驻企业索回了在合资企业中应属于国有资产的收益2421万元，抵制乱摊派、乱收费1000多万元，有效地维护了国家、企业和职工的利益。

企业的兴衰与企业的领导班子直接相关。许多亏损企业扭亏的实例说明，走出困境的关键是要有一个懂经营善管理，有迎难而上、知难而进的奋斗精神和严于律己、自觉奉献的领导班子，才能充分调动企业广大职工的积极性，树立扭亏脱困的信心，最终带领企业闯过难关。国家经贸委于1999年8月发布了《关于加强亏损企业领导班子建设的通知》，要求加强培训，加强监督、考核和调整，以多种形式选拔领导人员，完善建立约束和激励机制等，并要求企业领导班子要与职工群众同甘共苦，团结带领职工群众奋力拼搏，走出困境，地方各级党委和政府要为亏损企业摆脱困境营造良好的外部环境等。在三年脱困工作中，各级政府普遍加强了亏损企业领导班子建设。一是加大对领导班子考核、调整力度；二是注重提高亏损企业领导人员的综合素质，加强班子培训，提高企业经营者驾驭市场的能力；三是实行企业经营者选拔任用制度改革，把党管干部的原则与市场经济条件下企业领导人员的选拔、任用和管理办法科学地结合起来，建立和完善对经营者的激励和约束机制。如江苏省加大对国有企业领导班子的考核和调整力度，几年来共有1600名国有企业领导人员因不称职被免职，有600多人被降职。山东省从1997年起，对国有企业领导班子进行全面考核，对3688户企业进行了充实调整，对因经营不善造成企业严重亏损的"一把手"，第一年黄牌警告，第二年予以撤职。湖南省对200户亏损企业领导班子进行了调整，130户企业生产经营有了明显的起色，其中78户扭亏为盈。广西自治区百色地区把公开选聘厂长（经理）作为国有企业扭亏脱困的突破口，对全区133户国有企业的厂长（经理）实行公开选聘，532人参加竞聘，一批有能力、有抱负的优秀经营管理者脱颖而出，提高了企业领导班子的素质，到 1999 年年末，全地区国有及国有控股企业一举扭亏，实现了净盈利。

（三）"七个一批"与结构调整

2000 年，重庆市市长包叙定在接受人民网采访时提出了"七个一批"，即兼并破产淘汰一批、债转股搞活一批、技术改造提高一批、加强内部管理转化一批、军民分线解脱一批、中小企业改制脱困一批、扶优扶强壮大一批。在"七个一批"中，有的是做加法，有的是做减法。这"七个一批"基本概括了当时国企脱困过程中采取的结构调整的主要措施和办法。把国有企业脱困与产业结构调整、资产重组及企业重组相结合，是实现亏损企业脱困的重要途径。分析显示，相当一批国有企业陷入亏损，与经济生活中普遍存在的结构性矛盾有关。因此，脱困工作的着力点不能仅限于单个企业，还必须打破原来的企业组织格局和条块分割的状况，对传统体制下形成的不合理的产业结构、企业组织结构等，按照市场竞争的要求在区域和行业范围内对全部生产要素进行"重新洗牌"式的重组，实现生产要素的优化配置。浙江省宁波维科集团就是在对本地区一批亏损的国有纺织企业进行重组后建立起来的。重组后的维科集团，将原来的 20 多家各自为政的企业以优势产品为龙头，组建为专业性公司，对人员、设备、资金等生产要素进行优化配置，淘汰一批没有竞争力的装备和产品，使过去分散的优势整合为整体优势，形成了结构效益和规模效益。新成立的企业严格按照建立现代企业制度的规范进行制度创新，实现产权多元化。经过几年发展，维科集团已成为行业中最具竞争力的企业之一。江苏省淮安市采取积极措施，借助外力推进跨地区资产重组，全市通过资产整体划拨式、控股并购式、托管经营式及收购式等多种重组方式，共划拨国有资产 30 多亿元，引进资金近 10 亿元，一批企业通过重组，经济效益显著提高。上海市轻工集团曾是上海市企业亏损户数最多的集团之一，几年来他们进行了大规模调整重组，或实行产业整合和资源优化配置，或实行剥离重组，发展优质资产、加快不良资产的退出，或通过多元化和期股相结合进行改制，成效甚佳。到 2000 年年底国有及国有控股大中型亏损企业由 92 户减少为 26 户，亏损面下降到 17%，重组效果显著。

在行业结构调整和企业重组中，如何对负债过重的企业进行重组，是一个十分敏感而又亟须研究解决的问题。一方面国家对一部分有发展前途的重点企业实行债权转股权，另一方面对那些虽然总体状况不好，但如果适当剥离部分债务和不良资产，有可能实现局部脱困，甚至最终带动整体脱困的企业，实行资产与债务重组，是减少损失的有效途径。一些地区在与银行等债权人充分协商、保证银行债务不悬空的基础上，将亏损企业中部分有效资产在承担相应的债务的前提下进行分离重组，既盘活了部分有效资产、解决了部分职工的安置问题，又减少了银行的债权损失，从而打破了这些企业好不了也死不了的僵局，实现了亏损企业与债权银行的双赢。吉林长春市作为全国四个债务重组的试点城市之一，在这方面的探索取得了积极成效。

对亏损企业实施资产、债务重组，既促进了存量资产的盘活，又增加了增量资本的注入；既充分利用了困难企业的有效资产，又逐步带动了一些"壳"企业的起死回生，同时在重组过程中还实现了行业结构及企业组织结构的优化，整个行业的综合效益也由此得到提高，因此它不失为一种有效的脱困方式。必须指出的是，资产、债务重组如果处置不当，容易造成国有资产流失，因此在实施过程中，需要注意加强与银行等债权人的沟通与联系，对存在的问题实事求是地加以解决。

（四）"企业不能消灭亏损，就要消灭亏损企业"

对那些长期亏损、扭亏无望、资不抵债的企业，因结构不合理、重复建设等原因形成亏损的企业，资源枯竭的矿山……各级政府坚决实施兼并、破产、关闭的办法，促其退出市场，从根本上消灭亏损源。

"企业不能消灭亏损，就要消灭亏损企业。"解决国有企业长期以来能生不能死的难题，既是实现三年脱困的重要途径，也是建立社会主义市场经济体制的一个重大突破。国有企业依法退出市场，不仅促进了资源的合理流动与优化配置，更为重要的还在于增强了国有企业的市场意识和危机感，有效地推动了国有企业观念的转变，取得比消灭亏损源更为积极的效果。

1997年，全国企业兼并破产和职工再就业领导小组选择长春、西安、唐山和宁波四个城市进行国有企业资产债务重组试点。四年来，长春市始终坚持进行企业债务重组的探索，创造出购售式债务重组的方式，并取得了成效。其基本思路为：将原企业的有效资产与非经营性资产、非专业化经营资产（即非核心业务、主营业务资产）进行分离；由市政府或集团公司、其他出资人出资组建一个新公司。新公司向最大债权银行借贷（负债率不大于70%），新公司以借贷资金购买原企业的有效资产，原企业以出售资产全部所得偿还最大债权银行的债务，使原企业的负债率有所降低。由于新公司是出资购买原企业的资产，属市场交易行为，新公司与原企业既无产权关系，也无债权债务关系，因此，原企业的债权人不能再追索新公司的连带责任，新公司可以依法维持正常经营。这种做法称为购售式债务重组。

据工商银行长春分行统计，长春市按上述思路选择了40余户企业进行购售式债务重组试点，其中约65%的企业实现扭亏脱困。

——由优势企业进行兼并。实施兼并的方式有两种，一种是由国有优势企业经国家有关部门批准，享受国家兼并优惠政策对国有亏损企业实施的政策性兼并；另一种是由于企业自身发展与扩张的需要进行的企业间自发性的兼并行为。

这两种形式都对国有企业的脱困产生了积极意义，尤其是后者，效果更佳，如青岛啤酒集团对十几家亏损企业的兼并、山东鲁西化肥集团兼并本地区数家国有亏损企业带动企业脱困。政策性兼并措施使一批优势企业通过兼并，盘活了部分亏损企业及其资产，既实现了优势企业的低成本扩张，也有效地带动了一批国有企业摆脱困境。但兼并政策的实施在实践中也进行了一些调整。为减少破产引起的社会震动，国家一度提倡利用优势企业解决亏损企业的困难，在政策上鼓励多兼并、少破产。但有时仅靠兼并不能解决根本问题，且很容易被行政干预，由于被兼并的企业条件不一、兼并的动机不一，一些企业在被兼并后不但没能抓住有利时机，适时转换内部机制，融入优势企业文化之中，有的甚至重新成为兼并主体的包袱，使得兼并政策不能收到预期的效果。为此，国家及时对兼并政策进行了相应的调整，提出"少兼并，多破产"，实现政策重心的转移。

——实施破产。破产的方式同样分为政策性破产与依法破产两种。实施政策性破产，是由于在我国社会保障体系尚未健全的情形下，国有企业职工无法推向社会，而银行每年提取的呆坏账核销规模不能一下子解决多年形成的历史债务负担。因此，在当时特定的转轨时期，国家专门出台了关于破产企业的政策，允许破产企业的变现资产收入和土地使用权转让收入优先用于安置职工，将银行核销呆坏账列入国家计划规模。国家有关破产的政策大大缓解了国有企业破产的难度。另一种是依法破产，即企业依据《破产法》及《民法通则》的规定，严格按照法定程序实施破产。国有企业依法破产的难度一般较大，需要当地政府和社会有较强的承受能力，主要是能承担职工安置的费用。

——关闭部分企业。对那些难度较大暂不能破产，但又亏损严重的无生存价值的企业，一些地方采取了"先止血，后处置"的先行关闭停产的措施，以使损失尽量减少到最低程度。实行关闭政策的多是那些破产难度最大的资源枯竭矿山。国家对关闭资源枯竭的矿山这一特殊问题，专门出台了相应文件，以解决职工安置、资产及债务的处置等问题。

兼并、破产和关闭措施，解决了国有企业"只生不死"的问题，为失去竞争能力的国有企业打通了退出市场的通道。1998年以来，"6599户"企业中共有1415户企业分别采取兼并、破产和关闭等办法实现了脱困。虽然国家及地方政府为淘汰这批亏损企业付出了不小的改革成本，但这项政策无论是从观念转变方面的重要意义还是从对脱困工作的实际效果来看，都堪称是一个历史性的进步："只生不死"不可能成为真正的企业，"能生能死"是国有企业走向市场、成为真正的市场主体的重要标志。

除以上主要的脱困途径和方式外，各省地市对国有企业脱困方式的探索也是多种多样，如实行租赁、转为非国有或分块搞活等方式也取得了很好的成效。国有大中型亏损企业多种脱困方式和途径的出现，是三年脱困期间各级政府和企业进行了大量艰苦探索的结果。这些脱困的实践，不但在三年中有效地解决了一大批国有亏损企业的现实问题，也为进一步深化国有企业改革提供了宝贵的经验借鉴。

七、数字说话：经受住实践检验

经过三年的艰苦努力，国有企业改革和脱困取得了明显成效，中央提出的三年目标已基本实现。

——盛华仁，2000 年元月答记者问

（一）完成了不可能完成的任务

2000 年 1 月 25 日，国家经贸委主任盛华仁在国务院新闻办公室举行的新闻发布会上表示，经过不懈的努力，中国国有企业改革和脱困三年目标一定能够在今年年内实现。盛华仁说，面对错综复杂的国内外经济形势，中国政府实施了一系列促进经济增长和搞好国企的政策措施，国有及国有控股工业企业经济效益明显好转，扭转了因受亚洲金融危机等因素影响而造成的利润下降、亏损扩大的局面，使国企三年改革与脱困出现了转折性变化。盛华仁将这些转折性的变化概括为五个方面，包括综合运用各项政策推动国企改革与脱困工作、控制总量出现成效、市场开拓取得新的进展、政企分开顺利进行及现代企业制度建设继续深化等。

2000 年 12 月 11 日，在全国经贸会议上，盛华仁主任表示国有企业改革与脱困三年目标基本实现，为国民经济发展出现重要转机做出了积极贡献。

盛华仁在会上报告了"三年脱困"情况：2000 年工业生产与流通稳步发展，经济运行的质量和效益明显提高。国有及国有控股工业实现利润大幅度提高。截至 2000 年前 10 个月，国有及国有控股企业实现利润同比增长 1.6 倍，重点监测的 14 个行业有 12 个整体扭亏和继续增盈，31 个省区市中有 30 个整体扭亏和继续增盈，1997 年年底亏损的 6599 户大中型企业已减少到 4098 户。预计到 2000 年年底，国有及国有控股工业实现利润可达 2300 亿元左右，比 1999 年增长 1.3 倍，比 1997 年增长 1.8 倍；14 个行业除个别行业外都能够全行业盈利；31 个省区市有望全部做到继续增盈或整体扭亏；6599 户中的大中型亏损企业户数可减少 65% 左右。国有企业改革进一步深化，国有大中型骨干企业 80% 以上初步建立现代企业制度，在实现政企分开、转换经营机制、加强企业管理、分离办社会职能和分流富余人员等方面，迈出了重要步伐，这些成效说明，国有企业改革与脱困三年目标基本实现。

不久，新华社记者韩振军、李佳路发表了题为《决胜在决战之年——国有企业改革脱困三年目标基本实现的启示》的通讯报道。文中总结了包括企业破产、债转股等五项改革启示。

2000年12月27日，盛华仁主任受国务院委托，向第九届全国人大常务委员会第十九次会议上作题为"关于国有企业改革与脱困情况的报告"，再次表示："经过三年的艰苦努力，国有企业改革和脱困取得了明显成效，中央提出的三年目标已基本实现。"

国企三年脱困目标提出后一度被有些人认为是一项不可能实现的目标，但经过全国上下的艰苦努力，国有企业改革与脱困取得显著成效。到2000年年末，三年脱困目标基本如期实现。

（二）数字的说服力

2001年2月19日，国家统计局、财政部、国家经贸委联合下发了《关于2000年国有及国有控股工业企业扭亏增盈情况的通报》（国统字［2001］15号），对2000年三年脱困的情况做了如下通报：一是企业生产增速加快，产销衔接进一步改善。2000年工业增加值比上年增长10.1%，销售收入增长20.5%，产销率达98.8%。二是企业实现利润成倍增长，亏损企业减亏力度加大。2000年，国有及国有控股工业企业盈亏相抵实现利润2391.9亿元，仅与1999年相比，就增长了1.4倍，其中，盈利企业的盈利额增长62.1%，亏损企业的亏损额下降了26.7%，降幅达10.8个百分点。三是大中型企业经济效益明显提高。同口径的大中型企业在2000年盈亏相抵后实现利润2343.8亿元，比1999年上涨1.2倍，其中，盈利企业盈利额增长了66%，为2761.4亿元，亏损企业的亏损额下降了29.9%，亏损417.6亿元。四是40个大类行业中有32个行业盈亏相抵后实现净盈利，包括纺织业在内的5个行业整体扭亏。在8个净亏损行业中有6个行业亏损下降。国有及国有控股纺织企业实现利润67.1亿元；冶金行业93户重点大中型冶金企业实现利润130亿元，累计增提折旧50亿元，处理潜亏挂账30亿元；建材行业中国有及国有控股企业实现利润17.5亿元，比上年减亏增盈18.3亿元；煤炭行业虽仍继续亏损，但94户中央财政煤炭企业同比减亏6.9亿元。五是全国31个省区市全部实现净盈利，其中天津、内蒙古、江西、海南、重庆、陕西、甘肃、青海、宁夏等9个地区扭亏为盈，北京等21个地区盈利增加，仅西藏盈利略有减少。

国家经贸委统计数据反映截至2000年，无论从国有经济的整体情况，或者从行业分析，国有企业效益状况都得到了根本改观。2000年年末，在13365户国有及国有控股大中型工业企业中，盈利企业9731户，合计盈利2761亿元。亏损企业3634户，比1999年减少1412户，比1997年减少2965户；亏损面

27.2%，比1999年下降了8个百分点，比1997年下降了11.9个百分点。①

通过2000年与1997年的经营数据对比，大部分亏损的国有及国有控股大中型企业实现了扭亏为盈，国有企业效益状况根本改观。

表2-6 国有大中型企业的状况

	2000年12月	1999年	1998年	1997年
国有大中型企业户数	13365	14349	16039	16874
其中亏损户数	3634	5046	6855	6599
亏损面（%）	27.20	35.20	42.70	39.10
净利润（亿元）	2343.8	1092.9	599.4	856.5

1998～2000年三年间国有及国有控股工业企业实现净利润3915亿元，其中2000年实现利润达2392亿元，比上年猛增140%，创历史最高水平。与三年前相比，实现利润增长195.6%。全国31个省（区、市）国有及国有控股工业企业全部实现整体盈利。1997年亏损的12个省市全部扭亏为盈。

从行业数据上看，国家重点监测的14个重要行业中有12个实现了全行业净盈利（或盈利增加）。作为突破口的纺织行业，1999年上半年即率先实现了全行业扭亏的目标，2000年盈利额达67.06亿元；2000年年末，石油和化工、冶金、建材及有色等行业实现利润成倍增长，1997年年底亏损的4个行业有3个实现了扭亏，继续亏损的煤炭和军工行业亏损额也有较大幅度的下降。

就"6599"的目标样本中，1997年年底亏损的6599户国有及国有控股大中型亏损企业，有4799户采取多种有效途径摆脱了困境，脱困率达72.7%。其中实现扭亏为盈的有1723户，占已脱困企业的35.9%，有3076户企业通过兼并、重组、改制以及退出市场等方式实现了脱困（见图2-2）。

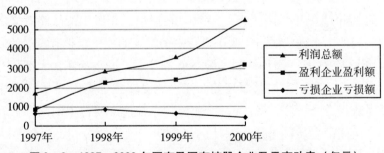

图2-2 1997～2000年国有及国有控股企业盈亏变动表（亿元）

三年来，国有企业改革进一步深化，大多数国有大中型骨干企业初步建立起

---

① 国家经贸委企业脱困工作办公室：《企业改革动态——脱困工作增刊第9期》，2001年2月19日。

现代企业制度。国务院确定的建立现代企业制度百户试点和各地选择的试点企业共 2700 多户，绝大部分实行了公司制改革。列入 520 户国家重点企业的 514 户国有及国有控股企业，作为国有大中型骨干企业，已有 430 户进行了公司制改革，占 83.7%，其中 282 户整体或部分改为有限责任公司或股份有限公司，实现了投资主体多元化。改制企业基本构造了公司法人治理结构，在实现政企分开、转换经营机制、加强企业管理、分离办社会职能和分流富余人员等方面，迈出了重要步伐。三年改革目标也已基本实现（见图 2-3）。

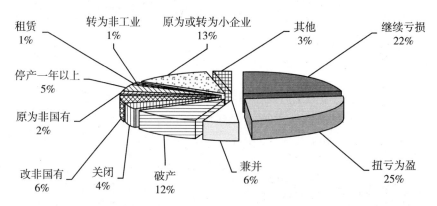

图 2-3 "6599 户"国有及国有控股大中型亏损企业脱困途径分析

（三）数字游戏还是真实成效

2001 年全国九届人大会议宣布基本实现三年脱困目标后，社会上对国企三年脱困结果的看法一直存在诸多疑问，其中人们最常听见的是"政策脱贫"、"做数字游戏"。当年的争论更多地集中在对统计数据上，是用数字说话还是做数字游戏，这也使得媒体、学术界的焦点从改革的背景聚焦到了"数字"上，忽略和淡化了三年脱困在当时的历史背景下的战略意义，以及对 2002 年开始的"国企改革的新时期"的历史作用的探讨。在讨论三年脱困的战略意义之前，结合三年脱困前的国企现状对三年脱困进行一个客观的评价是很有意义的。

2001 年 6 月 28 日，新华社刊发的一篇名为《美报文章评我大型国有企业亏损情况》的文章引起了朱镕基总理的关注。该文转载了美国《华盛顿邮报》记者潘文从重庆报道的一篇文章：《社会主义的精神遗产使得中国国有企业亏损》。在文章中，美国记者质疑重庆钢铁厂（指重庆钢铁集团公司，下称重钢或重钢集团）在 2000 年"第一次宣布经营出现盈余，在账面上至少盈余 2400 万美元"，认为这些数据是作假和政府支持的结果。"据一些了解情况的商人、政府官员和分析员说，这一盈余是巧妙地做账和政府保护主义的结果"。这篇文章把重庆钢铁厂作为"仍然受社会主义余毒困扰的中国国有企业继续面临危机的象征"，并以此质疑国企改革和三年脱困的成效，认为"在中国，工厂管理人员在向北京显示成果方面面临的压力是很大的，因此作假账和造假的现象是很普遍的"。学术界如林毅夫等人（2003）的文章中仍然提到"三年脱困采取了人为增加国企的账面利润的做法"①。

上述《华盛顿邮报》的那篇文章后来被国务院批转给了时任国家经贸委主任的李荣融同志和中央企业工委主任的郑斯林同志，要求要"解剖一下重钢，论证扭亏数据的真实性，同时实事求是地提出其存在的困难问题"。为此国家经贸委成立了专门小组，于当年7月12日~16日对重钢进行了专题调研，多方了解情况，随后向国务院提交了《关于重钢2000年扭亏脱困情况的调研报告》。

据调查了解，重庆钢铁公司有两家主要的子公司——重钢股份公司（"重钢股份"）及重钢集团特殊钢有限公司（"重特公司"），其中，重钢股份是H股上市公司，三年脱困主要的工作对象是经营困难的重特公司。从数字上看，经过改革重组，两家公司的经营情况和盈利状况均有了一定的改善，其中，重钢股份2000年实现销售收入37.23亿元，比上年增长32.16%；实现利润2.01亿元，比上年扭亏增利2.27亿元。

根据调研报告得知，重特公司在被重钢兼并之前，已经陷入亏损严重、资不抵债的困境，生产经营难以为继。1997年6月至1999年年底，国家为支持重特公司脱困，累计贷款6.78亿元，已全部消耗殆尽。1999年，为解决重特公司困境，国务院批示同意由重钢集团兼并重特公司。重钢集团重组后，在三年脱困期间，采取了改进管理、债转股、企业合并等方式，积极进行扭亏增盈的努力和尝试，并在极其困难的条件下实现了减亏。其间，重钢注入总额达2.1亿元的资金支持重特公司发展，用于职工安置、启动生产等，保持了企业的稳定，并获得一定的发展基础；加大重特公司职工下岗分流的力度，在册职工由最多时的1.8万人精减到2001年的9267人，其中仅2000年以来减员就达5400人；重钢还以出资人身份加大了对重特公司的监督和管理，派出财务总监常驻重特公司，对重特公司的经营进行监督，参与公司重大事项的决策。在减员增效、减轻企业历史负债的同时，对重特公司的领导班子做了调整。新的领导班子上任后，调整经营思路、优化产品结构、转换经营机制，按照市场的原则以销定产，强化销售，集中有限资金生产有市场、有效益的品种，加大货款回笼，确保新投入生产性资金不再流失。上述措施有效地遏制了持续亏损的局面，企业的生产经营出现好转迹象，减亏效果明显。审计报告数据显示，重特公司2000年亏损约1.64亿元，较上一年度减亏约1.95亿元。

---

① 林毅夫、李志赟：《中国的国有企业与金融体制改革》，北京大学中国经济研究中心工作论文，2003年10月。

调研组在肯定了重钢集团在企业脱困尤其是特钢集团脱困所做的努力和取得的成绩后，也指出了重钢存在的一些问题，还对重钢集团主要财务指标、企业资金状况、利润的结构等进行了认真了解和核查，发现重特公司在在财务核算上存在一定的数据差异，如对应收款未足额提坏账准备、存货核算存在错误、折旧未提足等，说明企业在管理上还未完全到位，会计核算制度不规范、不完善。除此之外，重钢集团以及重特公司在解决和消化历史遗留问题如高达数亿元的不良资产和潜亏以及几万名员工的分流压力等方面仍然面临严峻挑战，脱困的基础尚需巩固。

针对《华盛顿邮报》记者的疑问，调查中也发现，记者在概念和统计口径上有偏差，即误将重钢集团和重钢股份公司混淆，把重钢股份公司的盈利当做集团公司的盈利，以致结论有失偏颇。调研组认为，局部问题的存在并不能否定重特公司 2000 年扭亏为盈所取得的成绩和事实。

重庆钢铁的案例只是众多疑惑中的一个"影子"，它反映出两个方面的问题，一方面，现实中不能排除由于各种主客观因素，确实有一些企业存在数据不真实，弄虚作假的情况，也不能排除一些企业为脱困而"脱困"，仅依赖于政策扶持而没有触及自身问题，脱困基础脆弱，一旦政策影响消失，便又重返困境；另一方面，社会上对国企能否真正搞好，对国企三年改革脱困的真正目的和意义缺乏信心，只从表面上，从简单的数据由负变正来理解，由此产生疑问不足为奇。而如果能深究下去，便会发现大多数国有企业在这不平凡的三年，始终将工作重心放在深化国企改革上，重点解决造成亏损的深层次问题的发掘和解剖上，经过不懈努力，开始逐渐向市场经济方向转变着观念，转换着机制，调整着自身在市场竞争中的角色，积极参与市场竞争。此举对以后数年的国有经济结构和布局的战略调整，并为提升国有经济的控制力、引导力、带动力和国有企业的竞争力带来长远而深刻的影响。

其实就脱困的数字资料的统计工作而言，尽管难以避免现实中存在这样或那样的问题，但实际上从开展这件历史性的工程开始，从脱困企业目标的明确，到脱困标准的设定，到工作规划，乃至最终的结果和工作评估，自始自终都受到国家及各级政府和有关部门的高度重视。在三年脱困期间的 2000 年年初，国家经贸委下发的《关于印发 2000 年国有大中型困难企业脱困工作指导意见》就强调，企业脱困要"坚持实事求是，保证脱困工作质量，坚决杜绝弄虚作假的短期行为，保证脱困工作的成果经得起实践的检验"，并在《指导意见》中有针对性地提出了具体要求："各级政府部门要督促企业严格按照国家有关法律法规进行成本核算，如实反映企业盈亏状况。企业的折旧要提足，利息支出要足额进财务费用，新产品和技术开发费要用足，递延资产、待摊费用等应按规定摊销，不得采取不正当手段虚增收入或利润"。在日常工作中，对整个"6599 户"脱困企业的统计监测是严谨而严肃的：从一开始确认工作目标做起，逐户核查名单，逐级落实考核责任，逐户制定有针对性的脱困方案，乃至逐月进行跟踪监测、汇总分析等，逐级把关，并在统计、经贸委等不同的部门相互对应。其目的就是要尽可能保证能够客观真实地反映国企脱困成果。实事求是地检查和评估三年来所做的努力，其实质还是要透过企业脱困具体数字的背后，从内涵上、从整个脱困实践过程去探究国企改革中的深层次问题。这点尤为重要。进一步深化企业改革，这才是三年脱困的主题和灵魂，是脱困的主旋律。各地在三年工作中所认真遵循的"实事求是，量力而行，突出重点、分类指导，整体规划、分级实施，积极推进、稳步操作，确保改革、发展与稳定相一致"的原则，所认真把握的"三年实现两大目标的基础不是通过用行政命令的办法，而是用体制的创新和结构的优化实现解困，将建立新机制、依托新机制作为企业摆脱困境的思路，政府在履行好社会管理经济的职能和国有资产所有者职能的基础上把更多的注意力放在企业改革和结构调整创新配套条件上"的主导思想以及全社会、国有企业的广大职工为此所做的牺牲和努力、所付出的成本和巨大代价是不容置疑的。这些数字的背后所发生的故事比起数字来更生动、更感人，更值得去回味、去探究。

（四）一场承上启下的改革

国有企业三年脱困目标的实现，是在一个特殊的时期和背景下取得的阶段性改革成果。一批国有企业多年形成的突出困难和矛盾得到部分解决或缓解，改革中的一些"硬骨头"如富余人员哪里去的问题，资产负债结构不合理问题，社会负担过重的问题，企业退出市场的问题，等等，在实践的基础上探索和总结出了一套解决的路子和配套的政策体系，由此推动了一大批企业走出困境，并开始步入良性发展的轨道，为进一步深化改革、加快发展奠定了较好的基础。其结果是令人振奋的。

1. 数字的背后——信心比黄金更重要

为更客观、更准确地评价这场"阶段性的胜利"，总结三年脱困实践对后来的工作以及国企的进一步改革的经验、意义，除了对数字做更客观、细致的对比分析，其实我们更应该将目光从数字上移开，从国企基本面上去评估这三年来国有企业的变化，对三年脱困中揭示出的国企深层矛盾的最终解决，以及在增强搞好国企的信心、变革体制、建立制度的探索、结构优化、企业机制改革的努力，乃至于建立与市场经济相适应的社会大环境等方面摸索出的一些可行路径，为下一步改革打开了思路。其所产生的积极影响是不容忽视的。这是国企三年脱困所做出的最大贡献。

2008 年 12 月，在"2008 年第七届中国企业领袖年会"上，国务院国有资产监督管理委员会副主任邵宁在"改革最困难的时期已过去"的主题演讲中总结了对改革的推进最为重要的三条因素：方向上的坚定性、实践中的勇气和符合国情的改革办法。三年脱困作为特殊背景下的特殊任务，取得了阶段性的成果，无疑增强了当时的国企改革实践的勇气。最为最重要的是，如我们在"数字的背后"中所看到的，三年脱困的实践为寻求符合国情的改革办法做出了有益的探索和铺垫，坚定了国企改革的信心。国有企业陷入困境是在确定了经济体制改革的方向是建立社会主义市场经济、计划经济体制加快向市场经济体制转轨的过程中出现的，当时有的人抓住这一点，断定国有企业与市场经济不能相容。国企三年脱困从一定意义上可以说是对国有企业如何与市场经济进行有机结合所进行的一次意义深远的探索，是向建设有中国特色社会主义市场经济迈出的重要一步。三年脱困的成效充分表明，只要从"三个有利于"的原则出发，坚持国有企业改革与发展的方向；只要高层领导人重视，各级政府和各个部门形成改革的合力，创造出有利于改革深化的社会氛围；只要解放思想实事求是、鼓励大胆探索和实践，国有企业长期积累的问题和深层次矛盾是可以逐步解决的，大多数国有企业是能够搞活搞好的。

2．"摸着石头过河"

在国企三年脱困的改革探索中也逐步形成和完善了国企改革的一系列重大政策，部分政策与方法也成为后续改革的方向。在三年脱困期间，各级政府集中精力和财力解决了国企改革发展中的一些有代表性、紧迫性的突出矛盾和问题，初步探索并总结出了市场经济条件下解决国有企业困难和矛盾的路子及相应的政策。

三年脱困期间，按照国有经济有进有退、有所为有所不为的战略性调整要求，探索了国有经济在缺乏比较优势、资源配置效益不高的领域有效退出的途径与方式，使大量国有中小企业通过多种方式实现改制搞活。2000年7月，国家经贸委发布了《关于鼓励和促进中小企业发展的若干政策意见》（国经贸〔2000〕59号），有力地推进了国有中小企业的改革与发展，并成为中小企业改革的一个重要文件。

三年脱困的实践为国有企业人员安置、非主业资产与社会职能剥离等工作探索出了积极、有效的路径和实施办法。在解决国有企业多年积累的富余人员多、债务和社会负担重等问题方面，建立了可操作的政策框架，如下岗职工进再就业中心和"三条社会保障线"、通过国内外资本市场多渠道筹集资金、分离企业办社会负担等，为企业进入市场转换机制、参与竞争创造了必要的条件。2002年，成为后续国有企业改制、人员安置的"必备手册"的由劳动和社会保障部、国家经贸委、国家工商总局、财政部等八部委联合发布的《关于国有大中型企业主辅分离辅业改制分流安置富余人员的实施办法》（国经贸企改〔2002〕859号）中，对主辅分离、人员安置等问题做出的一系列明确的规定，就是在总结三年脱困中的改革实践的基础上制定完成的。

在政策性关闭破产方面，三年脱困中着力解决了国有企业"能生不能死"的历史问题，在依法破产的条件还不具备的情况下，创造性地建立起国有企业的市场退出通道。尽管1986年宣布破产的沈阳市防爆器械厂是新中国第一家正式宣告破产倒闭的公有制企业。但因缺乏社会保障体系等支撑条件，1986年12月颁布的《中华人民共和国企业破产法（试行）》实际上很难发挥作用。1997年成立的全国企业兼并破产和职工再就业工作领导小组，对国有企业实施破产、兼并进行了积极的改革探索，同时国家配套法律就国有企业破产财产的处置、银行坏账损失的处置、担保和抵押的处置、土地使用权的处置、职工的安置及费用等难点问题都做了明确的规定，才逐步使得国有企业的破产和兼并开始在特定的政策框架下具备了可操作性。

所有这些努力，都是国有企业进入市场参与竞争必须解决的重点和难点问题。虽然在短短的三年脱困工作中，这些问题不可能完全得以解决，但这些努力与尝试无疑更进一步理清了思路，深化了对国有企业改革规律性的认识。

3. "三年脱困"与优化结构上水平

三年脱困中的一系列重组、整合，撬动了国有经济布局从战略上的结构调整，从根本上促进了国有资产的优化配置，提高了国有经济运行的质量和效益：一是一大批长期亏损的企业退出市场，国有企业优胜劣汰的机制逐步形成，劣势企业退出的同时使得资源可以向优势企业集中，间接促进优势企业的发展；二是各级政府多种方式放开搞活中小企业，使国有企业的组织结构不断优化，国有大中型企业的比重增加，在国有中小企业比重和数量迅速减少的同时，质量提高、盈利能力增强；三是大多数国有大中型企业由于人员负担、社会包袱、债务负担等得到部分解决，企业经营活力和发展后劲明显增强，开始走上良性发展轨道。三年改革脱困之后，国有企业没有像有的人预言的那样再次陷入困境，而是出现了连续多年效益大幅度提升的局面，这不能说与三年脱困奠定的基础没有关系。

4. "三年脱困"与建立现代企业制度

尽管在1992年党的十四大就提出来国有企业改革的目标是要建立现代企业制度，但我们还是不得不优先解决国有企业脱困的问题，原因就在于现代企业制度建立的前提，是国有企业的运营状况良好，具备生存发展的基础和条件。当国有企业在多年计划经济体制下形成的包袱没有卸掉、国有经济不合理的分布和结构没有调整、国有企业的退出机制没有形成的时候，现代企业制度的建立只能流于形式，难以取得实质性的进展。三年脱困不仅有效地解决了部分国有企业进入市场的一些突出难点，而且探索了战略性调整、人员分离、结构优化等方面的相应政策和做法，从而为建立真正的现代企业制度创造了必要的条件，为进一步深化改革奠定了较好的基础。在三年脱困实践的基础上，国家经贸委根据国务院的部署，研究制定了《国有大中型企业建立现代企业制度和加强管理的基本规范（试行）》，并在 2000 年 10 月经国务院同意并由国务院办公厅转发（国办发〔2000〕64 号）。国家经贸委主任盛华仁曾评价说，《基本规范》是近几年来建立现代企业制度实践经验的总结，是国有大中型企业制度创新、加强管理的基本行为规范。在国有企业监督制度安排上，以 2000 年 3 月国务院发布的《国有企业监事会暂行条例》为新起点，标志着三年脱困期间制定的备受社会关注的国务院稽察特派员制度有了新的发展，由稽察特派员制实现了向规范的监事会制的过渡。

5. "三年脱困"与企业生产要素变革

三年脱困不仅使国有企业的经营状况发生了重大变化，而且触及最根本的企业生产要素变革，可以说，国有企业改革的每一次深化，都伴随着人们思想认识上的嬗变。全社会及国有企业员工在长期计划经济体制下形成的许多根深蒂固的陈旧观念，在三年脱困的工作过程中受到根本性的冲击，促进了包括国有企业员工在内的整个社会思想观念的深刻转变，提高了国有企业干部职工风险承受能力和市场适应能力。国有企业能生能死、职工能进能出、干部能上能下、收入能高能低的观念逐步得到大多数人的认同与接受，职工风险承受能力和市场适应能力得到了提高。在三年脱困中，国有企业先后分流 1000 多万名富余人员，却没有引起大的社会波动，不能不说是一个奇迹。国有企业广大干部职工为此承担了巨大的改革成本，同时也经受住了从计划经济体制转向市场经济体制的严峻考验。社会观念的转变为国企改革的深化提供了最重要的保障条件。

（五）前路漫漫待求索

改革是创造性的工作，而这种渐进性的改革本身就是一个不断探索和完善的过程。2000 年 11 月 28 日，国务院总理朱镕基在中央经济工作会议上的讲话中，对三年脱困有一个客观而冷静的评价："经过全国上下共同努力，国有企业改革和脱困工作取得了可喜成绩。实践证明，中央的决策和采取的措施是完全正确的。但这只是一个阶段性成果。总的来看，国有企业经营机制转换滞后，创新能力、竞争能力和盈利能力不强，还有不少企业生产经营比较困难。要从根本上解决国有企业问题，仍然任重道远，还需要长期艰苦的努力。"

国有企业改革是一个复杂的系统工程，方法不可简单化，结果也不可理想化。我们清醒地看到，三年脱困目标的实现只是一个有限的、阶段性的成果。脱困办从始至终都强调，三年脱困的重点对象主要着力于 1997 年年底亏损的"6599 户"国有及国有控股大中型的工业企业，这必然还存有很大的局限性，对"6599 户"以外的国有企业以及非工业亏损企业的脱困，工作力度还不大；就一些脱困企业看也只是解决了紧迫的、突出的问题，一些深层次的体制和机制问题并没有完全解决；少数主要是依靠享受国家有关优惠政策实现"政策性脱困"的企业经营状况并没有根本好转；有的企业则是由于外部市场好转实现了脱困，盈利基础不扎实，抗风险能力并不强；那些尚未脱困的企业的大多数属于难啃的"硬骨头"，解决起来难度更大；一些处于破产边缘、扭亏无望的企业，由于条件所限还不能尽快退出市场，同时，还有一些新的亏损企业出现，等等。三年来也留下了很多尚需完善和改进的空间。

1. 制度建设仍不完善

在这个"摸着石头过河"的改革实践中，在这场复杂的变革实践中，也出现了简单化的做法，也存在一些"浑水摸鱼"者。他们利用了改革的大方向，尤其是三年脱困的严峻形势和紧迫性，利用了宏观政策和制度的宽松，利用了配套制度的不完善，如个别地区对国有企业"一卖了之"，国企改制缺乏评估审计等规范的程序，这样让少数人钻了空子，出现了企业内部人自买自卖、低价出售，造成国有资产流失、部分职工的权益没有得到充分保障等问题，也出现了一些趁企业改革之机中饱私囊、贪污腐败的不法分子，并引发了社会负面影响。如果当时在鼓励探索的同时注重对改革程序和过程加以必要的规范，在政策上进行适当的引导，国企改革脱困的过程可能会更加健康。三年脱困出现的新问题为制度建设提出了更高的要求。

2. 布局调整刚刚起步

国有经济的战略性调整中，竞争性领域国有经济战线过长、分布过宽的问题还未得到有效解决，国有经济有进有退的机制没有形成，国有经济布局上仍然存在传统产业和一般竞争性领域比重偏大，而关系国家安全和经济命脉的领域和高新技术领域、新兴产业存在投入不足的问题。受社会保障体系不健全和社会稳定的压力制约，国有经济退出通道还不够畅通；同时国有经济需要进入的领域和行业，也由于缺乏必要的体制和资金支持而难以实现。在国有产权被行政隶属关系分割的情况下，有效的资本市场无法形成，企业组织结构上散、乱、差、小的问题难以通过并购重组的市场化手段解决，庞大的国有资产处于高度分散和低效率利用状态，还没有形成一批真正具有国际竞争力的大型企业或企业集团，国有经济的控制力、带动力和影响力还不够强。

另一方面，从管理体制上看，国有资产管理体制的难题还未真正破解，国有资产出资人不到位。出资人制度的缺失，制约了国有企业改革与脱困的深入进行。直到中共十六大召开之前，国有资产出资人的职能一直由政府各部门多头行使，职责不清，无人真正对国有资产负责。这种状况既导致国有资产经营管理不善、效率低下，甚至大量流失，又造成政府部门对企业行政干预过多，政企不分，企业经营自主权难以落实到位。在出资人缺位的情况下，国有企业不可能成为真正市场化的企业。

3. 体制性难题仍未破解

预算软约束是科尔奈在1980年的《短缺经济学》中提出的概念，并被普遍认为是社会主义国家国有企业无法彻底躲避亏损的社会原因与体制原因。而三年国企脱困在经过3年努力之后，虽然在结构调整、企业减负、内部改革以及产权改革等方面取得了阶段性的成果，但是，更深层次的问题，也就是三年两大目标的第二个目标——建立现代企业制度仍处在起步阶段。国家经贸委在提交国务院的课题报告中也提出，"在一个阶段采取特殊的政策措施，集中解决国有企业面临的突出矛盾和困难，使大多数困难亏损企业走出困境，只能是应急之策；要巩固脱困成果，从根本上提高国有企业的市场竞争力，必须通过建立现代企业制度为国有企业的可持续发展提供制度保证"。实现三年两大目标，虽然大多数国有大中型企业建立了现代公司制基本框架，但由于国有资产出资人等相应的制度条件不具备，并没有形成所有权与经营权相分离的分权制衡体制，不能真正按照现代企业制度规范运行，决策和管理模式依然受制于旧体制，企业的动力机制和约束机制都很不健全，一句话，国有企业的命运依然取决于个人而不是一个有效的制度。

另一方面，国有企业的社会负担和人员包袱还没有完全解决。三年脱困重点只是解决了困难企业的负担问题。社会负担和人员包袱是中国国有企业预算软约束的一个主要根源，社会负担的公共职能性质使得央企的管理层可以很容易地实现"亏了算国家的，赚了算自己的"，并且将经营性亏损与社会负担和人员包袱混杂在一起，增大出资人在"硬化"预算约束的难度。因此，社会负担和人员包袱没有彻底解决，也将是国企进一步改革的主要任务之一。

三年脱困是一场承上启下国企攻坚战，也是国企改革大戏中异彩纷呈的一场序幕，接下来的改革之路必定更加仍艰难与漫长，但也更加精彩……

点评：

三年改革脱困：伟大的阶段性攻坚

对于中国的国有企业改革来说，三年改革脱困的贡献是历史性的。这期间改革所触及的问题、所开始解决的问题，是整个国有企业改革中政治风险、社会风险最大的一组。这就是经济转轨必然要求的结构调整，包括企业的调整和人的调整。这是一组绕不过去的问题，但把一个如此庞大的经济体系从计划经济转到市场经济，需要淘汰、需要调整重组的企业太多，涉及的职工太多，其过程对社会的冲击必然十分巨大。三年改革脱困工作在一个关键时期营造出一种全力攻坚的环境和氛围，使人们理解改革、支持改革，增强了整个社会对改革风险的承受能力，使改革在一系列重大的难点问题上实现了突破，使国家基本平稳地渡过了改革的高风险期。历史不能假设，但可以分析。如果当时不鼓足勇气过这一关，困难的国有企业将越积越多，矛盾聚集到一定程度，很可能出现难以收拾的局面。

有些学者认为，三年改革脱困的成果是政府用几千亿元资金"堆"出来的，这是不正确的。在整个国有企业改革的过程中，破产企业债务核销确实有4000亿元，但这些债务所对应的资产早已损失殆尽，核销仅仅是账目上的确认；中央财政支付的安置职工费用确实有1700亿元，但这是对职工的保障性支出，不是针对企业的。真正对企业的支持是技改贴息和债转股后减掉的利息，其规模非常有限。特别需要说明的是，为帮助企业脱困，政府层面各种办法都用上了，唯一没有使用的办法是向国有企业注资。如果政府想用钱"堆"出脱困的成果，这应该是一个最简单的办法。

国有企业改革是一个世界性难题，中国国有企业的问题不是三年可以解决的。三年改革脱困工作的意义在于，它创造了改革的氛围，突破了改革的瓶颈，大量解决了难点问题，承受住了改革的风险，实现了改革的阶段性转换。在三年改革脱困之后，中国的国有企业改革就向着有进有退的所有制调整、优胜劣汰的结构调整、产权多元化和现代企业制度的方向深化下去了。

前面是一片广阔的天地。

——邵　宁

第三章

回归市场：国有中小企业改革

数量众多，分布广阔的国有中小企业在中国国有经济战略调整和国有企业改革历史进程中占据了举足轻重的地位。从20世纪90年代中期开始的国有中小企业改革无疑是当时国有企业改革的主要内容。在金融危机笼罩下的1997年，众多国有中小企业原本就面临宏观政策调整与市场竞争加剧的双重夹击，经营状况愈发艰难，亏损连年加剧，作为地方经济支柱的国有中小企业风光难现。改革改制的需求已经迫在眉睫，国有中小企业改革出路何在，成为需要回答的一个现实而迫切的问题。1995年，党的十四届五中全会明确提出了国企"抓大放小"的改革思路。1997年9月，党的十五次全国代表大会召开，在十五大报告中提出："要着眼于搞好整个国有经济，抓好大的，放活小的，对国有企业实施战略性改组"，"实行鼓励兼并、规范破产、下岗分流、减员增效和再就业工程，形成企业优胜劣汰的竞争机制"。十五大报告确立的国有企业"抓大放小"的改革方针，为各地积极采用各种有效的方式因地制宜探索放开搞活国有中小企业指明了方向，随着一系列政策措施的出台，以国有中小企业为突破口的产权制度改革大幕由此拉开。随后的十几年间，在全国各地演绎了一场形式多样、内涵丰富、波澜壮阔的国企改革大戏。较之国有大型企业，国有中小企业改革推进的步伐惊人。到2008年，全国国有中小企业改制面达到85%以上，国有中小企业改革基本完成，基本实现了国有经济在中小企业层面"退出"竞争性领域的战略步骤，为其后中央企业的战略重组和国有经济的战略集中奠定了坚实的基础。

一、风雨中摇曳——国有中小企业的生存困境

国有小企业是我国国民经济的重要组成部分，是地方财政收入的主要来源，进一步放开搞活国有小企业是深化国有企业改革的重要内容，是实施国有企业战略性改组的重要措施。

——国家体改委：《关于加快国有小企业改革的若干意见》，1996 年 6 月 20 日

1997 年前后，中国的经济体制改革已进行至第 20 个年头，国家一系列财政金融体制改革新政的推出逐渐打破了计划经济的条框，国内市场业已日渐开放，外资和民营经济蓬勃发展，国内市场竞争空前加剧。而在 1997 年下半年，亚洲金融危机爆发，外围经济走向衰退，出口大幅下降，整个国民经济形势面临巨大挑战。在这种情况下，规模小、实力弱又失去了计划经济庇护，一直就在为生存而艰苦奋战的国有中小企业内外交困，其累积多年的体制性弊病和自身矛盾同时爆发。市场大面积萎缩，企业效益每况愈下，面临停工倒闭、职工下岗待业，自谋出路的国有中小企业比比皆是，其生存状况着实堪忧。寻求生存空间，成为从20 世纪 90 年代初开始的国有中小企业改革由局部探索到逐渐蔓延至全国各地，并成为全国性的国企改革的重要背景。

（一）困境扫描

菏泽所属 9 个县市中，真正能够正常运转的企业微乎其微，有的县甚至难以找到一户盈利企业。菏泽工业企业所面临的局面触目惊心，比预想还要严重：整个地区工业企业面临全面崩溃的边缘。

——菏泽地区国有企业及县属企业审计调查，1998 年

1. 菏泽窘境

国企三年脱困攻坚之年的 1999 年，国家经贸委企业脱困工作办公室调研组赶赴山东省菏泽市，对当时引起全社会关注的市县国有中小企业状况进行实地调研。

菏泽是极具代表性的地区。它位于鲁西南，为山东省的农业主产区，其所辖9 个县区，面积 12.8 万平方公里，人口 835 万人。菏泽地区与大多地级市一样，工业基础十分薄弱，先天不足，除一些县办小厂外，大多数都是 20 世纪六七十年代从济南、青岛等地迁来的"小三线"企业。从 1995 年开始，菏泽地区就出现了大面积的企业停产、半停产，大量工人下岗待业的现象，政府在社会稳定、就业与再就业以及财政收支上面临越来越大的压力。

1997 年，曾率先在山东诸城推动国有中小企业大面积产权制度改革，进行股份合作制试点，一度引发"国企改革是否导致'国有资产流失'"争议而在全

国颇有影响的陈光来到危机下的菏泽，出任菏泽地委行署专员。

"要尽快改变菏泽的落后面貌"，挽救危机的菏泽地委行署很快确定了实施国有经济战略结构调整的发展与改革思路。他们开始在菏泽尝试参照诸城模式在全地区大面积推进国有中小企业的改制。为配合改制工作，1998年年初，菏泽有关部门抽调了320多名人员，组成若干个专门审计调查组，对全区305户国有和县属集体企业的资产、负债、损益情况进行了一次历时3个多月的彻底调查审计。审计结果告诉大家一个严酷的现实，菏泽的国企已濒临全面危机：具体而言，一是企业资产负债率极高。全区305户企业的资产总额93.4亿元，负债114亿元，平均资产负债率为122%，有4户的资产负债率超过了200%；县属企业中，有189户已资不抵债，有25%的企业负债率超过了200%。企业净资产极低，其保值增值率为负数。报表显示，整个菏泽的企业净资产1996年为15.8亿元，到1997年陡降为7.6亿元，仅仅是报表数反映，一年之间资产就少了8.2亿元。而实际审计的结果为企业净资产实际是－21亿元，全区企业的净资产保值增值率是－132.3%。二是资金极度匮乏。全部企业包括现金、各种存款、应收及预付款、存货等资产在内的流动资产总额仅46亿元，占总资产的49.5%，平均每户仅有1520万元，而其中各种存货所占用的流动资金就占了流动资金总额的61%。三是经济效益极差。305户企业亏损268户，占88%，当年亏损额达14.6亿元，累亏39亿多元；37户盈利企业的盈利额仅7400万元，盈利在100万元以上的只有7户，其中有的还是享受了政府减免的优惠政策实现的政策性盈利。此外，审计结果还暴露出一个更严重的问题，企业会计报表严重失真，被审计的企业86%以上账实不符，258户县属企业有182户盈亏不实，90户虚盈实亏（报盈723万元，实亏3.6亿元）；10户地区所属企业实际亏损4229万元，但虚报盈利75万元；甚至有的企业在企业已停产，工人放长假的情况下，仍在虚报盈利。

1998年最终调查结果显示，菏泽所属9个县市中，真正能够正常运转的企业微乎其微，有的县甚至难以找到一户盈利企业。菏泽工业企业所面临的局面比预想的还要严重：整个地区工业企业面临全面崩溃的边缘。

菏泽地区国有中小企业的状况只是当时全国国有中小企业困难局面的一个缩影。

2. 国有中小企业的"三高"——高负债、高亏损、高下岗失业

其实，90年代初期，全国各地国有中小企业危机就已早于国有大企业开始爆发。到1994年，全国国有中小企业整体亏损的情况就已经出现。当年国有中小企业盈亏相抵为－2.8亿元，尽管亏损额度并不太大，但接下来整体亏损的局面非但没有改善反而愈演愈烈，困难连年加剧，日子也越来越艰难，中小企业开始频频告急。到1996年时，全国国有中小企业亏损158亿元，是1994年亏损额的70倍。1997年，全部国有中小企业亏损204亿元，较上年增亏46亿元，增幅为30%左右，净资产保值增值率为负数。如菏泽1996~1998年的情形一样，全国各地出现了大量国有中小企业停工停产，生产难以为继，大批工人下岗失业，并由此导致社会不安定因素的增加。这引起全社会的强烈关注。

从一组当年国家统计局整理的 1996 年和 1997 年全国国有工业企业经营情况的数据中可见一斑。

表 3 - 1   全国国有工业企业经营情况（1996~1997 年）

1996 年

项目	企业类型	企业单位数（个）	亏损企业（个）	资产总计（亿元）	负债合计（亿元）	利润总额（亿元）	亏损企业亏损总额（亿元）
独立核算国有工业企业	大型企业	4946.00	1590.00	34223.44	20936.65	571.1	300.61
	中型企业	10817.00	4295.00	10013.81	7249.57	- 77.54	254.61
	小型企业	71219.00	23311.00	8519.77	6173.77	- 80.92	235.46

1997 年

项目	企业类型	企业单位数（个）	亏损企业（个）	资产总计（亿元）	负债合计（亿元）	利润总额（亿元）	亏损企业亏损总额（亿元）
独立核算国有工业企业	大型企业	4800.00	1669.00	39760.09	24486.52	631.88	340.08
	中型企业	10123.00	4373.00	10248.66	7468.98	- 103.28	249.06
	小型企业	59465.00	22391.00	9098.86	6683.07	- 100.77	241.81

资料来源：原始数据来源于中国国家统计局，国研网整理。

从表中我们可以看到，1996 年，中型国有企业和小型国有企业均出现了整体亏损，而且亏损的趋势在逐步扩大，亏损额分别从 1996 年的 77.54 亿元、80.92 亿元扩大到 1997 年的 103.28 亿元、100.77 亿元。

进一步分析相关的数据，我们还可以发现，中小企业以合计不足 35% 的总资产"贡献"了超过 60% 的亏损总额。同时，在资产结构上，中小企业的负债率达到了 72%，高于大型企业的 61% 资产负债率，这进一步限制了中小国有企业的盈利乃至生存能力。

从亏损户数来看，1997 年全国国有中小企业 69588 家，其中亏损 27764 家，亏损面达到 38.5%。而据一些地区的调查情况反映，因审计缺漏、账目不清等原因，实际情况比统计反映出来的更严重。如山东省另一个县级市对其 150 家市属独立核算企业进行审计，150 家企业中 103 家亏损，43 家已资不抵债。

从资产负债率来看，当时大部分国有中小企业都背负着极为沉重的债务负担，很多企业每年的利息支出就超过当年利润，发展实在无从谈起。1997 年，全国国有中小企业平均资产负债率接近 80%。当年统计报表上，独立核算国有

工业企业资产总额为 19347.52 亿元，负债却达 14152 亿元。从地方上看，1999
年，经济一直比较发达的武汉市市属国有企业账面资产负债率为 88.82%，区属
国有企业资产负债率高达 104.8%，全市国有企业整体接近资不抵债的边缘。国
有净资产实际上已接近于零。2000 年年初，长沙市财政局的统计报表显示：长
沙市本级国有工业企业总资产约 99 亿元，负债 97 亿元，资产负债率接近 100%，
3/4 的企业停产半停产。在一些县市，国有中小企业几乎全部亏损，难以见到一家
正常开工运营的企业，企业生存告急。湖北省宜昌市市直 28 家工业企业资产 99 亿
元，负债超过 100 亿元，整体资不抵债，其中 9 户企业资产负债率 200% 以上。
2000 年，山西左权县全县除了自来水厂、电业局、邮政局三个单位还能正常经营
以外，其余企业基本都是亏损企业，大批企业处于停产、半停产的边缘，大量企业
职工闲置在家。2002 年，内蒙古通辽市大约 90% 的国有企业亏损，政府门前经常
被围。而山东曹县的县委书记这样描述他刚到曹县上任时的情景："全县几乎找不
到一家还在正常运转的企业，本来就不发达的工业几乎全军覆没。"

国有中小企业是国民经济的最小细胞，由于它所具有的分布广，数量众多，
吸纳就业岗位多等特点，国有中小企业陷入困境对于职工就业、对于整个社会保
障等带来了较大的影响。据统计，1997 年全部独立核算的国有工业企业年平均
职工人数为 3870 万人左右，其中国有中小企业为 1907 万人，约占职工总人数的
50%。据了解，在 1998~2008 年的 10 年间，国有企业下岗职工总数超过了 2700
万人，这其中大部分是国有中小企业职工。在我国社保体制尚不健全的 20 世纪
90 年代末和 21 世纪之初的那段时间，国有中小企业职工相对于国有大型企业来
说，更缺乏保障，职工的下岗失业直接影响其家庭日常生活，生活更困难，离退
休职工更是失去了基本的医疗和养老保障。企业效益恶化，直接导致许多县域经
济入不敷出，濒临瘫痪破产，而日益增多的下岗职工，加上新的就业岗位严重匮
乏，城镇失业人口激增，由此导致了一系列的社会矛盾和社会不稳定问题，政府
深陷财政与就业巨大压力之下。

企业告急！出路在哪里？地方各级政府和广大国有中小企业干部职工忧心忡
忡，对未来充满了焦虑。

（二）夹缝中的尴尬生存

1997 年，国有中小企业面临着一个十分尴尬的处境：被国有大企业和外资、
民资企业夹击，艰难求存。一方面国有中小企业已经难以从财政途径获得资金支
持；另一方面，外资企业、民营资本的大量涌入导致市场竞争空前加剧，国有中
小企业生存空间被进一步压缩，在竞争中几乎没有优势。

国有中小企业命运的改变始于 80 年代开始的国家对国有企业的一系列改革
实行之后。

　　传统体制下，与所有国有企业一样，国有中小企业生产所需资金主要来源于政府财政投资和银行贷款，生产的订单则由国家计划安排，职工招录由政府劳动部门下达招工指标，那时企业不用考虑市场问题，也无所谓规模的大小。说到底，计划经济时期企业就是工厂，差别仅仅是"工厂车间"的大小，以及隶属于地方还是中央。从1978年开始国家进行了一系列体制改革，逐步从体制、机制上对国有企业进行市场化改造，有关投资体制、金融体制和财政体制的不断变革，使小规模的国有中小企业赖于生存的资金来源、市场渠道空间越来越窄。1984年国家实行的"拨改贷"政策，明确国家不再通过财政对国有企业直接拨发资本金，企业资金渠道开始主要通过向银行贷款解决；到1986年开始国有银行实施商业化改革，国有中小企业受自身条件局限，从银行贷入资金也变得越来越困难。在"财政断粮"和"银行断奶"之后，国有中小企业的资金问题主要依靠社会集资和自行拆借解决，由此造成企业背负沉重的债务负担。尽管在1987年以后国家参照农业联产责任制做法，对国有中小企业实行承包经营责任制，但老国有企业僵化的体制、沉重的债务包袱，技术改造乏力，资金来源渠道堵塞，加上历史上形成的人员和社会负担，使得大部分中小企业经营改善的效果并不明显。

　　1992年，邓小平同志发表南方谈话，我国改革开放的速度和程度迅速提升，整个社会的大环境随着市场化进程的推进还在不断加快。市场并未给中小企业喘息的机会。市场化程度的加快首先表现为外资和民营资本对市场的激烈争夺使市场竞争在90年代初空前激烈，曾经是国有经济一统天下的市场出现了国有、民营、外资"三分天下"、"三足鼎立"。与国有企业相比，新兴的民营企业和外资企业拥有体制、机制灵活，资金实力大的优势，往往能够在市场快速波动中占得先机，改革开放初期，为鼓励引资，国家给予外资在税收等方面多种优惠政策支持，而应运而生的民营企业以其灵活的经营机制，发展也十分迅猛。对国有大型企业，依靠其规模大、实力强的优势，经过内部不断深化的企业变革，也依然能够与外资、民企在市场竞争中所抗衡。相对于在规模、技术、资金、市场、企业内部机制等多方面都不具优势的国有中小企业而言，首当其冲受到强烈的冲击。当国家经济开始步入市场化轨道时，高额的不良负债使银行贷款中止，几乎切断了国有中小企业赖以维持简单再生产的资金来源，由于缺乏投入，以致产品研发能力弱，产品档次低、成本高，加上市场狭窄，致使众多国有中小企业又难以快速形成规模，仅能勉强维持简单再生产。在转轨过程中，国家政策和市场环境的变化使得国有中小企业既无政府"输血"，又无自身的"造血"功能，而"失血"又未止住。重重危机下，多数国有中小企业就如波浪滔天中的一叶扁舟，想要在竞争激烈的市场经济中立住脚、分得一杯羹则显得更加步履艰难。

点评：

体制决定的困境

国有中小企业在改革开放后迅即陷入困境是必然的，是体制效率所决定的。

从企业治理的角度，所有企业都可分为两类：一是股东直接经营的；二是股东不直接经营，而是通过委托代理关系进行治理。从治理的效率比较前者为高，因为盈亏都是自己的，关切度很高。只有当企业大到一定程度，单一股东难于筹资、难以管理时，才出现通过委托代理关系进行管理的大公司。因此，世界上所有中小企业都是私人直接经营的。

国有企业的委托代理关系是客观存在且是多层次的。改革开放后，中国民营经济迅速发展，其最初形态也是中小企业。当托带着多层委托代理关系的国有中小企业与有着极高关切度的民营中小企业面对面竞争时，其结果可想而知。

——邵　宁

（三）压力倒向地方政府

在我国的许多市县，尤其是处于内陆的许多中西部市县，国有中小企业多是地县一级政府财政收入的主要来源之一，被誉为当地财政收入的"顶梁柱"。由于国有中小企业生产衰退，自身生存都难以为继，过去的财源变成了包袱，直接导致了许多地方经济的困难，并逐渐表现在地方政府财政的压力上。有关部门曾抽样调查了一个普通县级市的情况，有大约18000人吃财政饭，而总财政收入却不足8000万元，连政府干部工资都出现了不能按时发放的情况。按常规，该市每年需留出500万元财政预备费，居然一分也没留①。再看山东菏泽的情况：1995年菏泽全地区利税过千万元的企业尚有26家，而到1997年就仅为4户。由于企业的不景气，大量人员纷纷通过各种关系挤入行政事业单位。菏泽4亿多元的财政收入，要养活20多万吃财政饭的人。1997年，菏泽地区行政事业单位总体超编50%，有一个县一年里就增加了3700多人吃财政饭，一个乡的广播站就有37人。庞大而臃肿的机构使得政府行政事业单位的工作人员工资支付发生困难，全市下属9个县几乎没有一个县的工资可以正常开支。恶劣的经济状况使财政入不敷出，直接造成乱立名目乱收费，这无疑使企业状况雪上加霜，负担进一步加重，形成了恶性循环。经济困难已无法维持正常的运转，政府财政已到了不改革已难以支撑的艰难程度。与此同时，由于国有企业困难所造成的职工下岗失业，以及拖欠工资等导致企业职工生活出现困难所引发的社会问题，致使上访等

---

① 摘自《齐鲁晚报》：《省长助理陈光谈诸城改革》，2008年10月27日。

群体事件频发，许多地方政府不得不整天忙于处理大量的企业问题，疲于应付。正是这种状况使各方面增强了对国企改革的紧迫感。到90年代中后期，国有中小企业的问题已成为不少地方政府的主要问题，无论是从关心企业生存出发，又或从保持社会基本稳定，还是从舒缓自身财政压力，地方政府都需要尽快扭转这种局面。

困则思变。国有中小企业的困境反过来在一定程度上促使"国有中小企业非改不可"的决心在企业、职工及政府间达成共识，一个"较为有利"的改革外部环境形成了。

二、倒逼出来的改革

各地可参照本意见，各地经贸委要在政府领导下，拟定小企业改革与发展的具体意见或办法。与有关部门密切配合，把放开搞活国有小企业作为对国有经济进行战略性结构调整的主要措施，认真抓紧组织实施。

——国家经济贸易委员会：《关于印发〈关于放开搞活国有小型企业的意见〉的通知》（国经贸企〔1996〕491号），1996年7月

如果将地方经济比作一片森林，那么当年国有中小企业就如是森林中先天不足的小树，在浓密的森林中里，难见阳光，难吸取养分，缺乏蓬勃向上的活力，日渐枯萎，并不断蔓延。地方政府作为森林的守林人，离得最近、看得最清、感受得最深：国有中小企业若再不进行改革，地方经济的森林就会慢慢退化成沙漠，沙尘暴肆虐，势必衍生出大量的经济和社会问题。面对这些问题，政府、企业和职工作为一个利益共同体，谁也无法置身事外。20世纪90年代中期，广大国有中小企业的问题和困难已经无法再有任何掩饰，艰难的现实迫使人们不得不去思考和探求国有中小企业的改革之路。可以说中国的国有中小企业改革之路是被逼出来的。而在这场逼出来的改革中，中央关于国有中小企业尤其是小企业的政策的出台，为陷入困境的国有中小企业改革明确了方向，而各级政府和企业则在现实的"逼迫"中"各显神通"，"搭台唱戏"。

（一）困境中的选择

面对国有中小企业的严峻形势，各级政府部门和理论界都在思考这样一个问题：国有企业改革已经进行了十几年，为什么还会出现几乎全面亏损的局面？各种各样的政策措施都尝试过，为什么最终效果都不理想呢？[①] 经过大量的理论探讨和

---

① 摘自罗放良：《跨越：长沙国企改革两个置换纪实》，中国经济出版社2008年版。

实地考察之后，思考的原点回到此前的改革方式和国有企业制度的根本缺陷上来。

1978～1992 年，国家对国有企业实施了一系列的改革，包括"放权让利"、"利改税"、"拨改贷"、"承包责任制"等。仔细研究发现，这些措施的共同本质实际上都是从企业经营层面上进行的改革，目的是使企业的人、财、物、产、供、销等生产要素从由政府计划决定转变为由市场和企业决定，主要途径是扩大企业自主权。改革措施对推动企业经营方式的市场化起了巨大的作用，但并不能从根本上扭转国有中小企业的困难局面。

进一步考察国有中小企业的现实状况，隐藏于亏损表象之下的国有中小企业普遍地存在体制弊病：国有企业所有者缺位，产权关系并不清晰。作为代理人的企业负责人，既缺乏来自所有者的激励，又没有民企的"跳楼"机制的约束。在经营状况好的时候，企业认为除了上缴国家部分后留下的利润都是属于自己的，希望远离政府。一旦企业经营有困难、出现亏损，甚至发不出工资的时候，又认为国企是国家的，政府应"理所应当"出面帮助解决问题。不是通过市场而是依靠"市长"想办法，不在企业自己身上"动刀"，这显然不被市场规则所认同，企业愈显窘境。一些地市主管工业的副市长深有感触，凡国有企业改革跟不上市场环境的改变的地方，企业经营肯定难逃每况愈下的状况，也势必造成影响地区经济发展和社会稳定、地方财政平衡的压力也越来越大的连锁反应。湖北省宜昌市有关部门在总结分析前期工作时发现，该市已经实施政策性兼并的 7 家企业没有一家成功，有的尽管进行了一些改革但也很不彻底。一致认为市直工业企业从支柱地位变为薄弱环节的主要原因，是大部分企业改革滞后。

各地也清楚地看到，改革进程越滞后则改革的成本和代价也会越来越高。各地算了一笔账，改革每推迟一年，改革成本也将随之大增。宜昌市初步匡算，推迟一年增加改革成本约 1 亿元以上（生活费、社会保险、经济补偿金），亏损贬值的资产则达 5 亿元以上，两项加起来超过 6 亿元。湖南省岳阳市也算过一笔账，困难企业每拖一年，仅职工的生活保障费和经济补偿金每人就要多花 4000多元。1 万名职工就是 4000 万元，这还不算资产闲置或低效运行的潜在损失。现实形势表明，改革符合绝大部分人的利益，全国各地"必须要改革"，"只有改革才有出路"的呼声日渐强烈。早改早受益，越晚越被动成为了大家的共识。

来自改革内部的动力已经出现。当 1997 年党的十五大报告明确提出"放开搞活中小国有企业"时，这场酝酿已久的国有中小企业改革改制浪潮便立刻呼之即出，很快便形成席卷全国大地燎原之势。

（二） 放开搞活天地宽

"着眼于搞好整个国有经济，对国有企业实施战略性改组。以市场和产业政策为导向，搞好大的，放活小的，把优化国有资产分布结构、企业组织结构同优化投资结构有机地结合起来……区别不同情况，采取改组、联合、兼并、股份合作制、租赁、承包经营和出售等形式，加快国有小企业改革步伐。'九五'期间，国家分期分批进行资产重组，吸收、兼并、联合一批中小企业，壮大规模，优化结构，争取使一部分企业进入国际大企业行列。"

——《中华人民共和国国民经济和社会发展"九五"计划和 2010 年远景目标纲要》，1996 年 3 月 17 日

"要着眼于搞好整个国有经济，抓好大的，放活小的，对国有企业实施战略性改组。以资本为纽带，通过市场形成具有较强竞争力的跨地区、跨行业、跨所有制和跨国经营的大企业集团。采取改组、联合、兼并、租赁、承包经营和股份合作制、出售等形式，加快放开搞活国有小型企业的步伐。"十五大报告无疑是给当时的国有中小企业改革指明了改革的"路"，也在政策给予了较大的操作空间。为了更好地理解"放开搞活中小国有企业"对于中小企业改革的意义，有必要再次回到"思考的原点"，回顾有关国企和中小国有企业改革的政策沿革与背景。

1992 年，国务院颁布了《全民所有制工业企业转换经营机制条例》（以下称《条例》），这是国有企业"政企分开"的第一份，也是最为重要的文件之一。《条例》指出转换经济机制的关键是要正确处理国家和企业之间的关系，坚决贯彻政企分开、两权分离的原则，在坚持全民所有的前提下，把经营权真正交给企业。《条例》同时以明确所有权人的方式，探索解决"两权分离"的路径，规定由国务院代表国家行使企业财产的所有权，而企业经营权即企业财产占有、使用和依法处分的权利则由所有权人（出资人）授权企业享有和行使。《条例》详尽列举了国有企业应该享有 14 项权利，并规定国有企业可以通过合并、分立、解散等方式进行组织结构调整。

"冰冻三尺，非一日之寒。"《条例》本身显然无法解决政企分离以及其积累的一系列问题。政府可能会寻求增加对国有企业的非正式控制，即利用对国有企业高层管理人员的选择权和对他们政治前途的决定权、利用对关键资源的掌控、利用强大的政治影响力，实施对国有企业的非正式干预。而这个问题随着产权改革的不断深入，渐渐地浮出水面，并通过建立现代企业制度、完善公司治理结构等方式逐步加以解决。

1993 年党的十四届三中全会提出，国有企业改革的方向是建立产权明晰、权责明确、政企分开、管理科学的现代企业制度。1994 年，国务院决定进行现代企业制度试点，但多年之后发现，现代企业制度试点并没有像预期的那样使国有企业的经营机制实现根本转换，更没有出现所有权结构的显著变化。

而国有企业随后出现的经营困难使得改革再次陷入了方向选择的困境，各级

政府主管机关深陷国有企业财务重组和资产重组、企业脱困、削债、破产困境，而无暇他顾。针对当时国有企业负债率过高、经济效益下降的实际问题，国家把推进国有企业重组作为工作重心，当时的主要工作计划是"优化资本结构"，通过各种渠道补充国家资本金和减轻债务，包括将一部分国有银行债务转为资本金，并采取优惠措施鼓励困难国有企业关闭破产、鼓励优势国有企业兼并接管困难国有企业，发展企业集团。

科尔奈在1986年的文章提出了预算软约束的概念，并将社会主义社会的许多问题归咎于预算软约束。1993年之后，国家下决心硬化国有企业的预算约束，不再对国有企业的亏损进行补贴，对于连年亏损或资不抵债的中小国有企业，政府开始寻求通过产权改革的方式，而非延续预算软约束政策下的持续输血和救助，一些地方政府开始接受"但求所在，不求所有"的观点，对包括内部人的民营化及企业改制等方式采取了更为宽容和接受的态度。1993年，山东省诸城市大量出售中小国有企业，其起因主要就是因为这些企业处于连年亏损和资不抵债状态，已经成为政府的重大包袱。诸城国有中小企业的所有权改革方式主要是面向内部人的民营化，即主要出售给职工和管理层，前者称为股份合作制，后者称为管理层收购。这种将国有企业改造为非国有企业或者包含非国有股的股份制企业的做法，在实际工作中称为改制。20世纪90年代中期，江苏的乡镇企业普遍实行了主要面向内部人的民营化，使得乡镇企业的所有权改革像当年控制权改革那样再次对国有企业产生了强大的示范效应。90年代后半期，国有企业财务困境急剧加深，小型国有企业民营化进程顺理成章地明显加快并逐渐向中型国有企业蔓延，相应地，外部投资者也获得了越来越多的购买国有企业或国有股的机会，面向外部人的民营化也正式地登上历史舞台。对这些企业改制，实际上是政府"卸包袱"，被称为"放活"或"放小"。

1993年党的十四届三中全会审议通过了《中共中央关于建立社会主义市场经济体制若干问题的决定》（以下简称《决定》），《决定》作为明确提出建立社会主义市场经济体制的总体规划，强调要使市场在国家宏观调控下对资源配置起基础性作用。以《决定》为基础，此后国家相继出台了一系列促进国有企业改革和国有经济战略性调整的政策，在这些政策的指导下，关于对国有中小企业改革的方向日渐明确。

而在1993年以国务院《关于分税制财政管理体制改革的决定》为标志的财税体制改革，则通过财税体制改革的方式，为国有企业，尤其是地方中小企业的放开改革提供了有力的政策支持。

1995年9月28日党的十四届五中全会通过了《中共中央关于制定国民经济和社会发展"九五"计划和2010年远景目标的建议》，提出了"抓大放小"的国企改革新思路。

1995 年 12 月，中共中央、国务院召开经济工作会议，提出要把深化企业改革同改组、改造和加强管理结合起来，着眼于搞活整个国有经济。

1996 年 3 月，第八届全国人民代表大会第四次会议批准通过《中华人民共和国国民经济和社会发展"九五"计划和 2010 年远景目标纲要》，也提出了国有企业"抓大放小"的改革思路。《纲要》指出，"着眼于搞好整个国有经济，对国有企业实施战略性重组"，"区别不同情况，采取改组、联合、兼并、股份合作制、租赁、承包经营和出售等形式，加快国有小企业改革步伐。"

此前，在山东诸城、湖南等地开展的国有小企业改革模式为政策制定提供了参考。

1997 年党的十五大提出了要从战略上调整国有经济布局，抓好大的，放活小的，认为国有经济比重降低不影响社会主义性质，这对实际上属于民营化改革的股份合作制做了适度肯定。

1996 年 6 月 20 日，国家体制改革委员会根据国民经济和社会发展"九五"计划，制定下发了《关于加快国有小企业改革的若干意见》。《意见》明确："进一步放开搞活国有小企业是深化国有企业改革的重要内容，是实施国有企业战略性改组的重要措施"。国有小企业改革要以"三个有利于"作为判断是非得失的标准。提出各地可以区别不同情况，借鉴各地成功经验，不拘一格大胆实践，加快改革改组，"县属企业可以更加放开一些，要因地制宜，大胆探索，采取多种形式、多种途径，使企业具有自主经营、自负盈亏、自我发展、自我约束的能力，成为适应社会主义市场经济要求的法人实体和市场竞争主体。"《意见》还对实施改革改制的形式、原则和企业改制所涉及的相关财务处理、金融债务处置、税务、土地以及职工劳动关系和妥善解决离退休人员的社会保障等问题提出了相关指导性意见。同时还要求各地各级政府要加强指导，切忌一哄而起，搞"一刀切"。

1997 年 7 月 1 日，国家经贸委根据国务院批转的《关于 1996 年国有企业改革工作的实施意见》的要求，研究制定并下发了《关于放开搞活国有小型企业的意见》（国经贸企［1996］491 号）。明确"放开搞活国有小企业的权利和责任主要放在地方政府"，方向是"实行政企分开，创造条件，使企业自主走向市场，转化机制，使企业成为自主经营、自负盈亏、自我发展、自我约束的法人实体"。改制形式上，允许企业依据自身特点，选择适合的形式多样的改制方式，把改革、改制、改组改造与企业内部管理和机制转换结合起来。各地参照拟定小企业改革与发展的具体意见和办法，明确统一的小企业综合管理部门，具体负责组织实施，结合省情、地情、县情，制定地方性法律法规，采取灵活多样的措施推进改革与发展。

（三）地方主导唱大戏

中央对改革方向的明确，消除了全国各地共同的担忧，国家一些针对国有小企业改革指导意见和相关政策的出台，更使得地方各级政府工作有了明确的方向，国家经贸委进一步明确地方政府承担国有小企业改革的责任，地方的改革热情得到了极大的激发，一些早期尝试股份合作制改革的地区进程加快，改革成效开始逐渐显现，使得产权改革和股份制模式日益为社会所接受并进一步增强了信心。向先进地区借鉴经验教训活用到本地亦成为各地实施改革的有效途径。上下联动，内外呼应。加快解决国有中小企业改革改制问题成为各级政府案头上的一件大事。

对国有中小企业改革，地方改革实践走在了前面，在20世纪90年代初就开始多种途径探索国有中小企业的改革之路，并在实践中不断总结和完善。国家有关部门进一步明确对中小企业的改革方向和指导思想是着眼于"放"，路径是将中小企业通过改制真正改造成为市场主体，自主走向市场，参与竞争。因此，国有中小企业改革总的思路是放开搞活，实际操作中则采取因地制宜、因企制宜，不拘泥于单一模式。按照国家有关部门的要求，各级地方政府通过深入企业调研，相互借鉴，从本省、地市、县的具体情况出发，纷纷研究制定和出台了一系列推动国有中小企业改革改制的文件政策及内容详实并有可操作性的实施意见和配套措施，对中小企业进行宏观指导，加强重点示范引导，对改制工作中政策性强、难度较大的具体问题进行规范和明确，使改革更具针对性、时效性、可操作性，大大推进了国有中小企业改革进程。

在1996～2005年间，几乎全国各省市区都先后出台了针对国有企业以及中小企业改革的思路、意见、办法与措施的相关文件政策。一些重点地市及县一级还研究制定了相应的更为具体的实施操作细则。这些办法和细则，大都结合本地区国有经济战略布局调整和本地国民经济发展规划，根据地区企业和经济发展的实际情况，着眼搞活地方经济，提升国有资产整体控制力的要求，思路清晰，目标明确，措施到位，改革路径明朗，成为各地国有中小企业改革的依据和指南。着眼一个"放"，追求一个"活"，即放开是方式，目的是搞活：搞活企业，搞好经济，从而有效解决国有中小企业生存危机，达到合理配置资源，调整国有经济布局，改善国民经济质量，提高经济效益的目的。

如江苏省结合本省到2005年基本完成国有经济战略布局调整和企业改制的目标，要求要以产权制度改革为主，通过按照"抓大放小"的原则，积极推进国有企业战略性改组，鼓励和支持外资、民营个体等非国有经济参与国有中小企业改革，实现国有资本基本从一般性竞争领域和中小型企业的退出。在进行全面深入的调查之后，山西省确定了所属国有中小企业改革的基本思路：一是坚持公平、公开、公正和资源的产权交易原则，逐步实现国有资产的有序退出；二是维护职工合法权益不受侵犯；三是实事求是、因企制宜、一厂一策；四是分级指导，省对中小企业主要进行宏观指导和重点示范引导，市（地）及以下政府结合本地实际制定具体实施方案。在福建省下发的《福建省国有工业企业三年改革和摆脱困境的若干意见的通知》（闽政〔1998〕14号）中，则明确了"国有小型企业全面放开，进入市场，转换机制；在全省范围内建立起扶持中小企业发展的服务体系，为中小企业提供市场准入、技术服务、信息服务、人力资源开发、资金融通、管理、对外合作等方面服务"的总体目标，确定"除供水、电力等特殊行业外"，全省875户小企业，要通过各种行之有效的形式实现放开经营，基本解决长期经营性亏损。福建省还出台一系列扶持中小企业发展的服务体系的相关配套政策法规文件，如用财政预算安排一块；政府出让国有企业土地使用权的出让金收入一块；企业拍卖、出租、转让产权的净收益一块，建立县级扶持中小企业发展基金，主要用于安置下岗职工和为中小企业贷款提供担保；对中小企业改制后，所得税增量部分和增值税增量的地方留成部分，实行先征后返的办法，用于增加国家资本金。

在北京市制定的"国有工业企业三年调整方案"中，提出来"对国有小型及部分中型企业，要以产权制度改革为重点，采取整体出售、产权转让、下放管理、职工持股、股份合作、要素折股、承包租赁等多种形式放开搞活"。

广西壮族自治区全区的国有中小企业改革亦十分出彩。自治区党委、自治区人民政府1998年印发《企业改革整顿的总体方案》提出，"全面放开国有小企业。国有小企业改制，要从实际出发，大胆创新，凡是符合广西区情，符合社会主义本质特征和市场经济规律，符合现代化生产要求的组织形式和经营方式都可以采用，办法和形式能够搞好搞活企业，就采用什么办法和形式改制"。要"对全区国有小企业采取拍卖、股份合作制、兼并划转、租赁经营、托管经营、依法破产等改革形式全面开放，在实际工作中，要从实际出发，对不同企业，要区别不同情况，采取不同的形式进行，不要刮风，不搞形式主义，不搞一个模式，不搞一刀切"，"要把放与帮、放与扶结合起来，要强化政府的宏观经济管理功能，建立和完善社会中介组织对中小企业的服务功能，为企业了解市场、获得信息、把握产业发展趋势、制订发展目标服好务，使其放后更活起来"。广西壮族自治区党委办公厅、自治区人民政府还专门印发了《加快小型企业改革的补充规定》（桂办发〔1998〕31号）。就广西自治区国有中小企业改制的形式、改制中企业资产的处置、债务的处理、职工的安置与分流等重点问题做出了明确规定，并提出了改制企业所享受的有关税费等优惠政策及政府各部门为支持改制的各项工作要求。

1998年以后，四川、山西、浙江等全国其他地方也先后确定了符合本地区实际的国有中小企业的改制思路，因地制宜采取各种方式放开搞活国有中小企业，产权制度改革在全国范围内取得突破。云南、宁夏、青海、福建等一些中西部地区的政府部门，也都对抓大放小，全面开放搞活国有中小企业提出了明确的目标与实施意见，制定了具体措施。

鉴于国有中小企业一般集中在市地县一级，1996年6月国家体改委《关于加快国有小企业改革的若干意见》明确提出了"县属企业改革可以更加放开一些"。地县级政府作为国有中小企业改革的责任者，和改革一线的具体组织者和实施者，通过具体参与当地国有中小企业改革的实践，他们对操作中出现的一系列具体的矛盾和问题了解最清，体会和感触也最深。"实事求是、因地制宜、因企制宜，及时总结、调整、完善已有的经验，大胆探索，不断创新"，成为地县一级研究政策、出台措施、组织实施的共同特点。在国家及省市区政府有关国企改革改制政策指导下，地市县一级政府所制定的改革改制的办法措施，出台的方案显然更具有本地的特色，针对性和可操作性更强，工作力度也最大，在改革过程中创新求发展，创造出很多行之有效的办法，与此同时政府的角色也开始从权利人逐步向监管人转换，为进一步深化改革，规范市场经济环境创造了良好的基础。

湖南省长沙市结合本地实际，将改革的重点主要放在推行企业的产权置换上，以期从根本上解决问题。他们按照"因企制宜，一企一策"的原则，通过了"四个一批"改革企业产权制度，即对资产质量较好、产品有市场的企业，重点实行股份制改造，引导职工、其他法人或国有资本投资组建新的有限责任公司或股份有限公司；对资不抵债、扭亏无望、不能偿还到期债务的企业实施计划内破产或依法破产；对资产债务基本平衡的企业，在安置好职工的前提下，由外来战略投资者承担债务，实行承债式兼并；对停产半停产、生存无望又暂不具备破产条件的企业实行救助安置。而且湖南省还强调在产权改革结束以后，要即刻进行职工身份置换。

山东省菏泽市则着眼于国有中小企业改革与本地区国有经济战略结构调整紧密结合，将本区国有企业战略调整分为三个阶段：首先盘活存量，实现国有中小企业由死变活，由亏变盈；其次选择部分条件较好的企业进行改造、嫁接，使企业由小变大、由弱变强；最后重点培育一批高新技术企业，使其成为菏泽地方经济的支柱。在推进改革的进程中，按照"先改、后调、再深化"的实施步骤，逐步完善，最终实现目标。

由于国企矛盾和问题趋同，改革的基本思路与路径亦大致相同，基本上采取了政府搭台，企业唱戏的方式，使国有中小企业改革在政策上有明确的方向，在操作上有具体的思路。在这一轮改革浪潮中，原来模糊的国有产权逐渐清晰化，扭曲的激励机制和利益机制逐渐得到纠正，许多内外交困的企业通过改革真正活了起来，改革者历经千辛万苦，终于找到了一条符合实际的道路。

以产权制度改革为核心的新一轮企业改制拉开了大幕。

三、草根的智慧——各显神通的改革路径

复旦大学经济学教授张军在《中国企业的转型道路》一书中写道："中国的国有企业改革遵循了分散和分权的道路，中央政府不设定统一的改革模式，只规定一些基本的原则，完全由地方政府来寻找最优的模式"①。中国的国有企业改革是一块巨大的试验田，但奇妙的是，试验的并不是一种模式或体制。2002年以前，尽管一直没有一个全国性的规范化的改革方案，原则性的政策只是放了一道口子，而这道口子却为地方智慧的萌动提供了足够的氧气。各地依照地域环境、经济基础、开放程度的不同，创造出灵活多样的途径来完成这场战略性调整，途中不断遇到新的矛盾，而新的矛盾又被更多的奇思妙想（草根智慧）在实践中解决掉。

（一）中小企业变革路径扫描

在党中央、国务院的大政方针指引下，不同地域、文化、经济发展与市场环境，不同行业的企业依据自身条件差异注定了各地在实践中摸索出丰富多彩的国有中小企业改制的路子。以下粗略罗列出各地对国有中小企业改革的一些主要形式：

（1）股份制改革。对于有条件的企业，可以通过吸收其他投资（包括外商投资）或出售部分存量资产，以及债权转股权等方式，将其改组为股份有限公司或有限责任公司，实施投资主体多元化改造，以存量盘活增量注入的方式实施国有资本的退出。参与的投资者可以参股，也可以控股。

（2）股份合作制。通过将企业净资产全部转让给职工或者其他合适的方式，将国有中小企业改组为股份合作制企业。也可根据企业的具体情况和条件，采取先租后受等过渡形式，逐步将国有中小企业改组为股份合作制企业。

（3）兼并和联合。有条件的优势企业或大企业鼓励实行跨地区、跨行业、跨所有制兼并中小企业和困难企业，通过引入外部资金、技术、人才带动中小企业发展。按有关政策规定，可采取承担债务式兼并，也可采取购买或投资控股的方式实施兼并。兼并和收购的方式，一般也可以分为整体并购与部分并购。同时鼓励企业间进行联合或合并，以实现优势互补、规模经营。

（4）出售拍卖。即将拟出售的中小国有企业，以企业资产评估价为基准，

---

① 张军：《中国企业的转型道路》，上海人民出版社2008年版。

在评估并经有关部门批准后，在市场上实行公开竞价或协议定价，综合考虑职工就业和新增投资等因素，向法人、自然人出售拍卖中小企业。改革初期的国有中小企业出售大多以行政主导，1998 年以后公开拍卖才开始逐渐成为重要的出售方式。

（5）租赁、承包经营。将企业全部或部分资产出租或承包给法人、自然人，按照协议将资产经营权赋予租赁、承包人。租赁或承包时要根据行业特点、地点差异等不同情况，合理确定租赁、承包费标准以及支付方式。

（6）托管经营。将领导班子不得力、管理水平低、经济效益差的中小企业委托给经济实力较强、经营管理水平较高的企业或机构经营。实行托管要通过契约的方式明确托管方与被托管方的责、权、利关系。

（7）剥离分立。对整体难以盘活、局部有望搞活的企业，在明晰产权，合理承担债务的前提下，实行分立、分块搞活。

（8）土地置换，易地改造。对具有地理位置优势，但产品落后、经营困难的中小企业通过出让土地使用权，实行搬迁改造，易地重组。有些适合发展第三产业的，可充分利用企业的土地资源优势，实现"退二进三"。

（9）引资嫁接，合资经营。鼓励中小企业广开渠道引进资金、人才、技术、设备，进行多种形式的嫁接，合资比例不限。

（10）破产重组。对少数长期经营亏损、包袱沉重、资不抵债、扭亏无望或属于关闭的企业，依法实施破产重组。

在实行上述改革改制的过程中，实行股份合作制是放开搞活中小企业的主要形式。各地方根据当地的实际情况及企业不同特点、职工的承受能力，采取多种方式并用或运用灵活组合的方式进行大胆的探索。如：

——"售租结合（筹资租赁）"。即把原企业的流动资产转让给企业职工，设备、房屋土地使用权等固定资产由企业职工租赁使用。

——"分立租赁"。即一户企业资产较大，即将原企业切块分离成两个或两个以上的单位，各自分离的资产分别进行租赁经营。

——"还本租赁"。即承租者在约定期限内分期缴纳被租赁资产的本金及租金，租赁期满后被租赁资产的所有权即转移给承租者。一般租赁期限在 3～5 年，最高到 10 年。

——"产权置换"。即用一户中小企业的全部产权换取另一优势企业的部分股权，使双方获益。

——"抵贷返租"。针对一些企业长期陷入银行的沉重债务，难以出售或采取采取股份合作等其他形式进行改制的情况，在征得债权银行同意的情况下，有的地方实行以企业资产顶抵银行的债务，将企业的产权转移给银行，再由银行将企业租赁给原企业的经营者或租赁给新的经营者等其他企业法人。如山东兖州兴隆达集团1997年年底已累计欠税3000万元，总负债1.5亿元，资产负债率达300%。兖州市委、市政府在与企业干部职工反复研究的基础上，选定"抵贷返租"形式，即由干部职工募股发起设立有限责任公司，原酒厂所有资产抵押给银行，然后由公司租赁经营，银行给予一定流动资金支持，政府在环保治理等方面给予资金支持。企业、政府、银行三方面联动，企业重又恢复生产。

——"承债式收购"。指在对拟改制企业的有效资产部分进行评估后，以有效部分带走相应债务，成立一个新的企业经营，实行逐步分块收购、分块搞活。比如浙江省湖州市久立集团在兼并湖州特钢厂时，以接受的湖州特钢厂资产与财政开发公司对湖州特钢厂的债权出资，约定成立后的久立实业的持股比例为久立集团持有88.68%，湖州市财政局持有11.32%。久立集团承接原湖州特钢厂全部资产和负债，湖州特钢厂在职职工、离退休人员由久立集团负责安置。

——"零资产转让"。实行股份合作改制时，对资债基本持平或安置职工后净资产为零或为负数的企业，可以"零"资产出让给企业职工，并吸纳职工个人入股，或转让给其他自然人或投资者。

——"股后租"。先由职工集资建立一个股份制企业，再以新企业对老企业实行租赁，租赁费用用以偿还老企业的债务。比如山东省即墨市水泥厂是一个年产16万吨水泥的小型水泥生产企业，资不抵债已达2000多万元，因种种原因无法破产，1998年由原企业职工出资150万元组建"双春水泥有限公司"，对老企业的有效生产经营性资产进行了租赁。2003年该企业年生产水泥达到25万吨，创历史最高水平，6年来累计上缴国家税金1231万元。

——"破产收购"。对严重亏损，债务等负担重的企业先行破产，再通过公开拍卖，对老企业实施重组。山东省曹县大多数企业如塑料助剂厂、棉纺厂，以及菏泽涤纶厂即采取这种办法，分别被菏泽地区进出口公司和浙江工业大学、香港百隆集团、浙江龙燕集团实施破产收购重组。

——"先行解体"。所谓解体，即是对连续亏损，产品没有市场，不再具有生存条件的企业实行先行停产，职工全员经济性总裁员，同时进行身份置换补偿，终止劳动关系后进入再就业中心。职工安置的补偿金以及进入再就业中心的费用由地方财政先予垫资，组织清算小组对企业进行清算，企业剩余资产进行拍卖或抵押，土地参与拍卖，其收入一是偿还政府安置职工的垫资部分，二是对债务按比例清偿，企业资产偿还不足部分银行自行核销。待所有程序完成，最后交法院宣布破产。解体企业若仍有部分优势如市场、产品、品牌等可在解体后与优势企业重组，不具备条件的宣布解散。解体包括解体重组和解体解散。

——"实施关闭"。这是国家从战略调整，淘汰落后产能的角度，对规模小、污染大、生产技术装备落后，具有安全隐患的一大批小煤矿、小炼焦、小炼铁、小水泥等"五小"企业实施政策性强制关闭的方法，使一些国有中小企业退出市场。如海南省根据国家有关要求，规定对 50 立方米的小高炉、10 吨以下的小转炉和小电炉一律关闭。2001 年前海南就对全省 482 家小钢铁企业实施了关闭。

——"行政整体划拨"。这主要是在地方政府主导下，对国有中小企业所采取的一种整合方式，适于在国有企业之间的无偿划拨。这是针对规模相对较大，有一定的市场或产品优势但难以自我发展，需要结合结构调整、参与行业内整合的困难企业，将其整体划转给同行业优势企业（集团公司）。如将山东菏泽卷烟厂整体无偿划转给青岛颐中烟草集团公司，成武县变压器厂债权债务和人员全部移交给省投资公司等。

综合来看，国有中小企业改革的路径大致可以归纳为几个大类：

——直接出售。这是最主要的一种国有中小企业改制形式。被出售企业职工解除劳动关系，国有资本全部或基本退出（少量参股）。资产出售的方式一般有协议转让、公开竞价拍卖、进入产权交易市场交易等。出售对象根据不同地区的情况，有的以外来投资者为主，如湖南常德、湖北潜江的国企出售属于这一类；有的地区如湖北仙桃 60% 的出售企业是由原企业经营者收购。两种方式各有利弊：向外来投资者出售较为规范，一般是竞价拍卖，国有产权或在各种媒体上向外界公布征集买家，或进入产权交易市场拍卖，这种做法定价较为合理，并能够给改制企业带来新增资源；而出售给内部经营者一般都是协议转让，缺乏市场定价，但内部经营者容易得到职工认可，有利于平稳过渡。相对来看，向外部投资者出售的做法更为规范，出售给内部经营者比较容易操作。

——分立重组改制。对一些负债过高、经营困难的企业，采取将优良资产剥离出来后带部分债务的办法，重组为一个新的企业，出售给非国有的投资者，原母体企业承担债务。这种做法的前提是要制定可行的债务偿还办法，并取得债权银行同意。

——租赁经营，国有民营。有的地区对于一时难以出售，但仍具备一定生产条件和生产能力，但负债过高、资金严重不足、管理水平低、效益差的企业，实行租赁经营，国家暂时保留所有权，但将经营权分离，通过活化经营体制调动积极性和生产力，在提高经济效益后，逐渐用租金返还债务。如四川武胜轮船公司将所属 11 处渡口和 3 组出川货运船队共计 247 万元资产公开招标让渡使用权和经营权，面向内部职工实行招标抵押租赁经营，中标者安置公司在岗职工，公司用收取的租金等进行养老安置、内退安置及对一次性脱钩予以补偿金等，并清偿租赁前发生的债务。租赁期满，公司若决定出售产权，在同等条件下，原承租者可以优先购买。湖北潜江市对部分企业采取整体或分块租赁经营的办法，先盘活资产，待企业经营逐渐正常后再进行彻底的改制等。

——破产改制。一些地区对资不抵债的企业实施依法破产，筹集资金给予职工经济补偿，将资产变现后重组新的企业。湖南依法破产 819 户，政策性破产 125 户。共涉及职工 32.7 万人，资产 120 多亿元，核销银行债务 174.88 亿元，其中政策性核呆 95 亿元。其中湖南常德市有 50 户企业是通过依法破产后进行重组改制的。湖北潜江市 10 户依法破产企业，全部被民营企业竞买重组。这种做法的好处是比较彻底地解除了企业的历史包袱和债务负担，难点是债权银行必须同意，并且要依法规范操作。

前三个路径一般企业仍以不同的形态还存在，保持正常的生产经营，而后一种则是企业的最终消亡，退出市场。

"条条大路通罗马"。各地本着实事求是与务实的态度，在对国有中小企业改制中针对自身特点，采取一企一策，具体问题具体分析的做法是地方中小企业改制的一大特点。

受企业所处的地区不同，经济发展程度不同，思想开放程度以及地域文化的差异与限制，尽管改革广泛采用产权置换和身份置换的基本模式，在不同地方选择的操作路径都带有各自特色。什么方式合适，就用什么方式，哪种做法更适合企业特点，哪种方式更符合职工群众的利益，哪种方式更利于地方经济的发展就采取什么方式。即使是不少地方普遍采取的职工身份置换，在一些企业中也并没有实行。比如在广西壮族自治区推三项制度改革就没有做身份置换。对于招商引资对象的选择，也是各显神通，有的地方希望改制一步到位，有的地方经济条件和环境较好，自身能够解决的，就立足自身优先考虑在内部解决。在市场化程度较高，经济发展较快，职工就业机会较大的一些沿海地区，在企业改制时，采取经营者持大股、MBO 的案例较为集中，而在欠发达、职工接纳程度不高、就业困难的地区，一般比较容易选择大企业收购或股份合作改造的方式。

许多企业的改制出售也不都是一步到位就完成的，而是采取渐进的方式，有的企业是经过了一次改制、二次改制，甚至三次、四次，才逐步调整到位，最终达到国有资本的逐步退出，使企业的股份结构趋于合理和完善。如在股份制改革中，在各地最初一般大多采取鼓励职工个人投资入股，之后允许企业经营者等管理人员持大股，国家保留部分股份，再后来对非国家必须持股的，原则上不设国有股，实现完全民营化改造。在资产置换方面也是采取务实的办法：如企业净资产小的，将净资产一次性出售给职工；企业净资产量较大的，则根据职工的承受能力，将部分净资产出售给职工。剩余净资产可借给企业使用，以后逐步出售给职工。对资债基本持平的企业，则采取"零"资产出让方式实现。对资不抵债的企业，可将资产全部出让给本企业职工。对于那些债务重、负担大的企业通过拆分重组、先租后改等多种方式逐步过渡。对资不抵债的差额，经地方财政、税务部门批准，在一定时期内，给予改制后企业免缴应缴纳所得税，并用增值税地方留成部分或全部予以弥补。务实的方式使改革得以顺利实施，并取得较好效果。

当然，尽管路径选择各异，改革主题和重点却是十分明确、鲜明的，改革的方向和目标是一致的，那就是必须满足"三个有利于"，即有利于国有经济实现战略重组，有利于企业发展，有利于保障职工群众利益①。

（二）殊途同归——必须迈过的三道坎

从种种实践方式中不难看出，解决中小企业改革改制，所面对的主要问题与其他国企无二，即"人往哪里去？钱从哪里来"，如何设计改制企业股权结构才更能符合市场化安排。前两个问题主要解决企业从计划经济向市场经济转轨中的历史遗留问题，后一个问题则是要着力解决改制后企业的生存与发展的制度性问题。

在企业改制过程中，职工安置、改革资金筹集与股权设置是改革者必须面对，也是绕不开的三个主要问题，让我们随着这三条线索再去观察一下这场变革的细节，看这些由于改制而引申出的新问题又是如何被地方智慧灵活地解决的。

1. 天下寒士往何处？——职工分流与再就业渠道

从根本上说，企业改革目的是解决企业的生存与发展，为了发展地方经济，最终为社会提供更多的就业岗位和就业机会。现实中数量众多的国有中小企业一直以劳动密集型为主，是解决和吸纳社会就业的主要途径，长期以来承担了政府和社会的人员安置责任。企业富余人员多，人浮于事的现象不在少数。在这些企业实行关停并转或改制后，原来企业的大批富余人员将失去原有的工作岗位，原本有国有身份保障的职工们忽然间成了漂泊无依的寒士。在这场变革中，如何完成原企业员工身份从"国企人"到"社会人"的转变？如何面对职工观念的转变、实现多渠道就业以缓和就业压力，从而化解改制中出现的企业富余人员下岗失业所带来的一系列问题，保证国企改革顺利进行，保证社会稳定，成为各级地方政府必须解决的首要难题。

大致来看，国有中小企业在改制中职工的流向分三类，第一类是重新与改制后的企业签订劳动合同，把长期以来的固定用工制改为真正意义上的合同用工制，改变企业对职工的终身雇用和职工对企业的终身依赖。第二类是职工接受一定的经济补偿，进入社会，在市场中寻找新的工作机会。第三类是提前离退休，离退休人员离开企业，实行社会化管理，企业向社保机构划转养老保险统筹费用，由社保机构支付离退休金。在此过程中，随着企业员工分流安置、员工改变身份补偿、社保关系接续，又衍生出离退休人员管理，拖欠职工的工资、生活费、医疗费的清偿等具体问题。

---

① 国家体改委在 1996 年的《关于加快国有小企业改革的若干意见》中再次明确，"改革工作要以三个有利于作为判断是非得失的标准"。

针对以上不同情况，各地有许多具体做法。在职工就业上，有的原来办社会职能较多的企业改制后采取主辅分离，安排主业冗余职工到辅业再就业。对于领取经济补偿金的职工有的给予一次性补偿，也有的将企业转为股份制企业后，将股本折价转为负债，由职工以负债转股。

对于大多数地方，一般都采取多种方式相结合的形式，保护安置一批、有情帮助一批、激励引导一批，尊重自愿选择，结合业绩考核，梯度细化分流。比如山西省左权县提出"坚持三个原则，考虑三个因素，实行三个结合，达到三个满意"，为各种情况的职工如大龄职工、伤残军人等特殊群体均考虑到退路和保障，在相互体谅下完成分流。

职工完成身份转换后，不再依附于企业，企业解除了进入市场的最大后顾之忧。在新的市场机制下，职工能进能出，择优而取，在更好地调动生产力、创造更多的蛋糕的同时，改善生活条件。而政府则通过逐渐完善建立社保体系，为广大企业职工提供基本的生活保障。

专栏 3 – 1

青海省出售国有中小企业产权的试行办法（1998 年 8 月 13 日）

第八条　安置办法根据具体情况，可采取多种形式：

（一）企业职工自行调转的，工龄连续计算，不发安置费。

（二）企业职工自愿辞职的，解除劳动关系，可发给一次性安置费，并进行公证。

（三）企业职工由出售方负责安置的，工龄连续计算，并按有关规定重新签订劳动合同。

（四）购买方接受职工安置的，可在出售价格中冲减一定的安置费用。安置费具体标准可结合实际，按有关规定由买卖双方协商确定。

第九条　对已参加养老保险统筹的被出售企业的离退休职工，由购买方接受并继续上缴养老保险统筹费用的，由社会保险机构负责向离退休职工发放离退休金；也可以从被出售企业的变现收益中一次划拨给社会保险机构，由其负责向离退休职工发放离退休金。

第十条　对原有抚恤对象的抚恤费、工伤和职业病职工的诊疗费，可按有关规定划出相应的资产给购买方，冲减出售价格，由其负责管理；也可经双方协商一致一次性核发给个人。

2. 千金散去何复还？——改革资金筹措方法

清偿对职工的历史欠债、补偿员工身份置换，化解企业经营活动中形成的债务所需的资金，是改制中必须支付的成本。筹集改革成本是推进改制的重要前提。对于那些早已资不抵债，经营困难的企业来说，改革成本从何而来是国有中小企业改革中面临的另一大难题。

解决资金问题的方式很多。一般而言，对还有部分净资产且还有一些效益的企业，按照优先安置人员，再清算债务的顺序在企业净资产部分中予以支付，或通过改制时，从外部投资者筹集部分资金，或采取承债或带资安置的方式加以解决。对于大量没有净资产，或净资产不足以支付职工安置成本、债务清算的企业，各地采取多种形式，多渠道筹措资金，如长沙模式中有六字箴言"盘、引、筹、欠、挂、兜"，概括出了解决资金问题的六种途径。"盘"是由国有资本运营机构为各企业重组牵线搭桥，盘活存量，引进增量。"引"即招商引资，寻求战略合作伙伴。"筹"指募股获得现金，以支付离岗走人的经济补偿金。"欠"指改制后在原企业竞聘上岗的职工，其经济补偿金暂不发放，由企业出具"欠条"，走人时兑现。"挂"是指企业欠缴的房租水电费、土地出让金等，先在各部门挂账。"兜"即财政兜底，实在无力筹措的部分由财政支付①。而利用原有企业重组时盘活的闲置资产，其中主要是土地资产如土地置换收入解决改革资金问题是长沙模式采取的一个重要的手段。

对上述的净资产清偿顺序，还可以看到，对债务的处置也是资金筹措中需要解决的棘手问题。债务处理方式比较灵活多样，如破产清偿、打包买断等做法已经较为普遍。如湖北潜江市对各金融公司在本市企业中的 12 亿元不良债权，分别打包收购，计划用 2000 万元回购；并已与华融公司达成协议，以 800 万元买断其 4.1 亿元的债权。湖北宜昌市采取这种做法，用 3.4 亿元买断了信达公司在宜昌的 23 亿元债权，以 1.6 亿元买断华融公司的 6.7 亿元债权。湖北鄂州与信达公司就 72 家企业的 7.24 亿元债务达成一次性缩水处理协议，与华融、东方资产管理公司就 171 家企业的 7.08 亿元债务达成一次性缩水意向；湖北钟祥市政府以 1000 万元一次性回购资产管理公司和银行近 2 亿元的债权。改制企业所欠的财政周转金一般予以豁免。一些分离重组的企业做法是，对原母体企业承担的部分债务，用新企业实现的所得税和增值税超基数地方留成部分偿还，严重资不抵债的企业采取挂账停息，争取政策核销呆坏账。

值得关注的是财政兜底方式，即改制后企业最后的摊子会由政府通过破产准备金等方式来支付，而其他的资金无论是改制企业的部分净资产、国有资本的收益（如退出企业的股权转出），还是出让国有土地使用权，从最根本上讲，都属

---

① 周其仁：《长沙的路子》，2008 年 9 月 26 日。

于用国有资产支付改革成本。因而，归根到底，正如后来著名的859号文件①所表述的那样，改革的成本是由国家来承担的。

3. 多元化的格局——关于股权结构

经过这场变革，绝大多数国有中小企业通过改制，尽管不再被称之为国有企业，但这并不意味着国有资本全部从企业都退了出来，很多企业最后形成的股权格局可能相当多样，在一家企业中，既有企业法人代表持股，又有自然人持股，还可能有一部分的国有股。

对中小国有企业进行股份合作制的改制，则可以追溯到1992年陈光在山东诸城率先试行的那场改革实践：当时所采取的做法是针对部分产品还有一定市场，属于一般竞争性行业的困难企业，以持股的形式把部分或全部产权转让给内部职工，将企业改制为非国有或有非国有股份成分的股份合作制企业。

在最早试点的诸城开元电机厂的改革中，据该公司党委副书记张玉兰回忆，市政府最初拿出的改革方案是国家控股51%，职工买断49%，但职工提出由他们全部买断，9名厂领导每人出资4万元，20多名中层干部每人出资2万元，普通职工每人出资6000元。改革后的企业股权全部属于职工和原来的管理者。

初期的股份合作制的改造，一般企业的股权结构比较平均，改革比较容易起步。在经过一段时间之后，企业短期效益以及新的"大锅饭"的矛盾和问题开始出现，全员持股出现的股权分散，决策难，重短期、轻长期，重眼前、轻长远等诸多矛盾和问题使得企业难以可持续发展。于是在20世纪90年代中后期，兴起对已改制成股份合作制的企业进行二次改制，经营者持大股是股份制二次改造的一种主要形式之一。之所以将经营者持大股专门提出，是在于其目的是推进股份集中化，使股份从普通职工向管理层集中，完成国有股从中小企业退出。尚未改制的国有企业则在改制时就将较大比例的产权转让给企业管理层，其股权结构形式改变了在90年代中后期兴起股份制改造中出现的或股权平均化倾向，或国有股仍占大股的"新平均主义"结构，通常这被称为"对已改制成股份合作制的企业进行二次改制"，企业经营者成为改制企业的最大股东甚至唯一股东。这也可以看成是管理层收购（MBO）的早期形式。

一般来说，在改制企业的股权设计上，地方政府往往对资源类企业都会掌握控股权或保留一定的股份。对于地方上的明星企业，有的地方政府选择"靓女先嫁"，放手改为民营，也有的地方政府仍然保留一定比例的股份，产生国有资本的"以小搏大"和"搭便车"的效果。

如改制曾经比较彻底的山西省左权县，在2001年的二次改制中就明确规定：

---

① 《关于国有大中型企业主辅分离辅业改制分流安置富余人员的实施办法》（国经贸企改［2002］859号）。

鼓励全退不强求全退，坚持不同行业、不同系统区别情况有序退出：对发展前景好、有潜力、符合国家产业政策、净资产较大、国有股退出确有困难的重点企业可适当保留国有股；鉴于煤炭行业的特殊性，煤炭企业可适当保留 10%～15% 的国有股；对一般非煤企业能退多少退多少；对商业流通及其他亏损、微利、经营不善等企业国有股份原则上必须全部退出。做到"退而保值、退而增值、退而有为"。

从股权集中程度上来看，大致依循着这样的变化路径：最早的股份合作制企业大多全员持股，彼此之间持股比例差距不大。比如在湖州机床厂的改制中，公司股东众多，基本上已经接近有限责任公司对股东人数的设定极限，加上持股会470 多名会员，股权极为分散，公司管理层持股比例最高也只占 3% 左右。这类早期改制形式导致股权分散，决策缺乏效率，随着《公司法》的颁布，改制企业原先分散的股权开始向经营层集中，借经营者持大股发挥"金手铐"的机制。二次改制中的集中方式有的是制定股权流动机制，在平等自愿的前提下，鼓励经营层从员工手中逐渐回购股份，股权向经营者、经营班子及各类骨干集中。也有的是随着公司的壮大发展，通过经营层认购增发的新股来稀释原来员工手中的股份。还有对业绩良好的经营层奖励新股的。在 20 世纪 90 年代中后期改制的企业不少在改制时直接选择由经营层全数出资购买，或者承债购买、债转股，也有的赠送经营层、中层干部相当比例的干股，作为对之前的企业家才能的回报。

员工持股可使原企业老员工持股后仍保持企业"主人翁"的心态，使得改革在观念尚不能完全转变的地方遇到的阻力较小。在后来的演变中，一些地方开始逐渐调整结构，探索管理层收购，另外一些地方在提高了管理层持股比例后，保留了部分股份合作制。比如 2005 年深圳市出台政策力推国企员工持股改制，使员工在自愿原则上形成利益共同体，在市场上共担风险，同时通过优化决策机制来解决股权分散之弊。

（三）"有形之手"在改制中的作用

当企业经营状况尚具有一定优势的时候，往往通过市场容易寻找到购买者，或引资，或实施企业内部的员工及经营者持股的股份合作制改造，或是让优势企业，以大带小，以优带劣，或是在国有企业间通过行政无偿划拨，以达到将企业整体出售的目的。但当企业经营状况比较困难，且存在包括人员、债务等各种历史遗留问题，仅以市场的方式整体改制出售则往往难以实施。此时，作为监管者和代理出资人的各地政府在盘活企业，引导国有中小企业改革中扮演了十分重要的角色。

比如地方政府积极解放思想，在政策、资金、税收等各个方面给予一定支持，采取灵活多样的方法先让企业走出泥潭，之后再寻求通过改制彻底实行政企分开。租赁经营、抵贷返租、先股后租等方法均属此类。租赁经营后，企业实现了两权分离，出租者不干预承租者的经营管理活动，承租者可以市场为导向，以营利为目的，放开手脚开拓业务。通过转变用工机制和激励分配机制，增强企业经营活力。当然，国有产权下的租赁经营主要通过对承租员工的激励来获得增量资产，对高级管理层仍保留了原体制，所以属于解放部分生产力以盘活资产的一种过渡形式。抵贷返租是通过引入债权银行，先将企业整体用于偿还银行贷款，产权转至银行，然后再由承租方对抵贷企业进行租赁经营，既调动了一个主体的积极性，又在一定程度上缓解了立即还债的压力。有的企业先股后租、先股后包、直包联租，或与资产分离、破产等形式相结合，一方面激发管理层的积极性，另一方面使企业从直面债务的压力下缓解出来，休养生息，重新寻找发展空间。其主要目的还是帮助企业优质资产部分存活下来，在好转过程中保值增值。浙江萧山在处理资不抵债、没有发展前景企业的实践中走出了另一条路，即对企业实行解体而不是实施破产。1997年萧山市已完成解体解散7户，安置职工3000多人，处理资产5000余万元，解体重组1户。

另一类盘活企业的方式是先对企业进行分割，然后给予优惠但又附带条件地出售。承债式购买给予的优惠是可以选择其中的优质资产，而附带的条件是带走一定的债务和负责职工安置。零资产出售的优惠是价格极低，几乎为零，条件是解决债务和安置员工。这即是通常所说的送出企业的同时也"送出了包袱，送出了债务"。对于某些严重亏损、扭亏无望，或早已名存实亡的企业，地方政府的明智之举是及时采用破产的方式，使企业"安乐死"。有的企业登记仍在，挂名的员工也不少，但实际上员工已经离开另谋生路，对于这样的企业，一般及时采取注销的方式。有的企业涉及行业结构调整而通过政策性方式退出，比如"关闭五小"。有的企业还在运作，但扭亏无望。可以先及时关闭停产，进行"休眠"，减少"失血"，再进入破产程序，公开拍卖。以上种种，可以看出地方政府为做好国有中小企业改革而付出的心血与努力。

四、深层的突破：产权与身份的双重变革

多少年以后，当我们书写中国的经济发展历史时，长沙的两个置换必将和当年小岗村的大包干一样，一并载入史册。

——《历史性的突破——长沙国企改革全记录》，《长沙国资》创刊号，2009

1997年以后，国有中小企业市场化改革已日渐成为地方经济改革的主要内容，各地大胆尝试、敢于创新，创造出了多种多样行之有效的办法，使改革取得了跨越式的进展。国有中小企业改制实践中，无论是股份合作制还是兼并收购，

是出售还是破产停业，最终其核心都是企业产权改革和职工身份置换。许多地方的实践证明"两个置换"实行以后，企业才能够真正从制度上和观念上摆脱计划体制的束缚，成为自负盈亏的独立市场主体。因此，可以说"两个置换"的做法抓住了国有中小改革的"牛鼻子"。

（一）长沙实践——"两个置换"

记录中国的地方国有企业改革，不能不提到长沙改革实践。在中国国有企业改制的历史上，长沙改革以其探索探索的创新性、引发的巨大争论和对其后国有企业改革进程的推动使其近乎成为中国国有企业改制历史进程中一个里程碑式的案例。

长沙市委、市政府于1999年11月30日出台《关于加快国有企业改革和发展若干问题的意见》（长发〔1999〕29号，简称29号文件），要求对所属国有企业"界定产权"，进而实行"两个置换"，一即通过产权转让"置换"企业的国有性质让企业走向市场；二即通过一次性经济补偿，"置换"职工的全民身份，让职工走向市场。2000年1月29日，长沙市政府办公厅印发《长沙市国有企业产权制度改革实施细则》（长政办发〔2000〕3号，简称3号文件），就上述转制原则做出了具体明确的规定。长沙的两份文件是在全国国有中小企业产权制度改革兴起的关键时刻出台的，文件的核心是要解决"两个置换"，可谓抓住了国有中小企业改革的关键问题。

当时长沙市的文件中提出了一个非常大胆的产权界定原则，在全国引起了很大的轰动。它的核心思想是以1984年"拨改贷"作为政策实行的分界线，将国有企业1984年以前形成的净资产划为国有性质，1984年以后企业发展积累而来的净资产界定为企业集体资产。

长沙市采取的此种资产界定方式，源于长沙国有企业改制在实际操作中碰到的一个巨大困境，即身份置换所需的经济补偿金问题。当时长沙市财政困难，市政府拿不出额外的钱给职工做补偿。唯一的方法就是从存量国有资产上想办法。当时长沙市政府考虑，由于没有上级的文件规定，如果直接用国有资产作为补偿金，担心会承担国有资产流失的责任。因此，为了解决资金短缺的问题而又同时避免造成国有资产流失，长沙市邀请了北京、湖南等地的专家学者开会、讨论、研究，进行了认真细致的思考，最后决定以1984年"拨改贷"政策为分界点，将"拨改贷"以后国有资产增值部分界定为职工创造的集体资产，并将这部分集体资产作为职工身份置换的经济补偿金，这样既能有效地推进改革又能避免承担国有资产流失的责任。在这一背景下，长沙市采取了一种无奈的权宜之计，出台了这两个文件。

长沙市属国有中型企业湖南友谊阿波罗股份有限公司改制是长沙市推行

"两个置换"模式的典型代表。

1999 年，在长沙市两个文件的推动下，新一轮国有企业改革正式启动。自 2000 年 3 月起，湖南友谊阿波罗公司用 4 年时间，完成了产权改革、身份置换、管理变革的国有企业改制三步走。

1. 产权改革

湖南友谊阿波罗股份有限公司是由长沙友谊（集团）有限公司和阿波罗商业城进行全资合并改造而成。友谊阿波罗的改制是从产权改革起步的，与其他企业改制所不同的是，在企业股权设计上，时任公司总经理胡子敬坚持要求引入外来投资者。"不是友谊阿波罗缺资金，而是要通过外部人的介入，给职工一个信号：企业变了，不再是国有企业了。"

但到胡子敬等公司主要经营者四处奔波寻找外来投资者参股时，几乎所有的投资者都希望公司改制要"管理层持大股"。投资者认为，只有通过持大股的方式将经营者的利益与企业的利益绑定在一起时，投入资金的收益才会有保证。4 年之后，胡子敬这样解释经营者持大股的行为："国有企业改制时，经营者必须持大股，但是，这个'大股'不是控股，而是针对经营者个人而言的，'大'到经营者输不起的程度。只有当经营者感到输不起，他才会将自己的命运与企业的命运紧紧地捆在一起。"他算了一笔账：当初筹资时，他东拆西借才凑足了 100 万元。如果他持股 500 万股，倘若公司亏损 10%，他就亏 50 万元，显然，50 万元对他来说是输不起的，所以，他是决不会放任公司亏损的。胡子敬增资 500 万元后，公司又顺利地找到了 3 个外来投资者，每个均投资 500 万元。

有了外来投资者，公司股权结构发生了变化：总股本 8000 万股，其中，国有股 2900 万股，占 36.25%；职工股 2600 万股，占 32.5%；外来投资者 1500 万股，占 18.75%；经营者 1000 万股，占 12.5%。这是一个开放、合理的股权结构。

令人感到意外的是，从 2000 年 3 月公司成立改制领导小组，到当年 9 月 28 日湖南友谊阿波罗股份公司正式挂牌，3 个外来投资者引进来了，投资人传递给职工的信号却失真了：公司和职工并未因此发生任何大的变化。

2. 身份置换

近半年的产权改革，竟然没有触动职工，这让胡子敬十分焦虑，他由此想到了一些上市公司的例子，产权关系理顺了，可企业仍然亏损。症结何在？职工的劳动关系没有随产权制度变化同时调整，职工们仍是"企业人"而不是"社会人"，能进不能出，老的劳动用工制度制约着激励与约束机制的有效建立。

必须下决心要打掉那柄留在职工心里的国有身份保护伞，对职工进行彻底的身份置换。2000 年 6 月 19 日，公司拟定了《职工身份置换及机构改革方案》。三天之后的晚 7 点半，友谊阿波罗召开了职工身份置换动员大会，3000 多名职工情绪激昂，场面有些难以控制。在会上，长沙市领导和胡子敬从为什么非要置换身份讲起——"泥饭碗、瓷饭碗虽然不如国有企业的铁饭碗好，可毕竟碗里有东西"，到承诺"决不因为年龄、身体等原因剥夺大家劳动的权利"。两个小时的会议结束在掌声里。接下来公司又紧锣密鼓地分类召开各种座谈会，并将收集上来的2000多条意见进行梳理，分门别类拿出解决措施，最终形成了6类分流安置方案。一周后，职工顺利地解除了原来的劳动关系，并通过竞聘，签订了新的劳动合同。

身份置换后，职工的招聘和解聘就很容易了。2001年，在公司严禁吃拿回扣的情况下，有一位22岁的女业务员还不收手。查实后，公司毫不客气地开除了她。在家润多超市，3个老员工串通好，推出几百元的东西，只交几十元钱，被门口盖章的保安发现了两三次，最后也毫不犹豫地把他们开除了。

2007年，长沙友谊阿波罗公司历经10年改制后上市了，公司得到了大发展，职工也得到了大实惠。2000～2007年，企业销售收入和利润总额也大幅增长。

长沙市进行"两个置换"改革模式的探索，是为了解决职工身份置换经济补偿来源这样一个普遍难题，探索方向是正确的。但改制中将1984年以后积累的国有资产界定为集体资产来解决改革成本筹集的具体路径却有不合理之处。2002年国家经贸委联合八部委颁布的《关于国有大中型企业主辅分离辅业改制分流安置富余人员的实施办法》（859号文件）中取消了将某一时间点之后的国有资产界定为企业集体资产的做法，明确"国有企业改革的成本应由国家承担，改革成本可用国有资产存量资产支付"，从而从政策上实事求是地解决了改革成本筹集这一难题，也消除了"用国有资产支付改革成本是国有资产流失"的顾虑。

改革过程中的曲折不能掩盖长沙"两个置换"模式对国有中小企业改革方向的开创性意义，长沙改革总体上是成功的。长沙"两个置换"经过不断总结经验教训，逐渐为全国其他地区所学习所借鉴，成为了国有中小企业产权改革的主要模式。

（二）"产权"与"身份"的双重变革

企业产权改革的完成，并不意味国有企业所有问题的解决。各地的改制实践说明：产权改革并不是万能的。产权改革解决的是国有企业的体制问题，但体制的改变并不能使机制转变成为必然。产权改革说到底，触动的是企业的经营者的利益，企业的经营者通过企业产权的变化，开始直接感受到来自股东回报和个人还贷的双重压力，促进了经营者加快推动企业改革，努力寻求企业发展的紧迫感。而对大多数企业普通员工而言，单靠产权改革还不能把这种压力完全传导给大多数的企业职工。"铁饭碗"没受到触动，吃的仍然国有企业"大锅饭"，职工的国有身份便意味着能进不能出，企业冗员难减，员工生产的积极性和热情难以真正调动。为解决产权改革激励不足的问题，随着企业产权改革完成后，劳动用工制度的改革成为必然。

劳动用工制度的改革，就是要从根本上转变国企职工的身份，改变职工原有的劳动关系，彻底解决国家对国有企业职工承担的无限责任，使职工由单位人转变为社会人，否则，无法真正转换企业的经营机制。如湖南友谊阿波罗股份有限公司进行了产权置换改革，外部法人和经营者持有了大股，国有产权悉数退出。但企业却仍然没有一点起色，职工"搭便车"、企业缺乏活力的现象仍然存在，最终公司在产权改革之后紧接着进行了职工身份置换，使产权改革的效果扩散到整个企业，就是一个典型的例证。

长期以来，国有企业职工根据工龄在国有企业中持续工作，国有企业以低于市场化的工资支付国企职工的劳动报酬，与低工资相适应的是国家和企业给予职工终身的稳定保障，即通常所说的职工的国有身份，一般来说不存在失业。这实际上是国家和职工分别以终身保障和长期低工资为条件签订了一个隐含的契约。这是传统体制下所形成的国有企业的人员薪酬体系的本质。产权制度改革后，国有中小企业通过产权置换改制为民营企业，国有企业职工身份也相应地转为市场化雇员。相对于国有身份，职工失去了国家给予国企职工终身稳定的保证，实际上是国家违约。当进行产权置换改革时，国家对解除国企职工劳动关系并给予经济补偿，以弥补原国企职工失去终身保障的损失以及长期的低工资，这也是国家所承担的一种违约责任。职工身份的置换理顺了国有企业与职工的关系，通过建立一种新的劳动关系，国有企业解除了对职工承担的无限责任，将企业与职工之间从人身依附关系变成市场选择关系，让职工真正走进市场，从而最终实现企业的市场化改造。

职工身份转变的实质是观念转变，改变的是职工吃"大锅饭"的心理，触动的是广大职工的切身利益。这是一个极其痛苦的过程。但各地改制的实践表明，不触动劳动用工关系，不转变职工身份，产权改革往往将半途而废。只有把产权改革与身份置换有机结合起来，才有可能把经营者的危机感转化为职工的危机感，企业改制才能真正完成。

（三）"两个置换"推动的制度创新

2000年以后，经过不断的实践和总结，"两个置换"得到了社会的广泛肯定和接纳，各地纷纷学习借鉴这种方式，并且因地制宜地运用于当地，成为地方国有中小企业改革的主旋律。以下选取了一些典型的案例，在一定程度上反映了"两个置换"在各地的实践运用情况。

1. 通辽改制

2002 年时，内蒙古通辽市国有中小企业生存极为困难，市委、市政府被迫对企业进行改制，通过学习借鉴先进地区的经验，决定改制主要形式采用"两个置换"。

通辽市的具体做法是将企业按照综合效益评估分为两类，对于没有技术、产品和市场的一批国有中小企业进行了破产清算，对于有技术、有产品、有市场、有订单，只是没活力的国有中小企业进行改制。改制方式因企制宜，分别采用股份合作制、股份制、拍卖出售、承债式转让等方式。产权置换完成后的企业立刻进行身份置换，身份置换的方式也有两种，一种是给以职工经济补偿金，另一种是不接受经济补偿金的职工可以获得与经济补偿金金额相等的改制企业股份，无论哪种支付方式，以后职工都通过竞争上岗，重新与企业签订劳动用工合同，变成市场身份。

2. 枝江改制

2000 年 4 月，湖北省枝江市出台《枝江市 2000 年商贸企业改革实施方案》，进而开始对市属国有小型企业实行"两个置换"改制。

枝江"产权置换"经过三个步骤：一是由市国资局（经政府授权）、枝江市酒厂、二酒厂、酒类销售公司、酒类纸箱厂、宜昌方大彩印公司与经营层代表签订国有股及国有法人股权转让协议，由经营层按协议约定期限，以付现的方式，将认购股本额度所需资金支付给市财政。二是考虑到企业历史遗留问题较多、负担较重，以及经营层的实际承受能力，依据有关政策对国有股及国有法人股以每股 0.8 元的价格实行折价转让。三是对一次性付清款项的优惠 20%；两年付清的优惠 10%；两年内不能付清的，首期付款不能少于 50%，未付部分须有抵押担保并按银行同期利率计算利息。款项付清前，不得办理股权变更手续。

"身份置换"是"资产置换"的逻辑结果。以枝江酒业公司为例，对于在职职工，公司实行全员解除劳动合同，按工龄给予一次性经济补偿。改制后，实行竞争上岗，择优聘用职工，依法重新与职工签订劳动合同，重新确立劳动关系。对于即将离退休的职工，有两种方式处理：一是对男满 55 周岁、女满 45 周岁以上的职工，自动解除劳动合同，实行一次性经济补偿；二是距法定退休年龄不足 5 年（含 5 年）的职工，由企业按每人每年 834 元的标准一次性缴纳至法定退休年龄的养老保险金，并由企业一次性发给至满法定退休年龄的生活费（每月 160 元），待达到法定退休年龄后，再由劳动部门办理退休手续，社会保障部门发放退休金。

3. 兰州改制

兰州市地处西北内陆省份甘肃，经济发展相对落后，改革也相对滞后。到 2004 年时，兰州开始对全市 200 多家国有中小企业实施"两个置换"改制。

除了在企业具体改制方案上同其他地区基本相同外，兰州市"两个置换"做法具有自身的特点：整体规划、整体实施。2005 年兰州市对市属 219 户国有企业进行产权制度改革，除破产关门和关闭的 60 户企业外，其余的 159 户企业通过引进战略投资者、公开拍卖等多种方式实行股权多元化。股权改革结束后这些企业与全体职工解除劳动关系并支付经济补偿金，但绝大多数职工经济补偿金支付方式是将补偿金等量折合为职工在改制后企业的股权。安置职工后，仅有 81 户企业还剩有国有净资产。

五、好戏连台

直到 20 世纪 90 年代初起，齐鲁大地上一个叫陈光的县级市市委书记，在 1993 年、1994 年不到两年时间，把山东诸城全市 95% 的国家和集体企业卖光，进行股份制合作改造。这位陈书记因此获得了陈光、陈送光、陈卖光的"三光"称号。

——中央电视台《破冰》（新闻调查特别节目），2008 年 12 月 8 日

（一）不求所有，但求所在——陈光与菏泽的故事

1997 年 6 月，因诸城模式而名声大噪的陈光来到了山东菏泽。彼时，他并未想到这个黄河之畔的菏泽工业也到了萎靡困顿的地步，也没有预见到他那因"诸城卖光"而广为人知的绰号"陈卖光"将因接下来要推行的这场中小国企改革而换作了"陈送光"。

"刚到菏泽时，没想到这里的经济状况这么差。"菏泽市企业的经营状况"惨不忍睹"。几乎所有的企业都具有负债率特别高、效益率特别低、下岗职工特别多的特征。

企业生存举步为艰，地方经济难以为继，是菏泽大面积实施国有企业战略性调整的主要原因。而大部分企业资不抵债，当地的职工实在太穷，"买"不起企业，靠自己的力量又难以把企业搞活。1997 年 8 月菏泽地委、行署确定对全区经济工作重心实行战略性转移，并专门召开了全区工业大会进行动员，提出"全党抓经济，重点抓工业，关键抓改革，全面促发展"的总体思路，明确了国有企业的战略性调整是加快在区内全面推行企业产权制度改革，面向全社会敞开菏泽市场的大门，"推销"本区不景气的企业，用改制、改组、改造的方法实现资产的全面重组，以"送"、"卖"、"租"、"破"、"改"等多种形式，使一批已无力回天的企业退出国有经济或退出市场，实现企业增资减债，盘活存量，甩掉一批包袱，为参与市场竞争创造条件。

在大力度推进国有企业战略调整工作中，针对地区内众多国有中小企业，菏

泽地委、行署选择了一条务实的路，提出"但求所在、不求所有"，不管收购对象是国营还是民营、是国内还是国外，不管企业姓菏还是不姓菏，"只要你能够让我们的职工有活干，有饭吃，只要你能够帮助我们把企业搞活，我就把企业'给'你。"

菏泽地区各级政府在这场国企改革过程中，注意把握和处理好政府的位置，在改革过程中尽力扮演好两个角色：一个是改制前的资产所有者身份，要确保国有资本的保值增值，最大限度盘活现有存量、减少国有资产损失；另一个是作为地方一级政府管理者的身份，有责任保证一方经济的发展与繁荣、社会的安定、群众生活水平的提高。为全面推进企业改革，菏泽地委、行署连续下发3年文件，营造积极有效的改革开放氛围，指导和推进改革。改革初期，政府的工作重点是研究、制定并引导企业进行改革。帮助企业选择改制方式、寻找投资合作伙伴，与企业一道共同研究、落实改制方案，协调解决改制中的问题。企业完成改制后，政府对企业的管理从直接转向间接、从部门管理转为全社会管理，主要精力转为规范、监督、管理、引导企业行为和为企业服务上，从而真正实现政企分开。

在企业改制的过程中，政府在招商引资、搭台唱戏中甘当主角。他们将本地限额以上企业的基本状况编成三本册子（全区工业企业手册、资产重组企业手册、区内高新技术企业手册），外出推销、介绍企业，寻求合作意向、广泛吸引各方资金来投资建厂，或者"购买"企业。菏泽有的县市还召开招商引资动员大会，发布招商引资项目信息，广泛吸纳社会闲散资金，不惜重金引进项目建设急需的技术、管理人才。

改革之初，菏泽也曾面临着来自各方面的阻力和压力。职工最担心的是今后的工作、生活及已投入企业的集资款，银行等债权单位担心的是"债主"没有了，债权"流失"，形成的亏损无法交代，部分企业领导人担心改革改掉了自己原有的权力和位置，还有一些寄生于企业的既得利益者害怕断了捞取好处的渠道。出难题、扣帽子、设障碍，上访、告状等情况，在菏泽都出现过。有的还对来菏泽收购企业的人员进行跟踪、围攻、质询、谩骂，还有的甚至打恐吓电话。一时间改革充斥着火药味。

面对国企改革造成国有资产流失的种种担心和误解，菏泽的领导者坚定改革信念不变，1998～2000年，菏泽市委、市政府连续3年发出1号文件，对企业产权制度改革、转换经营机制进行全面部署。已有293家企业进行改制，改制面达到98%，其中"送出去"的有90多家，"刷新"了陈光当年在诸城创下的纪录。陈光说："企业有生命力时改与半死不活时改就是不一样。好时改能卖个好价钱，'死'了的时候改就只能卖个低价格。所以，对于卖不出去的企业，只好送给人家。"实际上，在操作过程中，对于那些处于绝境，集债务、人员、社会负担于一身，包袱沉重，又无资金、无市场、无政策的"三无"企业，即使"送"，也很难找到可以接手的人。因此，陈光说，"与其讲我们是'送'出了企业、卖掉了企业，不如讲是送出了包袱、送出了债务，'送'企业只是名义上，而结果是企业得到了资金、人才、技术和市场，实实在在地给菏泽带来企业发展所需要的四个增量。"

目标明确加上宣传到位，上下认识很快得到统一，广大职工参与改革的热情得到提高。曾经有这样一个故事：在菏泽华星油泵油嘴公司改制时，全体职工非常认真地开会选举新企业的董事会成员。会议从当天上午 8 时一直持续到次日凌晨，职工们连饭也不回家吃，第二天又连续十几个小时选举公司的监事会，场面十分热烈感人。鄄城一家企业改制时选举董事会成员，整整花了 20 多个小时，历时 7 轮，职工们没有一人退场。正是多数职工的认同和参与为企业改革的成功奠定了良好的基础。

改革不是一劳永逸。在前期改制中，一些原来由职工平均参股成立的股份合作制企业，一些由经营者个人承债式购买的企业，由于诸多方面原因，经过一段时间的运行，仍旧未能摆脱困境。对此，菏泽地方政府并没有"一改了之"，而是针对出现的问题，采取各种灵活方式，寻求新的解决途径。如重新调整企业的股权结构，或实行新的改制方式，直至盘活企业；对仍无出路的，则坚决实施依法破产。

成武县大地玉米淀粉厂1998 年曾由原企业经营者以承债的方式购买，组建了新的有限公司。但改制后资金短缺问题未能真正解决，达不到经济生产规模，企业生产经营困难的局面没有明显好转。成武县政府利用山东省开展的"东西合作"机会，再次将其推荐给诸城外贸公司，由其对玉米淀粉厂实施期限为 15 年的租赁经营。协议签订的当年，诸城外贸公司即注入资金启动生产，使生产规模迅速得以扩大，当年即实现了扭亏为盈。

民营企业的产权优势并不是保证企业常盛不衰的唯一条件，关键在于是否真正建立起适应市场竞争需要的现代企业法人治理结构，实现管理科学化。根据行署［1999］1 号文，菏泽地区在已改制为股份制和股份合作制的企业中全面推行了"一书四制"，由董事会对公开竞聘的总经理发聘书，对总经理实行年度经营目标责任制、风险金抵押制、年度综合审计评价制和年薪制。同时要求改制企业要同步进行劳动、人事和分配等三项制度的配套改革。据调查，菏泽地区的改制企业，内部科室和行管人员总数压缩了70％，90％以上的企业推行了岗位技能工资制，县属以上企业普遍打破了干部职工身份界限，实行全员劳动合同制，竞争上岗，初步实现了干部能上能下、职工能进能出、分配能高能低的新型管理机制。

曹县和信纺织有限公司破产后新组建了宁波百隆纺织（曹县）有限公司。

根据生产经营需要，企业重新设置岗位，实行全员竞争上岗，在多次调整后，企业行管人员由原来的387人减少到11人；新公司在劳动用工上推行末位淘汰制，企业待岗率始终保持在10%左右；在分配上也拉开了差距，职工们既有动力，又有压力，劳动积极性高涨，企业效益也得到大幅度提高。该厂过去是开工不足，改制后却需要新增加职工才能满足订单。企业发展提高经济效益的同时，也为职工带来了收入的提高、创造了新的就业机会。

2000年，菏泽继续深化改革。重点一是对企业实行"四扩一调"为主要内容的股份制结构调整；二是广泛寻求对外合作，注重增量的注入。对改制企业进行"四扩一调"试点，主要是解决股份结构不合理的问题，目的是要优化资源配置，促进企业产权多元化，从根本上彻底解决新一轮的平均主义"大锅饭"，同时通过增资扩股，进一步加快实现国有资本从一般性竞争领域的退出，为市场塑造合格的市场主体。

"四扩"主要是增资扩股的四个途径：（1）内部职工出资认购公司新股；（2）将银行贷款转变为职工的股权；（3）明晰量化企业新增资产，对改制以来由股东投入资本及劳动积累新增加的资产，以股权的形式明确量化到职工个人；（4）吸收社会法人资金扩股。在引资入股的同时，将过去不规范的公司改组为规范的有限责任公司。"一调"即调整股权比例，目的是解决平均持股中的"大锅饭"问题，对已改制企业的股权结构进行调整，扩股同时还要考虑拉大经营者与一般职工的持股比例，积极鼓励经营者或少数经营骨干多入股，培育和发展大股东。菏泽全区22家"四扩一调"试点企业的股权结构得到优化，90%的试点企业经营者持股比例超过50%。

产权改制使菏泽的企业与1997年比整体上发生了很大变化。2000年菏泽249户限额以上企业中，有203户企业实现了由工厂制向公司制转变，改制面达80%以上，其中，实行股份制、股份合作制96户，向社会公开出售及个人独资收购37户，对外重组企业64户，破产17户，区外投资11户。通过产权改革，募集股金21715万元，活化资产29亿元，90%的停产半停产企业恢复了生产，9万多名下岗职工实现了再就业。到2002年，菏泽全市企业亏损面由90%降到了12%，亏损企业亏损额由18亿元下降到4473万元。2002年，国家经贸委企业脱困办公室总结推广了菏泽企业改革的经验。

2006年是陈光任职于菏泽的第9年，就在这一年，菏泽全市行政和事业单位人员第一次领到了全额工资。当年菏泽市实现财政收入30亿元，尽管总量仍为最后一位，但增幅却居山东省第一位。当年"送"出去的那些企业，有经营得好的，也有陆续破产的。2008年，陈光已经离开了菏泽，就任山东省省长助理。十年沧桑，两鬓已然斑白，陈光临走时慨怀："菏泽已经步入发展的快车道，我俯仰无愧，改革者的功过是非，应由事实评说。政声人去后，无声胜有声。"

回看这场大刀阔斧的改革，菏泽只是地方政府的一个缩影。与诸城已初见成效的改革效果相比，重农轻工的菏泽经济发展的路还有很长，但最重要的是菏泽已开始走上了政企分家、政府角色的转变、经济结构战略性调整的路子。

（二）"招花引蝶"——兼并联合中大庆杜尔伯特"伊利"的诞生

大庆市杜尔伯特蒙古族自治县（以下简称杜蒙县）是黑龙江省唯一的少数民族自治县，畜牧业在全县经济中占有举足轻重的地位。该县乳品厂始建于 20 世纪 50 年代，拥有 4 条奶粉生产线，日可处理鲜奶 200 吨，年产乳制品 6000 吨，曾是一家全国知名的乳制品企业，也曾是杜蒙县的财政支柱，七八十年代最辉煌时年创利润 250 万元，利税合计可达 500 万元。但进入 90 年代，企业开始走下坡路，直至陷入困境。1997 年杜蒙县对乳品厂实施产权制度改革，将其改制为草原香乳业公司。但在改制后由于种种原因，企业起色不大，到 1999 年资产负债率竟然高达 429%，严重资不抵债，无法继续运行，只能依法实施破产。

杜蒙县领导认为，作为牧业大县的杜蒙，具有得天独厚的乳业资源优势，草原香乳业公司产改虽未完全到位，但职工的思想观念已悄然发生变化。为使该县乳业资源优势继续得以发挥，牧民的收入不至于降低，乳业公司生产能力的整体性不被破坏，杜蒙县县委、县政府坚持破产操作与寻求合作伙伴两手同时抓。在破产方面，共核销债务 9000 多万元，其中银行债务 7000 多万元。破产操作前，企业成立了清欠小组，共收回应收款 2600 余万元（占应收款总额的 70%），用于归还所欠牧民奶资、欠发职工工资和集资款本息。在寻求合作伙伴方面，通过广泛接触，他们把目光瞄准了全国最大的乳品企业——内蒙古伊利集团，希望通过引进外来资金、技术和管理使乳品公司发展为区域龙头企业。县委、县政府主要领导亲自挂帅，多次相互考察，在加深了解的基础上，经过近半年的艰苦谈判，达成了合作共识，并于 2000 年 3 月 11 日正式签订合同。共同投资 3000 万元，其中伊利集团出资 2000 万元，杜蒙县从草原香乳业公司破产后的有效资产中划拨出 800 万元（主要为厂房和设备），并由县财政出资 200 万元合计 1000 万元，组建由伊利集团控股的合资企业——杜尔伯特伊利乳品有限责任公司。杜蒙县对伊利集团承诺一是全力搞好奶源建设，二是在全县日收鲜奶不超过 300 吨前，不与第三方谈乳品加工合作；而伊利集团则承诺一是产品包销，二是不拖欠奶资，并将鲜奶收购价格由原来的 1.3 元/公斤提高到 1.55 元/公斤，三是投资奶牛基地建设。

新公司于 2000 年 5 月 8 日正式注册成立，在对原草原香乳业公司的厂房及设备进行改造后，于 5 月 17 日投入试生产。到 10 月末，已创产值 1457 万元，实现利税 109.5 万元。杜尔伯特伊利乳品有限责任公司的组建成功，取得了良好的经济效益和社会效益，实现了工业脱困带动牧民脱贫的目标。

新公司成立以后强有力地带动了全县畜牧业的发展，发挥了龙头作用。原草原香乳业公司在经营困难时拖欠奶资最高时达 2000 多万元，极大损害了奶牛户的利益，以致造成本地奶牛存栏数下降，鲜奶大量外流。公司投产后，生产渐入良性发展，企业信誉得以恢复，全县鲜奶日收购量为上年同期的 2 倍，奶牛业的发展在很大程度上带动了牧民收入的提高：全县仅奶牛一项，就可使全县农牧民人均收入增收 500 余元。

在增加财政收入上。2000 年 1～10 月，杜尔伯特伊利乳品公司上缴税金近 100 万元，成为县主要的财政支柱。而草原香乳业公司自 1997 年成立以后，全年的税金从未超过 60 万元。

给下岗工人增加了新的就业机会。杜尔伯特伊利乳品公司组建后，在用工上同等条件下优先聘用原草原香乳业公司职工。超过 60% 的原草原香乳业公司职工经过竞聘重返岗位。由于实行了与效益相结合的新的分配制度，职工收入平均月工资也从改制前的约 300 元提高到 740 元左右，最高的可达 2000 多元，使职工感到干活有奔头，企业的实力也得到了不断的加强。

（三）"钱从哪里来"——四川宜宾改制中的产权转让

地处西南内陆的四川省宜宾县的改革探索是我国欠发达地区国有企业改革的代表之一。在改革实践中，宜宾县大胆创新，采用"净资产转让"方式，解决了"买得起"的问题。

改革开放早期的我国内地，相对于东部沿海，观念更加落后，经济基础更加薄弱，国有企业问题则更加严重。地处内陆的四川省宜宾县是经济发展比较落后、财政状况十分困难的县，也是国有中小型企业实行产权转让最早的县。宜宾县当时 16 户县属国有企业中，13 户处于亏损，更多的乡镇集体企业已经资不抵债净资产为零甚至为负。而国有企业产权转让，无论是实行股份合作制还是拍卖出售，都需要购买者支付大量的资金。改革资金哪里来，对这个处于内陆的小县来讲，更是一道难解之题。在经济相对发达的山东诸城和广东顺德，"能不能卖"是当时面临的主要问题，但对于经济状况远不如前两者的宜宾县，"买不买得起"却成了国有产权顺利转让出去的一大难题。宜宾最终采取"净资产转让，总资产移交，债权债务划转"的转让办法，有效破解了国有产权顺利转让这一难题。在当时的特定条件下，通过地方创新有力地推动了国有中小型企业民营化的实践。

宜宾县的主要做法是：

（1）将企业的总资产划分为总负债和净资产两个部分。

（2）对企业的净资产实行转让，购买者只需要支付购买净资产所需要的费用即可。由于国有中小型企业的负债率普遍偏高，即使总资产量偏大，净资产量也不会很大，因而购买者有支付能力收购净资产。

（3）收购协议达成以后，政府不仅将企业全部资产移交给企业，而且经与各债权人协商同意，将原企业的各种债权债务也一并交给新的所有者负责。

即便在采用净资产转让方式时，为了更大程度地解决资金缺乏，宜宾县视不同企业具体情况，灵活采用一次性全部转让与分批转让、分期收款相结合的方式。例如，宜宾县16户县属国有工业企业中，有8户的产权全部转让给了企业内部职工，组建为有限责任公司。相邻的金堂县21户国有企业在改制时，有20户企业的国有资产产权全部转让给了个人和社会法人。这种转让大致分为两种情况。一种情况是，企业改制前基础较好，职工对企业转制后的发展充满信心，因此职工主动要求买断企业的全部产权，以免以后的经营受到政府干涉。例如，宜宾天工机械厂1992年改制时，全体职工要求买断企业的全部生产经营性资产的产权，组建为宜宾天工机械有限责任公司。1996年，宜宾县政府对企业改制进行统一规范时，该公司职工又将该企业的原非经营性资产和土地使用权全部买断。另一种情况是，企业改制前基础一般甚至较差，为推动企业彻底改制转机，各级政府主动要求职工买断企业全部产权，以彻底解除政府对企业职工所负的无限责任。在这些"一般企业"和"差企业"改为股份制或股份合作制时，政府都尽量创造各种条件和提供多种优惠政策，如允许分期付款，负债持股；转让价格的确定考虑职工的购买能力；几年内返还所得税，等等，以便让职工买断企业全部产权。总的来看，一次性全部转让对于国家、企业和购买者这三个方面都是有利的。

分期收款的转让形式也就是指企业产权转让的价款分多次，一般为3年内逐步收回的形式。这种形式在宜宾县被普遍采用，尤其是将企业产权转让给内部职工而组建为股份合作制企业时，几乎都采取了分期收款方式。如四川宜宾县就规定：允许职工一次购买，分期付款，但第一次付现金必须达到购股总额的30%（山东诸城为60%），其余70%在以后3年内用分红款或其他资金偿还，职工负债购股期间要按同期存款利率向国资部门缴纳占用费。如逾期不能偿还欠款，政府有权收回原企业。

在改革的初期，由于各种复杂因素的影响，企业产权的部分转让在国有小型工业企业产权转让中也占有一定的比例。四川宜宾县13户向内部职工转让股权的国有工业企业中，就有5户还保留了国有股。其中，有3户企业的国有股占企业总股本的比例分别高达70%、80%和95%，居于绝对控股地位；2户企业的国有股居参股地位，占企业总股本的37%和10%。形成这种状况的原因：一是企业国有资产数量相对较大，职工无力全部购买（如宜宾红河电子材料有限公司、宜宾长源电力有限公司）；二是企业经营基础太差，发展前景不佳，职工不愿全部购买其国有资产产权（如宜宾东山水泥有限公司）；三是企业基础好、发展前景乐观的企业，县国资部门不希望全部转让其国有股股权（如宜宾鑫荣油脂有限公司、宜宾少娥啤酒有限公司）。保留国家股尤其是仍绝对控股的企业，总的来看企业经营方式的转换较慢，实际效果大多不好。

（四）动之以情、安之以利——山西省左权县企业改制中的员工—企业关系调整

山西省左权县位于山西省晋中市东南，属于国家级贫困县。20世纪90年代初，全县除了自来水厂、电业局、邮政局三个单位还能正常经营以外，其余企业基本都是亏损企业，大批企业处于停产、半停产的边缘。自1997年开始，左权县进行了"一次改制"，解决了企业许多现实问题，但由于一次改制中国有股权保留比例过大、职工劳动关系没有彻底理顺，职工人人入股、平均持股的新"大锅饭"问题的出现仍严重制约了企业的发展。2000年，左权县领导班子换届，新的领导班子决定加大力度推进县属国有中小企业的改制。县领导首先走出去学习各地的改革经验，结合本地实际，研究制定了改革措施，核心就是实现"两个置换"，第一是产权置换，第二是职工身份置换。

由于左权县本身财政靠国家转移支付，无力承担改革成本。当时县政府面临的最大问题就是企业改制时职工经济补偿金的来源。最终政府根据左权县实际，兼顾国家、企业、经营者三方利益，实行了土地有偿使用，采取土地出让或出租办法筹集改革成本，专门出台改制企业土地使用权评估与出让办法，将土地80%的出让金作为国有资本金，让渡企业用于安置职工。对于职工补偿标准，根据县里的实际情况，县政府经过认真细致的计算，得出平均每个职工补偿8000元的净资产。政策一公布，职工普遍认为补偿标准太低，因此遭到职工强烈反对。改革遇到了阻力。

解决问题首先是要做到政府与职工之间的信息对称。唯一的办法就是与职工沟通，使职工们了解真实情况，力争取得理解和支持。左权县书记、县长分别与职工对话，政府解释补偿款计算方式，即把置换身份的职工总数作为分母，把经营性资产作为分子计算得出。并告诉职工："如果大家认为标准太低不能接受，改制可以不搞，但每年企业的亏损，会不断侵蚀净资产，今年还有8000元，明年很有可能就只有6000元了，后年4000元，再拖几年就减为零了。""我们是贫困县，财力有限，财政无力支付改制成本，我们只能自己救自己。""给你们的经济补偿金并不是要解决大家所有的问题，而是要改变以前国有企业吃'大锅饭'谁都吃不饱的体制。大家未来的生活是通过改制，通过自己的努力将企业搞好实现收益来保证。"县政府丝毫不回避矛盾、困难，报实情、讲实话，动之以情、晓之以理。是否接受改制的最终选择权交给职工。

最终职工理解了政府的良苦用心：如果继续拖下去，情况反而会更糟糕。于

是认可并接受企业改制方案和职工安置方案。

为了稳妥推进企业改制工作，左权县委、县政府制定了改制文件，同时从政府各部门抽调了一批文化程度较高、工作能力较强的年轻干部成立了若干个改制工作组，分别包干该县企业的改制工作。"工作组的任务是帮助企业做好改制工作，包括方案制定、资产评估和财务审计，做好职工工作，职代会通过，上报审批，整体实施，保证改制全过程的稳定和规范。工作组要负责到底，出了问题要承担责任。"这项措施有力地保证了企业改制的质量。

在改制过程中，青年干部扛起背包住进包干企业，与职工一起研究方案、制定方案、报批方案，一起研究解决办法。左权县域地方并不大，但有的工作组干部几个月不回家。有压力，有责任，工作才能有成效。经过近两年的改革实践，左权县关闭破产了一批扭亏无望的企业，搞活了一批有市场潜力的企业，促进了左权县经济的发展。

彻底置换企业职工身份是企业改制的显著标志，针对改制企业的职工身份置换问题，左权县提出了"彻底置换职工身份一步到位，有情操作，要坚持三条原则，充分考虑三个因素，实行三个结合，达到三个满意"的改革工作目标。

职工身份置换的三条原则：一是全员置换。在企业性质上不论国有还是集体，不论工业还是商业；在身份上，不论普通职工还是企业干部；在改制形式上不论改组，还是出售、租赁、兼并，全部置换。二是彻底置换。所有企业员工都要与改制企业签订新的劳动合同，重新确立劳动关系，变为一种适应体制转轨的新型合同关系、契约关系。三是有偿置换。根据省、市相关文件规定结合左权企业实际，制定出台了《关于职工身份理顺劳动关系的具体操作办法》和《关于推进国有及国有参控股企业改革的若干意见》，详尽地明确置换办法和标准，对不同身份时段按不同标准分别计算。

在职工身份置换政策上，从稳定社会、稳定企业、稳定职工出发，充分考虑三个因素，一是历史因素。适当照顾大龄职工，把内退年龄比晋中市里规定的提前5年，男达50周岁、女达45周岁就可以提前内退，仅此多支付改制成本380多万元。二是政治因素。由于左权县是革命老区，伤残军人等优抚对象多，对此专门出台了《关于对改制企业革命伤残军人安置的若干意见》。三是社会因素。主要是由企业负担的因公致残致伤丧失劳动能力、遗属补助等社会关注的难点，实行了生活费、补偿费等由企业一次足额缴纳社保机构，由社会保险机构发放。

在具体工作中要实行三个结合：一是与落实劳动保险相结合，做到换身份不断保险；二是与上岗安置相结合，做到不以入股定去留；三是与解决遗留问题相结合，不因改制而不认账，将过去欠发工资等遗留问题一次性清理解决。

最终达到三个满意：一是职工满意。职工退休和内退不用为生活费发愁，多数企业职工置换身份后拿到了补偿金，又通过市场方式得到就业岗位；二是企业满意，即改制企业因新的劳动关系的确立获得松绑，不再为承担社会负担犯难；三是社会满意。由于工作细致，政策到位，整个身份置换没有带来职工的不稳定，没有产生大的矛盾，实现了平稳过渡，社会秩序保持了稳定。

为进一步完善企业改制，彻底解决遗留问题，巩固和完善改制成果，本着对企业和职工负责的态度，左权县还制定了《左权县企业改制"回头看"工作实施方案》，组织五个工作小组，对所有改制企业进行了认真、细致的"回头看"，重点解决部分改制企业存在的职工养老保险金未足额缴纳、土地出让金未缴清、土地租赁使用手续未办理、公司运行不很规范等改制遗留问题。

通过企业改制促进了左权经济的发展，全县经济发展的速度、质量、效益均得到提高。左权县国有中小企业改制的成功实践，调整了结构，卸下了包袱，稳定了职工，促进了全县的经济增长，成为山西省经济落后地区国有企业改革后来居上的典型。到2002年年底，全县完成134户企业改制，支付职工安置费用3850万元，置换职工身份5873人。2000年，左权县国有企业资产总额为4.3亿元，总负债6亿元，总体资不抵债，职工3600人，税收800万元，利润总额-2000万元，几乎全面亏损。改制后，2002年左权县同口径企业资产总额为10亿元，增长133%，总负债5.8亿元，减少3%，净资产4.2亿元，职工6000人，税收4200万元，增长425%，利润1970万元，已无亏损企业。

左权县国有中小企业的改制实践也告诉我们，只有做好认真细致的沟通，加强政策透明度，同时政府充分考虑企业和职工的困难，企业和职工才能理解改制的真正目的和意义，只有广大职工心理平衡了，改制才能得到支持，改革也才能继续推进下去。

六、"四两拨千斤"——国有经济新格局

2006年6月，国务院国资委在长沙市召开了地方国有企业改革座谈会。会议认为，全国市县级国有企业产权改制和国有职工身份转换已达80%以上，有的地区达到了95%以上，绝大部分地区中小企业以"两个置换"为主要内容的改制工作已取得重大突破，中小企业大规模的改制退出工作接近尾声。长沙会议宣布了国有中小企业的改革与改制工作基本完成。

——长沙地方国有企业改革座谈会会议，2006年

（一）"改制退出"形成新格局

经过10余年的改革，国有中小企业基本上完成了"放小"和"退出"的目标，企业数量和国企职工数量双双大幅度下降，二者反映了产权改制和身份置换的成效。目标基本实现一方面意味着国有企业旧体制基础的瓦解，另一方面也有

助于国有经济的战略性调整的进一步深化。国企改革对象从市县级中小企业转向省一级所出资的国有企业，包括一些资产质量好的中心城市国有企业，而改革方式也正在从一般性、大面积的改制退出向优化资源配置、做强做大方面转变。

实际上，在20世纪末，国有中小企业在10年间，改革与改制效果就已显现。据对全国21个省、自治区、直辖市的统计显示，在1998年8月，独立核算的国有中小企业改制数量就达到47631户，占应改制企业的64%，其中江西省国有小企业改制面达到87%，安徽省国有小企业改制面达到93%。在这47631户改制企业中，采取股份合作制形式的10769户，占22.6%；采取整体出售形式的3893户，占8.2%；采取租赁形式的3470户，占7.3%；采取承包形式的2197户，占7.3%；采取股份制形式的2928户，占6.2%；采取兼并形式的2098户，占4.4%；采取破产形式的1340户，占2.8%；其他形式如合资嫁接等形式的20931户，占43.9%。

到2006年，根据国务院国资委的统计数据，全国各类型国有中小企业的数量又从1995年的31.8万家降至2006年的11.6万家，减少了2/3左右，其中地方国有中小企业总体改制面已达到80%以上。从省级层面看，以内蒙古为例，2002年内蒙古全区就有1777户国有小企业完成了以产权制度为核心的改革，改制面达到88.85%，其中1693户退出了国有序列，84户完成了公司制改制。据不完全统计，到2007年时，湖北、江西、贵州、新疆和福建的改制面大致为95%、92%、75%、95%和85%。从市县层面看，很多市县除了城市公交、燃气供暖、排水供水、供电、邮政和市政基础设施建设等具有自然垄断和公共物品性质的领域仍由国有经济继续发挥作用外，其他领域的国有中小企业改革已基本完成。湖北省襄樊市过去国有经济一度比较发达，但目前该市国有工业企业已基本民营化；福州市以中小企业为主的原118家国有工业企业，自1997年以来其中的111家已经民营化，其余7家也全部退出。

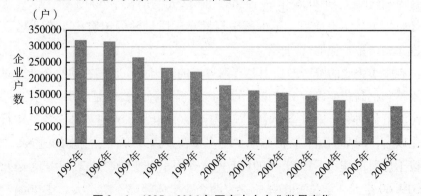

图3-1 1995~2006年国有中小企业数量变化

资料来源：国家统计局历年中国经济数据统计年鉴；2000~2005年国有企业财务决算摘要。

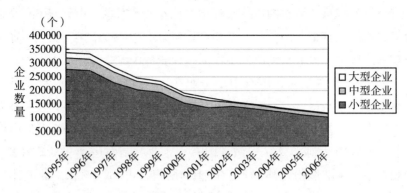

图3－2　1995～2006年国有大中小企业数量变化趋势

资料来源：国家统计局历年中国经济数据统计年鉴；2000～2005年国有企业财务决算摘要。

对过去12年间国有中小企业数量变化的比较表明，国有中小企业从地方竞争性领域退出，让位于更具活力的市场经济主体，伴随着国有中小企业的退出，有限的资源开始集中到适合由国有控股或经营的自然垄断和公共服务领域，实现了国家资源有效合理的配置，整个国有经济的规模优势得到集中体现，企业竞争力得到增强，企业经济效益逐年提高。

（二）"退"出来的国有资本控制力

国有中小企业改革改制，有力促进了国有资本对其他社会资本的控制力、影响力和带动力，促使国有企业向着大集团大企业的趋势发展，这是国有中小企业改革的一项重要成果。

在国有中小企业数量减少和国有资本向少数重要领域集中的同时，大中小型国有企业的资产规模均得到大幅度的增长，同期国有中小企业资产总量从37375.79亿元增长到2006年的195081.80亿元，增长了500%以上，表明企业平均规模扩大和实力增强，不少原来规模小、质量差的国有中小企业已发展壮大，进入到中型企业的行列。

国有中小企业的资产增长主要有两方面的原因：一是国有中小企业经过产权制度改革和机制转换以后，被束缚的生产力得到释放；二是近10年宏观环境改善，经济形势向好，国有企业资产规模不断发展壮大。对于具体企业，实行股权多元化以后，同量的国有资产带动了更多民营及国外等社会资本的进入，"起到四两拨千斤"的作用。1995～2001年，国有中小企业资产从37375.79亿元增长到62519.60亿元，增长了67.3%，表明企业个体规模不断增大。在2001～2002年间，由于国有大型企业主辅分离、辅业改制开始实行，大量原属于国有大型企业的资产被分离归入国有中小企业行列，国有中小企业的资产在总额上出现了跳跃式的增长，从62519.60亿元增长到129985.30亿元。尽管如此，过去10年之间，国有中小企业的单体资产规模和资产总规模均呈上升趋势。

再来看国有权益的变化。1998年全国范围内大规模的国有中小企业改制开始进行，但1998～2001年四年间国有权益总额也几乎没有增加，这段时间企业国有资本改制退出取代了亏损成为国有权益减少的主要因素。2001～2002年，因国有大中型企业主辅分离、辅业改制剥离的资产被统计进入国有中小企业，国有中小企业国有权益总额出现大幅度跃升。2002～2006年间，国有中小企业国有权益总额从51354.8亿元增长到68223亿元，增长幅度为34%，增长速度远低于国有大型企业和GDP的增长速度，国有中小企业中的国有资本仍然是以退为主。与此相比，国有大中型企业权益总额则持续大幅度提高，反映了国有资本在逐步向大企业大集团和重要领域集中。

表3－2   国有资本权益总额   单位：亿元

年 份	大型企业	中小企业合计	全部企业合计
1995	21735.19	9600.17	31335.36
1996	25670.20	9866.53	35536.73
1997	29488.61	10030.87	39519.48
1998	33760.06	11519.80	45160.58
1999	38788.77	12234.40	51023.01
2000	44325.30	13650.40	57975.70
2001	47581.10	13855.20	61436.30
2002	15188.40	51354.80	66543.20
2003	21584.10	49782.40	71366.50
2004	20165.60	58374.80	78540.40
2005	28024.90	60332.30	88357.20
2006	31818.80	68223.00	100041.80

资料来源：国家统计局历年中国经济数据统计年鉴；2000～2005年国有企业财务决算摘要。

综合以上数据，我们可以看到国有中小企业因改制在1995～2006年间的变化趋势：企业数量大幅度降低，职工人数大幅度降低，企业国有权益基本不变，但是资产规模大幅度增长。

将以上几个变化趋势横向比较。企业数量大幅下降和资产规模大幅增加的比较说明国有中小企业单体规模以比总资产规模更大的幅度增长，许多小企业发展壮大成为中型企业；企业数量大幅下降和国有权益基本不变的比较说明国有中小企业中的国有权益份额在增长，但增长幅度不及企业规模的增长；资产规模比国有权益规模以更快速度和更大幅度的增长，表明单位国有资本带动和控制的其他性质社会资本在快速增长。

（三）有所不为增效益

国有中小企业改革极大地解放了原来被束缚的生产力，这一点突出地表现为改制后企业经济效益的显著改善。改革带来的经济效益成效主要表现在企业利润、亏损状况和资产负债率状况的变化上。

首先，国有中小企业实现利润逐年大幅度增长。通过产权制度改革使大量原国有中小企业转变成为了真正独立的市场主体，所有权监督的建立和机制的转换增强了企业的活力和竞争力，这一点从改制后国有中小企业的利润变化趋势就可以看出（见图3-3）。

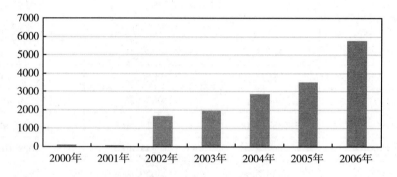

图3-3 2000~2006年国有中小企业利润变化（亿元）

资料来源：国家统计局历年中国经济数据统计年鉴；2000~2005年国有企业财务决算摘要。

其次，国有中小企业亏损额和资产负债率不断下降。由于长期累积而成的市场观念缺乏、管理和技术落后、设备陈旧、资产老化等弊病，改革之初国有中小企业整体处于亏损状态，工厂大面积停工的现象比比皆是。产权制度改革过程中，经过对原本处于亏损状态的企业实施兼并重组、拍卖出售、破产关闭等一系列措施，亏损面逐年缩小，亏损额也逐年下降，实现扭亏为盈的案例数不胜数。1998~2004年间，全国国有亏损企业数量从26289家下降到11112家，降幅为58%；亏损企业亏损额从1998年的1150.70亿元下降至2004年的669.48亿元，降幅41.8%（见图3-4）。

国有企业资产负债率降低。针对国有企业由于长期以来的预算软约束等原因所造成的债务负担过重，严重阻碍了国有企业参与市场竞争的情况，中央和地方各级政府采用了股份合作制、拍卖出售、债转股等一系列切实可行的产权改革办法，使国有企业长期以来居高不下的资产负债率在一定程度上得到改善。全部国

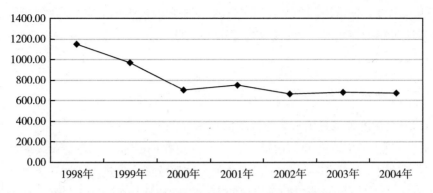

图 3 - 4　1998 ~ 2004 年亏损工业企业亏损额变化趋势（亿元）

资料来源：国家统计局历年中国经济数据统计年鉴。

有企业的资产负债率从 1998 年的 64.26% 下降至 2006 年的 56.24%，下降了整整 10 个百分点（见图 3 - 5）。

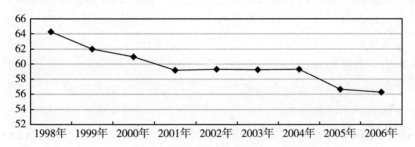

图 3 - 5　1998 ~ 2006 年国有企业资产负债率变化趋势（%）

资料来源：国家统计局历年中国经济数据统计年鉴（数据中包括工业和建筑业）。

七、敢为天下先——为国企全面改革探路

　　国有企业改革是一项多方面、多层次的改革。要把国有企业改造成为与市场经济相适应的微观经济主体，需要解决的问题是多方面的。对于不同层面的国有企业，改革的方针和形式也是不同的，国有大企业更多的是实现产权多元化和现代企业制度建设，国有中小企业主要是多种形式放开搞活。

——邵　宁

　　十余年的国有中小企业改革，在某种程度上改变了整个中国的面貌。国民经济充满生机活力、欣欣向荣的景象，国有中小企业改革功不可没。但是，改革者接下来还将面临着在国民经济中占主导地位的国有大型企业改革和更为艰巨的中央企业战略性重组两大历史性任务。要解决后面改革中的难题，我们必须深入研究前期改革的经验和教训。在国有中小企业产权制度改革中，富有创意的改革者

们从实际出发，创造出了一系列行之有效的创新思路和改革实践，为解决国有大型企业改革难题提供了灵感，改革过程中的许多经验与方法又为国有大型企业改革留下了诸多启示。

（一）在关键难点上敢于突破

1. 产权制度改革是国有企业改革的根本

在改革的最初 10 年间，包括国有中小企业在内的整个国有企业改革都处在一个摸索的时期。人们越来越认识到改革无法继续深入推进的根源在于，仅靠在原有体制的基础上对经营机制等表层问题的修修补补，对于在市场经济下处于竞争性领域的中小企业，要发生根本改变几乎不可能实现。国有独资或国有控股的产权结构也难使中小企业真正形成独立的市场主体，从而导致其后的具体管理体制也随之不能有效建立。因此产权问题是根源。

地方政府的实践打破了制度本身"不能动"的坚冰，以山东诸城股份合作制为代表的改革取得成功使国有中小企业改革受到启发，以产权制度改革作为国有企业改革的根本，这已得到理论的认可和实践的证实。此后各种形式的改革创新层出不穷，但始终围绕着一个中心——"动产权"。

2. "因时、因地制宜"是国有企业改革具体实施的重要经验

一个通俗但实事求是的观点认为，国有企业改革是被现实逼出来的。也就是说，国有企业改革的目标、形式、方法、措施并不是预先设计好的，而是根据具体时期、具体地方和具体企业的现实情况不断地从实践总结而来。事实证明，通过实施全国范围内"大一统"的改革方案必定忽略了各地的差异性，因为国有企业是一个数量庞大、分布广泛的群体，想要提出任何一个包罗万象的方案都是不现实的，而应"因时制宜"、"因地制宜"，把握时机和充分调动地方的积极性和创造力来低成本地完成艰巨的改革任务。

"因时制宜"原则体现于改革进程的不同时期：在 1993～2003 年，主要针对各地独立核算的国有中小企业改革，主要以最了解企业状况的各地方政府根据当地具体情况通过创造性的、学习借鉴的方式完成改革。中央政府实际上负责方向引导和纠正地方实践过程中不可避免出现的偏差，中央和地方政府这种各司其职、协同用力的方式使得改革取得巨大进展。

"因地制宜"原则体现于国有中小企业改革在全国各地的实践之中。例如，长春针对老工业基地国有企业多、国有经济比重大的特点，采用以兼并联合和破产重组为主多种形式并行的改革模式；内蒙古针对区内主要是国有农牧业和小型工业企业为主的特点，主要采用股份合作制推进改革；上海针对其国有企业位于大城市门类分明、分布集中的特点，主要采用了将同领域的国有中小企业兼并联合组建成大型企业集团的方式，等等，以上都体现了国有中小企业因地制宜的改革经验。

3. 整体战略的规划对国有中小企业改革进程至关重要

战略对于一个企业发展的重要性不言而喻，改革整体战略的制定和明确对于国有中小企业改革的顺利推进也是同样至关重要。1995 年 9 月，中共中央十四届五中全会上提出了国有企业改革进程中一项影响全局的战略思路："抓大放小"。"抓大放小"内涵丰富，其核心是"抓住做强大企业，放开搞活小企业"。"抓大放小"战略提出以后，明确了国有企业改革的方向，极大地方便了具体工作的开展。在此方针的指引下，国家有关部门于 1996 年出台了关于放开搞活国有中小型企业的意见，引导、鼓励各地坚持"三个有利于"标准，采取改组、联合、兼并、股份合作制、租赁、承包经营和出售等多种形式，把一大批小企业直接推向市场，取得了很好的效果。

1999 年中共十五届四中全会上通过的《中共中央关于国有企业改革和发展若干重大问题的决定》中正式提出"从战略上调整国有经济布局，对国有企业进行战略性改组"的主张。"抓大放小"的战略思路进一步演变成"国有资本有进有退，向关系着国家安全和国民经济命脉的重要行业和关键领域集中，退出一般竞争性领域"。这样就既明确了国有大型企业的发展方向，又肯定了国有中小型企业的改革成果，使得整个国有经济改革战略前所未有地清晰，并且与市场经济体制改革有机结合，有着极其重要的指导意义。

（二）压力将地方政府推向前台

从 1999 年国有中小企业产权改革方式创新为"两个置换"以来，在具体实施过程中，由于各地实际情况不同，不可避免地遭遇到了各种各样的困难。对于如何妥善解决困难、推动改革，政府自始至终扮演了重要的角色，起到了不可或缺的作用。

市县国有企业一般都是中小企业，大部分企业长期亏损，而市县地方政府离企业最近，对企业和地方经济最为了解，企业亏损越大，政府所承担的稳定就业和增加财政收入的压力就越大。因此，为了当地经济的发展和职工就业的增加，地方政府改革的决心十分坚定，做了大量艰难的工作。

首先，地方政府主要领导高度重视国有企业改革，做到了工作机制到位，责任到位。有的地区主要领导亲自包干困难企业改制；责任到位，有关部门各负其责，形成合力，变"要我服务"为"我要为改制企业主动服务"；指导督查到位，并成立有关机构宣讲政策，检查任务完成情况，做好稳定工作；权力到位，有的地区将企业经营者的任免权完全交给了国资监管部门；宣传到位，营造有利的改革氛围。

其次，在企业改革推进的同时，地方政府还尽量为其营造完善的政策环境，为改革的顺利进行保驾护航。据调查，每个地区都有一套具有自身特点的政策指导体系，涉及国有企业改制的各个方面，大到劳动关系、改制办法、社会保险，小到公有住房权证处理，等等，都有明确政策规定，而且力求政策的周密和连续性，尽可能保证不因政策问题留下后遗症。

再次，在改制过程中，特别是在有关职工身份置换的问题上，地方政府在制定补偿金标准、妥善安排职工的社会保障和医疗保险、协助职工再就业方面也做了大量细致的工作，切实地维护好职工合法权益。在支付补偿金问题上，各个地区做法各有不同，但大多制定了本地区补偿金的统一标准。如兰州市对于实施改制、重组企业，规定解除劳动关系的经济补偿金标准为每年工龄 1000 元。长沙市经济补偿金标准规定固定工 1～10 年工龄段 500 元/年，10 年以上工龄段 900元/年。长春市规定全民身份补偿金以 2002 年度平均工资 806 元/月为标准。在安置大龄职工问题上，兰州市规定，对解除劳动关系并领取一次性经济补偿金，未实现再就业的"4050"人员由改制后企业保留社保关系直至退休（企业不负责支付社保费用）。长沙市规定，距法定退休年龄 5 年以内职工可实行内部退养，距法定退休年龄 5～10 年的离岗职工实行协保，由企业缴纳社保费用，但不再发放经济补偿金。在社保问题上，各地做法是：对欠缴的社保医疗费用，都提留了足额资产，资产不够时由财政挂账处理，有的地区对破产关闭未能纳入医保的退休人员、内退人员都纳入医疗救助体系，由民政和财政部门筹集资金解决；有的地区把欠职工的医保费统一标准一次性支付。各地普遍比较重视职工再就业问题，北京、重庆、吉林等地强调在企业改制时要维护职工队伍的稳定，要求改制后的企业保证 70% 以上原国有企业职工在新企业就业。

想方设法筹集改革成本更是地方政府重点要解决的问题。许多地区都在拓宽筹措渠道，推进建立资本经营预算制度等。如吉林省很多企业改革拖欠职工社保的资金解决不了，这部分钱国资委还一半，剩下一半由省财政承担。

从 1998 年开始，国有中小企业改革就到了实质性的攻坚阶段，到 2003 年国务院国资委成立前，各地中小企业改革绝大多数已经完成，虽然有些改革稍微粗糙了一些，有些遗留问题需要解决。尚未改制的主要是部分流通企业以及一些特困企业，基本上都是"有人员、有债务"、"无资产、无场地、无经营活动"的"两有三无"企业。2003 年，各级国资监管机构成立后，进一步明确了出资人职责：一方面，继续推进中小企业改革，确保尽快完成中小企业改制任务；另一方面，积极解决国有企业改制的遗留问题，不断巩固国有企业改革成果，使地方国有中小企业发展进入了一个新的阶段，实现了新的跨越。

（三）攻坚战与持久战

国有中小企业改革改制过程虽告一段落，但我们也必须看到，当前整个国有企业改革进程仍处于攻坚阶段。一方面，国有中小企业改制基本结束只能代表国有企业改革第一阶段目标的完成，地方国有大型企业改制和中央企业战略性重组任务已经摆在面前；另一方面，国有企业改革是一项复杂的系统工程，涉及国家、企业、职工等多方面利益的调整，而且在此前的改革中存留了一些尚未解决的难点重点问题都是难啃的"骨头"，仍然需要在今后的改革中引起重视和进一步研究。

一是改革成本筹措难的问题，影响国有企业改革进程。各地在实施国有中小企业改革进程中，面临最直接的难题便是如何筹集巨额改革成本。由于国有企业长期维持企业办社会体制和依赖举债维持生存，形成巨额债务、冗员和办社会负担。要推进产权制度改革，就要由企业及政府先期投入一定成本，用于人员安置、清偿债务和分离办社会职能。但大部分改制国有中小企业资产质量较差、经营困难，难以支付职工经济补偿金和企业债务，地方财政也往往没有足够的财力支持国有企业改革，从而使国企改革步履艰难。例如，大同市国有企业总资产20多亿元，但净资产只有1亿元，改革资金严重不足；长春市退休职工医疗费用主要是以资产形式预留给改制后企业，但大部分企业资产预留严重不足；2004年兰州市除用企业资产支付改革成本外，又通过各种途径筹集到5亿元，仍有5.7亿元资金缺口（包括1.4亿元保险欠费和1.3亿元医保费用）无法解决。因此改革成本筹措仍然将是国有企业改革的一个难题，需要改革者继续研究和探索。

二是改制模式单一，股权结构尚需完善。许多初期进行股份合作制改制的企业在经营一段时间后，都面临着内部人持股导致的资金有限、股份过于分散的发展瓶颈问题，还需继续进行二次改革。如长春市50%以上企业实施职工全员持股；兰州市60%以上企业是通过职工持股方式改制。成都、兰州、长沙等地区在改制时以股权形态支付职工的经济补偿金。这种实行内部人持股的改制方式，由于没有外部资金进入（大部分是补偿金折股），没有带来新观念，经营机制难以转换，企业缺乏发展后劲，这种办法存在隐患。另外一些企业尤其是在经济欠发达地区的企业改制时，职工全员持股的情况较多，以致股权分散，难以产生激励效应，还易造成决策效率低下、追逐短期效益问题。因此，有很多地方的改制企业都面临着二次改制，以进一步调整股权结构。

三是职工身份置换后出现新的问题。由于在改制时资金困难，我国对解除国有企业职工劳动关系实行的是低补偿政策，大批国有企业下岗失业人员进入社会，对于"40岁"、"50岁"大龄人员，由于年龄、业务技能以及再就业缺乏竞争力，以致一部分人员生活受到影响。东北三省的人均补偿金较低，有的还不足9000元。尽管这些原企业职工的国有身份转换后，经过地方政府的努力，大多数实现了再就业，但大都处于不稳定就业状态或已经面临再次失业，有的甚至仅仅能维持生计，成为城市最低生活保障人口中人数最多的一个群体。目前这部分群体中出现越来越多的上访者，据了解，辽宁因企业改制和社会保障问题引发的信访案件接近全省一年信访总量的一半。国企下岗职工的困难表明，在失业、医疗及养老等社会保障体系还未完全建立完善时，"人往哪里去"的问题还很难在短期内得到根本解决。

四是政策缺乏连续性和前瞻性，造成新的矛盾。实践中因政策原因造成的突出问题有：（1）关于补偿标准制订问题。（2）关于土地增值问题。（3）金融资产公司持有的债转股企业股权向非国有投资者转让，一方面增加了企业破产难度，另一方面由于种种原因可能会产生诸多法律纠纷。（4）前期改制的企业，事先职工已享受过地方优惠政策，而二次改制是否再给予这些职工经济补偿金，地方政府比较纠结。（5）关于独生子女职工退休后增发5%的退休金政策，改制为非国有企业后如何解决，需要重新明确政策。

五是一些既得利益群体容易成为改革阻力。利益群体的阻力是国有企业改革过程中的一个普遍性的问题。国有企业是一个融合了地方政府、主管部门、企业经营层和企业职工利益的集合体，如政府审批制增加了审批者的权力；厂长（经理）负责制变成了经营者个人说了算；企业通过办社会等方式或明或暗的补贴，让内部职工得到额外的实惠……产权改革触及这一利益格局，遇到了来自各方面的阻力并不鲜见。在实际过程中，遇到最大的阻力来自于企业经营层，因为企业改制后，有相当一部分经营管理者也可能面临下岗或权力缩小的情况，因此他们对企业改制并不积极。更有甚者，少数经营者不理解，或者希望利用内部人身份低价自购国有企业，于是鼓动国企职工向政府提出过高要求，增加改革的困难。

另一方面，由于制度尚不健全，也出现了一些乘改制之际、浑水摸鱼、中饱私囊、损害国家和职工利益的不法之徒，给中小企业改制造成了负面影响，也败坏了改革的名声。

六是目前一些企业改制后存在的问题不能为市场所消化。改制后的国有企业没有真正成为市场竞争的主体。这些国有企业及其职工仍是传统意义上的国有企业、职工和经营者，特别是改制后一些无法生存的企业的职工不是通过市场消化，矛盾不能通过市场化解，而是还要找政府解决，"炒回锅肉"。正常的市场退出机制也尚未真正建立。竞争存在着优胜劣汰，退出机制是保证，除了破产退出，还有变现退出等，需要不断完善资本市场或产权交易市场，以及社会保障机制。而目前配套体制还不完善，无论是改制企业还是破产企业，都还经常出现不稳定的问题。

（四）市场化方向与"渐进式"路径

1. 方向上的坚定性

中国的国有企业改革始终伴随着大量的争论，包括到现在各种说法也是非常多，这是必然的现象，因为这项改革没有一个参照系，是一个探索摸索的过程，所以社会上对改革的方向、路径、措施会有许许多多不同的看法。改革的推进并不是在一个理想化的状态中实现，该具备的配套条件不一定具备，应该落实好的事到真正做时可能会出偏差，所以改革过程中出现不尽如人意的问题是很难避免的。比如，国资委成立后是不是就保证不出现国有资产流失呢？也不能保证，因为政策是人执行的，社会中腐败分子执行可能就会有偏差。这是在非常具体的并不是理想化状态下推进的改革，出一些问题是很难避免的。尽管这几年对改革不同方向的争论非常多、各种角度的批评也很多，但是认真研究就会发现中央对国有企业改革的政策是一致的。从政策的角度来看，大的方向要求上是没有变的，这就保证了市场化改革方向的一致性和政策方向的连续性。而且在实际操作中是该放就放、该不放就不放，不为各种争论所左右，在方向上是高瞻远瞩的。如果这么复杂的改革在方向上和政策上出现了问题，下面的操作就会非常的困难。所以说，方向的坚定性是我们的改革能够不断取得新进展的思想保证。

2. 实践中的勇气

改革必然会引起原有利益结构的调整，中国的国有企业改革实际上是把一个非常庞大的国有经济包含的几千万职工从计划经济轨道转到市场经济轨道上，其中所包含的社会风险是极其巨大的。在这样的背景下推进改革需要非常大的勇气。不但要敢于直面改革会引发的社会矛盾，而且要想办法把这些矛盾化解掉。这几年的改革过程中国有中小企业的改革社会风险都是非常大，而且确实引发了许多不稳定的问题，甚至大规模的群体性事件，但是通过各级政府艰苦的工作、有效的措施，企业广大职工的理解和支持，矛盾在逐渐化解。敢于直面矛盾、并且有办法解决矛盾是推进改革所必须具有的崇高的无私和无畏，实际上这几年从中央到地方都有一批人全身心投入和辛勤付出，如果当年不去触及这些矛盾、绕着走，今天就不会有国有企业改革良好的局面，而且矛盾只能越积越多，越积越深，风险会成倍地增长。所以说，改革实践中的勇气，是我们的改革能够不断取得新成效的强大动力。

3. 出资人的到位

随着国有资产管理体制改革的启动，原来分散在各个政府部门的国有资产出资人职能开始集中，国有资产出资人机构的具体化，标志着中国的国有企业改革进入了一个新的阶段。国务院国资委在2003年组建后，在认真总结前阶段改革经验和出现问题的基础上，着手规范国有企业改制和国有产权转让等涉及国有资产安全的相关工作，并于2003年年底发布了《关于规范国有企业改制工作的意见》和《企业国有产权转让管理暂行办法》。这两个基础性文件的制定和颁布实施，以及日后陆续出台的一些补充性规定，使得国有企业改制和国有产权转让第一次有了完整的、明确的政策要求，也使得规范国有企业改制、规范国有产权转让有了具体的、可操作的政策依据，而不再仅仅是一种原则性的概念。政策的完善加上各级国资委组建带来的责任主体到位的效应，使国有企业改制和国有产权转让日趋规范化。可以说，以往由于国有资产出资人不到位而曾经出现过的企业改制不规范、国有资产流失等问题，在政策和体制上已经得到解决。

点评：

逼上梁山

国有中小企业改革堪称是中国国企改革中一出精彩纷呈的大戏。尽管社会各界对这项改革多有非议，而且改革过程中也确实存在不少瑕疵，但瑕不掩瑜，这项改革的成效是显著的。

如果还原当时的历史情况，就可知道国有中小企业的改革实际上是被逼上梁山的；一方面是市场经济大潮催生的大量乡镇企业和民营企业显示出充分的竞争活力，另一方面引进的外资合资企业享受着各种优惠充满生机。国有中小企业在市场竞争中却相形见绌：不仅缺资金缺技术缺适销对路的产品，而且历史包袱缠身、人员负担沉重，在从卖方市场转向买方市场的大环境下，几乎完全丧失了竞争力，相当部分中小企业陷入停产半停产状态，有的甚至资不抵债。不进行彻底的改革已难以为继。

处在这一矛盾的风口浪尖上的是各级地方政府。中小企业的困境给他们带来了两大问题：一是就业与稳定矛盾突出，二是经济发展受阻。不尽快改变这种状况，政府的压力将越来越大，政府的包袱将越背越重。所以改革的最大动力也来自地方各级政府，改革越早越彻底就越主动。同时，地方政府也具备推进改革的能力和条件。不论是企业资产、债务的处置，还是人员的分流安置，以及税收和各种历史欠账的解决，都需要政府各个职能部门的统筹协调。这正是国有中小企业改革得以迅速推进的制度性原因。国有中小企业改革的迅速推进，使得大批不适合国有和不具备竞争力的国有中小企业退出市场和退出国有，这不仅使国有经济的布局结构整体上得到优化，通过退出增强了国有经济的活力和竞争力，同时也为中国经济的发展注入了新的活力，并为国有大中型企业的改革积累了宝贵的经验。

国有中小企业改革是实践逼出来的，没有事先的顶层设计和规划，也没有统一规范的办法，因此改革的方式丰富多彩、"各有各的高招"，但同时也带来了为后人所诟病的各种不规范的问题，其中最大的罪名就是"国有资产流失"。应该承认这些问题的客观存在。但正如某工业大省一位亲历改革的主要领导同志指出的，当年国有中小企业的改革都是在"摸着石头过河"的情况下进行的，大家都没有经验，也没有成功的先例可循，改革不能等到条件都具备之后再去进行，因此出现不规范甚至国有资产流失的问题，是难以完全避免的，不能用现在的认识和理想化的标准指责过去。正是国有中小企业改革中的成功与不足，为后来的国有大中型企业改革提供了十分有益的借鉴，许多教训在后来就吸取和避免了。我们今天来评价国有中小企业改革的成败得失，需要有历史的眼光和客观的态度。

——邵　宁

附：

改革亲历者周放生对"长沙改制"及"两个置换"的评价

当长沙改革因为首创"两个置换"的改革模式而得到了全国广泛的关注。我是通过新闻媒体的报道得知的，我当时的职务是国家经贸委国有企业脱困办公室副主任，工作任务就是参与国有企业改革改制。

当时长沙改革如此轰动，而且涉及国有产权界定的大的是非界限问题，我们有责任对其进行研究。我找来长沙市的有关文件看，第一反应是"两个置换"的方向是正确的：一个是产权置换，另一个是职工身份置换，要求在进行产权置换之后必须进行职工身份置换，产权改革才算真正完成。不过同时我也感到长沙市在改制中界定国有资产产权所采取的方式可能存在不妥当之处。

仅凭媒体的报道是不足以判断的，于是我与当时的国家经贸委企业改革司长兼国有企业脱困办公室主任邵宁同志商量，希望去长沙现场调研，把情况搞清楚。邵宁同志同意了。当时是2000年的春节前。

考虑到当地可能会比较敏感，我当时是以国有企业脱困调研为名去的长沙，属于非正式的调研。

到长沙之后，我去了试点的三家企业。经过调研，基本上把长沙市9号文件、企业试点的情况和大家的一些反映弄清楚了。当天晚上我与长沙市两位同志在驻地房间做了一次长谈，了解到长沙市出台文件的缘由：为了解决职工身份置换经济补偿金的资金来源问题。因为政府财力紧张，企业资产不够，中央没有明确的文件规定，但是改革又势在必行，因此长沙市考虑到如果直接用国有资产来支付改革成本会承担国有资产流失的责任，所以他们就想出将企业资产进行分割然后分别界定的办法。

听完他们的介绍之后，我谈了自己的观点，"支付职工身份补偿金置换职工身份的做法是必要的，也是正确的"，但是"我不赞成将1984年以后的国有资产界定为集体资产这种产权界定做法"，这在"理论上不成立，法律上无依据，实践上有问题，而且并不能解决你们所想解决的问题"。

我接着跟长沙的同志讨论，市场经济的基本原则是"谁出资，谁所有，谁收益，谁处置"，国有企业是国家出资，那就应该国家所有，国家受益，资产国家处置。因此1984年实行的"拨改贷"政策以后企业积累的国有资产不能重新界定为集体资产。即使是1984年以后新建的国有企业，尽管国家一分钱资本金都未出，但是国家却承担了企业的全部风险和责任，所以其产权应仍属国有。

至于职工的身份补偿金应该用国有资产来支付，因为改革成本是由国家承担的。后来国家明确了这一合理思路：一是国有企业资产不能界定为集体资产，只能界定为国有资产；二是企业可以用本企业国有资产支付本企业的改革成本。

经过讨论，长沙市的同志很快就明白了其中的道理，马上汇报给湖南省和长沙市政府领导，地方政府立即发文终止了不妥的措施。长沙市试点三家企业中，只有一家进行了不妥的量化配股，并且随后便得到了更正。

2000 年 5 月，国家经贸委与湖南省委联合组成调查组，我担任调查组组长，带了两位同志再次赶到长沙，总结前期的经验教训。

长沙案例是我国地方政府在面对国有企业改革矛盾、困难和问题的时候所进行的一种大胆尝试和探索，应该说长沙所提出的"两个置换"模式是对地方国有企业产权改革中难点问题处置的有效方式，这在此后各地的国有中小企业改革实践过程中得到了证明。在这方面，长沙改革具有里程碑的意义。

尽管事后也发现在操作过程中一些具体做法并不合适，但是改革不可能一开始就完全正确、一帆风顺的，改革是探索未知的过程，允许犯犯错误。邓小平同志也说过，改革"要大胆地试，试错了，改正就行了"，这是邓小平同志在对待特区问题上的一句话，同样也适用国有企业改革。

第四章

谈『破』不变色：5000 户

国有困难企业退出市场之路

企业破产在国外成熟市场经济国家早已是平常的事情，但在我国计划经济体制下，国有企业由国家"包"下来、"养"起来，掩盖了破产问题，这甚至一度成为社会主义优越性的重要标志之一。由于没有这种优胜劣汰的机制，企业由于外部和内部原因所造成的低效率问题一直难以解决，并进一步强化了企业和职工"等、靠、要"的心理，使低效率问题更加恶化。因此，靠国家"包"下来而勉强维系生存的企业，有许多实际上已经"败絮其中"了，这种保护无疑是在保护失败、激励落后。

　　优胜劣汰、适者生存，是自然界的客观规律，也是市场机制提高资源配置效率的主要途径，市场经济体制的建立，必然需要建立起相应的破产制度。1986 年 12 月 2 日，第六届全国人大常委会第 18 次会议审议通过了《中华人民共和国企业破产法（试行）》，这是我国制定的与市场经济体制配套的最初几部法律之一，可见决策者已经意识到破产制度在市场经济中的重要地位。但是，由于长期以来对破产问题的片面认识和抵触心理，以及社会保障体系没有建立等外部环境的制约，国有企业破产仍然"只听楼梯响，不见人下来"。直到 20 世纪 90 年代中期，随着国有企业积累的问题越来越多，政府再也无力承担把国有企业和职工"包"下来的重担，才不得已开始了让大量"早入暮年，无力回春"的国有企业走向政策性破产的断臂求生之路。

一、国企退出：一道从未遇到的难题

经历了 10 多年的承包、租赁、加大改造力度、加强内部管理等一系列改革措施后，到 20 世纪 90 年代，许多国有企业仍然难以摆脱困境，存在着结构不合理、资产负债率高、冗员多、社会负担重、经济效益低等各种矛盾和问题。妥善处理这些企业，找到其退出市场的通道，涉及数量众多的职工，在当时社会保障制度尚不健全的情况下，将困难国有企业中的富余人员从企业中分流出去，并得到妥善安置，是必须迈出的一步，但迈出这一步非常艰难。

专栏 4-1

在总理面前哭的厂长

朱镕基总理在重庆召开的一次厂长座谈会上，跟眼巴巴向他要贷款的纺织企业提出走下岗分流、减员增效的路子时，有的厂长当时就哭了，说："发不出工资，人们已经怒气冲冲，要他们下岗，工人还不把我的脑壳按到河里去喝水！"现代企业制度试点企业的重庆钢铁公司共有 5 万名职工，在市委、市政府的领导下，做了 3 年分离分流人员 2 万人的决策。在讨论这一问题时，引起了激烈争论。有人认为：重庆市地方财力有限，要一揽子解决"双分"的所有问题，几乎是不可能的，但大多数人坚定地认为，改革试点就是要冒风险，如果现在不下决心"双分"2 万人，几年后重钢垮了，到时候讨论的就不是 2 万职工而是 5 万职工下岗再就业的问题了。最后，方案在职代会讨论通过，重钢分 3 年实施，到 2000 年共分离分流 19000 人，以内部分流为主，社会分流安置 6800 人。

（陈清泰主编：《重塑企业制度：30 年企业制度变迁》）

（一）那些回天无力的国有企业

在经济体制转轨过程中，计划经济体制下长期积累的各种矛盾在部分国有企业集中显现出来：经济效益下降，亏损增加，亏损面逐步扩大。全国国有独立核算工业企业中亏损企业的亏损总额由"六五"时期的 37 亿元，上升到"八五"时期的 442 亿元。1996 年上半年国有工业企业效益盈亏相抵后一度出现净亏损，1997 年国有工业亏损企业亏损额上升到 831 亿元，企业亏损面 38.2%。不少企业已经处于停产半停产状态，职工生活困难。尤其是长期以来，由于国有企业能生不能死，导致一些已无生存能力和存在价值的亏损企业和资源枯竭的矿山不能正常地退出市场，更加剧了结构性矛盾。一方面，早已失去生命力、应该破产的国有困难企业不能被淘汰，影响了正常的经济秩序的建立，影响各类企业的平等竞争和正常运行。政府不断增加投入对国有困难企业进行"抢救"，结果是遭受更大更长期的损失，职工生活状况持续恶化，不稳定因素不断增加。另一方面，国有困难企业不淘汰，就难以真正打破"等、靠、要"的观念，难以激发企业深化改革、转换机制、加强管理的内在动力。

随着对搞好国有企业的认识不断突破，1996年，八届全国人大第四次会议首次提出"抓大放小"方针，要求国有经济"有进有退，进而有为、退而有序"，即从战略上调整国有经济布局和改组国有企业，要着眼于搞好整个国有经济，而不是要搞好每一户国有企业；国有经济有进有退、有所为有所不为。基于此，改革者区别国有企业的不同情况，提出分三类处理的原则。即对于在市场竞争中表现好的或比较好的企业，鼓励和支持其进一步发展壮大；对于适应能力不强，经营和效益状况时好时坏，处于盈亏平衡边缘的企业，通过深化改革、调整结构、加强管理、增加投入、调整班子等措施，帮助企业提高经济效益，促进企业摆脱困境；对于长期亏损、资不抵债、扭亏无望的企业，需要寻求妥善退出的途径。将这些国有困难企业淘汰，是经济体制改革转轨和结构优化中不可回避的问题，也是搞好国有经济的迫切要求。

据估算，当时属于第三类的国有工业企业超过1万户，其中国有大中型企业3000户左右。同时，还有一些资源枯竭矿山也迫切需要关闭。1997年135户中央直属有色金属工业企业，经国家界定的末期矿山56户，其中43户已是"硐老山空"、资源枯竭、长期亏损且扭亏无望。据1999年不完全统计，国有重点煤矿中，已注销生产能力而人员和债务未做处理的矿山55处，当年亏损7.7亿元，涉及职工35万人；煤炭资源已经枯竭，但尚未注销生产能力的矿山124处，当年亏损22亿元，涉及职工88万人。

点评：

转轨国家特殊的结构问题

在中国国有企业改革的过程中，对大量国有企业实施破产是一个突出的经济现象。对此各方面的解读不同，实质上这是转轨国家面临的一种特殊的结构性矛盾的表现。

改革开放初期所面对的国有企业，绝大多数是在计划经济时期建立的，其布局结构、组织结构、产品结构都是根据计划经济的要求确立的。改革使中国经济转向市场化之后，客观上要求这些企业也要转向市场、参与竞争，但这些企业中的相当一部分由于先天性的结构定位已很难适应市场经济和市场竞争的要求。

例如，"三线"企业建设由于特殊历史期间，受限于巨大的社会负担、高昂的运输成本、恶劣的生存条件，不可能平等地参与市场竞争；城市中的劳动密集型企业面对新兴的乡镇企业和民营企业，在人工成本等方面均处于绝对的劣势；资源枯竭的矿山和改造不足的老企业由于历史欠账太多，不具备生存和发展的基础。在原有的计划经济体制和政企关系之下，这些企业不会有生存问题；是改革后的市场竞争、是独立的市场竞争主体地位的形成，使矛盾激化了。这就是经济体制转轨造成的结构性矛盾。

——邵 宁

（二）"堰塞湖"之忧：缺乏市场退出通道

自《破产法》颁布实施之后，资不抵债的企业退出市场的通道似乎一直存在，但真正推进国有企业破产绝非易事。

首先是思想认识尚不到位。当时，经过十几年的改革，国有企业已经很难再吃国家的"大锅饭"，但职工吃企业"大锅饭"的体制尚未打破。人们尤其是濒临破产的企业职工尚不能接受因为企业亏损而失去"铁饭碗"的现实。很多职工的择业观念还不能适应市场经济的要求，对下岗、再就业并没有充分的思想准备，政府的制度安排也不到位。计划经济体制下，全民所有制单位人员的"生老病死"长期由单位负责，人们形成了对国有企业强烈的依赖心理。国有企业破产，一下子要把"铁饭碗"给打掉，职工思想上难以转过弯来，感情上更难以接受。因此，企业职工对国有企业破产有较大的抵触情绪。可以说，从始至终，维护职工稳定一直都是实施企业关闭破产工作中的十分重要又十分艰难的任务。

破产的事实难以被接受。1989 年年初《破产法》正式实施后不久，原国营重庆明月皮鞋厂宣布破产。尽管有关部门已经做了充分的准备，但破产在厂内引起的震动仍是当时无法想象的。天天有职工聚集上访，厂里的办公桌被砸烂，档案室被撬。2000 年，有色金属行业的杨家杖子矿关闭破产时发生部分职工大规模聚集事件。2005 年，新兴铸管集团所属位于河北秦皇岛的 3540 厂发生部分职工聚集封堵铁路事件。这些都说明使广大职工接受国有企业破产不是一件容易的事情，需要有个过程。

其次是社会保障体系尚不完善。企业破产最先受到冲击的是职工。职工失去了劳动条件，也就失去了生活来源、失去了依靠。国有企业职工对国家和企业做出了重要贡献。过去我国长期实行高积累、低工资，职工创造的财富大部分上缴给了国家，职工生老病死主要依靠企业。企业办得好，职工生活水平可以稳步提高；部分企业经营遇到困难，职工生活也会遇到困难。尽管直到 20 世纪 90 年代中后期，提出了"一个中心、两个确保、三条保障线"的社保目标机制，但被称为"三条保障线"的下岗职工基本生活保障、失业保障和最低生活保障尚处于建设过程中，政府财政亦无力支撑，一时还难以解决那么多集中失去工作的职工的社会保障需要。1996 年，全国能够享受到失业保险待遇的只占当年失业下岗人员总数的 24%；享受城市居民低保人数不足 100 万人，远远小于陷入贫困的人口数量（总数在 2000 万人左右）。由于社会保障水平低，部分职工养老金欠发、医疗费不能报销，下岗职工基本生活没有保障。破产企业职工不能通过社会保障体系得到应有的保障，在讨论企业破产时就必须考虑到在国有企业破产时做出必要的制度安排。

再次是职工再就业困难。当时，企业并不景气，社会接纳剩余劳动力的能力有限，当时我国城镇失业人数已高达 700 万人左右，城镇停产、半停产企业涉及职工 600 万人左右。国有困难企业实施破产，必然又要增加一大批下岗职工，再加上很多职工知识老化，技能单一，缺乏在劳动力市场上独立谋生的能力，择业观念也不能适应市场经济的要求。因此，企业破产后的职工下岗分流再就业矛盾就更加突出。

最后也是最为关键的是破产成本很大。国有企业破产成本包括两个部分，一是以职工安置费为主的破产费用；二是国有金融机构因企业破产所产生的债权损失。《破产法》明确国家通过各种途径妥善安排破产企业职工重新就业，并保障其重新就业前的基本生活需要。由于国有企业大部分资产都设置了抵押担保，并不属于破产财产，企业依法破产时，破产财产实际可变现金额非常少。当时，各级财政状况很差，很难给企业破产提供足够的补助资金。因此，尽管当时的《破产法》明确破产企业所欠职工工资和劳动保险费用作为债务的第一清偿顺序应予清偿，但实际上要真正做到困难重重。从国有金融机构方面看，多数银行处于微利甚至亏损状态，当时的经营状况也十分艰难，难以承受国有企业破产形成的大量债权损失。企业破产必然给银行带来巨大损失，因此债权银行对国有企业破产持抵触态度，有的甚至采取破产高风险区信贷制裁策略来抵制企业破产。

专栏 4-2

《中华人民共和国企业破产法（试行）》有关职工权益保障的规定

第四条　国家通过各种途径妥善安排破产企业职工重新就业，并保障他们重新就业前的基本生活需要，具体办法由国务院另行规定。

第三十七条　清算组提出破产财产分配方案，经债权人会议讨论通过，报请人民法院裁定后执行。

破产财产优先拨付破产费用后，按下列顺序清偿：（一）破产企业所欠职工工资和劳动保险费用；（二）破产企业所欠税款；（三）破产债权。

破产财产不足清偿同一顺序的清偿要求的，按比例分配。

（2002 年 7 月 30 日最高人民法院公布的《关于审理企业破产案件若干问题的规定》（法释［2002］23 号）明确，因企业破产解除劳动合同，劳动者依法或依据劳动合同对企业享有的补偿金请求权；债务人所欠非正式职工（短期劳工）的劳动报酬；债务人所欠企业职工集资款，参照企业破产法第三十七条第二款第（一）项规定的顺序清偿。）

点评：

计划管理背后的利益博弈

国有困难企业政策性破产工作的行政色彩很重，在最上层实行严格的计划指标管理，这曾引起了很多非议。但实际上这是各方面利益博弈的结果，不得已而为之。

企业破产可以使企业的债务全部核销。对破产企业本身，虽然朱镕基总理有"资产变现、关门走人"的要求，但受制于职工安置和稳定方面的压力，实际工作中很难完全做到。企业破产后再重组出一个新企业是被默许的做法。当然，重组后的企业不能再是国有的，职工也必须转换身份。

国有企业是分级管理的体制，解决问题的责任和成本也是分级承担的；而银行系统属于中央，银行的损失由中央负责。这种利益格局导致了博弈。地方政府倾向于扩大破产规模，尽可能多地把本地企业的债务甩掉，而无论这些企业是否资不抵债；在实行指标控制时尽可能地把指标用于本级企业，而把中央和省级企业的硬缺口留给国家。地方司法机构则会积极配合地方政府的运作。

在这种情况下，企业破产实行严格的、直接对到企业的计划管理是不可避免的。其目的一是总量控制，使破产规模与财政、银行的承受能力相适应；二是对象控制，保证列入计划的企业是应该破产的企业；三是对职工安置方案把关，保证职工的基本权益。

——邵　宁

二、求解"中国特色"的退出通道（1994～1998 年）

（一）动议政策性关闭破产

国有企业破产必须以健全的社会保障体系为前提条件。对长期亏损、扭亏无望、资不抵债的部分国有企业和资源枯竭矿山实施政策性关闭破产，并把妥善分流安置企业职工作为先决条件，是党中央、国务院做出的促进国有企业改革发展的一项重大举措，也是在我国经济体制转轨的特殊时期，为解决国有企业历史遗留问题采取的一项特殊政策。在社会保障体系尚不完善的情况下，根据《破产法》的授权，自1994年以来，国务院就破产企业职工权益保障等问题制定了具体政策，采取了一些特殊的政策措施，推进国有企业关闭破产工作。其特殊性表现为要求各级财政、国有金融机构和社会保障部门等有关方面共同分担改革成本。之所以与依法破产有所区别，原因在于当时国家财政紧张、社会保障体系不健全，国有商业银行不良贷款比例较高，单靠某一个方面很难承担职工分流安置的全部费用，这也是国有企业在传统计划经济体制下积淀的矛盾和问题具有特殊性，转轨过渡期内，不可能完全依靠市场的力量、按照市场化方法解决，必须采取特殊政策措施。国家有责任、有义务妥善处理好国有企业的历史遗留问题，解决好对职工的历史欠账。

国有企业关闭破产涉及数百万职工及其家庭的切身利益，事关社会稳定，在社会保障体系不健全的情况下，"退"比"进"难，"死"比"生"更难。中央领导同志从一开始就强调，国有企业破产很复杂，需要制定和实施切实可行的政策措施。只能经过试点逐步实施，千万不能刮风。因此，同其他重大改革措施一样，国有企业政策性关闭破产也是从试点起步，探索经验后再逐步推进。1994年，国家选择了18个城市进行"优化资本结构"试点；1996年，试点城市扩大到58个；1997年，试点城市进一步扩大到111个。其间，国务院制定了《关于在若干城市试行国有企业破产有关问题的通知》（国发〔1994〕59号）和《国务院关于在若干城市试行国有企业兼并破产和职工再就业有关问题的补充通知》（国发〔1997〕10号），以解决职工安置费用等问题为重点，逐步完善相关政策措施，保证了国有企业关闭破产工作的稳步推进。

（二）从优化资本结构试点城市起步

1993年8月15日，为推动国有企业破产工作，时任国务院副总理的朱镕基同志要求国家经贸委就《破产法》实施的有关问题进行研究。同年9～10月，国家经贸委组成专门小组，赴6省14市进行专题调研，形成了调查报告和《关于企业破产实施的若干规定（初稿）》。1993年12月全国经贸工作会议在《关于转换国有企业经营机制，建立现代企业制度的若干意见》中提出：经国务院同意，国家经贸委将会同有关部门实施"转机建制、万千百十"规划。其中的"十"就是指选择10个左右城市进行"优化资本结构"试点。试点的主要内容是"增资、改造、分流、破产"，也就是说，试点工作围绕补充资本金、减轻债务负担、加快技术改造、分离社会职能、实施破产等方面进行。1994年2月，国家经贸委等九部委在27个省市政府申报的39个城市中，初选了16个试点城市。考虑到老工业基地改革发展需要，又增加了重庆、哈尔滨两市作为联系点，列为比照试点城市，统称为18个"优化资本结构"试点城市。1996年，经国务院同意，试点进一步扩大到58个城市。

国有企业破产的关键是解决职工安置保障资金来源问题。1994年2月，在全国企业管理座谈会上，朱镕基同志提出，要加大国有企业兼并破产工作力度。随后，有关文件明确，对扭亏无望、资不抵债、采取措施不能救活的亏损企业，在充分准备和试点的基础上，要下决心按照法律程序对其实施破产，资产转移和拍卖所得首先用于安置好职工的遣散、转业、培训和基本生活，解决国有企业破产职工生活费的资金来源问题，保持社会稳定。1994年6月3日~4日，"企业破产工作专题研讨会"在重庆召开，这是18个试点城市第一次专题会议。会议交流了破产工作近况，研讨了有关重点难点问题，修改了《关于企业破产实施的若干规定（初稿）》。其后，根据国务院领导主持召开的有关专题会议精神，又对该文件进行了修改完善，形成了《关于在若干城市试行国有企业破产有关问题的通知》，并于1994年10月25日下发。这是国务院关于国有企业破产问题的第一个政策性文件。

专栏4-3

《国务院关于在若干城市试行国有企业破产有关问题的通知》
（国发 [1994] 59号）的有关规定

一、实施企业破产必须首先安置好破产企业职工，保持社会安定。企业破产时，企业依法取得的土地使用权，应当以拍卖或者招标方式为主依法转让，转让所得首先用于破产企业职工的安置，安置破产企业职工后有剩余的，剩余部分与企业破产财产统一列入破产企业财产分配方案。处置企业土地使用权所得不足以安置破产企业职工的，不足部分应当从处置其他破产财产所得中拨付。

二、破产企业所在地的市或者市辖区、县的人民政府应当采取各种措施，妥善安排破产企业职工重新就业，并保障他们在重新就业前的基本生活需要。

政府鼓励破产企业职工自谋职业。对自谋职业的，政府可以根据当地的实际情况，发放一次性安置费，不再保留国有企业职工身份。一次性安置费原则上按照破产企业所在市的企业职工上年平均工资收入的3倍发放，具体发放标准由各有关市人民政府规定。

三、银行因企业破产受到的贷款本金、利息损失，应当严格按照国家有关规定，经国家有关银行总行批准后，分别在国家核定银行提取的呆账准备金和坏账准备金控制比例中冲销。

国发［1994］59号文件明确了破产企业职工安置和有关费用来源等政策，为国有企业关闭破产创造了良好条件，试点城市国有企业关闭破产开始迈出实质性步伐。到1996年年底，58个试点城市中有518户企业破产终结，517户企业被兼并，分离非生产性机构5727个，分流企业富余人员118万人。

（三）政策变形——"假破产、真逃债"

尽管在试点工作一开始，中央领导和有关部门就反复强调，国有企业破产要有领导、有组织、有步骤地按法律程序进行，先在若干城市进行试点。但在实施中仍出现了一些不规范，甚至刮"破产风"的问题。国有银行等有关方面陆续反映，一些地方和企业搞假破产、真逃债。有一些企业超越范围、超越地区搞假破产，把银行债务冲销了，造成国有资产流失。个别地区甚至出现了由政府出面采取行政指令的方式，让大批国有中小企业"破产"的情况，在一个试点城市200家国有工业企业中，竟有51家"破产"。有的地方还错误地提出"真正资不抵债的不破产，规模小、贷款不多的不破产，无望再生的不破产"，还要求"先破国有、后破集体；先破大的、后破小的；先破好的、后破差的"。将企业破产作为一种假破产、真逃债、侵蚀国有资产和掩盖落后的手段。

国务院领导对此高度重视，多次强调，要刹住这股歪风，否则，国有企业改革进程必然要走弯路，对国有企业的机制转换没有一点好处，只会导致国有资产特别是银行资产的大量流失；如此"破产"不仅不利于淘汰落后，激励先进，调整产业结构，促进深化改革，而且会扰乱企业之间的正常经济关系和市场秩序，影响社会稳定，具有一定的破坏性，是很危险的。1996年8月，国务院领导主持召开专题会议对此进行研究，要求国家经贸委会同有关部门对国有企业破产和债务重组情况进行一次全面、深入、认真、细致的调查研究，实事求是地提出有说服力的调查报告。

国务院领导强调，推进企业兼并破产试点工作是有成绩的，应予肯定；但是，一些省市在国务院确定的试点城市以外的地区，擅自按国发［1994］59号文件有关政策实施企业破产，滥破产、假破产、真逃债的问题相当严重，造成国有资产流失，这种"假破产、真逃债"的情况必须立即纠正。要求加强对企业兼并破产试点工作的领导，成立全国企业兼并破产试点工作领导小组；针对试点工作中存在的问题，对国发［1994］59号文件进一步补充完善，要求破产企业"资产变现，关门走人"。

专栏 4 – 4

关于破产情况的调研

1996 年 8 月 27 日 ~ 9 月 3 日，国家经贸委会同有关单位 30 余人分两个调查组，赴辽宁（沈阳、大连、鞍山、抚顺、本溪）、吉林（长春、吉林）、湖南（长沙、株洲）、上海和湖北（武汉、黄石）等地进行了广泛调研，形成了《关于部分省市兼并破产情况的调查报告》，并向国务院领导做了专题汇报。根据当时调查情况，国有企业破产中存在的主要问题包括：一是非试点地区破产面大，擅自使用试点城市有关兼并破产政策。据当时中国人民银行湖南省分行提供的材料，1996 年 1 ~ 7 月，法院受理企业破产案件 537 件，是 1995 年以前 3 年的 1.89 倍，其中试点城市长沙 29 件，株洲 50 件，共 79 件，占 14.7%，而非试点城市常德、岳阳、益阳 3 市分别为 127 件、63 件、56 件。同期湖北省法院受理破产案件 174 件，其中武汉、黄石两试点城市 19 件，仅占 10.9%，其他均分布在非试点城市。二是有的地区非工业企业、非国有企业破产案件增多，问题比较突出。三是有些企业实施破产后，没有与调整结构、转换经营机制很好地结合起来。有的企业原班子不变，职工身份不变，原来厂房设备不变，生产产品不变，只是换了一块牌子继续生产经营。四是一些地方和企业不同程度地存在假破产、真逃债问题，造成国有资产流失。有的企业在申请破产前，有计划、有步骤地将部分有效存量资产，通过政府有关部门的批准或默许，在未经债权银行同意，未落实银行债权的情况下，从即将破产的企业分离出去，重组独立法人。破产企业资产评估畸低，问题较多，也是导致国有资产流失的一个原因。五是企业破产费用和诉讼费用过高，银行受偿率低。六是对法律、法规、规定的理解和执行不一致。此外，试点城市企业兼并破产中还存在职工安置难、资产变现难和呆账冲销难问题。由于劳动力市场不完善，社会保障体系不健全，破产工作普遍存在职工安置难的问题。资产变现难，不仅使银行等债权人无法获得现金清偿，而且给自谋职业职工发放一次性安置费也难以保证。

针对上述问题，调查组提出的主要政策建议是：严格控制政策的适用范围，在试点城市继续积极稳妥地推进兼并破产；进一步改进和加强破产工作的组织领导，对逃废债行为严加防范，坚决制止；简化呆坏账冲销程序，尽快制定试点城市破产企业呆账冲销实行总量控制的具体操作办法；追究对企业破产负有直接责任的人员和进行假破产、真逃债负有责任的人员的法律责任，并不得安置在其他企业和单位担任领导职务；建议最高人民法院针对试点中的有关问题做出相应规定。

为了进一步规范和推进企业兼并破产工作，1997年1月7日~8日，国务院召开全国国有企业职工再就业工作会议，对国有企业兼并破产等工作进行部署。这次会议，明确了政策界限，进一步端正了认识、统一了思想，为进一步规范和推动企业兼并破产、减员增效工作打下了很好的基础。

全国国有企业职工再就业工作会议后，为规范企业破产，鼓励企业兼并，对国有企业富余职工实施再就业工程，1997年3月2日，国务院下发了《国务院关于在若干城市试行国有企业兼并破产和职工再就业有关问题的补充通知》（国发〔1997〕10号）。10号文件明确成立全国企业兼并破产和职工再就业工作领导小组，以加强对工作的指导和协调，还进一步明确了有关企业破产政策只适用于试点城市市区内的国有工业企业和试点城市管辖的县（市）内的市属以上（含市属）国有工业企业，不包括试点城市管辖的县（市）属企业。非试点城市和地区以及试点城市的非国有工业企业擅自使用试点城市有关破产法规政策的，要依法予以纠正，由政府有关部门采取善后措施。同时，将试点扩大到111个城市。可以说，国发〔1997〕10号文件作为国发〔1994〕59号文件的补充，进一步明确了有关政策，更重要的是提出了具体规范要求。其后，各省（区、市）及试点城市在国家政策规定的基础上，陆续制定了各自相关配套政策和具体规定。这标志着国有企业政策性关闭破产政策体系初步形成。

专栏4-5

《国务院关于在若干城市试行国有企业兼并破产和职工再就业有关问题的补充通知》

（国发〔1997〕10号）的有关规定（节选）

一、成立全国企业兼并破产和职工再就业工作领导小组、省（自治区、直辖市）协调小组和试点城市协调小组，加强对试点城市企业兼并破产和职工再就业工作的组织领导。

二、各试点城市协调小组制定本市《企业兼并破产和职工再就业工作计划》，全国领导小组统筹研究制定当年《全国企业兼并破产和职工再就业工作计划》，报国务院国有企业改革工作联席会议审议后，下达《全国企业兼并破产和职工再就业工作计划》。

三、企业破产财产处置前，应由破产清算组委托具有国务院国有资产管理行政主管部门认证的资产评估机构进行评估，并由国有资产管理行政主管部门确认评估结果。企业破产财产应以评估确认的价格为依据、按国家有关规定确定底价，以拍卖方式为主，依照有关法律、法规转让。转让价格由市场确定。

四、各试点城市人民政府要积极推广上海市实施再就业工程的经验，建立再就业服务中心，积极开拓就业之路，关心破产企业职工生活，妥善安置破产企业职工，保持社会稳定。安置破产企业职工的费用，从破产企业依法取得的土地使用权转让所得中拨付。破产企业以土地使用权为抵押物的，其转让所得也应首先用于安置职工，不足以支付的，不足部分从处置无抵押财产、抵押财产所得中依次支付。破产企业财产拍卖所得安置职工仍不足的，按照企业隶属关系，由同级人民政府负担。安置费标准，原则上按照破产企业所在试点城市的企业职工上年平均工资收入的 3 倍计算。破产企业离退休职工的离退休费和医疗费由当地社会养老、医疗保险机构负责管理。

五、破产企业进入破产程序后，职工的生活费从破产清算费中支付。

六、因实施《全国企业兼并破产和职工再就业工作计划》而形成的银行贷款本金、利息损失需核销呆、坏账准备金的，由各债权银行总行依照《中华人民共和国商业银行法》和有关规定，在国务院确定的用于企业兼并破产和职工再就业工作的银行呆、坏账准备金总规模内审批并核销。

七、企业被宣告破产后，政府有关部门应按照《破产法》的有关规定，对企业破产原因和责任进行调查和审计，依据情节轻重严肃处理。

（四）明确规则最重要

全国国有企业职工再就业工作会议的召开和国发［1997］10 号文件发布，加强了对破产工作的组织领导，明确了工作程序，基本形成了政策性关闭破产工作机制。由于政策到位、措施有力、工作细致、操作规范，广大职工理解支持，社会保障体系逐步完善，之后的企业破产工作总体进展比较平稳，基本做到了退而有序，没有发生大的动荡。

1. 加强组织领导

党中央、国务院及各级地方政府对国有企业政策性关闭破产工作高度重视。从国务院到各试点城市，形成国有企业政策性关闭破产工作组织体系。国务院国有企业改革工作联席会议对国有企业改革问题进行统一组织领导，强调有关企业兼并破产和职工再就业政策方面的实施细则，各有关部门提出后一律由国务院国有企业改革工作联席会议审定后才能下发。1997 年 3 月，国务院决定成立全国企业兼并破产和职工再就业工作领导小组（以下简称全国领导小组）。领导小组由国家经贸委（组长）、国家体改委、财政部、劳动部、中国人民银行、国家土地局、国家国有资产管理局等部门组成，并邀请全国人大法工委、最高人民法院参加。负责全国试点城市企业兼并破产和职工再就业工作的组织领导与协调；组织制定《全国企业兼并破产和职工再就业工作计划》并监督执行等。全国领导小组的日常工作由国家经贸委负责，由财政部和银监会有关部门组成全国领导小组办公室，协调处理有关具体事务。各省、区、市及试点城市基本按照全国领导小组的组成形式，成立了省、区、市及试点城市协调小组。2003 年国务院机构改革后，全国领导小组改由国务院国资委（组长）、财政部（副组长）、银监会（副组长）、人民银行、劳动保障部（现为人力资源和社会保障部）、国土资源部、全国人大法工委、最高人民法院、全国总工会、工商银行、农业银行、中国银行、建设银行等部门组成。国家经贸委的工作由国务院国资委承接。

2. 明确工作机制

试点初期（1999 年以前），各试点城市协调小组在深入调查研究、充分听取主要债权银行意见的基础上，按照下达的核销呆坏账预分配规模，制定本市《企业兼并破产和职工再就业工作计划》（中央及省属企业，由企业主管部门商国家经贸委及地方经贸委后提出）。各债权银行总行派人或授权当地分行参加计划编制，财政部门、银行要对计划进行审核。省、区协调小组审核汇总试点城市计划后，报全国领导小组。全国领导小组在此基础上，统筹研究制定当年《全国企业兼并破产和职工再就业工作计划》，报国务院国有企业改革工作联席会议审议后下达。从 1999 年起，计划编制办法做了改变。采取先国家经贸委（2003 年后为国务院国资委）经过调查研究，在充分听取各省（区、市）和有关部门意见的基础上，提出全国企业兼并破产的项目建议名单，之后再送财政部、中国人民银行（2003 年后为银监会）进行审核，并由中国人民银行（2003 年后为银监会）组织有关国有金融机构提出意见（国有金融机构也可提出补充建议名单），最后由全国领导小组上报国务院批准后，下达全国企业兼并破产计划。

对破产企业职工安置费用的解决问题，为加快推进国有企业破产工作，同意将企业破产财产变现收入首先用于安置职工，安置费用仍有不足的，由同级财政承担。这是在现实情况下不得已而为之的办法。用这种办法，国有金融机构债务核销比例和中央及有关地方财政负担必然相应增加。考虑到财政和国有金融机构的承受能力，核销国有金融机构债务所使用的呆坏账准备金实行总量控制，因此，对国有企业政策性关闭破产国家采取了有组织、有计划地进行，并限制纳入政策性破产范围。只有经国务院批准、全国领导小组下达计划的国有企业破产才能适用政策性关闭破产的有关政策规定。

3. 高度重视职工安置

在明确妥善分流安置破产企业职工有关政策的基础上，各地积极推广上海市实施再就业工程的经验，结合劳动就业、社会保障制度的改革和当地的具体情况，从上到下建立再就业服务中心，积极开拓就业之路，关心破产企业职工生活，妥善安置破产企业职工，保持社会稳定。试点初期，职工安置费一律拨付到再就业服务中心，统筹使用。暂时未再就业的职工，由再就业服务中心发给基本生活费，再就业后即停止拨付。

【案例】

长春市在实施国有企业政策性破产中切实保护职工合法权益

长春市是东北老工业基地城市之一，存在着国有企业比重大、困难企业较多的矛盾。1994 年长春市被国家列入第一批 18 个优化资本结构试点和债务重组试点城市。长春市将国有企业存量资产、劳动力资源、品牌及无形资产、政策资源等进行优化组合，从 1994 年开始，先后有 36 户国有企业列入了政策性破产计划，涉及存量资产总额 52 亿元，债务总额 89 亿元，其中核销国有金融机构债权损失 48 亿元；安置在职职工 4.2 万人，离退休人员 1.9 万人。为切实保护职工合法权益，长春市的做了大量工作：

其一，成立了全市性的国企改革领导小组，对国企改革实行集中统一领导。

其二，由市国资委牵头，市委老干部局、财政局、劳动局、社保局、工会等部门参加，组成联合审查组，对改革方案进行联合审查。

其三，在破产清算过程中，依据有关法律和政策，保证职工合法权益。

其四，对企业破产财产变现后安置职工仍存在费用缺口的，由市财政进行补充解决。

其五，把职工代表大会讨论作为必备程序。企业改革方案必须交由职工代表大会讨论，征求职工意见，根据职工意见进行修改完善；职工安置方案必须经过职工代表大会通过。

其六，落实退休人员未来保障。对退休人员预留了医疗、采暖等项费用，用预留费用为退休人员办理了一次缴费终身享受的医疗保险。

通过破产试点实践，引导企业经营者和广大职工突破思想禁区，认识到企业有生有死是市场经济的基本规律，国有企业像其他非国有企业一样要按市场经济规律优胜劣汰。依赖政府"等、靠、要"的思想从此发生了转变。"破产"这个概念，从被视为"猛兽"到能被社会接受，实现了观念的革命性突破；从谈"破"色变，到破产越来越多地进入我国经济生活中，成为资不抵债、丧失市场竞争力的企业生命周期"结束"的"自然现象"而退出市场的一种法律机制，这对于国有企业而言是历史性地向前迈进了一大步。

（五）规范破产才是退出市场的最好方式

在试点初期，考虑到企业的不同情况，对困难企业采取了规范破产、鼓励兼并和减员增效三种方式。规范破产，就是对于长期亏损、扭亏无望、资不抵债企业和资源枯竭的矿山，严格按照有关政策规范破产；鼓励兼并，就是加大鼓励企业兼并的政策力度，对于有条件的企业，通过兼并实现扭亏；减员增效，就是对不具备兼并、破产条件的，采取职工下岗分流、减员增效方式，在一定期限内减免银行贷款利息的办法，使其实现扭亏为盈。由于破产成本高，对社会影响大，因此，从尽可能减少社会震动、最大限度保护债权人利益的角度考虑，对于一部分企业负债率高、亏损严重但没有完全失去生命力的企业，如果能够通过兼并等方式，实行"三改一加强"（改革、改组、改造、加强管理）和职工下岗分流再就业，使其恢复市场竞争力，是更为理想的办法。所以，当时中央强调要针对国有企业的不同情况，坚持"多兼并、少破产"的原则。

据统计，1997年全国实际核销银行呆坏账316亿元，项目总数2393户，其中破产582户，核销161亿元；被兼并1022户，核销96亿元；减员增效789户，核销59亿元。1998年项目总数2672户，其中破产449户，兼并1518户，减员增效705户。可见，这两年中，兼并和减员增效项目的数量大大超过了破产项目数。

专栏 4-6

国家鼓励企业兼并和减员增效的有关政策规定

一、1995年5月4日《中国人民银行国家经贸委财政部关于鼓励和支持18个试点城市优势国有企业兼并困难国有工业生产企业后有关银行贷款及利息处理问题的通知》（银发〔1995〕130号）明确：经济效益好的企业兼并连续3年亏损并贷款逾期2年以上贷款本息确实难以归还的企业，根据兼并企业资产负债的实际状况，经银行核查同意后，可以免收被兼并企业原欠银行贷款利息。在计划还款期内，对被兼并企业的原贷款本金可实行停息挂账，流动资金贷款的停息期限不超过2年，固定资产贷款的停息期限不超过3年。对计划还款期后仍不能归还贷款的，贷款银行可以从到期之日起，执行中国人民银行的各项计息、加罚息及计算复利的有关规定。

二、1997年3月2日《国务院关于在若干城市试行国有企业兼并破产和职工再就业有关问题的补充通知》（国发〔1997〕10号）明确：国家鼓励优势企业兼并困难企业。兼并企业承担被兼并企业的全部债务，其中银行债务可按银发〔1995〕130号文件的有关规定精神，享受免除利息、分年还本的优惠。优势企业（包括国有控股企业）兼并连续3年亏损的企业，经银行核准，可免除被兼并企业原欠贷款利息；被兼并企业原欠贷款本金分5年还清，如5

年内还本仍有困难，可给予 1~2 年的宽限期。在宽限期和计划还款期内，对被兼并企业原贷款本金免息，不能按约定计划还款部分，恢复计息。

有关企业兼并政策的适用范围可以扩大到：试点城市内国有内贸、外贸、建筑和安装企业；兼并和被兼并企业有一方属于国务院确定的大中型重点企业或被兼并企业属于试点城市的企业。

三、《国务院关于在若干城市试行国有企业兼并破产和职工再就业有关问题的补充通知》（国发〔1997〕10 号）明确：以产定员，下岗分流，适当减免贷款利息，缓解企业困难。对那些产品有市场、企业经营管理比较好，但债务负担较重，又缺乏兼并破产条件的亏损企业，也要列入《企业兼并破产和职工再就业工作计划》，采取在一定期限内不同程度减免银行贷款利息，实施再就业工程的办法，缓解企业困难。

兼并和减员增效都必须具备一定的条件，才能够取得成效。总体上看，兼并和减员增效可以暂时缓解企业困难，部分享受政策优惠的兼并项目实现了扭亏为盈，兼并双方真正实现了优势互补，但很难从根本上解决企业的困难问题。减员增效企业真正实现扭亏的是极少数，1998 年实施减员增效的企业大部分减少了亏损，但扭亏的只有 37 户，仅占 5.5%。企业兼并出现的问题：一是企业兼并存在"拉郎配"现象，并非出于兼并企业双方的自由意愿；二是被兼并企业机制没有得到转换，产品依然缺乏竞争力；三是个别企业不顾自身实力，盲目兼并企业，搞所谓的"低成本扩张"、"跨越式发展"，不仅没有救活被兼并企业，反而把自己拖垮。华诚投资管理有限公司、三九集团、华源集团在这方面的教训是非常深刻的，也是非常典型的。

从三种选择的实施效果看，破产是将困难企业彻底销号退出市场，尽管社会震动大，但解决问题彻底。因此，为充分用好有限的改革成本，集中力量解决重点问题，从 1999 年起，国家主要是安排规范破产项目，严格控制兼并项目，不再安排减员增效项目。1999 年新增兼并项目 62 项，2000 年新增兼并项目 34 项。2000 年以后就没有再安排兼并项目。

【案例】

亚泰集团兼并双阳水泥公司实现优势互补

亚泰集团兼并双阳水泥公司是 1997 年列入全国企业兼并破产计划的项目。双阳水泥公司原为长春双阳水泥厂，20 世纪 80 年代末开工建设，年产水泥 102 万吨。由于工程投资几乎全部为贷款和企业债券，投产时资产负债率就高达

99%以上。至1997年10月末，资产总额9.7亿元，负债总额11.4亿元，企业负债经营，亏损额连年增加。

亚泰集团是一家上市股份公司，主营业务为房地产业、建筑业和与之相关的建材生产与销售，是吉林省最大的房地产商，具有独特的融资渠道、优良的业绩、丰富的集团化管理经验。亚泰集团所属的混凝土生产厂需要大量水泥产品。这些因素都为通过兼并实现企业优势互补提供了良好的前提条件。

1997年，亚泰集团兼并双阳水泥公司开始运作。兼并后，双阳水泥公司规范为亚泰集团的子公司，更名为"吉林亚泰水泥有限公司"，为独立法人。通过兼并，亚泰集团盘活双阳水泥公司资产4.5亿元；兼并当年核销银行利息2亿元，1998年停免息8637万元，水泥产量达到72.6万吨，实现利润2233万元，一举扭转了企业连续亏损的被动局面。1999年，亚泰集团通过配股募集资金4亿元，除偿还双阳水泥公司9800万元企业债券外，其余全部用于扩建第二条生产线。2000年7月又投资3.7亿元建设第三条生产线。2002年年末，生产水泥158万吨，实现销售收入56327万元，上缴国家税金6236万元，企业净利润15400万元，提前完成了偿还银行本金任务。2007年新增投资3.7亿元，熟料、水泥生产能力分别达到365吨、179吨，年销售收入82841万元，实现利润13684万元，缴纳税金8762万元。

亚泰集团对双阳水泥公司的成功兼并，为帮助没有资本金的国有大型企业走出困境找到了一条出路。其成功的关键就是充分运用国家政策，实现兼并双方优势互补，盘活国有资产存量。双阳水泥公司作为国家"八五"计划重点工程，工艺技术、检测手段及各项经济技术指标均处于国内同行业领先地位，其拳头产品"鼎鹿"牌水泥，在东北地区首家获得ISO9002质量认证，产销率达100%。仅仅因为企业资本金来源的原因导致企业负债累累，难以生存。实施兼并后，企业享受国家相应的优惠政策，在一定时间内，对银行贷款实行停息还本，对历年欠息一次性免除，减轻了债务负担。通过亚泰集团注入资金，水泥公司的存量国有资产被激活，生产经营步入良性发展轨道。亚泰集团产业纵向延伸，既扩大企业规模，又优化了产业链，企业整体竞争实力得到提高。

进入21世纪，随着我国宏观经济形势的不断好转，国家财政收入逐年增加，为解决国有企业关闭破产中的突出问题创造了有利条件。为继续规范推进政策性关闭破产工作，针对国有企业关闭破产工作的一些突出问题，国家不断完善相关政策措施，保证了破产工作的顺利推进。

【案例】

云南锡业集团公司减员增效获新生

云南锡业集团公司（以下简称云锡公司）的前身，是清光绪九年（1883年）的个旧厂务招商局。通过100多年的建设，云锡公司已发展成为集采矿、选矿、冶炼、锡化工、砷化工、锡材深加工、建筑建材、机械制造、仓储运输、科研设计和产业化开发、生物资源开发加工等为一体的国有特大型有色金属联合企业。20世纪90年代，由于债务负担重、富余人员过多等原因，云锡公司连续几年出现巨额亏损，到1997年已濒临破产边缘。

1997年，云锡公司紧紧抓住国家提出"职工下岗分流、减员增效、实施再就业工程"以及个旧市被列为"优化资本结构试点城市"的机遇，把减员增效作为管理的第一目标，作为"一把手工程"来抓。1997年和1998年云锡公司列入了全国企业兼并破产和职工再就业工作计划，把减员与机构调整相结合，以结构调整推动减员工作。通过精简机构，有力地推动了减员分流工作。1997～2003年12月累计进入再就业服务中心10470人次，共计支付生活费、培训费1850万元。截至2003年12月，通过培植新的经济增长点转移一批；公司内部余缺调整一批；技改、转产分流一批；向第一产业转移一批；向第三产业输送一批；鼓励下岗职工辞职自谋职业一批；解除终止劳动合同一批；离岗休养退出一批等方式妥善安置了分流职工。

近10年来，云锡公司在搞好减员增效的同时，还先后对10户下属企业实施了政策性关闭破产。由于云锡公司真心实意关心下岗职工疾苦，切实为他们排忧解难，赢得了下岗职工的理解和支持，虽然下岗1万多人，从未出现过因职工安置而引发的集体上访事件，维护了企业和社会的稳定。

通过分流安置，云锡公司1997～2007年间净减少从业人员9491人，减幅20.69%。员工队伍结构得到了优化，员工素质得到一定提高；员工能进能出、优胜劣汰的用人机制基本形成；员工收入得到提高，1997年员工人均收入6841元，2007年员工人均收入25270元，人均增幅269.4%；全员产值劳动生产率得到提高，全员人均产值由1997年的3.99万元增加到2007年的50.44万元，增幅1164.1%，实物劳动生产率由1997年的0.95吨/人，增加到2007年的3.11吨/人，增幅227.3%。1997年当年就实现扭亏为盈，利润总额为27万元，2007年利润总额达9.5亿元。

点评：

对症下药才能根本解决问题

1999 年之前，国有企业结构调整的政策包括破产、兼并、减员增效三种方式，政策上则强调"多兼并、少破产"。这样的导向实际上是为了减少对社会的冲击。因为在那个阶段，新的社会保障体系还没有建设好，再就业中心的工作也还没有启动，社会对大规模破产的承受能力非常有限。只是在 1999 年之后，再就业中心在城市中形成了完整的网络，结构调整工作才逐渐调整到以破产为主要形式。

企业兼并和减员增效的实施都有一些成功的案例，究竟哪种方式好要看企业问题的性质。如果企业的结构定位没有太大的问题，只是冗员过多、债务过重，那么企业兼并或减员增效都可能取得好的效果，当然两者的政策力度不同。如果企业在结构定位上难以适应市场竞争的要求，那么这种"保守疗法"就不足以解决问题了。例如，纺织行业的"压锭"政策在性质上类似于减员增效，只是力度更大，但城市中的纺织工业面临的根本问题是在人工成本上无法和农村企业竞争，通过压锭缩小规模、减少人员、削减债务能够缓解企业的困难，但只能缓解一时。因此，很多"压锭"处理的企业以后又按政策实施了破产。

——邵 宁

三、政策性破产：结构调整的催化剂（1999～2003 年）

国有企业政策性关闭破产工作在试点城市取得了较好成效，但也存在一些问题：由于试点将核销银行呆坏账规模直接分配到各试点城市，由试点城市进行具体安排。为在有限的核销规模内多解决一些本地的困难企业，一些试点城市安排了许多小项目，不安排或少安排省属企业、中央企业大项目。这样小项目过多，分布的行业比较分散，从总体上看，难以达到调整经济结构的目的。如 1997 年全国计划 2393 个项目，实际核销 316 亿元，平均每个项目核销 1000 多万元，核销额 1 亿元以上的项目只有 60 个，中央和省属企业项目只占核销额的 10%左右。

为进一步发挥关闭破产对实现国有企业三年脱困目标、促进国有企业改革发展的作用，中央决定，1998 年在将核销银行呆坏账规模直接分配到各试点城市的同时，还要求集中保重点，保纺织突破口，明确各试点城市安排纺织项目不得低于一定比例。从 1999 年起进一步加大国有企业政策性关闭破产的力度。一是政策性关闭破产由试点城市推向全国。凡列入破产计划的项目，不论是否在试点城市，均执行国发〔1994〕59 号和国发〔1997〕10 号等文件的规定政策。二是

· 182 ·

集中改革成本，加大企业关闭破产力度，一般不再安排政策性的企业兼并和减员增效项目。三是由以地方为主转向以重点困难行业为主。

（一）把劲儿用在刀刃上——促重点行业调整解困

为把有限的改革成本用在刀刃上，抓好对重点行业和企业结构调整有重大影响的项目，国家从 1999 年开始，对核销银行呆坏账准备金的使用办法做了进一步改进，突出重点围绕结构调整和国有大中型企业三年脱困目标，不再向试点城市分配核销规模，而是采取集中使用，将银行呆坏账准备金集中用于纺织、煤炭、有色金属、冶金、军工、制糖等重点行业国有大中型亏损企业的破产、关闭。同时，对于纳入计划的非试点城市企业，也可以享受政策性关闭破产的政策规定。政策性关闭破产政策由试点转为全面推进。

1. 向重点行业倾斜

据统计，1999 年全国共安排企业破产项目 143 项，计划核销 195 亿元，其中纺织、煤炭、有色金属、军工、冶金、制糖 6 个重点行业项目 92 项，计划核销 123 亿元，分别占项目总数和计划核销总额的 64.3% 和 62.9%。2000 年安排企业破产项目 1186 项，计划核销 648 亿元，其中纺织、煤炭、有色金属、军工、冶金、制糖 6 个重点行业项目 401 项，计划核销 453 亿元，分别占项目总数和核销总额的 33.8% 和 69.9%。政策性关闭破产对纺织行业限产压锭、亏损糖厂关闭、有色金属企业重组下放、煤炭行业资源枯竭矿山关闭、军工企业改革脱困等，都起到了关键性作用。1997～2000 年，共安排纺织行业核销额 450 亿元，300 多户特困企业实施了破产，400 多户企业实施了兼并重组，为完成纺织突破口任务起到关键性作用。到 2000 年年底，累计压缩淘汰落后棉纺锭 940 万锭，毛纺压锭完成 28 万锭，分流安置下岗职工 140 万人。2000 年国有纺织企业实现利润 67.06 亿元。1999 年把冶金行业作为兼并破产项目安排重点，当年实施兼并破产项目使该行业减少亏损 22 亿元，淘汰了 300 万吨钢、400 万吨钢材的生产能力。制糖行业安排关闭破产项目 150 户，拟核销 130 亿元，这些企业年亏损 19 亿元，占制糖行业亏损额的 86%，可压减制糖能力 274 万吨。军工、煤炭和有色金属行业也是政策性关闭破产的重点。

2. "兼并破产"助纺织行业摆脱困境

1993 年以来，国有纺织企业连续出现行业性亏损，逐步陷入了严重困难局面。1996 年预算内国有纺织企业盈亏相抵后亏损 83 亿元，企业亏损面 54%，平均资产负债率 82%，富余人员比重达到 30% 以上，离退休职工平均为在职职工的 30%，部分老企业甚至超过 100%。纺织工业成为全国工业中最困难的行业。

为了促进纺织行业摆脱困境，1997 年中央决定把纺织行业作为国企改革解困的突破口，当时的目标是：从 1998 年起，用 3 年左右的时间，压缩淘汰落后棉纺锭 1000 万锭，分流安置下岗职工 120 万人，到 2000 年实现全行业扭亏为盈。

为支持纺织"突破口"工作，国家实行了兼并破产政策重点向纺织行业倾斜的政策。1997 年 8 月，中国纺织总会和国家纺织工业局成立专门工作组，抽调人员集中力量做好这项工作。1997～2000 年，有 300 户特困纺织企业实施了破产，400 多户企业实施了兼并重组，核销呆坏账 450 亿元。通过兼并破产，消灭了大批亏损源，盘活了一批有效国有资产，一批优势国有纺织企业发展壮大。无锡、青岛、大连、南京、宁波、杭州、济南等部分城市通过利用兼并破产政策，进行纺织企业整体资产重组，压缩初加工生产，调整生产力布局和产品结构，培育适应市场的大企业，增强竞争能力。

企业兼并破产，既为国有纺织企业减亏发挥了重要作用，也促进了纺织产业结构调整，为完成纺织突破口任务起到关键性作用。1999 年国有纺织企业结束了连续 6 年亏损的局面，实现整体扭亏为盈，提前完成纺织突破口扭亏任务。纺织国有企业由 1996 年的 5739 户减少到 2000 年的 3679 户，资产质量则明显提高，资产负债率由 1996 年的 82.1% 降为 2000 年的 69.7%，净资产由 636.3 亿元增加到 1367.7 亿元，资金利税率由 -0.71% 提高到 4.07%。国有纺织企业逐步摆脱困境、走上良性循环，为新世纪我国由纺织大国向纺织强国转变打下了坚实基础。

3. 煤炭矿山企业的关闭破产取得成效

煤炭企业政策性关闭破产，自 1998 年年底开始探索，1999 年正式起步。截至 2006 年年底，经国务院批准，全国共下达资源枯竭煤矿关闭破产项目 260 户，涉及 214 万人，其中在职职工 141 万人，离退休人员 73 万人。

通过关闭破产，"九五"时期陷入严重困境的煤炭工业出现了重大转机，开始步入健康发展的轨道。近几年，煤炭行业经济运行出现良好的态势，与资源枯竭矿山关闭破产政策发挥的巨大作用是分不开的。一是资源枯竭煤矿关闭破产促进了煤炭行业经济结构调整和扭亏脱困。一批资源枯竭、扭亏无望、高灰高硫产品无市场的煤炭企业退出了市场，解决了部分历史遗留问题，促进了企业素质和经济效益的提高，推动了重点煤炭企业的扭亏脱困。260 户煤炭企业实施关闭破产后消灭了 73 亿元的亏损源。二是大批职工得到妥善安置，确保了社会稳定。经过中央和地方政府及有关部门、企业的共同努力，关闭破产煤矿职工大部分得到妥善安置，职工生活有所改善，从而消除了一些不稳定因素。三是实现了一批关闭破产企业办社会职能的移交。据调查统计，截至 2005 年年底，全国已实施关闭破产煤矿涉及企业办社会职能应移交单位 1788 个，其中已移交 1097 个，正在移交的 47 个，占应移交数量的 64%。四是为进入枯竭期的资源型企业退出市场进行了有益的探索，为研究规范市场经济条件下资源枯竭矿山的关闭办法创造了条件。

(二) 国阅 33 号文件与中央及中央下放企业

1998 年以后，根据国务院的要求，政策性关闭破产要紧紧围绕重点行业结构调整进行，其中煤炭、有色、军工等行业涉及的大多是中央及中央下放企业。国发〔1994〕59 号和国发〔1997〕10 号文件是针对全国国有企业关闭破产而做出的政策规定，没有涉及中央及中央下放企业破产时中央和地方经济利益关系的调整，从而出现了中央和地方经济利益的矛盾：一是企业破产后，职工养老和医疗保险，应该交给地方管理，但地方保险机构面临较大资金压力，难以承受；二是破产企业的医院、学校、供电等企业办社会机构和公共服务设施，地方接收要承担较大的费用，涉及资金来源问题，不愿接收。1999 年 5 月，为协调解决这些矛盾，国务院在研究辽宁部分有色和煤炭企业关闭破产问题的基础上，印发了《研究辽宁部分有色金属和煤炭企业关闭破产有关问题的会议纪要》（国阅〔1999〕33 号）。国阅〔1999〕33 号文件明确了离退休人员社会化管理和公共服务设施移交当地政府管理的费用标准和来源，包括拖欠离退休人员养老金、养老金缺口、企业关闭破产后统筹项目内基本养老保险和医疗保险基本来源问题的解决办法；破产企业所属公共设施（所办学校、医院、生活公用等单位及设施）带职工移交当地政府管理的费用补助办法等。同时，国阅〔1999〕33 号文件还首次明确区分 1986 年 7 月 1 日以后参加工作的合同制职工和实行劳动合同制以前参加工作的全民所有制职工，规定了不同的安置费用标准。国阅〔1999〕33 号也明确，关于企业拖欠的职工工资，中央财政原则上不补贴；关于集体所有制职工（包括混岗职工）问题，由当地政府按有关规定负责安置。

专栏 4 - 7

《研究辽宁部分有色金属和煤炭企业关闭破产有关问题的会议纪要》

（国阅〔1999〕33 号）有关规定

一、关于在职职工安置费标准问题。对 1986 年 7 月 1 日以后参加工作的合同制职工，在本单位工作的时间每满一年发给相当于一个月工资的经济补偿金；对实行劳动合同制以前参加工作的全民所有制职工，一次性发放相当于所在城市企业职工上年平均工资收入 3 倍的安置费。

二、关于离退休人员的养老金问题。对拖欠的离退休人员养老金，在养老保险行业统筹移交地方前属于行业社会保险机构拖欠的，经劳动保障部和财政部核实，用行业统筹养老保险基金中央财政专户结余解决；在养老保险行业统筹移交地方后拖欠的，由地方社会保险机构负责解决。

对企业关闭或破产后统筹项目内的基本养老保险和医疗保险基金来源问题，分别按企业在职职工年工资总额25%和6%的比例计算10年，再折半（考虑到需安置的职工中约有50%的人员能够实现再就业）核定，拨付给社会保险机构。对统筹项目外的费用，原则上不予考虑。

三、对破产企业拖欠的职工工资，按有关法律法规规定处理，中央财政原则上不予补贴。

四、由当地政府按有关法规负责安置企业关闭或破产涉及的集体所有制职工（包括混岗职工）。

五、关闭或破产企业所办学校、医院、生活公用等单位及设施带职工成建制移交当地政府管理，按关闭或破产企业上年实际支付费用由中央财政给予3年的一次性补助。对企业供水、供电、供暖发生变化所需调整费用，中央财政不予补助。

六、企业关闭或破产后，职工安置等项经费首先用企业土地作价、资产变现解决；不足部分用中央财政核定给企业的亏损补贴支付；再有不足，由中央财政补助。其他方面所需费用由地方政府负担。

（三）中办发11号文件与资源枯竭的矿山

从事煤炭、有色金属等不可再生资源开发和初加工的资源型企业都要经历开采期、成熟期、衰退期、资源枯竭期等阶段。资源枯竭型国有企业面临着资源枯竭和体制转换的双重压力，比其他国企存在更大的困难。1998年中央提出要下决心关闭一批资源枯竭矿山企业。根据国务院领导同志的指示精神，1999年以辽宁省有色金属、煤炭企业为先河，开始探索资源枯竭矿山走政策性关闭破产之路。

【案例】

本溪煤炭实业有限公司探索资源枯竭矿山关闭破产之路

本溪煤炭实业有限公司（以下简称本煤公司）是全国第一家实施政策性关闭破产的大型国有煤炭企业。本煤公司有90多年的开采历史。新中国成立以来，累计为国家生产煤炭1.3亿多吨，上缴利税6.1亿元，为共和国煤炭事业做出了巨大贡献。进入20世纪80年代后，由于资源萎缩枯竭、产业接续失调，企业开始出现亏损。1998年年底累计亏损近6亿元，实际资产负债率达114%。企业生产经营能力丧失殆尽，职工队伍人心涣散。在岗职工长期发不出工资，下岗职工生活费难以保证。自1992年以来，累计欠发职工工资1亿多元。破产前，本煤公司在职职工和离退休人员共计 54500 人。

1999 年本煤公司进入破产法律程序后，涉及职工切身利益的一些问题难以解决，职工情绪不稳，部分职工频频去市上省进京集体上访，甚至冲击党政机关、拦阻铁路和公路，严重影响了社会稳定。据不完全统计，破产期间本煤公司职工聚集上访、信访近 10 万人（件、次）。

根据中央领导同志的指示要求，国家有关部门和辽宁省进一步完善了相关政策，并采取切实措施，平稳推进关闭破产工作。第一，形成了《全国企业兼并破产和职工再就业工作领导小组关于研究本溪煤炭实业公司破产有关问题会议纪要》，对以前政策未涵盖且职工诉求合理的方面做了补充完善。一是拖欠职工工资和基本生活费一次性予以解决。二是混岗集体职工和占地招收的集体职工享受合同制职工待遇。三是劳保统筹 22 项以外费用问题予以解决。四是井下职工再提前 5 年退休。第二，竭尽全力做好职工安置工作。通过发放一次性安置费安置，退休、退职、退养安置，社会职能移交安置多渠道安置，混岗集体工比照全民合同工进行一次性安置等多种方式，共安置职工 16703 人。第三，加强政策宣传，维护职工稳定。本溪市先后两次从市委、市政府机关各部门抽调了 370 多名干部组成破产政策宣讲团，深入到职工群众中反复进行政策宣传解释，对职工现状进行摸底调查。第四，对按照破产政策规定，应移交本溪市管理的本煤公司所属医院、中小学、街道、养老院、公安等社会服务单位和房产管理、居民供电、供水等公用福利单位，市政府确定了"先移交，后算账"原则，要求各接收单位必须无条件进行接收，不得以任何借口拒绝或拖延接收。到 2005 年 10 月，本煤公司所属的全部社会职能单位、1944 名职工已全部整体移交完毕。

经过多方面的艰苦努力，本煤公司职工基本上得到妥善安置，尽管仍有职工反映一些遗留问题有待解决，但总体上看，本煤公司基本实现了平稳退出，为全国资源枯竭矿山的关闭破产积累了经验，探索了路子。

考虑到资源枯竭矿山关闭破产的特殊困难问题，有关部门在全国范围内对资源枯竭矿山关闭破产问题进行了深入调研，在此基础上，制定了《中共中央办公厅、国务院办公厅关于进一步做好资源枯竭矿山关闭破产工作的通知》（中办发〔2000〕11 号）。与国阅〔1999〕33 号文件相比，中办发〔2000〕11 号文件进一步加大了资源枯竭矿山关闭破产的政策力度，包括从事井下、有毒、有害等特殊工种的职工可提前 10 年退休；破产企业所属公共设施（所办学校、医院、生活公用等单位及设施）与职工一并移交当地政府管理，按照上年实际支付费用由中央财政给予 3 年的补助，实际执行为补助 5 年；对历史拖欠问题按照不同情况分别处理，解决部分历史拖欠问题等。

点评：

企业破产中的群体性事件

企业破产是整个国有企业改革中最困难、社会风险最大的工作。在推进过程中出现了大量群体性事件，堵铁路和高速路、阻塞城市交通、围困地方政府等。这也成为这项工作的一个突出特点。

企业破产引发的群体性事件有一定的必然性。企业破产使职工失去了工作岗位，这是让职工最难以接受的事情。尤其是一些大型国有企业，往往是一家人、几代人都在一家企业工作。虽然政府还会通过再就业等方面给下岗职工以帮助，但企业破产对职工利益的直接冲击实在太大。以致在破产初期的一段时间中，职工闹一次、发泄一回，几乎成为破产工作中的一个必经程序。

值得反思的是，有些群体性事件是政府自身的原因造成的。大致有两种情况：一是相关政策明显不完备。如本煤破产前，各部门在集体混岗工享受政策上达不成一致，破产启动后集体性质的职工大规模闹事，要求政策放宽。二是不同层级政府之间的博弈。这往往表现在中央或省属企业的破产，企业所在地政府有时为迫使上级拿出更多的成本补偿，对闹事采取姑息的态度，致使一些群体性事件闹大。

破产企业职工为结构调整做出了重大牺牲。在社保体系不健全、政策不完善的情况下，出现群体性事件是可以理解的。另一方面，为保证破产企业的稳定或平息群体性事件，使破产工作得以推进，破产的操作部门付出了艰辛的努力，第一线的工作人员被职工围困成为人质的事时有发生。在这种情况下，这些同志打不还手，骂不还口，耐心地做职工的工作，直至事态平息。对这些同志的付出我们不能够忘记。

——邵　宁

中办发〔2000〕11号文件的适用范围是中央所属的有色金属和核工业矿以及原中央所属、后下放地方管理的煤矿。后来，全国领导小组《关于印发〈关于中央所属军工企业等三类企业关闭破产适用政策问题的意见〉的通知》（〔2001〕3号）又明确：（1）地处深山、职工再就业困难的中央所属军工企业的关闭破产比照中办发〔2000〕11号文件执行，其他中央所属军工企业执行国阅〔1999〕33号政策规定；（2）黄金矿属于有色金属行业，中央所属资源枯竭黄金矿的关闭破产执行11号文件；（3）地方所属资源枯竭有色金属和煤矿及黄金矿的关闭破产，参照中办发〔2000〕11号文件执行，但所需费用缺口按照企业隶属关系，由同级人民政府补足。

专栏 4-8

《中共中央办公厅、国务院办公厅关于进一步做好资源枯竭
矿山关闭破产工作的通知》

（中办发［2000］11号）的有关规定

一、关于在职职工安置

1. 全民所有制职工执行提前5年退休的政策。其中，从事井下、有毒、有害等特殊工种的职工，可提前10年退休。凡符合提前退休条件的职工不再享受其他安置政策，养老金发放标准按规定适当扣减。

2. 对实行劳动合同制以后参加工作的合同制职工，按每满1年工龄发1个月本人工资的标准，发给经济补偿金，并解除劳动关系，按规定享受失业保险直至享受城市居民最低生活保障。属于城市居民的混岗集体工，比照合同制职工的政策安置；属于农村居民的混岗集体工，只发给经济补偿金。

3. 随同关闭破产的矿山所属集体企业的职工，属于城市居民并已参加失业保险的，按规定享受失业保险。未参加失业保险和享受失业保险期满仍未就业的，按规定享受城市居民最低生活保障待遇。

4. 关闭破产矿山所办的学校、医院、公安、消防、供水、供电等生活和公用服务单位，其设施和职工成建制移交给地方政府管理，所需费用按关闭破产矿山上年实际支付费用水平，由中央财政给予3年的补助。3年后对经费保障有困难的老工业基地和经济欠发达地区，可适当延长补助年限或一次性增加补助额。

5. 矿山关闭破产后，可将部分有效资产适当作价重组企业，对其所安排的职工，不发安置费或经济补偿金。

6. 支付经鉴定丧失劳动能力的工伤工残人员和职业病患者的伤残补助费、生活费、医疗费等经常性费用以及因工死亡职工家属的抚恤金等所需资金，由中央财政给予补助。

7. 进入关闭破产程序后，矿山可安排少量职工骨干组成专门机构，负责矿区离退休等人员社会保障资金的发放和管理，破产终结后转由地方社区管理机构发放和管理，所需经费由中央财政负担。被安排的职工不再作为破产企业职工安置。

8. 与关闭破产矿山解除劳动关系的职工，被其他单位招用的，由用人单位和个人按规定继续为其缴纳社会保险费；未被其他单位招用，个人自愿参加养老保险的职工，参保办法比照个体劳动者执行。

二、关于离退休人员安置

1. 关闭破产矿山的离退休人员全部交由地方统一管理，养老保险实行省级管理，养老金实行社会化发放，离退休人员由社区管理机构管理。

2. 基本养老保险统筹项目内的基金和医疗保险基金，原则上分别按企业在职职工年工资总额的25%和6%计算10年，再折半核定，由中央财政拨付给社会保险经办机构，用于发放离退休人员的基本养老金和医疗费。5年后资金如有缺口，统筹研究解决。

3. 统筹项目外的养老保险费用原则上不予解决，对确需保留的项目，由地方从中央财政继续拨付的亏损补贴和留给地方的盈利企业所得税中解决。如缺口较大，经劳动和社会保障部和财政部核实后，由中央财政给予一次性适当补助。

4. 随同破产但未参加养老保险统筹的矿山所属集体企业，不再纳入养老保险统筹范围，其退休职工本人由民政部门按企业所在地城市居民最低生活保障标准按月发放生活费，所需资金由中央财政专项解决。

三、关于历史拖欠问题的处理

1. 关闭破产矿山拖欠的在职职工工资、已经进入再就业中心的下岗职工基本生活费以及抚恤金、伤残补助金和丧葬补助金应予以补发，所需资金从企业资产变现中解决，资产变现不足以支付的部分，由企业上报，经劳动和社会保障部和财政部核实后，中央财政予以补足。

2. 关闭破产矿山拖欠的离退休人员统筹项目内的基本养老金，经劳动和社会保障部和财政部核实后，由中央财政一次性补发。

3. 拖欠的职工医药费，原则上由地方从中央财政继续拨付的亏损补贴和留给地方的盈利企业所得税中解决。

4. 对所欠职工的集资款，不在关闭破产时一次性解决，待清理核实并分清责任后另行研究解决。

5. 被挪用的职工个人缴纳的住房公积金，可以在售房时相应抵扣。

　　为解决国有企业关闭破产费用不足问题，2003年《国务院办公厅转发国家经贸委等部门关于解决国有困难企业和关闭破产企业职工基本生活问题若干意见的通知》（国办发〔2003〕2号）明确，中央财政在核定企业离退休人员医疗保险费时，按照企业在职职工年工资总额的6%计算10年进行核定，不再折半；将计算破产清算期间职工生活费等有关费用的期限，由3个月延长为6个月。并对拖欠职工个人费用问题进一步做出了明确规定。

（四）特殊的军工企业的破产政策

（1）军工企业是一群特殊性质的企业，当年一直承担着为国防安全服务的任务。对于军工企业关闭破产国家制定了一系列政策措施。第一，关于军工企业关闭破产适用政策。核工业矿山、地处深山职工再就业困难的三线企业（国防科工委［1984］计研字第 1239 号文件确定的名单中未实施三线调迁的企业）的关闭破产，执行中办发［2000］11 号文件（资源枯竭型企业的破产政策），其他军工企业关闭破产执行国阅［1999］33 号文件（中央及中央下放企业政策）。对国防科工委同意列入艰苦地区并比照国防科工委［1984］计研字第 1239 号文件政策涉及关闭破产的军工企业，根据企业所在地发展情况以及企业目前所处具体位置，由军工集团向国防科工委提出申请，经国资委、国防科工委、财政部、劳动保障部共同研究确定其关闭破产的执行政策。第二，关于分立破产。对国防科工委提出的需分立出军品生产线后再破产的企业，按照国发［1994］59 号文件规定，要"经拥有三分之二以上债权额的债权人同意"。第三，关于异地安置。对企业关闭破产后当地确实不具备基本生活条件的职工，就近选择中小城市异地安置，比照住房分配货币化政策，解决职工住房问题。第四，部分地方军工企业享受关闭破产、债转股、三线调迁贷款停息挂账政策，关闭破产的职工安置费用缺口由地方政府承担。

（2）实施政策性破产促进军工行业调整。通过政策性破产，一是改变了军工行业长期亏损的局面，摆脱了困境。军工行业曾连续 10 多年亏损。随着军工企业改革脱困方案的实施，基本解决了军工企业债务负担重、富余人员多、企业办社会职能等历史遗留问题。2007 年，十大军工集团公司共实现利润总额 448.2 亿元，净利润 296.9 亿元，资产质量和经济运行质量明显提高，为集团公司下一步的改革发展奠定了坚实的基础。二是推动了军工集团公司战略性结构调整，精干了军工主业，从根本上改变了军工行业战线长、摊子大、分布散、冗员多的格局。三是通过军工企业改革脱困政策的实施，引入市场优胜劣汰的法则，不仅改变了军工企业国有资产长期难以流动、调整的局面，而且更重要的是促进了军工企业职工思想观念的巨大转变。四是通过加强领导，精心组织，落实责任，妥善安置了职工，从根本上消除了不稳定隐患，确保了企业和社会的稳定，破解了军工行业历史性难题。

1999 年，为实现军工行业脱困，国家决定对十大军工集团公司所属企业及地方军工企业进行调整，对一批长期亏损、资不抵债、扭亏无望的企业和资源枯竭的铀矿山实施了政策性关闭破产。

四、渐进转轨：从政策性破产向依法破产过渡（2004～2008年）

从1994年开始，国有企业政策性关闭破产经过近10年的艰苦努力，取得了积极成效，2000多家国有企业实施了关闭破产，数百万职工得以分流安置。但国有企业结构性矛盾仍然十分突出，特别是东北老工业基地和中西部地区，仍有相当一批资不抵债、长期亏损、难以继续生存的国有困难企业和资源枯竭矿山还没有完全退出市场，一些困难行业的问题还没有彻底解决，还需要通过政策性关闭破产为国有困难企业尽快退出、职工得到安置创造条件。但由于这期间的外部环境发生了很大变化，政策性破产必须尽快向依法破产过渡。

2003年12月8日，刚刚成立半年的国务院国资委在长沙召开了全国企业兼并破产工作会议。会议总结了前一段时期的探索实践，提出国有企业政策性关闭破产工作既要保持延续性，又要适应形势变化，逐步向依法破产平稳过渡。同时提出要编制全国国有企业关闭破产总体规划。之后，全国领导小组组织各地和有关中央企业共同编制完成了总体规划，并于2005年2月经国务院第80次常务会议审议批准。为学习贯彻国务院第80次常务会议精神，2005年5月，全国领导小组在重庆召开全国企业破产工作会议，研究讨论实施总体规划的有关问题。总体规划的制定实施，适应了我国社会经济环境的变化，标志着国有企业关闭破产工作进入了一个新的阶段，政策性关闭破产逐步向依法破产平稳过渡。

（一）新《破产法》出炉

制定实施总体规划是适应即将颁布实施的新《破产法》的迫切需要。起步于1993年的修改完善《破产法》工作，在党的十六大以后提速。2006年8月27日，重新制定的《中华人民共和国企业破产法》（简称新《破产法》）颁布，并于2007年6月1日开始施行。新《破产法》的颁布实施，有利于促进资源优化配置，有利于建立企业优胜劣汰的市场竞争机制，对进一步深化国有企业改革也提出了更高的要求。为与国有企业破产制度相衔接，新《破产法》第133条规定："在本法施行前国务院规定的期限和范围内的国有企业实施破产的特殊事宜，按照国务院有关规定办理"。这里包含着两方面内容，一是在新《破产法》颁布实施前，国务院必须对政策性破产做出期限和范围的规定。二是在上述期限和范围之后，国有企业破产必须过渡到依法破产。

专栏 4 – 9

全国国有企业政策性关闭破产工作总体规划

为适应金融改革、新《破产法》即将颁布等新形势，从 2004 年年初开始，全国企业兼并破产和职工再就业工作领导小组组织各地和有关中央企业共同编制全国企业关闭破产总体规划，2004 年 12 月上报国务院。2005 年 2 月国务院第 80 次常务会议审议批准了总体规划。

一、总体规划的编制原则

一是列入规划的拟关闭破产项目符合国家政策规定；二是企业基本数据全面真实；三是与当地经济发展、结构调整规划相适应；四是兼顾各方面的承受能力，特别是考虑维护企业和社会的稳定。

二、总体规划的范围

一是新增的拟关闭破产企业，共 1610 户，涉及国有金融机构债权 1503 亿元，职工 228 万人；二是当时已送各国有金融机构审核的拟关闭破产企业，共 506 户，涉及国有金融机构债权 769 亿元，职工 123 万人。以上两部分企业共计 2116 户，涉及国有金融机构债权 2272 亿元，职工 351 万人。

三、总体规划的实施期限

实施的期限为 2005～2008 年。已列入规划的拟关闭破产企业，按年度编制关闭破产计划。全国领导小组按规定程序组织有关部门和国有金融机构进行审核，上报国务院批准后组织实施。

总体规范的制定和实施，标志着国有企业关闭破产工作进入新的阶段。通过国有困难企业政策性关闭破产的实践探索，逐步建立起依法破产机制。

（二）政策性破产的"最后一班车"

根据国务院第 80 次常务会议精神，2006 年 1 月，国务院办公厅转发了全国领导小组《关于进一步做好国有企业政策性关闭破产工作的意见》（国办发〔2006〕3 号，以下简称 3 号文件）。3 号文件明确了总体规划实施的范围和重点。实施范围就是纳入总体规划的 2116 户企业，涉及国有金融机构债权 2271.6 亿元，职工 351 万人。凡是未纳入总体规划的企业，原则上不再实行政策性关闭破产。3 号文件还确定总体规划的实施期限为 2005～2008 年，2008 年后不再实施政策性关闭破产项目，此后的国有企业破产将完全纳入依法破产的轨道当中。

专栏 4 – 10

3 号文件对总体规划组织实施的规定

一、负责项目审核工作的有关部门、国有金融机构应认真履行审核职责，在规定时间内完成审核任务。（一）在国资委下发报送年度项目的通知后，各省（区、市）和有关中央企业（集团）应在 1 个月内完成关闭破产预案的制定和申报工作。（二）国资委应在 1 个月内完成项目的初审工作，将拟关闭破产企业项目表（含各国有金融机构的债权明细）送有关部门审核。（三）有关部门和国有金融机构应在 3 个月内完成项目审核工作，报全国领导小组办公室复核；国有金融机构如未在规定时间内对项目提出意见，视为审核同意。（四）全国领导小组办公室应在 1 个月内，对审核中发现的不符合政策性破产条件或逃废金融债务的项目提出处理意见，将审核通过的项目上报国务院。

二、加强企业债务的审核和管理。国有金融机构应在 3 个月内完成对拟关闭破产企业的债务核对工作，对审核中发现不符合政策性破产条件或逃废金融债务的项目提出意见。不符合政策性破产条件或逃废金融债务的企业不得实施政策性破产。国有金融机构不得以任何名义向拟关闭破产企业索要补偿金；不得因拟关闭破产企业的担保问题而影响审查进度，担保企业履行担保责任确有困难的，由国有金融机构与企业协商，酌情予以适当减免。国有金融机构在项目审核过程中，应及时向当地协调小组和企业通报审核进展情况。

拟关闭破产企业必须及时向有关部门和单位报送关闭破产预案并说明有关情况，确保关闭破产预案中的资产、债务、各类人员及各项费用标准等数据真实可靠，主动配合国有金融机构做好项目审核工作，支持国有金融机构在规定时间内完成项目审核任务。

对列入总体规划拟实施关闭破产的企业，有关金融机构不得在企业关闭破产方案实施前转让或出售已确认的债权（国有金融机构之间经国家批准的债权转让除外），也不得加紧追讨债权及担保责任。但对企业恶意逃废金融债权的行为，有关金融机构应依法维护自身合法权益。国有金融机构以企业破产终结时法院裁定的清偿率进行清收。股份制金融机构（包括改制后的国有商业银行）债权由金融机构按照内部议事程序，依据企业破产终结法院裁定依法核销。

国家有关部门对金融资产管理公司进行考核时，应对其执行国家政策性关闭破产政策核销贷款发生的损失因素予以考虑。在核销政策性关闭破产企业贷款时，如贷款的审批、发放和货后管理无违规违纪问题，国有金融机构可不对有关责任人员处罚后再核销呆账。

三、各地协调小组和有关企业要在实施关闭破产项目过程中严格按照国家的有关规定规范操作，不得虚报、瞒报企业财务数据；不得私分、转移、故意贱卖拟关闭破产企业和关闭破产企业的资产；不得恶意逃废国有金融机构和其他债权人的债务；任何人、任何机构都不得截留、挪用各级财政用于关闭破产企业的补助资金。地方各级人民政府要切实履行接收关闭破产企业办社会职能的承诺，积极创造条件并严格按照规定及时妥善接收破产企业办社会职能的资产和人员；已改制的股份制商业银行在国有企业实施破产过程中要严格按国家有关法律、法规，依市场规则办事。各地要建立责任追究制度，对违法违纪事件要严肃处理，特别是对弄虚作假的有关部门和企业领导人要从严追究责任。对出现重大违法违纪事件的，全国领导小组将通报批评，并暂停审批该地区的政策性关闭破产项目，暂停下达该地区的关闭破产企业中央财政补助资金。

四、切实维护职工合法权益和社会稳定。各地要继续把做好破产企业的稳定工作放在突出地位。企业关闭破产方案未经职代会审议的，职工分流安置方案未经职代会讨论通过的，关闭破产所需资金不落实的，不能实施政策性关闭破产。各地要进一步完善有关政策，切实维护关闭破产企业职工的合法权益。在实施关闭破产期间，企业的党组织、工会组织不能撤，工作不能停，要积极开展思想政治工作，协调好各方面的利益，化解各种矛盾。各地协调小组要对关闭破产企业的稳定工作负责，对突发的重大事件要按规定程序上报全国领导小组。

2006年4月和2007年4月全国领导小组两次召开全国性会议进行工作部署。2006年4月的全国会议主要是学习贯彻中央精神，统一思想，提高认识，明确任务，落实责任。时任国务院总理温家宝同志和时任副总理的黄菊同志在会前分别做出批示。时任国务院副总理曾培炎同志在会议期间专门召开座谈会，听取有关情况汇报，并做重要讲话。2007年4月的全国会议主要是进一步动员，鼓舞士气，确保任务的如期完成。在这次会议上，全国领导小组还对长期以来在国有企业政策性关闭破产工作中做出突出贡献的集体和个人进行了表彰，时任副总理曾培炎同志亲自接见会议代表，并做了讲话。会议肯定了国有企业政策性关闭破产工作已经取得的积极成效，指出实施总体规划，政策性关闭破产工作任务还很重，难度很大，时间很紧。随着经济社会的进一步发展，改革的成本也不断加大，构建和谐社会对保持企业和社会稳定提出了更高要求。要统一思想，抓住机遇，抓紧工作，全面落实总体规划，务求在规定时限内完成确定的工作。

2006年全国会议后，全国领导小组成员单位及时贯彻落实3号文件，认真履行职责。财政部加快了破产补助资金拨付进度，制定了保证资金到位、防止挪用的有效措施；银监会及时协调化解项目审核中的有关问题；劳动和社会保障部积极支持国有企业政策性关闭破产工作、全力做好破产企业职工再就业和社会保障工作；国资委加强调查研究，召开不同形式、范围的座谈会，认真听取各方面的意见和建议，进一步完善有关的政策措施。

各级地方党委、政府高度重视，健全组织机构、出台配套政策、精心组织、规范化操作，保证政策性关闭破产工作的稳步推进。各地协调小组和有关部门及时召开专门会议，提出工作目标和工作部署，明确工作任务，建立工作责任体系，进一步完善操作程序和工作制度，切实防止国有资产流失、挪用财政专项资金和恶意逃废金融债权事件的发生，维护职工的合法权益，保持社会稳定。中西部地区和东北三省是实施政策性关闭破产的重点地区，破产工作任务较重。这些地区省委、省政府对推进企业关闭破产工作高度重视。辽宁省提出要层层建立领导责任制。湖南省对列入总体规划的关闭破产项目逐一进行分析，实行分类指导，帮助企业制定破产预案。陕西省政府进一步加强对企业关闭破产工作的指导，积极筹措改革成本，支持困难企业平稳退出市场。河南省要求进一步健全突发事件的应急处理机制，确保关闭破产工作的平稳进行。

【案例】

长沙市稳步推进总体规划项目的组织实施工作

长沙市列入总体规划的企业有 15 户，企业资产总额 24.7 亿元，负债总额 42.2 亿元，职工总数 34426 人。

针对国有企业政策性关闭破产的特点，长沙市建立了一套完整科学的程序，企业主动、部门联动、政府推动，各职能部门密切配合，形成了强大合力。其基本做法是：

第一，在企业进入破产程序前，指导每户企业理清破产操作思路，针对每户企业的具体情况，指导做好完备无纰漏的整体操作方案；大部分企业在进入程序前先行与职工理顺了劳动关系或者召开职代会通过了职工安置方案；事先与金融机构、债权人取得沟通，以减轻进入程序后的清算压力。进入破产程序后，依法规范做好清算、变现、清偿工作。如湖南仪器仪表总厂下达政策性破产计划后，通过先期成立的综合宣传、资产财务、人员安置、安全保卫和后勤保障及社会职能分离五个专业组，大力、广泛地开展法规和政策的宣传工作，建立准确的"劳资信息资料数据库"和"财务信息资料数据库"，增加工作透明度，建立破产清算的各项工作制度，选择具有资质的会计师事务所参加企业的资产评估和审计工作，聘请律师事务所全过程参加企业破产清算法律服务工作，通过面向社会公开拍卖依法依规处置土地、房屋和设备资产等破产财产，认真负责地组织召开债权人会议，依法依规对债权进行确认、分配。实现了"项目进展顺利、职工安置到位，操作平稳有序"的工作预期目标，破产清算操作时间短、平稳有序，节约了大量破产成本。

第二，出台相应的优惠政策，多渠道为职工解决实际困难。一是用每年的工业发展基金直接拨付解决企业的安置费用；二是拨付下岗职工出再就业中心与失业保险并轨的资金；三是特困企业社保欠费由财政分 10 年偿还；四是由国有资本营运机构向银行贷款支付特困企业改制成本。针对距离退休年龄 10 年以内很难实现再就业的职工，长沙市出台了"缓冲"安置政策：一是经企业职代会讨论通过后，距法定退休年龄 5 年内的职工（含原已办理了内退手续的人员）可通过本人申请，与原企业留守机构或新公司签订内退协议，接续社会保险关系，发给内退生活费；二是经企业职代会讨论通过后，距法定退休年龄 5～10 年的职工可通过本人申请，与原企业留守机构或新公司签订协议，实行"协保"，由企业代缴基本养老保险费和医疗保险费，"协保"期间可按规定领取失业保险金和享受城市居民最低生活保障待遇。

第三，延伸产业，安置就业，实现社会长治久安。延伸产业、安排上岗、维护稳定成为一种人性化操作的新模式。如长沙重型机器厂是始建于 1958 年的国有大二型综合性机器设备制造企业，因设备陈旧、历史包袱过重、严重资不抵债，2007 年 12 月启动政策性破产程序时，共有需安置人员 4569 人，针对企业生产的斗轮机系国内知名品牌，在国内市场上占有相当份额的实际情况，引进了一个实力雄厚的战略投资者，实现有效资产的重组，提供了 1700 多个就业岗位，市政府不惜多付出 1.5 亿元的成本，使熟练工人和技术骨干不离开熟悉的岗位。

通过有关方面的共同努力，截至 2008 年年底，在国务院规定的期限内，总体规划中的 2116 户项目全部完成了审核工作，其中 757 户项目已经通过其他方式脱困，或者经审核不再符合政策性关闭破产条件，其他项目经国务院批准后下达了破产计划。这些企业多数由于直接或间接地受计划经济体制遗留的历史问题制约，而不能退出市场，不仅问题拖延的时间长，而且内部积累的矛盾多，职工生活十分困难，对企业和社会稳定影响较大。政策性关闭破产项目实施工作进展比较顺利，职工逐步得到妥善安置，侵占国有资产、挪用财政专项资金、恶意逃废国有金融机构债权的现象基本得到扼制，突发性群体事件明显减少，基本保持了企业和社会的稳定。

（三）最后收尾的中央企业

纳入总体规划的中央企业 312 户，占总体规划项目总数的 15%，户数虽不多，但面临的困难不少，推进难度较大。一是涉及问题复杂；二是职工诉求较高；三是操作经验不足；四是协调手段不强。总体上说，相对地方企业而言，中央企业实施政策性关闭破产，要考虑的问题更多，协调难度更大。

国家有关部门对中央企业政策性破产工作高度重视。国务院国资委领导同志带队先后到实施政策性破产任务量较重的中央企业进行调研。财政部会同国资委就中央企业政策性破产的财政专项补助资金问题进行专题研究，报经国务院批准后下发了《财政部　国资委关于部分中央企业实施政策性关闭破产有关问题的通知》（财企〔2008〕8号），加大对中央企业政策性破产工作的支持，明确一般中央企业破产按国阅〔1999〕33号文件执行。破产企业离退休人员医疗保险问题也逐步得到解决。全国领导小组办公室还组成联合调研组，专门研究中央企业实施政策性关闭破产问题，就中央企业与当地政府配合情况进行协调。各地政府及有关部门把中央企业破产工作纳入到当地企业破产工作中统筹考虑；地方政策对中央企业同样适用，并切实承担起维护企业稳定的领导责任。这些都为做好中央企业政策性破产工作创造了有利的条件。

为积极推进政策性破产工作，国务院国资委加强了对中央企业关闭破产工作的督促和指导。2007年6月和2008年5月两次召开中央企业政策性关闭破产工作会议，对中央企业破产的组织实施工作进行了部署，要求进一步加强组织领导，工作责任要层层落实到人，明确中央企业集团公司是中央企业政策性破产工作的责任主体，集团公司领导是第一责任人；要求加强与地方政府的联系，建立有效的联合工作机制，确保中央企业关闭破产的平稳实施。针对中央企业操作经验不足问题，多次组织中央企业从事破产工作人员的培训。建立重点联系人制度，及时跟踪了解中央企业关闭破产组织实施情况和遇到的突出问题，要求中央企业集团公司每月报送进度情况。

中央企业集团公司扎实推进所属企业政策性关闭破产工作，把这项工作纳入到领导班子议事日程中，制订详细的工作进度计划，主要领导亲自过问、亲自布置。集团公司领导班子中有专人负责破产项目的组织实施工作。破产项目较多或是破产企业规模较大、工作任务较重的集团公司抽调骨干人员组成了专业队伍，层层建立和完善工作责任制度，每一个破产项目都配备有熟悉业务，有较强组织能力的同志担任项目负责人。中央企业加强与地方政府的联系，建立有效的联合工作机制。紧紧依靠地方政府做好企业破产的组织实施工作。集团公司领导亲自带队与地方政府联系衔接企业破产工作。企业制定破产方案、职工安置方案和突发事件应急预案主动接受地方政府的指导，组织实施工作的进展情况主动向地方政府汇报，争取地方政府的支持。

同时，积极探索中央企业实施政策性关闭破产的多种有效方式。对具备"先移交后破产"条件的破产企业，积极与当地政府联系，建立移交工作领导小组，抓紧办理移交手续。华诚投资管理有限公司下属 11 户企业政策性关闭破产，分布在陕西、山东、四川 3 省，涉及职工总数 5 万多人，经过反复协调，2008 年 7 月顺利移交地方政府管理，到 2008 年年底 11 户企业逐步进入了破产法律程序。对不具备"先移交后破产"条件的破产企业，集团公司与当地政府协商建立联合工作机制，明确破产实施工作和企业稳定工作的具体分工协作。还探索了托管方式，由经验丰富、实力强的中央企业全面托管破产企业，在配备专业化人员、垫付资金等方面给予支持。

通过各方齐心协力，到 2008 年年底，300 多户中央企业破产项目在国务院规定的时间内完成了项目审核工作任务，符合条件，确定实施破产的项目 80% 司法终结或者进入了司法程序。

五、功不可没：特殊时期的特殊退出方式

政策性关闭破产从 1994 年开始，到 2008 年基本结束，经历了试点起步、全面展开和制定实施总体规划三个阶段，涉及近 5000 户国有企业，近 1000 万名破产企业职工得以分流安置。通过政策性关闭破产，一批长期亏损、资不抵债、扭亏无望的国有困难企业和资源枯竭矿山平稳有序地退出了市场，促进了国有经济布局和结构调整，提高了国有经济的质量和效益；分流安置了破产企业职工，维护了企业和社会稳定；解决了传统计划经济体制下积淀的一些历史遗留问题，促进了企业优胜劣汰机制的建立。实践表明，中央关于国有企业政策性关闭破产的决策部署符合我国国情，为解决国有企业历史遗留问题、实现计划经济体制向市场经济体制平稳过渡、完善社会主义市场经济体制、促进国有企业改革发展做出了历史性贡献。

（一）特殊背景下的攻坚战

随着计划经济体制遗留的资不抵债、扭亏无望的国有企业基本退出市场，政策性关闭破产的历史使命也就基本完成，稳步过渡到依法破产已成为历史必然。但是，国有企业政策性关闭破产在取得显著成效的同时，仍存在一些遗留问题，需要进一步研究解决。这些遗留问题主要包括关闭破产企业离退休人员医疗保障费用缺口，企业办社会职能和供水、供电、供气生活服务设施移交地方管理后的费用来源，破产企业所办集体企业处置，资源枯竭矿山关闭破产后有关尾矿库及周边环境综合治理等问题。这些问题，有的中央正在采取政策措施加以解决，有的还有待在国企改革进一步深化中逐步解决。尽管新《破产法》将国际经验与我国具体情况相结合，吸收了政策性关闭破产有关职工安置等方面的一系列成功经验，为建立企业破产制度奠定了法律基础，但要最终形成企业正常退出机制，

还需要进一步完善相关政策，不断健全企业破产制度。

（二）身后未尽事

实施政策性关闭破产使一批长期亏损、资不抵债、扭亏无望的国有大中型困难企业和资源枯竭矿山平稳有序地退出市场，对促进国有经济布局和结构调整，提高国有经济质量和效益，维护企业和社会稳定，发挥了重要作用。一方面，妥善解决了国有企业历史遗留问题，推动了社会保障体系的不断完善，促进了企业优胜劣汰机制的形成；另一方面，积累了企业关闭破产的丰富经验，为新《破产法》的制定完善奠定了实践基础。

1. 促进了国有经济布局和结构调整

实施政策性关闭破产淘汰了浪费资源、技术落后、质量低劣、污染环境的落后生产能力，使国有经济从重复建设领域中、从低效率企业中退了出来，促进了国有经济布局和结构调整。在纺织行业限产压锭、小糖厂关闭、有色金属和煤炭行业重组下放、军工企业改革脱困等重点行业调整中，政策性关闭破产都是关键性措施，发挥了重要作用。

专栏 4-11

中央下放有色金属企业关闭破产情况

2000年6月，国务院决定调整有色金属行业管理体制，将大部分中央所属有色金属企事业单位下放地方管理。考虑到中央所属有色金属企事业单位下放中存在的实际问题，国务院明确了三条原则：一是原有对中央企业的支持政策不变，包括中央财政原有的各项经常性拨款、关闭破产企业职工的安置政策和资金供应渠道等；二是不使地方背包袱，帮助地方解决好下放中存在的问题；三是资源枯竭有色金属矿山的关闭破产，按照中办发〔2000〕11号执行，其他工业企业和商贸企业关闭破产原则上按照国阅〔1999〕33号执行。

198户原中央所属有色金属企业列入政策性关闭破产计划，涉及在职职工38万余人，离退休人员23万余人，拟核销国有金融机构债权损失100余亿元。截至目前中央财政补助破产费用缺口资金超过200亿元。

中央下放有色金属企业在实施破产之前，始终把政策宣传工作放到首位，把矛盾化解在萌芽状态。如新疆有色金属公司少数民族职工多，其印制关闭破产宣传手册时采用了汉语和维语。上海冶炼厂破产前期对全厂职工从"年龄、技能、身体、家庭经济状况、家庭成员结构"等多方面进行摸底调查，制定出适合每一个人、每一个家庭的职工安置方案。制定切实可行的关闭破产实施方案，做好资产、债务清查和人员清理工作。规范操作，依法实施，贯穿于破产的整个过程。尤其是职工安置方案必须经职工代表大会审议通过。

破产企业职工实现多渠道安置，在职职工分别采取提前退休退养、随资产移交当地政府、领取安置费（经济补偿金）自谋职业或进入重组企业等渠道得到安置，离退休人员移交有关社保机构实现社会化管理；清理解决了企业多年积累的拖欠职工工资问题；中央财政补助了学校、医院等移交费用；通过拍卖、协议等手段，实现有效资产重组。

政策性破产促进了有色金属行业面貌的根本性好转，经营状况改善，经济效益提高。2007 年，全国 10 种有色金属产量达到 2360 万吨，较 1997 年增长了 4 倍，销售收入增长了 10 余倍。

通过政策性关闭破产，探索了资源枯竭矿山企业关闭破产之路，推动了资源枯竭型城市的经济转型。如杨家杖子矿务局关闭破产后，成立了经济技术开发区，大力培育新的经济增长点，实现了经济成功转型。辽宁省阜新市有 8 户资源枯竭矿山实施了关闭破产，同时作为国务院确定的首个资源枯竭型城市经济转型试点，积极探索新的发展思路，取得重大进展，生产总值由 2000 年的 64.7 亿元上升到 2005 年的 150.6 亿元，年均递增 17%，地方财政一般性预算收入年均增长 17.7%。

【案例】

杨家杖子矿务局通过关闭破产实现区域经济转型

杨家杖子矿务局（以下简称杨矿）是百年老矿，始建于 1899 年，是我国"一五"期间 156 个重点项目之一。到 1998 年年末，累计生产钼精矿 36 万吨，为国家的经济建设，特别是在困难时期偿还苏联外债，做出了突出贡献。企业破产前职工 23049 人，其中在职职工 7820 人，集体职工 8368 人，离退休人员 6861 人，资产负债率高达 140%，亏损挂账 2.6 亿元。

1999 年 11 月，杨矿开始实施关闭破产。由于历史遗留问题难以解决，职工聚众上访不断，2000 年 2 月 27 日出现了群体性拦截公路、封堵交通的重大事件。为解决有关问题，一方面中央出台了中办发［2000］11 号文件，完善资源枯竭矿山关闭破产相关政策；另一方面辽宁对杨矿等 7 户有色金属矿山关闭破产后续工作进行了全面部署。为迅速稳定杨矿地区局面，葫芦岛市以原杨家杖子矿务局和杨家杖子镇为基础，成立杨家杖子经济技术开发区。葫芦岛市在破产矿区成立开发区，在全省乃至全国也是首创。

开发区切实解决遗留问题，积极化解不稳定因素。杨矿历史遗留问题可归纳为政策、福利、司法和资源四大类，拖欠统筹外养老金、职能部门身份确定、采沉区和棚户区改造、资源整合等十个方面。涉及离休人员、新中国成立前老兵、老工人、"1993退休人员"、领取一次性安置费残疾职工等十几个群体。遗留问题情况复杂，涉及面广，政策性强，解决难度大。开发区对遗留问题进行分类排队，力求从源头上解决问题。一是彻底解决了1993年年底之前退休人员养老金偏低问题。由于历史原因，杨矿1993年年底以前的退休人员比其后退休人员退休金低不少。这些人员年龄最小的74岁，最大的85岁，10多年来一直上访。2006年筹集资金为杨矿退休职工进行了工资普调，特别是向"1993退休人员"适度倾斜。与此同时，开发区还以生活补贴方式，给"1993退休人员"每人每月增加了50元补助，从此使这一群体彻底息访。二是妥善解决拖欠费用问题。为解决杨矿拖欠离休老干部、新中国成立前老兵1998～1999年的书报费、洗理费、护理费和生活特殊补贴等统筹外生活费问题，开发区筹资128万元，使390名老同志多年上访久拖未决的问题得到了彻底解决。2006年，通过矿山治理整顿，筹资6400万元，解决了大集体企业历史拖欠职工的工资和欠缴养老、医疗保险金等问题。三是对遗留问题逐一排查解决。2008年在不断解决遗留问题的基础上，组建了一个由原矿务局老局长、老劳资处长、老劳资科长、老信访干部和老工人组成的"五老"遗留问题调研组。对时间久远、情况复杂、政策缺失、比较棘手的遗留问题全面进行清查排队，采取"一案一策"办法，找准问题要害，逐一拿出解决办法。到2008年年底解决历史遗留问题的90%，到2009年年底，争取全部解决。

几年来，开发区紧紧抓住发展这个主题，培育开发区经济增长点；建立并严格执行城镇居民最低生活保障制度、城镇居民和城镇职工基本医疗保险制度和临时性社会救济制度，进一步完善社会保障体系建设。到2007年年末，全区已有7798户17888人享受城市居民最低生活保障线，低保面占37.4%，其中特困户4400户10500人；已参加城镇医保总数32914人，占全区城镇总人口的79%；每年平均救济款在120万元左右，受益居民达8000多人次。对亡工家属采取不定期发放救济金办法实施救助。从2006年8月份开始，开发区给领取一次性安置费残疾职工缴纳养老保险和医疗保险，养老保险交至其退休，医疗保险交至其亡故。开发区还成立民间救助组织——救助协会。

随着社会秩序的好转，矿区环境的改善和经济社会的起步发展，人民群众的精神面貌发生可喜变化，许多过去长期外出打工的下岗职工和部分在外经商的老板，如今又重返家园建设矿区，对未来发展充满希望。杨家杖子经济技术开发区成功实现经济转型和可持续发展，为资源枯竭矿山及城市经济转型积累了宝贵经验，意义十分深远。

2. 促进了国有企业素质和经济效益的提高

通过劣势企业的关闭破产，消除了一批亏损源。在国有企业三年改革脱困期间，企业兼并破产工作使国有大中型亏损企业减少亏损 316 亿元，1997 年亏损的 6599 户国有及国有控股大中型企业中，有 1529 户是通过政策性兼并破产消除亏损的，占脱困企业的近 30%。根据国家统计局的统计，1998 ~ 2006 年，全国国有及国有控股企业户数从 23.8 万户减少到 12 万户，减少了一半；实现利润从214 亿元提高到 12242 亿元，增长了 56 倍。2007 年全国国有及国有控股企业实现利润达到 16200 亿元。国有企业经济效益的大幅增长，一方面得益于良好的宏观经济形势；另一方面也是国有企业深化改革、战略调整效果的显现，与国有企业关闭破产工作发挥的重要作用是分不开的。

【案例】

中国核工业集团公司在改革脱困中获得新发展

中国核工业集团公司组建于 1999 年。组建之初，形势十分严峻。64 户企业中，40 户亏损，亏损面达 62.5%。多数铀矿山资源枯竭。职工长期收入低，工作生活条件艰苦，稳定隐患大。如地处四川江油县山区的原核工业八五七厂厂长难以承受巨大的压力，跳楼自杀身亡，在社会上引起了巨大震动。

为解决结构性矛盾，完成保军强军的神圣使命，中核集团以关闭破产为中心任务，抓住国家军工企业改革脱困政策机遇，取得显著成效。到 2007 年年底，32 个关闭破产项目已终结 31 个，占总数的 97%，减少亏损源 5 亿多元（2001年财务决算数据）。已终结的项目中，6 万多人的养老保险等问题基本得到解决；3.37 万在职职工得到安置，占总数的 99.7%；就业年龄内的破产企业职工 85%以上实现再就业；2.7 万人告别生活了几十年的恶劣环境，就近搬迁到了中小城镇，生活和住房条件得到根本改善。通过政策性破产等一系列政策，集团效益明显提高。2007 年集团实现主营业务收入 260 亿元，比上年增长 23%，是 1999 年收入的 3.06 倍；利润总额达到 26 亿元，比上年增长 74%。国务院国资委向全社会公布中央企业第一任期（2004 ~ 2006 年）考核结果，中核集团获得 A 级，并被授予"业绩优秀企业"和"科技创新特别奖"。

3. 保障了困难企业职工的合法权益，维护了企业和社会的稳定

政策性关闭破产通过多渠道筹措改革成本，用于安置职工，妥善处理了破产企业职工最关心的分流安置和社会保险关系接续等问题，保障了职工的合法权益。通过加强就业指导、职业介绍和培训，创新就业渠道，促进了破产企业职工再就业。15 年中有近 1000 万名破产企业职工得到妥善分流安置，基本解决了长

期积累的国有困难企业职工生活保障问题，消除了大量不稳定因素。社会各界和破产企业职工逐步接受了破产这一企业退出方式，尽管政策性关闭破产工作力度不断加大，但突发性、群体性事件却在逐年减少。

4. 促进了新《破产法》等有关法律法规的制定和社会保障体系的完善

实施政策性关闭破产的15年，也是我国社会保障体系不断完善的重要时期。过去存在的个别行业统筹，逐步纳入了社会化统筹；下岗职工再就业服务中心在过渡期间发挥了重要作用，为向失业保险并轨创造了条件；社会保障范围逐步扩大，保障水平明显提高。国有困难企业政策性关闭破产，妥善解决了传统计划经济体制下积淀的历史遗留问题，为建立国有困难企业正常退出机制扫清了障碍，积累了丰富经验，为新《破产法》的修订完善创造了条件。政策性关闭破产的一些成功做法，成为了新的企业破产制度的重要内容。

5. 促进了企业优胜劣汰机制的形成，激发了企业深化改革的内在动力

15年的探索实践，找到了一条在现实条件下国有困难企业的退出通道，形成了一套使国有企业能够退出市场的政策措施，国有企业破产从理论探讨变为现实行动。国有困难企业不仅可以破产，而且能够破产，促进了优胜劣汰机制的形成，也激发了国有企业提高经营能力、深化改革、加强管理的内在动力。

（三）尊重历史、面向未来的挑战

1. 立足国情，兼顾社会承受能力

立足国情是处理一切问题必须坚持的基本原则。政策性关闭破产立足国情，兼顾社会承受能力，采取由试点起步的循序渐进的做法，取得了预期效果。首先，政策性关闭破产采取了审慎的态度，坚持循序渐进、稳步推进的原则，通过试点取得经验后再全面推进，尽量减轻社会震荡。其次，按照"尊重历史、分类处理"的原则，政策性关闭破产采取了过渡性政策措施，统筹解决国有企业历史遗留问题，条件成熟后再适时向依法破产的平稳过渡。最后，政策性关闭破产统筹考虑财政、金融机构、社会保障体系和职工等社会各有关方面的承受能力，量力而行，把握好节奏，积极而有序地进行，努力维护企业和社会稳定。

2. "无情破产、有情操作"

企业关闭破产，受到影响的首先是广大职工。职工面临下岗再就业的压力。如果涉及职工利益的问题得不到妥善解决，极易引发不稳定事件。所以，政策性关闭破产工作从试点开始，就始终把妥善解决职工切身利益问题作为出发点和落脚点，"以人为本"，"无情破产，有情操作"。采取了一系列政策措施，多方筹措资金，努力保障职工合法权益；把关闭破产与企业重组发展相结合，尽可能地开拓职工再就业渠道，破产财产重组优先安置破产企业职工；耐心细致地做好职工思想政治工作，有效化解矛盾，努力减轻关闭破产给职工带来的阵痛。正是这样做，政策性关闭破产总体上得到了职工的理解和支持，这也是企业关闭破产能够顺利实施的重要基础。

3. 全面把握，综合施策

在市场经济体制下，要更多地运用经济、法律手段，但辅之以必要的行政手段也是不必可少的。尤其是推进国有企业关闭破产这样难度非常大的工作，更应全面把握，综合运用经济、法律和行政等多种手段，注重发挥多种手段的综合作用效果。

政策性关闭破产工作是国有企业改革中最艰难的工作之一。困难企业历史遗留问题复杂，各种矛盾交织在一起，难度更大。同时各种政策协调也十分重要，如国有企业改革和相关配套改革政策的衔接，国有企业改革与国有金融机构改革的衔接，中央政策和地方政策的衔接，职工社会保障关系接续、离退休人员社会化管理、企业办社会职能和生活服务设施移交等工作，处理好依法保障职工合法权益与维护破产企业债权人合法权益的关系，维护企业和社会稳定工作。

做好政策性关闭破产工作，处理好上述问题，仅靠经济、法律手段是不够的，还必须借助一定的行政手段。因此，政策性关闭破产采取了在政府主导下，有组织、有计划地推进的方式。从中央到各试点城市，建立了国有企业政策性关闭破产工作组织体系。在进入破产法律程序之前，主要是由政府有关部门协调推进；进入法律程序后，则主要是在法院的主导下依法进行。在具体事务处理上，既有相关利益主体的依法协商，又采取了必要的行政手段，如将部分中央企业管理权下划给地方政府、企业办社会职能移交地方政府管理等，同时又予以一定经济补偿。

4. 协调配合，配套改革

企业依法破产必须以健全的社会保障体系为基础。实施关闭破产的国有大中型企业，大而全、小而全，多数办有托儿所、幼儿园、学校、医院，有的还拥有公安、法院、检察院等社会职能部门；离退休人员尤其是离休人员没有实行社会化管理，不少待遇还依赖着企业；生产和生活区并存，供水、供电、供暖、供气多为一个系统，企业不能正常生产经营，这些系统随之瘫痪，职工生活受到严重影响；长期拖欠职工工资、医药费、集资款、社会保险费用等，职工社会保障关系不健全。这些矛盾交织在一起，妥善处理的难度非常大。因此，政策性关闭破产主要是着力解决涉及职工切身利益的突出矛盾和问题，有些问题则是在社会保障制度不断完善以及相关配套改革过程中逐步解决的，还有一些问题有待进一步推进相关配套改革才能解决。

5. 统筹兼顾，调整利益

企业关闭破产涉及方方面面的利益关系，必须统筹兼顾，处理好中央与地方、政府与企业、破产企业与债权人等诸多方面的利益关系。如为依法保障债权人的合法权益，政策性关闭破产始终强调要严格按程序规范操作，坚决杜绝恶意逃废金融机构债权、侵占国有资产以及挤占挪用财政专项补助资金的行为；关闭破产计划编制过程中，充分听取债权金融机构的意见；关闭破产实施过程中，债权人可以依法监督破产财产的变现和分配，依法维护自身合法权益。

点评：

国有企业改革与结构调整

国有困难企业的破产是一次规模空前的结构调整，目的是淘汰掉那些由于经济体制转轨而变得难以生存的企业，使国有经济整体能够从结构上更加适应市场经济。为了实现这一目标，中国淘汰了近5000家大中型企业。

国有企业改革的内涵是解决体制问题，使国有企业在体制上适应市场经济，这也是转轨的一个基本要求。但对于中国的某些行业、某些企业来说，结构调整比体制改革更具有根本性的意义。如果企业先天的结构定位就不适应市场经济的要求，那么无论体制上如何改革企业也难以生存。结构调整的推进需要条件，最重要的是社会保障条件。在国有企业大规模实施破产时期，我国新的社会保障体制并没有建设好，不得已用再就业中心暂时替代。

中国国有企业改革的一个重要特点是，"改革"是一个广义的概念，不仅包含了体制改革，也包含了结构调整，甚至包含了保障条件的建设。这是中国国有企业改革的复杂之处，可能也是取得成功的经验之一。几个方面的措施同时采用，解决国有企业多方面的问题，从而保证了改革的经济效果。

——邵　宁

第五章

艰难的抉择：千万国企员工挥泪告别旧体制

辉煌背后的代价——今天的成就源于昨天的付出。

　　在国企改革的历程中,有一个容易被忽视的数字,那就是企业规模效益与用工人数的变化。而国企员工人数的变化,正是当年一段艰难改革结出的硕果,并且成为国企从困境走向辉煌的重要基石。

　　这场改革对国企意义有多大,数字最能说明问题:1999 年国有企业用工人数高达 6400 万人,而当时国有企业的资产总量为 14.5 万亿元,主营业务收入 6.9 万亿元,实现利润总额 1145 亿元;而截至 2010 年,国有企业的资产总额已经达到 68.6 万亿元,主营业务收入 31.95 万亿元,分别增长了 3.73 倍和 3.6 倍,而同期企业的职工人数却下降到了 3599 万人,下降了 40% 以上。让我们假设一下,如果国有企业的用工人数仍然保持在当初的水平,会是一个什么结果呢?可以做一个简单的测算:如果下岗分流的近 3000 万名富余员工继续留在国有企业,且不说国有企业当时根本就无法走出困境,即以当前每年人均工资 4.6 万元计算,如果加上企业为员工个人缴纳的各种社会保险,以及福利费用(约为工资性收入的 40%),每个员工的年均成本至少在 6 万元以上,总计的人工成本将达到约 1.8 万亿元,而全国国有企业 2010 年的全部税后净利润只有 1.68 万亿元。也就是说,如果没有下岗分流减员增效,即使不考虑大量富余人员在管理上、机制上带来的一系列弊端,仅人工成本一项就可将现有的国有企业实现利润消耗殆尽,并且还有缺口!当然,当年的改革是在各项政策都不完善不配套,甚至不太具备条件的情况下进行的,操作中难免有很多不够规范、不够细致的问题,留下了一些后遗症,但什么样的改革能够在理想的状态下进行呢?前东西德合并后,对原东德的国有企业进行改造,涉及企业仅 8500 户,职工 450 万人,比中国的国有企业改革规模小得多,但耗费的改革成本高达 1.5 万亿马克。理解国企下岗分流等中国改革中的种种现象,必须还原到当时的历史条件下具体分析。

一、人往哪里去——改革遭遇拦路虎

（一）被固化的"契约"

其实地上本没有路，走的人多了，也便成了路。

——鲁　迅

在国有企业改革以渐进的方式逐步推进的时候，情况远没有当初"放权让利"时设想的那样乐观。一旦企业进入到竞争日益激烈的市场，效率就成了竞争力的最大制约。然而长期计划经济形成的"低工资高就业"，造成了国有企业大量的冗员。"人往哪里去"，成了国有企业进入市场的一只"拦路虎"，而且随着外部市场竞争的日趋激烈和内部改革的不断深化，富余人员的问题日益凸显出来。如何破解这道难题，考验着改革者的智慧。

国有企业的人往哪里去之所以难，首先当然是难在体制不健全，即在没有社会保障制度的条件下，企业的员工没有离开企业进入社会的正常通道，职工一旦进入企业，就只能"生是企业的人，死是企业的鬼"。而比体制改革更困难的还在于，在传统的模式下国企员工已经形成与企业共命运的"企业人"的观念，旧体制虽然没有给予更高的收入和福利，但却提供了最稳定的保障，国有企业的职工就业是终身制的，从生到死都可以由企业包下来，个人不需要承担任何风险。长期生活在这种体制下，职工个人既没有自主的意识，也没有独立生存的能力。因此，让企业的富余员工从他们几代人赖以生存的企业中退出去，这近乎一个残酷的决定。更何况离开企业之后到哪里去，无论个人还是政府和社会，都没有为此做好必要的准备。多年计划经济中形成的政企合一的体制，将社会成员的就业交给了企业，政府没有建立也不需要建立社会保障体制。在这种情况下，简单地把国有企业的员工推向社会，无异于将一个不会游泳的人推下大海，必将引起社会的不稳定。这真是一个空前的艰难选择！如果找不到一种平稳过渡的方式，那么只有两种后果：或者放弃改革，让大量富余人员与企业一起在市场竞争中沉没；或者大量员工进入没有任何保障体系的社会，引起社会矛盾的激化。这两种状况显然都不是社会可以承受的，也是各方面不愿意看到的。

一方面是国有企业在市场竞争的压力下，减员增效的任务日益迫切；另一方面是没有建立起分流安置富余人员的通道。这一矛盾不仅尖锐地摆在企业经营者面前，也摆在各级政府面前。由于中国就业与人口的特殊性，加上长期的计划经济体制，使这个问题的复杂性和紧迫性远远超出任何一个国家的国有企业，成为国有企业改革中最大的"拦路虎"。当时许多国有企业的老总在一起议论最多的一个问题就是：“人往哪里去？”

（二）超载的大船

关于国有企业究竟有多少富余人员，从改革之初，政府部门和学者就曾进行过大量的调研和分析，也曾有过若干说法，由于多重因素的作用，富余人员的准确数量难以统计。但我们可以用今天的用工去做一个粗略的推算。按照目前国有企业的人均资产和销售收入计算，当年的国有企业富余员工可能高达50%以上。实际上，国有企业的富余人员不仅仅是分流下岗的2700万名员工，因为直到目前为止，国有企业在用工上仍然承担了相当一部分社会职能，在可承受的范围内把尽可能增加就业作为企业重要的社会责任。

专栏 5 - 1

人工成本高致使中国石油化工集团公司处于竞争劣势

到2001年，尽管中国石化职工人数不断增长的状况得到有效控制，并在"九五"后几年实现了持续负增长的情况下，与国外同行的差距仍没有明显改观。中国石化股份公司有51多万名职工，超过世界石油石化前四强埃克森（10.6万人）、壳牌（9.6万人）、BP（8.04万人）、道达尔—菲纳—埃尔夫（6.99万人）的员工人数之和。用工总量过大直接导致股份公司劳动生产率与几大公司相差悬殊。从实物劳动生产率看，人均原油生产当量为250吨，不到几大公司的1/50（人均原油生产当量一般为12000～15000吨）；人均原油加工能力为1332吨，相当于1/8左右（人均原油加工量一般为10000吨）；人均成品油经营量为519吨，相当于1/20左右（人均成品油经营量一般为10000吨）；人均乙烯生产能力为24吨，相当于1/10左右（人均乙烯生产能力一般为200～300吨）。

除此之外，中国石化非上市部分还有近70万人，为上市部分的近1.4倍。由于历史原因，过去石油石化企业承担了较多的办社会职能，中国石化整体重组改制上市时，这部分资产和人员留在了非上市部分，有教育培训实体52个、中小学307所、医疗机构332个，共有教职员工和医护人员5.2万人，造成非上市企业社会负担沉重。2001年非上市企业的后勤辅助系统共计亏损达25.9亿元。

在计划经济体制下，国有企业吸纳大量富余人员，对解决当时历史条件下的就业问题、提高人民生活水平发挥过积极的作用，但在国有企业进入市场参与竞

争的过程中，矛盾就越来越突出了。

富余人员过多首先导致企业人工成本过高。本来中国最大的竞争优势，就在于拥有丰富的低成本劳动力，然而过多的富余人员导致的劳动生产率低下，完全抵消了这一竞争优势。如以钢铁行业为例，1997年在职员工达到321万人，人均年钢产量只有33.9吨，只相当于发达产钢国的大约1/10，而同期我国钢铁企业员工的收入甚至还不到发达国家的1/10。由于人工成本优势为低效所抵消，而在技术、管理等方面的劣势又很突出，因此一旦进入市场几乎没有竞争力。

中石化就是一个典型的例子。1998年，中国石油化工集团公司的资产总值是459亿美元，在世界上市的石油石化集团中排第4位，但资产回报率仅为1.4%，不到埃克森（8.8%）的1/6，莫比尔（7.5%）的1/5。导致资产回报率低的一个关键因素就是产品成本高，其中人工成本更是不堪重负。当时，世界上多数国家每桶原油的完全生产成本（包括发现成本、开发成本、生产成本、管理费、财务费等）小于10美元，平均为每桶8.9美元，而中国石化为806元，相当于每桶13.4美元。其中最大的差距就在于人工成本。当年中国石化有职工119万人，为了确保利润指标，在狠抓提高效益的同时实行工资总额零增长，集团公司机关和多数企业停发减发半年各类奖金的情况下，全年工资总额仍达145亿元。而企业人工成本大约是工资总额的1.8倍（在工资之外，需要支付的社会基本养老保险、基本医疗保险、失业保险、工伤保险、女工生育保险、企业补充养老保险、住房公积金、福利费、劳动保护费、工会教育经费等相当于工资的70%，还有企业多年实行的水、电、液化汽、误餐等暗补转明补需要支付的费用大体相当于工资的10%），高达260亿元，占总成本费用的9.2%（年销售收入2818亿元）。国外类似中国石化的上下游一体化石油石化公司（如埃克森、BP等）的人工成本仅占总成本费用的5%左右。埃克森公司1998年的人均税后利润是87万美元，折合人民币720万元（按20世纪90年代末的汇率计算），是中国石化人均8000元的900倍。BP公司1986年有12万名职工，尚觉人浮于事、机构臃肿、效率低下，因而进行重组、减员，到1997年减少到5.6万人，将超过一半的人辞退，每年节约人工成本30亿美元。由于职工人数众多，中国石化如果1999年完成各项奋斗目标，按每位职工每月增加80元工资计算，全年要增加人工成本21亿元，将吃掉1998年利润的60%。

如果说中石化作为具有垄断地位的大国企，以牺牲效率为代价还可以承担如此高额的人工成本，那么缺乏垄断资源的竞争性企业就没有这么幸运，在市场竞争的压力下多数陷入困境，甚至不得不破产。

富余人员过多的另一个后果，是造成人员结构不合理，导致企业管理滑坡。许多国企的经营者说到企业管理，感到最棘手的就是员工的管理。国外企业管理者的精力都是花在企业发展战略、技术创新、市场开拓等经营活动方面，而国有企业的经营者大部分时间都花到了劳动纪律、员工安排等最基础的管理层面。由于企业内部富余人员多、人浮于事，员工能进不能出，许多企业劳动纪律难以执行，岗位职责难以落实，业绩考核流于形式，只能在分配上搞平均主义，严重影响职工的积极性、创造性的发挥。结果是企业需要的人才留不住，不需要的人员出不去，进而导致企业的人员结构越来越不合理，在人才竞争中国有企业成为别人的"人才培训基地"。与此同时，大量低端的富余人员滞留在企业，严格的劳动纪律无法维持，各项科学的管理制度和管理方式很难落实，进一步降低了劳动效率。

富余人员过多还阻碍了企业结构调整，使优胜劣汰机制难以建立。从计划经济进入市场经济之后，国有企业原有的结构完全不能适应市场竞争的要求。无论是企业的组织结构，还是企业的布局结构，都需要按照市场竞争的要求进行调整。这种调整有些是要在企业内部进行，有些则需要在企业之间甚至跨地域进行。调整的过程就是资产重组和资源配置优化的过程。但是由于任何资产的变动都涉及人员的问题，而企业中的富余人员没有分流的渠道，人员与资产完全结合在一起，不能进行适当的分离，因此导致资产流动难以正常进行。比如一个优势企业兼并一个困难企业，如果没有人员的包袱可能大大提高资产的使用效率，但如果解决不了富余人员的问题，兼并就难以进行。资产受到人员固化的拖累，结构调整就难以正常进行，优胜劣汰的机制不能形成，这是导致很多国有大中型企业最后不得不陷入破产的一个重要原因。

（三）绕不过去的坎儿

事实上，国有企业的几乎每一项重要改革，从企业内部机制的转变，到建立现代企业制度，以及兼并重组改制上市，等等，都会遇到人往哪里去这道坎。在企业进行公司制改制上市的过程中，由于大量富余人员无法处理，不得不采取了分拆上市的方式，把富余人员和不良资产剥离出来，留在存续企业，将优质资产装进上市公司，将一个完整的企业一分为二，导致存续企业和上市公司都难以健康发展。企业之间的并购重组活动也往往由于富余人员过多，一时难以安置而无法及时推进。许多长期亏损、资不抵债的企业也无法通过正常的法律程序实施关闭破产。这些问题不仅导致这类企业的有效资产长期处于闲置状态，更为严重的是阻碍了整个市场优胜劣汰机制的建立。国有企业改革之难，正在于每一步都受到原有体制的束缚。简单地将国外的制度与国有企业嫁接；或者像外科手术似的，快刀斩乱麻地将旧体制的弊端除掉，在现实中都是行不通的。

大量富余人员造成的低效率，在20世纪90年代末期已经威胁到很多企业的生存。国有企业如果不能有效地解决富余人员问题并建立起一套与市场经济体制相适应的劳动用工制度，不仅其他任何改革或者难以推进，或者达不到预期的效果（这一点在以后的改革中得到了更为深刻的证明，以至于至今仍是国企深化改革难以逾越的一道坎），更重要的是企业的生存面临威胁。很多企业在分析这一困境时，将当时的国企比做一条严重超载的航船，在市场竞争的风浪中风雨飘摇，随时有倾覆的危险。这时船上的人只有两种选择：或者将一部分超载的人员分流出去，让航船能够轻装前行，脱离险境；或者大家与航船一起沉没。事实上，很多企业在实施下岗分流的时候，就是这样去说服动员企业员工的。

（四）从"企业人"到"社会人"

任何市场经济体制的国家，都必须解决好人的问题，这是市场竞争正常运转的基础条件之一。企业根据自身的需要依法聘用或裁减员工，员工与企业是平等的契约关系，企业只对员工负有限责任。而保障充分就业，为市场竞争的失败者——失业人员提供安全保障，则是政府的一项重要职能。因此，现代市场经济国家无一例外都有比较完善的社会保障体制，作为社会的安全"阀门"，接纳企业中因各种原因流向社会的人员。这样企业没有人员拖累，社会没有稳定之虑，员工没有后顾之忧。然而，中国在从政企一体化的体制走向市场体制的初期，这些基本的保障制度并没有建立起来。这就造成了"体制真空"：一方面，政企合一的旧体制已难以为继，企业无力继续维持员工的就业终身制，对员工的无限责任要变成有限责任，这就要求企业员工必须从企业人转变为社会人；另一方面，与市场竞争相适应的新体制远没有建立，政府还没有来得及建立就业及社会保障体系，原来由企业承担的职责，政府和社会无力承接。这是新旧体制过渡最为困难的时期，解决富余人员的渠道在哪里，改革者的智慧经受着前所未有的考验。因为如果等到社会保障体制建立，国有企业的很多改革就可能不得不停顿下来，但日益激烈的市场竞争并没有给国企留下更多的时间，很多企业正面临生存的危机，改革刻不容缓。

而且，解决国有企业中的富余人员问题的真正难点还不仅仅在于有形的保障制度尚未建立，更深层的还在于几十年的体制惯性及不断强化的"以厂为家"和职工是企业主人的国企文化，与企业员工能进能出的市场竞争要求是根本背道而驰的。国企员工几十年作为"企业人"已经完全与企业融为一体了，许多职工甚至"几代同堂"，都在同一个企业，对企业形成了强烈的依附性。现在要他们离开企业，不仅仅是有没有社会保障的问题，更重要的是失去了精神归宿。很多职工可以忍受物质的贫乏和收入的菲薄，但不能承受失去"精神家园"的打击。

因此，国企职工从"企业人"向"社会人"的转变，是一场极其深刻的革命，不仅涉及体制机制的转变，更关系到利益的调整和观念的变革。如果采取苏联、东欧那样的休克疗法，一夜之间大多数国有企业被私有化，那么员工对企业的精神依附也就彻底破灭了。但在中国渐进式改革中，大量的国有企业还继续存在，大量的国企员工还继续存在，现在要从继续存在的国有企业中将一部分员工剥离出去，推向社会，难题正在这里：谁是最先的出局者？为什么是他们？他们应该承担这样的历史责任吗？这些都是改革推进中难以回避的难题。

专栏 5 - 2

东西德合并后对国有企业员工的处置方式

一、企业购买者必须承诺再投资和保证一定就业岗位

出售企业很少采用招标方式，并没有打捆出售企业，多数是一对一谈判，注重的不是价格，而十分注重能否使企业持续经营、保证就业、保证带来新投资。据匡算，1990～1994 年，企业收购协议额 660 亿马克，收购者承诺再投资 2111 亿马克。收购者保证的就业岗位约占出售的国有企业原有岗位的一半。

重视并采取专门措施解决失业职工安置问题。专门设立劳动服务公司，承接在重组中失去工作的职工，职工一般可以享受原有工资的 60% ～70%。实际上就是在两年内把这些职工养起来，并进行就业技能培训，以便再就业，两年后仍不能就业的，进入失业保险。

1990 年 6 月，在托管局接管东德国有企业时，企业账面上共有国有资产 6500 亿马克；而出售国有企业及有关地产的全部收入仅为 760 亿马克。托管局在企业重组过程中的全部支出为 3320 亿马克，其中承担原企业债务 990 亿马克，用于环境保护的支出 430 亿马克，对清算企业与包装企业的支出 1530 亿马克，其他支出 370 亿马克。收支相抵，托管局共有 2560 亿马克的赤字。

二、注重重组出售企业职工的安置

1. 为防止出售过程中出现大量失业的现象，托管局要求购买企业者提交包括就业计划和投资计划在内的企业整改计划书。托管局确定购买者十分重视三个方面：带来多少投资、保留多少岗位、工业不被空心化，制定了对购买者进行审查，以及在裁员、保证最低投资率和最低再出售年限等方面的具体规定，如违反规定，托管局则采取收回并要求补偿等措施。据介绍，国外投资 68 亿马克，带来了 15.5 万的就业岗位承诺。

2. 利用原西德已经成体系的社会福利保障系统，为被重组出售企业的失业职工提供生活保证。

3. 托管局提供资金并结合社会捐赠资金，设立劳务服务公司，实行"过渡阶段"就业。这些劳务服务公司一般以一个地区或者一个大企业为服务对象而设立，数量较多。实际上是由劳务服务公司把从被出售企业转移过来的职工养起来，一般可以享受相当于原工资的 60% ～70% 的政府补贴，在劳务服务公司期间，职工要接受新的就业技能培训，以便今后从事正式工作。

托管局利用上述手段取得了很好的效果。截至 1994 年，被托管企业职工中，在投资者购买企业保障就业的约占 41.6%，通过劳务服务公司等途径"阶段性就业"的约占 13.3%，处于失业状态的约占 17.5%。继续留在原国有企业的约占 3.2%，其他状态约占 23.4%。

一方面是富余人员的压力已经威胁到企业的生存，另一方面社会和企业的员工都没有做好人员分流的准备，在四面紧逼之下，如何找到这样一条减员增效、下岗分流的通道，既能为企业的员工所接受，又能让社会可承受，从而具有现实的可操作性，对企业和各级政府都是一个艰难的选择。从 20 世纪 90 年代中期开始，企业在各级政府的支持下，尝试通过采取多种方式和渠道解决企业富余人员问题，推行积极的再就业政策，试图走出一条分流安置富余人员的改革之路。

点评：

缺乏社会安全网支撑的改革

国有企业的改革和结构调整都会造成职工下岗。此时，以社会保障制度为核心的社会安全网就十分重要了。但恰恰在此时，我国新的社保体系正在建设中。

应该说，在计划经济时期，我国对国有企业职工有一套完整的保障制度。但这个制度是单位保障制，由职工所工作的单位承担职工的保障责任，包括养老、医疗和住房。这种性质的保障在计划经济时期是可以的，因为那时国有企业和政府是一本账，企业亏损财政要给补贴，资金有保障。但在改革后企业进入了市场，成为自负盈亏的市场竞争主体，企业自身承担了风险，单位保障制就难以实施了。市场经济中的社会保障必须是社会化的。

可以说，市场化的改革把我国原有的职工保障制度彻底废掉了，新的社会保障制度需要重建。所以中国的国有企业改革在相当一段时间中是在没有社会安全网的状况下推进的。这对于改革的操作来说是一个巨大的考验！

——邵　宁

二、夹缝中走出来的路

一个重大的改革决策就在这样的形势下形成了：减员增效，下岗分流，实施再就业工程。一场对传统用工制度的颠覆性改革由此展开。从 1997 年党中央、国务院提出"鼓励兼并、规范破产、下岗分流、减员增效、实施再就业工程"的方针到 2002 年的 5 年间，党中央、国务院采取一系列政策措施，做好企业富余人员的分流安置工作。到 2002 年，国有企业通过多种方式减员增效，累计分流达 2750 万人。2700 多万名员工挥泪告别旧体制，脱离原来可以从一而终的国企职工身份，从企业人变成社会人，这的确是从体制到观念的异常深刻的革命。

在国有企业改革的进程中，体制和机制的转换每向前推进一步，都必然伴随着大量人员的变动和利益的调整。而下岗分流、减员增效的改革，则直接指向旧体制形成的广大富余员工。从公平的角度来说，也许不应该由这些员工承受体制转轨的代价。如前东德在体制转轨过程中，由于有西德政府的大量财政政策的支持，国有企业职工在离开企业时都得到了相应的补偿；欧洲的国有企业再私有化过程中，对企业的员工也都采取了较为优厚的赎买政策。但在中国的改革中却没有这样有利的优厚条件，历史无情地把这项改革推到了这些国有员工的面前，他们既不可能得到优厚的补偿，也没有完善的社会保障体制为他们解除后顾之忧，却要告别赖以生存多年的"铁饭碗"。当我们为今天国企的辉煌成就而自喜的时候，绝不可以忘记昨天这些员工付出的代价。我们理解改革的代价，绝不仅仅是物质上付出的改革成本，最为重要又最容易忽视的，是在下岗分流、减员增效的改革大潮中，从旧体制走出去的 2700 万名国有企业的员工所承受的物质上和精神上的压力。改革的历史应该为他们记上浓重的一笔。

（一）第一个吃螃蟹的人们——分流富余人员的早期实践

分流富余人员的改革，实际上是在没有路的地方硬闯出了一条路，这充分体现了中国改革者的智慧。其中很重要的一条就是发挥各地的积极性和创造性，将一个天大的难题分别交给各地区求解，将巨大的压力分散释放，这样不仅大大降低了改革的风险，也有利于在实践中找到现实可行的途径。

分流安置富余人员的尝试是从以优化资本结构城市试点为依托开始起步的。早在国务院正式提出"下岗分流、减员增效、实施再就业工程"的方针之前，部分城市结合优化资本结构试点的改革，开始对分流富余人员进行探索。1994年 8 月 23 日，为贯彻党的十四届三中全会决定精神，国家经贸委、国家计委、财政部、劳动部、中国人民银行、审计署、国家税务总局、国家国有资产管理局、中国工商银行等九部门《关于在若干城市进行企业"优化资本结构"试点的请示》报经国务院第 35 次总理办公会议讨论并原则同意后，在天津、唐山、太原、沈阳等 16 个城市进行"优化资本结构，增强企业活力"试点。

16 个企业"优化资本结构"试点城市分别是：天津、唐山、太原、沈阳、长春、齐齐哈尔、上海、常州、蚌埠、青岛、淄博、武汉、株洲、柳州、成都、宝鸡。文件下达后，又增加了两个城市，总共 18 个试点城市。

试点的目的是按照以城市为依托着眼于搞好国有经济的改革新思路，运用符合社会主义市场经济规律要求的手段和方法，通过发挥城市的整体功能和综合优势，在深化国有企业改革的道路上先行一步。基本做法是实现企业改革与各项配套改革的结合。当时国有企业改革面临的几乎都是深层次的棘手问题，如社会保障问题、结构调整问题、富余人员分流问题等，这些问题各项配套改革的关联度较大，只有把国有企业改革与相关的配套改革作为一个整体来推进，才能取得改革的真正效果。

探索富余人员分流安置的渠道和办法，建立区域劳动力市场和完善社会保障体系，成为试点城市不可回避的重要内容之一。各城市当时普遍的做法是，一方面，对分流到社会的富余人员通过提供待业保险（失业在当时还是一个敏感的字眼）保障其基本生活，并就地短期转岗培训，适当资助富余人员自谋职业；另一方面，探索建立地区性的社会保障体制，尝试建立本地区管理的社会保险机构，将养老、待业保险尽快覆盖各类企业。

到 1996 年 6 月底，试点城市在分流富余人员、分离办社会职能方面取得初步成效。16 个试点城市共分流富余人员 195.8 万人，约占这些城市职工总数的 12.59%；分离非生产性机构 7397 个。上海下岗 86.1 万人，安置 66.4 万人实现再就业。煤炭行业坚持"减员增效"，3 年转移富余职工 55 万人，亏损额由 60 亿元减少到 10 亿元。纺织行业的 55 万名职工中，有 18 万人转岗或得到妥善安置。

专栏 5 - 3

青岛市配套实施"双优工程"着力解决
企业富余职工分流安置问题

1994 年，青岛市在推进试点工作中认识到改革的难点在于人员"分流"，优化资本结构的核心在于解决好企业富余职工分流安置问题。他们结合实施城市发展战略和工业结构调整，积极探索分流安置富余职工的新途径，配套实施"双优工程"，使优化资本结构与优化劳动力资源配置相互结合，同步推进，取得了较好成效。

一是发挥资产经营优势，按照资本流向对劳动力进行再配置。青岛国棉一厂与韩国企业合资后，急需劳动力，就从其他停产企业调整下来的富余职工中成建制配置数百名工人。青岛国棉四厂调整结构新上一万纱锭，以协议劳务输出的形式从其他厂输入熟练工人，满足了生产需要。二是在盘活存量资产的同时盘活存量劳动力。青岛纺织工业发展早，积累了大量资产，仅在市区所占土地就达 6000 多亩，因此，引导长期经营不善但占据黄金地段的企业实行整体或部分"退二进三"，兴办大批服务业实体，吸纳了上千名富余职工，既盘活了资产，又吸纳了富余劳动力。

当时还有一种做法是排斥使用外来劳动力，将全市行业工种划分为"可以使用、调剂使用和不准使用"外来劳动力三类，原则上富余职工得不到妥善安置的单位不能使用外来劳动力，并对调剂使用外来劳动力的单位，按使用外来劳动力30%的比例安置富余职工，不能按比例安置的，每少接收一人需缴纳5000元的富余职工安置费。现在看来这种做法当然是不符合市场经济原则的。

1995年以后，由于青岛市14个行业主管部门陆续全部转体为资产经营公司或企业集团，这时开始将安置富余职工由以单个企业内部消化为主转向以行业或企业集团内部调剂为主，要求各资产经营公司成立劳动力资源开发中心或相应的工作机构，负责优化本行业劳动力配置、分流安置富余职工的工作。这实际上就是后来的再就业中心的雏形。

后来又发展了停薪留职的做法，即富余人员可与单位签订《终止劳动合同停薪留职协议》，暂时中止劳动合同，到社会上从事个体经营或合伙经营，到乡镇企业或外地工作，各项保险费用由本人承担，单位代为缴纳并连续计算投保年限；可以免费参加一次行业或劳动部门举办的转业训练。同时还制定了一些约束措施，即对两次无正当理由拒绝劳动部门介绍就业的，符合培训条件两次拒绝参加统一组织的转岗训练的富余职工，可以解除劳动合同，予以辞退。

为鼓励富余职工自谋职业，规定可与原单位保留两年劳动关系，由所在区、市社会保险机构直接为其办理各项保险手续，连续计算投保年限，享受社会保险待遇。鼓励优质企业对破产、出售企业的职工实行带资安置，即从破产或出售产权的收入中，按每人1.5万元的标准拨付给接收单位，作为安置补偿费。破产或被出售企业的职工组建股份合作制企业，可将每人1.5万元的安置费作为职工个人股投入企业。对一些企业已经实行的"厂内退养"、"放长假"等办法进行了统一规范。

1996年，《国务院批转国家经贸委关于1996年国有企业改革工作实施意见的通知》（国发［1996］11号）中要求："试点城市要围绕企业改革，重点推进养老、失业、医疗保险制度改革，建立健全社会保障制度。逐步实行社会保险行政管理与各类基金的管理、运营相分离，建立社会保险基金的监督体系，健全社会保险机构的社会服务功能，逐步实现离退休职工、待业人员、失业人员管理社会化。"

"结合再就业工程的实施，有关部门、试点城市和试点企业要制订分流富余职工的具体方案和办法。支持国有大中型企业为分流人员提供多种形式的就业机会。鼓励和支持国有企业富余职工自谋职业。对于确需分流到社会的人员，要及时按规定提供失业救济，并通过职业指导、职业介绍、转业训练和生产自救等方式，帮助他们尽快实现再就业。"

从各地的做法来看，在缺乏基本的社会保障的条件下，通过因地制宜的各种政策，探索多种分流安置方式，大大缓解了分流富余人员的矛盾。为在更大范围推进企业富余职工的分流安置工作，在总结部分试点城市经验的基础上，1994～1999 年，国家先后在 110 个城市进行了企业优化资本结构的试点，基本涵盖了全国地市以上主要城市（工业集中地区）。试点城市积极创造条件分流富余人员，提供相应的政策支持，不仅推动了企业改组和结构调整，也为解决富余人员的分流安置积累了宝贵的经验。

专栏 5 - 4

国务院扩大优化资本结构试点城市范围

1996 年，在《国务院批转国家经贸委关于 1996 年国有企业改革工作实施意见的通知》（国发［1996］11 号）中所附国务院确定的企业"优化资本结构"试点城市名单：一是 18 个试点城市：上海、天津、齐齐哈尔、哈尔滨、长春、沈阳、唐山、太原、青岛、淄博、常州、蚌埠、武汉、株洲、柳州、成都、重庆、宝鸡。二是 32 个扩大试点城市：北京、石家庄、呼和浩特、大连、南京、杭州、宁波、合肥、福州、厦门、南昌、济南、郑州、长沙、广州、深圳、南宁、海口、贵阳、昆明、西安、兰州、西宁、乌鲁木齐、银川、鞍山、抚顺、本溪、洛阳、吉林、包头、大同。

1997 年，《国务院关于在若干城市试行国有企业兼并破产和职工再就业有关问题的补充通知》（国发［1997］10 号）中所附国务院确定的企业"优化资本结构"试点城市名单（共 111 个）是：上海、天津、齐齐哈尔、哈尔滨、长春、沈阳、唐山、太原、青岛、淄博、常州、蚌埠、武汉、株洲、柳州、成都、重庆、宝鸡、北京、石家庄、呼和浩特、大连、南京、杭州、宁波、合肥、福州、厦门、南昌、济南、郑州、长沙、广州、深圳、南宁、海口、贵阳、昆明、西安、兰州、西宁、乌鲁木齐、银川、鞍山、抚顺、本溪、洛阳、吉林、包头、大同、芜湖、黄石、九江、佛山、绵阳、自贡、牡丹江、佳木斯、韶关、湛江、汕头、锦州、丹东、营口、乐山、内江、烟台、潍坊、徐州、无锡、南通、襄樊、十堰、宜昌、安阳、平顶山、开封、邯郸、保定、秦皇岛、铜陵、安庆、滁州、四平、通化、湖州、嘉兴、桂林、梧州、长治、阳泉、赤峰、乌海、湘潭、岳阳、个旧、曲靖、鸡西、伊春、三明、南平、景德镇、新余、咸阳、渭南、天水、白银、六盘水、石河子、拉萨、石嘴山。

（二）分离第一步——应运而生的再就业中心

在没有社会保障体制，也没有足够的财政资金支持的条件下，把几十年旧体制遗留的数千万富余人员逐步从企业分流出去，向新的就业体制过渡，这是一项前无古人也后无来者的浩大工程，如何解决这个难题在世界上还没有先例。1995年，根据中央"抓住机遇，深化改革，扩大开放，加快发展，保持稳定"的总方针，一些省区市为处理好改革、发展、稳定的关系，把促进企业下岗人员再就业、完善保障机制作为政府重要职能来落实。各地按照"企业消化为主，国家帮助为辅，保障基本生活"的方针，积极探索在各行业内和企业建立下岗职工再就业中心。再就业中心可以说是中国特色的一个创举，其运作模式是：企业下岗职工离开企业但不直接进入社会，而是进入行业再就业中心，接受中心的管理。再就业中心对下岗职工进行培训，发放下岗生活费，办理各种社会保险，并根据劳动力供求信息推荐就业。进入再就业中心的下岗职工，除每月发给基本生活费外，还由企业代缴 25% 的养老保险费、4% 的大病统筹保险及住房公积金等。

再就业中心可以说是从计划经济转向市场经济改革中的一个伟大创举，它的存在时间虽然不长，但在国企改革中却具有极其重大的意义：由于这项制度的创立，把企业从进退两难、能生不能死的困境中解脱了出来，从而找到了一条从计划体制通向市场体制的过渡性"桥梁"。

再就业中心的探索源于各地，基本制度框架成形于上海。上海曾经是我国最大的工业城市，因此在改革过程中面临的人员问题也格外突出。由于人员安置进退两难，使许多资产流动、优化重组的计划难以实施。上海市组建的由政府支持、社会资助、企业出面的再就业中心好比一座桥梁，通过这个中心的过渡，国有企业的下岗职工从企业走向社会重新就业。这是上海市为破解国有企业改革、发展、稳定的难题，精心设计的一种崭新的管理模式。一项进退失据的改革由此破局。

职工再就业中心先在上海的纺织、仪表控股集团公司建立，逐步在全市推开。两年内，全市工业各行业部门都建立了再就业中心，并纵向下设近百个分中心和工作站（安置办）。有了服务中心，下岗人员脱离企业，但是不直接进入社会，而是接受再就业中心的管理。再就业中心对他们发放下岗生活费，办理各种社会保险，进行转岗培训，并根据劳动力供求信息，组织他们劳务输出、生产自救、应聘考试。纺织、仪电两个再就业中心开设了计算机操作、办公自动化、会计、家电维修、厨师、物业管理等培训班，帮助下岗职工增强再就业的技能。再就业中心的运转基金，由政府、社会、企业各负担 1/3，全部用于下岗职工，中心工作人员的开支由原单位负责，不得动用运转基金。

职工再就业中心成立后，其积极作用很快显现出来。在此之前，上海纺织业有12家企业准备破产，因为劳动力无法安置而不能实施。由于有了再就业中心这个"中间地带"可以过渡，这些企业得以进入破产程序，进行破产重组，从而大大降低了纺织控股公司资产负债率，优化了资本结构，开始了新的发展。

上海市把再就业作为一项社会系统工程统筹，非常注重制定各项政策时考虑政策导向。一是有关政策尽可能让下岗人员离岗离厂进入再就业中心后，减少后顾之忧。下岗人员在中心内能落实基本生活和基本社会保障，还能得到接受培训和安置的机会。这些都是下岗人员所在企业无力办到的。二是有关政策引导进入再就业中心的下岗职工积极主动地"流"起来，尽快走出中心，到社会上就业。凡提前离开中心的职工，其生活保障费可以提前发放。三是调动政府、社会、企业、个人各方面的积极性，多渠道、全方位地分流、安置下岗职工，整合各类资源形成社会合力。上海纺织控股（集团）公司首批安排12个企业进行试点时，要求再就业中心吸纳的职工为2.24万人。中心根据实际情况，分门别类，对自愿要求提前退休、自谋出路、停薪留职、生产自救的职工，以不留后遗症、不让职工吃亏为原则帮助办妥手续，这样分离出下岗人员6970人，使需要中心提供全面服务的职工减至1.54万人，缓解了再就业中心的资金压力。

上海市认为，建立再就业中心的关键是解决好"进口"和"出口"的问题。"进口"要有序，即必须掌握标准，按规定控制人数；"出口"要通畅，广泛拓展就业渠道，使再就业中心真正成为下岗待工人员再就业的流转中心。在试点阶段，上海市坚持"稳进快出，量出为入"的方针，并明确规定全市各行各业凡是要吸纳劳力的，都先安排去各再就业中心招聘下岗职工。经过艰苦努力，上海市1990~1995年累积的86万名下岗职工，到1995年年底安置了66万名职工再就业。1996年新增下岗职工20多万名，加上20多万名待岗职工，再就业中心共有下岗职工40多万人，当年又实现再就业20多万人。

上海的成功经验，起到很好的示范效应。建立再就业中心解决了社会保障体制没有建立之前，企业富余员工离开企业以后到哪里去的问题，同时也给了富余人员转变观念的时间。再就业中心逐渐成为分流安置富余人员的一种正式制度安排，在全国普遍实行。

再就业中心的相关政策在实践中不断完善。再就业中心顺利运转的一个基本前提，就是要有必要的经费保障。由于大多数困难企业根本没有支付能力，如何解决资金来源问题，是一个最大的难点。对此，《中共中央办公厅关于进一步解决部分企业职工生活困难问题的通知》（中办发［1996］29号）作出了具体的规定：经当地政府解困工作主管机构核定，实行地方财政贴息、企业主管部门调剂一部分资金、银行提供一部分工资性贷款的"三家抬"办法，解决再就业中心职工的基本生活费来源。为鼓励企业实行下岗分流，建立再就业中心，1997年，国务院决定采取以产定人、下岗分流、适当减免贷款利息等办法，多种渠道保证困难企业下岗职工的基本生活按时发放。

1999 年，国务院办公厅下发《国务院办公厅关于进一步做好国有企业下岗职工基本生活保障和企业离退休人员养老金发放工作有关问题的通知》（国办发〔1999〕10 号），对继续做好国有企业下岗职工基本生活保障和再就业工作等提出要求：一是落实资金确保下岗职工的基本生活。要坚持实行企业、社会、财政各负担 1/3 的办法，中央企业由中央财政负担，地方企业由地方财政负担。各地财政要优先、足额安排这项资金，企业、社会筹集不足的部分，财政要给予保证。二是积极促进下岗职工的再就业。要有针对性地开展职业培训和职业指导，引导下岗职工转变择业观念，提高再就业能力。要认真落实国家有关税收和小额贷款等方面的优惠政策，鼓励和支持下岗职工自谋职业和组织起来就业。三是加强下岗职工劳动合同管理。下岗职工在企业再就业中心期间已实现再就业以及 3 年协议期满仍未再就业的，企业应当依法与其解除劳动合同。对不进中心或进中心不签协议的下岗职工，不支付其基本生活费。四是进一步完善"三条保障线"制度。

全国普遍建立下岗职工再就业中心，下岗分流成为一项重要的改革举措。1997 年前后，虽然经过"优化资本结构"城市试点和上海市在行业内建立再就业中心的探索，国有企业下岗职工问题仍然十分突出。针对这一状况，1997 年 1 月，党中央、国务院在北京召开第一次全国再就业工作会议。会议客观分析了当时国有企业面临的困难，提出"鼓励兼并、规范破产、减员增效、实施再就业工程"政策，会议肯定了上海再就业中心的做法，决定在国有企业广泛建立下岗职工再就业中心，并建立起下岗职工基本生活保障、失业保险和城市居民最低生活保障"三条保障线"。这项政策的实施加大了国有企业结构调整和改革的力度。

1998 年 5 月，党中央、国务院再次召开全国国有企业下岗职工基本生活保障和再就业工作会议。会后制定下发《关于切实做好国有企业下岗职工基本生活保障和再就业工作的通知》（以下简称《通知》），《通知》明确提出"建中心、进中心、保生活"的要求。随后，各地按照中央的要求普遍建立了再就业中心，在全国形成了国有企业下岗职工基本生活保障制度、失业保险制度和城镇居民最低生活保障制度三条保障线，基本实现了确保在岗职工生活费和离退休人员退休费发放（"两个确保"），对享受最低生活保障的城镇居民实行"应保尽保"，对实现企业和社会的稳定起到了关键性的作用。至此，中国式的社会保障体制的雏形开始形成：三条保障线实际上相当于建立了职工失业保险，即使失业后长期不能实现再就业，也可以获得最低生活保障作为其生活费的来源。

1998年6月，党中央、国务院下发《中共中央 国务院关于切实做好国有企业下岗职工基本生活保障和再就业工作的通知》（中发［1998］10号）提出，全国国有企业要普遍建立再就业中心，保障国有企业下岗职工基本生活：一是明确进入再就业中心的对象，主要是实行劳动合同制以前参加工作的国有企业的正式职工。这意味着在此之后就业的职工，国家不再承担再就业的责任。二是下岗职工进入再就业中心的期限一般不超过3年，3年期满仍未就业的，应与企业解除劳动关系，按规定享受失业救济或社会救济；3年期间能够实现再就业的职工，其劳动关系要转到新就业单位，并连续计算工龄。三是再就业中心的资金来源原则上采取"三三制"的办法解决，即财政预算安排1/3、企业负担1/3、社会筹集1/3。国有独资盈利企业和国有参股、控股企业，原则上都由本企业负担。

但由于这一阶段的就业政策偏重于保证国有企业下岗职工的基本生活，下岗失业人员的再就业问题并没有得到有效解决。之后，国务院又在东北三省进行完善社会保障试点并把下岗职工问题作为试点的重要内容之一，但由于这一试点工作仅在部分地区开展，且需要各级财政特别是中央财政有较大的投入，因此短时期的效果并不显著。而在这5年期间，全国平均每年都有500多万名下岗职工，职工下岗后难以安排再就业，成为当时国有企业最为突出的矛盾和问题。

通过国有企业下岗职工再就业中心这个过渡性的制度安排，1997～2003年间，国有企业累计有2780万名下岗职工进入再就业中心，并得到基本生活保障，其中1850万人通过多种渠道和方式实现了再就业，再就业率达到67%。2000多万名下岗职工的分流安置保障了企业结构调整中下岗失业职工的基本生活，对于深化国有企业改革，维护社会稳定起到了极为重要的作用。

专栏5-5

纺织行业的做法与成效

纺织行业是我国传统产业部门，在国民经济中曾发挥过重要作用，到20世纪90年代中期，纺织行业仍占全国工业总产值的1/8，职工人数的1/7，出口额的1/4。从1993年开始，国有纺织行业逐渐成为国有工业中困难最大、亏损最严重的行业之一。1996年跌入低谷时，国有纺织企业亏损面达42%，高出全国国有工业8个百分点，亏损额为106亿元。据分析，要达到有市场竞争力的水平，国有纺织企业的职工要减少50%左右，即大致需要安置、转移250万名职工。

1997 年，中央经济工作会议明确将纺织行业确定为国有企业改革和解困的突破口，并提出三项任务：压缩淘汰 1000 万落后棉纺锭，分流安置 120 万名职工，国有纺织行业整体实现扭亏为盈。为了完成三年内压缩 1000 万锭的目标，中央政府给予了在当时条件下的最大支持，如每压 1 万落后棉纺锭给予 300 万元补贴，提供贴息贷款 200 万元等。同时，有关地方政府也根据自身的条件，对本地纺织企业给予了不同的政策优惠。经过多方面艰苦努力和扎实工作，不仅推动了中心城市的产业结构调整，恢复和提高了纺织行业的国际市场竞争力，还为国有特困行业脱困和整个国有企业改革探索出了一条路子。

在压锭和调整过程中，妥善安置好下岗职工始终是工作的重中之重。纺织作为传统劳动密集型行业，在结构调整中不可避免地伴随大量富余人员下岗分流。因此，纺织行业实施突破过程中，始终坚持两个"坚定不移"，即坚定不移地进行压锭调整，不调整不足以摆脱困境，坚定不移地进行妥善安置下岗职工，不安置不足以确保调整平稳继续，并始终把安置下岗职工放在首位，处理好改革、发展、稳定的关系。一方面，发动新闻媒介和通过思想政治工作进行典型宣传和推动，引导广大职工树立新的择业观念、市场观念、竞争观念、效益观念和分配观念；另一方面，紧紧依靠地方政府和社会各方面共同努力，通过建立再就业中心，落实"三家抬"资金，落实两个"确保"和"社会保障三条线"工作，加强就业技能培训，广开就业渠道，平稳分流安置下岗工人，为纺织行业改革调整顺利进行提供保证。

纺织行业突破口战役取得了显著成效。

经过两年的攻坚，截至 1999 年年底，全国累计压锭 906 万锭，分流安置 116 万人，国有纺织企业实现利润 8 亿元，结束了全行业多年亏损的历史，提前一年基本实现了三年脱困目标。到 2000 年，纺织行业呈现了较好的发展势头，全行业实现利润 281 亿元，同时还扭转了出口下滑的局面，全年出口达到 521 亿美元。国有及国有控股企业实现利润 67 亿元，与 1997 年相比较，资产负债率由 81.8% 下降到 72.9%，劳动生产率由 1 万元提高到 2.3 万元。

（三）华山不止一条路——探索多种分流减员的方式

国有企业富余人员的分流安置，除实行下岗进入再就业中心分流外，各地各企业还积极探索了协议解除劳动关系、实行内部退养、协议保留社会保险关系、终止劳动合同、实行停薪留职等多种分流方式。

协议解除劳动关系是指按照《劳动法》等有关法律、法规，依法解除职工与企业的劳动关系，并根据其在岗工作年限计算发经济补偿金。补偿金的工资计算标准为职工解除劳动合同前 12 个月的本人月平均工资；本人月平均工资低于本企业月平均工资的，按本企业月平均工资标准计发；每满 1 年发给相当本人 1 个月工资的经济补偿金；最多不超过 12 个月的本人工资。

内部退养是"退出工作岗位休养"的简称，指对距法定退休年龄不足 5 年（含 5 年）、实现再就业困难的下岗职工，按规定由企业发给其基本生活费，并继续缴纳社会保险费，该职工达到退休年龄时正式办理退休手续。1993 年，国务院发布的《国有企业富余职工安置规定》（国务院令第 111 号）第九条规定："职工距退休年龄不到 5 年的，经本人申请，企业领导批准，可以退出工作岗位休养。职工退出工作岗位休养期间，由企业发给生活费。已经实行退休费用统筹的地方，企业和退出工作岗位休养的职工应当按照有关规定缴纳基本养老保险费。职工退出工作岗位休养期间达到国家规定的退休年龄时，按照规定办理退休手续。职工退出工作岗位休养期间视为工龄，与其以前的工龄合并计算。"1994 年，劳动部发布的《关于严格按照国家规定办理职工退出工作岗位休养问题的通知》（劳部发〔1994〕259 号）规定："企业对距退休年龄不到 5 年的职工，应经本人提出申请，企业领导批准，方可办理退出工作岗位休养。"据此，实行内部退养有三个基本条件：距退休年龄不到 5 年的职工，由本人写出书面申请，经企业领导批准。内部退养人员的基本生活费标准，一般由企业结合地方政策和企业实际情况确定。2000 年，在辽宁省开展完善城镇社会保障体系试点工作时，考虑到东北地区下岗职工的特殊困难，国务院在《关于印发完善城镇社会保障体系试点方案的通知》（国发〔2000〕42 号）中适当调整了社保试点工作中实行内部退养的条件，明确对距法定退休年龄不足 5 年或工龄已满 30 年、实现再就业有困难的下岗职工，可以实行企业内部退养，由企业发给基本生活费，并按规定继续为其缴纳社会保险费，达到退休年龄时正式办理退休手续。同时，对实现再就业困难且接近企业内部退养年龄（男 50 岁以上、女干部 45 岁、女工人 40 岁以上）的职工，在解除劳动关系时，经企业与职工协商一致，可以签订社会保险缴费协议，由企业为职工向养老保险征缴机构缴纳基本养老保险费和基本医疗保险费至退休年龄。缴费基数为本市上年度职工月平均工资的 60%，缴费比例按照解除劳动关系时当地的缴费比例。企业不再为其支付经济补偿金或生活补助费，达到法定退休年龄时按规定办理退休手续。

终止劳动合同是指合同期满自动终止劳动合同，并由企业按职工在岗工作年限计发生活补助费。在岗工作年限每满 1 年，发给 1 个月的生活补助费，在岗工作年限不足整年的，按整年计算，最多不超过 12 个月。

在这一时期，一些国有大中型企业为进一步深化改革，提高市场竞争能力，谋求可持续发展，按照减员增效的要求，采取协议解除劳动关系的做法分流企业富余人员。中石油集团公司、中石化集团公司分别约有 38 万人、21 万人采取有偿解除劳动合同的方式解除了与企业的劳动关系。如大庆石油管理局在 2000 年年底，根据国家"鼓励兼并、规范破产、下岗分流、减员增效、实施再就业工程"等政策措施，按照"双方自愿、协商一致、签订协议和依法公证"的原则，管理局实施了有偿解除劳动合同政策。他们在操作中要求有偿解除劳动合同必须坚持双方自愿的原则，对于内部退养职工予以鼓励，对在岗职工加以限制，对技术骨干严格控制，经过精心组织，周密部署，严格履行法定程序，截至 2001 年 7 月，63686 名职工与企业有偿解除了劳动合同（10428 名职工与大庆油田有限责任公司解除了劳动合同）。这些人员要求解除劳动合同主要基于以下原因：一是随着工作量的逐步减少、原材料涨价等不确定因素的影响，企业经济效益下降，前景不十分乐观，部分职工对企业缺乏足够的信心；二是多种经营单位大多数依附于主体而生存，主营业务不突出，市场开发空间有限，经营难以为继；三是后勤服务单位原来一直靠补贴过日子，随着改革的不断深化，企业人员多、经营能力差的矛盾逐渐显现出来，要求解除劳动合同的人员较多。

中国石油天然气集团公司是一个较典型的例子。该公司拥有 5000 多亿元资产，150 多万名职工。在长期的计划经济体制下，形成了典型的"大而全"、"小社会"的企业组织模式。1999 年开始他们利用境外上市的机会，按照国际通行的"油公司"模式，进行了大规模的内部重组改制，将集团内石油、炼化、销售、管道运输企业和科研单位中的核心业务以及相关的资产、人员分离出来，组建中国石油天然气股份有限公司，到境外成功上市。其他业务及资产、人员全部留在存续企业，实行核心业务与非核心业务分离、分立，分开管理，独立核算。这次重组，有 48 万人进入股份公司，另外 100 多万人留在存续企业。在重组的同时，股份公司和存续企业都加大了内部改革的力度，通过分离办社会职能鼓励自谋职业及有偿解除劳动关系等多种渠道分流了 25 万富余人员，减轻了负担、增强了竞争能力。

表 5-1 是在经过减员增效的改革之后企业富余人员的状况。由此可以看出，一是富余人员占企业员工的比重平均达到 40% 以上，最高的达到 90% 以上（鞍钢）；二是经过减员增效之后，企业的富余人员并没有完全解决，待安置的富余人员仍然占到全部员工的近 1/4。

（四）平稳着陆——再就业中心与社会保障体制"并轨"

再就业中心及其他各种分流富余人员的方式，是在转轨阶段缺乏社会保障体制的权宜之计，它只是解决新旧体制之间"断层"问题的一座临时桥梁，不可能成为一种长期性的制度，并且在实践中存在明显的局限：这一制度虽然由众多政府部门参与组织、管理并提供经济援助及服务，但最终还是以企业为载体并通

表 5－1

2002 年部分国有重点企业富余人员状况

单位：万人

企业名称	在册职工人数					富余人员					
	总数	国有职工		集体职工				富余人员中			
		人数	比例（%）	人数	比例（%）	总数	比例（%）	已安置人员		待安置人员	
								人数	比例（%）	人数	比例（%）
中石油	122.5	115.8	94.5	6.7	5.5	21.4	17.5	4.6	3.8	16.8	13.7
中石化	102.9	93.73	91.1	9.17	8.9	34.6	33.6	17.93	17.4	16.7	16.2
一汽	11.9	11.7	98.3	0.2	1.7	1.49	12.5	0.3	2.5	1.19	10.0
东风汽车	14.03	12.28	87.5	1.75	12.5	5.86	41.8	0.7	5.0	5.2	37.1
一重	1.58	1.58	100.0	0	0.0	0.34	21.5	0	0.0	0.34	21.5
二重	1.59	1.59	100.0	0	0.0	0.315	19.8	0.04	2.5	0.275	17.3
宝钢	15.07	13.75	91.2	1.3	8.6	8.38	55.6	7.4	49.1	0.9	6.0
鞍钢	32	16	50.0	16	50.0	30	93.8	10	31.3	20	62.5
武钢	13.05	10.68	81.8	2.36	18.1	10.4	79.7	9.67	74.1	0.73	5.6
首钢	17	17	100.0	0	0.0	12.85	75.6	7.45	43.8	5.4	31.8
兵器工业集团	48.4	38.4	79.3	10	20.7	28.2	58.3	3.6	7.4	24.6	50.8
大同煤矿	14.35	10.74	74.8	3.61	25.2	6.03	42.0	1.16	8.1	4.87	33.9
合计	394.37	343.25	87.0	51.09	13.0	159.9	40.5	62.9	15.9	97.005	24.6

注：（1）在册职工中不包括离退休人员；（2）富余人员中不含企业办医院、学校等非生产性人员。

过企业具体实施，企业的负担并没有完全消除，不同企业之间存在很大的差异，单以经济补偿金的标准为例，经济实力强的企业员工补偿金额高达 10 万元以上，而困难企业的员工补偿金有的不到 1 万元。同样进入再就业中心的员工，基本生活费的发放标准在企业之间也存在极大差异，制度的公平性和规范性都难以体现。要解决市场经济体制下企业用工的市场化问题，归根到底要靠完善的社会保障体制。因此在实施下岗分流富余人员的同时，社会保障体制的建立也随之提上了决策的日程。2000 年，国务院提出了完善城镇社会保障体系的试点方案，同时决定从 2001 年起不再建立新的再就业中心，企业发生新的减员直接依法解除劳动关系，实施下岗职工基本生活保障及再就业制度向失业保险并轨改革，使国有企业职工基本保障逐步融入社会保障体制。2001 年，国务院下发了《完善城镇社会保障体系试点方案的通知》（国函〔2001〕79 号），决定从当年 7 月起在辽宁省进行试点。2003 年，《中共中央　国务院关于实施东北地区等老工业基地振兴战略的若干意见》（中发〔2003〕11 号）确定，城镇社会保障试点范围扩大到吉林、黑龙江两省。2004 年，《国务院办公厅关于在吉林和黑龙江进行完善城镇社会保障体系试点工作的通知》（国办函〔2004〕19 号）中对有关工作作出详细部署。从辽宁省开始的建立社会保障体制试点的重要政策之一，就是推动国有企业下岗职工基本生活保障向社会失业保险并轨，逐步将国有企业下岗职工纳入社会化管理的轨道。

（五）巧解难题——从"三条保障线"到社会保障体制建立

社会保障体制是市场经济的基础和屏障。中国特色的社会保障体制从无到有的建立过程，也是改革不断深化的过程。国务院完善城镇社会保障体系的目标，就是逐步建立独立于企业事业单位之外、资金来源多元化、保障制度规范化、管理服务社会化的社会保障制度。主要内容是建立和完善城镇企业职工基本养老保险制度；研究制定机关事业单位职工养老保险办法；加快建立城镇职工基本医疗保险制度；推动国有企业下岗职工基本保障向失业保险并轨；加强和完善城市居民最低生活保障制度等。

1. 东三省试点

2001 年 5 月，国务院在听取辽宁省有关专题汇报后，形成《听取辽宁省关于完善城镇社会保障体系试点方案有关问题汇报的会议纪要》（国阅〔2001〕28 号），其中对于完善城镇企业职工基本养老保险制度和推动国有企业下岗职工基本保障向失业保险并轨等，提出了具体意见。随后正式批准了辽宁省完善社会保障体制的试点方案。

专栏 5 - 6

国务院会议纪要提出的建立社会保障体制的意见

一是做实基本养老保险个人账户，个人缴费比例由 5% 调为 8%，企业为职工缴纳的基本养老金不再划入个人账户，作为社会统筹金。必须确保企业离退休人员养老金的按时足额发放，由于做实基本养老保险个人账户所产生的资金缺口由中央财政与地方财政按 75：25 的比例给予补助。二是国有企业下岗职工基本生活保障向失业保险并轨。从 2001 年起不再建立新的再就业中心，企业发生新的减员直接依法解除劳动关系，未出中心的或虽出中心但未解除劳动关系的人员在给予经济补偿金后与企业解除劳动关系，与企业解除劳动关系的离岗职工依法享受失业保险或城市居民最低生活保障待遇。企业与职工解除劳动关系所需经济补偿金，原则上由企业自行负担。对中央困难企业和中央下放的煤炭、有色困难企业所需经济补偿金缺口，由中央财政补助；对确实困难的地方国有企业所需经济补偿金缺口提出解决办法。对距法定退休年龄不足五年的或工龄已满 30 年、实现再就业有困难的下岗职工，可以实行企业内部退养，由企业发给基本生活费，并继续为其缴纳社会保险费，达到退休年龄时办理退休手续。三是解决企业拖欠职工债务问题要与解除劳动关系问题分开处理。对于企业拖欠职工的债务，由企业负责解决，但对债务主体已不存在的要认真研究，落实债务主体。

东北三省是我国老工业基地，具有计划经济的典型特点，存在"三多一重"，即国有企业多、困难企业多、社会保障欠账多，人员和债务包袱沉重。在这样的地区实现从再就业中心向规范的社会保障体制转轨，任务十分繁重。在向社会保障体制并轨前，80% 左右的国有企业属于困难企业，停发工资或部分发放工资的占 70% 以上，地方财政也比较困难。辽宁省更是老国有企业集中的典型地区，困难和矛盾更为突出。如果并轨试点在辽宁省成功了，在东北就完全可行；如果在东北成功了，在全国普遍推开就具备了条件。选择辽宁省试点，体现了决策层对建立社会保障体制改革的深谋远虑。

由于企业和地方财政困难，无力支付职工出中心解除劳动关系的经济补偿金，国有企业再就业中心长期滞留了大量应出中心而未出中心的下岗人员，国家和企业每年都要投入大量的资金，发放基本生活费，改革成本越来越高。因此国务院做出在 2001 年关闭再就业中心的决定。原来留存在中心的下岗人员，到期后一律与企业解除劳动关系，依法享受失业保险或最低生活保障待遇。同时明确了距法定退休年龄不足 5 年或工龄已满 30 年的下岗职工，可以实行内部退养，由企业发放基本生活费的政策。考虑到下岗职工在失业保险期满之后未能实现就业的状况，进一步完善了城市居民最低生活保障制度。这样在制度设计上，第一解决了职工失业之后的基本生活保障；第二解决了职工退休之后的养老保障。从而根本解除了职工与企业解除劳动关系之后的主要后顾之忧。

在东北地区并轨试点中，先后共有414.5万人退出再就业中心，与原企业解除了劳动关系，进入社会时也纳入保障系统。一大批由于人员负担过重陷入生产经营困难的企业，逐步恢复了生机。以辽宁省为例，地方国企全员劳动生产率由2000年的1.6万元/人，上升到了2002年的2.5万元/人，提高了56%；国有煤矿年人均煤炭产量，由2000年的160吨，提高到2002年的226吨；国有钢铁企业年人均钢铁产量，由2000年的114.7吨，提高到2002年的162.3吨。

与旧体制的告别当然不是一件轻松的事情，政府不轻松，企业不轻松，职工更不轻松，每一步改革甚至都是一个痛苦的过程。多年来，东北三省由于国有经济比重大，改革后市场经济发育相对迟缓，企业依靠政府、职工依靠企业的传统观念比较严重。社会保障制度并轨试点，可以说是对全社会触动最深的一次社会主义市场经济的普及教育，数百万名员工告别国有企业，进入社会保障系统，彻底地打破了"就业靠政府，终身靠企业"的传统就业观念，终结了几十年来形成的相对固化的劳动关系，解决了多年解决不了的国有企业与职工解除或终止劳动合同难的问题，企业开始具备建立新的"能进能出"的用工机制的条件，初步实现了真正意义上的用人自主。只有走到这一步，国有企业才可能进入市场。同时，失业人员也开始到市场中重新寻找自己的位置，自谋职业、自主创业的人们越来越多。到2002年年底，辽宁省全省城镇私营个体从业人数329.2万人，比2000年增加了84.9万人，占全部从业人员的比重也由2000年的22%提高到32%；同一时期，国有经济单位从业人员减少了123.4万人，集体经济单位减少了50万人。随着劳动力结构的调整，职业介绍机构等与就业相关的中介组织迅速发展，职业介绍服务网络初步形成，城市街道和社区全部建立了劳动保障工作机构，围绕失业人员的出现和社会就业的需求，社会的组织体制和运转方式也在发生深刻的转变。

新的社会保障体制在改革中诞生。并轨试点过程，也是新体制建立的过程。随着并轨的逐步完成，东北地区的基本养老保险、基本医疗保险、失业保险、工伤保险以及城市居民最低生活保障制度建设也取得重大进展，初步构建了独立于企业之外、保障制度规范化、资金来源多元化、管理服务社会化的社会保障体系。由于职工出再就业中心与其再就业紧密挂钩，因此建立了失业保险、最低生活保障和再就业的联动机制，避免了大量并轨人员直接进入失业队伍对社会造成的冲击。截至2005年年底，辽宁、吉林、黑龙江三省的城镇登记失业率分别为

6.5%、4.2%和4.4%，就业局势基本稳定。与此同时养老保险的社会化也在积极推进，大量员工从企业离开进入社会，他们的养老问题必须得到保障，为此进一步做实养老保险个人账户，改革基本养老金计发办法，建立参保缴费的激励约束机制，基本养老保险制度也从企业逐步转到了社会统筹。

2. 全国社保基金理事会的建立

东北三省的试点较好地解决了制约改革的深层次矛盾和历史遗留问题，促进了国有企业改革、经济发展、社会稳定和东北老工业基地的振兴，也为全国积累了宝贵的经验。随后全国各地的并轨工作有序推进，作为市场经济基本制度的社会保障体系逐步形成。虽然其完善还有很多的工作要做，还需要很长的时间，但基本的制度框架的建立，这就为国有企业深化改革奠定了坚实的基础。

与此同时，一向着眼长远的制度建设也在悄然推进，这就是建立全国社保基金，为弥补将来的养老金缺口未雨绸缪。新中国成立以来，基本实行的是政企合一的体制，国有企业以及社会其他成员都没有建立养老金制度，现在国企和其他社会成员都要陆续进入社会养老系统，但养老金没有任何积累，只能现收现付，一旦入不敷出，将可能酿成社会动乱。针对这一严峻的现实，2000年，中央做出决策，成立全国社保基金和全国社保基金理事会，这是一项事关人民群众的生计和国家长治久安的重大战略决策。

2000年年底，中央财政拨款200亿元，全国社会保障基金开始有了第一笔基金。根据中央要求，全国社保基金要不断壮大规模，拓宽筹资渠道。最终筹资渠道主要是以下三种：

第一，中央财政预算拨款。财政每年拨一点，逐步积累。朱镕基同志特别重视全国社保基金建设，一开始就拨了200亿元。这在当时财政预算比较紧张的情况下，可以说是大手笔，非常难得。

第二，中央财政拨入彩票公益金。发行彩票的收入，扣除印刷、销售、奖金等费用以及发行部门所得公益金基数外，增长部分都给全国社保基金。

第三，国有股转（减）持。中央决定把国有股划拨作为全国社保基金的一个重要筹资渠道，即在国有企业上市融资的过程中，划出一定比例减持变现后充实社保基金，最初的比例是筹集资金的10%。截至2010年年底，国有股转（减）持共为全国社保筹集资金1973.97亿元，占累计财政性净拨入资金的44.49%。

此外，投资收益也是全国社保基金增量的重要来源。截止到2010年年底，全国社保基金累计投资收益达到3373.57亿元，占全国社保基金权益的43.19%。

三、"引水入渠"——实施再就业工程

企业要发展，职工要就业。这本来是一个统一的问题，在从旧体制向新体制转轨的过程中却成了一对尖锐的矛盾。下岗分流解决了企业发展问题，但员工的就业却成为当时社会一个极其突出的矛盾。在极短的时间内（前后不过三年的时间）数以千万计的员工进入社会失业队伍，他们的生计和家庭都遇到了前所未有的困难和考验，"三条保障线"解决了吃饭的问题，但没有解决职工及其家庭脱贫的问题，这显然会成为社会不稳定的导火线。与农村改革不同的是，农村改革是普降甘霖，几乎每一个农民都是直接受益者，受益不均的问题至少不那么突出。但国有企业在走向市场的过程中，在企业发展与员工就业之间，面临的是一个痛苦的选择。壮士断腕，是为了重生。然而社会的承受能力是有限的，改革总是要在社会各方面可承受的范围之内寻求平衡。发生于2002年3月的大庆事件，成为改变社会政治平衡的一个标志性的事件，甚至可以称为中国国有企业改革的一个转折点。

（一）大庆事件——警钟敲响了

大庆油田是我国最大的石油生产基地，为共和国的发展做出了历史性的贡献。在石油石化行业的重组中，大庆成为中国石油天然气总公司下属的企业。1999年经国务院批准，中石油进入国际资本市场，在美国纽约上市。由于当时企业人员和各种历史包袱沉重，效益不高，为满足上市的相关要求，采取了分拆重组的方式。即将原企业一分为二，优质资产和相应的员工组建股份公司上市，而将计划体制遗留下的企业办的各种生产辅助性产业、为安置员工兴办的多种经营产业以及应由政府承担的社会事业等，继续保留在原企业，这部分被称为存续企业。重组前的中石油共有员工150万人，重组后只有48万员工进入上市公司，其余100多万员工留在了存续企业。但上市公司的资产和业务占到中石油的90%以上，效益也全部在上市公司，存续企业除了靠上市公司的分红之外，自身没有生存能力。为此中石油采取协议解除劳动关系的做法，试图减少部分人员负担。大庆油田根据中石油的统一部署，于2000年开始进行了分离重组。按照油田与员工双方自愿、平等协商的原则，经过个人申请、组织批准、签订协议、依法公证的程序，共与7.3万名员工有偿解除劳动关系，人均经济补偿金10万元左右，这个标准在当时是全国最高的。经过减员分流后，大庆油田职工总数由26.3万下降到20.9万人，减少21%。协议解除劳动关系的过程，应该说是符合国家政策规定。

2002年3月1日，大庆油田部分有偿解除劳动关系的人员，到油田机关集体上访。上访人员主要反映养老保险待遇、物业管理费的缴纳等具体利益问题，但提出要求则是"年轻的返回岗位，年纪大的享受在职职工待遇"，实际上是要从分离改革的做法上退回来，恢复原来的身份和待遇。此后连续几天，事件不断升级，参与人数不断增加，出现了冲击办公楼、堵塞公路、拦截火车等过激行为。尽管相关部门采取了主动对话平息事态、要求上访人员在合法范围内反映诉求解决问题，但事态依然不断升级，人数多的时候曾达6000多人，一直持续到21日才逐渐平息。

大庆事件之所以在整个社会甚至国际上都引起较大反响，原因在于，首先，大庆油田是中国工业的一面旗帜，大庆工人是中国产业工人的代表，具有政治上的象征意义；其次，此次事件持续时间之长、参与人数之多也为改革开放以来所少见；再次，在事件过程中发生了冲击办公楼、阻塞公路铁路、打砸抢等过激和违法行为，严重影响地区和社会稳定；最后，由于事件本身的象征意义，招致一些境外媒体参与其中，进行夸张性报道。而更深层的原因则在于，大量富余人员进入社会之后，一些人长期未能就业，个人和家庭都面临极大的生活压力，加上减员增效的效果开始显现，在职员工待遇明显提高，这种不平衡成为了不稳定的导火线。因此这次事件看似偶然，实际上其背后有着复杂的社会经济根源。

从大庆来看，可以说是各种矛盾的聚焦点。大庆是一个因油而生的资源型城市，先有矿区，后有城区，城市功能不完善，商业和贸易服务体系不发达，第三产业规模弱小，社会吸纳下岗失业人员的能力不强，有偿解除劳动合同人员再就业的渠道狭窄。特别是油矿企业较分散，职工随矿而居，远离城区，就业环境很差。而且长期受传统计划经济体制影响，部分有偿解除劳动合同人员就业观念僵化、保守，依赖企业的思想严重，自主就业能力不强，实现社会化就业十分困难，随着时间的推移，个别有偿解除劳动合同人员因各种原因生活存在一定的困难。这种状况与改革后继续留在油田待遇不断提高的员工相比，形成了巨大的反差。大庆事件可以说是国有企业改革中矛盾交织的一个缩影。

大庆事件引起了党中央、国务院领导的高度重视，多次做出重要批示。根据国务院领导的批示要求，为平息大庆的事态，由时任国家经贸委主任李荣融带队，率领由国家经贸委、劳动保障部、中央企业工委和全国总工会等部门联合组成的调查组，赶赴大庆，与黑龙江省、大庆市政府和中石油负责人一起处理上访事件。调查组在与中石油负责人和省市两级领导交换意见后，前往大庆油田，现场与上访员工的代表进行对话，听取他们的诉求。在充分了解职工诉求和有偿解除劳动关系的具体做法之后，形成了给国务院的报告。

这份报告首先对这次集体上访的深层根源进行了分析，认为事件的起因在于中石油近年来一系列改革措施与油田职工传统观念和既得利益发生了矛盾冲突。中石油改制后，开始形成上市公司与存续企业两方面职工利益的不平衡。尽管解除劳动合同操作非常规范，坚持了双方自愿、协商一致、签订协议、依法公证的原则，但由于企业效益好转，在岗职工得到的工资奖金较高，有偿解除劳动合同人员感到在利益上受损，心理产生不平衡。再加上传统体制下油田职工子女就业是由企业包下来的，用工制度改革后职工技校的学生不包分配，职工对子女就业难也很不满意。因此，尽管大庆油田在改革中实施了一系列超出常规的补偿措施，如经济补偿金平均高达10多万元、供暖费仍由企业负担等，仍难以平息有偿解除劳动合同人员的不满情绪。各种因素综合在一起，导致了这次震动全国乃至中外的群体聚集事件。尽管事件没有酿成重大的后果，但却给了社会一个极为重要和危险的信号：不解决好下岗职工的再就业问题，就难以保持社会的稳定，甚至会导致部分职工对社会和政府的不满。

调查组给国务院的报告就平息事态提出了四条处理意见：一是充分肯定大庆油田实施减人增效是国有企业深化改革、参与市场竞争的客观需要，符合改革方向，在这一点上只能向前走，不能往后退。否则改革就可能半途而废。二是明确指出有偿解除劳动合同是依据国家相关法律和政策进行的，在程序上也是规范的，不能轻易否定。三是要求企业在改革和调整中，一定要做到有情操作，工作要做深做细，做好政策宣传解释工作，对下岗职工一定要有人管，党员要有组织依托，要充分发挥党组织的作用，保持社会稳定。四是要尽快恢复大庆正常的生产生活秩序，对极少数不法分子要采取措施，防止坏人借机滋事，确保尽快平息事端。

持续近一个月的大庆事件，在多方努力下终归平息。但大庆事件留下的影响和引起的思考却还只是开始。因为大庆事件决不是孤立的，它反映的矛盾和引发的时机，都是这个社会在改革进程中所不能忽视的。即使所有的做法都依法合规，道理充分，但如果不能解决好广大职工现实的利益诉求，都可能产生社会动荡。

1998~2001年期间，国家花了很大精力建立了"三条保障线"，对实现企业和社会的稳定起了关键性的作用。但一大批有劳动能力和就业愿望的下岗失业人员还是不能实现再就业，长期无事可做，缺乏社会归属感和安全感，容易产生心理不平衡，成为社会不稳定的因素。2001年前后，国有企业下岗失业人员群体性上访事件呈上升趋势，且规模越来越大，行为越来越偏激，引起了党中央、国务院和各部门的高度重视。大庆事件留给决策层可能是对改革更深层面的反思：下岗失业人员已经成为影响社会稳定的突出因素。如何在坚持改革方向的基础上，使改革更加平稳地推进，避免陷入漩涡之中——必须为2700多万名下岗职工找到新的归宿。

（二）"放水"更须"挖渠"——下岗分流与实施再就业相结合

如果以大庆事件为界，可以说此前减员增效的改革把富余人员从企业中分流出来好比"放水"，而此后改革的重心则要考虑"水"放出来之后如何安然入"渠"，让大多数下岗员工重新找到自己的生活之路。这就把国有企业下岗人员的再就业问题，摆到了各级政府重中之重的位置。

1. "水到渠难成"

水到渠成讲的是做一件事情要在主客观条件具备之后才会成功。但国有企业的富余人员分流出来之后，安置富余人员的"渠"却不可能自然形成。在国企陷入严重困境的倒逼机制下，也没有可能先挖渠后放水，等到条件具备之后再分流人员。所谓"毕其功于一役"的想法，在改革中是不现实的。

大庆事件之前，决策者并非没有看到下岗人员再就业的重要性，只是由于当时国有企业的生存问题显得更为紧迫，因此只能重点解决企业生存这个最急迫的问题。实际上，再就业与减员增效、下岗分流几乎是同时进行的。仅仅只是着力点的不同。早在 1998 年 6 月，党中央、国务院下发的《中共中央　国务院关于切实做好国有企业下岗职工基本生活保障和再就业工作的通知》（中发〔1998〕10 号）提出，加大政策扶持力度，拓宽分流安置和再就业渠道，为此国家采取了一系列扶持政策。

专栏 5 –7

10 号文件中实施再就业的主要扶持政策

一是对下岗职工从事社区居民服务业的，要简化工商登记手续，3 年内免征营业税、个人所得税以及行政性收费；二是各国有商业银行设立企业信贷部，为其发展提供必要的贷款支持；三是对下岗职工申请从事个体工商经营、家庭手工业或开办私营企业的，工商、城建等部门要及时办理有关手续，开业一年内减免工商管理等行政性收费；四是对符合产业政策、产品适销对路的，金融机构应给予贷款。

各级政府由于直接面临社会就业的压力，因此在促进再就业方面更是进行了多方面的探索。青岛市在开辟安置富余职工的渠道和形式方面，明确了组织推荐、市场就业、行业调剂、劳务输出、自谋职业、生产自救等多种形式和渠道。在分流安置企业富余职工的同时，青岛市还分别实施"再就业工程"和"双困救助工程"。"再就业工程"主要是通过综合运用政策扶持和多种就业服务手段促进失业

职工再就业。"双困救助工程"是对困难职工和困难职工家庭实施基本生活救助。通过多渠道筹集资金，青岛市建立了市、区（市）两级"职工生活救助基金"，对在岗职工月工资收入低于最低工资标准180元的、下岗职工低于120元的以及职工家庭成员月人均实际生活收入低于96元的，给予救济保障基本生活需要。

专栏 5 – 8

青岛市政府促进再就业的做法

为了拓宽富余职工生产自救的渠道，提出各区、市都要在适当地段划出专门场地，开辟职工生产"自救一条街"或"自救市场"。也可以从现有市场中划出一部分，由富余职工提出申请，工商和劳动部门发给营业执照和有关证明，三年内免收一切税费。为了搞好行业内调剂，规定企业所需劳动力首先从本行业富余职工中招聘，也可在企业间组织劳务输出，在保持原单位劳动关系不变的前提下，由出工单位与用工单位签订劳务输出合同。为了鼓励企业通过分离社会职能分流富余职工，规定凡企业分离公益型和福利型社会职能，兴办面向社会、自主经营的经济实体，安置富余职工和失业人员达到规定比例的，均可享受"免三减二"所得税的优惠政策。另外，还根据企业的不同情况分为正常运营、合资嫁接、出售产权、兼并划转、特困、破产等类型，分别确定了富余职工的不同分流安置渠道和形式。如破产企业的离退休职工由所在地社会保险机构实行社会化管理等。

---

2. 寻求治本之策——拓宽再就业之路

从重点推进下岗分流转到全力促进再就业，这是大庆事件带来的重大政策调整。大庆事件表明，能否使大多数有就业能力和愿望的下岗职工实现再就业，事关改革成败和社会稳定。而经过三年脱困和减员增效等一系列改革，国有企业的状况已经得到初步好转，此时政策重心调整的条件和时机已经具备。

国企职工再就业之难，绝不仅仅是一个简单的就业岗位和就业机会问题，同样反映了转轨阶段新旧体制交替的观念转变之难。一般来说，在一些国有经济比重较大的地区，由于多种经济成分不够发达，社会就业机会少，择业的观念也比较陈旧；而在沿海一带国有经济比重较低、多种经济成分比较活跃的地区，就业的压力则相对较轻。除了经济的活跃程度和市场的发育状态，还有职工的择业观念难以转变，也阻碍了再就业的实现。同时由于年龄偏大和技能较低等方面的原因，也极大地制约了下岗职工再就业的选择空间。因此下岗员工的再就业实际上涉及体制改革的方方面面，需要进行系统的梳理和精心的设计。

2002 年 9 月 12 日，根据国有企业面临的形势和任务，党中央、国务院在北京再次召开高规格的全国再就业工作会议，在京的中央政治局常委全部到会，江泽民总书记参加会议并做重要讲话，朱镕基总理主持会议并发表讲话，精辟阐述了国企改革、减员增效与促进再就业的关系。时任副总理的吴邦国代表国务院做了会议工作报告。会议明确当时和其后一个时期，要在进一步巩固"两个确保"和逐步完善社会保障体系的基础上，重点做好有劳动能力和就业愿望的下岗失业人员再就业工作。也就是说，国有企业下岗失业人员工作重点将从保障基本生活转到促进下岗失业人员再就业上来，让有劳动能力和就业愿望的下岗员工实现再就业。

中央确定将国有企业下岗失业人员再就业作为当时就业工作重点，正是抓住了影响就业和社会稳定的最为突出的矛盾和问题，通过积极再就业政策的实施，切实化解这一矛盾。

为了落实会议的精神，解决下岗职工再就业的矛盾，时任国务院副总理的吴邦国率领国家经贸委、财政部、劳动和社会保障部、国家税务总局、国家工商总局、全国总工会、全国妇联等相关部门，围绕下岗职工的再就业问题在全国开展了广泛的调研。这次调研的规格之高、规模之大、持续时间之长、作风之深入，都是改革开放以来所罕见的。调研组的足迹遍及全国大部分省市，每到一地都要组织各层面的座谈，从省一级政府到市县区直至街道办事处，到企业调研则从负责人到普通员工，特别是每到一地，都要与下岗人员以及其中的创业人员座谈，听取他们的呼声和意见。调研的目的非常明确，就是要从实际出发，制定出一套切实可行、具有操作性的办法。吴邦国副总理要求，制定的政策一定要有用有效，真正能够解决下岗职工再就业的实际困难，绝不可以停留在纸面上。调研活动持续近一年的时间，终于结出了丰硕的果实。

3. 冬天里的一把火——再就业政策基本框架形成

在经过大量调查研究之后，2002 年 9 月，党中央、国务院下发了《关于进一步做好下岗失业人员再就业工作的通知》（中发［2002］12 号），这是当时促进再就业的一个纲领性的文件。文件在总结我国长期以来就业和再就业工作经验的基础上，针对新时期就业工作的新形势、新特点，围绕解决下岗失业人员的再就业问题，确立了一整套再就业政策的基本框架。

专栏 5 –9

积极的就业政策的主要内容

具体包括十项政策措施，涉及以下五个方面的内容：一是以提高经济增长对就业的拉动能力为取向的宏观经济政策，主要包括通过保持较高经济增

长速度、调整产业结构、所有制结构、企业结构等扩大就业总量，创造就业岗位；二是以重点促进下岗失业人员再就业为取向的扶持政策，主要包括运用税费减免、资金信贷等优惠政策杠杆将所创造的岗位，优先用于吸纳下岗失业人员再就业；三是以实现劳动力与就业需求合理匹配为取向的劳动力市场政策，主要包括通过强化就业服务和职业培训帮助劳动者了解需求信息，提高就业能力，缓解结构性失业问题；四是以减少失业为取向的宏观调控政策，主要包括通过严格规范企业减员、建立失业预警制度等措施，减轻社会失业压力；五是以既能有效地保障下岗失业人员基本生活，又能积极促进再就业为取向的社会保障政策，主要包括通过完善社会保障体系消除下岗失业人员的后顾之忧，为促进劳动力合理流动提供保障。

在中发12号文件下发后的一年多时间里，国务院及有关部门研究出台了一系列配套政策，基本形成了一整套有中国特色的再就业政策体系。政策由于集中了各方面的智慧，内容涵盖了再就业的各个方面，从政策、资金、税费、岗位、培训到组织保证体系，等等，力求让政策落到实处，让下岗职工感受到政策阳光的温暖。

在全国就业压力日趋增大的情况下，将下岗职工的再就业问题提到更为重要的位置，一度为有些人所不理解。在政策制定过程中，是面向全体人员的就业还是着重于国有企业下岗职工的再就业，也曾出现过不同的意见。有人提出当时全国就业形势严峻，促进就业的政策应立足于普遍增加就业，而不只是国有企业的下岗职工。但更多的人认为，政策的制定需要各级政府的投入，从当时中央政府和地方政府的财力来看，还没有力量对所有希望就业的人员普降甘霖。显然一项政策的推行，仅有良好的愿望是不够的，在既定的约束条件下还须突出重点。在经过充分的酝酿和讨论之后，各有关部门基本形成共识：当前全社会虽然需要就业的群体很多，但是相对来说，国有企业下岗职工的再就业无论是其紧迫性，还是其困难程度，都比其他需要就业群体更为突出。这是一个特殊的群体，一方面他们不仅过去为国有企业的振兴发展做出了贡献，在下岗分流中也为国有企业的改革做出了巨大贡献；另一方面他们在就业市场中又处于相对弱势，且多数都是家庭的主要劳动者和主要的收入来源，实现再就业的紧迫性远远大于其他需要就业的群体。因此，在一段时间内，政策向这一部分社会成员倾斜，正是体现了社会公平的原则。

4. 咬定青山不放松——再就业政策的不断完善

2002～2005年，党中央、国务院每年召开一次全国再就业工作会议，研究解决再就业政策落实中的难点问题，统一各方面对再就业工作的认识，动员全社会力量推进再就业工程。

2005年8月，党中央、国务院再次召开全国再就业工作座谈会，这次会议的一个重要成果是将积极的再就业政策延长至 2008 年年底。中发 12 号文件及配套政策原定于 2005 年年底到期。由于各地和企业对政策延续的呼声比较强烈，经过近一年的调查研究和广泛听取各方意见，国务院在 2005 年 11 月下发的《关于进一步加强就业再就业工作的通知》（国发〔2005〕36 号）中结合新的情况对原有政策做了"延续、扩展、调整、充实"，并对做好其后几年的就业再就业工作进行了全面部署。随后，围绕贯彻国发 36 号文件，有关部门制定了一系列配套文件。

作为中发 12 号文件的延续和发展，国发 36 号文件提出的新政策主要体现在四个方面：一是对政策的延期。对中发 12 号文件确定的税费减免、小额担保贷款、社保补贴、职业介绍和职业培训补贴、主辅分离等政策的审批截止期延续到 2008 年年底。二是对政策的扩展。主要是把再就业政策的扶持对象扩展到厂办大集体企业下岗职工，并明确各地可根据本地实际情况扩展政策范围和人员对象。同时，免费职业介绍和职业培训补贴的对象范围增加了进城登记求职的农村劳动力等。三是对政策的调整。即对下岗失业人员从事个体经营的税收优惠政策，从原来的没有限额改为在限额内减免；对企业吸纳下岗失业人员的税收优惠方式由按比例减免调整为按实际招用人数定额依次减免；改免费培训为提供一次性培训补贴。四是对政策的充实。增加了持优惠证的"4050"人员从事灵活就业的社保补贴政策、生活确有困难的持优惠证人员申领一次性职业技能鉴定补贴，并对对象范围和享受条件作出明确规定。同时，要求建立促进就业与社会保障工作的联动机制，在东部地区开展适当扩大失业保险基金支出范围的试点。

5. "引水入渠"得人心——实施积极再就业政策取得良好成效

中发 12 号文件、国发 36 号文件及相关配套政策下发以后，更多的下岗失业人员享受到政策带来的实惠，实现了再就业。由于各部门配套出台了专项扶持政策，包括支持下岗失业人员自谋职业的免征税费和小额担保贷款政策，鼓励企业吸纳下岗失业人员的社会保险补贴、减免税费和小额信贷政策，政府投资开发公益性岗位优先安置大龄就业困难对象的政策，提高灵活就业人员就业稳定性的社会保险补贴政策，鼓励国有大中型企业主辅分离辅业改制分流安置富余人员的免征所得税政策，免费开展职业介绍和提供一次性职业培训补贴政策等。通过这些政策的实施，2003～2006 年，共有 2000 多万名下岗失业人员实现了再就业，其中属于"4050"（女性 40 岁以上、男性 50 岁以上的下岗职工的简称）的就业困难人员有 500 多万人。积极就业政策的实施，对于扩展就业再就业门路和稳定就业形势，提高劳动者就业创业能力和改善基本生活，发挥了重要的作用，更重要的是，巩固了前期改革的成果，为改革创造了稳定的社会环境。

（三）改出一片新天地——实施主辅分离辅业改制分流安置富余人员

国有企业实施主辅分离辅业改制，分流富余人员的政策是国务院积极的再就业政策的重要内容之一。但在所有促进再就业的各项优惠政策中，主辅分离辅业改制又是一项独具特色的政策。其他各项政策优惠都是针对下岗失业人员实现再就业而制定的，唯独这项政策是针对国有企业中尚未下岗的富余人员制定的。这项政策的要点是，把下岗分流与实施再就业结合起来，利用国有企业中的辅业资产，通过改制为非国有企业，将国有企业中的富余人员分流到改制后的辅业企业中就业。这是一项多赢的政策，国有企业优化了结构，实现了减人增效，员工继续在改制企业中得到就业，改制企业转变机制得到更好发展，社会减少了不稳定因素。因此，这项政策既是促进再就业的政策，也是加快国有企业改革发展、推进结构调整的政策，对解决国有企业富余人员提供了一条新的出路。

2002年前后，尽管国有企业实行减员增效下岗分流已经取得了一定的成效，但国有企业富余人员过多、劳动效率低下的问题并没有根本解决，特别是在中央政府所属的大型国有企业中富余人员的矛盾仍然突出。据对中国石化、中国石油等12户中央企业的调查，富余人员总体上约占企业职工总数的40%，1998～2001年共分流安置了62万多人，约占职工总数的16%，但还有约24%的富余人员有待分流安置。由于分流富余人员与国有企业改革成本支付能力不足、下岗再就业难、职工对改革的心理承受能力弱、社会稳定压力大等各种矛盾交织在一起，使得这项工作的推进难度越来越大。

另一方面，社会就业压力日益增大。每年新成长的劳动力加上现存的下岗职工和失业人员，需要安排的城镇就业人员达到2200多万人，但实际上社会新增的就业需求仅为800万～1000万人，就业缺口达1200万～1400万人，另外农村还有1.5亿富余劳动力需要转移。城镇新增劳动力就业、农民进城打工和下岗失业人员三类人员的就业需求汇聚在一起，形成了巨大的劳动力供给缺口，加上就业的结构性矛盾，使当时就业形势十分严峻。而下岗失业人员再就业更是难上加难。据统计，全国下岗职工再就业率1998年为50%，1999年为42%，2000年为36%，2001年为30%，2002年上半年仅为9.1%。下岗失业人员再就业率连年下降，说明将富余人员直接推向社会，已经受到社会承受力和就业压力的刚性制约。

针对一些地区和企业出现的群体性事件，有关部门在思考一个问题：如何在保持稳定的前提下，继续深化国有企业改革，做好下岗分流、减员增效工作。这是一个亟待解决的全新的课题，即如何在坚持国有企业减员增效的改革方向的同时，开辟多种渠道分流安置富余人员，减少社会再就业的压力，避免产生负面影响。党中央、国务院认为，在再就业压力大、社会承受能力弱、不稳定隐患比较突出的情况下，解决企业富余人员的问题需要有新的思路。

1. 主辅分离改制分流政策的提出及背景

2002年，国务院领导同志在带领有关部门负责人赴一些地区和企业调研时发现，各地各企业都在积极探索妥善分流安置富余人员的路子。为尽可能避免将过多的富余人员直接推向社会，一些国有大中型企业挖掘内部潜力，实际上承担了大量富余人员的安置任务，其中采取的主要方式之一就是主辅分离。武钢、宝钢、中国石油、中国石化、一汽集团、东风公司等一些大企业在这方面进行了大量有益的探索，取得了积极的成效。武钢从 20 世纪 90 年代初期就开始进行主辅分离，累计分流安置富余人员 9 万多人，主业的职工从 1992 年的 11.2 万人减少到 1.5 万人，实物劳动生产率从年人均产钢 42.5 吨提高到 470 吨，钢产量由1992 年的 475.85 万吨增长到 2001 年的 708.53 万吨。宝钢按照建立钢铁精品基地的要求，对所属企业进行全面的结构优化和重组整合，淘汰落后生产装备，实施主辅分离，通过多层次、多渠道、多形式分流富余人员，到 2001 年 6 月，职工总数已从合并初期的 17.65 万人减到 10.99 万人，其中钢铁主业职工数从约 10万人减到 4.7 万人，共分流安置富余人员 6.66 万人。一汽集团、东风公司等企业结合自身的实际，进行了大量分离重组工作，精干了主业。中国石油、中国石化等企业还在辅业改制方面做了大胆的探索。中国石油对机修、运输、餐饮、商贸等行业的中小单位，采取股份制、股份合作制、租赁、承包、出售等方式，彻底放开放活，在完成改制的 37 家试点单位中，原主体企业完全退出的有 20 家，占 54%；保留部分参股的有 17 家，占 46%，参股比例均不超过 25%。

一些地区也在这方面进行了探索和尝试。浙江省、江苏省到 2001 年年底，绝大部分企业完成了主辅分离工作，一些暂时难以分离的企业，对辅业也采取了在企业内部独立核算的形式。广州市从 1994 年开始，通过产权转让、资产重组等多种形式，吸引和鼓励外资企业、民营企业、企业内部职工参股甚至控股，使国有企业从单一的产权结构改变为多元化的产权结构，同时实施主辅分离，形成符合市场经济需要的企业组织架构。到 2002 年年底，该市 275 户国有及国有控股大中型工业企业，已有 222 户采用多种形式进行了公司制改制或改组。这些地区和企业的探索，为进一步深化主辅分离的改革奠定了坚实的基础。

在总结各地及国有企业下岗分流、减员增效、实施再就业工程以及主辅分离经验的基础上，统筹考虑国有企业改革与促进再就业、分流安置富余人员有机结合的情况下，2002 年，全国再就业工作会议提出，鼓励有条件的国有企业在进行结构调整、重组改制和主辅分离中，利用非主业资产、闲置资产以及关闭破产企业的有效资产，通过多种方式分流安置企业富余人员。国家经贸委等 8 部门根据中发 12 号文件精神，联合下发了《印发〈关于国有大中型企业主辅分离辅业改制分流安置富余人员的实施办法〉的通知》（国经贸企改［2002］859 号，以下简称 859 号文件），作为全国再就业工作会议做出的一系列重要决策之一，对国有大中型企业实施主辅分离辅业改制提出具体操作办法和措施。主辅分离改制分流政策将再就业工作与深化国有企业改革工作结合起来，强调国有企业体制机制转换和职工再就业，是一个兼顾多方利益，让职工共享改革成果的政策。

其中，引起社会广泛关注的是国有大中型企业主辅分离辅业改制分流政策，即859号文件，这项政策鼓励企业通过结构调整、重组改制等，利用非主业资产、闲置资产和关闭破产企业的有效资产，改制创办成面向市场、独立核算、自负盈亏的法人经济实体，多渠道分流安置企业富余人员。

专栏 5-10

时任国务院国资委企业分配局局长熊志军谈主辅分离辅业改制政策出台

主辅分离辅业改制分流安置富余人员政策，是在改革进行到关键时期，甚至可以说是在遇到障碍的情况下出台的，也充分体现了改革者的智慧。2002年"两会"期间，出现了震动中外的"大庆事件"，大庆油田下岗职工群体性聚集，并没有特别明确的利益诉求，只是表达了对下岗失业的不满。但这一事件却给出了一个极为重要的信号：大批国企下岗职工如果不能实现再就业，必然成为社会不稳定的因素。中央决策层深感这一问题的严重性，决定将下岗职工的再就业提到重要的议事日程。当时分管工业的吴邦国副总理率国家经贸委、劳动和社会保障部、财政部、国家税务总局等相关部门，到全国各省市进行调研，与各级地方政府一起研究化解国企下岗职工再就业的对策，并且直接与下岗职工座谈，广泛听取他们的意见。正是在座谈中调研组了解到，有的企业利用一些闲置的资产来安置富余人员收到了较好的效果。参与调研的原国家经贸位副主任蒋黔贵同志敏锐地发现，这可能是一个安置富余人员的有效渠道。于是就此展开了专题调研，发现一方面国有企业有很多闲置资产、非主业资产，还有关闭破产企业的有效资产（简称"三类资产"）还没有得到有效利用，而另一方面国企下岗职工离开企业后两手空空，就业渠道狭窄。如果将"三类资产"与富余人员结合起来，在盘活资产的同时解决再就业问题，比单纯让职工下岗无疑更有利于改革的推进。但是要盘活"三类资产"，必须有一系列相应的政策配套，否则在市场中也难以立足。这样就有了主辅分离辅业改制的相关政策，具体来说包括两个方面：一方面借鉴了地方中小企业改制的经验，将辅业企业改制为非国有控股的企业，以利于转变机制彻底与主业分离；另一方面给予改制后的企业税收和财政补贴等优惠政策，实行"扶上马送一程"，帮助改制后的企业走向市场。改革者的智慧正是体现在从实践出发，来自实践，又在提高之后指导实践，这是任何教科书上都找不到的改革方略。后来在实践中这项政策不断完善，也是遵循了这一思路。

2. 主辅分离改制分流的改革实践和创新

主辅分离改制分流政策是作为再就业配套政策出台的，也是从 2002 年开始实施的再就业的 10 项配套中一项比较特殊的政策，更是一项深化国有企业改革的政策。其主要内容是企业在进行结构调整、重组改制和主辅分离中，可利用非主业资产、闲置资产和关闭破产企业的有效资产"三类资产"，改制创办成面向市场、独立核算、自负盈亏的法人经济实体，多渠道分流安置企业富余人员和关闭破产企业职工，减轻社会就业压力。其中，对于改制为非国有控股的企业，允许改制企业用"三类资产"中的国有净资产支付解除职工劳动关系的经济补偿金等改革成本。职工个人取得的经济补偿金，可在自愿基础上转为改制企业的等价股权或债权。国有大中型企业主辅分离、辅业改制，分流安置本企业富余人员兴办的经济实体，符合规定条件的可享受三年内免征企业所得税的优惠政策。

主辅分离改制分流政策是在总结吸收多年国有企业改革经验，将国有中小企业改革的成功实践引入国有大中型企业改革和结构调整中而形成的，但又与过去一些企业采取的分离辅业改革做法有着根本的不同。过去的分离辅业改革只解决了分灶吃饭、独立核算的问题，大多数没有触及产权关系和劳动关系的变革，因此分离得并不彻底，实际上是分而不离，分离企业对原主体企业的依赖关系没有彻底割断。分离企业在经营状况正常时，一般可以独立核算、自我发展，而一旦经营陷入困境，仍然要由主体企业承担无限责任。主辅分离改制分流政策与过去分离辅业最大的区别就是提出辅业要改制，同时强调理顺改制企业的产权关系、劳动关系和行政隶属关系，触及了国有企业改革中最深层次的问题。

（1）辅业单位必须实施产权制度改革。859 号文件强调，对于改制分流的辅业单位，要改革国有产权的实现形式，通过吸收各类非国有投资，变过去的单一投资主体为多元化投资主体，建立以产权清晰为基本特征的现代企业制度和规范的法人治理结构，成为一个合格的市场竞争主体，而不是再"克隆"出一批产权关系没有变化的国有独资企业。只有从产权上与原主体企业理顺了关系，辅业企业才能在市场竞争中独立发展，并独立承担市场竞争的风险。

辅业单位改制可以继续保持国有控股地位，也可以改制为非国有控股或其他非国有的企业组织形式，但这两种改制形式都要求必须实现产权多元化。当然，产权多元化可以根据企业的具体情况，有组织有计划地分步实施：有条件的辅业单位可以直接改制为非国有控股的公司制企业或其他非国有的企业形式；对于一些暂时还不完全具备条件，或者职工在观念上还难以承受的改制单位，第一步可以先改为国有控股的企业，在经过一段时间的发展，取得了一定的成效，职工对企业的信心也得到增强之后，再进一步改制为非国有的形式。

（2）改制企业与职工的劳动关系必须相应理顺。劳动力资源与其他生产要素一起进入市场，是建立社会主义市场经济的一项重要也是难度最大的改革。只有做到企业人力资源配置的市场化，辅业单位改制后设立的新企业才能够真正地与职工建立市场化的正常劳动关系，因此，859 号文件提出，根据分离企业的经济性质，对国有企业分流安置的富余人员可以采取变更劳动关系或者解除劳动关系两种处置办法。对分流安置到非国有企业中的富余人员，原主体企业要依法与其解除劳动合同，并支付相应的经济补偿金。这些规定有利于彻底改革劳动用工制度，有利于改制企业构建新的运行机制，包括建立企业内部符合市场经济要求的选人用人机制，只有这样分流安置的富余人员才能从根本上摆脱对原主体企业的依赖。对于继续保持国有控股性质的改制企业，分流安置的富余人员也要与原主体企业变更劳动关系，并与新企业重新签订劳动合同。

理顺劳动关系的主要难点是多数企业无力向职工支付有偿解除劳动关系的经济补偿金，再就业中心里的一些下岗职工逾期不能出中心也与缺乏补偿成本有关。为此，859 号文件第一次明确规定，改制企业可用国有净资产支付解除职工劳动关系的经济补偿金等成本，由此造成的国有资产减少，按程序报批后冲减国有资本。这项政策为大多数企业解决了改革劳动用工制度的成本支付渠道问题。

（3）改制分离企业要与原主体企业理顺隶属关系。在国有企业内部，主体企业与辅业之间，往往不是按资产关系进行管理，而是按行政隶属关系进行管理，许多国有企业习惯于对所属企业进行行政化的直接管理，如同过去政府管理国有企业一样。主辅分离辅业改制就是要彻底改变这种传统的、不符合市场经济规律的管理方式，建立以资产关系为纽带的母子公司体系。对辅业改制后仍有国有股份的企业，原主体企业要按照出资额比例派出国有股东代表，通过法人治理结构参与企业管理，改变过去的行政管理办法。不论是国有控股企业还是非国有控股企业，原主体企业都要严格按《公司法》等有关法规依法行使出资人职能，其与改制企业是法人之间的关系，是出资人与企业之间的关系，不再具有行政隶属关系。

应该说，过去进行的分离辅业是改革的第一步，也就是通过独立核算培养辅业的竞争能力和适应市场的能力，为进一步实施辅业改制奠定了基础和条件，这是必要的。主辅分离改制分流政策是在前一阶段改革的基础上进一步加以深化、规范和完善，有针对性地解决前期企业改革不彻底的问题。通过主辅分离分流安置企业的富余人员，是国有企业在改革实践中的一项创新。主辅分离改制分流政策将再就业工作与深化国有企业改革工作结合起来，强调国有企业体制机制转换和职工再就业。一方面，主辅分离政策避免将富余人员简单地推向社会，而是利用国有企业的"三类资产"，通过改制为富余人员继续提供就业岗位，从而拓宽了社会就业和再就业的渠道，较好地处理了推进改革与社会稳定的矛盾。另一方面，这项改革又涉及国有企业一系列深层次问题，能够推动国有大中型企业内部的产业、组织、产权、人员等结构性调整，推动国有大中型企业内部的辅业企业搞活和发展，建立分流安置富余人员的长效机制，从而为深化国有企业改革、促进国有大企业实现做强做大的战略目标创造有利条件。

3. 主辅分离辅业改制在实践中形成完善的政策体系

主辅分离辅业改制分流安置富余人员是一项政策性很强的工作，也是一项全新的创造性改革，没有现成经验可以借鉴，同时也是一项复杂的系统工程，涉及资产处置、职工安置、劳动关系、债权债务处理等一系列敏感、难点问题，在实际操作中非常复杂，需要积极、稳妥、审慎地推进，并在实践中不断探索、补充、总结，对相关政策加以完善。国务院国资委联合有关部门，在深入调研的基础上，根据实践中存在的问题，围绕贯彻落实中发 12 号文件、859 号文件的相关要求，先后研究下发了七个配套性政策，明确了辅业资产处置、职工劳动关系处理、报送主辅分离方案的内容等问题。

专栏 5-11

主辅分离辅业改制中完善的政策体系

2003 年 3 月，国家经贸委、财政部、劳动和社会保障部办公厅联合下发《关于中央企业报送主辅分离改制分流总体方案基本内容和有关要求的通知》（国经贸厅企改〔2003〕27 号），明确了中央企业总体方案的报送内容、备案内容及有关要求等。

2003 年 7 月，国资委、财政部、劳动和社会保障部、国家税务总局联合下发《关于进一步明确国有大中型企业主辅分离辅业改制有关问题的通知》（国资分配〔2003〕21 号），对 859 号文件中有关国有控股企业界定标准、国有大中型企业划分标准、辅业资产界定范围等问题进行了明确。

2003 年 7 月，劳动和社会保障部、财政部、国资委联合下发《关于印发〈国有大中型企业主辅分离辅业改制分流安置富余人员的劳动关系处理办法〉的通知》（劳社部发〔2003〕21 号），规范辅业改制中的劳动关系处理，维护职工的合法权益等事项。

2004 年 1 月，国资委印发《关于中央企业主辅分离辅业改制分流安置富余人员资产处置有关问题的通知》（国资发产权〔2004〕9 号），对"三类资产"处置有关问题作出规定。

2004 年 8 月，国资委印发《关于企业国有产权转让有关问题的通知》（国资发产权〔2004〕268 号），明确了实施主辅分离中资产处置与《企业国有产权转让管理暂行办法》有关规定的衔接问题。

2004 年 3 月，国资委、财政部、劳动和社会保障部办公厅联合下发《关于中央企业报送主辅分离改制分流第二批实施方案有关事项的通知》（国资厅发分配［2004］17 号），对中央企业第二批及以后批次实施方案的报送内容作出规定。

2005 年 9 月，国资委、劳动和社会保障部、国土资源部联合下发《关于进一步规范国有大中型企业主辅分离辅业改制的通知》（国资发分配［2005］250 号），对鼓励辅业资产进场交易、内部退养人员等预留费用标准等问题做出进一步明确。

这一系列配套文件与中发 12 号文件、859 号文件等文件一起形成了主辅分离改制分流的完整政策体系，为平稳顺利推进这项改革奠定了良好的政策基础。

主辅分离改制分流政策作为促进再就业的阶段性配套政策，有关扶持政策原定执行到 2005 年年底。在 2004 年 11 月召开的国有大中型企业主辅分离改制分流工作经验交流会上，与会代表普遍反映，主辅分离改制分流政策对加快推进国有企业改革和结构调整，促进职工再就业具有十分重要的作用，建议适当延长主辅分离改制分流扶持政策的时限。会后，国资委也陆续收到各地各企业反映的希望延长政策时限的建议，认为主辅分离政策实施三年中，各地及各中央企业认真组织实施，工作成效初步显现。这项政策有利于国有大中型企业精干主业和结构调整，有利于分流安置富余人员，有利于辅业企业的搞活和发展。与过去国有企业在减员增效中采取下岗分流的方式不同的是，在主辅分离中，既分流了企业富余人员，又使其在改制后的辅业企业中就业。同时，既解决了改革成本的难题，又促进了国企结构调整，实现了多赢。但是辅业改制是一项非常复杂的工作，启动、实施、显现成效等都需要很长的时间，要在 2005 年年底之前完成主辅分离辅业改制工作有很大难度。从统计数据上看，准备实施这项改革的中央企业中，已实施主辅分离的"三类资产"规模仅占拟实施总体规模的 1/3 左右，因此继续推动和深化这项工作是非常必要的。2005 年 5 月，国资委起草了《关于建议延长国有大中型企业主辅分离辅业改制政策时限的报告》，将有关情况向国务院有关领导作了专门报告。同时就政策延期中有关扶持政策截止时限、免税方式、建筑企业享受免税政策等细节问题与劳动和社会保障部、财政部、国家税务总局等部门积极沟通，争取这些部门的理解和支持。2005 年 11 月，国务院在《关于进一步加强就业再就业工作的通知》（国发［2005］36 号）中明确，主辅分离有关政策审批截止时间延长到 2008 年，为国有大中型企业继续深化结构调整和分流安置富余人员创造了有利条件。

4. 主辅分离工作取得重要成效

为保证主辅分离工作的顺利推进，六年来，国家经贸委及之后成立的国务院国资委会同有关部门先后召开了三次全国性主辅分离工作会议，并多次召开经验交流会、座谈会和专题研讨会、地区片会等，指导和推动这项工作开展。

2003 年 1 月，国家经贸委在武汉召开国有大中型企业改制分流促进再就业工作经验交流会，对全国国有大中型企业实施主辅分离进行动员和部署。国家经贸委主任李荣融作了重要的动员讲话，指出主辅分离工作对于实现减员增效与促进再就业的有机结合、缓解大量下岗人员失业造成的社会就业的压力，将起到十分积极的作用。他要求各国有大中型企业全面贯彻落实全国再就业工作会议精神，以高度的社会责任感，做好主辅分离、改制分流工作，尽可能安置好每一个富余人员，减轻社会再就业的压力。

2004 年 11 月，国务院国资委会同劳动和社会保障部、财政部、国家税务总局在北京召开国有大中型企业主辅分离改制分流工作经验交流会。会议的主题是总结交流近两年来国有大中型企业主辅分离改制分流工作的经验、做法，继续加快推进国有企业主辅分离改制分流工作。黄菊副总理对这次会议和主辅分离工作专门做出批示。会上，中国石化、兵器工业总公司、河北省国资委、重庆市劳动保障局等 10 家单位分别介绍了推进主辅分离工作的经验。与会代表反映，典型单位的经验和做法使大家受到很大启发，更坚定了进一步做好主辅分离辅业改制的决心和信心，同时希望主辅分离改制分流政策期限能够适当延长。

2006 年 7 月，国务院国资委再次会同有关部门在北京召开了国有大中型企业主辅分离辅业改制工作会议。会议全面总结了前一阶段主辅分离改制分流工作，广泛交流了各地、各企业改制工作的经验，认真分析了当前主辅分离改制分流工作中存在的问题，部署了下一步工作。与会代表普遍认为，此次会议正值主辅分离改制分流工作开始到延长期的中间时段，各地和中央企业的主辅分离改制分流工作进入操作上规范有序、渐入佳境而推进阻力更大、困难更多的关键时期，对及时推动全国主辅分离改制分流工作的意义重大。会议代表表示将认真贯彻落实此次会议的精神，进一步提高认识，积极开拓创新，将主辅分离改制分流工作深入开展并做出成效，对深化国有企业的改革发挥积极作用。

截至 2008 年 12 月底，全国共有 1365 家国有大中型企业实施主辅分离改制分流，分离改制单位 10765 个，分流安置富余人员 263.8 万人，其中，改制企业安置富余人员 193.0 万人。77 家中央企业上报的主辅分离辅业改制总体方案及实施方案经国资委、财政部、人力资源和社会保障部共同审核批复，共涉及改制单位 5283 个，其中 4917 个改制为非国有法人控股企业，占改制单位总数的 93.1％；分流安置富余人员 88.2 万人，其中改制企业安置 76.4 万人，占分流安置人员总数的 86.6％。地方国有大中型企业中，共有 1288 家实施了主辅分离辅业改制，主要集中在河北、山东、黑龙江、辽宁、湖北、甘肃等地，分离改制单位 5482 个，分流安置富余人员 175.6 万人，其中，改制企业安置 116.6 万人。

在相关部门和国有企业的共同努力下，主辅分离政策至少在以下几个方面取得重要成效：

一是成为国有企业分流安置富余人员的主要渠道，为深化国有企业改革与维护企业和社会稳定找到了一个现实结合点。与过去国有企业在减员增效中采取下岗分流的方式不同的是，在主辅分离改制分流中，从主体企业分离的大多数富余职工都在改制后的辅业获得了较为稳定的就业岗位，大大缓解了社会稳定和再就业的压力。据对中央企业 1519 个辅业改制单位的统计，其用工人数比改制时增加大约 35%，职工收入比改制前增加 20% 左右。到目前为止，中央企业没有因主辅分离辅业改制而出现职工群体上访事件。

二是有力地推动了国有大中型企业的结构调整，促进了主业的发展，提高了企业竞争力。主辅分离改制分流政策是在国有大中型企业内部调整国有经济的布局，使国有资产在与主业关联度不大的、充分竞争的行业和领域实现全面的退出。据统计，已批复实施方案的中央企业分流安置职工人数占其职工总数的 9%，涉及"三类资产"总额占企业资产总额的 2%。中央企业已分离的辅业改制单位中，机械、制造、修理、印刷等中小加工类单位占 32.2%；餐饮、娱乐、商贸、旅游等多种经营、服务类单位占 26.6%；客货运输类单位占 14.2%；医院、技校、物业等社会服务单位占 13.7%；建筑、房地产、监理、设计、安装等单位占 6.9%；其他类单位占 6.4%。这些辅业改制单位具有散、杂、小（中小型企业占 99% 以上）、效益低等特点，属于企业的非核心、非主营业务。这些辅业资产的平稳退出，使主体企业将有限资源、资金集中到核心业务和主营业务的做强做大上来，实现经济增长方式的转变。

【案例】

中国南车成都公司主辅分离成效显著

中国南方机车车辆工业集团公司的成都机车车辆厂（简称成都公司）主营业务是机车修理、客车修理和电机制造，1994 年前，作为全国唯一修理我国第一代内燃机车的企业，每年上交利润 800 万元以上；20 世纪 90 年代后期，因产品结构和内部管理不适应市场经济形势，一度陷入困境，1995～2000 年连续 6 年亏损，累计亏损达 8000 余万元。成都公司面对严峻的经营形势认识到，不思变不改革就没有出路，并将辅业后勤单位列为公司改革的首要突破口。从 1998 年起，成都公司已在内部对辅业单位实施与市场价格逐步接轨等措施，引导辅业单位走入市场。虽然主辅业的简单分开没有解决产权和人的问题，成都公司仍要对辅业单位的经营、管理、人员负责，发展仍然受到辅业单位的一定制约，辅业单位的积极性也没有得到最大限度的发挥。但这些举措还是为成都公司在2001年扭亏创造了条件，也在很大程度上增强了辅业单位员工对改革的承受力，为实施主辅分离改制分流奠定了基础。

2002年，主辅分离改制分流政策出台后，成都公司认为这是一次使企业实现瘦身强体，做精做强主营业务绝好的政策机遇。2003年，成都公司正式启动主辅分离改制分流工作，至2007年6月，历时4年多的主辅分离改制分流总体目标全面实现。这期间，成都公司完成了11家辅业单位的改制分流，共涉及"三类资产"账面净值1225万元，分流人员1000余人。辅业单位改制后，成都公司与改制企业不再具有行政隶属关系，而是清晰地界定在产权关系和市场经济关系上，改制企业员工的社会关系及各项社会保险关系全部移交地方，实行属地化管理。

成都公司通过实施主辅分离改制分流，使主体企业和改制单位都跃上了新的发展平台：一方面，成都公司实现了瘦身强体、轻装上阵，快速发展，经营业绩稳步增长。销售收入从2002年的3.08亿元增长到2008年的10亿元，净利润从2002年的5万元增长到2008年的3000万元以上；销售收入和净利润分别以年均27%、138%的速度递增，生产经营呈现持续稳定快速增长的态势。另一方面是辅业单位的积极性得到激发并实现快速发展。辅业单位通过改制，转换了经营机制，实现了与市场快速接轨。员工成为股东，与企业利益联系更加紧密，改制公司生机昂然，充满活力，实现了自主生存和发展。经营层和普通员工的生存危机意识、市场竞争意识、客户至上意识大大增强，与成都公司的关系由过去的"等、靠、要"转变为"主动上门服务"。外部市场的开拓力度更是前所未有，各改制企业社会产品收入较改制前都有了较大幅度提高，社会产品占总收入比例已有6家超过了30%，3家已超过50%。改制企业不仅实现了生存，还获得了一定的发展。最早完成改制的爱普利锻造公司在立足厂内机车产品市场的同时，积极开拓汽车、工程机械、军工产品等社会大市场，成功地实现了产品结构的调整，其拳头产品"康明斯"齿轮还登上了美国"康明斯"公司的精品展台。2005~2007年，成都公司8家改制企业共纳税780万元，部分改制企业先后被成都市成华区授予"纳税大户"称号。改制企业除了安置原有的分流人员外，通过加快发展，还面向社会招聘员工共计317人。改制企业为国家和地方的经济发展、为促进社会就业做出了积极的贡献，取得了显著的社会效益。

三是采取多种方式推进改制企业产权多元化和内部机制转换，辅业改制企业得到较好发展。绝大多数辅业企业分离改制后以多种方式实现了产权多元化，增强了活力和发展后劲。据统计，中央企业辅业改制单位中有93.9%的单位改制为非国有控股企业，其中职工股占总股本的 57%，国有法人股占 18%，非国有外来投资者占 15%。产权明晰使得改制后的企业经营机制发生了深刻变化，员工的市场竞争意识、生存危机意识大大增强。贵州航天精工制造有限公司实施辅业改制 4 年来，通过机制的创新和人才、技术、资产等资源的合理配置，公司销售收入从改制之初的 918 万元增长到 18047 万元，利润从 88 万元增长到 6100 万元，实现了跨越式发展。

【案例】

中国石化金陵公司引入民营资本实施辅业改制

中国石油化工集团公司在 2000 年重组上市时，将其所属金陵石化的以炼油为主体的主营业务注入了上市公司，而金陵有限责任公司（以下称金陵公司）作为存续部分承担了较多的人员和大部分非经营性资产。存续企业针对自身业务庞杂、历史包袱较重、人员较多的情况，抓住机遇，利用主辅分离辅业改制等政策，从 2001 年开始持续减员，将职工从 20000 多人减少到 2005 年的 8039 人。几年的结构调整对存续部分效益好转发挥了重要作用，在炼油主体公司出现严重亏损的情况下，2005 年存续部分效益仍然在攀升。自 2002 年开始，金陵公司对存续企业 15 家辅业单位实施辅业改制，共涉及资产 5.3 亿元，分流职工 3960 名。

金陵公司辅业改制的主要特点是辅业企业开放改制，引入民营资本。公司下属的塑料厂和化工二厂在 1998~2002 年 5 年中，累计亏损 3.4 亿元，其中塑料厂累计亏损 1.5 亿元，化工二厂累计亏损 1.9 亿元。不仅无法实现自立生存，而且连年的补亏使主体企业也陷入了被动的局面。如果破产，将给各方带来巨大的震动和影响，职工更是难以接受，在此情况下，公司将其列为改制分流试点单位。但是经中介机构评估后，塑料厂和化工二厂净资产分别为 7920 万元和 1.38 亿元，资产量过大，当时反复动员经营者和职工购买，但缺口仍然很大。经过多轮协商和谈判，最终与南京一家民营企业江苏金浦集团达成了协议，金浦出资 1.5 亿元认购改制资产，共投资 1.5 亿元，先后控股了塑料厂（控股 65.85%）和化工二厂（控股 83%）。经过一段时间的运营，塑料厂和化工二厂焕发了生机，企业转制和发展带来的实惠让改制企业经营者和职工已经对这种开放式的改制普遍认可。

外来民营资本能够在较短的时间内让长期亏损国有老企业焕发活力，给企业带来了深刻的变化：一方面是民营企业的资金投入解决了改制企业面临的资金紧张的局面，企业主营产品市场转好；另一方面是民营企业的经营理念给改制企业带来了更为深刻变化。一是决策机制，改制企业成立了董事会，3 名董事中 2 名来自金浦，1 名是职工股东代表，企业投资等重大决策会很快在董事会通过，避免了原来国有企业较长和繁琐的审批程序，紧紧抓住了市场机遇。二是用人机制，民营企业控股以后，改制企业职工的思想一夜之间得到转变，职工清醒地认识到，"干不好是真的要丢掉饭碗的"，企业的各项制度及考核标准都能够顺利地执行下去，极大地提高了改制企业的管理和生产效率。三是激励机制，改制后企业分配制度采用基薪加奖金的分配制度，完成目标拿基薪，超额完成按比例拿奖金，大大调动了职工和各部门的积极性。四是人性化管理，民营企业在管理上更具有灵活性和人性化，改制后企业从经营者到普通职工，各种福利待遇都有所提高，企业关注职工的健康和文化生活。

四是为解决长期困扰部分国有企业的上市公司与存续企业并存的问题提供了现实途径。国有企业在进行股份制改革中，大多数是将优良资产重组改制上市，将大量不良资产和富余人员留在存续企业中，这种"二元结构"导致上市公司难以规范运作，也是困扰我国股市的顽疾。对此曾采取的分立、冷冻和隔离存续企业等做法，遗留问题多，改革不够彻底。主辅分离辅业改制政策为这些企业解决历史遗留问题提供了现实途径。东方锅炉厂于 1988 年实行股份制改革后，母体企业承接了辅助生产、生活后勤、社会职能等低效、非经营性资产和大量冗员，不得不依赖上市公司生存。辅业无活力，主业难发展。从 2003 年起，东锅股份公司将实施主辅分离与妥善解决存续企业的问题结合起来，经过近两年的努力，存续企业连同富余人员已全部脱离主体进入市场，分流安置人员 3061 人，占职工总数的 45%，分离资产 1.15 亿元，占总额的 24%，转让收益 1.31 亿元。所有辅业改制企业 2005 年第一季度全部实现盈利，东锅股份公司卸掉包袱后也得到更快发展。

【案例】

东方电气集团东方锅炉厂通过实施主辅分离辅业改制
提高企业核心竞争力

东方锅炉厂是中国东方电气集团公司的子企业，是 20 世纪 60 年代中期国家重点建设的"三线企业"，主营大型电站锅炉、电站辅机、核承压设备、大型石化容器、电站环保产品、军工产品等的研发、设计、制造和销售。1996 年以主要业务和优质资产投入创立东方锅炉（集团）股份公司，并在上海证券交易所挂牌上市。东方锅炉厂作为存续企业承担了社会职能、生活后勤和存续辅业的责任，背负了沉重的历史包袱。虽然企业通过多种方式的改革探索，希望逐步化解存续企业这一历史包袱，但始终没有找到彻底解决问题的办法。如何解决存续企业的困难，始终是东方锅炉厂一块"心病"。在这种情况下，859号文件的出台为解决这些问题提供了现实的解决途径。

859号文件出台后，东方锅炉厂认识到这是一次难得的政策机遇。2003年开始，东方锅炉厂按照集团公司主辅分离辅业改制工作的统一部署，从破解存续企业难题入手，研究政策，制订方案，推进实施，历时两年多时间，完成了全部11户辅业单位的改制，改革取得积极的成效。东方锅炉厂主辅分离辅业改制的主要做法是：

1. 从企业发展的战略高度，提出改制的基本思路和指导思想，明确界定主辅业范围

东方锅炉厂从企业战略高度出发，根据自身实际情况，对主、辅业进行了全面、清晰的界定：将电站锅炉、核承压设备、环保设备、军工产品、大型石化容器的研发、设计、市场开发、核心部件的制造及相应的生产技术准备和工程技术服务等作为东方锅炉的主业，其他业务全部作为辅业进行改制。东方锅炉厂提出了改制的基本思路，即一个目标：做精做强主业，放开搞活发展辅业；两个确保：确保国有资产不流失，确保职工合法权益不受侵害；三个规范：规范处置"三类资产"、规范理顺职工劳动关系、规范理清行政隶属关系。

2. 以实现国家、社会、企业和改制企业新出资人共赢格局为目标，选择市场配置资源的产权改革模式

东方锅炉厂辅业改制的目标是做精做强主业，放开搞活辅业，实现途径是资产关系、劳动关系和管理关系的彻底变革，其中核心是产权关系的变革。转变产权关系的途径有很多，如职工持股计划、经营者MBO、引资扩股，等等，但是这些方法都有着不同程度的弊端，造成的遗留问题较多。采用市场配置资源的模式，通过产权交易市场公开转让改制企业国有资产，可有效化解前期改革中遇到的问题。

2004年7月底，东方锅炉厂通过成都联合产权交易所挂牌公开转让了自贡东方锅炉阀门有限公司等8家纳入第一批改制企业的国有资产；12月4日，在该交易所转让了第二批改制单位——东方材料综合利用公司的国有产权；12月31日，公开招标转让了东方医院的国有产权。主辅分离中，东方锅炉厂共处置辅业单位的国有资产1.15亿元（含土地2476.06万元），获得转让收益1.35亿元，其中8家改制企业的转让价格在评估值的基础上平均增值13.68%，增值净值约2000万元。通过上市交易的实际操作，真实反映国有资产的现时价值，实现国有资产转让收益的最大化。

3. 着眼于改制企业的长期生存与稳定发展，帮助改制企业做好规划，为改制企业的健康发展创造条件

东方锅炉厂改制过程中存在的主要矛盾除需分流安置的人员太多，可用于安

置职工的资产太少，历史包袱沉重外，最大的矛盾还在于改制资产质量太差，改制企业产品结构不合理，未来发展和盈利能力不强。如何创造条件以保证改制企业脱离主体后的生存和发展，并通过持续的健康发展解决好分流职工的就业和社会保障问题，为主体企业创造长期、稳定、和谐的经营环境，是东方锅炉厂始终关注的问题。

东方锅炉厂自 2002 年 12 月开始就组织相关人员与改制企业经营者一起，发动改制企业职工献计献策，认真做好改制企业的中长期发展规划，如产业结构调整和发展规划、新技术和新产品开发规划、人力资源开发规划、市场开发规划、质量保证体系规划、企业文化建设规划、体制和机制创新规划，等等。基于规划目标，东方锅炉厂具体提出几个方面的措施，帮助解决改制企业的"未来发展"问题：一是帮助改制企业实施技术和管理创新，形成核心竞争力，搭建发展平台。二是帮助改制企业谋划寻找适合自身产业特点和市场需求的发展道路。三是实施改制企业间的资产重组，实现同业或相近行业的优劣、强弱联合和优势互补，避免在内需市场范围内同业无序竞争。四是提供主体的内部市场扶持。根据859 号文件及其他相关文件精神，在保证质量、服务、工期和价格与市场水平大体相当的前提下，主体企业优先选择改制企业的产品和服务。五是明确土地归属，着眼企业长远发展，等等。

通过主辅分离辅业改制，东方锅炉（集团）股份有限公司核心竞争能力得以提高，各项工作得以全面推进，经济效益大幅提高。根据财务决算报表，2002年东方锅炉职工人数 6924 人，实现主营业务收入 10.7 亿元，实现利税 0.72 亿元，期末净资产 1.6 亿元，全员劳动生产率 6.0 万元。2005 年东方锅炉职工人数 3152 人，比 2002 年减少一半以上；实现主营业务收入 80.3 亿元，比 2002 年增长 6.5 倍；实现利税 12.99 亿元，比 2002 年增长 17 倍；期末净资产 15.9 亿元，比 2002 年增长 7.9 倍；人均增加值 41.2 万元，比 2002 年增长 5.9 倍。2006 年，东方锅炉厂计划完成工业总产值和实现主营业务收入 103 亿元。

根据 2002 年年底对中央企业富余人员情况的调查，中央企业富余人员规模为 180 万人左右。通过 6 年来主辅分离政策的实施，分流安置富余人员 88.2 万人，占富余人员总体规模的一半左右。主辅分离改制分流中，用较少的改革成本解决了企业大量富余人员问题，并盘活了大量低效存量资产。据统计，已批复主辅分离实施方案的 77 家中央企业分流安置职工人数占其职工总数的 14.4%，涉及"三类资产"总额占其资产总额的 3.3%，相当于用 3.3% 的资产安置了14.4% 的富余人员。

应该看到的是，虽然通过实施积极的再就业政策，努力探索多种减员增效的途径和办法，但国有企业富余人员过多、劳动效率不高的问题还没有真正、彻底解决。国有企业要提高国际竞争力，平等参与市场竞争，必须坚持不断深化改革，最终化解国有企业结构不合理、劳动效率不高等矛盾和问题，实现企业的长期发展和稳定。

5. 党中央、国务院领导同志对主辅分离工作的重要讲话及批示

党中央、国务院领导同志对于主辅分离工作非常重视，对此项工作多次发表重要讲话并作出重要批示，有力地推动了主辅分离工作的开展。

在2002年9月的全国再就业工作会议上，江泽民同志指出："要正确处理深化改革和扩大就业的关系，坚持减员增效和促进再就业相结合、职工下岗分流和社会承受能力相适应的原则。要全面理解和正确贯彻'鼓励兼并、规范破产、下岗分流、减员增效、实施再就业工程'的方针，统筹考虑减员增效和促进再就业。企业职工下岗分流，要充分考虑财政、企业、职工和社会保障的承受能力，量力而行。国有企业要积极挖掘内部潜力，发展多种经营，改制分流，多渠道安置富余人员，能不推向社会的尽量不推向社会，更不能简单地一推了之。"朱镕基同志指出："国有企业减员增效工作还要继续进行，但方法要改进。减员增效要与促进再就业相结合，下岗分流的规模和进度要与社会承受能力相适应。国有大中型企业要充分挖掘内部潜力，通过主辅分离、辅业转制，开展多种经营等渠道，提供新的工作岗位。"吴邦国同志指出："鼓励有条件的国有大中型企业主辅分离安置富余人员。《关于进一步做好下岗失业人员再就业工作的通知》（中发〔2002〕12号）明确了国有大中型企业通过主辅分离辅业转制，分流安置本企业富余人员减免企业所得税的政策。这是一项新政策，有利于企业自我消化富余人员，有利于减轻社会就业压力，有利于盘活企业闲置辅业资产，有利于企业深化改革、增强竞争力。"

在2003年8月召开的全国再就业工作座谈会上，胡锦涛总书记强调指出："继续深化国有企业改革，采取多种形式分流富余人员。实行主辅分离、辅业改制，应成为今后国有企业分流富余人员的重要形式。这既可以使企业集中资源做大做强主业，切实解决主业不突出和富余人员的问题，提高竞争力，又可以使大多数富余人员不进入下岗行列，只变更劳动关系就能在由辅业改制的企业中继续就业，寻求新的发展。不少国有企业按照这项政策要求去做，取得了明显成效。各级党委和政府要加强调查研究和工作指导，总结经验，改进不足，制定和完善配套措施，逐步把更多符合条件的企业纳入这项政策的实施范围，促进国有企业的改革和发展。"温家宝总理强调指出："……运用主辅分离辅业改制的税收优惠政策，鼓励国有大中型企业发挥内部潜力安置富余人员。各地方要深入分析落实政策中存在的问题及其原因，并尽快采取有针对性的措施加以解决。"

2004年9月在全国再就业工作表彰大会上，黄菊副总理强调指出："要完善政策，加大对国有大中型企业主辅分离、辅业改制的支持力度，利用企业非主业资产、闲置资产和关闭破产企业的有效资产，创造新的就业岗位，安置下岗分流的职工，尽量避免把企业富余人员推向社会。"

2004年11月，黄菊副总理对主辅分离工作及国资委等部门联合召开的国有大中型企业主辅分离辅业改制工作经验交流会议做出了重要批示："国有大中型企业主辅分离改制分流，既是从实际出发，解决国有企业冗员负担与社会再就业矛盾的有效途径，也是新形势下深化国有企业改革，精干壮大主业，提高核心竞争力的一项重大举措，是今后国有企业分流富余人员的重要形式。希望各地区和企业在已经取得成效的基础上，认真总结经验，进一步提高认识，坚定信心，增强工作的紧迫性和主动性，细化完善操作办法，妥善处置遇到的矛盾和问题，扎扎实实地继续推进国有企业主辅分离改制分流工作。"

国有企业减员增效分流安置富余人员作为一场静悄悄的深刻革命，已经翻过历史的一页。2000多万名长期依附于国有体制的员工，挥泪告别传统就业体制，进入了市场经济的大潮中。受益最大的是一大批大中型国有企业获得了新生，开始进入一个全新的发展阶段，当然留下来的国有企业员工也成为改革的主要受益者。在这个过程中，中国式的社会保障体制逐步建立完善起来。当我们今天在庆祝国有企业辉煌成就的时候，不能忘记那些曾经做出过牺牲与奉献的下岗员工们。

点评：

最复杂的难题

中国国有企业改革遇到的最大的一道坎，恐怕就是"人往哪里去"的问题。多年实行的终身就业制，造成了企业员工对企业的高度依赖和企业对员工的无限责任，员工生是企业人、死是企业鬼，生老病死全部由企业承担。这种政企不分的状况，在企业进入市场后矛盾迅速暴露出来：企业中大量的富余人员如果不离开企业，企业将不可能生存发展；如果离开企业，第一是企业员工难以接受，第二是社会失业保险和在就业机制没有形成，企业员工失业后将无处可去。尖锐的矛盾考验着改革者的智慧。

"其实世上本没有路，走的人多了，也便成了路。"用鲁迅先生的这句名言来说明分流国有企业富余人员的改革再贴切不过了。数以千万计的国企员工从长期依附的传统体制中走出来，完成从"企业人"向"社会人"的蜕变，不仅对于他们本人，对于整个社会都是一个极其艰难的过程。观念的碰撞、利益的纠葛与制度变迁相伴而行。从企业再就业中心到"三条保障线"再到社会保障制度初步建立，这是一条中国特色的路，一条从无到有的路，也是一条充满风险的路。但是既然是改革就不可能四平八稳、按部就班，等一切都设计好了之后才开始。在这个过程中最可宝贵的是处理好改革、发展和稳定的关系。改革促进发展这是没有疑议的，但改革会不会影响稳定则是一个十分现实的问题。数以千万计的员工离开旧体制，不可能没有职工上访，甚至闹事这类事件，如果处理不好还可能发生群体性的大事件，实践证明只要把职工群众的基本利益保障好，把政策交给职工群众，绝大多数人是拥护和维护改革的。稳定是为改革发展创造良好的社会环境，而不能成为延缓改革的理由，而且从根本上说，只有不断推进国有企业改革才能更好地促进发展，这正是社会长治久安的基础。

如果说回顾这项改革有什么遗憾的话，那就是当年富余人员下岗分流，不仅是减轻人员负担，更重要的还在于打破国企就业的终身制，实现员工能进能出，使员工从"企业人"真正变为"社会人"，正是在这项改革上至今依然没有取得实质性的突破。

——邵　宁

第六章

轻装上阵：分离国有企业办社会职能

国有企业作为公有制经济的基础，它和政府组织性质相类似，都带一个"公"字。在计划经济"一大二公"的体制下，国有企业和政府组织实质上是高度关联的，特别是在某些独立工矿区（如大庆油田），两者甚至是一体的。因此，国有企业承担大量本应由政府机构、事业单位承担的社会职能，如学校、医院、市政机构、社保机构、公检法机关等现象也就不足为奇，这也是"政企不分"的典型表现形式之一。在当时没有市场竞争、无须自负盈亏的体制下，这种模式是可以维持的。而一旦到了市场经济体制，如果国有企业仍然承担那么多本应由政府承担的职能，显然无法进入市场和其他企业进行平等地竞争，也无法清楚划分企业的经济责任和社会责任，无法准确地评价企业的经营管理绩效，甚至容易让社会负担掩盖掉企业经营管理上的问题。因此，要想让国有企业在市场体制下平等参与竞争、进行准确考核，就必须替它卸下本不应由其承担的社会"包袱"。这就是当年被称为的"分离国有企业办社会职能"。

一、不能承受之重——国企曾是小社会

（一）特殊历史条件的"双面人"

计划经济体制下的国有企业不仅是一个经济实体，同时也是一个社会和政治实体，文革期间更被称为"无产阶级专政"的基层组织。国营企业作为国家基层政权组织与经济组织的职能是合二为一的，所谓政企不分不仅仅是政府直接管企业还包括企业承担基层政府的相应职能。因此，国营企业在按照国家计划组织生产活动的同时，也自然地承担了大量本应由政府承担的各种社会职能，包括福利、养老、医疗、教育、社会保障、基础设施建设及管理等各项社会职能，有些缺乏城市依托的"三线"企业和大型企业，还有自己的治安、司法系统，甚至包括殡葬厂。这就使得国营企业成为小型全能型的社会组织，而职工也成为"企业人"，所享受的福利和社会保障等成为"铁饭碗"的重要内涵。

社会生活的复杂性使得国有企业办社会职能种类繁杂。中国石化在对下属企业所办社会职能进行统计后，曾得出结论："一个人从生到死所涉及的社会职能，中石化全有，从医院、幼儿园、学校、就业到火葬场。"经过对国有企业办社会职能的统计和梳理，共涉及几大类数十项内容：企业自办教育机构（全日制普通中小学校、职业教育、成人初等中等学校，幼儿园、教育管理中心等）、医院、公共交通、社区管理等公益性服务职能；消防、公安、检察院、法院、环境保护监察、卫生防疫管理等政府职能；市政道路、路灯、供水、供电、供暖、排水、排洪、通信管道等基础设施的建设、维修与管理，城市清洁卫生、市政园林绿化、城市环境综合治理、城市卫生检查监督和城市市容监督等城市管理职能；劳服公司、生活服务公司、职工住房保障、自办农场等保障性服务职能；劳动用工管理、社会保险管理、劳动安全监察、劳动合同签证、劳动监察与仲裁、离退休人员、失业员工管理等企业承担的劳动人事、社会保险管理的职能；广播、电视等社团管理职能等。

国有企业办社会职能是计划经济体制下政企合一的产物，在其特定的历史条件下，曾经为企业自身的发展乃至整个国民经济的发展都做出过重大的历史贡献，一度被作为社会主义优越性的重要体现。从积极的方面看，主要起到以下几方面作用：

一是解除了职工后顾之忧，稳定了职工队伍。新中国成立之初，面对的是一个一穷二白的烂摊子，百废待兴，建立现代工业和现代企业的各种基础条件还不具备，多数大型国有企业是在一片荒地甚至不毛之地上建立起来的，没有城市和社会的依托。在这种情况下，必须解决职工的吃饭、穿衣、住房、结婚、生子、看病、教育、就业等一系列问题，解除职工的后顾之忧，这对于稳定职工队伍、激发他们的积极性显然是必要的。企业职工在这样一种无所不包的体制中有了当家做主人的感觉，尤其是在一些远离城市的独立工矿区和三线企业，企业办的"小社会"使生产得以正常运行，职工的社会生活始终保持着一种稳定状态。很多人甚至把这种状况作为社会主义优越性的体现。

二是促进、维护了社会的发展和安定。在社会主义建设起步阶段，许多地方是先有企业后有政府——比如黑龙江的大庆市、甘肃的酒泉市、四川的攀枝花市等。在企业建立初期，国有企业负责人实际上集政府和经济组织等权力于一身，既是生产组织者，又是社会管理者。在国有企业这样一个社会单位中，所办社会职能搭建起当地社会秩序和功能的初始框架，直到 20 世纪 90 年代后期，少部分地区仍存在企业与政府合一的情况。为了维护单位社会的稳定，国有企业通过办社会职能，提供了本应由政府提供的企业员工所需要的各项社会服务功能，同时还承担了社会就业的任务，安置了大批职工家属、子女和大量富余人员就业。在当时低工资、高就业的情况下，国有企业通过兴办托儿所、幼儿园、中小学、医院、交通、文化娱乐、商店等机构，低价或者无偿地向职工提供各种生活福利和社会服务，满足了职工最低限度的社会公共需求，弥补了政府、市场功能的不足，对维护社会安定起到了难以替代的作用。

但国企办社会存在的条件是计划经济体制。首先是企业吃国家的大锅饭，不需要自负盈亏，当企业无力承担各项社会负担的时候，国家财政或是国有银行将会"兜底"，这样企业办的各项社会职能才能持续正常运转；其次是企业不是市场主体，不需要参与市场竞争。企业的发展不是靠自身的积累，而是来自统一的计划配置。但是随着中国市场化改革的推进，国有企业逐步进入市场、成为自负盈亏的经营实体和市场主体，这样的体制条件已不复存在。因此，企业办社会在改革的进程中就成为一个突出的问题，越来越难以为继，很多企业因社会负担过重而陷入困境。

（二）历史之重到底有多重

长期计划经济体制下形成的办社会职能究竟对国有企业造成多大的负担？这可以用两种方式去评估，一种是定量的，一种是定性的。定量的方法可以比较直观地回答企业为办社会职能所支付的资金成本。比如：

据教育部统计，截至 1998 年年底，全国企事业单位办中小学 1.9 万所，有在校生 813 万人，教职工 69.5 万人，大约占全国学校的 1/3，其中企业办的学校约为 1.7 万所，在校生 732 万人，教职工 63 万人。

据卫生部统计，截至 1997 年年底，全国国有企业和其他部门自办医疗卫生机构 91081 个，拥有病床 62 万张，工作人员 112 万人，其中医院 7297 个，床位

60 万张，工作人员 79 万人，大体占全国医疗卫生机构的 1/3。按卫生部门对医院补助标准计算，企业每年需投入 31 亿元。

截至 2004 年年底，全国国有企业共自办公安机构 2680 个，年末职工 14.2 万人，企业年补助经费 53.1 亿元；自办检察院 271 个，年末职工 0.63 万人，企业年补助经费 2.7 亿元；自办法院 313 个，年末职工 0.68 万人，企业年补助经费 3 亿元；自办消防机构 635 个，年末职工 2.4 万人，企业年补贴经费 8.8 亿元；自办市政机构 681 个，年末职工 2.98 万人，企业年补助经费 21.9 亿元；自办社保机构 1300 个，年末职工 3.07 万人，企业年补助经费 44.5 亿元；自办社区机构 1894 个，年末职工 7.8 万人，企业年补助经费 32.4 亿元；自办供水供电供暖机构 2827 个，年末职工 21.9 万人，企业年补助经费 119.5 亿元。

据国务院国资委对石油化工、汽车、电力、机械、铁路、有色、军工等行业办社会问题比较集中的 18 家中央企业的情况进行了调查，截至 2000 年年底，这些企业共自办中小学校、医院、公检法等社会职能单位 3975 个，职工 35.2 万人，资产总额 147 亿元，年费用支出为 127.5 亿元，企业当年实际补助为 76.6 亿元。

根据企业财务决算数据，截至 2006 年年底，全国国有企业共有办社会职能机构 20461 个，年末在职职工人数 29.8 万人，当年企业支付的经费补助额为 209.5 亿元。

上述的定量统计只是揭示了企业办社会的直接经济负担，远没有完全反映出国有企业办社会带来的各种制约和消极的影响：

第一，最直接的影响是国有企业承担社会职能增大了企业非经营性支出的成本费用，削弱了企业盈利能力和发展潜力。企业作为经济组织，其所运用的资源应该以提高效益为目标，而企业兴办的各项社会职能占用了大量的资源，包括人力资源，这些社会管理类、公益性和福利性的支出不具有赢利属性，往往是低价或无偿提供给企业职工使用，无法实现资产的保值增值，从而降低了企业资产的整体效率。有统计表明，本世纪初许多大型特大型中央企业的非生产性资产占企业总资产的 15%～20%。办社会职能不仅增大了企业成本支出，而且其职能特性决定了这种支出是刚性的，有利润吃利润，无利润吃资产，成为国有企业的"出血点"。这种体制上的问题又在很大程度上掩盖了国有企业经营管理上的缺陷，难以设定企业经营的考核指标，无法准确评价企业经营业绩，在某种程度上成为国有企业低效率的保护伞。

第二，办社会职能导致国有企业定位模糊不清，经济目标和社会目标难以兼顾。办社会职能是国有企业"政企不分"的突出表现，这使得国有企业既是经济组织，又是政治组织，还具有社会功能，因而需要同时面对多重目标。模糊了企业的经济性质，牵涉了企业经营者的大量精力，使得企业经营者在社会政治目标与经济目标之间左右为难，既要追求经济效益又要解决社会问题，难以专注于生产经营。曾经有许多国有企业负责人感叹，管理好一个国有企业比管理好一个民营企业难得多，因为国有企业的经营者既是企业家，又是官员、"家长"等等，肩负多重身份和使命，无法专注于企业的经营与管理。

第三，企业办社会是造成国企资源利用效率低下、人员臃肿的重要原因。国有企业在缺乏社会分工的计划体制下，形成了"大而全、小而全"的结构，管理层级长而复杂，而每一个层级大都有自己的社会职能机构，这些社会职能机构占用大量资源，既不能面向社会发挥作用，又不能进行考核管理，造成人才资源的极大浪费。同时，国有企业办社会职能的大量人员虽然缓解了就业的压力，但也成为企业冗员的重要来源。在改革转轨过程中，一些企业所办社会职能及相关群体在剥离时其利益受到了不同程度的影响，由此引发的不稳定事件时有发生。如企业退休教师待遇等问题常年群访不断，严重影响了企业的正常生产经营秩序和社会稳定。

第四，沉重的社会包袱增大了国有企业改革、改制以及资产重组的难度。从计划体制进入市场，必须对国有企业进行大规模的改革、改组、改制和结构性调整，如何剥离其办社会职能，成为改革重组和结构性调整的一大难题。在无法移交给政府的情况下，许多企业为了尽快适应市场，在改革重组中只能将富余人员和办社会职能资产剥离出来，留在原母体企业，形成一个空壳企业继续承接旧体制留下的这些负担，而将优良资产改制上市。这种一个企业双重体制交叉运行的状况，增大了企业改革中体制和机制创新的难度，使得企业改革极不彻底，难以通过实现规范的市场化运作。

（三）转轨遇到绊脚石

改革开放以来，中国经济体制开始从计划经济向市场经济转轨，国有企业改革的目标是要成为具有独立经营能力和自负盈亏的经济实体和市场主体，国家不再对国有企业承担无限责任。显而易见的是，国企进入市场之后，如果继续承担多重目标，既要参与市场竞争追求经济效益，又要负担属于政府和社会的社会职能，就无法平等参与市场竞争。国企的这一弊端，在与外资企业、民营企业等其他市场主体的竞争中很快就凸显出来。随着国家财税体制的改革，财政体制改革结束了公共财政向国有企业直接注资、国有企业吃财政大锅饭的历史；与此同时，金融体制改革也推进了国有银行商业化，银行不再向无偿还能力的国有企业发放政策性贷款，结束了国有银行是国有企业第二财政补贴的历史。在宏观经济体制改革不断深化的大背景下，多年来国有企业办社会职能负担的矛盾日益尖锐起来：一方面是迅速成长起来的民营和外资企业，它们除了按照市场规律参与竞争、依法缴纳各种税费之外，没有任何属于政府和社会的负担，成为国有企业强有力的竞争对手；另一方面，国有企业在成为市场主体的过程中则背负各种社会负担。人们形象地将这种现象比喻为穿草鞋的与穿运动鞋的、包袱沉重的与一身轻松的、体弱多病的与身强体健的赛跑，显然这是一场完全不对等的竞争。结果可想而知。如果要求国有企业实现政企职能分离，以经济效益为目标，分离企业办社会的各种负担自然成为改革的所要解决的问题之一。

有这样一个企业办社会的典型案例——

【案例】

中国葛洲坝集团公司分离办社会负担

中国葛洲坝集团公司是国家为兴建葛洲坝工程和三峡工程于1970年组建的，历史上曾兴办了大量办社会职能机构，背负着沉重的负担，不仅影响了企业经济效益和竞争力的提高，还严重阻碍了企业转换体制机制。

葛洲坝集团总部位于湖北省宜昌市，由于历史和体制原因，葛洲坝集团长期对宜昌市西陵区所属葛洲坝城区履行政府管理职能，承担大量办社会负担。经过近40年的发展，葛洲坝城区已由原来的葛洲坝水利枢纽工程建设工区，发展成为一个功能较为齐全、设施较为完备的独立城区与社区，面积9.4平方公里，约占宜昌市中心城区面积1/3，辖区内企业办社会职能机构齐全，职责完备，服务和管理对象25余万人，约占宜昌市中心城区人口的1/4。

为了减轻办社会负担，根据国家有关政策，1999～2005年，葛洲坝集团先后将供电、动物检疫、中小学基础教育、公检法等社会职能移交给了市政府相关部门管理，移交中小学校和教研室及管理机关等13个、检察院1个、法院1个，移交职工合计2588人（其中在职职工1588人，离退休教师1000人），移交资产总额1.27亿元。

2006年开始，葛洲坝集团根据国务院国资委及财政部相关文件精神，不断与宜昌市政府协商沟通，希望将其他社会职能移交工作列入市政府议事日程，同时继续对所属社会职能机构给予大量投入，支持其正常运转、规范运作和加强建设，以达到地方政府的接收移交标准。但是，由于种种原因，地方政府一直未做明确答复，使得葛洲坝集团其他社会职能分离工作基本处于停滞状态，不得不继续承担着大量种类繁多的社会职能。这些社会职能主要包括两大类，一类是受政府委托行使的城区管理职能，主要包括市政建设与管理、社区管理、医疗卫生管理、人武消防、房产管理等；另一类是为企业职工、社区居民与葛洲坝城区提供生活、公益和其他服务的社会职能，主要包括教育、医疗卫生服务、离退休人员管理、社会保险管理及其他生活服务职能等。以市政建设与管理为例，葛洲坝集团承担着9.4平方公里城区规划、建筑市场管理、建筑招投标管理、外来施工队伍管理、市政公用项目建设与管理、市容环卫管理、环境保护与环境监测、地籍地政管理、城管监察等职能，涉及人口约25万人，道路47条（其中主干道8条）、大型公路桥梁3座、人行天桥5座、主次排水沟总长36公里、清扫道路38条（日产生活垃圾约160吨）、集贸市场12个（总面积5.1万平方米）、绿化面积91.22万平方米。在交不出去的情况下，葛洲坝集团只好针对现存社会职能的不同性质和实际情况，在分类归并组合的基础上，实行统一管理、分级管理、事业性管理与市场化运作等多种方式相结合的管理运作模式。设立的葛洲坝集团城区管理建设局，兼有集团派出机构、事业单位和独立核算经济实体等多种性质，归口或统一管理城区市政建设与管理、人武消防、教育、医疗卫生服务、房产管理等职能；葛洲坝集团离退休人员管理办公室归口管理离退休人员管理职能，有关经费由葛洲坝集团及所属单位共同支付；对城区供水与供气、通信、公共文化、电视传媒、集贸市场管理等生活服务职能，实行市场化改革、企业化运作和社会性经营，独立核算，自主经营。虽经多方努力，葛洲坝集团仍因承担城区管理、教育、医疗卫生服务、离退休人员管理、社会保险管理及其他生活服务等大量社会职能，配置从业人员（不含已实现市场化与社会化运作的其他生活服务职能）2454人，约占用资产4.05亿元。

2003～2007年，葛洲坝集团支付办社会职能费用合计约16.1亿元，年均3.22亿元。以2007年为例，全年支付3.2亿元，包括从业人员工资性费用约7311.5万元、离退休人员开支费用约11046.6万元、公用项目投入费用1711万元、园林绿化投入费用82.4万元、公共环卫投入费用392.7万元、老年活动场所建设投入费用253.7万元、城区管理运行管理费用865.5万元、教育运行管理费用2704.4万元、医疗卫生服务运行管理费用7556.4万元、社会保险管理运行管理费用40万元、老年文化娱乐活动费用约59.4万元。另外，为了适应企业产业结构调整转型和实施新一轮职工素质工程的要求，迎接国家教育部对葛洲坝集团所办三峡电力职业学院办学水平的达标评估，2008～2010年，又陆续投入1500万元支持其改善办学设施与条件。预计三峡电力职业学院达标评估所需建设资金约1.3亿元。上述费用还不包括集团所属单位的社区居委会、卫生所（医务室）等社会职能机构发生的费用，以及已实行市场化、社会化运作的其他生活服务职能发生的费用，实际发生的相关费用更多。按相同口径预测，葛洲坝集团2009～2013年办社会职能费用累计将需要资金17亿元以上。

从葛洲坝集团的典型案例可以清楚地看到，国有企业在进入市场后，社会负担对企业改革和发展的严重制约：

一是政企分开难以实现。葛洲坝集团在承担大量的政府职能和社会负担的情况下，无法作为一个单纯经济组织面向市场开展经营，占用大量的企业资源来维护社会职能机构的正常运转，这种政企不分的状况必然导致权责不清，经营责任和社会责任难以两全。

二是影响企业转换经营机制和建立现代企业制度。葛洲坝集团在建立现代企业制度中，由于社会职能的存在，无法实现主业资产整体上市，导致集团公司一分为二，即主业进入上市公司，社会职能机构则只能留在母体企业。一个公司两套运行机构，上市公司规范运作也因此受到影响，造成企业内部管理不顺，管理难度加大。许多改革举措因牵涉到社会职能机构和人员无法解决而被迫长期搁置或不能采取最优方案。

三是严重制约企业主业发展与市场竞争能力的提高。葛洲坝集团为维持社会职能的正常运转，每年需支付数亿元费用，占企业年利润总额的近一半，这方面的成本费用负担直接降低了企业的经济效益。这种只有投入没有产出的做法，从根本上违背了企业作为法人实体和市场竞争主体的性质，加大了主业发展所需资源短缺的矛盾，直接削弱了企业的市场竞争力。

四是企业办社会职能机构经费来源没有保障、管理不规范，其生存发展形势严峻。作为葛洲坝集团传统主业的建筑业利润率一直偏低，历史积累少、经济效益不好，办社会职能资金很难保证。特别是2007年主业资产整体上市后，办社会职能和有关机构大都留在了母公司。根据上市公司与母公司严格独立运作的要求，企业筹措办社会职能所需经费变得更为困难，与地方同类社会职能的运行和发展情况相比，经营管理水平与服务质量跟不上地区经济社会发展步伐，不仅难以满足企业职工和家属需要，社会职能机构自身的生存发展也面临重重困境。

五是不利于企业所在地公共服务功能的完善，影响所辖城区社会稳定。市场经济体制下，必须企业的归企业，市场的归市场，政府的归政府，这样分工明确才能有效运转。葛洲坝城区历经多年建设发展，与宜昌市在经济、社会等各方面已越来越融为一体，企业的公共基础设施的建设状况，已经直接影响宜昌市城市整体建设发展水平。长期以来由企业负责葛洲坝城区建设、管理，宜昌市政府负责宜昌市其他城区建设、管理的格局，使得宜昌市城市建设和管理政令不一，葛洲坝城区与宜昌市其他城区经济社会发展规划脱节，建设进程不一致，经济社会发展水平不平衡，影响了宜昌市整体功能的发挥与产业结构的调整与布局，与当地政府的发展目标难以适应。由于企业经营状况以及人员管理水平的限制，办社会职能服务水平难以满足职工日益增长的需求，加之由于相关政策不配套，企业的学校、医院、社区服务机构与所在地差距不断加大，一些历史遗留问题长期得不到解决，引发了企业职工与所辖城区居民的一些不满情绪，增加了企业与所辖城区社会的不稳定因素。特别是一些由于政策原因引发的不稳定问题，单凭企业自身力量无法解决，对企业正常生产经营造成了不利影响。

类似葛洲坝集团这样的企业在国有企业中只是一个较为典型的代表，还有一些企业不仅办社会职能，由于历史原因甚至是政企合一的。最典型的如鞍钢、大庆石油管理局，以后陆续建设的还有如四川的攀枝花钢铁集团和长城特钢、甘肃的酒泉钢铁公司、湖北十堰的东风汽车（二汽）等。而更多的是那些远离城市依托建设的一大批"三线企业"，一个企业就是一个社会，所有的社会功能都是企业承担。如果对这些企业的社会负担不进行彻底的剥离，企业是无法进入市场参与竞争的。

二、回归企业的本质——坎坷的分离之路

负重难以前行，改革不可避免。沉重的办社会负担日益严重地制约了国有企业的活力，切实解决国有企业历史形成的各类办社会负担，把属于政府和社会的从企业分离出去，是国有企业进入市场的一个必要条件，因此也成为国有企业改革的重要内容。

党中央、国务院对解决国有企业办社会职能问题十分重视。1993年，党的十四届三中全会根据建立社会主义市场经济的目标要求，首次提出要"减轻国有企业办社会负担"，将分离企业办社会负担工作提到了重要的议事日程。1999年，党的十五届四中全会通过的《中共中央关于国有企业改革和发展若干重大问题的决定》中再次明确提出，分离国有企业办社会职能工作是国有企业改革与发展中的一项重要工作。2003年，党的十六届三中全会对分离国有企业办社会职能工作进一步提出了明确要求："要在加快国有企业改革的过程中，把分离企业办社会职能作为一项重要的改革任务，积极探索分离的途径和办法"。改革的方向十分明确，改革共识也容易形成，但推进改革的过程却并不一帆风顺，成为改革进程中的一场持久战。

（一）非不为而是不能也

分离企业办社会负担之不易，在于这项改革牵动方方面面的利益，并且需要政府和社会各方面的配合，实际上是一项综合性的改革。

随着国有企业市场环境的变化，分离办社会职能越来越迫切，但在这项改革实施的过程中，相关利益主体的态度并不一致，各企业和各地区的条件也很不相同，因此分离改革的复杂性和难度往往超出预期。站在国有企业改革的角度，分离办社会职能理所应当势在必行，很容易达成共识；但从所在地方政府的角度，国有企业分离的社会职能政府如何接？接过来的"负担"政府拿什么养？原来国有企业与政府两种体制下形成的利益差距如何平衡？这些现实的改革成本问题，成为许多地方政府望而却步的拦路虎。虽然对国有企业分离办社会的改革在认识上高度一致，但是实施的过程中如果不能处理好两种体制转换的衔接和相关

费用的落实问题，改革是无法推进的。

因此，从国有企业改革的整个历程中看，分离办社会职能是一项非常重要的改革，但也是难度最大、历时最长的改革之一。直至今天，仍有许多国有企业的分离办社会职能难以落实。

分离国有企业的社会负担之所以一波三折，推进缓慢，主要原因如下：

一是部分地方政府财政难以承受。由于我国经济发展地域不平衡以及财政体制等原因，一方面各地区政府和社会的相关功能和设施并不完善，特别是中西部地区，政府财政的状况参差不齐且困难者居多，而实施社会职能分离后不可避免地会增加所在地政府的财政负担，因此多数地方政府对分离国有企业办社会负担的积极性不高。经济欠发达地区更是如此。有人形象地说，"因为养不起，所以眼看着上门的媳妇不敢娶"。尤其是一些地处偏远的独立工矿区，企业所在地往往是大企业、小政府，多年来甚至是政企合一，面临的困难和压力比其他地区更加突出。所以在改革进程中出现的东部沿海地区分离办社会工作进展相对较快的现象，究其原因主要还是地方财政承受能力所限。当然，这其中也与一些地方政府对政府转变职能、政企分开的认识不足有关，特别涉及中央企业的社会负担，与中央和地方两级政府的利益格局有关，更难以简单化地处理。

二是国有企业和政府所办社会职能在管理体制和人员待遇等方面存在差异。国有企业所办社会职能与政府体制下所办的社会职能，虽然在功能上并无区别，但是由于管理体制长期不同，形成了从管理方式到人员待遇的许多差别。从企业方面看，大致可分为两个大类：一类是效益较好的或垄断性的企业，一般社会职能机构管理较规范，人员待遇较高；另一类则是经营困难效益较差的企业，由于长期投入不足，设施和人员待遇均比较差。从地方政府来看，也可大致分为两类，即东部发达地区和中西部困难地区。不同类型企业与所在的不同地区，造成了分离办社会改革的复杂性。在分离改革之前，企业和职工习惯性默认了这种多能形成的差别，一旦启动与国有企业的分离改革，历史上积累的利益不平衡和矛盾全部暴露出来，需要在分离中一一解决。从这个意义上说，分离办社会的难点不在于国有企业改革本身，难点在于它牵涉更多层面的配套改革不完善的问题。例如，在社会保障方面，一些分离学校的已退休教师以前参加的是企业社会保险，移交后要求享受公办学校退休教师待遇，并引发大规模上访。还有一些企业医院分离后，不能按非营利性事业法人登记，只能登记成为企业法人，不能享受税费和社保医疗定点单位等优惠，生存非常困难。特别是由于财政体制原因，许多地方政府对中央企业分离工作不积极作为，把改革当作地方财政的包袱，使得这项改革严重滞后。当然也有少数垄断性国企的社会职能机构和人员因为待遇较高而不愿分离到社会的问题。

三是企业办社会职能与所在地政府存在机构重叠、人员过多的问题。国有企业所办社会职能机构主要为企业员工服务，在布局上没有纳入当地政府的统一规划，一旦移交给政府，会出现机构设置重复、人员编制过多以及增加当地政府管理范围的问题。例如，在公检法移交过程中，地方政府原有编制难以满足移交人员的要求。铁路等系统警察的管理也有其特殊性，如何移交成为难题。医院和学校更有一个合理布局的问题，实行分离之后有些机构可能需要进行调整或者重组，因此不是一个简单的分离问题。与政府相关职能机构相比，社会职能机构在企业中属于后勤服务一类，不仅机构的设置和管理不够规范，人员素质也参差不齐，多年积累的问题较多。在分离移交给政府的过程中，如果与地方政府的社会职能机构接轨就面临重新洗牌的问题，包括有些机构需要根据地方需要进行撤并，人员需要考核合格才能上岗，这些工作不仅极为繁杂，且其中的利益纠葛也往往是不稳定的导火线，因此改革的难度很大。

点评：

把属于政府的还给政府

国有企业承办社会职能是与传统体制下国有企业的经济和社会定位相对应的。在计划经济时期，国有企业并不是真正的企业，而是政府中负责生产的机构。因为在这种体制下的国有企业并没有自己明确的财务和责任边界，企业有利润需要上交，亏损了政府负责补贴。因此在一些特定的、社会功能发育不足的区域，政府把负责生产的部门和负责管理社会的部门合在一起是完全可以的。企业并没有觉得有什么不方便，甚至是更方便了。

国有企业改革的第一步是把企业从政府系统中分离出来，进入市场、参与竞争，并随之切断了政府与国有企业的财务关系，迫使国有企业成为独立的市场竞争主体。在这样的体制变动的背景下，分离国有企业的办社会职能本应与国有企业进入市场的改革同步推进，但遗憾的是改革并没有能够实现同步。这种改革的不同步对国有企业的影响往往是致命的，因为两家产品、装备、规模完全一样的企业，一家有社会负担而另一家没有，充分竞争中被淘汰的肯定是前者。

——邵　宁

（二）因势利导化解历史难题

由于国有企业分离办社会职能涉及到体制变动、利益调整、中央与地方、政府与企业关系等多个层面，改革的推进一波三折，经历了一个由点到面，再由面到点的渐进改革过程，即先从具备条件的重点城市开始，根据当地政府的承受能力进行试点，取得一定的经验之后，再逐步推进。在推进过程中也往往是地方国有企业先行一步，然后才是中央企业。企业分离办社会是按属地原则进行的，在各地方国有企业分离完成之后，中央企业就成为分离办社会职能的一大难点。中央企业分离办社会主要涉及中央—地方的财政负担如何划分的问题，当然还有人员编制如何解决，因此在分离改革中更多了一层中央与地方的关系，具体工作的难度更大。为使分离工作平稳进行，先选择 3 户中央企业进行分离改革的试点，取得经验后再扩展到全部中央企业。

1. 第一阶段：部分城市先行试点

1995 年，国家经贸委、财政部、教育部、卫生部、劳动部等五部门印发了《关于若干城市分离企业办社会职能分流富余人员的意见的通知》（国经贸企〔1995〕184 号），提出要在全国优化资本结构试点城市（111 个）开展分离国有企业办社会职能工作。这是按照党的十四届三中全会要求，首次提出分离办社会职能的范围、方式及相关配套政策的文件，是国有企业分离办社会职能进入实施操作的标志性事件。

184 号文件基本明确了分离办社会职能的对象、思路和路径。从范围看，包括公益型社会职能（企业自办的中小学校、卫生机构等）和福利型社会职能（企业自办的食堂、浴室、托儿所、招待所等后勤服务单位及相关富余人员）。从改革方式看，坚持从实际出发采取不同的分离方式。一是对于企业自办的学校，经当地政府批准的试点企业，可将自办的中小学校移交给当地政府管理；移交条件尚不具备的多数企业应继续办好中小学，并实行独立核算，定额补贴，确保办学经费；企业自办的职业、技术学校和成人教育学校主要为企业培养人才，可采取"企业为主，政府支持"的办学形式，也可采取社会各方联合办学的形式继续办好。二是对于企业自办的卫生机构，企业认为无必要自办的且当地政府同意接收的医院，可将资产、人员成建制移交当地政府，纳入当地卫生服务网络；如当地政府接收企业医院确有困难或与地方医疗机构布局相重合，可缩小规模，减少投入或者停办；企业可将医院作为投资与其他企业、事业单位联合办医，组建营利性的独立法人；独立工矿区和暂不具备分离条件的企业，可继续自办，但应实行经济独立核算，内部自主管理，服务面向社会、优先企业职工；企业自办的防疫站等原则上由企业自主决定是否分离。三是对于企业自办的食堂、浴室、托儿所、招待所、车队等后勤服务单位要采取多种形式与企业生产经营主体分离，企业职工住户的管理机构也要与生产经营主体分离，并将安置富余人员与分离后勤服务单位结合起来。兴办的各种服务业原则上应与企业脱钩，面向社会、自主经营、独立核算、自负盈亏；暂不具备条件的企业可优先内部分离，独立核算，并且要努力创造条件向最终分离过渡。从改革路径看，采取先试点后推开的渐进式方式，要求各试点城市选择少数企业进行分离自办中小学校、医院试点，探索彻底分离的途径。独立工矿区企业视实际情况稳妥推进。

1995～1999年，部分优化资本结构试点城市在184号文件的基础上，结合自身实际启动试点，大胆进行探索和实践，分离办社会职能工作取得了很好成效。但在实践中，如何承担分离办社会后的费用，由于184号文件没有对此明确规定，成为一个难点问题。各试点城市大都根据自身的承受能力采取多种过渡性办法，经济较发达的地区一般在费用上解决较好，企业办社会的分离就比较彻底；政府财力比较困难的地区，进度往往不快，遗留问题也较多。

分离企业办社会的主要难点在于改革成本的支付能力，同时与地方政府的改革意识、发展的短期与长期利益平衡密切相关。由于长期以来政府与企业职能的错位，企业承担了许多本应由政府承担的社会职能，在政府的财政支出结构中缺乏相应的安排，而新增财力又不足以满足改革的需要。各级政府为此进行了多方面的探索。从国有企业办学校的移交来看，各地采取的主要办法有：一是增提教育费附加，专项用于分离企业自办中小学校，原办学企业不再承担分离后学校的经费。例如，长沙市自1996年起将城市教育费附加征收率提高了一个百分点，筹集资金1600万元，另由市财政拨款500万元，对城区48所企业自办中小学进行了分离。福建省也采取同样的办法，在全省范围内开展了这项工作，由于经费来源稳定，分离改革的进展比较顺利。二是政府、企业协商确定经费分担比例，通过几年过渡后由地方政府承担全部费用。大连市市属企业所办的25所中小学分离，采取市、区两级财政和企业共同承担的办法，以5年为过渡期，5年内市财政负担三分之一，5年后全部由市财政负担。重庆市对重庆钢铁集团公司26所中小学的分离，也是采取企业负担的费用逐年递减的办法。三是有的经济欠发达地区或老工业基地，由于地方政府财力有限，先将企业办教育的职能移交地方政府管理，使企业集中精力抓好生产经营，所需经费在一段时间内继续由企业承担。1996年，辽宁本溪钢铁集团公司的8所中小学交由政府管理，所需经费以上年实际发生额为基数，五年内由企业负担，不足或新增部分由政府补助，五年后全部由政府负担。黑龙江牡丹江市对市属国有企业办的中小学校采取产权、隶属关系、经费来源不变，把学校委托给政府教育部门管理，托管期为三年，过渡结束后再由政府完全接收。

对于分离企业办医院的主要做法：一是整体移交地方政府管理。在企业与当地政府协商一致，地方政府愿意接收的情况下，企业将医院资产和人员成建制地移交地方政府，纳入地方卫生服务网络。二是可按照市场化的方式，对有条件的企业医院向社会有偿转让。大连钢铁集团公司对企业医院进行资产剥离，以2100万元的价格整体出售。

对企业后勤服务部门及其他社会公益性机构的分离，大都是在产权关系不变的情况下采取对后勤服务部门及其他社会职能实行租赁、承包、股份制、出售、转让等形式，首先进行独立核算、自主经营、自负盈亏的改革，使后勤服务由福利性向经营服务型转变，实现后勤服务部门及其他办社会机构经营管理的市场化、社会化。

1999 年 10 月 25 日，国家经贸委于在福建省南平市召开了全国国有企业分离办社会职能工作座谈会，总结了几年来全国国有企业分离办社会职能工作的经验，并将福建省、长沙市等地的做法作为典型经验加以介绍推广。其中，长沙市的改革探索是一个缩影。可以更好地观察这一阶段的分离办社会工作。

【案例】

长沙市分离企业办自办中小学校的改革探索

1996 年长沙市在优化资本结构试点中，把分离办社会职能，减轻企业负担，建立现代企业制度作为试点工作的重要目标，确定了"一次分离，分类指导，先易后难，分步实施，平稳过渡，逐校交接"的原则，推进分离市属工业企业自办中小学校的工作，并全部顺利完成移交。

当时，长沙市共有办学企业 111 家。1996 年，市委、市政府以该市列入全国优化资本结构试点城市为契机，高度重视分离企业办社会职能。3 月，市政府正式作出决定，将位于城区的首批 48 所企业办的学校一次性分离出来，移交给政府教育部门管理，做到了企业、教育部门、学校教师三满意。

长沙市在分离企业办学校过程中，强调各级党委、政府、各办学单位及有关部门要把思想统一到中央政策和市委、市政府的指导思想上来，并贯彻于分离工作的始终，确保这项工作沿着正确的方向顺利进行。在具体工作中，按照 184 号文件要求，坚持实事求是，组建专门班子，确定范围步骤，落实分离进度，制定具体政策，稳妥解决问题。为筹措资金，该市从 1996 年 3 月开始，将城市教育费附加征收率由 4% 提高到 5%，不足部分再由市财政拨款解决。

为衔接好教职工的交接，长沙市的各项规定均向原办学企业倾斜，意在化解企业包袱，减轻企业负担。具体表现为：核定编制放宽，对超编的合格教师可不受编制限制，对专任教师、管理人员、工勤人员按一定比例接收；接收人员范围放宽，不论其身份是干部、以工代干还是其他身份，凡经审定为合格的教师，录用为全民教师；认定合格教师的标准放宽；接收教职工的年龄放宽；手续从简；待遇从优。

长沙市在分离企业办学校的实践中注重把握几个要点：一是切实加强领导，统一思想认识。对企业办学校的分离改革，不是简单地从减轻企业负担角度考虑，而视为在实现两个转变的过程中要求企业和政府各自职能复位的客观要求。二是各相关部门通力协作，坚持特事特办。市、区各级政府，各有关部门，在办理企业办学校分离工作时通力合作，打破常规，简化手续，特事特办。三是谨慎抓好试点，分批平稳过渡。先行选择两所学校进行试点，探索规律，总结经验，并编印了《长沙市分离企业自办中小学校工作文件资料汇编》，用来指导面上工作。四是注重统筹兼顾、正确处理好四个关系，即处理好办学企业与未办学企业之间的关系，取得思想认识的统一；处理好已进行分离工作与暂不分离的学校之间的关系，统筹兼顾，同步发展；处理好教育行政部门与原办学单位之间的关系；处理好分离工作与全市教育整体规划之间的关系，根据各校的办学条件、办学规模、学校位置及附近学校的布局等情况通盘考虑。

通过近三年的工作，长沙市顺利实现了国有企业办学校的分离，走出一条适应改革发展需要、符合市情实际的企业改革之路，为长沙市经济和教育发展清除了体制上的障碍。

2. 第二阶段：分离改革在全国推开

第一阶段在优化资本试点城市中推进分离国有企业办社会职能工作取得了一定进展，但各城市的进展很不平衡。随着改革的不断深化，特别是市场竞争对国企改革形成的倒逼机制，加之改革的条件也逐步成熟，国家有关部门因势利导，在总结前期经验的基础上，拟订适用于全国的改革政策，分离办社会的改革在全国逐步展开。

1999年，国家经贸委起草了《关于进一步推进国有企业分离办社会职能工作的意见》，拟会同教育部、劳动和社会保障部、财政部、卫生部、建设部共同研究下发。但由于各部门对增提教育费附加、中央财政补贴等问题的意见难以统一，在上报国务院之后，认为这项改革虽势在必行，但当时正在三年改革脱困的阶段，各方面的改革任务十分艰巨，启动分离办社会的改革时机还不够成熟，因此暂时搁置没有下发。

2000年，在国务院转发的国家经贸委关于《国有大型企业建立现代企业制度和加强管理的基本规范（试行）》中明确提出了进一步分离企业办社会职能工作要求。

2002年，国家经贸委鉴于三年改革脱困的任务基本完成，在全国推进分离企业办社会负担的条件基本具备；与此同时，国有企业建立现代企业制度等深层次的改革也迫切要求解决企业的历史遗留问题和社会负担。因此，国家经贸委再次研究修改并会同前述5部门印发了《关于进一步推进国有企业分离办社会职能工作的意见》（国经贸企改〔2002〕267号），对各类办社会职能提出了不同的解决路径，要求各地加快此项改革的进度：

一是规定企业自办的普通中小学校移交当地政府管理，移交时资产无偿划拨。

二是将企业自办的医疗卫生机构划分为内部医疗卫生机构和企业医院两大类型。分离内部医疗机构应与职工医疗保险制度改革相衔接，根据当地政府和企业的实际情况，按照区别情况、分类指导、灵活多样的原则，由企业自主选择分离的方式。企业医院则由企业自主决定是否分离或分离的时间，具体可采取三种方式：符合区域卫生规划，医院设备、技术和管理达到卫生行业管理要求的，可以直接转为政府办非营利性医院；规划区域内供过于求的企业医院，其设备、技术和管理达到卫生行业管理要求的，可以转为营利性医院或其他社会服务机构；区域卫生规划不需要且办医条件达不到卫生行业管理要求的，逐步"关、停、并、转"。

三是要求中央企业分离办社会职能工作在总结试点经验的基础上逐步推开，所需费用参照地方企业的办法解决，中央财政将根据实际情况给予适当补贴。

四是对于人员的分流安置，除184号文件已明确的外，以移交前在职人员为基数，教学人员按编制审定合格后接收，非教学人员按比例移交。

267号文件还对分离中的难点——分离后相关机构的费用承担问题做出了规定：移交之后可保留三至五年过渡期，过渡期内逐步由企业负担为主转到地方政府负担为主。过渡期结束后全部由地方政府负担。至此，国有企业分离办社会职能工作，由单个企业和小的区域扩展到以行业、省为单位整体推进阶段，并在全国国有企业全面推开。由于上述政策文件不仅明确了分离国有企业办社会负担的工作目标和任务，而且明确了相关的政策和实施责任，从而大大加快了分离国有企业办社会职能步伐。截至2003年年底，河北省基本完成29家省属企业188个中小学、医院、公安机构的分离移交；重庆市完成83家市属企业152所自办中小学的移交；河南省分离省属企业办中小学的97%；北京市基本完成国有企业中小学的移交。在"十五"期间，分离企业办社会职能工作进展较快的浙江、重庆、河北、广东、福建、上海、北京、四川、湖北、天津、辽宁、青海、安徽、广西、山东、西藏等十几个省（区、市）基本完成这项改革任务。全国共有4000多所企业办中小学、400多个公检法机构、2000多家医院与企业主体实现了分离。

福建省按照国有企业改革发展的总体目标，两次下发文件，明确要求在全省范围内，将企业自办的所有中小学、幼儿园、技工学校、医院、公安、居委会、生活后勤服务和离退休人员管理机构全部分离出去。他们采取"一揽子"分离的做法，先抓试点，以点带面，特别突出了政府在分离改革中的主导作用，用两年的时间，使企业办社会负担问题在该省基本得到解决。

【案例】

福建省基本解决国有企业办社会负担

福建省国有企业办社会是在计划经济体制下形成和发展起来的。由于福建与台湾地区只有一水之隔，服从于当年对台斗争的需要，企业一般选址在山区，没有城市作为依托，是"先有企业、后有城市"的典型，必然形成企业"小而全"、"大而全"的自我服务的办社会体系，以方便职工生活，稳定职工队伍。随着经济体制转轨，企业办社会负担带来的矛盾和问题日前突出，不仅占用大量企业资产，耗费十分可观的费用，也制约了企业经营机制的转换。更严重的是，这种"政企不分"的"职能错位"现象严重影响了企业在市场经济体制下的改革、发展和稳定。为彻底解决这一问题，福建省充分利用政策契机，按照国有企业改革和发展的总体要求，结合该省的实际，在摸清基本情况，抓好试点的基础上，确定"精干主体，分离辅助，转机建制"的工作思路，在全省开展了分离办社会职能工作。

一是统一部署，明确目标。有关部门多次召开会议认真分析各阶段分离企业办社会情况的目标，研究协调解决有关问题，地市也纷纷加快了工作步伐。企业办社会比较集中的三明、南平、龙岩等地还专门成立了分离办社会职能工作机构，确定工作目标和责任人员，做到有组织、有计划地推进。

二是制定政策，加强协调。1996年，在对全省国有企业办学校、医院的情况进行全面调查的基础上，印发了《关于分离国有企业办学校移交中有关人员、经费及国有资产等问题的贯彻意见》、《关于分离国有企业办社会职能的通知》、《关于我省企事业单位公安机构体制改革中录用人民警察的通知》、《关于撤销福州抗菌素厂等172个企业事业单位公安机构的通知》、《关于国有企业设立的居委会分离中有关人员、经费及国有资产处置实施意见的通知》、《关于国有企业医院分离移交中有关问题的实施意见》等一系列文件，明确了分离原则、分离范围、人员编制、经费来源、资产处置、组织领导等政策，并加强各有关方面的沟通协调，有力地保证了分离企业办社会职能的逐步展开。

三是抓好试点，以点带面。在分离企业办学过程中，福州、三明、南平市分别组织分离企业办学校的试点工作组，在福州棉纺织厂、三明重型机器厂等11家企业开展学校分离的试点，并经过两个月的努力达成了试点目标。随后，有关部门和企业及时总结试点经验，进一步形成共识，坚定了做好分离企业办学校工作的信心和决心。

四是加强指导，推进分离。通过制定全省统一的分离企业办社会职能统计报表，交由相关部门和企业定期填报的方式，及时掌握分离工作的进度，再根据实际需要不定期地组织有关人员深入部门和企业，指导和协调解决工作中遇到的困难和问题，推进分离企业办社会职能工作。

通过各方面的共同努力，福建省共分离省、地、县（市）属工业企业自办的 119 所中小学，涉及教职工 3985 人，资产 2 亿元（不含土地）；撤销了 172 个公安机构，分离了 60 个公安机构，核定编制 500 人，纳入地方公安机关序列；分离全省企业自办医院、卫生所和医疗室 218 所，涉及从业人员 3594 人；撤并企业厂区规模不大，职工人数不多的居委会 5 个，分离并移交街道办事处管理的居委会 92 个；对企业办 38 所技校进行分离，其中 27 所改为企业内部职工技术培训中心，主要从事本企业或相关企业委托的专门技术教育和短期培训中心，有 5 所技工学校实现分离并移交劳动部门管理；对企业办后勤服务机构、幼儿园、托儿所等，采取多种方式与企业生产主体分离，同时政府提供相关政策优惠，经过一段时间的过渡，使绝大多数企业生活服务单位达到自收自支或企业化管理。另外，还根据"面向社会，扎根社区，依托家庭"原则推进企业退休人员的社会化管理。有 45 万名企业离退休职工养老金实现社会化发放。逐步把 141 个退管机构的职能移交给社区退管组织，有 14179 名企业的离退休人员移交给社区的社会化服务机构管理。

专栏 6 – 1

原国家经贸委企业改革司副司长熊志军回忆 267 号文件出台的波折

267 号文件在 1999 年拟定后，根据国务院的指示精神，改革时机还不成熟，当时没有马上下发。到 2002 年国家经贸委考虑到三年改革脱困的任务基本完成，建立现代企业制度成为国企改革的重中之重。在企业改组上市建立现代企业制度的过程中，分离办社会负担是一个必须解决的难点。国家经贸委鉴于 267 号文件的基本内容国务院会议已原则通过，似没有重新上报国务院审议的必要，因此会同其他五个部委向全国印发了这一文件。

记得大概是在 2002 年的年中，我正陪同国家经贸委主管企业改革的一位副主任在外出差，会议期间该副主任出去接了一个电话之后，把我叫出去，告诉国务院领导追问，267 号文件为什么没有报经国务院审批。当时我也很紧张，这项工作正是我在具体负责。看来当时我们急于推进这项改革，在报批程序上显然不太合规。当时只好由主管领导做出解释并作了自我批评。我个人理解，实际上国务院领导并不是批评程序上不合规，主要还是要求在改革的部署上要审时度势，不可操之过急，因为当时社会稳定的压力很大（2002 年年初发生了震惊中外的"大庆事件"）。当该主任将文件下发之后各地改革进展比较顺利的情况简要汇报之后，这场风波才悄然平息。这也可以看出国务院领导对分离企业办社会所给予的高度关注。

3. 第三阶段：最后的攻坚战——央企分离办社会

中央企业分离办社会负担的改革，一直滞后于地方国有企业。主要原因在于我国财政体制是中央、地方分灶吃饭，而中央企业办的社会职能机构都在地方的管辖范围，分离之后的社会职能机构的费用由谁负担，成为改革中的主要难点。如果将所有负担交给地方政府，改革就难以推进。虽然267号文件明确了企业分离办社会职能工作的目标和要求，但由于中央企业这项改革成本没有落实，实际上仍然止步不前。中央企业分离办社会职能试点工作中遇到的问题，引起了国务院领导同志的关注。为此，国家经贸委和财政部共同紧急下发了《关于进一步推进国有企业分离办社会职能有关问题的补充通知》（国经贸企改〔2002〕610号），对中央企业分离办社会职能试点工作专门做出安排。《通知》提出，国有企业办社会负担是多年形成的，对分离企业办社会负担的难度要有充分的估计。中央企业分离办社会职能工作量大面广，涉及的人员、机构、资产比较复杂，需要与地方政府有关部门进行沟通和衔接，必须稳步推进，不能急于求成。必须先试点，取得经验后逐步推开，并由国家经贸委、财政部研究起草具体实施办法，待报请国务院批准后，再选择部分有条件的企业组织实施。考虑到各地的经济发展水平和承受能力的差异，对分离企业办社会负担的进度只作原则性要求（经济发达地区2~3年，经济欠发达地区3~5年，少数独立工矿区据实确定），各地区要根据当地实际情况，在充分考虑各方面承受能力、确保社会稳定的前提下，统筹规划，精心组织，分步实施，切不可片面追求进度，搞"一刀切"。

中央企业中最具代表性的中国石油、中国石化两户企业，当时正出在改制上市的过程中，企业社会负担过重的问题成为建立现代企业制度的极大障碍。尽管有些子企业所在地政府具有改革的意愿，大多却因为成本难以承受而受阻。为此，两家企业多次与有关部门沟通，提出在企业所得税超基数返还政策即将结束时，从中拿出一部分用于"养老、养小、养社会"，作为解决社会负担的成本。这是一个在中央财政增量中解决改革成本的建议，由于不触及财政支出的存量，具有现实的可行性。对央企分离办社会停滞不前的状况最着急的无疑是刚成立的国务院国资委，国资委作为央企的出资人，自然希望央企尽快分离办社会负担，这样才便于考核央企的业绩，落实资产保值增值的责任。否则企业的社会责任和经营责任就难以分清，也不利于企业竞争力的提高。因此，2003年国务院国资委成立伊始，就会同财政部对中央企业办社会职能情况做了大量调查研究，探索中央企业分离办社会职能工作中一些特殊问题的解决办法，提出落实改革成本和相关配套政策的建议。2004年年初，财政部会同国资委向国务院上报了关于中央企业分离办社会职能试点工作的意见。主要内容是建议将中国石油、中国石化和东风公司3家中央企业列为中央企业分离办社会职能工作试点企业。同时，提出对中央企业分离办社会职能工作"三步走"：第一步是选择中国石油等三家中央企业作为试点，探索中央企业分离办社会职能的具体途径、方法，包括改革成本来源、人员分离的范围、资产移交遗迹移交当地政府之后的管理等，通过试点总结经验，进一步完善相关政策。第二步是选择部分经济效益较好的企业在具备接收企业办社会职能机构的的能力、分离条件比较成熟的地区扩大试点。第三步是在完善先行先试的政策的基础上，全面推进其他中央企业的分离办社会职能，争取在 3~5 年内完成这项改革。

2004 年 4 月，国务院办公厅印发了《关于中央企业分离办社会职能试点工作有关问题的通知》（国办发［2004］22 号），明确中国石油、中国石化和东风公司作为中央企业分离办社会职能工作试点单位，把企业所办全日制普通中小学及公安、检察院、人民法院等机构移交所在地政府管理。并决定按照"积极推进、稳步实施、先搞试点、逐步推开"的方针，在总结试点经验的基础上，在全国和中央企业逐步推开。主要政策包括，一是移交机构及中小学退休教师的相关经费，按照 2003 年企业实际发生额，经核定后，由中央财政给予足额补助。补助资金通过中央财政转移支付方式逐年划转给地方财政。二是移交资产实行无偿划转，成建制移交。三是移交人员以 2003 年 12 月 31 日所有在职人数为依据，对其中具有相应职（执）业资格的人员，在核定的编制范围内，经地方人民政府审定后纳入移交范围。2004 年新增中小学教师符合条件的，一并纳入移交范围。四是企业办中小学、公检法以及中小学离退休教师待遇低于当地政府规定同类人员标准的，在移交地方管理后按当地标准执行。

2004 年 4 月 28 日上午，国务院在京召开中央企业分离办社会职能试点工作会议，部署工作，解读政策，涉及 3 家中央企业试点工作的各省、自治区、直辖市、计划单列市等有关负责人员参加了会议。这是分离企业办社会职能工作开展以来规模最大、范围最广、规格最高的一次会议。当天下午，中共中央政治局常委、国务院副总理黄菊同志还在中南海主持召开了试点企业、各地有关负责人、中央有关部门负责人参加的座谈会，进一步对 3 家中央企业分离办社会职能工作提出要求。

这次中央企业分离办社会的改革，不仅中央财政支持力度最大（几乎承担了所有的改革成本），而且相关政策也比较配套，包括人员编制、管理机构等都明确了相应的办法，改革过程中地方负担较少，因此，各级地方政府对试点工作反应积极，总体上进展顺利。至 2004 年年末，3 家试点中央企业已分别和涉及的 27 个省（区、市）签署了移交协议，移交资产、财务关系、财政补助基数核定及划转手续全部办理完毕。由于政策到位，措施有效，组织有力，三家试点企业的社会职能移交过程整体平稳，企业的中小学、公检法机构基本实现了顺利分离，取得了阶段性成果。

2005 年，在 3 家中央企业试点工作顺利完成、取得经验的基础上，国务院决定启动第二批中央企业分离办社会职能工作，并将原定"三步走"的工作安排并成两步，将分离办社会职能范围扩大到涉及全日制普通中小学及公检法机构分离工作的所有中央企业，并印发了《国务院办公厅关于第二批中央企业分离办社会职能工作有关问题的通知》（国办发〔2005〕4号）。4号文件在基本比照试点企业相关政策的基础上，根据企业的不同效益情况，进一步完善了相关政策：一是从2005年1月1日起，将74家中央企业所属的中小学、公检法职能单位，一次性全部分离并按属地原则移交所在地（市）或县级人民政府管理。二是企业医院、市政机构、消防机构、社区机构、生活服务单位等分离问题，由企业与地方人民政府根据实际情况协商确定，鼓励企业办社会机构通过市场化改革进行分离。三是移交地方管理的中小学、公检法以及中小学离退休教师所需补助，从2005～2007年的3年过渡期内，由企业和中央财政共同承担；从2008年起，全部由中央财政承担。四是对铁道部所属企业前期分离办社会职能工作给予肯定，要求按新的政策继续推进，承认地方政府与铁道系统分离办社会职能工作的有效性。

第二批中央企业分离办社会涉及企业和机构数量多、行业和地区分布广，情况更加复杂，推进难度相对更大。2005年1月18日，国务院召开了第二批中央企业分离办社会职能工作电视电话会议，对第二批74家中央企业分离办社会职能进行部署。黄菊副总理出席会议并讲话，要求加强地方、部门和企业之间的协作配合，形成合力，共同推进，力争在2005年年底前完成社会职能机构的移交工作。2005年1月底，财政部、国资委在京召开了第二批中央企业分离办社会职能工作培训会议，认真总结试点成功的经验，请3家试点企业介绍其做法和经验，供有关中央企业学习借鉴。对改革中还有一个历史的遗留问题，即在这次统一改革的部署之前，部分中央企业移交地方政府的社会职能机构，没有享受中央财政的补助政策，仍然由企业或地方政府负担的情况，财政部、国资委联合印发《关于中央企业先期移交办社会职能机构有关政策问题的通知》（财企〔2005〕116号），明确在国家统一组织实施中央企业分离办社会职能工作之前，3家试点企业以及其他中央企业主动与地方政府协商，先期移交的一部分全日制普通中小学及公检法机构，凡符合分离移交条件的，按原移交协议签署的当年经费补贴基数，不再重新调整，由中央财政作为补贴基数划转地方财政。先期移交中小学的仍然留在企业的离退休教师，可以比照第二批中央企业分离办社会职能工作的相关政策，按属地原则一次性移交所在地人民政府管理。离退休教师养老金低于当地人民政府规定的同类人员标准的，按当地人民政府规定的标准执行。所需资金由中央财政作为补助基数划转地方财政。

对于企业移交的公安机构编制不明确问题，经各部门协调，2007年，中央编办下发了《关于第二批中央企业公安、法院、检察院机构移交地方为有关省、市、自治区、直辖市下达政法专项编制的通知》（中央编办发〔2007〕103号），核定了有关中央企业的公检法机构的编制，对前期中国石油等3家试点企业中部分公检法机构编制问题也给予了明确。这些政策到位有力地促进了企业办公安机构的顺利移交。

　　但在第二批中央企业分离办社会职能过程中，仍存在部分中央企业与地方政府多次协商但无法取得一致意见的情况。主要是电力等少数行业的企业，由于社会职能机构的职工待遇较好而不愿离开企业，有少数企业社会职能机构管理较好、负担不重，并且方便本企业员工，因此也不愿意移交办。针对这些问题，财政部、国资委于2005年年中在云南省召开第二批中央企业分离办社会职能工作座谈会，强调这项改革的重要意义，指导、督促企业和地方加快工作进程。针对改革过程中出现的许多具体问题，财政部等有关部门相继出台了一系列配套政策，对分离的对象、人员界定、经费补助、工作机构等各方面问题予以明确，为第二批中央企业分离办社会职能工作提供了政策支撑。同时各部门加大协调工作力度，积极解决企业办社会职能机构移交工作中的问题，想方设法促进企业尽快分离办社会职能机构，形成了改革的合力。

【案例】

中国二重分离办社会职能取得成效

　　中国第二重型机械集团公司是国务院确定的首批120户重点企业集团公司之一。自1984年始，中国二重结合自身实际实施了企业内部改革，特别是1997年6月以来，按照《国务院批转国家计委、国家经贸委、国家体改委关于深化大型企业集团试点工作意见的通知》（国发〔1997〕15号）的精神，在所在省、市政府的大力支持下，加大了企业改革力度，通过制订企业总体改革方案、集团试点方案和三年脱困规划，加快劳动人事制度改革，转机建制，通过分离企业办社会职能、剥离政府职能等非经营性资产等，取得了一定成效。

　　中国二重1958年建厂时选址在四川德阳这样一个小城市，地方基本无法承担企业相关的生活保障等任务，企业在建设之初就承担了大量社会职能、政府职能，如后勤服务、社会治安、社区管理、行政司法，基础教育、社会医疗、社会就业安置等。其中，街道管理委员会10多个，有在职职工72人，负责二重生活区街道管理及服务、社保服务管理、精神文明共建等；德阳市公安分局有干警69人、消防队59人，有派出所3个，资产总额157万元，主要职能是负责辖区内社会治安、刑侦、社会治安综合治理等；一个人民法院有在职职工8人，主要职能是负责辖区内民事、经济案件的审判等工作；医疗卫生机构4个，有在职职工510人，床位450张；设有普通中小学5所，有在职员工563人，在校生5500人；生活服务机构1个，职工人数为842人，主要负责二重生活区后勤服务及生活保障供给工作；幼儿教育机构4个，有教职工130人。上述各类职工共有人员

2400 多人，总资产 7870 万元，每年企业补助 4359 万元，各类社会职能机构的人数占职工总人数的 14%，费用支出占公司总销售收入的 6% 左右。由于办社会职能所需经费全部由企业承担，每年因此而支付的费用消耗了企业全部利润，致使企业的经济效益水平低，社会形象较差，同时更影响了企业的市场竞争能力。这些典型计划经济体制遗留下来的机构和职能完全不能适应社会主义市场经济体制发展的需要，成为企业亟需解决的问题。

1997 年，中国二重在对自身的优势和劣势，以及资产、产品、财务、企业文化、政府能给予的政策支持等多方面认真分析的基础上，提出筹建"社区"—"工业园区"这一思路。主要做法：一是将具有社会服务职能的部门改建为事业法人单位，即将有条件的社区服务职能部门通过引入市场机制，模拟政府管理，经过"统一管理、独立核算，费用包干、自我约束，自我发展"的不同阶段逐步实现其自我管理和独立运行。具体根据国家有关政策法规，将企业自办的中小学、职工大学、技工学校、职工医院、幼儿教育等单位改建为独立承担民事责任的事业法人单位。各事业法人单位按照《劳动法》等有关政策法规，与职工签订劳动合同，实行劳动合同管理。到 1998 年，在德阳市委、市政府的支持下，中国二重已将中小学改建成独立的事业法人单位。改建后的各学校享有充分的用人、分配、自主招生权，极大地调动了教职工的积极性，增强了学校主动面向社会服务的能动性。二是以企业承担的社会和政府职能为基础，组建二重社区。具体方法是将街道社区管理机构、公安机构、职工医院、各事业单位及第三产业法人实体，从集团公司母体中分离出来，建立一个真正能发挥行政和社会管理功能，有利于多种经济成份共同发展的二重社区，并在三方面实现转变：第一，社区财务实行"核定基数，逐年递减、自控支出、统一核算、严格管理"的管理体制。第二，社区通过破除自成体系的"二重家属院"的旧观念，积极发展社区经济，包括借安居工程的规划建设实施主干道的商业价值的开发及各种服务项目的开发，实现社区三产服务的产业化发展。同时，充分利用国家放活国有中小企业的各项政策，按市场原则、机制、重组、盘活存量资产，逐步提高自我生存与发展能力，减轻企业负担。第三，通过二重社区的设立和运行，在取得经验后争取省、市政府的认可并给予支持，争取把二重社区列为市政府的派出机构——"工业园区"。

中国二重在地方政府的大力支持下，推进分离办社会职能工作，取得了积极的现实意义，主要表现在以下几个方面：一是有利于建立"产权明晰，责权明确、政企分开、管理科学"的现代企业制度，在企业内部逐步实现真正意义上的政企分开，促使企业平稳地整体分离所承担的社会、政府职能，建立符合市场经济规律的内部机制，成为真正独立的市场经营主体和市场竞争主体。二是有利于资源的优化配置。园区模式的运作，其职能部门通过不断的规范，在其体制、机制、管理行为等方面，将逐步与政府、社会的要求接轨。园区经济作为市场经济体制下的一种组织方式，正在被人们所认识、所接受。组建园区有利于人力资源的配置，通过园区的统一管理，协调运作，更好发挥应有的作用。三是有利于重塑企业形象，增强企业市场竞争能力。分离了社会职能、政府职能，可大幅度降低经营生产成本，在还企业本来面目的同时，成本降低意味着价格竞争力的大大提升。四是把推进德阳区域经济的发展与搞活搞好国有大中小型企业结合起来。对园区来说，德阳市城镇生活四万多原二重的职工家属，如果园区通过努力能占领一定的消费、服务市场，这对园区各单位的生存与发展将是一个难得的机遇。园区分步走的方案，一方面避免了政府一下子全面接手企业办社会职能、政府职能，过重增加了地方财政压力；另一方面又充分地发挥解脱沉重社会负担的中国二重更好地与地方区域经济发展相融合，充分利用其技术、资源、体制优势，达到培植税源政策的最终目的，促进企业民地方经济的共同发展。

（三）轻装好上阵

中央企业财务决算数字显示，截至 2007 年年底，中央企业分离各类办社会职能机构 3593 个，占全部中央企业办社会职能机构总数的 41%；移交在职职工 22 万多人，占全部办社会职能机构职工总数的 42%；每年为企业减轻负担 50 多亿元。其中，中央企业共分离企业办中小学和公检法机构 2445 个，移交在职人员 16 万多人，离退休教师 7.4 万人，中央财政每年补助 92.8 亿元。

在此之前，地方国有企业分离企业办社会负担工作也取得较大的进展，仅 2002～2007 年，全国国有企业共分离办社会职能机构 11044 个，分离办社会职能机构人员 72.24 万人，特别是国有企业办普通中小学和公检法机构基本实现了分离，国有企业办中小学、检法机构成为历史，为企业减轻了大量社会负担，这项工作取得重大突破。

以国办发 [2004] 22 号文件和 [2005] 4 号文件为标志，中央企业办社会职能的分离取得了重大突破。分离的范围包括企业办普通全日制中小学和公检法机构，由于中央财政配套实施了足额并计入基数的转移支付，分离工作进展顺利。这次被地方政府誉为"最讲道理"的改革实际有着非常特殊的背景。

我国 1994 年施行的《教师法》规定：教师的平均工资水平应当不低于或者高于国家公务员的平均工资水平。但这一规定对于企业办学校的教师落实有困难，尤其是退休教师。企业退休教师是企业员工身份，其退休金由社保系统发放；政府办学校教师是事业单位身份，退休金由财政发放。这两个系统的退休金水平在 20 世纪 90 年代差距不大，但几经调整到 2003 年前后差距已达到每月 700 元左右，这就引发了企业退休教师越来越多的上访，要求享受公务员待遇。国办发 [2004] 9 号文件——国务院办公厅关于妥善解决国有企业办中小学退休教师待遇问题的通知，就是在这种背景下发出来的。

9号文件要求把企业退休教师的待遇提高到政府办学校同类人员退休金的标准，但要求"差额部分由企业予以计发"，这就给企业出了难题。企业退休人员都属于社保系统，全国有4000余万人，其中退休教师是少数，且在企业中是相对不重要的一部分。如果企业出钱给退休教师提高待遇，那么企业中退休的领导人员、技术人员、工人会有强烈的攀比反应。因此，国办9号文件下发后，所有企业都不愿也不敢执行，此事顿成僵局。

下发的文件执行不了引发了更多的上访。决策层处于两难之中：以更大的力度推动企业落实9号文件，可能诱发一个大得多的群体的不稳定；拖延下去企业退休教师的上访又无法平息。此时，有关9号文件引发问题处理的牵头单位发生了变化，由教育部调整到国资委。经过调查研究，国资委提出了一个结合国有企业办学校分离的解决方案。其要点是：推进国有企业办全日制中小学的分离，分离人员中包含已退休教师；分离出的学校由政府接管转为公办学校，在职教师和退休教师都转入事业编制，享受事业单位待遇；分离所需事业编制由中编办单独解决，经费由办学企业同级财政给予转移支付。这个方案的特点是先分离、再转身份，然后解决待遇问题，这样就避免了其他群体的攀比。这在当时是解决政府两难困境的唯一办法。于是在稳定的压力下，一场以中央企业所办全日制中小学为主的分离工作大规模开始了。在启动时又加入了企业办公检法机构，这些机构中的退休人员面临类似问题，也是一个不稳定群体。

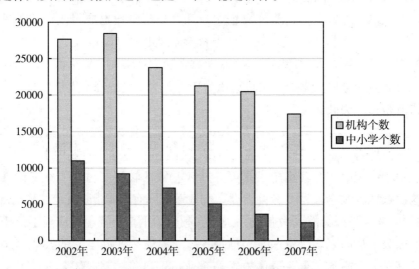

图6-1　2002～2007年国有企业办社会负担变化情况

基本完成国有企业分离办社会机构的改革，在国企改革的进程中具有划时代的意义。从此之后，绝大部分国有企业卸掉了数十年的社会负担，开始回归到企业的本来性质，具备了参与市场竞争的基本条件，为建立现代企业制度、平等参与市场竞争扫除了障碍。

三、想说分离不容易

经过 10 余年的改革，分离企业办社会职能取得了重大的阶段性成果，但这项改革也有一个重要的局限，就是分离国有企业办社会职能主要限于中小学、公检法机构等明确属于政府的机构，但对于目前企业中仍保留的大量医疗卫生、市政服务、社区管理、其他非全日制义务教育机构和企业自办供水供电供暖机构等社会职能，则还没有统一的改革政策，基本处于自发的改革状态。所谓自发的状态，就是根据各地的财政的承受能力及对改革的认识、企业与地方政府的关系，改革的进展参差不齐。据不完全统计，截至 2007 年年底，全国国有企业仍办有办社会职能机构 17380 个，涉及在职职工约 93.6 万人，企业每年需补助经费 474 亿元。其中，中央企业办社会职能机构 2730 个，在职职工约 23.4 万人，每年补助 174.4 亿元。由于近几年经济形势较好，国有企业整体实力增强，办社会职能负担好像压力不是很大，能够"养得起"，各方面对这项改革的要求不那么迫切。但是剩下的办社会职能同样在不断地消耗着国有企业的有效资源，是仍未止血的出血点。更为重要的是，这些办社会职能成为了国有企业进一步深化改革的体制障碍，特别是在企业改制上市、兼并重组过程中仍会凸显出来，导致国有企业难以完全按照市场规律参与竞争。

（一）犬牙交错的国有企业与社会职能

一是企业自办的医疗卫生机构。由于企业办医疗机构的复杂性，分离办社会的改革政策没有将这项改革纳入到财政补贴范围。国有企业在与地方政府协商企业医院移交时，许多地方政府要求企业支付高额移交费用，甚至超出企业自办的支出费用，造成大量企业办医疗机构难以分离。而继续留在国有企业，其生存发展也很困难。因为企业经营的好坏会直接影响对这些机构的投入，投入没有保障必然导致医疗机构设备陈旧落后，加上在市场准入方面与公立医院等机构的待遇不对等，社会医疗行业的许多优惠政策在企业职工医院难以落实。据统计，截至 2006 年年底，全国国有企业仍有医疗卫生机构 4785 个，在职职工 37.6 万人，企业年补助经费高达 66 亿元。

二是企业自办的供水供电供暖（简称"三供"）等生产生活服务设施也是国有企业分离办社会职能的一个难点问题，在一些老工业基地这个问题尤其突出。由于"三供"设施长期缺乏投入，设备陈旧破损，改造负担较重，很多地方政府限于财力不愿接收。据统计，截至 2006 年年底，全国国有企业仍有自办供水、供电、供暖、供气等机构 2827 个，在职职工近 22 万人，经费补贴为 119.5 亿元，年末资产总额为 299.8 亿元。

　　三是退休人员社会化管理服务机构。虽然国家有政策明确规定国有企业职工退休后由地方政府管理，但相当部分地方政府由于管理的成本费用、人员编制得不到落实，往往在形式上接收了，实际上仍由原企业进行管理，国有企业离退休人员在管理和服务多数还有没做到社会化。

　　四是特别困难的工矿区及森工等特殊行业，分离企业办社会职能难度较大。一方面是企业远离城市中心，没有相应的社会依托，社会职能机构与企业本来就互为依托，即使分离也无法独立存在；另一方面是社会职能机构在远离城市中心的工矿区并没有其他的服务对象，分离之后自身的生存将难以为继。这是由于过去"大而全"、"小而全"的建设模式造成的，如果不从根本上逐步改变这样一种建设管理模式，社会负担难以彻底解决。

　　五是政策遗留问题。主要涉及三个部分：其一，企业公检法机构的分离主要是依据《国务院批转公安部关于企业事业单位公安机构体制改革意见的通知》（国发［1994］19号）和《国务院办公厅关于抓紧做好企业事业单位公安机构体制改革工作的通知》（国办发［2001］60号）精神，采取先整顿机构数量和人员编制，而后统一纳入地方管理的方式进行划转。但一些中央企业的公安机构受地方和企业双重领导，经费仍由企业负担，问题未能彻底解决。其二，退休教师待遇触及当前企业退休人员养老金与机关事业单位退休人员退休金存在较大差距的敏感问题，若在企业内部操作、由企业出钱可能引发企业内更大范围的不稳定，效益好的企业不敢执行，效益差的企业无力承担，尤其在中央企业难以贯彻落实。企业办中小学退休教师因分离移交地方而得以提高待遇，引发了企业办技校、职教成教、幼儿园等教育机构退休教师的攀比反弹。这些教师来信来访量不断上升，强烈要求移交社会，并按照《教师法》规定，将其纳入"中小学教师"范畴落实待遇。但由于这些机构暂时还难以移交，形成严重的不稳定因素。其三，实施政策性关闭破产的原中央企业办社会机构，在移交政策上与现行中央企业分离移交政策有较大差异，造成这些职工心理不平衡，引发群体上访事件。同时，部分政策性关闭破产的原中央企业办中小学没有完全移交地方，游离在中央企业和地方政府间，生存状态堪忧。

（二）政府职能要归位

　　分离国有企业办社会负担的最终目标是：按照政企分开和社会主义市场经济体制的要求，明确企业与政府各自不同的定位，将社会职能交给政府和社会，彻底解决企业办社会负担，使国有企业回归到完全的市场主体地位，与其他市场主体处在平等竞争的位置。实现这一改革目标，政府处于主导地位，只有政府职能真正转变了，企业的社会负担才能放出去。因此如何将分离办社会这篇大文章做完，还需要继续探索。

一是国有企业办社会职能的分离移交工作不能停顿。随着社会经济发展水平的不断提高，各级地方政府财力不断增强，移交所有国有企业办社会职能给政府及社会机构的条件完全具备，关键是对于这项改革的认识和决心。现在有一种倾向，认为国有企业的经济效益根本好转，承担一部分社会职能并不影响企业发展，因此对改革的紧迫性不那么强了。分离企业办社会改革的实质，不仅仅是企业有没有负担的能力，根本上是企业与政府的定位问题，分离企业办社会，就是要厘清企业与政府的角色定位，而不能相互交叉，否则国有企业在市场竞争中就总是处在不平等的地位，其市场主体地位也难以确立。国有企业应承担的社会责任与分离办社会职能本质上是不同的，国有企业作为经济组织，它的使命是在市场竞争中创造财富和效益，通过上缴更多的税收为政府和社会的各类服务性事业提供更强大的支撑。企业办社会从短期看减轻了各级财政的负担，从长期看却损害了企业的竞争力，弊远大于利。国企改革是一个配套的系统工程，分离办社会是其中不可缺少的重要一环，绝不可半途而废。

二是积极探索国有企业办社会机构多种分离方式。实践表明，国有企业办医院采取整体移交、彻底分离的方式是较好的选择。在地方具备接收条件的情况下，企业积极主动与当地政府协商一致，将资产连同人员成建制移交地方管理，纳入地方区域卫生服务网络的分离方式适用于企业办医院符合当地卫生资源规划、医院医疗技术水平较高的情况。有些企业自办医院，也可以采取辅业改制、委托管理、整体出售等方式分离。中国石化、兵器装备集团、中国南车等企业利用国有企业主辅分离辅业改制政策对企业所办医院进行改制，引入社会投资者，实现产权多元的公司化改革，成为面向市场自负盈亏的经营型医疗机构，同样符合我国医疗体制改革的方向。还有的企业医院根据自身条件，积极转变服务方式，转为专科医院或特色医院，如上海中冶集团职工医院转变为老年康复医院，国家电网上海电力医院增设电烧伤专科等，提高了生存能力。同样地，其他公共服务事业也可以走市场化改革的路子，如武钢等将企业职工的生活供气出售给华润集团，按市场方式管理，效果也很好。因此企业所办大部分医疗卫生机构以及其他教育机构、后勤生活服务单位和"三供"（供水、供电、供暖）系统等社会职能机构，除了分离移交给政府之外，还可以结合实际探索多种形式的分离方式。

三是进一步完善政府服务职能。国有企业分离办社会职能问题的最终解决还是有赖于政府职能的转变和社会服务体系的健全。国有企业社会职能的分离和退出，是以政府和社会的承接能力为条件的。企业办社会是多年形成的，这些职能机构在原来的体制下相对比较稳定和完善，但在经济体制转轨过程中，已经难以为继。但这个阶段政府和社会并没有完全具备承接这些社会职能机构的能力，新旧体制难以及时对接。这正是分离办社会职能久拖不决、一波三折的根源。实践中，凡是政府职能转变比较及时同时又有相应财力的地方，企业办社会职能的分离就比较快比较彻底，反之分离工作就进展迟缓。目前分离办社会遗留的问题，都与政府职能转变相关。例如，国有企业离退休人员的社会化管理问题，尽管文件规定一律移交当地社区管理，但实际上大多数地区的社会化管理并没有落到实处，原因就在于没有所在地政府、街道、社区的公共服务能力的提高，就无法打消退休人员对移交社区管理的疑虑，也就无法平稳推进离退休人员社会化管理。由此可见，国有企业改革的顺利推进，离不开一个功能健全的服务型政府。

点评：

深层在于利益再平衡

国有企业改革采取的相当一部分措施是有争议的，分离国有企业办社会职能是一个例外。没有人认为企业应该承办这些社会职能，也没有人反对把这些职能交还给政府承担。但是，这项工作又是国有企业改革中最难推动的工作之一，至今问题仍没有完全解决。

一般认为，分离国有企业办社会职能涉及的关系很简单：由企业主体交给政府主体。问题的复杂性在于，政府一方是多层次、多部门的众多主体。例如，一个中等城市中学的办学主体可能是市教育部门，小学的办学主体一般是区县级教育部门；医院和卫生防疫机构属于卫生部门，公检法机构由政法口管理，市政道路、供暖则在市政系统；如此等等。每一个层级、每一个部门都有自己的利益，在财政保障方面都有自己的难处，谁也不愿增加自己的支出责任，无论是当期的，还是未来的。所以，由国有企业就分离社会职能与众多政府部门谈判基本上没有操作性，由同级财政对各类接收主体进行转移支付是必不可少的。

中国的地方政府发展本地经济的动力十分强大。在税收和就业的压力之下，减少本地、本级国有企业的负担，提高这些企业的竞争力，与地方政府自身的发展目标是一致的。因此，分离国有企业办社会职能工作都是由地方政府率先突破的，尤其是在一些有远见、有魄力的地方首长主政时期，具体操作方式都是转移支付加上行政压力。相比较而言，中央政府在增长方面更多的依靠宏观经济政策，中央政府的运作与中央国有企业发展状况的关联度很小。2005年中央企业能够大规模地分离全日制中小学和公检法机构，是9号文件难以落实、退休教师上访难以平息背景下的个案。从这种利益格局的角度出发，国有企业、尤其是中央企业办社会职能问题彻底解决的前景仍是不乐观的。

——邵　宁

附：

关于进一步推进国有企业分离办社会职能工作的意见
国经贸企改〔2002〕267号

各省、自治区、直辖市、计划单列市及新疆生产建设兵团经贸委（经委）、财政厅（局）、教育厅（局）、卫生厅（局）、劳动保障厅（局）、建设厅（局）：

党的十五届四中全会明确提出，要分离企业办社会的职能，切实减轻国有企业的社会负担。为加快这项改革的步伐，现就进一步推进国有企业分离办社会职能工作提出以下意见。

一、总结试点经验，加快推进分离企业办社会职能工作

1995年以来，一些"优化资本结构"试点城市和部分地区根据国家经贸委、原国家教委、财政部、卫生部、原劳动部《关于若干城市分离企业办社会职能分流富余人员的意见》（国经贸企〔1995〕184号）的精神，对分离企业办社会职能进行了积极探索和实践，采取多种形式推进，取得了积极成效，但进展很不平衡。随着社会主义市场经济体制的建立和完善，特别是我国加入世界贸易组织，必将给国有企业带来巨大压力和挑战，为国有企业参与市场竞争创造平等条件的任务愈加紧迫。各地以及国有大中型企业要根据党的十五届四中全会精神，认真总结试点经验，不失时机地推进分离企业办社会职能工作，逐步将企业所办的普通中小学校、医院等公益型机构以及后勤服务等福利型机构与企业的生产经营主体相分离，切实减轻企业办社会的负担。

分离企业办社会工作要坚持"多种形式、分类指导、分步实施"的原则。经济发达地区的大中城市地方国有大中型企业自办的普通中小学校、医院等公益型机构一般应在二至三年内从企业中分离；经济欠发达地区的大中城市和工业、交通、建筑等独立工矿区地方国有大中型企业自办的普通中小学校、医院等公益型机构一般应在三至五年内从企业中分离出去；少数处于偏远地区独立工矿区的地方国有企业分离办社会职能的时限可根据实际情况确定。经国务院批准的关闭、破产项目，其企业办社会机构的移交，按国家有关规定执行。

二、分离企业自办普通中小学校

分离企业自办的普通中小学校要贯彻《国务院关于基础教育改革与发展的决定》的有关精神，从各地实际情况出发，遵循有利于国有企业改革、有利于基础教育发展、有利于社会稳定的原则。

1. 企业管理中小学校的职能移交给当地政府。移交时，学校的资产整体无

偿划拨；未经当地政府同意，任何单位不得侵占学校土地、校舍、设施；要确保教育资源不流失。学校人员的移交以移交前在职人员为基础，教师参照当地教育行政部门确定的编制标准并按国家规定的教师资格审定合格后接收，非教学人员按当地同类学校编制比例划转。

2. 多渠道筹措资金，落实企业分离自办普通中小学校所需经费，保障分离工作顺利进行。分离办学后的办学经费可采取企业与财政共同分担、逐年过渡的办法解决。以企业在分离前所负担的办学经费作为基数，地方企业由地方政府和企业协商确定经费负担比例，在三至五年的过渡期内，企业负担的经费比例逐年递减，过渡期后由地方财政全额承担。

3. 学校移交地方政府或进行办学体制改革等项工作要在当地政府的领导下有计划地进行，要保持平稳过渡，不得影响学生上学，不得影响教育教学秩序，不得降低教育质量，学校正常的办学经费要予以保证。

4. 对少数偏远地区独立工矿区企业暂不能分离的义务教育阶段学校（部分），可通过适当返还教育费附加或有条件的地方政府给予适当补助等办法予以扶持，保证企业基础教育健康发展。

分离企业自办普通中小学，除政府接收外，还可通过办学体制的改革试验探索多种模式的分离办法。这类学校应允许其按民办学校机制运行，政府有关部门应予以支持。

三、分离企业自办医院

分离企业自办医院要遵循《关于城镇医药卫生体制改革的指导意见》的原则，并与城镇职工医疗保险制度改革相结合，主要采取以下分离方式：

1. 符合当地区域卫生规划的企业自办医院，既可从企业分离出来实行产业化经营，也可按照自愿的原则，由企业与当地政府协商移交，将医院的资产、人员成建制移交当地政府，由当地政府统一管理。当地政府接收有困难的，企业可单独或与其他企事业单位联合办医，组建独立的法人单位。

2. 凡不符合当地区域卫生规划要求的企业自办医院，可以停办或撤院改建成为企业内设卫生所（卫生室、医务室）、门诊部。

企业自办医院分离后，医院自负盈亏确有困难的，企业可以根据自身经济能力，在一定时期内实行定额补贴或逐年递减补贴的办法，予以资金支持。

四、分离企业自办的后勤服务等职工福利型机构

企业自办的后勤服务等机构要尽快由福利型转为经营型，由无偿服务转为有偿服务，由单纯为企业服务转为面向社会服务，不断扩大服务领域、提高服务质量、改善经营方式，成为独立核算、自主经营、自负盈亏的经济实体。

分离后具有独立法人资格的子企业要规范运作。分离后成立的子企业应尽可能按照《中华人民共和国公司法》规范改制为有限责任公司或股份有限公司。

母企业要按照出资比例，依法加强对子企业的监督管理，建立健全资产经营责任制度，防止国有资产流失。母企业可以与分离后具备法人地位的子企业的职工解除劳动合同，由子企业重新与职工签订劳动合同。职工与母企业的债权债务关系，由母子企业协商解决。

有条件的企业要把住房建设和维修管理职能从企业中分离出来，实现住房分配货币化、住房商品化和管理社会化。企业可将现行的住房管理机构改建为独立从事住房开发、建设和物业管理等业务的经济实体。

五、配套措施

各地可针对企业分离办社会职能中出现的问题，结合本地实际，制定相应的政策，保障分离工作顺利实施，支持企业的改革和发展。

对分离处置的企业资产，应当按照规定进行资产评估。

企业分离办社会职能后，经与劳动保障等部门协商，可将原来对职工的福利性补贴由暗补改为明补，实行福利货币化、工资化，其中符合国家政策规定的，相应列入企业工资总额统计范围。企业分离到社会的学校、医疗等机构的在职职工和离退休人员的社会保险问题，按照国家有关规定执行。同时，要逐步实行企业退休人员管理服务社会化。对分离过程中出现的富余人员，当地劳动保障部门应帮助协调解决有关问题，积极做好富余人员的再就业工作。请各地结合国有企业分离办社会职能、减轻企业办社会负担，对当地的教育和卫生等资源进行调查研究，提出资源合理利用的区域布局规划，进行调整优化、合理布局，实现资源合理配置。

六、进行中央企业分离办社会工作试点

中央企业分离办社会职能工作在总结试点经验的基础上逐步推开。试点企业名单由国家经贸委、财政部等部门确定，试点方案由试点企业商当地政府后提出，按程序由中央直管企业与省级政府有关部门联合报经国家经贸委、财政部批准后实施。所需经费参照地方企业的办法解决，中央财政根据实际情况给予适当补贴。

中央企业所办中小学分离前，各地要适当加大教育费附加的返还比例，以保证基础教育健康发展，维护职工的根本利益。对于破产及濒临破产的中央企业所办中小学校，地方政府应克服困难优先予以接收。

七、组织实施

企业分离办社会职能工作涉及面广，政策性强，难度大。各地要加强对分离企业办社会工作的领导，成立强有力的工作班子；要结合当地实际，制定具体的实施方案和配套措施；要实行责任制度，落实目标责任；企业也要紧紧抓住改革的有利时机，加快分离办社会职能工作的步伐，要认真做好广大职工群众的思想工作，注意维护职工的合法权益，妥善处理好实践中遇到的难点问题；要加强宣

传舆论工作，注意营造良好的改革氛围，促进国有企业分离办社会职能目标的顺
利实现。

国家经济贸易委员会

财　政　部

教　育　部

卫　生　部

劳动和社会保障部

建　设　部

二○○二年四月二十六日

第七章

内功的修炼：国有企业管理的转型与升级

国有企业管理的转型，是和经济体制改革同步推进和深化的。1993年党的十四届三中全会提出建立社会主义市场经济体制和现代企业制度以来，中国企业管理进入了新的历史时期，需要创建中国式市场经济企业管理体系以适应之。长期习惯于传统计划经济体制下的国有企业，面对完全陌生的经济体制和瞬息万变的市场环境一度难以适应，相当一部分企业管理滑坡、效益低下却又无计可施、手足无措，不晓得、不善于或不敢于进行管理创新。市场经济体制下的企业管理是企业行为，政府不能越俎代庖，但眼看着企业因经营管理不善而陷入困境，政府在当年政资不分的国资管理体制下仍行使着出资人职责，不能视而不见、无所作为，探索指导企业加强管理、促进企业管理创新，成为国企改革中政府需要推动的新课题。

　　十多年来，政府指导企业管理的做法、举措，主要是适时总结推广在市场经济实践中脱颖而出的成功企业的典型经验。总结推出的典型企业经验和学习借鉴典型经验的企业，这些典型经验成为中国企业管理创新的引路者，成为不同时点、不同方面具体可操作、真学真见效的榜样或标杆，共同为创建中国式市场经济企业管理体系做出了重大的历史性贡献，时至今日这些经验仍有着重要的借鉴价值。仔细研究十多年来中国企业管理的发展、演化脉络，总体来看大致分为两个时期，2000年以前为转型期，即由计划经济体制下的企业管理转向市场经济下的企业管理；2000年以后为升级期，即在企业管理初步完成转型后，为适应全球化、信息化条件下的市场竞争而促使企业管理水平向现代化、国际化升级。两个不同时期都有典型企业经验作为引路者和重要标志，而每一个典型企业经验几乎都经历了两个不同的时期，只不过不同时期其典型程度或代表性可能不同。

一、管理转型——走向市场经济的生死抉择

（一）计划框架内的企业管理工作

在向市场经济转型前，国有企业管理大体经历了"六五"企业整顿、"七五"管理升级、"八五"管理现代化等不同阶段。虽然随着改革深化，管理中的市场化因素不断累积，但无论企业经营管理的内容和政府抓企业管理的方式方法，整体上仍处于计划经济体制框架内。

"六五"的企业整顿，主要任务是恢复"文革"十年浩劫破坏的管理基础工作和以"四化"为标准建设企业领导班子。"七五"的管理升级是政府以检查评比方式辅之于优惠鼓励政策督促企业管理上等级，与我们所讲的市场经济进入全球化、信息化条件下的管理升级不同。以《"八五"企业管理现代化纲要》为标志和管理现代化创新成果评审为重要工作内容的管理现代化活动，重视学习借鉴国外先进的管理思想、方法和手段，评选出一大批具有中国特色的管理现代化创新成果，这些工作无疑有效推进了中国企业管理现代化进程。但"八五"管理现代化活动及管理创新成果产生的体制环境仍为计划经济或计划经济与商品经济双轨并行的二元经济，还难以适应市场经济的要求，一些曾经创造成果的企业进入市场经济后因经营管理不善而辉煌不再、有的陷入困境甚至破产倒闭即为佐证，有力地说明了管理必须与时俱进。

（二）竞争推动企业管理转型

管理转型是一场深刻的管理革命，革命不是请客吃饭，不是绘画绣花，必然伴随着阵痛，需付出沉重的代价，若能一如既往一帆风顺地经营，在强大的习惯势力和管理惰性作用下，又有哪一个企业愿意付出这种阵痛和代价呢?! 因此管理转型的起始动因不可能来自企业内部，只能来自企业外部，来自不进行管理革命就会革企业命的那种扭转乾坤的力量——经济体制改革和市场的力量。各个企业管理转型的准确始点，因企业所处行业、客户和竞争对手状况以及所有制形式、领导班子开拓创新意识和胆魄而异。但就总体而言，国有企业管理转型的始点为进入20世纪90年代以后，这是经济体制改革深化和市场竞争加剧及二者交互作用的必然结果。

邓小平南方讲话后，以国有企业改革为中心环节的经济体制改革步伐明显加快，力度空前加大，一步步逼着企业管理转型。1992年7月，国务院发布《全民所有制工业企业转换经营机制条例》，加快推进政府职能转变和企业机制转换；同年10月，党的十四大召开，第一次提出经济体制改革的目标是建立社会

主义市场经济体制；1993 年 11 月，党的十四届三中全会《决定》明确国有企业改革的方向是建立产权清晰、权责明确、政企分开、管理科学的现代企业制度。

如果说面对这些重大改革带给企业更多的是思想观念上的震动，一些缺乏改革创新勇气和依然抱着遇到困难找政府幻想的企业还可以得过且过、我行我素，那么，接踵而来的财税、金融、价格、外贸等宏观体制改革在构建市场经济基本框架的同时，也切断了企业面向政府"等、靠、要"的脐带，这给企业管理转型带来了空前的、实实在在的压力。

——财税体制改革改变了原财政包干、减税让利办法，按税种划分中央和地方财政收入，在合理划分中央和地方事权的基础上确定地方财政支出范围和基数，明确地方政府主要承担公共服务和一般社会管理事务，按市场经济要求理顺国家与企业分配关系，统一税法、公平税负。财税改革使国有企业再吃财政"大锅饭"、经营困难再乞求政府财政支持或税收减免已不可能，从而促进了政企分离，把企业推向了市场。

——金融体制改革使政策性金融与商业性金融分离，国有专业银行向商业银行转变，建立强有力的中央银行宏观调控体系和有序竞争的金融市场，大大削弱了地方政府对金融系统的干预，使过去国有企业经营不善、资金断流、无钱发工资时银行迫于地方政府压力不得不给以贷款维持的体制基础不复存在。企业再陷入困境，无力还本付息，不仅不会得到银行贷款支持，银行还会逼迫企业偿还旧债，企业若无新的融资渠道，经营形势便会急转直下，难以自拔。

——价格体制改革促使价格形成机制转换，价格体系不断理顺，价格逐步放开或实行结构性改革。如为缓解能源价格偏低、增强能源产业自我积累发展能力，全部放开了统配煤炭价格，提高了原油和电力价格。尽管价格改革是建立市场经济必要的阵痛，但使企业成本的压力迅速蹿升。

——外贸体制改革使关税总水平大幅度下降。1992 年降低 3596 种税号商品进口税率，关税总水平下降 7.3%，并取消全部商品进口调节税；1994 年又降低 2998 个税号商品进口税率，减幅达 6.8%，并取消 208 种进口商品非关税措施，减少 283 个税号商品进口配额、许可证和行政审批。过去靠高关税保护把国内市场留给中国企业的历史从此结束，企业在国内市场也必须直面国外一流跨国公司的竞争和挑战。

宏观经济体制改革使企业再依赖政府已靠不住，只能在市场中求生存、谋发展，但让企业始料不及的是，告别计划经济随即也告别了短缺经济，买方市场接踵而至。据统计，从 20 世纪 90 年代中期开始，我国商品短缺状况基本结束，大多数工业品出现严重过剩。到 1997 年 900 多种主要工业产品一半以上生产能力利用率在 60% 以下，最低仅为 10% 左右，一般消费品 2/3 过剩，1/3 持平。这证实了经济体制与供求结构有着内在作用机理，正如科尔内《短缺经济学》分析认为，计划经济必然与短缺相伴，市场经济必然产生供大于求。买方市场与卖方市场一字之差，却反映出市场结构质的变化，由生产者主导经济和市场转为消费者主导。在卖方市场下，企业赚多赚少不愁没买主，加上高关税保护，即使靠粗放型、高消耗、低质量、高成本维持生产经营也能过得去，身处这样的环境往往缺乏市场竞争、优胜劣汰的真实感，缺乏管理创新的动力。买方市场由于过多商品在追逐较少顾客，企业的兴衰成败完全取决于消费者的"货币选票"，谁能赢得"货币选票"取决于企业间全方位竞争结果。买方市场的骤然来临、进口产品的激烈冲击，使不少企业一时难于适应，仿佛一夜之间失去市场——不是没有生产能力，而是在竞争中败北。在依赖政府已靠不住和买方市场国际化竞争的时候，企业管理转型便成为历史的必然。

（三）向内看、练内功：深化改革的重要内容

1992～1994 年经济体制改革轰轰烈烈，然而企业管理出现滑坡。造成这种状况的原因，一是企业面对完全陌生的经济体制和骤然而至的买方市场竞争，老一套管理不灵了，却又不晓得、不善于或不敢于管理创新。二是政府尚没有找到适应市场经济抓管理的有效手段。1991 年年底，针对新形势下企业升级中日益暴露的种种弊端，国务院发出《关于停止对企业进行不必要的检查评比和不干预企业内部机构设置的通知》，停止企业升级工作。各级政府最得心应手的管理抓手没有了，新的抓手又没找到，还有不少人片面地认为企业管理是企业的事，政府可以放手不管。三是政府和企业主要精力放在体制创新上。忽视企业管理的后果是国有企业大范围亏损。据对 1993 年 2000 多家亏损国有企业调查分析，政策性亏损占 9.9%，宏观原因亏损占 9.2%，而企业自身经营管理不善造成的亏损占到 81.71%。

这种状况引起了党中央、国务院的高度重视。1994 年 9 月，江泽民总书记在党的十四届四中全会上指出：经济体制改革的重点是深化企业改革，关键是实行政企分开，搞好企业内部管理，逐步建立社会保障体系。1994 年 11 月，李鹏总理在中央经济工作会议上强调：要大力加强企业管理。不少企业管理工作削弱甚至滑坡的情况，必须引起高度注意。朱镕基副总理在同月召开的全国建立现代企业制度试点工作会议上指出：全面正确理解十四届三中全会《决定》现代企业制度四句话，现在虽然试点了 2000 多户，但过分地强调了产权清晰，把重点就放在探索产权形式上，企业内部管理一塌糊涂，假冒伪劣产品横行，什么制度都不要了。所以，还是要眼睛向内，苦练内功，从严要求，搞好企业内部经营管理。

1995 年 2 月，多年未开的全国企业管理工作会议在北京远望楼宾馆隆重召开。李鹏总理发来贺信，朱镕基副总理召开部分与会代表座谈会，吴邦国副总理

做了重要讲话，国家经贸委主任王忠禹做了工作报告。这次会议最大成果和收获一是引起各方面对企业管理工作的重视，二是基本澄清了改革与管理的关系，三是把管理改革作为企业一项重要工作，四是明确政府指导企业管理和企业加强管理的关系。会议认为：企业改革与管理相辅相成，管理既是企业一切工作的基础，又是改革的重要内容，改革为管理提出了许多新的课题，改革成果要靠管理来规范和巩固，建立现代企业制度要求对过去的管理方式、制度、方法、技术加以改革、改进、完善和提高，形成一整套新型管理体系，以保证新的经营机制正常运行。加强企业管理的主体是企业，但绝不意味着政府可以放手不管，需要政府指导的企业管理工作内容很多，要积极探讨适应社会主义市场经济要求的新方式和新方法。继续开展"转机制、抓管理、练内功、增效益"活动，抓好典型经验总结推广工作，充分发挥典型经验的示范带动作用。

（四）实施纲领：《"九五"企业管理纲要》

全国企业管理工作会议后，国家经贸委决定研究制定《"九五"企业管理纲要》作为指导企业管理转型的行动纲领，并拟请国务院转发。1995年4月，专家调研组成立，经过半年多的广泛调研，召开28次座谈会，听取近300位老同志、企业经营管理者、专家学者和有关部门、各地经贸委的意见，反复研讨、八易其稿，形成了试行稿，于1996年2月印发试行。试行过程中，根据新的管理实践和形势变化，在国家经贸委副主任陈清泰主持下，于1996年9月、10月又对试行稿做了一次较大修改，于1997年7月正式以国家经贸委文件下发。

作为市场经济下企业管理第一个纲领性文件，《"九五"企业管理纲要》主要功夫用在概括描述管理转型之"型"，即适应社会主义市场经济和现代企业制度要求的企业管理是什么样的。总体而言，管理之"型"具有以下特征：一是体系框架性。适应市场经济要求的企业管理是一套全新的管理，是体系创新，不是在原有基础上修修补补。创新的实质是"扬弃"，有些在市场经济下依然有效甚至是优势的传统不能丢掉。二是可操作性。管理贵在可操作，否则指导性就大打折扣。三是普遍性。高度概括市场经济对企业管理的共性要求。尽管进入市场经济的企业管理是一个全新的天地，企业可各展身手，创造出富有个性特色的活剧来，但也有一定规律可循和基本操作要领，这些规律和要领是对管理实践中正反两方面经验进行总结提炼出来的，它们作为市场经济下企业管理的基本原则、框架和规则犹如"模子"，企业要适应市场经济就要"入模子"，这个过程也是企业结合自身实际创造性地实施管理转型创新的过程。

管理纲要共分三大部分、40条，从回顾总结改革开放以来企业管理工作实践到指出管理面临的新形势、新任务，从明确"九五"企业管理的指导思想、目标到建立与市场经济相适应的经营机制、科学的领导体制和组织制度，从加强战略管理、技术创新、资本运作到改进质量、营销、财务、成本管理，从造就高素质经营者队伍、开发人力资源、改进思想政治工作、培育企业文化到强化基础工作、应用计算机手段优化管理系统，从转变政府职能、加强对企业指导服务到发挥中介组织作用，内容丰富。其中有一些重要观点具有新意：

——机制、观念与管理。经营机制的实质是企业内部各有机组成部分的运行方式和企业内外相互作用的互动关系，是企业经营观念、组织体制、规章制度和管理方式的总和。观念落后是管理落后的重要根源，国有企业只有彻底摒弃面对政府"等、靠、要"的旧观念，树立自主自立、投身竞争、自负盈亏、优胜劣汰的新观念，充分认识到办企业的出发点和落脚点在市场，用户是企业的衣食父母，企业兴衰成败在于市场的青睐或用户的否决，才能推动管理转型，进而推动经营机制转换。

——战略管理与风险防范。市场如战场，企业如兵团，在充分了解和研究市场形势、竞争对手、技术发展趋势和企业基础条件前提下制定经营发展战略。经营者要把更大的注意力放在发展战略的研究上，加强对战略制定、实施和调整全过程的管理，建立跟踪市场变化的预警系统。战略目标要转化为年度计划（预算），将目标责任层层分解并加强对执行情况的检查、考核和奖惩。投资风险是企业最大风险，应从体制和制度上保证决策的民主化、科学化。

——组织设计与内部监控。组织是实现战略的手段和载体。直线职能制、总分公司、母子公司、控股/参股公司、事业部制等形式的选择应根据企业发展战略、发展阶段确定，根据市场变化适时调整创新。为提高组织效率，管理层次应减到最少、职能机构应精简高效，责权一致一并交给管理者。各层次间集权与分权的安排既要有利于灵活应变、调动局部积极性，更要有利于最有效配置资源，提高整体竞争力。为提高监督的权威性、有效性，专职监督机构应独立，直属最高管理层，监督体系的设置要做到企业内没有一个不受监督的组织，没有一个不受约束的管理者。

——大企业与集团化管理。大型企业是以组织替代市场配置资源的战略性经营机构，要建立健全以资本为主要纽带的母子公司体制，形成结构优化、技术创新、规模经营的运行机制和投资中心、利润中心、成本中心分层次的管理格局。进入或退出某一市场和地区，发展专业化或实行多元化，产品（技术）结构和方向的调整，产业、金融、贸易的组合安排是大型企业主要经营发展战略，需根据显在和潜在市场、企业资源和优劣势慎重抉择。既可采取控股、参股、兼并、转让等资本运作形式实现低成本扩张、优化企业结构，又要善于通过分层次的计划和行政管理配置自身掌握的各类资源。正确处理集团化经营和专业化协作的关系，集团并非范围越宽、规模越大越好。企业集团内部，要通过统一规划，优势互补，加强资金等集中管理，发挥整体优势。

纲要印发后，在全国组织了大规模培训；为帮助企业学习领会，国家经贸委企业司（后为"企业改革司"，以下简称"企改司"）和中国工经协会学术委员会组织编写了《"九五"企业管理纲要读本》作为培训的辅导教材。纲要的下发及开展的培训，对提高企业对市场经济下企业管理基本原则和要求的认识，启发引导企业管理转型创新发挥了一定的作用。

二、邯钢经验——两个根本转变的一面旗帜

管理是一种实践，其本质不在于知而在行，其验证不在于逻辑而在成果，其唯一权威是成就（德鲁克语）。在管理上，空洞的说教永远不如成功企业典型经验来得具体、生动、可操作并因此更具说服力。总结推广典型经验及在此基础上制订操作性强的文件，是在向市场经济转轨中政府有效指导企业管理的工作规律。邯钢经验是在中国企业特别是国有企业管理转型时期，第一个也是声势和影响最大的典型经验，总结推广邯钢经验对于推动中国企业特别是国有企业管理转型居功甚伟，在中国企业管理史上占有重要地位，做出了不可磨灭的贡献。

（一）危机变革：邯钢经验的产生背景

邯郸钢铁公司（以下简称"邯钢"）是 1958 年建设的地方小型钢铁厂。1978 年钢产量 26.39 万吨，1983 年年底增加到 56.8 万吨。1983 年总经理刘汉章上任 7 天后，抓住邯钢作为全省首批厂长负责制试点机遇，开始推动企业人事制度改革，将 284 名符合"四化"要求的中青年干部提拔到各级领导岗位；并力排争议实行岗位工资制等向一线倾斜的分配制度改革；同时还对全厂近千名科段长以上干部进行现代化管理脱产培训，全员进行岗位技能培训；自筹资金 5 亿元，以"量力而行、梯度发展、滚动前进"为方针加快技术改造，完成技改项目 136 项，推广采用新科技成果 200 项；加强管理、赶超先进，北上首钢探宝、南下武钢取经，在此基础上推进管理创新，涌现出 199 项优秀管理成果。这些措施很快见到成效，1984 年利润首次超亿元，居全国地方钢铁企业之首，被冶金部誉为地方钢铁工业中开出的一列"特别快车"。1988 年 1 月，全国地方骨干钢铁企业会议在邯钢召开，冶金部赞誉邯钢为地方钢厂推进改革管理、大力挖潜增效、改变落后面貌、实现节能发展提供了一个新标尺、新经验。在冶金部颁布的25 项升级指标中，邯钢有 8 项进入国家二级、6 项进入国家一级、9 项进入国家特级。从能耗看，1987 年邯钢产钢 84.8 万吨，比 1980 年 40.8 万吨翻了一番，但总能耗 1.01 万吨标准煤却基本没有增加；从产品质量看，1984 年部优产品率仅 8%，1989 年就达到 61.2%，产品"双标率"达到 63.48%；从经济效益看，从 1983 年实现利税 9900 万元增长到 1989 年的 2.05 亿元，承包制下迅速增长的

经济效益使企业有更多自我积累用于技术改造。

正当邯钢在计划经济、短缺经济下越搞越好，踌躇满志地向着百万吨钢目标快速前进之际，外部环境的骤然变化差点使这列"特别快车"出轨翻车。1990年，煤、油等涨价因素使成本增加 9000 万元以上；治理整顿引致基本建设急剧萎缩，钢材市场疲软，售价急剧下跌，平均每吨跌幅达 300～400 元；全年进口3016 万吨低价钢材，严重冲击国内市场，加剧市场竞争；价格双轨制基本结束，邯钢指令性计划比例由 80 年代初的 95% 减少到 5% 以下。这些因素的综合作用导致邯钢连续 5 个月亏损，28 个品种有 26 个不赚钱，跃上梦寐以求的年产百万吨（实际产销钢 110 万吨）大钢厂台阶的同时，账面盈利仅 100.4 万元，此时还背负着近 10 亿元技改贷款——邯钢陷入前所未有的困境。

面对突如其来的巨变，邯钢决策层先是愕然、困惑，接着同其他国有企业一样，第一反应措施是找上级政府，希望能得到政策扶持。他们跑了冶金部，冶金部鞭长莫及；求河北省，河北省爱莫能助；找邯郸市，邯郸市势单力薄。此时此刻，他们才真切感受到企业置身市场、优胜劣汰的危机感，意识到靠追求产量、卖高价求增效的路子走到了尽头。令邯钢决策层尴尬无奈、啼笑皆非的是，他们被逼得走投无路，分厂领导和职工不仅没有压力，而且按内部核算规定，由于完成年产百万吨钢任务和内部利润应增发工资和奖金，形成"分厂报盈、总厂报亏，分厂报喜、总厂报忧"的"怪"现象。造成这种状况的原因，是实行总、分厂管理体制的邯钢同大多数国有企业一样，为便于管理，分厂一直沿用指令性计划价格方式进行定额核算，原材料和产品售价波动由总厂承担，只管生产的分厂只要完成定额成本等指标即有内部利润，有利润就有奖金，产量越高盈利越多奖金越高。当原材料大幅涨价、产品售价急剧下跌，依然实行总厂"高进"、"低出"，分厂"低进"、"高出"的核算办法，如市场上每吨生铁价已高达 860元，内部仍按 450 元核算，总厂岂能不亏！

摆在邯钢决策层面前有两种选择：一是怨天尤人，抱着幻想等经济过热、等卖方市场、等国家政策扶持。另一种选择是丢掉幻想，自强自立，变革求生。邯钢决策层勇敢地选择了后者，视危机为改革创新机遇，最终创造出"模拟市场核算，实行成本否决"的经营机制，成为中国企业管理转型的先行者。

（二）大道至简：邯钢经验是什么

邯钢经验究竟是什么，为回答这个问题而撰写、发表的文章不下数百篇、上百万字，这还不算研究论述的专著。但大道至简，邯钢经验之所以被广为推崇和推广，不是因为它复杂、烦琐，恰恰是其用精髓朴素而深刻、简单而有效的方式，回答了转轨时期国有企业走向市场的若干基本问题。

邯钢决策层对产品亏损、利润下滑原因经过深入分析，认为主要矛盾不是品种、质量问题，而是眼下必须解决利润下滑带来的生存问题，没有生存和积累，就没有未来的发展和调整，现在和未来都必须建立在利润增长上。利润取决于售价和成本。计划经济或短缺经济下企业产品定价模式是成本＋利润＝价格，这个定价模式使企业立于不败之地，因为即使成本上升也可通过提高售价来提高或至少稳定利润。但是，面对原材料涨价和售价下跌的前后夹击，原来的定价模式不灵了，只能接受市场竞争形成的价格，确立利润＝价格－成本的效益保证模式，效益保证的关键是降低成本而不是提高售价，确保目标利润必须控制住目标成本，目标成本＝该产品的市场价－（目标利润＋税金＋该产品分摊的期间费用），税金和期间费用视为固定支出，被扣除后才是净利润。邯钢给出的这个公式是转向市场经济下企业管理的基本公式，朴素、简单而又非常深刻！

　　演绎、贯彻效益保证公式，首先要解内部采用计划价格核算导致产品成本与市场严重脱节、失真的问题。解决之道有两种：一是将分厂甚至车间变成法人，层层划小核算单位，使之直接面向市场。像邯钢这样分厂、车间、工序之间技术工艺联系十分紧密、协同效应显著的企业，这将给企业带来混乱，为解决一个问题而带来更大问题，否定企业替代市场配置资源之功效，这不是邯钢的选项。邯钢探讨的是在继续改善、加强集中统一管理——主要是在战略、计划、购销、投资、财务集中统一管理前提下解决内部成本与市场脱节问题，即在企业内部如何建立灵敏有效传导和反应市场价格等信号的经营管理机制，达到多盈利或至少不亏目的。

　　如何传导和反应市场价格等信号，测算出各个分厂、车间、工序多盈利或至少不赔钱的目标成本？邯钢高明之处在于"倒推"，即从市场能接受的价格开始，从后向前，测算出每道工序通过挖潜可以达到的目标成本，分厂、车间或工序之间模拟市场核算。在学邯钢活动中有些厂长深有感触地说：过去自己也搞成本控制，但收效甚微，学邯钢后才发现，自己搞的是"正推法"而邯钢是"倒推法"，这一"正"一"倒"体现了计划经济和市场经济两种截然不同的管理思路。不能将涨价因素转移给用户的邯钢只能采用倒逼机制，将市场机制引入企业内部逐级压着分厂、车间、工序挖掘潜力，使市场机制和企业组织两种配置资源的优势有效结合、叠加。1991年年初总厂给二炼钢分厂挖潜2000万元指标，能接受这么高的指标在过去是不可想象的，厂长顾强圻说：过去靠行政命令下指标，我们是常说常有理，今年我无话可说，因为这个指标是来自市场的！让顾强圻能接受不仅在于它源于市场，还在于它科学合理，因为这个指标是对分厂各项技术经济指标细化分析和比较研究后得出的，分析比较的依据是国内同行业先进水平和本单位历史最好水平，这个指标不是高不可攀，也非轻而易举，用刘汉章的话是"蹦一蹦能够得着"。

　　仅从技术上模拟市场核算出指标体系，尽管是邯钢经验最大创新点，但还不是邯钢经验的关键，确保指标体系完成的关键是分配、人事等配套改革。邯钢将原来职工收入 80% 与产量挂钩改为占收入 50% 的奖金全部与成本挂钩，单位和个人成本指标完不成，其他指标完成得再好也否决全部奖金并影响或延缓内部工资晋级；严格考核，奖惩兑现，不迁就，不照顾，不讲客观，不搞下不为例；完善计量、检测、定额、标准化、原始记录等基础工作，量化考核，明晰责任；每月总厂对各单位原材料、燃料进行一次盘点并在此基础上做物料平衡核对，每季度进行一次财务物资大检查，物料不平衡或账物不相符的重新核算内部成本，确保成本真实可靠。邯钢经验的要害在于"成本否决"，严格照章办事。1991～1996 年先后有 79 个厂（次）被否决当月全部奖金，69 个分厂、处室被延缓工资升级，效益奖几倍、十几倍拉开差距，6 名中层干部被否决掉"乌纱帽"。

邯钢经验破解了如何发挥国有企业政治优势、依靠职工群众办好企业的重大难题。一些现象曾长期困惑我们：一方面我们说职工群众是企业的主人，另一方面职工群众却缺乏主人翁的责任感，大手大脚，浪费严重，究其根源，正如刘汉章所说，说到底是职工群众并没有真正当家理财，主人翁地位没有落到实处。当邯钢把 10 万个指标分解到 2.8 万名职工头上，使"人人头上顶着一把算盘"，当指标完成情况与职工 50% 收入挂钩时，职工变得精打细算，一度电、一升油、4 分钱印刷费都省着用，并提出 10 万条合理化建议、创出 2 亿多元效益。邯钢经验告诉我们：主人翁要有责任感，责任感需要利益支撑，当家理财要落实到岗位上，只有遵循搞好企业的规律，才能充分调动职工群众的积极性和创造精神，使企业活力源泉喷薄而出。

企业挖潜增效有管理改革和技术改造两把"利斧"，而技改投资是把"双刃利斧"，一些企业不精心计算投入产出，不量力而行过度负债，控制不住工程造价和进度，不仅把多年辛辛苦苦的积累挥霍一空，还使企业债台高筑，由此带来灭顶之灾，于是浩叹"不搞技改等死，搞技改找死"。邯钢将管理挖潜获得的数量不多但倍加珍惜的利润用于技术改造，坚持"先进、经济、实用"原则，先上"短平快"项目，对关键工序、薄弱环节进行技术改造、更新，消除制约工序成本降低的"瓶颈"，以较少增量激活存量资产效益，然后再视资金、市场情况，集中力量打歼灭战。邯钢对工程项目限额设计，"算了干"而不是"干了算"，不贪大求洋，凡是自己能干的不外委、国内能制造的不引进、能引进软件的不引进硬件，走出了一条投入少、见效快的成功之路。曾任过邯钢党委书记的黑龙江省委书记岳岐峰在 1996 年 4 月全省学邯钢工作会上听完刘汉章介绍后说了这样一番话：邯钢不上 2000 立方米炼铁大高炉而建 300 立方米又土又小高炉，正是其绝招和高明之处。小高炉主要指标与大高炉不相上下，但建设周期和费用要快得多、低得多，为什么非要搞大高炉、洋高炉不可呢？1991～1998 年邯钢共进行大型技改 22 次，总投入 65.9 亿元，每次均比同类技改少投入 30%～

50%，多产出效益 50% 以上。钢产量从 110 万吨增至近 300 万吨，总资产由 22 亿元增至 184 亿元，资产负债率却由 70% 降至 44.6%。持续高效的技改投入使规模经济效益和结构调整效益日益凸显，形成投入→效益增长→再投入→效益再增长→再大投入的良性循环（见表 7－1）。

表 7－1　　　　　　　　　邯钢主要指标行业位次及变化

指　标	年　份	同类型企业平均水平	邯钢水平	在同类型企业中位次
钢铁料消耗	1990	1153 千克/吨	1147 千克/吨	13
	1996	1130 千克/吨	1096 千克/吨	1
入炉焦比	1990	622 千克/吨	492 千克/吨	2
	1996	495 千克/吨	463 千克/吨	3
吨钢综合能耗	1990	1436 千克/吨	1115 千克/吨	5
	1996	1137 千克/吨	851 千克/吨	1
综合成材料	1990	—	87.96%	5
	1996	89.48%	92.39%	4
连铸比	1990	41.5%	50.85%	7
	1996	77.89%	99.6%	1
全员劳效（1990 年不变价）	1990		22696 元/人·年	13
	1996	54845 元/人·年	104694 元/人·年	1
人均产钢（全员）	1990	20.37 吨/人·年	41.69 吨/人·年	2
	1996	38.95 吨/人·年	82.83 吨/人·年	1
资金利润率	1990	—	0.13%	39
	1996	6.14%	18.9%	1
成本费用利润率	1990	—	0.095%	—
	1996	2.55%	18.16%	2
销售利润率	1990	—	0.692%	
	1996	2.50%	15.93%	2

　　充分尊重市场否决权，效益宗旨贯穿一切经营管理活动，引入市场机制硬化目标成本，全员全过程价值管理，按效考核严格兑现，这是邯钢经验的主要内容，依靠管理和技术"双轮"驱动，使邯钢实现了经济增长方式由粗放型向集约型的根本转变，1991~1996 年冶金行业考评的 43 项指标中，邯钢有 28 项（占 65%）进入前三名，1994 年以来连续 8 年实现利润在全国保持先进水平，

1994～1996 年连续 3 年稳居前三名。

（三）雪中送炭：像学大庆那样学习推广邯钢经验

邯钢经验受到党中央、国务院高度重视。1993～1996 年，党和国家主要领导人先后做出指示，要求推广邯钢经验，朱镕基同志称赞邯钢是工业战线一面红旗。

邯钢经验是市场逼出来的，学邯钢也是市场逼出来的，在全国推广邯钢经验经历了几个阶段。最先是 1992 年 4 月冶金部召开学邯钢现场会，在全行业推广邯钢经验，但随后的钢材价格上涨冲淡了企业对学习推广邯钢经验的重视。1993 年 5 月，刚成立 2 个月的国家经贸委在邯钢召开"加强管理、降低成本"现场会，同年 8 月和 1994 年年初，国务院办公厅先后转发了国家经贸委《关于学习邯郸钢铁总厂加强管理的经验，进一步抓好扭亏增盈工作报告》和《邯郸钢铁总厂深化模拟市场核算实行成本管理法的情况》，号召全国工业企业学邯钢，抓好扭亏增盈工作。1995 年，企业面临的环境更加严峻、管理不适应的矛盾更加突出，全国预算内国有工业企业亏损额 409.2 亿元，亏损面达到 34.8%，同比分别增加 20.5% 和 1.2%，而邯钢经济效益指标却仅次于宝钢跃居行业第二名。1996 年 1 月，国务院转发国家经贸委、冶金部《关于邯郸钢铁总厂管理经验调查报告》，要求紧紧围绕"两个根本性转变"学习推广邯钢经验，这是继 20 多年前"工业学大庆"后国务院以专门文件批转全国学习推广的又一个典型经验。同年 2 月，国家经贸委在邯郸召开"全国学习推广邯钢经验暨企业管理工作会议"，吴邦国副总理做重要讲话，国家经贸委主任王忠禹作工作报告，冶金部部长刘淇也讲了话，国务院有关部门和部分省市负责同志、各省（区、市）及计划单列市经贸委负责同志、一批企业负责同志共 400 余人参加会议。1997 年 1 月，国家经贸委在无锡召开"全国企业管理工作会议暨学邯钢经验交流会"，把学邯钢抓管理进一步引向深入。

邯钢经验一推出，广大企业、各级党委政府视若雪中送炭，纷纷响应，争先恐后学习推广，在全国迅速形成学邯钢、抓管理的浩大声势。20 多个省市迅即召开由党政主要领导亲自参加并讲话的大会，宣传、动员、部署学邯钢工作。邯钢领导应邀到 30 多个省市部委讲课，听众达 10 多万人次。国家经贸委开辟并编发 50 余期《全国学习推广邯钢经验专刊》，反映、交流各地各行业学邯钢的成效和经验。国家经贸委、冶金部、河北省先后在邯钢举办近 60 期培训班，全国 1.8 万家企业、22 个行业、20 万人次到邯钢接受培训；为满足培训急需，国家经贸委、冶金部等先后编辑出版《模拟市场　成本否决》、《邯钢管理经验新编》、《邯钢经验指导手册》、《走向市场经济的企业管理》及电子版《邯钢经验》等书籍。中宣部、国家经贸委、冶金部、河北省委省政府主办的《希望之光——邯钢经验展览》于 1996 年 9 月 26 日在北京中国革命博物馆开展，观者如潮，应观众强烈要求展期由原定 10 天延长至 24 天，随后在太原、重庆、沈阳、乌鲁木齐、石家庄、南宁、广州巡展，所到之处观众如潮，其中重庆观众超过 10 万人。邯钢把讲课、培训、编教材、巡展、现场接待看做一种责任，投入巨大的人力、物力。各级各种媒体集中重点版面、黄金时段推出邯钢经验，发挥了独特作用。

企业是学邯钢的主体，真学真见效。河北省坚持数年大力推动学邯钢，在 1996 年全国国企效益不佳时，省独立核算工业企业增加值、销售收入、利税总额和净利润同比增长 17.7%、18%、15.3% 和 21.2%，增幅居全国前列。冶金行业通过学邯钢，1996 年消化 130 亿元增支减利因素，实现利税 210 亿元。一批大企业放下架子学邯钢。鞍钢新班子上任后，加大学邯钢力度，1996 年消化减利因素 23.3 亿元，一举扭亏为盈。因此一些企业老总才说出"邯钢经验是市场逼出来的，学邯钢也是市场逼出来的"肺腑之言。

三、亚星经验——以制度建设加强购销管控的典范

亚星经验指潍坊亚星集团有限公司（简称亚星或亚星公司）购销比价管理经验，是学邯钢活动中脱颖而出的重要成果。国家经贸委在全国学习推广亚星经验，既是学邯钢活动的继续和深化，又具有特殊的历史背景和现实针对性。

（一）利益博弈：亚星经验的产生背景

1997 年年初无锡会后，以学邯钢为主题的企业管理工作在全国进一步深入展开。随着经济发展中买方市场特征越来越明显，竞争越来越激烈，企业尤其是国有企业在采购环节管理松散，漏洞百出，暴露出的问题越来越突出，为吃回扣、谋私利而舍贱求贵、舍近求远、舍好求次、损公肥私的现象普遍存在，迫切需要加强和规范企业采购管理。这里的采购是广义的概念，涵盖企业花钱的方方面面。如在原材料采购上，据 1997 年 1 月 14 日《工人日报》报道，太原某国有钢铁公司进行过一次曝光展览，收集到的伪劣生产物资给企业造成的经济损失达 9000 多万元；在国家重点工程物资采购上，北京西客站工程中因有关负责人受贿 100 多万元，购买了部分假冒伪劣阀门，启用不久就不得不重新更换，造成直接经济损失 2000 多万元；在低值物品或其他零星采购上，据《南方周末》报道，一个替单位买图书资料的人花 2000 元买了俩套书，一套给单位，一套归自己，而开出的报销发票金额还够他给妻子买几百元礼品；在非物质购买上，一位司机给单位一辆高级轿车上保险，光回扣就拿了 1 万元。凡此种种，不胜枚举，一些人慷国有资产之慨中饱个人私囊，甚至有的走上经济犯罪。企业尤其工业企

业中各种物资采购一般要占企业营业成本70%左右，随着市场竞争加剧，企业对销售管理越来越重视，但如果只重视销售一头而忽视采购一头，犹如前门楼钱，后门漏钱，不仅不能真正提高经济效益，甚至因采购黑洞毁掉一个企业的情况也不少见，毫不夸张地说，不堵住采购黑洞而任其肆虐，企业的末日就不远了。

　　20世纪90年代中后期企业尤其是国有企业在采购环节暴露出日益突出的问题有其历史必然性。一是我国由卖方市场转向买方市场，争取用户占领市场首先成为企业关注的重点。为在激烈竞争中销售产品，企业采取各种促销方式，有的不择手段。在不规范的情况下的买方市场中有时候与其说用户是供应商的"上帝"，不如说用户中那些具有采购决定权及相关权力的人才是一些企业"争夺"的现实或潜的"上帝"，而成为被说服、公关的对象。二是多种所有制成分共同争夺市场的情况下，采购环节成为企业、个人、供应商、所有者之利益博弈战场，国有企业面临体制、机制上的严峻考验。任何所有制企业为避免效益流失都需要建立有效的约束激励机制，最有效的约束激励机制是来自所有者的制度和人事安排，这也是几乎所有个体、私营企业老板或亲自掌管采购、或把家人及其他最可信任的人安排在采购和财务等部门的原因。国有企业产权属于全民，在采购环节若不能尽快建立健全强有力的约束激励机制，国有资产或将成为一些人蚕食瓜分的美餐。三是有效的利益约束激励机制只有也必须通过科学的组织管理和内控体系方能实现，对此许多企业却是空白。与生产活动相比，采购活动具有主要交易发生在企业围墙之外和少数、个别人运作两大特征，这就为"暗箱操作"提供了可能。在供应商高回扣诱惑下，若缺乏有效的监控，极易冲破一些人的道德防线；即使道德觉悟较高、抗腐意志较强的人身处吃回扣成风的小群体环境，想"他人皆浊我独清"也难为环境所容，久而久之有可能"逼良为娼"、同流合污，因此社会上有"这年头干采购的来一个、毁一个"的说法。堵塞采购环节黑洞，仅靠人的道德觉悟不行，需要科学有效的管理制度的约束。即使产权最清晰的个体、私营企业长大后必然拉长委托代理链条，原来老板亲自掌管采购或任人唯亲的办法也会失灵。据亚星公司介绍，最先、最积极、最认真到亚星学习的有不少是民营企业。

　　不规范的采购行为带来的危害是多方面的。第一，腐蚀了企业相关人员，造成国有资产和企业效益隐性流失。第二，一些供应商为了消化公关和行贿成本以维护自身利益，必然会以次充好甚至变本加厉，伪劣原材料、零配件乘虚而入导致企业产品质量下降，甚至带来安全隐患，这就是为什么几乎每一个"豆腐渣"工程背后都有肮脏的腐败交易的原因。第三，败坏了经营风气，恶化了干群关系。广大职工在围墙内辛辛苦苦挖潜节约的效益被少数人通过采购环节流失掉了，一部分装进个人腰包，职工收入却因效益下降或亏损而降低甚至发不出工资，低劣的原材料或零配件是瞒不过职工群众的，类似"硕鼠硕鼠、无食吾黍"的怨声在群众中蔓延，即便一些廉洁自律的经营人员也会以"近墨者黑"的简单理由招致猜疑，这种怨声或猜疑日浸月染会毒化企业风气，严重挫伤广大职工群众积极性。第四，破坏公平竞争的市场秩序。如果企业间的购销不是靠产品优越的性价比来战胜竞争对手，而是靠回扣行贿取胜，就会出现"劣币驱逐良币"的市场失效现象，导致假冒伪劣、贪污腐化盛行，严重腐蚀社会肌体。

由于采购环节已成为国有企业加强管理的一个共性的薄弱环节，许多省市都认识到了加强和规范国有企业采购管理工作的重要性和迫切性，并进行了有益探索，涌现出一批成效显著的典型企业。1997年5月，在国家经贸委与中宣部联合在京召开的学邯钢座谈会上，山东省亚星公司总经理陈华森在会上介绍了自1994年以来实行购销比价管理的经验和成效，亚星的做法引起国家经贸委的重视。1997年9月，党的十五大和十五届一中全会提出"三年两大目标"后，国家经贸委企改司将规范和加强国有企业采购管理、堵塞采购环节漏洞作为实现"三年两大目标"的一项重要举措，加快了工作节奏，成立了"现代企业采购管理课题组"，由时任企改司司长邵宁任组长，副司长刘东生任副组长，企业管理处王润秋副处长负责具体工作，还聘请了中国人民大学企业管理室主任杨杜教授任专家组负责人。1998年，用了10个月时间，课题组先后赴抓采购管理成效显著的河北、山东、广西、福建及唐山、济南、青岛、潍坊、南宁、柳州、福州、三明等4省8市和35家企业进行深入调研。1998年年中开始对亚星购销比价管理经验进行专题调研。调研组与亚星总经理、副总经理和供应、销售、审计、质检、财务、物管、计划、技改、企管、信息中心等10个相关部门负责人分别进行了座谈，并深入现场，验证了各个环节的原始凭证和资料，测试了内控体系的有效性。之后与一同参加调研的省经贸委、审计厅同志进行了座谈，了解到1998年1月两部门就向山东全省印发了亚星的做法，号召广大企业推广应用。亚星的经验引起很大反响，广大企业纷纷对照找差距，制定整改措施，成效明显。如济南第二机床厂1998年6月至年底按照亚星管理程序运作，节约采购成本1100万元，占当年实现利润的137%。省外企业也来取经，如江西赣北化工厂在国家经贸委"学邯钢专刊"上了解到亚星做法后如获至宝，厂长亲自带队实地考察，回来后真抓实干，挖出几个高价采购、中饱私囊的违纪人员，有效降低了采购成本。经过对众多地方典型企业比较研究，亚星用一套组织管理体系控制企业"进"、"出"两头，其做法比较严密、科学，且经过了几年的实践检验，省内外企业比较认同，效果比较明显，是一套适用性强、操作性强、能使企业购销行为走向规范化、法制化的好经验，只要进一步科学总结，在全国推广一定会收到很好的效果。

（二）分权透明：亚星经验是什么

所谓购销比价管理，就是在满足企业或用户质量需求的前提下，通过比价达到低成本采购或较高价位销售来实现企业利益最大化，用老百姓的话说，是"买得贱，卖得贵，中间环节不浪费"，自然有钱可赚。但话说来简单，要在复杂的购销环境中实现谈何容易。为了将发生在企业外部易"暗箱操作"的购销环节纳入企业内部有效监控，亚星公司经过多年不懈探索，在总结教训的基础上才找到一套科学有效的管理办法。

一是分权制约。陈华森介绍说：亚星开始是采购承包、权力下放，失败后又抓大放小、有放有收，再失败后又把思想品质好的业务骨干放在购销一线委以重任，但终究还是失去监督。后来又干脆实行"一支笔"制度，一定金额以上采购都必须由总经理签字。结果每天一上班办公室门口就排了等签批的长队，主要大宗原材料还知道一些大致行情，但亚星每年采购 6000 多种物资且价格时常波动，老总怎么知道每种物资此时价格呢？许多签字实质流于形式，但责任却由领导来承担，各种关系户矛头集中对主要领导穷追死缠，里外得罪人、忙得焦头烂额不说，效果却不好。实践使亚星认识到分权制约、制度化管理是唯一有效途径，于是成立以总经理为组长、有关副总经理和职能部门负责人为成员的价格监控领导小组，重大事项集体研究、民主决策，职能部门分权把关、各司其职。

为保证这一分权体系有效运转，亚星制定了 30 多项规章制度，如《物价管理条例》规定购销价格制定程序、最高最低限价控制权限、物资采购分类管理、价格审核程序、管理机构设置及其基本职能和考核奖惩办法，《定点采购物资办法》规定采购物资原则上一律从定点单位采购、定点单位选择标准和进退办法、特殊情况确需到非定点单位采购的审批程序，《合同管理规定》明确重大经济合同签订须由供应、技术、审计等有关部门人员参加、大型设备和成套设备采购必须公开招标，《工程造价管理办法》规定工程预算不经审计不准签订合同、未签合同不准预付款、各项手续未经审计不准开工、工程决算未经审计不准办理结算等。亚星坚持对工程项目价格审计，1994～1997 年共审减 2789 万元，最多的一个国内配套项目审减额竟占原决算额的 41.5%。

二是信息透明。内部控制是依赖信息而设立的系统，有关各方若存在信息严重不对称，内控系统就会失效。在物价频繁波动的市场环境下，身处市场一线的业务人员比管控人员具有天然的信息优势，有效的内控系统就在于以较少的信息成本代价，将有可能借以谋取私利的市场信息及时转化为内部公开透明的信息网络，进而成为谋取企业利益最大化的动态决策基础。亚星公司如何做到这一点呢？第一，信息共享。部门之间实行信息交换、沟通和反馈制度，其中信息中心和经营综合处是专门为全公司提供信息服务的职能部门，分别通过建立物价信息网络和市场调研来收集、预测国内外产品价格信息和变化。采购部门采购前填报的《采购物资价格申报单》包括物资名称、规格、型号、数量、单价、技术要求、拟定供货单位的质量、价格、联系人、联系电话等基本情况及货比三家的其他两家基本情况，都成为公司内部公开透明信息。第二，监督信息对称。审计处物价科配备了对购销业务十分熟悉且坚持原则、为人耿直的精兵强将，通过订阅大量信息报刊、参加各种物资订货会、建立价格信息台账等随时掌握价格信息变化。第三，决策集思广益。大的决策，主管经营的副总经理有来自经营综合处的市场信息，总经理也有来自信息中心和审计处物价科的信息依据，最后在物价监控领导小组会上集体研究，确保了重大决策的民主化、科学化。

三是"三统一分"的财务监控。实行统一财务机构职能、统一资金管理协调、统一财务人员配备、成员企业分别独立核算的财务管理体制和在此基础上的全面预算管理，使购销管理始于预算、终于结算，物流与资金流同步控制，这是亚星购销比价管理成功的重要基础。财务中心把经过严格培训且定期轮岗的会计人员派驻到销售、供应、基建、设备等资金输入、输出部门工作，派驻人员对各项资金收支情况进行分析、登记、管理、核算和监督，规范现金往来，把住双向资金关口，使应收账款周转率、存货周转率居行业领先水平，产销率、主导产品货款回收率双双达到100%。

四是责任清晰到人。建立业务台账制度，每一名购销人员所经手每一笔业务的供（销）货单位、商品名、规格型号、价格、收付款方式等都有详细记录，为回避人情关系进行轮岗的业务人员台账也要长期保留，主要原辅材料样品检验后均留样存档，以备定期或随时复查。业务台账与留样存档制度使责任具有了可追溯性，从而最大限度地消除人的侥幸心态，促使购销人员坦坦荡荡做人、一心为公做事。

五是制定考核细则，严格奖惩兑现。规定采购价格低于最高控制价按节约额比例提奖，销售价格高出执行价部分按规定比例提成，对市场价格信息了解及时、向公司建议后带来明显效益、秉公办事成绩突出的均予奖励，私自收受回扣、损公肥私、泄露购销控制价格机密的，根据情节轻重给予调离岗位、罚款、记过、除名等处分。考核每月进行一次，由审计处负责评价，企管处负责具体实施。通过重奖重罚，一方面使勤奋工作者可岗位致富（据了解业务人员平均收入高于生产一线）；另一方面加大贪图小恩小惠侥幸作弊的人员失败成本，引导人的行为规范化、科学化。

亚星公司自1994年不断完善购销比价管理，促使采购成本逐年下降，经济效益连年增长，1998年实现销售收入5.26亿元、利税7962万元，其中利润4254万元，同比增长16.9%、30%和20.2%。据测算，1994～1998年仅物资采购累计节支7092万元，相当于同期实现利润的43%。通过建立决策、执行、监督、考核、奖惩一整套制度体系，实现了对每个人行为的有效约束和激励，避免了个人专权行为，使经营活动走上规范化、法治化轨道，有效防止了不正之风和腐败行为，保护了干部，促进了企业精神文明建设。

（三）法剑出鞘：将成功经验提炼成管理法规

1998 年 12 月 18 日，国家经贸委企改司向委领导呈报了《关于亚星购销比价管理经验及其他省市企业调研情况的报告》，建议以国家经贸委文件转发亚星经验在全国推广，并研究制定国有企业物资采购管理规定。时任国家经贸委主任盛华仁同志和主管副主任郑斯林同志都批示同意。

从 1998 年 12 月下旬到 1999 年 3 月初，在对 4 省 8 市 30 多家企业特别是亚星经验调研基础上，国家经贸委企改司起草和修改了《国有工业企业物资采购管理暂行规定》（以下简称《规定》）。起草过程中认真听取了一些省市经贸委主管主任、企管处（科）长、大中型国有企业厂长经理、书记、副总、有关职能部门处长和几个省市审计、物价部门负责人、一些专家学者近百人的意见。3 月10 日～12 日，企改司精选了 15 个不同行业采购管理典型企业的物资采购负责人，和监察部、审计署的同志并山东省、潍坊市经贸委及专家学者在亚星公司开了一个研讨会，进一步对《规定》进行集体讨论、修改。研讨会上一致认为国家经贸委抓国有企业采购管理适得其时，对《规定》和推广亚星经验都予以充分肯定。1999 年 4 月 1 日，《规定》以国家经贸委第 9 号令形式发布，并自当年5 月 1 日起施行。

《规定》充分吸收了亚星等先进企业成功经验，对企业物资采购提出明确要求和基本规范。如在决策管理上，规定企业主要原材料及其他金额较大物资（下称主要物资）采购，应当由厂长、经理、副厂长、副经理（下简称企业经营者）和相关部门负责人通过会议或其他形式实行集体决策；在比质比价采购上，规定除仅有唯一供货单位或企业生产经营有特殊要求外，主要物资的采购应当选择两个以上供货单位，从质量、价格、信誉等方面择优进货；在价格监督上，规定主要物资采购应当经价格监督部门事前进行价格审核，并在价格监督部门审核的价格内进行采购；在质量检验监督上，规定企业对采购物资质量检验或验证时，可能影响公正检验的部门和单位不得介入，主要采购物资可以根据需要留样存档并进行复检；明确经营者及其他高管人员、相关人员责任和奖惩，要求必须执行《规定》和企业内部的物资采购管理制度，支持物资采购部门和监督部门履行职责，经营者和主管物资采购的副厂长、副经理的近亲属不得在本企业物资采购部门担任负责人；为发动群众监督检举，规定职工有权对违反《规定》损害企业利益的行为向企业或政府有关部门举报，对举报人要予以保护，任何人不得打击报复。

在制定和下发《规定》的同时，国家经贸委还做了两件事：一是会同监察部、审计署研究起草《关于贯彻执行〈国有工业企业物资采购管理暂行规定〉的通知》，二是筛选和帮助总结不同行业的企业典型经验和重视规范国有企业采购管理成效显著的地区典型经验。三部委通知于 1999 年 4 月 20 日下发，要求各级经贸委按照《规定》的要求加强对企业采购管理的督查，推动企业建立统一规范的物资采购管理制度；各级审计部门在对企业审计时要注重物资采购价格的审计监督，严格审计执法，防止国有资产流失；各级检察部门要加强对国有企业经营人员特别是企业主要负责人执行《规定》的监督，对在物资采购上利用职权、谋取私利、损害企业和国家利益的，一经发现，要严肃查处。为增强典型的可示范性，总结推出了机械、冶金、纺织、轻工、电力、水利、建筑、交通等十几个不同行业的典型企业经验；同时，还推出了山东省推广亚星购销比价管理、福建省国有企业实行大宗原材料招标采购、唐山市实行质价评估制度、柳州市整顿规范国有企业采购管理等省市地区的经验。

（四）双管齐下：经验引导和法规约束兼行并举

1999 年 4 月 8 日～9 日，国家经贸委在山东省潍坊市召开了"加强国有企业采购管理暨推广亚星经验现场会"，时任国家经贸委副主任的郑斯林同志作了工作报告，陈华森同志介绍了亚星经验，国务院有关部门代表、各地经贸委负责同志和企业处处长以及抓采购管理成效显著的典型地区代表、不同行业典型企业负责人参加了会议。

亚星经验和《规定》一经推出，即在全国引起强烈反响，企业普遍反映，这件事抓住了当前企业管理要害，抓得准、措施得力。各地党委、政府也给予了高度重视，把贯彻《规定》作为实现三年两大目标一项重要措施来抓，许多地方主要领导同志如辽宁省委书记闻世震、广西自治区党委书记曹伯纯等都亲自督促，强调要采取有力措施、抓出成效。江苏省计经委和监察厅根据省委领导指示联合发出对《规定》执行情况督查的通知，明确提出 1999 年 7 月前仍未按《规定》要求建立物资采购管理制度的企业，要通报批评；9 月 15 日前采购管理混乱、资产流失严重的企业经营者，建议当地政府就地免职并组织新闻单位曝光。宣传工作有声有色地展开，在中央电视台新闻联播、焦点访谈、经济半小时、财经报道等节目，《人民日报》、《经济日报》、《工人日报》、《光明日报》、中央广播电台等媒体都刊播了《规定》全文或要点、亚星经验和其他典型经验，较短时间就在全国掀起学亚星、抓采购管理的热潮。与此同时，企改司为组织开展培训，组织编写了《企业物资采购管理暨推广亚星经验指导手册》，对亚星师资人员进行培训。截至 1999 年年底，在全国各地组织 30 多个培训班，上万名国有企业经营者、业务人员接受了培训；各地经贸委组织或企业自发到亚星实地考察学习人员达 11000 人次。通过培训和学习广大企业经管人员不仅提高了认识，还掌握了具体的规章制度和操作方法，为实际推动工作奠定了较好基础。

典型经验引导和法规约束双管齐下收到良好效果。山东省 1998 年 65 户省国有重点企业降低采购成本 5.26 个百分点，占当年实现利润总额的 47%；福建省 1999 年 49 户省国有重点企业大宗物资采购成本平均降低 9.6 个百分点；截至 1999 年 11 月底，辽宁省 160 户国有大中型企业降低采购成本 9 亿元；江苏省 3322 户国有及国有控股企业除停产等特殊情况外，已有 3054 户按《规定》建立物资采购管理制度，降低采购成本 24.45 亿元。1999 年 12 月 23 日国家经贸委企改司在江苏省镇江市召开全国国有企业物资采购管理经验交流会。会议总结了前一阶段工作，肯定了加强和规范采购管理对实现"三年两大目标"尤其是脱困目标所发挥的重要作用，推广了一批抓采购管理工作启动早、措施得力、成效显著的省市经验，对下一步工作进行了部署安排。

四、进入市场的必修课——管理转型与升级的攻坚之战

2000 年前后，全国企业管理工作进入管理转型和管理升级并行交互推进阶段，工作头绪繁多。在继续深入推进学邯钢、学亚星的同时，紧密结合企业改革、市场竞争和经济形势发展新要求，一方面对 10 余年来特别是三年改革脱困中，国有企业管理之苑所呈现出五彩缤纷、硕果累累的成功管理经验进行全面总结、理性思考和宣传推广；另一方面根据建立现代企业制度要求进行深层次攻坚。这一阶段最重要的成果一是研究制定了《国有大中型企业建立现代企业制度和加强管理基本规范》（下简称《基本规范》），二是推进企业机制创新与管理创新紧密结合；工作主线依然是总结推广典型经验，这期间最重要的典型经验是许继集团有限公司（下简称许继）和广西壮族自治区（下简称广西或广西区）深化国有企业人事、劳动、分配制度（下简称三项制度）改革的经验。

（一）《基本规范》及其《读本》：改革管理成功经验之集成

进入 1999 年后，国内外关注国企改革的最大热点问题是"三年两大目标"能否如期实现。衡量目标是否实现需先要有实现的标准。脱困目标尚可从企业经营状况尤其盈亏状况来衡量，而何为"初步建立现代企业制度"却有一个衡量标准问题。1999 年 9 月，朱镕基总理视察宁夏、甘肃时指出，要研究制定现代企业制度的标准。正在研究总结现代企业制度试点工作、制定加强企业管理工作指导意见的国家经贸委企改司，迅即调整到研究制定现代企业制度标准上来，考虑到现代企业制度正处于探索攻坚阶段，企业的管理又是"看不见"的软约束，后将缺乏弹性的"标准"改为了"基本规范"。"基本规范"起草工作历时近 1

年，国家经贸委还会同了财政部、劳动和社会保障部、国家质量技术监督局、国家环保总局和中央企业工委等十几个部门并广泛征求地方、企业和专家学者意见，经过多次讨论，反复修改，形成上报国务院审定稿。国务院领导对制定这个文件十分重视，多次做出重要指示，第65次总理办公会还专门听取汇报，进行了认真讨论。因为在67条主体内容中，除9条企业改革、8条三项制度改革、3条企业党的建设外，其他绝大部分条文为企业管理内容，国务院办公厅于2000年9月28日正式转发时名称中特意加上了"加强管理"四个字。

《基本规范》对国企改革、管理和发展的实践经验进行了全面、科学总结，同时对进一步工作提出基本的规范化要求。为了将生动、具体、更具操作性的实践经验及一大批管理典型经验、案例进一步总结提炼，企改司以条文解析、典型案例、案例点评"三结合"的体例，编写了《基本规范读本》（下简称《读本》）。《读本》对有必要进一步阐释的22条重点难点条文进行了解析，并配有典型案例及点评。把理论与典型案例融为一体，使其更直观地反映国企改革、管理和发展最新、最优秀成果。

2001年3~5月，国家经贸委先后在天津、哈尔滨、重庆、武汉、许昌五地，依托选入《读本》的天津药业、许继集团有限公司（以下简称许继）、斯达造纸有限公司（以下简称斯达）、神龙汽车有限公司、太极集团有限公司等典型案例企业，分大区对国有重点企业经营者进行《基本规范》培训，由于实行案例式教学并由部分案例企业主要负责人亲自授课、现身说法，培训受到热烈欢迎，收到极好效果。

（二）标杆的力量：许继"破三铁"的改革经验

2001年4月18日，国家经贸委《印发〈关于许继集团有限公司人事、劳动、分配制度改革的调研报告〉和〈关于广西壮族自治区推进企业人事、劳动、分配制度改革的调研报告〉的通知》，要求各地国企结合实际认真组织学习、推广许继三项制度改革经验（下简称许继经验）和广西推进国有企业三项制度改革的经验（下简称广西经验），并与人事部、劳动和社会保障部联合下发《关于深化国有企业内部人事、劳动、分配制度改革的意见》。许继经验是继邯钢经验、亚星经验后国家经贸委推出的又一重大典型企业经验。

三项制度改革尽管自1992年即在全国推进，但由于国企内部、外部、主观、客观等综合因素，大多数企业三项制度改革并未到位。企业的竞争表面看是产品的竞争，隐藏在产品背后的却是机制、管理与人才的竞争。在多种所有制成分共同角逐买方市场下，国企若三项制度改革不到位，则胜负未分，高下已判。可以说深化三项制度改革是通向管理转型和升级、转换内部经营机制、建立现代企业制度不可逾越的环节，是国有企业进入市场、有效参与竞争绕不过去的关口，在三年改革脱困实践中也进一步证明，推动三项制度改革是国企真正实现转机建制和管理转型升级当务之急和关键性举措。实际上，在研究贯彻落实《基本规范》时，国家经贸委企改司经过多次讨论、凝聚共识，已提出来把深化三项制度改革作为当前国企内部改革、管理一项中心工作，通过典型引路，推动国企尽快建立与社会主义市场经济和现代企业制度相适应的现代"三项制度"。

实践证明，凡是搞得好的企业都在三项制度改革上积极推进并取得了实效，在国企改革发展中尤其三年改革脱困中涌现不少三项制度改革典型企业的经验。许继集团有限公司坐落于经济欠发达的中西部地区河南省许昌市，其前身许昌继电器厂是1970年按三线建设布点从黑龙江阿城继电器厂分迁而来，所从事的电力系统保护、控制及自动化产品技术含量高、更新换代迅速、市场竞争异常激烈，产品开发和技术创新能力决定了企业兴衰成败；许继迫切需要的高科技人才市场竞争也十分激烈、严重供不应求，而许昌市在吸引人才上处于较为不利的地理位置。1985年以王纪年为首的新班子上任前，许继几乎无优势可言。但是从1985~2000年许继发生了很大变化：主要经济效益指标以年均35%的高速递增：企业国有资产从搬迁建设以来国家总投资1200万元发展到1999年的28.6亿元，增值达238倍；2000年实现销售收入18亿元、利润总额2亿元，16年增长93.8倍和100倍。2008年实现销售收入80亿元、利润总额6.5亿元，连续多年跻身中国企业500强和重大装备制造业100强，凝聚了一支包括行业学术带头人、专家、"海归派"在内的核心团队，拥有10多项达到国际先进或领先水平的自主知识产权，在中国乃至世界电力装备史上创造了多项第一，许多产品技术上可与ABB、西门子、东芝、日立等世界一流公司竞争或合作，发展后劲十足！

调研发现，许继的变化实际上来源于内部管理的提升。许继从1970年搬迁到2000年30年的发展分为两个阶段，在1985年前经历了企业建设、整顿等，在生产、科研、管理方面打下全面基础，这一阶段许继和其他同类型企业并未拉开差距。差距逐渐拉开以至越拉越大主要在1985年后，当许继持之以恒从三项制度改革入手推动企业由计划经济体制机制向现代企业制度、由传统机械加工企业向高科技企业两个转变的时候，整个机械部20多个继电器厂都落伍了。三项制度改革是一场关系到"企业干部乌纱帽、职工铁饭碗"的革命。当改革触及这些根本利益时，端惯了"铁饭碗"、吃惯了"大锅饭"、抱着"生是企业人，死是企业鬼"、"要活大家活、要死一块死"传统观念的不少干部职工曾有诸多不解和抱怨；许多国企经营者心存忌惮、逡巡不前或雷声大、雨点小，也有一些经营者因大胆推进改革而招致辱骂、殴打、极端的甚至丢掉性命。王纪年和以他为首的许继领导班子，当认识到推进三项制度改革是攸关企业生死存亡的问题时，仍勇敢地面对这一切。但勇敢不等于莽撞。王纪年多次说过：改革要切记两点，一是用1/2的哲学方法逐步推进。改革不可能一蹴而就，若把改革目标看做

"1"，只能第一步1/2、第二步3/4、第三步7/8一步步向目标逼近。改革的目标是不断提高的变量，制度的改革永远没有止步、没有尽头，不改革、不转向，企业会触礁沉没，而转急了也会翻船。二是要得到多数群众支持、拥护。许继每一项改革措施都要职代会讨论通过，1/4措施也曾被否决过，说明时机尚不成熟，但改革方向不能变，过两年再拿出来讨论通过。韦尔奇讲改造一个企业需15年，也许是个巧合，许继三项制度改革恰好也用了15年。改革既不能急于求成，又要抓住最佳时机积极推进，要是抓不住，时机一眨眼就过去了。何为最佳时机？许继摸索出的经验是：员工对改革心理承受的极限和党的政策、环境允许的极限是二者最佳结合点。

许继的三项制度改革是从集团中层管理者和子公司经营管理者（下简称中层管理者）竞聘上岗、末位淘汰入手推动人事制度改革开始的。这既可首先解决管理人员优者上、劣者下这一搞好企业的关键问题，使真正有才干的人走上领导岗位，同时也为推动其他改革创造有利的氛围和条件。由于突破口抓得准，深得职工群众欢迎。许继对中层管理者竞聘的基本条件是接受并承诺完成公布的所竞聘单位或部门的工作指标，符合条件的员工均可报名竞聘。公司成立了由党政主要领导、技术管理专家、竞聘单位职工代表组成的招标竞聘评委会，评委按竞聘报告、答辩水平和民意测验等为竞聘者综合打分，选出候选人提交党委扩大会讨论确定，由总经理聘任。上岗后实行三年任期制、年度考评比例淘汰制，任期届满职务自行解聘，可以和符合条件的其他竞聘者以同等条件参加新一轮竞聘，否则视为自动下岗，岗位变动后收入、待遇按新岗位相应变动。年度考评为德、能、勤、绩四个方面11个要素，按百分制考核，由综合管理部门、质量部门、监督部门、上级领导和本单位职工分别按权重打分相加，分优秀、称职、基本称职和不称职四个档次，每年按5%比例末位淘汰，接近淘汰线的黄牌警告。为明确权利责任、消除内耗扯皮，实行单一领导负责制，即每个单位或部门一般只设正职，不设副职；同时完善民主管理、监督体系，加强下属单位和部门党的建设、党风党纪检查和离任审计，基层单位都设二级职代会，防止重大决策"一言堂"或其他不规范行为。1985年以来，无论是缺岗、设新岗还是成立子公司，许继都一律招标竞聘，不再直接任命，营造了优秀管理人才脱颖而出的制度环境。实行单一领导负责制不仅使管理职数大为减少（许继1984年员工不足2000名而中层经营管理者有150名，到2000年规模扩大了数十倍、员工人数翻了一番多，中层管理者只有90余名），而且由于权责一致地一并交给竞聘上岗者，功过清楚，责任明晰，极大地激发了每一位中层管理者的工作热情和敬业精神，促使他们创造性地开展工作，努力完成各项指标。实行三年一届全部重新竞聘、一年一度比例淘汰，先是不称职的被淘汰下岗，后是虽基本称职但缺乏改革意识和创新能力的也被淘汰下岗，给每一个中层管理者以挑战、考验、锻炼和压力，从而形成"不改革、不提高、不发展等于自我淘汰"和"无功便是过"的氛围，促进管理队伍不断优化、素质不断提高。到 2000 年许继先后有 200 多名中层管理者在三年届满和年度比例淘汰中下岗或降职使用，6 名再度竞聘上岗，50 多名普通职工竞聘到领导岗位。

分配制度改革既是调动广大职工积极性、主动性、创造性的关键，更是吸引人才、留住人才、充分发挥人才潜能的关键。王纪年曾说：许继要在高科技领域赢得竞争就要吸引全国乃至世界一流的人才。韦尔奇说"用一流的工资才能吸引一流的人才"，许继再加上两句：要"用一流的管理组织一流的产品和效益，用一流的效益支撑一流的工资"。为此分配必须拉开差距，向贡献和人才倾斜。为使分配改革方案易被广大职工接受，相当长一个时期，许继领导班子成员自身的薪酬远低于职工薪酬最高者，体现了搞好国有企业领导应具有的无私奉献、自我牺牲精神。对于一般职工，许继破除论资排辈、升工资人人有份的"大锅饭"体制，在按照国家规定保障职工最低收入的前提下，合理拉开基本工资部分与直接同实际贡献水平挂钩的浮动工资部分的比例，尽可能加大后者比例，逐步达到后者大于前者。基本工资含有延续过去等级工资制的工龄价值，职工只要在正常时间提供必要劳动就可拿到，浮动工资则是对职工凭借能力、知识和技术形成的超额劳动成果的加倍回报，这种分配结构既容易被广大职工接受和认可，更体现向实际能力和贡献倾斜的改革精神，使分配制度改革得以顺利进行。对于资源稀缺的高科技人员，许继实行与人才市场竞争相适应的收入分配方式，并不断在实践中深化和完善：1989～1995 年实行销售收入三年提成奖励制，新产品设计者第一年按销售收入 3%、第二年按 2%、第三年按 1% 提成；1995～1997 年实行四年利润比例提成＋比例股权配奖的办法，即第一年按新产品实现利润 40%、第二年 30%、第三年 20%、第四年 10% 的比例提成奖励研发小组或个人，又从提成中分别提取 12、9、6 和 4 个百分点作为科技人员在企业的股权参与分红，通过技术、资本参与分配使科研人员与企业的命运长期连在一起；在 1998 年后，为吸引海归、刚毕业优秀专业人才加盟，许继参照专业人才市场价格实行职能工资制，从本科生到博士后根据专业差异、稀缺状况设定了 6 个层次，年薪从 1.5 万元到 18 万元，加上不拘一格重用及其他优越待遇，使企业每年吸收二三百名优秀专业人才。对生产一线人员，许继坚持以科学量化的考核结果作为收入分配依据，实行工时定额为主、计件为辅的考核分配办法，通过岗位分析核定每个岗位基本工时定额和任务量，确定工时的工资价格，全月完成基本工时定额可得到基本工资，超额部分加倍付酬，同时实行质量、成本对工时定额和工资分配否决制度。对管理人员则实行定量、定性考核相结合又以定量为主的办法，高中级领导人员以单位各项指标完成的质和量作为考核分配依据，非领导岗位上一般管理人员（处室工作人员）核定每人每月工作量及每一项工作分值，均按百分制考核，考核结果作为收入分配的依据。销售人员实行包销售定额、包费用、包资金回笼的"三包"政策，年终按销售总额与实际货款回笼比例提取收入，业绩突出的可达数万元，完不成任务的只能拿基本生活费。科技人员实际能力、贡献不能体现其应有价值水准，不光拿不到高薪，还要从研发岗位分流到工程设计服务岗位或从工程设计服务岗位分流到车间。

劳动用工制度改革在三项制度改革中难度最大，因为关系到广大职工的岗位和饭碗。许继先在内部积极营造改革氛围和"小气候"，一旦外部条件有利、"大气候"具备时就抓紧推进。1992年全国掀起三项制度改革热潮，已推进7年干部淘汰制度的许继趁机深化劳动用工制度改革，全体员工除与集团公司签订统一的劳动合同外，还自创二次聘约制度，员工上岗前须同下属用人单位签订二次聘约合同，具体规定所从事岗位的技术、质量、个人素质、行为规范、奖惩细则等，进一步明确员工的岗位责任、权利、义务和待遇；员工违反聘约要求，用人单位有权将其转入集团劳务市场或在本单位降低待遇使用，员工若不接受可自愿解除劳动合同，这既避免了将大量员工推向社会，又在企业内部搞活了用工机制，对员工形成较强的激励和约束。各类人员均竞争上岗、双向选择，制定各类岗位工作标准，专业对口、学历符合要求或学历虽不够但有真才实学者都可报名竞聘。每年对员工进行综合考评，由各单位党政领导、工会主席、员工代表等组成民主评议小组，按工作业绩、技术水平、遵纪守法、团结协作等8项内容对员工百分制打分，打分结果与收入、续用挂钩。1995年开始实行末位淘汰制，打分最低的一线员工按本单位总数的6%、管理人员和科技人员按8%的比例解聘下岗或降低待遇使用，先后有160余名管理人员被淘汰、1/3左右产品研发人员被分流、300多名一线员工解除二次聘约下岗培训或降低待遇使用，经培训重新竞聘上岗的，重签二次聘约同时提高待遇，下岗培训后仍不适应岗位要求且劳动合同已到期的，公司不再续订。许继还高度重视职工培训和继续教育工作，新进人员均需先培训、后上岗；与高等学院联合办学培养所需人才，选送优秀青年科研、管理人员攻读本科、硕士、博士；鼓励立足岗位自学成才，给予晋升工资、报销部分学费的奖励。一系列配套改革措施促使员工加紧提高自身素质，刻苦钻研学习、不断超越自我在许继蔚然成风。

许继从1985年开始持续深化、完善三项制度改革，一点一点地啃硬骨头，在动态流动、末尾淘汰中不断优化人员结构，以科技人员为主体的知识型员工2000年占60%，先后研制成功200余种新产品，40多种分获国家、省部级重大科技成果奖，为同行业科技成果最多、技术科研水平处于前列的企业，带动许继高速高效增长。许继经验触及到国企改革不可回避的一些深层次问题，给我们以深刻的启迪。

许继经验受到国家经贸委高度重视。国家经贸委多次在许继举办国有大中型企业经营管理者培训班，多次请王纪年总经理等许继的同志在全国各种培训班、相关会议上介绍经验，近 10 万人次听取经验介绍；各地经贸委组织或企业自发到许继学习的有 3.1 万多人。许继经验在广大企业引起强烈反响，有力地推动了国有企业内部改革工作。

（三）"天大的事"：广西营造改革氛围推动改革的经验

为什么国家经贸委在总结推出许继经验的同时又总结推出广西经验呢？这是由于三项制度改革是国有企业生产关系领域一场深刻的革命，触及广大职工的根本利益，为在改革中确保企业和社会稳定，既需要像许继经验那样依靠企业自身努力积极有序推进，还迫切需要政府从领导班子建设、改革环境营造等方面提供有力保障，广西经验正是这方面的典型经验。

国家经贸委企改司对广西自 1998 年开始集党政之力推动国企改革整顿工作高度重视、密切跟踪。1999 年 6 月，邵宁司长带队赴广西进行了专题调研。广西属欠发达地区，工业基础薄弱。1997 年第二产业占国内生产总值比值仅37.7%，比全国平均水平低 11.5 个百分点，对财政收入的贡献率持续降低。工业经济落后的另一面是企业竞争力不强、经济效益低下。1997 年全国工业企业盈亏相抵后是盈利增加，广西工业是净亏损。1998 年一季度全区工业产销率79.2%、工业经济效益综合指数 47.3%，分别比全国低近 14 个百分点和 26 个百分点。国有企业成为了广西工业经济支柱，但近年来在市场竞争中遇到前所未有的困难，经济效益连年下滑，1997 年全区国有及国有控股工业企业净亏损 13.8亿元，亏损面达 50.9%。能不能搞好国有企业成为了广西经济能否振兴的关键。1998 年年初，广西区党委书记曹伯纯等亲自带队深入地市、企业调研，调研后认为：制约广西经济发展全局的症结，一是一些国有企业经营者素质不高、创新意识不强；二是绝大多数企业以三项制度改革为主要内容的内部改革不到位，导致机制呆板、管理粗放；三是企业普遍存在产品开发能力不强，名、特、优、新产品少，质量性能差等问题。这些矛盾和问题积累日久、相互作用，严重影响了广西国有企业竞争力和经济效益提高，如不及早解决，加快国企改革和发展、振兴广西经济就是一句空话。1998 年 3 月，曹伯纯书记亲自撰写了广西企业改革整顿总体方案提纲，提出以三项制度改革为重点、以产品及产品质量为中心、以企业领导班子建设为关键推动广西国有企业改革整顿，要求党政和企业做到认识到位、领导到位、工作到位，上下联动、集中力量、造势攻坚。

有关部门根据区党委、政府要求，针对广西国有经济及企业现状起草了《企业改革整顿的总体方案》和 12 个配套文件，并成立以区党政"一把手"任组长，副书记、副主席任副组长的全区企业改革整顿领导小组，下设负责日常工作的办公室，成员从党、政有关部门抽调组成，要求各地市也成立了由市委

（地委）书记、市长（专员）任组长的企业改革整顿领导机构。为指导、协调、督促改革整顿工作落到实处，成立了 10 个地市指导组派往 14 个地市分片负责，组长由副厅级以上并熟悉企业情况的领导同志担任，45 名成员从区各委办厅局抽调，各地市也抽调了 750 多名机关干部组成 104 个指导组深入企业督导。

文件一出台，为促进上下认识统一、步调一致，区党委、政府举办了由各地市区直党政"一把手"、国有重点企业主要负责人参加的培训班，区党政"一把手"亲自宣讲企业改革整顿的重要性、紧迫性，要求务必成为全区"天大的事"和"一把手工程"，把是否积极有效推进纳入对地市区直领导人政绩考核重要内容。1998 年 5 月 22 日，广西召开了以南宁市为主会场、各地市设分会场的全区企业改革整顿广播电视动员大会，区四大班子主要领导全部出席，书记、主席讲话，强调重大现实意义，提出明确目标要求。到 2000 年 7 月，全区共举办 9 次改革整顿培训班、7 次经验交流会，多数会议区党政"一把手"到会讲话。充分发挥各级各种媒体舆论宣传作用，每天电视有像、报纸有文、电台有声，营造强有力的改革氛围。

广西之所以以非常之力、举非常之措推进企业改革整顿工作，是针对广西国有企业改革发展基础太差、进展滞后、问题矛盾积累太深、太广的实际，仅靠企业自觉自愿或某一政府部门指导都难以大面积、深层次推动，需要发挥政治优势和资源，把涉及企业的各个部门的工作方向和政策资源集中统一用于"天大的事"，给企业改革深化注入前所未有的推动力，营造有利于改革推进的"大气候"，增强社会对改革的承受力。因此，企业改革整顿工作一开始就有很强的行政性特征。但在具体工作中，广西区也充分注意政企关系的正确处理与定位。如在深化三项制度改革上，主要明确改革的原则和目标要求，强调依法合规，但具体采取什么形式如怎样精简组织机构、实行竞争上岗及内部选择何种分配方式等完全由企业自主决策，政府重点做好三件事：一是通过交流推广好的经验供企业学习、借鉴；二是以出资人身份将改革效果作为考核经营者重要内容，实行阶段性考评并复评；三是集中政策资源用于下岗职工基本生活保障，大力推进社会保险等配套改革的完善，加大下岗职工自谋职业以及接受下岗职工就业的政策扶持力度，拓宽分流安置和再就业渠道。国有工业企业比较集中的柳州市对下岗职工生活保障和再就业工程做到了认识、机构、政策、资金、岗位、感情"六个到位"，开辟了开发型、消化型、社区服务型等九条再就业渠道，使下岗职工再就业率达到 63.5%。

广西区党委、政府清醒地认识到，在解决国有企业好班子、好机制、好产品这三个企业发展最基本问题上，从政府或出资人角度，关键要着力抓好企业领导班子建设和整顿，建立起产生好班子特别是好带头人的体制机制。在 12 个改革整顿配套文件中，有 4 个是针对企业领导班子建设和整顿的，主要采取以下措施：一是实行动态考核。对改革整顿工作认识落后、行动迟缓、积极性、主动性不够、工作不力的，坚决调整、撤换；建立经营者任期目标和年度经营目标责任制，制定量化考核奖惩具体办法，第一年考核不合格者给予警告，两年连续不合格者就地免职。到 2000 年对 870 户企业领导班子进行了调整，涉及班子成员 2800 人。二是积极探索民主选举、公开招（竞）聘与组织考核确认相结合的选拔经营者办法。河池地区有 86 户企业根据考核结果由职工民主选举产生经营者，百色地区有 133 户企业实行公开招（竞）聘与民主选举相结合选出新的经营者，柳州市成立了企业经营管理者任职资格评价推荐服务中心，为经营管理人才与企业双向选择提供人才储备市场及培训、推介服务。三是试行经营者年薪制和派驻财务总监，探索建立对经营者的有效激励约束机制。依据经营业绩、贡献大小和社会效益确定经营者年薪。以出资人身份向企业派驻有能力、有职责、有权限的财务总监并实行三年任期、轮换和年度考核、奖惩制度，加强对企业财务活动过程监督，确保会计信息真实准确，防止国有资产流失，避免企业乱投资、乱担保。四是积极探索党管干部原则同依法选择、管理经营者相结合的管理体制。由于各级改革整顿办公室由组织、人事、财政、经贸委等部门人员组成，实际成为管人、管事、管资产相统一的非常设权威机构，管理关系的理顺、工作目标的高度一致，有力促进了企业领导班子建设和整顿工作效率与质量提高。只有观念落后、无所作为、不思进取的经营者被调整、淘汰，想干事、能干事、会干事的经营管理人才才会脱颖而出走上经营管理者岗位，并使他们随时随地感受到政府的支持、激励和督促，可以放心大胆地工作而无后顾之忧。

在调研中，虽然有些企业也有很多实际困难，但很少听到经营者发牢骚或怨天尤人；由于全区国有企业无一例外都在推进同样的的改革，并成为包括公检法、工会妇联、居委会等各级党委政府和全社会的共同责任，职工对改革承受能力大大增强，几乎没有出现在其他省市经常见到的经营者因推进三项制度改革而招致辱骂、殴打等现象，经营者普遍呈现出良好的精神状态和锐意进取的改革创新意识。如防城港务局副局领导职数由 8 人减为 5 人，职能部门由 10 个精简为 5 个，机关减员率达 60.34%，减下来的全部充实到基层一线；副局及以下干部全部实行竞聘制，原副局级干部只有 1 人竞聘上局领导岗位。这样短的时间内改革力度如此之大在以前是不可想象的。

改革整顿工作促进了企业机制转换。据对广西 1648 户国有企业统计，到 2000 年 10 月底，三项制度改革到位率优秀的有 626 户，占 38%，合格的有 873 户，占 53%。一大批企业通过产品开发创新摆脱了困境。据广西经贸委对 438 户企业的统计，到 1999 年共计开发 1016 项新产品，优质品率和质量稳定率大为提高。改革整顿工作带动广西工业经济运行质量明显提高，到 1999 年 5 月，全区国有及国有控股大中型工业企业率先实现自 1996 年以来的扭亏为盈；9 月，全区国有工业整体扭亏为盈；2000 年年末，全区国有及国有控股工业企业盈亏相抵后实现利润 26.2 亿元，同比增长 6.5 倍。

2001 年 6 月 5 日～8 日，国家经贸委在南宁召开"全国深化国有企业内部改革工作会议"，就如何进一步巩固和发展三年改革脱困成果、深化企业内部改革、加快推进现代企业制度建设等提出新的工作思路和部署，广西区副主席王汉民在会上介绍了广西的做法。会后，在一企一地典型经验示范、引导下，以深化三项制度改革为切入点、切实转换企业经营机制、加快建立规范的现代企业制度在全国广泛深入地展开。

五、追逐现代管理的脚步——迎接企业信息化的挑战

2001 年 11 月 10 日，我国正式加入世界贸易组织。两周后，国家经贸委和信息产业部在联想召开了推进企业管理信息化工作现场会，居中国 500 强前列的 100 多家大型企业负责人参加会议并现场观摩联想信息化系统，吴邦国副总理到会做了《大力推进企业信息化建设、带动各项工作创新和升级》的讲话，联想总裁杨元庆、海尔首席执行官张瑞敏、斯达总经理董鹰介绍了经验，国家经贸委副主任蒋黔贵、信息产业部部长吴基传分别就贯彻国务院领导要求、总结推广三个典型企业经验、加快推进企业信息化做出工作部署。这次信息化现场会规格之高、声势之大、影响之广前所未有。

（一）科学管理的新跨越

企业信息化是包括管理信息化、研发信息化、生产过程控制信息化、以信息技术提升产品智能化水平等内涵极为丰富的系统工程。推动企业信息化既要注意整体推进，以期全面提升市场竞争力，又要以管理信息化为重点或基础，达到促进、带动各项工作水平提升的目的。世界 500 强无一例外地投巨资搞信息化建设，其中不少每年仅维护费用就占到营业收入的约 2%。由于管理信息化覆盖企业生产经营全局，集成度很高，且涉及业务流程重组、利益格局调整等诸多敏感问题，是信息化难点所在，成功率很低。根据美国一项统计，20 世纪 80 年代美国企业在信息化上投资 1 万亿美元却未达到预期目标，有的生产率不升反降，经济学家称之为"生产率悖论"，企业认为掉进了"IT 陷阱"；始于 20 世纪 90 年代初期、兴于中后期的 ERP（企业资源计划）成功率不到 20%。从国内看，根据 2001 年"中国企业 IT 应用论坛"统计，90% 的企业信息化未达到预期目标，40% 以部分失败告终或最终放弃。企业信息化需要花钱，但花再多钱也未必买来企业信息化，有的甚至因此陷入困境。

既然如此，为什么越来越多的企业尤其是跨国公司不惜花巨资锲而不舍地搞

信息化呢？这是因为 IT 技术的迅猛发展带动企业信息化从简到繁、从点到面、从单项应用到系统集成，使信息化在经营管理中由辅助性工具变为管理现代化的基础平台与利器，大大提高了管理的深度、精度和广度，过去许多想解决而又难以解决的管理难题迎刃而解，促使企业与客户、与供应商、甚至与竞争对手的关系模式因之改变，企业竞争演变成供应链与供应链的竞争；由于全球化与信息化相互推动，终于引发一场全球性的经营管理革命，凭借互联网企业可以较低成本高效率利用全世界资源，极大地改变了企业和管理面貌，面对瞬息万变的市场和全球经济一体化，信息化已成为企业核心竞争力的关键要素、决定企业生存发展不可或缺的重要力量。吴邦国副总理在此次会上深刻指出：当今国际经济的竞争讲透了就是跨国公司之间的竞争。我国已经加入世界贸易组织，企业将实实在在地面对国外大型跨国公司的竞争。为提高我国企业国际竞争力，就管理而言，要高度重视企业信息化建设。同世界一流企业相比，我国的大公司大集团信息化的差距可能比其他方面的差距要大得多，即使能够生产出与跨国公司同样质量的产品，也将在竞争中处于被动。信息化已经成为一种趋势，是应对加入世界贸易组织挑战的迫切需要。国务院领导这一席话深刻阐明了中国企业实现信息化的重要性和紧迫性。

事实上，信息化已经成为当今国际竞争与合作的基础平台和重要条件，达不到这个平台的企业根本无法达到国际竞争对手或潜在合作伙伴所具有的管理水平、反应速度及资源整合能力，既不能有效参与竞争，也难以形成合作伙伴，从这个角度讲信息化实际成为参与国际竞争与合作的重要门槛和"通行证"，没有实行信息化管理的企业要么把握信息化带来的机遇，急起直追，迎头赶上；要么被越拉越远，最后停顿下来等待"死亡"。

（二）三个案例的启示

联想、海尔、斯达是国家经贸委企改司先后总结出的企业管理信息化的典型。三家企业化经验内容很丰富，从共性的角度，它们都有以下这样一些特点：

1. 三家企业共同之处——具有普遍适用性的经验

一是"一把手"工程。ERP 等企业管理信息化只有成为"一把手"工程才能成功。有人说企业"一把手"负主要责任事情太多了，不明确信息化为"一把手"工程为宜，这种说法还是把信息化作为 IT 工程，没有认识到其本质。国务院领导指出：联想、海尔、斯达有一点是共同的，就是推进企业信息化，关键在企业"一把手"。因为信息化不单纯是个技术问题，涉及企业的方方面面，信息化的过程是实现从"人治"向"法治"转变的过程。企业组织框架的重组、流程的再造，就意味着权利和利益的再分配。强化管理和控制，势必和一些习惯势力产生碰撞，如果没有"一把手"坚定的信心很难推动。这是对企业信息化实践科学、精辟的总结，一些企业为此付出了代价。1999 年年初联想上 ERP，项目组骨干都是 IT 部门人员，结果历时 4 个月没什么成效。直到柳传志等亲自督战，杨元庆、郭为（当时同为联想集团高级副总裁）立军令状，各业务部门"一把手"推动，信息化才取得实质性进展。被誉为计算机专家的董鹰，1994 年任斯达厂长助理时就努力从财务管理入手对企业进行信息化再造，没多久就夭折了。为何？非"一把手"不能推动信息化带来的经营管理革命。

二是以业务为主导。信息化关系着企业竞争优势大小甚至生死存亡，企业规模越大，分支机构越多，经营范围越广，信息化越有必要。海尔当时有 1 万多个品种，月均接到包括上万个性化订单的 90 多万个海内外订单，需采购 26 万种零部件，每天开发 1.3 个新品种和出口 300 多标准集装箱产品。联想尽管比海尔经营规模、范围小一些，同样面临巨大业务量，且联想、海尔经营的 IT、家电产品创新迅速、价格波动剧烈。这种情况如果不进行信息化管理，是管不好也管不了的，以致成本无法准确核算、财务无法集中控制、资金无法高效管理、预算无法精准制订、风险无法全程防范、财务报表无法及时报出，更不用说实现快捷灵敏、低库存甚至零库存的供应链管理和大规模个性化定制。得不到准确、实时的数据支持甚至被不准确的数据困扰，决策者只能凭感觉"懵着打"，感觉赚钱的产品可能是亏损的、亏损的却赚了，联想、海尔、斯达都曾存在过上述问题。杨元庆说，信息化能帮助我们加强管控、减少漏洞，没有信息化就没有真正市场化。张瑞敏说，信息化相当于共同语言，没有它没法和别人对话，世界名牌就无法打造。董鹰说，信息化实现了经营全透明运行，使每一个员工都能站在总经理高度上贡献于这个大家庭，组成强大的团队力量。

三是与 BPR（业务流程再造）结合。据实证研究，ERP（企业资源管理）等大型系统同 BPR 成功率几乎同样低，这绝非巧合，因为没有实施 BPR 的 ERP 和没有实施 ERP 的 BPR 都难以成功。在传统的层层叠叠的等级制结构框架下实行信息化，由于企业内部各级纵向、横向的墙没有打通，数据还是一级级传递——过去是手工，现在用计算机——对市场反应依然迟缓，这种所谓的信息化只能放大企业落后的一面、增加管理成本甚至掉入"IT 陷阱"。同样，没有信息化支撑的大规模、彻底性业务流程再造不仅不能建立扁平化、流程化、网络化组织并在反应速度、质量、成本和服务等关键业绩指标上获得显著改善，而且极有可能使企业陷入管理混乱。ERP 与 BPR 走向结合是管理科学发展的内在需要和市场竞争的必然要求，成熟的 ERP 等软件系统体现了先进的管理思想、管理理念和管理流程，凝聚世界上许多企业成功经验之精髓。结合企业特点实施，推动管理体制变革、组织结构优化和业务流程再造，正是联想、海尔、斯达成功之奥妙所在。联想重组了 77 项业务流程，才促进了 ERP 的成功，生产经营模式由原来库存"推"变为用户订单"拉"；海尔在 ERP 等支撑下才能实施"创造性破坏"式的市场链流程再造，以订单信息流为中心带动物流、资金流并有效集成；斯达通过管控一体化和旬成本电算化才大幅降低生产成本，把控制、制约机制贯穿于经营管理全过程，尤其在购销环节比 1999 年的亚星更提高了一步。

四是高度重视数据基础工作。信息化的"化"就是将数据加工成对经营管理和决策有意义的信息的过程，这首先要求数据及时、准确、唯一、完整；"三分技术、七分管理、十二分数据"是业内人士和应用企业推进企业信息化建设的经验之谈，正确揭示了技术、管理和数据工作三者的权重关系，即管理创新的工作量比技术的工作量大，而基础数据工作不仅工作量非常大，其工作质量决定了信息化建设的成败，不明白这一点往往遭遇挫折，即使一流管理的企业也难以幸免，尽管其挫折相对短些。海尔上 ERP 一度进展不顺，集团总裁杨绵绵问系统集成商为什么？答：数据基础工作不扎实。杨绵绵十分诧异：海尔一贯重视基础工作，久享盛誉的日清日高、日事日毕的 OEC 管理绝非浪得虚名，怎么会不扎实？必须在一两周内过数据关。于是亲自主持数据工作专题会，推动数据工作，即便如此也用了三四个月。联想一位人士在谈到联想"倒腾"数据的那段日子用"不堪回首"来形容艰辛之极；杨元庆体会到实现"数据的信息化"是第一个层次，然后才是流程信息化和决策信息化。如果说自动化水平很高的海尔、联想过数据关都非易事，那么传统产业、企业的斯达就更为艰难：为使生产线关键数据自动实时采集，不得不进行技术改造；为确保无力自动采集的重要环节的数据真实准确，实行"干者不录、录者不干"的交叉制约制度，避免利益相关者登录数据时因人为因素导致数据不实。企业信息化没有轻巧道路可走，它依赖于管理基础工作并与之互相促进、共同提高；确保数据适应系统要求，就需全面完善计量、检测、定额、标准化等管理基础工作，并随着系统动态升级。

五是抓突出问题。柳传志曾讲过一件往事：1998 年联想结算时发现少计入2700 万元辅料成本，原因是被计入了在线存货，由于业务繁忙，生产线又不能停线盘点，以致不断累积，年终盘点发现此问题后不得不冲减当季利润。联想是H 股上市公司，视信誉为生命，尽管非故意造假却造成事实上的不准确，而且以此为基础决策岂不可怕？联想市场份额已是国内第一，面对的主要竞争对手是戴尔、惠普、IBM 等信息化水平很高的跨国公司，信息化已成为攸关联想生死存亡的大事。张瑞敏讲：海尔随着规模越做越大、特别是营业收入超过 200 亿元后，"大企业病"逐渐显现。为使海尔像规模小时那样反应市场快捷、灵活，实现创世界名牌战略目标，决定实施大规模、彻底性流程再造，把原来分属于各个事业部的财务、采购、销售整合成商流、物流、资金流作为集团核心业务流程，把全集团的人力、研发、质量、设备等职能管理资源整合成支持流程体系，借助于信息化系统将"破碎"的流程按市场链更高效地无缝链接起来。董鹰讲：在确保质量前提下降低成本是斯达要解决的核心问题，除加强购销管理、堵塞漏洞，主要就是要降低生产成本。过去主要靠月财务报表进行生产成本分析，财务报表又以计划价格计算成本，造成无法与市场变化对接、无法反映实际成本、无法指导成本管理实施有效控制。斯达用自己开发的旬成本差异分析软件计算出每10天发生的近千个消耗指标、费用指标、质量指标、价格指标的"差异"，直接分解到57条生产线和各个岗位，具体指明成本控制点问题所在，现场大屏幕公示每时每刻生产组织工艺操作条件、质量等参数，激励员工采取有效措施消除负差异、巩固正差异，促使成本不断下降。

三家典型企业的经验说明，推动信息化应针对经营管理中的关键与薄弱环节，从影响效益和竞争力的突出问题入手，扎扎实实地推进，取得实实在在的效果。首先，信息化要实用，要为企业强管理创效益，否则建设维护费用那么高，何必搞它呢？

2. 三家企业不同之处——基于企业自身特点的信息化路径选择

一是产权结构、体制机制不同。联想虽是20万元国有投资发展起来的，但一开始就按民营企业机制运行；海尔虽追本朔源为集体所有制企业，但生于市场、兴于竞争，两家企业不仅是新体制新机制，且创始人至今未变。斯达则属传统产业老国企，领导人多次变更。以联想、海尔的体制、机制和管理、人员基础，柳传志、张瑞敏想搞信息化就可以搞，但董鹰却做不到，搞信息化之前不得不做一系列大量艰苦的工作：1996年6月一上任，当务之急是解决观念落后、管理粗放、亏损严重问题，通过认真真真学邯钢年底实现扭亏为盈；1997年年初，通过合资实现资产重组，盘活良性资产，做到主辅分离；1997年1～4月，又大刀阔斧地推进三项制度改革、转换经营机制，职能机构、管理人员精简50%以上，生产经营性员工从3800人减到2300人；利用合资和国内多元投资改造生产线系统，释放前端生产能力，形成规模效益；完善购销管理，堵塞漏洞，打好管理基础。随后才开展全员性计算机知识、能力培训——斯达没有一名计算机专业正规院校本科毕业生，急需普及计算机知识——董鹰亲自编教材、亲自授课，把能否熟练操作计算机作为各级管理者和关键岗位竞争上岗的前提条件，促使干部员工思维方式和微机应用能力适应信息化需要；自行开发编制1万多个程序，先后投资500多万元购买了上百台计算机，建成具有169个网上工作站和33个网下PC机的管理网络。——斯达至少用了两年半时间大力推进"三改一加强"及起码的基础工作，才基本具备了推进信息化管理的基础。尽管三家企业推进信息化都需改革改组，但改革改组的范围、基础不同，没有体制机制创新就不会有斯达经验，但不等于没有联想、海尔经验。斯达模式的产生是与企业原有的产权结构、组织形式、运作模式等诸多利益格局根本性变革互为条件的，是以"三改一加强"为基础的，这对传统国企具有重要的指导意义，这也是当初竭力推出斯达经验的原因。

　　二是流程型企业与偏重于离散型企业的不同。我国是制造大国，不同生产工艺类型企业信息化建设呈现不同特点和规律。偏重离散型的联想、海尔为加快新产品开发以适应 IT、家电行业生命周期加速缩短，实现由大批量生产向大规模定制生产模式转变，从高度重视 CAD 应用逐步升级建立 PDM（产品数据管理）系统，近年来更努力建立集团级 PLM（产品生命周期管理）平台，不惜投巨资建设现代化立体仓库，努力通过 JIT（适时生产）实现零库存，以最大限度地降低物流成本、提高效率效益，而作为典型流程型的斯达，零库存是不存在的。联想、海尔和斯达同样实施 ERP，联想、海尔着力使 ERP 与 PDM、SCM、CRM 等系统集成，斯达则大力推行 ERP 与现场控制层贯通的管控一体化建设。大量应用在现场的先进控制系统（DCS、PLC 群控、故障诊断、设备监控）构成控制网络，经营管理部门充分应用基于骨干网的信息管理系统构成上层的管理网络，ERP 决策系统通过授予权限等网络虚拟技术形成的单向网络构成决策网络，管控一体化将三网合一，形成统一的信息、生产和决策系统，使生产现场各工序和市场营销、原料供应、人员资金状况等实时数据及时传递，做到对工序级的动态成本进行实时核算和对工艺流程的质量控制（关键）点进行动态控制，企业决策者和相关管理、技术人员可在第一时间给出相应的决策指令，实现流程型企业信息化，建设数字化透明工厂。

　　三是上游企业与中、下游企业的不同。下游企业直接面对最终消费者，比上游企业更关注客户个性化需求，需要 CRM（客户关系管理）和 SCM（供应链管理）来增强核心竞争力，极端的例子如戴尔干脆实行制造外包，自身只做好客户关系管理和供应链管理。中、上游企业主要职责和任务是向其下游企业提供原辅材料或零部件，相对更关注生产制造本身，借助信息化系统降低成本、提高质量以增强核心竞争力，极端例子如贴牌企业只管生产不管营销。联想、海尔和斯达尽管同为制造业企业，但联想、海尔处于产业链下游，斯达处于中、上游，信息化建设重点大不一样。联想、海尔下大力气建设 CRM 系统，通过构筑客户信息数据库和每年话费支出数千万元的、国内最大客户呼叫中心，建立与每一个用户之间一致的界面，用户每一次访问都被记录下来，只需拨通一个电话就会转到相关人员那里及时解答，并可分析用户需求心理，以便通过个性化定制提高用户满意度；同时，偏重离散型的联想、海尔还在 ERP 基础上大力建设 SCM 系统，通过构筑和前端千千万万用户、后端成百上千供应商的互动系统，来实现产品供应的通畅、合理、高效，既满足供应又不保留大量库存造成积压，保持供应的高弹性——这些是斯达所不需要或具有很大的不同。

　　四是大型集团管理型企业与中型总部管理型企业的不同。企业规模、管理体制和模式以及是否多元化、国际化经营也与信息化建设密切相关。2001 年海尔销售收入已逾 600 亿元且多元化跨国经营，联想销售收入逾 200 亿元，斯达销售收入不过数亿元。尽管都是集团化母子公司，海尔实行以市场链为纽带，统一采购、营销和资金管理的统分结合式管理模式，其中物流革命很突出；联想实行纵向事业部与横向区域平台相结合的矩阵管理模式，其中财务集中管理很有效；斯达实行扁平化、集中紧密的总部管理模式，其中成本差异分析、核算很精细。海尔、联想作为集团管理型和斯达作为总部管理型的不同在于，集团管理型是集团母公司主要行使重大经营决策权、人事管理权、投资收益权和实行集中统一的资金管理等，总部管理型则更进一步，以管控一体化为基础将宏观决策、经营管理、现场控制有机结合。一方面经营规模、发展阶段、发展战略特别是管理体制、创新模式的差异决定了信息化建设呈现各自不同特点；另一方面正是由于技术手段的支持，才造就管理体制和创新模式的差异，否则许多管理模式创新只能是设想或臆想而不能实现，因此技术对管理创新和信息化即使不是最重要的，但也非常重要。

五是根据自己的需求自主开发与利用现成解决方案的不同。自主开发有自身情况熟悉、针对性强等好处，但存在总体规划较差、设计起点偏低、实施过程较长、软件升级缓慢、系统集成困难、特别是软件人才缺乏与流失并存难于解决。对于企业而言，面临着应该购买国产软件还是国外软件的选择。国产软件适合中国企业实际，功能基本满足一些企业现阶段需要，服务比较完善，实施费用大大低于国外软件。但由于我国管理软件业发展时间较短且大多从会计电算化发展而来，公司规模偏小，市场化经验积累不多，一些软件功能尚不够完备，系统间集成能力稍差，普适性尚待提高，特别存在有的软件公司为抢市场过于迁就企业提出的不合理要求，容易在程序设计过程中固化了企业原有的落后流程现象。国外软件经过几十年的发展积累，一般具有强大的系统管理功能，能适应企业不同阶段发展要求，拓展性强，但弊端在于实施费用高昂，不如国产软件。对于像联想、海尔这样的国际化大型企业集团，一方面可以承担得起国外大型成熟软件高昂的费用；另一方面国产软件难以满足需要，这是联想、海尔不约而同购买世界上最先进的 SAP、3/R、ERP 系统的原因。信息化建设中联想、海尔都引进了顾问公司提供专业咨询服务，斯达却没有，这与斯达软件自己开发、规模较小特别是董鹰充当了顾问公司角色有关。好的顾问公司能帮助企业在软硬件选用、网络建设等方面做好总体规划，既能满足现实需要，又能充分考虑企业发展战略要求，使其具有较好的扩展性和兼容性，避免软件系统混乱、形成信息孤岛、增加投资负担，并可对管理创新、业务流程再造提出建设性意见，且有"外来和尚好念经"之效。但真正做好总体规划实为不易，因为企业今后升级发展实在难以预料。归纳起来，总体规划、分步实施、重点突破、确保首战告捷，务求在改善管理、提升竞争力上取得实效，这是做好企业信息化的正确方针。

（三）一个地方的经验

联想现场会召开之际，我国企业信息化总体仍处于起步阶段，大多数企业经营管理者对信息化不熟悉，普遍缺乏专业人才；部分企业对怎样选择软件感到迷茫，对自主开发或购买商品软件摇摆不定，拖延了信息化进程；已实施的信息化项目成功率不高，影响了企业信心；中小企业数量占多数，但人才、技术缺乏，自成体系资金难以承受。在这种情况下，尽管企业信息化是企业内部事务，要真正有力地、有效地面上推进，政府的组织推动也是十分重要的。按照总结推出许继经验的同时又总结推出广西经验的工作思路，联想现场会后国家经贸委积极寻找地方政府推进企业信息化典型经验。调研中发现，不少地方在推动企业信息化方面进行了有益探索，如黑龙江省以信息化手段强化对国有企业财务监督，上海市通过多种形式为企业信息化提供服务等，都是有特色、有成效的经验。但广州市在推进企业信息化中工作比较系统，效果明显，其推动、支持、指导和服务的系列化措施准确显示了政府在这项工作中应有的定位，证明了政府能够发挥重要作用。其主要经验为：

一是主要领导高度重视。履行出资人职责的地方主要领导的重视和推动直接影响国企"一把手"的态度和决心。广州市党政主要领导反复强调和要求全市各级党委、政府及有关部门、企业都要把企业信息化作为"一把手工程"摆上重要议事日程，黄华华书记亲自深入企业调研、多次出席信息化经验交流会并讲话；林树森市长和主管副市长直接指导制定了市工业企业信息化方案并以市政府文件下发，要求各有关部门密切配合、发挥各自优势、协同推进。建立有关部门负责人参加的企业信息化联席会议制度，定期召开会议，共同研究解决推进过程中重大问题。市经委、财政局共同制定市属国有及国有控股工业企业推进财务管理和营销管理信息化工作方案，市经委、科技局、信息中心联合制定制造业信息化推进工程方案。开展网上企业工商执照年检、网上报税和财务数据提交等90多项与企业直接相关的信息化政务，既为企业提供快捷有效服务，也带动企业信息化建设。

二是加大政府支持力度。信息化建设需要投入并有一定投资风险，有些企业望而却步。广州对领导班子重视且管理基础较好的重点骨干企业，通过技术改造贷款贴息、挖潜资金和技术创新专项资金等给以支持，2001年共投入2255万元支持37个项目。为启动制造业信息化推进工程，三年拨款4600万元，企业自筹4亿多元，达到近1：10的投资拉动效应。

三是加强典型示范。信息化建设是把"双刃剑"，正确决策和实施会跨越式提升管理水平和竞争力，决策和实施失误也会给企业造成严重损失。广州市政府组织300多人次深入企业调研，在ERP、财务和营销管理信息化、产品设计制造一体化、应用自动控制技术改造提升连续加工工业过程控制水平和效率、以嵌入式软件提升产品智能化水平等方面总结出一批成功典型案例，并编辑成册、制成演示光盘发给企业，召开专题交流会议，请典型企业负责人和专家给企业负责人演示、介绍，引导企业因企制宜正确决策和实施。

四是提供全方位服务。针对大多数企业对软件产品、系统集成商、专业咨询公司还比较陌生的情况，利用政府信誉和资源，广州市采用政府公开招标办法优选20家能提供成熟软件和优质服务、价格合理的供应商推荐给企业。针对中小企业数量多，资金、技术、人才缺乏，发挥中心城市优势，吸引境内外技术和资金搭建中小企业信息化服务平台（ASP）供企业租赁使用，提供财务、营销管理信息化及电子商务和ERP等公共服务，并提供网络、技术、信息和人才配套服务，大大降低了中小企业信息化投入成本和风险。针对企业高管、中层和操作人员三个层次制定培训方案，组织典型企业、大学科研机构、专业咨询公司和系统集成商提供培训服务，开展经验交流和技术知识培训，为企业信息化建设奠定人才、技术基础。针对全市4000多户规模以上工业企业信息化参差不齐现状，分类进行引导，每一类都明确具体要求和标准，企业可根据自身实际对号入座，进行总体规划、分步实施、量力而行，有效提高了企业信息化建设的成功率。

通过政府推动、支持、引导和服务，强化了企业信息化意识，引起广大经营者对信息化工作的高度重视。具体实施中重视引导企业用先进成熟的软件系统所体现的先进管理理念和管理流程推动管理体制改革、组织结构优化、业务流程再造，避免迁就落后的体制和管理，极大地提高了企业管理的规范化、透明化和现代化。截至2002年7月，广州市大中型企业中73.8%建成局域网或内联网，22.3%不同程度地实施了MRPII（制造资源计划）、ERP和CIMS，51.1%实现了财务管理信息化，23.05%建立了办公自动化系统，相当一批企业建立了客户关系管理系统和供应链管理系统。离散型企业中100%的大型企业和20%～30%的中小企业应用了CAD/CAM系统，流程型重点骨干企业广泛运用自动控制技术提升生产过程控制水平和产品质量，一批优势企业通过运用专业集成电路（IC）技术提升了产品智能化水平和附加值。信息化与改革、改组、改造和管理工作的紧密融合发挥了"倍增"、"加速"作用，有力推动了广州市整个经济快速发展，实现了全市GDP五年翻一番、财政收入三年翻一番。2001年，市工业总产值、增加值同比增长14.9%和13.1%，其中国有及国有控股工业企业总产值增长17.8%，经济效益指数达到167.42%，同比增加10.6个百分点。广州市企业管理信息化项目成功率较高。广州市经验说明，虽然企业信息化是企业层面的事，但政府的作用充分发挥了、工作到位了，信息化在企业层面的工作就会加快，企业在推进过程中就可以少走弯路、少交学费，总体的经济效益和社会效益都会非常可观。

2002 年 7 月 18 日～19 日，国家经贸委在广州市召开全国企业管理信息化与改革工作座谈会，国务院有关部门代表、各地经贸委负责同志及企业处长参加会议，蒋黔贵副主任代表国家经贸委党组作了题为《借鉴广州经验，采取有效措施，大力推进企业管理信息化》的工作报告，广州市经委平欣光主任全面介绍了广州市推动企业信息化经验，上海市、黑龙江省也做了经验介绍，与会代表现场考察观摩了广州市不同类型信息化典型企业。广州现场会引起与会代表的强烈共鸣，各地经贸委负责同志纷纷表示，联想、海尔、斯达为企业推进信息化树立了典范，广州经验为政府推进企业信息化树立了典范，要将广州经验带回去，加大推进企业信息化工作力度。广州现场会后，各地认真学习借鉴广州经验，结合本地实际，采取有力措施，大力推动企业信息化建设，促进企业各项工作创新和升级。

点评：

管理是参与竞争的必修课

管理科学是现代企业制度的有机组成部分，也是国企改革的题中应有之义。国有企业作为计划经济体制的产物，其管理的粗放是由当时的体制决定的。改革将企业推向市场，企业内部管理不适应的弊端随之暴露出来。邯钢经验就是市场竞争逼出来的结果。"市场经济不相信眼泪"，当企业的产品价格质量不能满足市场需求时，便会被市场淘汰，这是市场经济基本的运行规则。但在企业进入市场的初期阶段，企业的员工大多数感受不到市场竞争的压力，不管市场如何变化，生产依然按部就班，在企业员工与市场之间如同隔着一堵无形的墙。邯钢经验的重要意义就在于，企业管理者敏感地意识到了这堵"墙"的存在，率先提出是"推墙入海"，让职工感受到市场竞争的硝烟和味道。于是就有了市场销售价格倒推内部成本核算，以市场价格和需求作为检验标准，让全体员工面对市场，抓管理降成本，努力按市场的要求组织生产。今天的常识，当年却引发了传统国有企业管理上的一场深刻革命，邯钢也因此成为市场经济中国有企业管理领先的第一个全国性典型。

国有企业实现从与"市"隔绝的政府附属物到推墙入"市"的市场竞争主体的"惊险一跳"，强化企业内部管理是一道不可逾越的坎儿。当年国家经贸委在推进改革发展时的主要抓手，也是牢牢抓住了"三改一加强"，即改革改组改造，加强企业管理。可以说，加强企业管理贯穿了国有企业改革和发展的全过程。正是市场经济的发育成长，成为推动企业提升企业管理水平的一所大学校。与此同时，企业内部经营机制的转换也为加强管理提供了强大的内在动力。国有企业从生产管理到经营管理，经过一个台阶一个台阶的努力，在管理上与市场经济逐步接轨，管理的科学化、现代化和信息化的理念知识，迅速在国有企业中得到应用并取得丰硕成果。继邯钢经验之后，又有了亚星经验、许继经验、联想及海尔经验，等等；同时国外的先进管理理念和经验也大量引入，请进来走出去，敞开胸怀学习借鉴，国有企业在管理上不断向新的高度攀登。

　　管理是企业永恒的主题，加强管理没有止境。审视今天的国有企业，在管理的科学化、现代化和信息化方面与改革初期的国有企业已不可同日而语，但与世界先进水平的差距也是显而易见的，企业之间的管理水平也是很不平衡。管理的制度化、规范化、精细化、信息化等方面，还有很多短板和不足，管理粗放在不少企业依然存在。国有企业要建成具有国际竞争力的一流企业，差距不止在技术，更在管理。加强管理相对于资本、技术等生产要素而言，属于企业的软实力，功不在一时而在长远，没有"积跬步以至千里"的韧劲和持之以恒的坚持，难见大的成效。因此国有企业的现代企业制度，必须建立在管理科学的基石之上。

——邵　宁

第八章

微观主体再造：现代企业制度出台始末

1993 年 6 月 16 日，北京桥西便门天宁寺旁，刚刚启用不久的国家经贸委大楼一间不大的会议室内，时任国家经贸委副主任的陈清泰——后来被业界誉为中国现代企业制度开创者之一——正在主持一个重要会议。会议气氛严肃而又热烈还带着几分兴奋。与以往国家经贸委召开的会议所不同的是，除了国家经贸委相关司局的负责同志外，参会者还有国家计委、国资局、劳动部等 13 个部委的有关同志。讨论的议题明确却又富有挑战性：为即将召开的党的十四届三中全会研究起草报告做准备，回答如何在建立社会主义市场经济中进一步深化国有大中型企业改革，建立起适合国情、又与国际接轨的现代企业制度的问题。

一场关系国企尤其是国有大中型企业制度变革的大戏即将在全国拉开帷幕。

在此之前，邓小平南方讲话，党的十四大召开，建立社会主义市场经济方向已经明确，国务院刚刚颁布了《全民所有制工业企业转换经营机制条例》（以下称《条例》），新一轮国企改革正蓄势待发：在社会主义市场经济体制下，作为国家经济支柱的国有企业，尤其是国有大中型企业面对市场该如何调整？怎样适应？经营模式如何改造？改革从何下手……这些课题都将成为即将召开的党的十四届三中全会要解决的主要任务：如何建立适应市场经济的现代企业制度，实现公有制与市场经济的成功对接。很显然，这是一项前无古人的伟大实践。

一、寻求制度上的突破——决策之前的"功课"

时间倒推到 20 世纪 90 年代初。彼时国企改革作为整个经济体制改革的中心环节，在实行所有权与经营权相分离，扩大经营自主权方面取得了显著进展，相比计划经济体制下的国企，活力有了明显增强。特别是《企业法》和《条例》的颁布实施，为确立企业的法人地位、促进经营自主权的落实、推动企业进入市场创造了一定的条件。但国有企业活力不足的问题仍然十分突出，许多大中型企业一直难以走出困境，有的甚至成为国家的沉重负担，发展下去，有可能酿成重大的政治问题以致危及社会主义制度。随着改革的深入，许多表象如政企职责不分、经营自主权难以落实、企业负盈不负亏、国有资产流失严重等问题所掩盖的深层次矛盾不断暴露出来，究其根源，一是产权关系不明，责任不清；二是组织制度不科学，企业行为不规范，缺乏必要的激励和约束机制。仅仅是政策性调整解决不了企业制度落后形成的弊端，也难以让市场机制发挥作用，必须进行将以放权让利为主要内容的政策调整为制度的创新来解决这些深层次矛盾。

前期的改革实践已经显示，国有企业改革作为整个经济体制改革的中心环节，要想从根本上摆脱原来计划经济框架的束缚，必须寻求制度上的突破，才能与将要建立的社会主义市场经济接轨。1993 年春，中共中央决定在 11 月召开第十四届三中全会，会议主旨就是要把十四大确定的建立社会主义市场经济体制改革目标具体化，勾画出社会主义市场经济体制的基本框架，以在 20 世纪末初步建立起社会主义市场经济体制，实现国民经济和社会发展第二步战略目标。1993年 5 月 31 日，中央财经领导小组、国务院办公厅召开会议，研究讨论会议的组织筹备及会议主报告起草等工作，于 5 月底组成 25 人的文件起草组，在中央政治局常委会领导下进行工作。中央财经领导小组秘书长温家宝同志任起草组组长，中央财经领导小组副秘书长兼办公室主任曾培炎同志、中央政策研究室主任王维澄同志任副组长。据起草者之一王梦奎同志回忆，"起草小组于 5 月 31 日下午、6 月 1 日和 6 月 2 日全天，结合经济改革和发展实际，就文件内容和框架进行了两天半时间的认真学习和讨论。起草组明确提出在起草工作中既要大胆解放思想，又要坚持实事求是，从国情出发；既要有一个比较完整的总体设想，又要紧紧抓住当前改革和发展中的突出矛盾和问题重点突破；既要体现市场经济的一般规律，吸收和借鉴国外成功经验，又要体现社会主义制度的本质特征，总结我们自己的实践经验；既要反映抓住时机、加快建立新体制的紧迫性，又要考虑到建立和完善新体制需要一个发展过程，注意到它的渐进性；既要有一定的思想高度，又要能指导实际工作，便于操作"①。上述要求，后来也成为包括建立现代企业制度调研组在内的各专题小组的工作指导。6 月 3 日，中央财经委的十四届三中全会报告起草小组根据党的十四大精神、邓小平同志一系列重要讲话，结合我国改革开放 14 年来的实践，着眼于建立社会主义市场经济体制的总目标和基本框架，以及在社会主义市场经济体制建设中所涉及的重大、基本问题，经认真讨论后，初步确定了总报告的框架，大致包括 16 个部分：（1）明确建立社会主义市场经济体制的指导思想和目标；（2）建立现代企业制度；（3）中央政府、地方职责，中介组织作用；（4）关于所有制结构、国有资产经营与管理；（5）市场体制及运行机制；（6）固定资产投、融资体系；（7）关于财政税收制度；（8）金融体制；（9）价格形成机制；（10）社会分配制度；（11）社会保障体系；（12）农村经济体制；（13）科技体制；（14）教育体制；（15）对外经济战略和开放；（16）法律体系。

中央财经领导小组对上述 16 个方面进行了调研专题分工，要求在专题调研和相关研究工作中要配合全会文件的起草，提出当前改革的政策和措施，对有的专题还要求要提出实施的初步方案或建议，对不成熟的，允许进行试点，进一步探讨。按照中央财经领导小组的部署，中央及国务院有关部门相继组成以主管主任及部长为组长的各支队伍开始工作。在 16 个专题中，现代企业制度建设作为第二个问题，确定由国家经贸委负责承担，指定副主任陈清泰会同国家体改委副主任洪虎分头负责组织研究。

（一）实践中求解

建立现代企业制度是已经明确的发展方向，但如何组织实施、变蓝图为现实，则是摆在改革者们面前的重大挑战。我国的企业制度是在苏联模式中建立的，与市场经济体制下的现代企业制度完全脱节，无论在理论上还是在实践中，现代企业制度对于国有企业几乎都还是空白。所以当在国有企业中建立现代企业制度的目标提出后，摆在改革者面前最紧迫的任务，不仅是学习理解现代企业制度，更重要的是要找到传统的国有企业如何转向现代企业制度的具体实施路径。

1. 专题调研组成立

陈清泰，1962 年毕业于清华大学动力系汽车专业，1970 年到第二汽车制造厂工作，历任二汽副总工程师兼产品设计处处长、总工程师、总厂厂长、东风汽车工业联合公司董事长、总经理。1992 年 5 月兼任神龙汽车有限公司董事长。在二汽期间，他就在探索如何将二汽这样一个特大型的国有工业企业改造成一个

---

① 王梦奎：《社会主义市场经济体制的第一个总体设计——十四届三中全会〈决定〉起草的回忆》。

现代化的企业集团。1992 年 7 月他离开企业，受命前往北京任国务院经济贸易办公室副主任、党组成员。1993 年 5 月国家经济贸委成立，陈清泰出任副主任。时间紧任务重。6 月 10 日接到任务后，陈清泰立即按照中央财经领导小组统一部署，从国家经贸委有关司局、国家计委、国家体改委、财政部、人事部、劳动部、中组部、国资局、全国总工会等 13 个部委抽调了 21 名同志，组成"现代企业制度调研组"，于 6 月中旬开始着手进行现代企业制度的调研工作。

1993 年 6 月 16 日上午在国家经贸委召开的调研组首次会议上，陈清泰传达了江泽民同志在文件起草小组上的"抓住关键，把握重点，解决难题，理论联系实际，要注意长远与近期关系，要做机制的文章，着眼提出总体设想，力争有些问题有突破"的讲话精神，对即将开展的调研工作向调研组进行部署，提出工作的着力点是研究和提出具体的政策和措施，包括一些符合改革方向的过渡性办法。认为此次调研报告形成后应是一个政策性文件。

2. 在实践中学习创新

尽管上上下下都认为已经实行多年的企业管理与运作体制必须要改，但中国应该建立什么样的现代企业制度，新体制应该是个什么模样，如何描述，从哪里入手，怎么建立，在当时是朦胧的。面对全新的课题，调研组采取"走出去"、"请进来"的方式，对国内外企业的现状进行了认真调研，获得了大量的意见与建议。曾参加会议的原国家经贸委法规司副司长张楠回忆说，当时参与调研小组的同志大多对现代企业制度的相关知识了解不多，理解也很浅。按照拟订的工作计划，调研组多次集中组织学习，总结前期改革经验教训，邀请有关专家座谈，听取吕东、袁宝华等一些老同志的意见，进行认真讨论，在 1993 年 6 月下旬拟出了详细的调研报告提纲。讨论中，大家逐步统一了调研报告起草的指导思想如下：

——以建立社会主义市场经济体制为目标，努力塑造适应市场经济的微观主体；

——既吸收国际上企业制度演变中成功的经验，又注意研究中国国情和中国特色；

——运用企业制度的组织手段，解决一些改革中的深层次问题；

——注意新老体制的衔接和政策的连续性；

——重点解决搞好国有大中型企业问题，制止国有资产流失，提高国有资产运作效率。

调研报告的写作按照四纵三横的方式进行：四纵：现代企业制度，我国的企业制度，我国企业目前状况，向现代企业制度的过渡；三横：企业的法律地位，企业与政府关系，企业的产权制度、组织制度、分配（财务）制度等。

6 月 19 日，陈清泰带队赴沈阳。调研小组集中调查国有大中型企业，并且与东三省的省长、省委书记进行座谈，听取如何通过改革开放搞好国有企业的建议措施。7月4日~15日，调研组其他成员分成两个小组赴上海、山东和福建、广东进行调研。在四省市的调研中，调研组成员分别同部分国有大中型企业和集体、乡镇、三资企业，大专院校及研究单位等近200个单位、数百人进行座谈，还同各省市经委、体改委、计委、财政、银行等综合部门及协会、工会进行讨论，广泛征求和听取各方意见。在此基础上，调研小组认真消化，反复修改，几易其稿，从最初的80条逐步精炼、简化、浓缩到40条，最终形成了《建立与社会主义市场经济体制相适应的现代企业制度》的研究报告（以下简称《调研报告》）。报告分6部分（共40条）：一、现代企业制度是社会主义市场经济体制的基础（1~5条）；二、理顺产权关系，完善法人制度（6~11条）；三、现代企业组织制度（12~19条）；四、现代企业管理制度（20~24条）；五、建立现代企业制度实施步骤（25~32条）；六、加快配套改革，改善企业外部环境（33~40条）。

8月10日，调研组向中央财经领导小组办公室（以下简称中财办）和文件起草组汇报报告起草情况。中财办和文件起草组领导对《调研报告》的主要思路和框架基本给予了肯定，同时也提出了一些修改意见和需要注意把握的原则，比如注意与改革开放以来企业改革的提法、政策相衔接；对有重大突破的地方理论上要有清晰的阐述，形成一个比较科学、准确的概念；对有争议的问题，要遵循邓小平同志"允许看、大胆试、不争论"的原则，在具体表述上要尽量有利于统一认识；考虑调动一切积极因素（包括中央、地方、党政工等），保证新现代企业制度的实施；要求对推行现代企业制度可能出现的问题要有预见性，进行周密研究，制定完善的规章制度。

为完成调研报告的修改工作，1993年8月17日~26日，调研组在赴哈尔滨参加联合国开发计划署的合作项目——"规范化股份有限公司在中国如何运行"国际研讨会期间，就现代企业制度调研中的一些问题专题与专家们进行探讨。会议期间，调研组还专门邀请参会的浙江、湖北、辽宁、黑龙江、哈尔滨等省市经委、体改委的负责同志座谈，征求地方经委、体改委负责同志的意见。随后，调研组在齐齐哈尔、大庆、哈尔滨三市又进行了专题调研，在三市召开多次座谈会，分别邀请了大庆、第一重型机器厂、哈尔滨三大动力厂、齐齐哈尔机车车辆厂等13家大型、特大型企业负责人以及一些省市经委、体改委的负责同志参加，直接听取企业一线对《调研报告》（讨论稿）的意见和反映。

9月初，调研组回到北京后，又一次召开理论界、法学界专家座谈会，进一步征求王珏、江平、厉以宁等理论界、法学界知名专家的意见，9月中旬《调研报告》经修改后上报经贸委党组讨论，反复修改后正式报中央财经领导小组。

（二）聚焦制度创新的难点

国有企业建立现代企业制度，不仅仅是企业制度的创新，还牵涉政府机构职能转换和宏观经济管理的方方面面，尤其是涉及一些较为敏感的意识形态话题，如公有制的社会主义制度、党的政治领导作用、干部管理体制等，争论很大。焦点主要集中在以下几个方面：

——建立现代企业制度必要性问题。有的同志提出，建立现代企业制度与企业搞得好不好并无直接关联，有的国有大中型企业并没有建立现代企业制度，也有较强的竞争力；也有的同志认为，现代企业制度是西方资本主义的制度，不适合我国国情。

——产权问题。对产权制度改革存在疑义，怀疑产权制度改革会导向私有化。还有人提出承认国有企业法人财产权是否会削弱公有制的地位？有人主张用法人财产支配权来代替法人所有权，或明确企业经营权就行了，提出尽可能回避产权制度改革问题。

——企业领导体制的"老三会"与"新三会"问题。企业"老三会"（党委会、职代会和工会）与现代企业制度的"新三会"（股东会、董事会、监事会）到底是什么关系，谁说了算？党管干部与选举产生董事长以及董事会选拔任命经理班子的关系如何处理？也是争议较多、较敏感的话题。

——体制与机制的关系。现代企业制度为企业机制转换提供了制度条件，但企业办社会和历史包袱等问题如何妥善解决？否则制度建立了也难以有效运行。

（三）"他山之石"——"请进来"和"走出去"

现代企业制度是市场经济的产物，对国有企业来说算是舶来品。怎样更全面更深入地了解市场经济国家的企业制度状况，包括运作的情况和经验教训，对于调研组的同志们无疑是非常必要和迫切的。

1. "请进来"——现场教学

1993 年 8 月 17 日~26 日，联合国开发计划署在哈尔滨召开"规范化股份有限公司在中国如何运行"国际研讨会。此项目是国家经贸委与经贸部国际技术发展中心与 UNDP 联合商定，目的是帮助中国的国有大中型企业进行改革和改造，项目确定黑龙江、辽宁、上海三省市为合作项目实施单位，同时还计划在这三省市选择一批大中型企业为"两改"对象。在国际研讨会期间，调研组听取了外国专家介绍，并从在中国推行现代企业制度的角度，就有关问题与各国专家们进行探讨。新西兰、澳大利亚、美国等国的专家介绍了有关市场经济国家中企业如何改造为控股公司，以及股份有限公司管理及相关法律方面的情况。

——市场经济国有企业之公司化趋势。国有企业所存在的价格扭曲，效率低下，在市场中无竞争力等问题是世界通病。新西兰和澳大利亚等国针对国有企业已经和正在进行大规模的公司化改造。如新西兰从1985年就开始了公司改造工作。他们首先进行广泛的市场体制改革，放开金融市场，减少进口控制，取消出口补贴，进行税收改革，降低个人收入调节税，提高消费税，取消了国有企业的特权和受到的限制，政府不一定只购买国有企业产品，也可购买私营企业的产品，国有企业也不一定找国家银行贷款，使之平等参与市场竞争。第三步，新西兰对国有企业进行了公司化改造，将基本决策权下放到公司，扩大公司责任范围，将生产经营职能与社会功能分开，国家让公司进行非盈利活动要给付报酬等。这三个步骤的改革交叉进行。

——市场经济国有企业公司化之法律地位。在公司化改造中，各国都非常清晰地对公司的法律地位做了定位。明确公司具有独立的、法定的、不可侵犯的法人财产权和独立的法律地位，直接拥有公司财产，负责经营，包括国家投资在内的投资人是间接所有，即拥有股权。保护投资者利益是立法的主要内容，在对国有资产进行管理则采取人格化方式。

——市场经济国有企业公司化之问题。据介绍，各国在国营企业公司化改造中也出现了一些问题。如在对国有企业资产评估时，一般公司都希望低估，而政府财政部门则希望高估。在社会就业方面，与中国一样，这些国家的国有企业普遍存在雇员多，以及雇员终身制等问题，如改造成公司就必须要提高效率，裁减冗员，相应也出现了生产发展，社会就业机会减少的现象。在盈利目标与社会责任方面：由于公司目标就是追求盈利，企业往往会忽视应当对消费者、公众、环境保护负有的社会责任。对国家作为股东如何行使对公司监控的问题，则亦是令许多国家头疼的问题，还未能找到很好的解决办法。

在研讨会上，这些市场经济国家的经验给了调研组成员很多启发，认为有不少是值得借鉴的。而对于存在的问题，则提示应引起注意，以免今后少走弯路。

2. "走出去"——欧洲行

"现代企业制度"当时在中国是一个陌生的名词，但市场经济国家却已经有100多年的探索经验。1992年11月朱镕基到访芬兰时，对芬兰正在进行的国企公司化改造方面的情况十分感兴趣，当时就曾提出要对芬兰做更细的了解。1993年10月5日～20日由国家经贸委副主任、调研小组负责人陈清泰带队出访芬兰、奥地利。这次代表团除了安排与芬兰、奥地利政府部门交流外，还安排了与恩索、IVO集团公司（能源公司）、奥钢联等十几家企业及协会的考察访问。

调研组成员、国家经贸委法规司的张楠随团参访，一路上她详细地记录了这次访问的具体情况和经过。

10月6日，代表团到达芬兰的第二天上午，即与芬兰贸工部官员进行讨论，参加的有芬兰贸工部工业局局长，贸工部主管国有企业的官员，主管审计、会计以及法律事务的官员和高级顾问。在座谈中，代表团十分详细地了解了芬兰贸工部的组织架构及其主要职责，芬兰国有企业的产生、发展及在该国的法律地位，以及政府如何管理国有企业，还谈到了有关立法情况及公司法的内容、适用、调整对象，对公有制企业的特殊规定，董事会情况、会计法、证券市场法、税法、国有企业的管理与监督，如何由国有企业变为有限责任公司，国家如何影响公司等各个方面。

10月7日开始，考察团用了一周时间密集前往芬兰恩索公司（木材加工公司）、IVO集团公司（能源公司）、邮政银行、RAVTARUUKKI（钢铁公司）、全国工业和雇员联合会（雇主联合会）（改善公司经营环境，和劳资关系）、酒类专卖公司、通讯公司、Neste公司（石油）、农产品公司（化肥生产公司）、金属工会等多家企业和协会，对这些企业公司制改造的具体情况，包括公司的股权设置、与政府的关系、公司的组织架构搭建、董事会、监事会、总裁与CEO组成、结构设置、各自的主要职能、职工利益的保障以及公司在经营活动中的投资、战略规划决策程序、法律等各方面的情况都进行了十分详细的了解，同时对协会的职能以及在其中所发挥的作用也做了深入沟通和交流。

10月13日，考察团到访奥地利。除拜访了奥地利经济部外，还先后到奥地利工业控股股份有限公司、奥钢联机械建筑工程公司、奥钢联工业咨询服务公司、奥钢联工程技术公司、伊林公司、奥地利工业股份公司实地了解公司化改造的过程，公司法人治理结构情况，股东会、董事会、监事会的产生，公司运作以及所涉及的法律问题的处理。

在与芬兰全国工业和雇员联合会的交流中，考察团还特别了解了该会的职责、组织结构、日常管理，以及为促进公司在产业和就业政策、创建和保持公司与雇员谈判的积极环境以及劳资纠纷与争议和解等方面的情况。

两个国家有一个共同点，就是在对企业管理方面，无论国有还是私营，都遵循着一套统一、完善的法律制度体系，如芬兰有芬兰有限责任公司法、国有企业公司法、房地产公司法、保险公司法、持股法、银行法、会计法、证券市场法、税法，等等；奥地利在涉及企业方面的法律有256个，包括公司法、股份公司法、有限责任公司法、工人劳动保障法、劳动法，等等。

这次出访收获颇丰。考察团通过对芬、奥两国政府、行业协会及企业较为全面的学习交流，对欧洲国家的国有企业如何进入市场参与竞争，政府以何种经济体制管理国有企业，政府部门和企业的管理体系，企业管理及运作模式，国家相关法律制度，以及在公司化改造中所涉及的具体问题的处理方式等欧洲模式的特点、其与美国模式在治理结构、公司决策体制上的不同区别有了进一步认识，并形成了几点共识：一是国家对国有企业，通过派出股东代表、参与监事会，强化审计等依法管理；二是要建立既体现股东利益，又使企业放手经营的机制；三是作为企业，应有完全独立的经营自主权，建立股东会、董事会、监事会、经营层各司其职、相互制衡的一套班子；四是建立与形成企业家阶层；五是雇员参与企业决策；六是国有企业公司化改造股权分散化设置，通过股份改造、股份出售，让更多人民来承担监督责任，加强对国有企业的管理。

3. 赴美国学习现代企业制度

比国家经贸委代表团赴欧稍早，1993 年 9 月 13 日～26 日，国家体改委贺光辉副主任也率领了一支由体改委、中国体改研究会和国家经贸委参加的代表团前往美国，专程对美国现代企业制度情况进行专题考察。代表团成员包括中国体改研究会副会长杨启先，国家体改委生产体制司司长吴天林、政策法规司副司长于吉、国外体制处处长王海军、体改委办公厅处长甘藏春，以及国家经贸委企业司副处长贾晓梁。在世界银行的支持下，代表团还在华盛顿举办了"现代企业制度"研讨会。

在美期间，代表团拜访了美国财政部、商务部，在纽约、芝加哥、底特律分别考察了所罗门兄弟公司、克里尔律师事务所、美国电话电报公司、克莱斯勒汽车股份公司、摩托罗拉（通讯设备）股份公司、麦当劳等大型工业企业、第三产业以及中介组织。回国后，代表团整理了一份考察报告：《美国专家谈现代企业制度》，对美国的企业产权组织的基本形式、所有者与企业的关系、企业内部管理的发展趋势以及政府与企业的关系和企业应承担的社会责任等方面做了较为详细的介绍。这些都对当时正在进行的现代企业制度研究起到了借鉴作用。

（四）《调研报告》的出炉

9 月中旬，调研组给中财办提交了一份"关于《建立与社会主义市场经济体制相适应的现代企业制度》调研报告的说明"，全面具体汇报了调研组的工作情况，并特别谈到了对报告起草的基本考虑，对现代企业制度所设计的基本框架、内容以及起草中所涉及的几个重大问题的处理做了说明。

1. 理性思考

党的十四大确立了改革的目标是建立社会主义市场经济体制，随之而来的问题就是，国有企业如何与社会主义市场经济体制相适应。很显然，如果没有千千万万个独立决策、独立承担责任，对市场信息反应灵敏、行为规范的活动主体，市场经济体制建立就是一句空话，国有企业自然也不能例外。因此，将国有企业塑造成为市场经济的合格主体已成为一项历史性的紧迫任务。这次现代企业制度的调研报告，就是要配合十四届三中全会文件的起草，为进一步搞好国有大中型企业、把企业改革的实践推向深入提供决策支持。在各种不同观点和意见的反复交锋磨合之后，最终形成的报告达成了统一，即强调建立现代企业制度的目的，就是要从我国国情出发，探索一条公有制与市场经济相结合的有效途径，进一步解放、发展生产力，巩固和完善社会主义制度。《调研报告》特别强调必须坚持社会主义方向，坚持公有制经济的主体地位和国有经济的主导作用，提出确立企业法人财产权，建立现代企业制度，只是改变了国家对国有资产管理的方式，并不会改变国家的所有者地位，报告弱化了一些如"国家承认企业法人产权受法律保护，不可侵犯"等当时比较敏感的话题，同时明确了监事会的权力，包括监事会职责、成员组成、主席的委派等。强调发挥党组织的政治核心作用和实行职工民主管理，加强职工队伍建设和企业文化建设等；对一些细节，如原来提出的"放开企业工资总额控制"，修改设置前提条件为"工资总额增长率低于企业经济效益增长率，职工平均工资增长率低于本企业劳动生产率"等；在时间上由原来提出的"用十年时间完成现代企业制度建设"提前到"在 2000 年前，大体用七年左右时间逐步推进"。报告还提出在公司制改组时遵循要依法改组，有条件改组，要进行试点。为防止不具备条件的企业搞"翻牌公司"，严格对股份制公司改造的审批，对涉及领导体制改革的问题适当弱化。

2. 指导思想

根据江泽民同志关于"抓住关键，把握重点，解决难题和理论联系实际，注意远与近期关系"的讲话精神，《调研报告》的工作指导思想是：以建立社会主义市场经济体制为目标，努力塑造适应市场经济的微观主体；既吸收国际企业制度演变中成功的经验，又注意研究中国国情和中国特色；运用企业制度的组织手段，解决一些改革中深层次问题；注意新老体制的衔接和政策的连续性；重点解决搞好国有大中型企业问题，制止国有资产流失，提高国有资产运作效率。

3. 基本框架

我国所要建立的现代企业制度，是按照社会主义市场经济体制要求组织和建立的以公司法人制度为核心的新型企业制度。其主要内容包括：

——确立企业法人制度，承认企业法人是自主经营、自负盈亏的独立经济实体。企业不再按所有制形式，而是按财产组织形式和承担责任形式划分。所有企业在市场经济中依法经营、照章纳税、平等竞争，不再有"预算内企业"概念。

——依法赋予企业法人财产权，表现为企业依法享有财产的占用、使用、处分和初始收益权，以独立的财产对自己的经营活动负责，并据此承担民事责任。

——国家作为企业的出资者，享有企业资产的终极所有权神圣不可侵犯。终极所有权表现为股权，即国家以股东身份依法享有资产受益、选择管理者、参与重大决策及转让股权等权利。对企业资产由实物形态管理转为价值形态管理，以出资额为限对企业法人的债务承担有限责任。

——公司作为法人企业，实现国家终极所有权和法人财产权的分离，具有资金筹集广泛、投资风险有限、组织制度科学等特点，在现代各种企业组织形式中最典型、最具代表性。

——公司的所有者、经营者和生产者之间通过股东会、董事会及经理层、监事会等机制形成各自独立、权责分明、相互激励、相互制约的制衡机制，促使企业追求最佳经济效益以保障投资者利益。

——公司具有科学的财务、用工和工资等管理制度，建立严格的责任制体系，以确保其经营行为的高效率和规范化。

4. 核心要点

——公司有法定财产权，只有成为市场经济中独立的利益主体，才能产生追求利润最大化的激励机制；同时，作为独立的责任主体，又相应产生了减少风险和失误的约束机制，是防止国有资产流失和实现其保值增值、维护所有者权益得到基础性的保证。

——法人独立的财产权被依法确认后，所有者作为股东，不再直接运作投入企业的资产，这样才能割断政企不分的脐带，使企业彻底摆脱行政机关附属物的地位，真正成为自主经营、自负盈亏的独立的商品生产者和经营者。

——公司作为伴随社会化大生产发展的产物，具有财产组织社会化的优点，为发展社会生产力提供在更广泛范围内聚集资金的可能性，有利于集中社会闲散资金加快国民经济建设。国家处于股东地位，在多种经济成分日益发展壮大下，一方面可通过参股、控股使国有资产的影响和辐射范围扩大，有利于公有制主体地位的巩固；另一方面促使国有产权进入市场，为调整产业结构、实现资源优化配置创造了条件。

——从市场经济发达国家情况看，公司依照国家法律和本企业章程办事，组织制度科学、经营行为规范，独立进行决策，由于利益的驱使和责任的制约，企业对市场及国家宏观调控信息反映灵敏，有利于市场对资源配置基础性作用的发挥，有利于社会主义市场经济体制早日建成。

——理顺产权关系，完善法人制度，一方面通过国家掌握终极所有权，保证国有财产的公有制性质；另一方面塑造了适应市场经济体制运行要求的多元经济主体和市场竞争主体，使国有资产依存于现代企业制度在市场经济条件下有效运行，发挥出最大经济效益，从这个意义上看，现代企业制度为公有制与市场经济的有效结合创造了条件。

5. 相关问题说明

——关于"几法并存"的问题。在《公司法》和《全民所有制工业企业转换经营机制条例》（以下称《条例》）几法并存的情况下，要划分好各自的调整范围。《公司法》主要用来调整公司的行为规范，是公司化改造的法律依据。由于企业不可能在短时间内、也不可能全部都改造为公司，因此非公司企业可仍旧用《企业法》。《条例》所确认的经营自主权，无论对一般企业还是公司企业都是最基本的权利，因此在公司化改造未全面推开前，《条例》贯彻仍是企业改革的中心工作。

——关于建立现代企业制度的外部条件。建立现代企业制度，不仅是微观经济基础的根本性改造，而且是涉及宏观经济体制、政治体制的改革，是一项复杂的系统工程，需要转变政府职能，改革国有资产管理体制，建立市场体系和社会保障体系以及完善法律环境等一系列改革相配套的体系，否则企业改革难以"孤军深入"。

——关于调研如何尽快进入方案设计和试点推行的问题。江泽民同志在大连会议上明确提出要逐步建立现代企业制度，并将此作为搞好国有大中型企业的关键。在实践中试点推行现代企业制度已具备了一定的条件，但其工作的艰巨性、复杂性不可低估，要对可能出现的问题有充分的认识和准备，因此要尽快在国务院领导下进行公司化改造的方案设计和安排试点，以便于在三中全会开完以后，使工作有实质性的衔接和推进。

（五）十四届三中全会一锤定音——"建立现代企业制度"成为国企改革方向

"在十四届三中全会文件起草过程中，当时最难的一个问题是确立企业改革方向，即建立现代企业制度。现代企业制度有哪几个基本特征反复了好久，还请原国家经贸委的一些同志过来一块反复商议。"

——十四届三中全会报告起草组成员张卓元的回忆

1993 年 11 月 11 日，中国共产党十四届三中全会召开。十四届三中全会是在中国经济体制改革进入攻坚阶段召开的一次具有历史意义的重要会议，后来被称为我国经济体制改革进程中的一个重要里程碑。全会通过的《中共中央关于建立社会主义市场经济体制若干问题的决定》是我国建立社会主义市场经济体制的总体规划，是 20 世纪 90 年代进行经济体制改革的行动纲领，对我国的改革开放和社会主义现代化建设产生重大而深远的影响。

1. 明确社会主义市场经济体制的微观基础

《中共中央关于建立社会主义市场经济体制若干问题的决定》（以下称《决定》）的报告对改革中将要建立的社会主义市场经济体制做了比较完整的描述，报告共有十个部分，分别是：（1）我国经济体制改革面临的新形势和新任务；（2）转换国有企业经营机制，建立现代企业制度；（3）培育和发展市场体系；（4）转变政府职能，建立健全宏观经济调控体系；（5）建立合理的个人收入分配和社会保障制度；（6）深化农村经济体制改革；（7）深化对外经济体制改革，进一步扩大对外开放；（8）进一步改革科技体制和教育体制；（9）加强法律制度建设；（10）加强和改善党的领导，为本世纪末初步建立社会主义市场经济体制而奋斗。十四届三中全会决议首次正式提出现代企业制度并将其作为国有企业改革的目标。

《决定》在提交全会的讨论时，有关转换国有企业经营机制，建立现代企业制度的话题，引起与会代表们的重点关注与热烈讨论。在王梦奎的回忆中有这样一段描述，可以反映出当时的情况："关于现代企业制度，直到提交全会之前还在讨论和修改，全会上进行了热烈的讨论。这是《决定》起草和征求意见过程中，各方面讨论最多，起草组费功夫最大的问题。这也说明国有企业改革是经济体制改革的难点所在，但经过反复讨论还是取得了共识。会前乃至会上大家的聚焦点主要集中在如何体现公有制的基本特征、企业对国有资产的占有、使用、支配权即企业法人财产权与国家所有权的关系等方面。"

《决定》第（4）条开宗明义地规定，"以公有制为主体的现代企业制度是社会主义市场经济体制的基础"，实际上界定了现代企业制度的基本特征，明确指出进一步改革的要求。要点是明确产权关系，即企业中的国有资产所有权属于国家，企业拥有包括国家在内的出资者投资形成的全部法人财产权，成为享有民事权利、承担民事责任的法人实体。关于法人财产权问题，原先考虑，企业对国有资产是占有和使用，与归属意义上的所有权不同，所以一直到下发征求意见稿，用的都是"企业法人财产支配权"的提法。在讨论和征求意见过程中，国家体改委等单位认为这个概念表述不清，而"法人财产权"有比较科学的界定，与国家所有权有严格区别；采用"法人财产权"的概念，既与现行的《企业法》和《全民所有制工业企业转换经营机制条例》所规定的企业经营权相衔接，又可以充实企业经营权的内容，有利于企业成为自主经营、自负盈亏的法人，符合建立现代企业制度的要求。这些意见受到江泽民同志和其他中央领导同志的重视，江泽民同志在国家体改委洪虎同志关于这个问题的意见上批示："言之有理有据"，"值得我们再研究一下"。起草组经过认真讨论，并向11月3日中央政治局常委会请示，中央政治局常委会经讨论采纳了"企业法人财产权"的提法。①

2. 阐明现代企业制度内涵

十四届三中全会在11月14日通过了《中共中央关于建立社会主义市场经济体制若干问题的决定》。《决定》十个部分中第二部分到第五部分是报告的核心，分别阐述了社会主义市场经济体制基本框架的几个主要方面，包括建立现代企业制度、培育和发展市场体系、建立健全宏观经济调控体系、建立合理的个人收入分配和社会保障制度。其中第二个部分第4～10条即为"关于转换国有企业经营机制，建立现代企业制度"的内容，用七条2438个字做了大篇幅描述。

---

① 摘录自王梦奎：《社会主义市场经济体制的第一个总体设计——十四届三中全会〈决定〉起草的回忆》。

专栏 8 - 1

十四届三中全会通过的《中共中央关于建立社会主义市场经济体制若干问题的决定》第二部分摘要

"转换国有企业经营机制，建立现代企业制度"

（4）以公有制为主体的现代企业制度是社会主义市场经济体制的基础。十几年来，采取扩大国有企业经营自主权、改革经营方式等措施，增强了企业活力，为企业进入市场奠定了初步基础。继续深化企业改革，必须解决深层次矛盾，着力进行企业制度的创新，进一步解放和发展生产力，充分发挥社会主义制度的优越性。

建立现代企业制度，是发展社会化大生产和市场经济的必然要求，是我国国有企业改革的方向。其基本特征，一是产权关系明晰，企业中的国有资产所有权属于国家，企业拥有包括国家在内的出资者投资形成的全部法人财产权，成为享有民事权利、承担民事责任的法人实体。二是企业以其全部法人财产，依法自主经营，自负盈亏，照章纳税，对出资者承担资产保值增值的责任。三是出资者按投入企业的资本额享有所有者的权益，即资产受益、重大决策和选择管理者等权利。企业破产时，出资者只以投入企业的资本额对企业债务负有限责任。四是企业按照市场需求组织生产经营，以提高劳动生产率和经济效益为目的，政府不直接干预企业的生产经营活动。企业在市场竞争中优胜劣汰，长期亏损、资不抵债的应依法破产。五是建立科学的企业领导体制和组织管理制度，调节所有者、经营者和职工之间的关系，形成激励和约束相结合的经营机制。所有企业都要向这个方向努力。

（5）建立现代企业制度是一项艰巨复杂的任务，必须积累经验，创造条件，逐步推进。当前，要继续贯彻《全民所有制工业企业法》和《全民所有制工业企业转换经营机制条例》，把企业的各项权利和责任不折不扣地落到实处。加强国有企业财产的监督管理，实现企业国有资产保值增值。加快转换国有企业经营机制和企业组织结构调整的步伐。坚决制止向企业乱集资、乱摊派、乱收费。减轻企业办社会的负担。有步骤地清产核资，界定产权，清理债权债务，评估资产，核实企业法人财产占用量。从各方面为国有企业稳步地向现代企业制度转变创造条件。

（6）国有大中型企业是国民经济的支柱，推行现代企业制度，对于提高经营管理水平和竞争能力，更好地发挥主导作用，具有重要意义。现代企业按照财产构成可以有多种组织形式。国有企业实行公司制，是建立现代企业制度的有益探索。规范的公司，能够有效地实现出资者所有权与企业法人财产权的分离，有利于政企分开、转换经营机制，企业摆脱对行政机关的依赖，国家解除对企业承担的无限责任；也有利于筹集资金、分散风险。公司可以有不同的类型。具备条件的国有大中型企业，单一投资主体的可依法改组为独资公司，多个投资主体的可依法改组为有限责任公司或股份有限公司。上市的股份有限公司，只能是少数，必须经过严格审定。国有股权在公司中占有多少份额比较合适，可按不同产业和股权分散程度区别处理。生产某些特殊产品的公司和军工企业应由国家独资经营，支柱产业和基础产业中的骨干企业，国家要控股并吸收非国有资金入股，以扩大国有经济的主导作用和影响范围。实行公司制不是简单更换名称，也不是单纯为了筹集资金，而要着重于转换机制。要通过试点，逐步推行，绝不能搞形式主义，一哄而起。要防止把不具备条件的企业硬行改为公司。现有公司要按规范的要求加以整顿。

按照现代企业制度的要求，现有全国性行业总公司要逐步改组为控股公司。发展一批以公有制为主体，以产权联结为主要纽带的跨地区、跨行业的大型企业集团，发挥其在促进结构调整，提高规模效益，加快新技术、新产品开发，增强国际竞争能力等方面的重要作用。

一般小型国有企业，有的可以实行承包经营、租赁经营，有的可以改组为股份合作制，也可以出售给集体或个人。出售企业和股权的收入，由国家转投于急需发展的产业。

（7）改革和完善企业领导体制和组织管理制度。坚持和完善厂长（经理）负责制，保证厂长（经理）依法行使职权。实行公司制的企业，要按照有关法规建立内部组织机构。企业中的党组织要发挥政治核心作用，保证监督党和国家方针政策的贯彻执行。全心全意依靠工人阶级。工会与职工代表大会要组织职工参加企业的民主管理，维护职工的合法权益。要加强职工队伍建设，造就企业家队伍。形成企业内部权责分明、团结合作、相互制约的机制，调动各方面的积极性。企业要按照市场经济的要求，完善和严格内部经营管理，严肃劳动纪律，加强技术开发、质量管理以及营销、财务和信息工作，提高决策水平、企业素质和经济效益。加强企业文化建设，培育优良的职业道德，树立敬业爱厂、遵法守信、开拓创新的精神。

（8）加强企业中的国有资产管理。对国有资产实行国家统一所有、政府分级监管、企业自主经营的体制。按照政府的社会经济管理职能和国有资产所有者职能分开的原则，积极探索国有资产管理和经营的合理形式和途径。加强中央和省、自治区、直辖市两级政府专司国有资产管理的机构。当前国有资产管理不善和严重流失的情况，必须引起高度重视。有关部门对其分工监管的企业国有资产要负起监督职责，根据需要可派出监事会，对企业的国有资产保值增值实行监督。严禁将国有资产低价折股，低价出售，甚至无偿分给个人。要健全制度，从各方面堵塞漏洞，确保国有资产及其权益不受侵犯。

（9）坚持以公有制为主体、多种经济成分共同发展的方针。在积极促进国有经济和集体经济发展的同时，鼓励个体、私营、外资经济发展，并依法加强管理。随着产权的流动和重组，财产混合所有的经济单位越来越多，将会形成新的财产所有结构。就全国来说，公有制在国民经济中应占主体地位，有的地方、有的产业可以有所差别。公有制的主体地位主要体现在国家和集体所有的资产在社会总资产中占优势，国有经济控制国民经济命脉及其对经济发展的主导作用等方面。公有制经济特别是国有经济，要积极参与市场竞争，在市场竞争中壮大和发展。国家要为各种所有制经济平等参与市场竞争创造条件，对各类企业一视同仁。现有城镇集体企业，也要理顺产权关系，区别不同情况可改组为股份合作制企业或合伙企业。有条件的也可以组建为有限责任公司。少数规模大、效益好的，也可以组建为股份有限公司或企业集团。

十四届三中全会闭幕全不久，1993年12月29日第八届全国人民代表大会常委会第五次会议就通过了《中华人民共和国公司法》（中华人民共和国主席令第16号），明确该《公司法》将于次年即1994年7月1日起施行。新《公司法》使建立现代企业制度，进行公司化改造推进有了相应的法律依据。

十四届三中全会拉开了我国建立现代企业制度的序幕。以此为标志，我国国有企业改革由此进入制度创新的新阶段。

二、百户试点企业探路

能否在我国建立起以公有制为主体的、有活力的现代企业制度，是一个关系到建立社会主义市场经济体制基础和社会主义前途的重大问题。因此，探索建立现代企业制度的有效途径，成为1994年经济体制改革的重点。

（一）统筹协调抓落实

早在1993年8月中央财经领导小组第一次听取调研组汇报时就明确要求：国家经贸委"不仅要写调研报告，而且要有一个具体的实施方案"。在1993年报告起草的调研工作中，国家体改委和国家经贸委一边研究学习相关理论，一边开始从不同角度对现代企业制度如何具体实施进行思考。考虑到现代企业制度的建立是一项十分复杂而艰巨的任务，双方都不约而同地提出了要先试点，积累经验，再稳妥推进的建议。

十四届三中全会闭幕后，各方人士都对试点怀有极大热情和积极性。国家体改委、国家经贸委都在着手、分别准备进行有关现代企业制度的试点，两委先后向所属机构发出通知，要求各省、自治区、直辖市及计划单列市上报试点企业名单。

国家经贸委方面。早在调研组研究起草调研报告期间的9月份，当时在一份给国家经贸委党组的报告中就提出了对下一步工作的建议："要在调研组的基础上，组织专门班子马上着手研究制订公司化改造方案，在研究改造方案的同时，立即组织力量在全国抓公司化改造试点，开始摸索改造的具体做法、经验、问题。以现代企业制度研究为契机，深入企业改革、带动其他改革，此项工作应列入党组重要议事日程早作部署。选择10个左右各种类型企业作为经贸委试点，邀请有积极性的省市经委和企业选派得力人员一起讨论研究。由于企业的公司化改造是一项长期、复杂的工作，要制定各种规章、条例、政策性意见、分类指导办法等，涉及面广，任务量大，需要各部门的协调配合，国家经贸委向国务院（或中央财经领导小组）写出专题报告，并建议成立由一位副总理牵头的有关领导小组，工作机构设在经贸委，以企业司为主，抽调有关司局的骨干人员及其他部委和地方的同志参加。"

十四届三中全会结束后，国家经贸委党组就为贯彻落实《中共中央关于建立社会主义市场经济体制若干问题的决定》中关于转换国有企业经营机制，建立现代企业制度的要求，积极开展工作，并决定要选择百户国有大中型企业进行试点，有关部门还起草了试点意见（草案）。1993年11月底至12月初，国家经贸委分别举办了两期"转机建制"研讨班。参加讨论的专家学者、政府官员、企业的负责人等都感到建立现代企业制度任务十分复杂艰巨，提出来应该先进行试点，待取得经验，营造初步的氛围和环境后才能逐步推开。

国家体改委方面的试点动议也在调研之初被提及。1993年9月12日，全国体改委主任座谈会在哈尔滨召开，会上就提出要着手研究有限责任公司试点方案。1993年12月1日，在全国体改工作会议上，国家体改委印发了《关于选择百家企业进行建立现代企业制度试点的意见》（征求意见稿），包括附件《关于国家独资有限责任公司试点的意见》（征求意见稿）（会议文件之四）提交讨论并听取意见。

在1993年12月1日～4日国务院召开的全国经济工作会议上，李鹏总理在讲话中提出"明年（1994年）要认真组织一百家国有大中型企业建立现代企业制度的试点，以便总结经验，加快建立社会主义市场经济体制的改革步伐"后，试点工作被各方高度关注。鉴于建立现代企业制度是一项系统性的改革，牵涉方方面面，需协调各部门工作，统筹安排试点，朱镕基副总理在全国经济工作会议讲话中指示：体改委、经贸委联合起来搞一百户，不要各搞各的。他还批示："请铁映同志负责协调抓好"。邹家华同志12月8日批示："建议联合起来工作，请铁映同志牵头。试点选的对象应有好的、中等的、差的、包括亏损的。通过改革，最后能表现效益更好，亏损转盈"。李岚清同志12月23日在批示中建议："建议试点中考虑一部分外贸、内贸企业。除了试点企业外，面上的企业怎么办，恐怕也要抓紧研究"。11月27日李铁映同志给王忠禹、贺光辉、陈清泰、洪虎同志批示："这项改革试点非常重要，请你们共同协商，密切配合"。

根据上述领导的批示精神，国务院副秘书长李世忠同志与经贸委、体改委分别进行了相关协调工作，就现代企业制度试点和组织领导等问题与两委的负责同志交换了看法，李世忠向国务院提出建立国务院现代企业制度试点工作协调会议制度的建议，以加强对现代企业制度试点工作的领导。协调会议由国务委员、国家体改委主任李铁映同志主持，主要职责和任务是，研究现代企业制度试点工作的重大政策，审核试点办法，审定现代企业制度试点企业名单，协调试点工作中有关的重大问题等。并提议国务院办公厅、国家经贸委、国家体改委、国家计委、财政部、人事部、劳动部、外经贸部、人民银行、国家工商局、国有资产管理局、国务院证券委等12个单位为协调会议成员，邀请中央组织部、全国总工会参加，同时建议由国家体改委洪虎、国家经贸委陈清泰二位同志牵头负责，吸收有关部门共同组成一个起草小组，用一个月左右时间初步完成有关试点办法起草、100家试点企业备选名单筛选等相关工作，在1994年1月中下旬提交协调会议审核；要求在起草办法时要明确试点目的，按照建立产权清晰、权责明确、政企分开、管理科学的要求探索建立现代企业制度经验，试点中要注意协调与转换企业经营机制等其他已进行的企业改革的关系，同时强调国家主要抓国有大中型企业试点；在选择试点企业时要考虑不同类型、不同领域的企业。试点时间初步定以一年半为期，并提出要分阶段的进度要求。国家经贸委、国家体改委按同一试点政策、试点办法分工负责具体操作落实工作。

国务委员李铁映同志代表国务院负责现代企业制度试点的有关准备工作。1993年的最后一天，12月31日上午，李铁映同志召集国家经贸委、国家体改委等14个部门的负责同志召开协调会，就试点工作的有关问题进行研究商议。会上李世忠副秘书长就协调的情况和试点有关问题的建议做了简要汇报。

1994年1月12日，国办秘书局专门就此次会议的情况下发了试点工作有关问题的会议纪要，原则同意了李世忠同志汇报时所提出的意见。明确试点的目的是为建立产权清晰、权责明确、政企分开、管理科学的现代企业制度探索经验，要通过试点，使一批企业真正成为在国内是第一流、在国际上具有竞争力的现代企业。会议议定了以下几点意见：（1）建立国务院现代企业制度试点工作协调会议制度。由李铁映同志兼任组长，李世忠、洪虎、陈清泰、王春正、张佑才、罗元明兼副组长；协调会议由参会14个单位各派一名负责同志参加。协调会议负责领导、协调建立现代企业制度试点，主要职责和任务是：组织领导试点工作；研究试点的重大政策；审核试点方案和试点办法；审定试点企业名单和试点文件；协调试点工作中的重大问题。（2）会议指定由洪虎、陈清泰同志牵头，国家经贸委、体改委和协调会议其他固定成员单位派人，立即组成起草小组，抓紧研究起草建立现代企业制度试点方案、试点办法，并提出试点企业的备选名单。要求于1994年1月20日左右将试点方案提交协调会议研究，争取在1月底将试点办法和试点企业备选名单提交协调会议研究。（3）在起草工作中，要注意充分征求有关部门意见，认真研究建立现代企业制度中的重要问题，如政企分开、政资分开、企业社会负担、企业在市场中的作用以及企业领导集团的产生机制、企业内部的组织建设和试点的有关手段，等等。（4）整个试点工作按两年规划，分阶段安排，大体上每半年左右为一个阶段，每个阶段都要明确相关工作目标要求和对各有关部门的具体分工。同时在起草方案时，要注意与如贯彻《公司法》、《全民所有制工业企业转换经营机制条例》和即将发布的《工业企业财产监督管理条例》，以及股份制试点、企业集团试点等其他企业改革工作相衔接。在选择试点企业时，还要注意抓国有大中型企业，要选择经济效益好、中、差的不同类型企业及生产和流通不同领域的企业。

对于试点的组织工作，会议还明确，现代企业制度试点，要在国务院统一领导、协调会议的具体领导下统一进行，既要发挥各有关部门的职能作用，也要加强协商、密切配合，防止政出多门。国务院有关部门召开有关建立现代企业制度试点问题的会议、下发有关文件时，事前都要提请国务院现代企业制度试点工作协调会议研究同意。在提交会议之前，应先由起草小组进行协调。

协调会议确定的有关试点工作的原则、方向及组织领导，为整个试点工作的推进奠定了基础。

1993年12月29日，第八届全国人民代表大会常委会第五次会议通过、并于1994年7月1日起施行的《中华人民共和国公司法》则成为现代企业制度试点、国企公司化改造的法律依据。

（二）群策群力定方案

时间紧任务重。国务院联席会议制度协调会后，试点的文件起草小组在洪虎、陈清泰两位领导主持下迅即成立，多部门抽调的23位同志很快到位，相关工作随即启动。小组成立后的首要任务就是认真学习十四届三中全会《决定》和《公司法》，全面总结十几年来改革开放的经验，起草试点方案。

在工作中方案起草小组注意把握四项原则，即一是要有可操作性；二是不靠优惠政策，重在制度建设；三是要有所创新、有所突破；四是既要对试点企业业提出要求，还要有相关配套改革措施密切配合。主要关注和研究方案的几个重点和难点问题，包括：（1）关于如何确立人格化的国有资产投资主体问题；（2）关于试点企业的公司组织形式问题；（3）关于建立公司治理结构问题；（4）关于改革企业劳动人事制度问题；（5）关于发挥党组织的政治核心作用问题；（6）关于规范国有企业债务结构问题；（7）关于加快建立社会保险制度问题；（8）关于减轻企业办社会负担等。

由于前期体改委、经贸委都已经就进行现代企业制度试点做了大量的工作，起草小组的有关试点方案的起草工作相对进行得比较顺利。在体改委、经贸委两家提出的试点意见（草案）基础上，按照十四届三中全会《决定》精神和新近出台的《公司法》，起草小组仅用一周时间，在1994年1月6日，《关于选择百家国有企业进行建立现代企业制度试点的方案》（以下称《方案》）第一稿就出炉了。方案包括进行试点目的、原则、内容、配套措施等四个方面。1月7日、10日经小组成员的反复讨论和认真推敲，分别修改出第二、第三文字修改稿。1月12日，起草小组将《方案》（第三稿）印发分送14个协调会议成员单位征求修改意见。各部委接到方案草案后高度重视，分别结合各自职能，对方案进行认真研究，提出了书面的具体意见修改。主要集中在是否需要组建国有资产经营机构、非经营性资产分离、社会保险制度以及改革劳动工资制度等方面。1月17日起草小组召开会议，对各部门的意见进行讨论。1月18日根据讨论情况，起草小组提出了《方案》（第四稿），再送各成员单位进行修改提出意见。

为使试点工作更具可操作性，1月22日，起草小组又分别邀请了交通部、冶金部、建设部、电子部、机械部、内贸部、外经贸部、化工部、中国纺织总会、中国轻工总会等10个国务院部门及天津汽车工业总公司、天津钢管公司、保定变压器厂、中航技总公司、本溪钢铁公司、北京化工集团公司、中信公司、中国图书进出口公司、北京市百货大楼（集团）股份有限公司等9家企业召开座谈讨论会，征求对《方案（草案）》意见。

随后，起草小组综合和吸收了各方面意见后，于1994年1月26日完成了《方案》第五稿。第五稿分目标与原则、试点内容、配套措施三个部分，共18条。

专栏 8 – 2

起草小组工作主要成果

文件起草小组通过半年多的努力，一是起草了《试点方案》，共包括 8 个方面的试点内容和 7 个方面的配套措施。二是起草了《试点办法》，提出了试点工作的三个阶段和政府以及有关部门需要制订的 12 个配套办法。三是向全国各省、自治区、直辖市及计划单列市人民政府，部分中央企业主管部门发出通知，上报试点企业建议名单。在上报的近 300 家企业名单中，起草小组初步筛选了 115 家备选名单报国务院。原国家体改委、原国家经贸委等协调会议成员单位，还分别就制定试点的 12 个配套文件进行多次协调，其中有 9 个文件形成了草稿。1994 年 6 月 4 日，文件起草小组将《试点方案》、《试点办法》、《试点企业备选名单》、《关于现代企业制度试点工作汇报提纲》，提交国务院办公厅。

（《国企改革三十年：建立现代企业制度试点》，摘自《中国工业报》2008 年 11 月 21 日）

在起草方案的同时，起草小组就试点的组织工作等草拟了《关于选择百家国有企业现代企业制度试点的办法》。《办法》建议要成立国务院现代企业制度试点工作协调会议机制、明确其主要职责任务，并提出了协调会议工作机构的设立、试点的具体实施步骤、选择试点企业的原则与条件以及所涉及的配套改革问题具体问题等。

1993 年 4 月 12 日，起草小组从各地、各部门上报的试点企业中筛选出 136 户企业上报国务院领导。5 月 30 日，李铁映同志主持召开国务院现代企业制度试点工作会议，会议讨论通过了向国务院总理办公会汇报关于现代企业制度试点工作提纲、试点企业名单和分工联系的方案，还明确有关协调会议各成员单位的职责、试点工作的 12 个配套办法起草、协调和提交协调会议讨论的工作程序以及组织人力加强试点日常工作等事项。6 月 4 日，协调会议向国务院上报了《关于选择一批国有企业进行现代企业制度试点的工作方案》（送审稿）、《关于选择一批国有企业进行现代企业制度试点的办法》（送审稿）、《试点企业备选名单》、《关于现代企业制度试点工作汇报提纲》等。

专栏 8 - 3

《试点方案》出台过程

国务院领导对搞好现代企业制度试点工作非常重视。对选择 100 户大中型企业试点的组织及有关准备工作均有明确指示。1993 年 12 月，国务院建立了由李铁映兼任组长的试点工作协调会议制度。协调会议由 14 个单位有关负责人组成，并由 12 个部门（除国务院办公厅、证券委外）有关同志组成试点方案起草小组。经过认真研讨、反复推敲，形成《试点方案（草案）》，征求了有关专业部门、专家学者和老同志以及一些企业单位的意见，协调会议先后对《方案（草案）》等进行了五次讨论修改，3 次交协调会议成员单位修改。1994 年 4 月、6 月与《试点办法》等先后整理上报国务院领导审核。国务院领导对《试点方案》提出了明确意见。1994 年 9 月，朱镕基副总理主持会议，研究建立现代企业制度问题，听取了协调会关于《试点方案（草案）》的汇报，原则同意《试点方案》。1994 年 11 月 2 日，国务院在北京召开"全国建立现代企业制度试点工作会议"，《试点方案》作为会议文件印发。从方案形成到获国务院原则同意，经历了 10 个月时间。以后有关现代企业制度试点工作基本上是按照这个方案实施，并在执行中有所发展。

（三）扎根实践寻路径

由两部门提交国务院讨论的《关于选择一批国有大中型企业进行现代企业制度试点的方案（草案）》，目的明确、措施具体、重在可操作性。试点方案面临的主要挑战在于，不是在一张白纸上画图画，而是要在已有的基础上，在传统的国有企业内建立现代企业制度，不仅要根本改造传统的国有企业，而且要寻求现代企业制度与国有企业特点的有机结合。

（1）试点的目标。试点方案首先明确目的：要贯彻落实十四届三中全会所通过的《决定》精神，寻求公有制与市场经济相结合的有效途径，转换企业经营机制；转变政府职能，探索政企分开的路子；要理顺产权关系，逐步建立国有资产管理体系，确立企业法人财产权；要完善企业内部领导体制和组织管理制度。

（2）试点把握的原则。建立现代企业制度，既要遵循市场经济体系的原则，还要与中国实际状况结合起来考虑，体现出中国特色，才能有可操作性。方案在起草时明确了以下原则：一是发挥国有经济的主导作用，确保国有资产（资本）保值增值；二是出资者所有权（股权）与企业法人财产权要分离，要保障出资者、债权人和企业三方的合法利益；三是贯彻执行《公司法》，重在企业组织制度创新和经营机制转换；四是吸收、继承、借鉴与创新相结合，要从国情和企业实际出发，借鉴国外有益经验；五是改革要配套，创造必要的外部条件；六是发挥地方（部门）、企业和职工三个方面的积极性，分类指导，稳步推进。

（3）特点、重点、难点。最终出台的方案体现了几个特点：一是以公有制为主，进一步搞好国有经济；二是选择公司制的组织形式。公司制企业以清晰的产权关系为基础，以完善的法人制度为核心，以有限责任制度为主要特征。

在小组上报的《起草说明》中专门对方案的几个重点和难点问题的考虑做了说明：

一是关于国有资产投资主体问题。确立人格化的国有资产投资主体，即国有股持股单位是国有企业建立现代企业制度的最大难点，这是建立现代企业制度的前提条件。企业没有行政主管部门后，谁来作为国家出资者代表是个问题。按照《公司法》"国家授权投资的机构或国家授权的部门为国有资产投资主体"的表述，《试点方案》提出了国家授权投资机构的四种形态，即国家投资公司、国家控股公司、国有资产经营公司和具备条件的企业集团的集团公司。但实际上，这些机构并不健全，有的还没有建立。在无法确定试点企业投资主体的情况下，规定政府授权由某个部门行使国有股权，同时明确这个部门负责国有资产经营的机构对所持股企业不行使政府管理职能。

二是关于试点企业的公司组织形式问题。把国有企业改组为多个股东持股的有限责任公司是实行公司制改组的重点，方案提出大部分试点企业改组为有限责任公司，其目的是利用多元股东利益间的制衡来使有限责任公司在运行中更加规范和符合国际惯例，主要也考虑到它既具有股份公司的一般优点，还有操作相对简便，改组成本低，没有发行股票和上市问题等特点。

三是关于公司治理问题。《试点方案》采用了"公司治理结构"概念，主要是强调公司股东会、董事会、经理层、监事会的职能和制约关系。公司的自我约束机制产生于科学、合理的组织结构。公司治理结构的提法比较准确地表达了公司内部的组织结构和制约关系，在国外已广泛使用，并为国内所接受。考虑到试点企业从一开始就要建立科学的组织结构，实现有效制约、规范运作，《试点方案》提出"董事长一般不兼任经理"，同时兼顾当时的现实情况，也并没有排除兼职的可能。

四是关于改革企业劳动人事工资制度问题。《试点方案》规定了职工要与企业签订劳动合同，经理、副经理等高级人员要与董事会签订聘用合同。提出政府对企业工资总量实行间接控制，并对企业工资水平确定情况进行监督检查。方案还对经理和职工的报酬作了不同规定，经理等高级管理人员实行年薪加经营业绩挂钩的奖励，职工收入依据岗位、技能和实际贡献确定。

五是发挥党组织的政治核心作用问题。经过反复研究，方案提出了公司制企业中党组织发挥政治核心作用的途径和方式：公司党组织负责人可以通过法定程序进入董事会、监事会，对董事会提名的公司经理、经理提名的副经理和管理部门负责人的人选进行考察，提出建议，再由董事会或经理聘任（解聘），党组织的政治核心作用更多地通过规范和发挥参加董事会、监事会、经理层中党员的作用来体现。

六是关于改善工会工作和职工民主管理问题。方案提出可以由工会代表职工实行民主管理。职代会职权和参加董事会、监事会职工代表的职权要相互衔接。工会代表职工与企业平等协商，就劳动条件等问题签订集体合同，等等。

七是关于调整企业资产负债结构问题。国有企业债务沉重，其中相当部分是国家"拨改贷"和基建基金本金形成的历史债务。按照建立企业资本金制度的要求，国有企业必须有国家投资形成的资本金。《试点方案》提出企业无资本金或资本金未达到《公司法》规定限额，有"拨改贷"和基建基金本金形成债务的，按不低于法定注册资本金的原则转为国家投资，作为企业国有资本金。无"拨改贷"和基建基金贷款的，应由批准设立企业的政府部门代表出资者注入法定资本金。对"拨改贷"转为国家投资问题要与国家投融资体制改革结合起来通盘考虑，转资数额、方法和程序等由有关部门研究制定具体办法。

八是关于加快建立社会保险制度问题。由于过去长期未计提养老保险金，没有积累，现在提取的养老费用入不敷出。方案提出企业按规定交纳养老保险金后，可在公司制改组时，由国有投资主体划出一部分国有股权分红收入，交由社会保险基金补充国有企业老职工养老保险金的不足。试点企业改制后，离退休费不再由企业列支，改由社会保险机构发放，以解决国有企业老职工长期以来养老金保险没有来源，欠账过多的问题，为社会保险改革探索道路。

九是关于减轻企业办社会负担问题。方案提出，试点企业后勤服务单位和承担的社区服务职能应从企业分离出去。但企业办学校、医院等需经常性补贴的单位，当地政府或社区管理部门往往不愿意接收。解决这个问题难度较大，需与国家教委、卫生部等有关部门进行协商，提出具体办法。

（4）试点的主要内容。包括：①完善企业法人制度。清产核资，界定产权，清理债权债务，资产评估，核实企业法人财产，核定资本金，办理工商登记。②确定试点企业国有资产投资主体。国家授权投资的机构或国家授权的部门是国有资产的投资主体。国家授权投资的机构可以是国家投资公司、国有控股公司、国有资产经营公司以及具备条件的国有独资公司和企业集团的集团公司（母公司）。③确立企业改建为公司的组织形式。按照分类指导的原则，可以分别改建为国有独资公司（公司的特殊形态）、有限责任公司、股份有限公司（上市公司只能是极少数），全国性行业总公司将逐步改建为国有控股公司，企业集团按母公司体制进行改建。

④建立科学、规范的公司内部组织管理机构。权力机构、决策机构、执行机构、监督机构相互独立。⑤改革企业劳动、人事、工资制度。取消管理人员的国家干部身份，打破不同所有制职工之间的身份界限，实行企业与职工双向选择的用人制度。经理等高级管理人员与董事会签订聘用合同，其他员工与企业签订劳动合同。⑥健全企业财务会计制度。按照《公司法》、《会计法》和公司章程，科学设置财务会计机构。⑦发挥党组织的政治核心作用。保证、监督党和国家方针政策在企业的贯彻执行，参与重大决策，坚持党管干部的原则，党组织负责人可以依法进入董事会、监事会，可以与董事、监事、经理交叉任职。⑧完善工会工作和职工民主管理。按照《公司法》的规定选择职工代表进入董事会、监事会，支持工会工作，维护职工合法权益。

（5）配套措施。建立现代企业制度涉及整个经济体系的改革与调整，包括：一是需要政府职能随市场转变，改革政府机构；二是调整企业资产负债结构，建立资本金制度；三是加快建立社会保障制度，试点企业必须参加职工养老、医疗、失业和工伤保险；四是减轻企业办社会负担，分离企业所办学校、医院、餐厅、招待所等后勤服务性单位和企业承担的社区服务职能；五是通过多种途径分流企业富余人员；六是促进存量国有资产优化配置和合理流动，调整产业结构，加强产权交易管理，防止国有资产流失；七是发展和规范各类市场中介组织。有关办法将由有关部门分别负责，制定配套文件起草工作，以给试点创造良好外部环境。

专栏 8 - 4

十二个配套文件及分工

1. 关于确定试点企业国有资产投资主体的办法。由财政部、国有资产管理局会同国家经贸委、国家体改委、国家计委、人事部负责拟订。

2. 关于试点企业"拨改贷"形成的债务转为国家资本金的办法。由国家计委、国家经贸委会同财政部、中国人民银行、开发银行、建设银行负责拟订。

3. 关于落实国办〔1993〕29 号文件中关于潜亏挂账、呆账分别冲减资本金和呆账准备金的具体办法。由中国人民银行会同财政部、国家经贸委拟订。

4. 关于试点企业离退休老职工养老保险基金来源及使用办法。由劳动部会同财政部、国家经贸委、全国总工会、国有资产管理局负责拟订。

5. 关于试点企业内部职工持股的办法。由国家体改委、国家经贸委会同证券委、国有资产管理局、全国总工会负责拟订。

6. 关于试点企业学校、医院等后勤服务性单位交由社会管理的办法。由国家经贸委会同国家教委、卫生部、财政部、国家体改委、国有资产管理局负责拟订。

7. 关于产权交易管理的办法。由国资局、财政部会同国家体改委、国家经贸委、劳动部负责拟订。

8. 关于对会计师事务所、审计师事务所和资产评估机构管理的办法。由财政部、国资局、审计署负责拟订。

9. 关于试点企业党组织的工作办法。由中组部会同国家经贸委、国家体改委负责拟订。

10. 关于试点企业完善工会工作和职工民主管理的办法。由全国总工会会同国家经贸委、国家体改委负责拟订。

11. 关于试点企业劳动、工资和社会保险管理办法。由劳动部会同国家经贸委、国家体改委、人事部、全国总工会负责拟订。

12. 关于试点企业董事会、监事会成员管理办法。由人事部会同中组部、国家经贸委、国家体改委、国资局及全总负责拟订。

（6）明确组织架构。组织是工作落实的保障。根据1994年8月国务院有关会议精神，现代企业制度的试点在国务院统一领导下，由国家经贸委具体牵头负责，会同国家体改委等有关部门和单位具体组织实施，中央财经领导小组办公室参与有关研究工作。重大问题由国务院研究确定。为了更好地协调工作，现代企业制度试点与若干"优化资本结构"试点工作的组织领导结合，为此国家经贸委建立了现代企业制度试点部际协调会议和会议联络员制度，由国家经贸委负责召集，成员单位有国家计委、国家体改委、财政部、人事部、劳动部、外经贸部、中国人民银行、审计署、国家税务总局、国家工商局、国有资产管理局、国务院证券委、中国工商银行，并邀请中央组织部、全国总工会各一位负责同志参加，共同研究试点工作涉及的相关政策、办法和措施，协调试点中的问题，重大问题则要向国务院报告。

关于试点的组织实施为什么由国家经贸委牵头负责，国务院一位领导同志曾解释道，主要在于国家经贸委长期以来一直是国务院负责企业管理和运行工作的综合部门，长期研究企业问题，对企业历史和现状有较深刻的了解，更深刻了解国有企业问题的症结和难点所在。同时由于其负责全国生产的协调和经济运行，有条件将企业生产经营、企业技术改造工作与企业改革与发展结合起来，将企业改革目标与搞好国有大中型企业工作结合起来。同时国家经贸委直接负责有关两个《条例》的贯彻实施工作，因此也更便于将转机与建制联系在一起，使现代企业制度的试点工作推进更有基础保障和手段条件。

（7）工作的时间表。试点方案对实施工作要求非常具体，时间安排也非常紧张，责任单位清楚。每个步骤都有明确的时间和内容的要求。具体如下：1994年年底前为准备阶段。要求完成以下工作：制订试点方案，确定试点企业名单，报国务院批准，公布实施。召开试点工作会议，进行研究部署。有关部门按照方案要求制订配套措施报国务院批准实施。试点企业按照要求制定具体实施方案。1995年1月～1996年6月为实施阶段。要求完成：试点企业清产核资，界定产权，清理债权债务，评估资产，核实企业法人财产占用量；明确投资主体；设置合理的股权结构，制定公司章程，建立公司治理结构，依法注册登记。改建后的公司按《公司法》规范运作。1996年下半年为总结完善阶段。要求完成，认真总结经验，写出试点工作报告，提出全国范围内推进建立现代企业制度的意见。

（四）试点落户100家

建立现代企业制度试点能否取得成功，试点企业的选择尤为重要。国务院领导对试点企业的选择提出了具体要求。在研究选择试点对象时，要考虑到方方面面的因素：一是要突出重点，试点企业主要选择国有大中型企业，它们是国企改革的难点。二是要具有广泛的代表性，在行业选择上以工业企业为主，也要包括部分内外贸、运输、建筑等其他企业；在地域上以外部环境改革开放较早、外部环境较好的沿海开放地区为主，但内陆地区的企业也要有适当比例。三是要考虑企业自身状况，以企业的效益情况较好的为主，也要选择部分亏损企业，同时还要考虑被选择企业领导班子的素质情况。

《关于选择百家国有企业现代企业制度试点的办法》中提出选择试点企业的原则和条件具体为：

（1）在企业规模上，以国有大中型企业为主，尤其要以老企业为重点；

（2）在企业自身条件上，以经营机制转换较好、领导班子素质较高、经济效益较好的为主，也要选择少数符合国家产业政策的亏损企业；

（3）在行业分布上，以工业和商贸企业为主，适当选择交通、建筑、高新技术等其他行业的企业；

（4）在地区分布上，经济发达的中心城市可重点考虑，但各省市区都要有试点企业；

（5）在改革进程中，以未进行公司制改组的企业为主，同时选择少量已是公司制的企业进行规范。

《办法》建议，对已经作为国务院试点的55家企业集团可不列入试点名单，但在公司制改组中可参照百户试点方案执行。

全国各省、自治区、直辖市及计划单列市人民政府，部分中央企业主管部门对参加百户企业试点工作十分积极。按照国家有关部门下发的通知的要求，各地、国务院有关部门向起草小组共推荐上报了 194 家试点的候选企业，其中地方 138 家，国务院所属部门 56 家。3 月底，起草小组按照有关条件进行了筛选，在尊重地方和部门意见，并与各方沟通协调后，初步确定了 136 户企业的备选名单。这 136 家企业中，按隶属关系分，地方企业 82 家（包括新疆生产建设兵团和解放军总后勤部各 1 户企业），国务院所属部门和计划单列 54 家；按企业规模分，特大型企业 52 家，大型企业 78 家，中型企业 6 家；按所属行业分，生产企业（含工业企业）113 家，流通企业 23 家（其中内贸 15 家，外贸 8 家）。从名单上看出生产企业占 80% 左右，效益好的企业占 90%，效益较差的选择了 2 户。4 月 12 日，名单上报给试点工作联席会议负责人李铁映同志，同时呈报朱镕基、邹家华和李岚清等国务院领导同志。最终在其中确定了 100 户企业。

这 100 户试点企业国务院明确分别由国家经贸委负责联系 70 户，国家体改委负责联系 30 户。

各省、市、自治区政府在积极参加国务院组织的试点的同时，也开展了自己的试点工作。据不完全统计，到 1994 年年底，省、市两级政府确定的现代企业制度试点企业有近 2000 家。

（五）多管齐下建平台——配套改革措施

现代企业制度是现代市场经济的产物。在我国现实的体制环境下建立现代企业制度，需要加快我国经济体制改革的整体进程，制定一系列配套的改革措施，才能保证试点工作顺利进行。为此，国务院各有关部门也在紧锣密鼓地加紧研究制订包括与新颁布并即将实施的新《公司法》相配套的、与建立现代企业制度相关的一系列法律法规，以为试点工作创造必要的条件。

1. 关于与《公司法》的配套和规范

1993 年年底新颁布的《公司法》是建立现代企业制度的一部重要的基础性法规。1994 年 1 月 19 日，国务院办公厅给国家经贸委下发通知，要求起草《中华人民共和国公司法》配套行政法规和文件。这项工作直接关系到试点企业的公司化改造的实施，国家经贸委党组高度重视，随即与国家体改委、国家工商局共同组成了有关文件起草的工作小组，陈清泰为组长，田军、黄淑和为副组长，国家经贸委经济法规司牵头负责做具体工作。工作小组通过调查、比较和分析《公司法》与《有限责任公司规范意见》、《股份有限公司规范意见》等两个规范意见的联系与区别，联系以前在股份制试点中出现的问题，对原有公司存在的不符合《公司法》有关规定的情况，如股东和发起人人数不符，注册资本不到位或抽逃，公司章程与实际出现的差距，公司组织机构特别是公司董事、监事及经理人员的产生程序不规范，公司的财务会计制度与会计两则的差异，公司的股份募集和转让，包括公司名称不规范等 7 个方面问题作为重点，起草了《关于原有有限责任公司和股份有限公司依照〈公司法〉实行规范化的通知》。《通知》内容包括：规范的必要性、目的、范围与含义、原则、重点内容、分类、期限、程序、登记机关责任、资产评估与验资，以及规范化工作的组织指导和文件清理工作等。5 月 23 日，国家经贸委会同国家体改委、国家工商局将草拟的《国务院关于原有有限责任公司和股份有限公司依照公司法实行规范化的通知》报请国务院审定。

建立现代企业制度首要的是明晰产权。为保障国有资产权益，1994 年 7 月 24 日，李鹏总理签署中华人民共和国国务院第 159 号令，颁布了《国有企业财产监督管理条例》。《监管条例》共六章，50 条。主要是明确国有资产监管机构，以保障国家对企业的所有权。《国有企业财产监督管理条例》的颁布是实行现代企业制度的一项基础性工作。

2. 12 个配套文件为试点铺路

对于试点涉及的各项配套改革，需要有关部门制定一些相应的配套措施。这些措施制定的基本要求都是要以十四届三中全会《决定》为指导，要符合《公司法》和《试点方案》，立足于创新。配套文件制定过程由国家经贸委组织有关部门综合协调，分类指导，先易后难，分期分批出台，成熟一个发布执行一个，逐步推进。涉及重大问题报国务院批准。12 个《制定现代企业制度试点配套文件的目录及分工》作为《方案（草案）》的附件下发。

试点期间，国家有关部门正式下发的关于现代企业制度试点的相关文件包括：

（1）涉及试点相关政策及程序性指导意见方面：

——国家经贸委关于印发《关于国务院确定的百户现代企业制度试点工作的组织实施意见》的通知（国经贸企〔1995〕56 号）（1995 年 2 月 25 日）。内容包括：试点的工作程序、试点的时间安排、试点的组织领导、试点的工作要求等。《实施意见》还明确了起草《实施方案》所要包括的七个方面。

——国家经贸委关于印发《关于国务院确定的百户现代企业制度试点企业（实施方案）论证、审批工作的指导意见》的通知（1995 年 6 月 5 日）。主要内容：包括关于报请论证和审批的《实施方案》应具备的基本内容，关于《实施方案》可以报请审批的必备条件，关于试点《实施方案》的审批程序等。

——国家经贸委关于印发《关于国务院确定的百户现代企业制度试点工作操作实施阶段的指导意见》的通知（国经贸企〔1995〕706 号）（1995 年 11 月 21 日）。内容包括：关于操作实施阶段的主要任务和总体目标、操作实施阶段的主要工作、关于操作实施阶段的进度安排以及关于做好操作实施阶段工作的要求等。

（2）涉及拨改贷转增资本金等财务方面：

——国务院批转国家计委、财政部、国家经贸委《关于将部分企业"拨改贷"资金本息余额转为国家资本金的意见的通知》（国发［1995］20号）（1995年7月12日）。主要内容：为解决部分国有企业资本金不足的问题，合理减轻企业债务负担，将部分企业"拨改贷"资金本息余额转为国家资本金，明确转资本金的资金的时间及适用的试点范围，转为资本金的原则及符合条件、办理和审批的程序等。

——国家计委、财政部印发《关于将部分企业"拨改贷"资金本息余额转为国家资本金的实施办法的通知》（计投资［1995］1387号）（1995年9月22日）。该文件为上述20号文件的补充和细化。

——财政部关于将部分企业拨改贷资金本息余额转为国家资本金有关财务处理办法的通知（财基字［1995］747号）（1995年11月9日）。

（3）涉及分流企业富余人员和企业办社会方面：

——国家经贸委、国家教委、劳动部、财政部、卫生部《关于若干城市分离企业办社会职能、分流富余人员的意见》（国经贸［1995］184号）（1995年5月2日）内容包括原则和范围，关于企业自办学校、自办卫生机构以及其他后勤服务单位的分离处置办法，分流富余人员的办法以及有关政府职责和配套政策等。

（4）涉及劳动社会保险制度保障方面：

——劳动部、国家经贸委《关于配合企业深化改革试点做好失业保险工作的通知》（劳部发［1995］113号）（1995年2月28日）。提出了做好企业富余职工分流安置和失业职工再就业工作的指导意见。

——劳动部、国家经贸委关于印发《现代企业制度试点企业劳动工资社会保险制度改革办法》的通知（劳部发［1995］258号）（1995年6月9日）。

——国家经贸委、劳动部关于印发《国有企业资产经营责任制暂行办法》的通知（国经贸企［1995］163号）（1995年4月5日）。《暂行办法》包括总则、资产经营责任制的形式和内容、企业及资产经营者、企业主管部门、考核、法律责任及附录等七个方面内容。

（5）涉及领导班子建设方面：

——中央组织部、国家经贸委、人事部印发《关于加强国有企业领导班子建设的意见》的通知（1995年8月15日）。内容包括：国有企业领导班子的建设、突出重点、分类指导、企业领导班子的考察工作，按照公开、公平、竞争、择优的原则选拔企业领导人、加强企业领导人培训及加强领导等。

（6）涉及其他相关政策方面：

——国家经贸委、国家体改委下发了《关于国务院有关部门选报的 30 户进行建立现代企业制度试点企业有关政策问题的意见》的通知（国经贸企［1995］649 号）（1995 年 10 月 31 日）。内容包括：试点企业国有资产投资主体的问题、原企业名称中"中国"字头的使用问题、成立财务公司问题、外贸与外经权问题、"拨改贷"问题、改制为股份有限公司的上述问题以及《试点方案》协调、论证和审批程序问题，等等。

（六）来自高层的重要关切：一次高规格的工作会

现代企业制度的建立对于我国国民经济具有重大战略意义。作为我国经济体制改革的中心任务，从原则到实施，包括一些试点的准备工作都是在国务院领导的直接领导下开展的。

会议的召开。1994 年上半年，国家顺利进行了财税、金融、外汇外贸、投资、价格和流通等宏观经济体制方面的改革，为深化企业改革、建立社会主义市场经济体制创造了有利的宏观环境和条件。试点工作快速推开。经济界、理论界、宣传媒体也围绕这一课题，多次召开国内、国际研讨会；各种研讨班纷纷开班，培训干部，为现代企业制度试点作了理论和实践方面的准备。在此背景下，经过十个多月的筹备之后，1994 年 11 月 2 日~4 日，国务院在北京召开了全国建立现代企业制度试点工作会议，专门研究部署建立现代企业制度的试点工作。

这次会议受到党中央、国务院领导的高度重视。会前，江泽民同志亲自主持了中央财经领导小组会议，讨论现代企业制度试点的问题，批准了国务院提出的试点方案。中共中央、国务院有关领导出席了试点工作会。朱镕基、吴邦国、邹家华同志在会上做了重要讲话。会上还分别讨论了会议文件印发的《建立现代企业制度的试点方案》、国家经贸委制定的《深化企业改革搞好国有大中型企业的规划和意见》。国家体改委副主任洪虎对《试点方案》制定的过程及试点主要问题做了说明，国家经贸委副主任陈清泰对《规划和意见》做了说明。《国有企业财产监督管理条例》的贯彻与建立现代企业制度工作密切相关，也是国务院召开的现代企业制度试点工作会议的一项重要内容。陈清泰还就《监管条例》的组织实施，做了题为《认真贯彻实施〈监管条例〉，切实加强国有企业财产的监督管理》的讲话。来自全国各省市区、计划单列市主管经济工作的副省长（副主席、副市长），经贸委（经委、计经委）主任、体改委主任以及中央和国务院有关部门、单位负责人，百户试点企业主要负责人等 500 余人参加了会议。

专栏 8 – 5

国务院领导的讲话要点

朱镕基副总理讲话——三句话 12 个字：全面理解，突出重点，相互结合。

1994 年 11 月 2 日，朱镕基副总理在《全国现代企业制度试点工作会》上讲话，他提到试点中几个值得注意的问题：

一是全面理解。十四届三中全会四句话"产权清晰，权责明确、政企分开、管理科学"。中国国企改革是要强调以公有制为主体，不是私有化。不要只强调"产权清晰"，国企不要把所有企业都搞股份制，都上市，不能搞以集资为目的的公司制改造，以倒腾赚钱为目的的股份制。

二是突出重点。关键有三点：第一是政企分开；政企不分开，国有企业绝对搞不好，加强领导班子建设，管好班子，坚持厂长负责制。发挥企业党组织的政治核心作用，全心全意依靠工人阶级。第二是抓企业内部管理，眼睛向内练内功，从严要求，把基础制度恢复起来。第三是逐步建立社会保障体系。这是深化国企改革的最重要的配套政策。要妥善安置破产企业的人员，工人的基本生活要有保障。国企亏损面大的一个主要原因是富余人员太多，解决的路径一是不让企业办社会，二是退出市场；《破产法》推不开的原因之一，主要是工人安置问题。这些都需要有配套政策，工人的基本生活要有保障。包括养老、失业、医疗、住房等保障制度，经国务院多次研究，中央财经领导小组协调，方案已经成形了，准备先试点再推广。养老保险金要进行更大范围的推广。

三是相互结合。要把企业改革、行业调整、企业技术改造结合起来，把现代企业制度建设与贯彻《监管条例》一起进行，不能单打一。

会议的重点。国务院几位领导多次强调的重点，一是要全面把握现代企业制度的内涵，明确试点的主要内容，特别强调产权清晰、权责明确、政企分开、管理科学，是互为因果、互为条件的关系。要求试点中要把这四项特征都体现出来，才能从根本上解决国有企业面临的深层次问题。二是要在试点中要坚持发挥党组织的政治核心作用，探索、完善新的企业领导体制下如何发挥党组织政治核心作用的形式和途径以及公司体制下职代会和工会实施民主管理的有效办法，理顺"新三会"与"老三会"的关系，为建立新型的企业领导体制开拓一条道路。三要依靠企业自己而不能依赖政府，不能靠优惠政策。试点企业要在认真学习、弄懂改革目的的基础上，切实把注意力转变到改革的思路、方式和方法上，重点从体制上、机制上解决问题，做到政企分开，转变机制。四要制订细致的改革方案。政府的责任要转到以创造外部环境和改制指导为主，这样才能真正保证试点有推广的价值，起到作用。国务院领导同志要求各地区各部门主要领导要解放思想，创造条件，以"三个有利于"为标准，深入实际调查研究，总结经验、鼓励和支持试点企业大胆探索，要制定政策、办法和措施，加强指导，积极稳妥地推动工作健康发展，争取在两年内试出成果。

国家经贸委主任王忠禹在会上的讲话中，重点阐述了试点中特别需要关注的重点和难点。

在会上还下发了《关于深化企业改革搞好国有大中型企业的规划和意见》。《意见和规划》提到，"国有企业改革的战略目标是：本世纪末，要使国有大中型企业基本建立起与社会主义市场经济体制相适应的经营机制和现代企业制度框架，在社会主义市场经济中发挥主导作用"，再次凸显了建立现代企业制度对于国有企业改革的重要意义。

（七）试点工作的组织与部署

正是在这次会议上，国务院决定试点工作由国家经贸委牵头，会同国家体改委等有关部门和单位具体组织实施工作。为了掌握宏观改革配套情况，为经济体制改革的完善摸索经验，决定由国家体改委负责联系百户试点中的 30 户企业。会议要求国家经贸委按照国务院的部署，与有关部门一道及时研究和协调试点中遇到的问题，提出解决的措施和办法，对试点中的经验进行适时总结和交流。还决定建立由国家经贸委主持的联席会议制度，以研究制定试点工作中遇到的问题，研究相关政策措施，加强协调。联席会议成员包括：国家计委、国家体改委、财政部、人事部、劳动部、外经贸部、中国人民银行、审计署、国家税务总局、国家工商局、国有资产管理局、国家证券委、中国工商银行、中央组织部和全国总工会等 15 家单位各一名负责同志参加，并指定一名司局长作为联络员。国家经贸委由王忠禹、杨昌基、徐鹏航、陈清泰组成工作班子，日常工作由陈清泰负责，国家体改委、国家计委、财政部、中国人民银行联络员参加。

会议要求国务院各部门和地方都要围绕企业改革这一重点加强配合，为推动试点工作行使好各自的责任，在自己所管辖的工作内，结合各自的实际，认真研究，有所改革，有所突破、有所创新。要本着灵活务实态度，抓紧制订试点的细化方案，对内容可以补充调整，有关政策出台可以有先有后，对突破口的选择可以各有侧重；加强跟踪调查和分类指导，要深入试点企业，及时掌握、发现和解决出现的新情况、新问题，总结试点经验和典型，组织交流和推广。与此同时还要继续加强理论探索，广泛借鉴国内外的成果，精心组织、抓紧制定配套文件。

之后试点工作的各项配套政策基本确定，现代企业制度试点进入实施阶段。

三、攻坚克难：新制度与老国企对接

"'九五'前期要集中力量抓好建立现代企业制度的试点，做到点面结合，因地制宜，分类指导，配套推进，务求在难点上取得突破。""要加快现代企业制度建设，转换国有企业经营机制。按照政企分开、出资者所有权与法人财产权分开的原则，建立与社会主义市场经济相适应的国有资产出资人制度、法人财产制度；明确资产所有者、经营者和劳动者的权力、责任和义务，以及激励和约束相结合的机制"。

——《中华人民共和国国民经济和社会发展"九五"计划和2010年远景目标纲要》（十四届五中全会　全国人大八届四次会议通过）

（一）最高层的亲自参与和推动

建立现代企业制度，就是要将传统的国有企业改造成为与国际接轨的现代公司制企业，不仅意义深远，难度极大，也是一项涉及面极广的系统性改革，没有决策层高度重视和亲自推动，是不可能顺利推进的。1995年，江泽民总书记先后到上海、江苏、浙江、辽宁、吉林、黑龙江等地，考察了近50家企业，召集了10多次座谈会、汇报会，听取国有企业改革情况，1995年5月22日、6月26日还分别在上海、长春召开专门会议，研究推进和搞好国有大中型企业改革与发展问题。《人民日报》以大篇幅全文刊发了江泽民同志在这两次座谈会上的讲话。江泽民在讲话中专门谈到，建立现代企业制度是我们十几年来经济体制改革经验的总结和理论发展，要坚持这个改革的方向，全面准确领会和贯彻现代企业制度的几个基本特征。同时作为企业改革的重大探索，试点工作要大胆去试、大胆去闯，要坚持从实际出发，不要一股风、一刀切，搞一个模式。不同企业、不同地区，改革侧重点可以有所区别。重点是解决好政企不分、国有资产管理和监督、建立社会保障体系和企业负担过重等问题。在1995年中央经济工作会讲话时，江泽民再次强调，1996年加快国有企业改革，首先就是要切实抓紧建立现代企业制度的试点。李鹏总理、朱镕基副总理等国务院领导也多次深入到试点企业进行视察，指导工作。李鹏总理在浙江视察时，专门到杭州动力机械厂（下称杭动）了解试点情况。朱镕基副总理也专门到山东诸城了解国企改革与改制情况。吴邦国副总理在1995年10月9日召开的全国企业改革试点工作经验交流会上，要求政府要处理好改革、发展、稳定的关系，做好规划，为企业改革、进入市场创造条件。

（二）关键在于新旧制度的转换

现代企业制度与市场经济一样，在中国现实的经济生活中不仅缺乏实践和理解，问题还在于试点是在旧体制即传统国有企业的基础上进行，而传统的国有体制不可能连根铲除，只能进行改造，将其装入现代企业制度的框架中，因此，实际上试点工作如同器官移植的手术，需要将新旧制度进行对接，也难免会遇到不适应而出现排异反应。这样的改革比起重新建立新制度要难得多。

为了确保试点符合现代企业制度的要求，《试点方案》印发后，国家经贸委通过各种座谈会、研讨会、举办培训班等方式对现代企业制度及试点进行宣贯。据统计，1995 年百户试点企业期间，有关方面共举办了 825 期现代企业制度方面的培训班，参加人数达 87000 人次。在统一思想认识的基础上，有关部门还组织人员深入基层一线，与试点企业及地方政府一道研究、编制试点实施方案，总结经验，协助解决重点与难点问题，及时反映试点中出现的新情况、新问题，研究有针对性的办法和措施。1995 年 5 月，重庆钢铁公司、大冶钢铁厂、杭州动力机械厂、唐山碱厂等第一批试点企业的实施方案获得批复。当年 9 月前有 13 家企业挂牌正式运行。到 1996 年 6 月，98% 的百户试点方案获得批复。试点工作进入实施阶段。

1. 试点从规范起步

1995 年，为明确试点工作的目标和方向，确保试点规范运作，国家经贸委连续印发了三个文件：2 月 25 日下发《关于国务院确定的百户现代企业制度试点工作的组织实施意见》（国经贸［1995］56 号），6 月 5 日下发《关于国务院确定的百户现代企业制度试点企业（实施方案）论证、审批工作的指导意见》（国经贸企［1995］242 号），11 月 21 日下发《关于国务院确定的百户现代企业制度试点工作操作实施阶段的指导意见》（国经贸［1995］706 号），这些文件就操作实施的各项具体工作，如试点工作程序、时间安排、组织领导、试点要求等进行安排部署。与此同时，国家经贸委还加强了对各项工作的跟踪检查，了解试点进度，力图做到改革的每一个步骤和进程都置于合理的安排与有效监督之下。

专栏 8-6

实施操作阶段的主要任务

1. 进行国有资产清查和资产评估。国有资产管理部门确认评估结果，办理资产登记手续。

2. 明确国有资产投资主体，实行新的国家对试点企业的管理方式。

3. 进行资产重组，核实法人财产占用量。

4. 清理和明确债权债务。

5. 进行人员重组，分离并安置富余人员。

6. 建立符合《公司法》规定的法人治理结构。

7. 依照《公司法》及配套法规中对设立有限责任公司、股份有限公司和国有独资公司的要求，分别办理申请、登记注册手续。

8. 落实技术改造措施，开发新产品，强化市场营销。

9. 按照《实施方案》对公司的管理体制实施改革。

10. 建立健全各项管理制度，加强内部管理，降低生产成本，提高企业的市场竞争能力和企业效益。

（摘自《关于国务院确定的百户现代企业制度试点工作的组织实施意见》（国经贸［1995］56 号））

为避免试点走样，1996 年 3 月 29 日国家经贸委下发了《国务院确定的百户现代企业制度工作试点阶段目标要求》（国经贸企［1996］378 号）。《目标要求》是对十四届三中全会《决定》和《试点方案》主要内容的具体化，十分详细地将"产权清晰、权责明确、政企分开、管理科学"四个基本特征分解成 20 条具体要求，作为规范试点的依据。这个目标是阶段性要求，尽管与最终理想化目标有较大差距，但却是试点中必须要达到的一个规范的要求。

2. 试点的生命力在于从实际出发

制订实施方案是试点工作的关键一环。在上述文件指导下，各试点企业对本企业基本情况、存在问题进行全面梳理，结合本地区、本部门及企业的实际，明确工作指导思想和企业发展的总体目标，提出各自在进行试点中要着力解决的关键和重点，以此确定试点内容，然后再着手制订试点实施方案。一般来说，试点方案内容包括如下几个方面：明确国有资产投资主体、明确授权经营的国有资产范围、各自职责，以及企业与政府关系，建立改制后公司的组织体制框架及资产经营形式、规范的法人治理结构，制定转换经营机制的办法和措施，明晰企业"三改一加强"（即改组、改造和加强管理）的目标和内容，确定分流富余人员、分离企业办社会职能的目标与措施，加强党组织建设与领导，发挥工会与职工参与民主管理等，同时试点方案中还提出需要政府部门协助解决的问题以及对试点的工作计划、进度安排与具体目标要求。在制订实施方案的同时，有的企业根据自己选择的公司制改造的形式，分别制订出了本企业国有资产授权经营试点方案、改制为国有独资公司方案，并按照新颁布的《公司法》的要求，重新规范确定本企业的《公司章程》，以制度的形式固定公司制改革。

3. 典型引导解难题

现代企业制度试点在1995年全面铺开，到1996年工作进入关键的实施阶段。国家经贸委对试点情况进行了及时跟踪和总结，对实际操作中大家颇感棘手的热点与难点问题采取了用典型经验引领试点的办法。两年中，国资委还先后在大连、上海、青岛召开国有企业改革及试点工作座谈会，通报试点工作进度，组织经验交流，对试点中的难点和热点问题进行梳理，研究解决办法和对策。1995年5月，国家经贸委在上海召开全国企业改革试点工作现场交流会，会上总结推广了上海等试点城市和试点企业的典型经验，下发了一批可操作的政策性文件。

1995年10月，国家经贸委在青岛召开了第二次全国企业改革试点工作会议。国务院副总理吴邦国同志到会并讲话。会上组织交流了18个典型经验，从不同方面介绍了在进行试点探索中的一些做法和经验，如后来被广为借鉴的上海采用"六个一块"（即主体多元吸一块、存量盘活调一块、债权转股换一块、兼并破产活一块、企业发展增一块、政府扶植补一块）办法降低企业债务的做法，唐山碱厂"拨改贷"资金转为国家资本金，实现投资主体多元化的做法，山东推行"三放两不放"（"三放"即放开生产经营、放开改制形式、下放干部管理权限。"两不放"即不放对国有资产的监管、防止流失，不放依法经营和照章纳税）以及山西太钢、重庆的重钢实行"分离分流"的经验等。会议进一步开阔了试点的思路，使与会者深受启发，有力推动了各地试点工作的深入。

1996年3月29日～31日，国家经贸委在大连召开了第三次有关现代企业制度试点的工作会议。这次座谈会历时三天。陈清泰同志在会上就前期的试点工作整体进展情况进行了总结，对试点进入实施阶段的工作进行了全面部署。会上邀请河北邯郸钢铁公司介绍了他们模拟市场核算，实行成本否决的成功经验，同时还推出了重庆市政府、重钢、太钢、徐工、瓦轴等企业一年以来开展试点工作的情况、体会和做法。与会同志还对会议提交的《国务院确定的百户现代企业制度工作试点阶段目标要求》等两个文件进行讨论修改。大连会议后，国家经贸委进行了一次抽样调查，结果显示有2/3的试点企业对照指导目标要求，制订了具体实施计划，明确了各项具体工作的时间、责任单位和责任人，从组织上保证了试点工作落实到位。

专栏 8 - 7

现代企业制度的核心内容

现代企业制度的核心内容：一是完善的企业法人制度，二是严格的有限责任制度，三是科学的企业领导体制与组织制度。建立完善的企业法人制度的关键，是确立企业法人财产权，使企业真正成为独立享有民事权利、承担民事责任的法人实体。严格的有限责任制度包含两个方面的内容：一是出资者以其出资额为限，对企业债务承担有限责任；二是企业以其全部的财产为限，对债务承担有限责任。科学的企业领导体制与组织制度是指企业建立既相互独立又相互制约、协调的权利机构、决策机构、执行机构和监督机构，成为企业进入市场、独立经营的有效组织保障。

全面理解现代企业制度有三点值得特别注意，一是要防止把现代企业制度片面理解为股票上市、内部集资，或把企业翻牌为公司；二是公司制是现代企业制度的典型形式，但不代表所有企业都要搞成公司；三是建立现代企业制度是一项系统工程，必须将改制、改造、改组，加强管理及解决目前企业存在的重点、难点问题结合起来进行。

（王忠禹在"全国建立现代企业制度试点工作会议"上的讲话）

（三）"条条大路通罗马"——丰富多彩的试点实践

实践出真知，试点试出智慧。理论要与实践相结合，才能趟出一条路。面对试点中涉及的一些难点问题，各地各部门充分解放思想，结合实际，发挥聪明才智，大胆实践，努力尝试，勇于创新，走出了一条自己的路。

1. 多种形式的公司制改造

试点中对企业改制路径的选择多种多样，有的是将企业改制为多元股东持股的有限责任公司或股份有限公司，如唐山碱厂将中央和地方的"拨改贷"转为"贷改投"，形成了由国家开发投资公司、河北省建设投资公司、河北省经济开发投资公司及唐山市经济开发投资公司等四家股东持股的有限责公司，实现了投资主体多元化，企业的负债率也从 90% 降为 59.5%。也有的是改制为国有独资的集团公司，由新组建的国有独资集团公司作为投资主体，将生产主体部分地改制为股份有限或有限责任公司，如重钢、杭动、扬子电气、武汉锅炉、徐工、西北轴承、上汽等。其中扬子电气、武汉锅炉、徐工集团、长春汽油机、西北轴承等获得了 A 股上市额度，建工集团等发行了 B 股。有的是直接将企业改制为混合控股的国有独资公司，如烟台合成革、太钢、湖北化纤、秦川机床等企业。还有的把原行业主管厅局"转体"改制为单纯控股的国有独资公司，如青岛益青、湖南物资等，成为控股公司，来从事对国有资产的经营。也有对企业实施解体，如上海无线电三厂。在公司制改造中，这些企业大多都明确了国有资产投资主体，按照《公司法》的规定，建立了由股东大会、董事会、监事会、经理层组成的公司治理结构；改造为国有独资公司的，则由政府向其派出监事会，对国有资产保值增值实行监督。大多数改制企业建立了以产权为纽带的母子公司体制，子公司改建为多元股东持股的有限责任公司或股份有限公司，按照公司制组织形式吸纳社会资本，用以本企业发展。

2. "给动力、卸包袱"——增资减债

各地本着有利企业改革，有利经济发展的原则寻求破题之道：如将企业实际上缴的所得税、属地方部分的增值税以及城建税等返还一定比例给企业作为国家资本金；或者是将地方的财政性借款、欠缴的"两金"、集中的折旧以及"拨改贷"转为国家资本金；还有的在企业的资产负债率下降到合理比例之前，将企业税后利润或国有资产收益留给企业，用于增加国家资本金；也有的允许企业加速折旧，等等，以此解决企业"无米之炊，无水之源"的历史问题。百户试点企业的平均资产负债率比1994年下降了2.11个百分点，最多的下降了10个百分点以上。

3. "企业的瘦身健体"

（1）剥离社会职能。这道需要政府与企业共同努力破解的题目，关键是要"分得出、接得住"。有的地方和企业已有所突破：在实践操作中一般大都采取"先分后离"两步走的方式，即先将社会职能独立出来，实现自收自支，逐步减少费用支出，待条件成熟后再使拟分离对象最终从母体脱离出来。一些条件具备的城市，直接采取了企业剥离后交地方政府接收承担的方式，实现了一步到位，如重钢、长春汽油机、沈阳机床等企业已将自办的中、小学校剥离出来移交给所在城市政府。对于那些暂不具备一次分离条件的企业，也与政府有关部门协商过渡期限和办法。太钢在太原市政府的支持下，通过政府和企业共同管理，共同出资，实现了将汽车运输公司、电讯公司等19家单位，约1.7万人的分离。

（2）分流安置职工。"人往哪里去"是横在企业改革面前的最现实、也是最棘手的问题。在多渠道分流富余人员实践中，试点企业一般采取以下几种方式：一是生产性安置，即开发新的生产项目，兴办各类企业，创造新的就业岗位来安置富余人员。二是政府和行业安置，如新建企业优先招收老企业富余人员，或者在企业间搞劳务输出，调剂余缺。三是鼓励职工自谋职业。四是提前离岗退养。五是分流到社会，进入劳动力市场。据统计，试点以来，百户试点企业分流安置富余人员9.3万人，占职工总数的6.1%，其中，分流到社会的6006人，占已分流富余人员总数的6.5%。1994年年初，18个城市国有企业共有职工1469万人，试点以来，下岗分流了240万人，占职工总数的16.3%，这中间有1/4采取了生产性安置的办法解决，实现了"无情分流、有情安置"。

重视职工参与改革。百户试点企业制订的实施方案都须经职代会讨论通过，这是试点方案获得通过的必要的前提条件。试点中，职工参与改革积极性十分踊跃，在杭动职代会对实施方案的无记名投票中，获得了93.5%的支持率。

4. "国企能生也能死"

试点中，各地还原企业的经济主体本质，以经济的方式解决企业的问题。企业破产兼并工作在18个"优化资本结构"试点城市推开。1995年，18个城市中有161户企业已经破产终结或正在进入破产程序，改变了长期以来国企"能生不能死"的状态，为国有企业在市场中优胜劣汰打开了一条通道。此后，政策性破产逐步形成一整套政策体系，一举解决了在体制还不完善、法制不太健全的条件下，国有企业的有序退出问题。

5. 换种方式"管"国企——转变政府职能

政企分开、政资分开，转变政府管理企业国有资产的方式，是现代企业制度建立中的重要命题之一。一些改革开放较早、经济较发达的地区对国有资产管理体制改革进行了积极探索，尝试以建立国有资产经营公司的形式管理和经营国有资产。上海市按照江泽民同志关于上海要率先建立现代企业制度的指示，提出了三年工作规划，制定下发了12个配套文件，成立了国资委作为国有资产管理主体，将全市18个工业主管局改制成控股公司、资产经营公司，并将一些大企业经过资产重组改建为大型企业集团，经国资委授权后成为国有资产的运营机构。上海还实行企业干部的分类管理，把党管干部原则与出资者选择经营者、市场竞争凭借经营者有机结合，取得了突破。改革开放前沿的深圳市组建了三家市级国有资产经营公司。国有资产经营公司在重庆、长春等地也都得到不同程度的突破。

（四）三家国家控股公司参与试点

100家国家确定的企业、上千家地方确定的企业，现代企业试点工作在如火如荼展开。而国家控股公司的试点则在高层关心下紧锣密鼓推进。

为推进政府机构改革，一些政府行政管理部门提出了要改组为行业性控股公司的方案，将原行业内大型企业和企业集团改组成为这些行业控股公司的子公司。控股公司如何设立，特别是是否设立行业性控股公司成为各界争论的焦点。《企业研究参考》刊文提出，"国家授权投资的机构"是经营国有资产的企业，最基本的要求是企业化的运营机制和资本经营的能力。我国有可能进行改组的是行业管理部门、行业总公司和大型企业集团。建议行业管理部门改组为控股公司的试点与赋予大型企业集团以国有资产经营权的试点统筹考虑①。

经过多方考虑和研究，最终，国务院确定将中国航空工业总公司、中国石油石化总公司和中国有色金属工业总公司选为进行控股公司的试点企业。

1996年6月20日，李鹏总理主持召开总理办公会，讨论中国航空工业总公司、中国石油石化总公司和中国有色金属工业总公司进行试点问题。会上，吴邦国副总理汇报了国家控股公司试点的根据和意见，以及制订试点方案的有关情况，着重介绍了国家经贸委关于试点方案的四点意见和有关综合部门的意见。会议议定：（1）同意继续搞好三家控股公司试点。（2）国家对三家公司授予其所属资产经营权。三家公司改制成国家控股公司后，名称不变。为慎重起见，国家控股公司的改造在取得经验前不推广。（3）改制公司总体原则是权力下放，控股公司主要负责重大决策、干部管理以及在一定范围内对行业结构进行调整职能，同时要承担国有资产保值增值责任。（4）三家公司对下属具备条件的特大型企业实行国有资产再授权。被授权企业的收益不上交控股公司，用于再投入，但控股公司可以引导其投资方向。（5）控股公司原行业管理职能要逐步移出。会议同时确定，有关三家企业试点的方案由吴邦国同志负责，以国务院名义逐个审批，之前，由国家经贸委牵头，会同有关综合部门进行审核。②

6月27日，吴邦国同志对三家国家控股公司的改制试点做出了指示，要求成立一个由经贸委牵头的工作小组，迅速召集三家公司就贯彻总理办公会精神抓紧修改试点方案。7月12日，吴邦国同志主持召开有国家计委、经贸委、体改委、财政部、中国人民银行、国务院研究室、人事部、国资局及中国石化总公司、中国航空工业总公司、中国有色金属工业总公司等三家试点企业负责人参加的会议，专门研究国家控股公司试点有关问题。会上，陈清泰就贯彻国务院第111次总理办公会议精神和试点准备工作情况做了汇报，有关综合部门和三家试点企业负责同志发了言。吴邦国强调：（1）要认真贯彻总理办公会议精神，通过三家试点取得经验，再逐步深化。（2）请三家公司按照《纪要》的要求修订原试点方案。要从实际出发，对具备条件、能独立经营的企业集团实行再授权；试点中应暂维持现有利益格局不动，以免因进行试点而增加企业负担；对被授权企业转让存量资产收入留在企业，逐步进行规范；在领导体制设计上，可先实行

① 中国企业管理协会、中国企业家协会、企业管理科学基金会主办：《企业研究参考》，1996年4月4日第13期。
② 摘自国家经贸委办公厅《工作动态》，1996年7月2日第56期。

外派监事会，总经理负责制作为过渡。方案原则是宜粗不宜细，先试起来。会议决定，具体的试点工作由经贸委牵头，有关部门参加，组成工作小组，在第三季度内完成。[①]

试点工作如期推进。国务院于 1996 年 11 月 5 日下发了《关于中国石油化工总公司进行国家控股试点的批复》（国函〔1996〕97 号）。《批复》确定中石化为国家授权投资的机构，采取国有独资公司形式，对其直属、参、控股等企业行使出资人权利，对有关企业享有资产收益权。资产收益，由中石化用于国有资本的再投入和进行结构调整。暂不设董事会，继续实行总经理负责制。国务院向中石化委派监事，按照新颁布的《国有企业财产监督管理条例》对中石化经营管理进行监管。同时，国务院在《批复》中确定石化总公司再授权北京燕山石油化工公司、扬子石油化工公司（以下简称再授权企业）对有关国有资产进行经营和管理，中石化总公司按照《国有企业财产监督管理条例》的规定，对再授权企业的财产经营管理实施监督。暂时保留中石化总公司的部分行政管理职能和国务院规定的有关工作；对国家有关计划、经贸、财政、金融、国有资产、劳动工资管理等，暂仍按原有渠道办理。国家根据体制改革的进程，再逐步对控股公司承担的行政管理职能进行改革和调整。

专栏 8 –8

国务院对中国石油化工总公司进行国家控股公司试点方案的批复要点

一、原则同意中国石油化工总公司（以下简称石化总公司）进行国家控股公司试点的方案。国务院确定石化总公司作为国家授权投资的机构，对其现有直属企业、控股企业、参股企业（以下简称有关企业）依照《中华人民共和国公司法》行使出资人的权利，对石化总公司以及有关企业的国有资产依法进行经营、管理和监督，并相应承担保值增值等责任。在国家宏观调控和监督管理下，石化总公司依法自主进行各项经营活动。

二、国务院向石化总公司委派监事，组成监事会，按照《国有企业财产监督管理条例》的有关规定，对石化总公司国有资产的经营管理实施监督。

三、石化总公司采取国有独资的形式，暂不设董事会，继续实行总经理负责制，总经理为法定代表人。总经理、副总经理按现行办法任免。

---

① 摘自国家经贸委办公厅《工作动态》，1996 年 7 月 16 日第 61 期。

四、石化总公司作为出资人，对有关企业享有资产收益权。目前，石化总公司与有关企业，以及与国家财政之间的利益格局暂维持现状。石化总公司的资产收益，由石化总公司用于国有资本的再投入和进行结构调整。国家可通过法定程序对资产收益予以调用。

五、石化总公司要适应资本经营的特点，建立高效精干的内部管理机构。在试点中要着眼于转换企业经营机制，逐步构建符合现代企业制度要求的公司体制，在现有直属企业中建立科学的管理体制；要根据国家产业政策的要求，通过资本经营等手段，对有关企业的组织结构和产品结构进行调整，增强整体竞争实力。

六、国务院确定石化总公司再授权北京燕山石油化工公司、扬子石油化工公司（以下简称再授权企业），对有关的国有资产进行经营和管理。

石化总公司按照《国有企业财产监督管理条例》的规定，对再授权企业财产的经营管理实施监督。再授权企业依法改建为国有独资公司，其存量资产转让收益暂不上缴，留给企业作为国有资本再投入。石化总公司对再授权企业税后利润暂按现行办法收取。

七、石化总公司暂保留部分行政管理职能，继续对现有直属事业单位进行管理，包括对国有资产的监督和管理，继续承担国务院规定的原油、成品油统一配置的有关工作；对国家有关计划、经贸、财政、金融、国有资产、劳动工资管理等，暂按现行渠道办理。国家根据体制改革的进程，逐步对控股公司承担的行政管理职能进行改革和调整。

八、为进一步推动国家控股公司的改革与发展，国务院有关部门要进一步研究在投资、融资、产权转让以及国有土地使用权管理等方面赋予石化总公司必要的权限。具体办法按照有关规定另行报批。

九、石化总公司现有名称不变。

国家控股公司试点是一项涉及面广、政策性强的工作，石化总公司要抓紧组织实施，积极研究制定章程，逐步对试点进行规范。要注意调动各方面的积极性，分步骤、分阶段地稳步推进。试点工作中涉及有关政策问题，由国家经贸委、国家体改委会同有关部门进行协调，必要时报国务院决定。进行国家控股公司试点的具体方案，由国家经贸委、国家体改委根据本批复精神修改后印发。

四、进入深水区的启示

1994 年年底国务院开始选择 100 户进行试点，各地区、各部门随后也相继选择了一批企业进行试点，据统计，到 1998 年全国各级共有 2714 户企业进行了试点工作。在这四年中，经过上下各方面共同努力，试点工作基本达到了预期目的。按计划，1997 年年底百户试点工作结束，不再组织新的试点，转入正常的规范过程，成熟一家，改制一家。随后，党中央、国务院提出争取用三年时间逐步对大多数国有大中型骨干企业进行改制，初步建立现代企业制度的基本框架。

国家经贸委从 1997 年年初开始，组织力量对现代企业制度试点情况进行认真的总结。从 1997 年 4 月 15 日完成第一稿，其后 11 易其稿，直至 1999 年 8 月 30 日第 11 稿完成。由此可见，对现代企业制度试点进行总结的过程伴随着国企改革中不断出现的新情况、新问题在不断完善，在不断地调整和深化。试点的实践，不仅明确了国有企业改革的方向，也找到了实现改革目标的路径和配套的政策措施，从此国企改革的制度创新开始步入规范的轨道。

（一）试点的收获

1. 试点企业初步完成公司制改革

100 户试点的企业中，原来有 74 家独立的工厂制企业，另有 26 家为行政性总公司和行业主管局。试点后，百户企业中有 93 户改制为公司制企业，其中 70 户由工厂制改制为国有独资的集团公司，在明确国有资产投资主体、理顺集团内部母子公司体制后，生产主体或子公司的投资主体实现了多元化。

与此同时，在国家层面的试点之外，由各地区和部门选择，进入试点范围的 2714 家中，共有 2066 户企业实现了改制，其中有限责任公司 712 户、股份有限公司 700 户、国有独资公司 654 户。根据国家统计局企业调查总队 1998 年的跟踪调查，全国 2714 家试点企业的情况是：

——多数试点企业初步完成了公司制改革。按《公司法》初步建立了公司制的企业有 2066 家，占 76.1%，资产总额为 29853 亿元，占 73.4%。其中，有限责任公司 712 家，占 34.4%，资产总额占 31.7%；股份有限公司 700 家，占 33.9%，资产总额占 19.3%；国有独资公司 654 家，占 31.7%，资产总额占 49.0%。

——国有控股企业占绝大多数。改制企业中，国有控股企业 1841 家，占 89.1%，资产总额 28548 亿元，占 95.6%。其中，国有绝对控股企业 1581 家，占 76.5%，资产总额占 90%；国有相对控股企业 260 家，占 12.6%，资产总额占 5.6%。

——大中型企业占绝大多数。改制企业中，大中型企业 1943 家，占 94%，资产总额 28481 亿元，占 95.4%。其中特大型企业 130 家，占 6.3%；大型企业 1280 家，占 62%；中型企业 533 家，占 25.8%。

——工业企业占七成以上。改制企业中，工业企业 1535 家，占 74.3%，资产总额 21940 亿元，占 73.5%。其余依次是，批发零售贸易类 309 家，占 15%；建筑业 63 家，占 3%；运输邮电业 36 家，占 1.7%；房地产业 27 家，占 1.3%；其他行业 96 家，占 4.7%。

2. 国有资产投资主体逐步明确

现代企业制度内涵的第一条就是产权明晰。一直以来，我国国有企业的出资人主体是不明确、不具体的，因此建立现代企业制度，必须首先明确企业的出资人主体。有了具体的出资人主体，权责才能明确，国有资产保值增值的责任才能到位。试点企业和有关部门、地方在塑造国有资产经营主体方面，力图通过多种形式建立国有资产经营机构，明确保值增值责任。如将原行使管理职能的行政性公司转体为国有资产经营公司，或将原行使行业管理职能的行政性公司转体为具备出资者职能的经济实体；或对具备条件的企业集团实行国有资产授权经营，使集团公司成为授权范围内企业国有资产的出资者，构建母子公司体制；一些地方还成立了专门的国资管理机构履行出资人职能。尽管在实际中这些形形色色的出资人主体很多都不够规范，也没能完全做到有效行使出资人的职能并承担相应的风险责任，但至少在国有企业中确立了企业的出资人概念并有了制度的雏形，这为以后全国建立统一的出资人制度提供了一定的基础。

3. 初步建立公司法人治理结构

传统的国有企业一般都是党委领导下的厂长（经理）负责制。问题是表面上集体决策实际上一人说了算，最终结果是决策无人负责。改制为现代公司制企业后，按照《公司法》的规定，则必须建立企业董事会等法人治理结构，试图以三层架构使之各司其职、各尽其责。在百户试点企业中，有 84 户设立了董事会，72 户设立了监事会，各部门、各地区已实行公司制改造的 2066 户试点企业中，93.5% 的企业已设立董事会，83.6% 的企业成立了监事会。69% 以上的总经理采取由董事会聘任方式，53% 的股份有限公司和有限责任公司成立了股东会，大部分试点企业的总经理可以行使《公司法》赋予的职权。尽管此时的董事会大多数还不是真正意义上的董事会，但公司治理结构已经开始受到企业的重视，至少按《公司法》的要求，在形式上有了相互监督、制约机制的框架，公司治理的新制度开始逐步替代权责不清的旧体制。

4. 企业内部的机制加快转变

在建立现代企业制度的过程中，企业通过减人增效、改革劳动用工和分配制度，逐步向适应市场的方向转变。到 1996 年年底，依照《劳动法》，100 户试点企业与职工重新签订了劳动合同，建立了新的劳动关系，企业合同工比例已达83％，52％的试点企业的职工取消了干部职工的身份差别，部分企业在管理人员中推行竞争上岗的方式，开始形成"能上能下"的新机制。长期存在于国有企业中的"三铁"（铁饭碗、铁工资、铁交椅）成为公认的改革对象。在试点中，大多数企业通过改制，积极推动内部经营机制的转换，狠抓企业内部科学管理：抓企业的经营发展战略；建科学的领导体制与制度，以提高市场竞争力为目标，不断优化企业内各项生产要素的组合，完善各项管理制度，在注重实物管理的同时，开始向注重价值形态管理，注重资产经营、注重资本金积累，注重开发人力资源等经营要素方面转变，企业内部的制衡机制也在逐步形成，新的决策运行体制发生变化，职能机构重组、人员精简力度加大，三项制度改革悄然兴起，为提高企业效率和市场竞争力创造了条件。

5. 积极探索建立企业平等参与市场竞争的途径

在如何通过建立现代企业制度，减轻企业的历史包袱和社会负担，增资减债、分离分流方面取得了积极的成效。百户企业在试点期间，在各级政府的支持下，企业采取多种形式分流富余人员 11.7 万人，占富余人员总数的 65％。2066户地方和部门的试点企业分流职工 61.1 万人。在分离企业办社会方面，到 1996年年底，百户试点企业共分离学校 31 所，医院 4 所。重港、长春汽油机、沈阳机床厂等企业已将所办的中、小学校移交给所在城市政府。众多暂不具备一次分离到位条件的企业，也与政府有关部门协商制订了过渡的期限和办法。百户试点企业的资产负债率由试点前的 67.6％下降到 1997 年年底的 64.1％。2066 户地方部门的试点企业，资产负债率平均下降到了 59％。

1994 年开始的建立现代企业制度的试点工作，经过几年的探索和实践，使全社会对建设社会主义市场经济理论有了更深刻的认识，从理论和实践上加深了对建立现代企业制度重要意义的理解。在试点中也进一步明确了建立现代企业制度所应具有的必要条件，如多元化的融资渠道，存量资产通过市场实现跨地区、跨部门、跨所有制的流动和重组，权责明确的国有资产管理、监督和运营体系，劳动力市场的发育程度，职工能进能出的就业和再就业制度的形成，社保体系建立，经理人的劳动力市场的发育，择优录用、竞争上岗的机制形成，政府职能基本转变，形成统一、开放的市场体系等，同时也厘清了企业改革进程中必须面对和解答的难点问题，如富余人员分流与再就业，改革成本支付，政府机构改革和政府职能转变，党组织、工会在现代企业制度中的地位和作用等。实践证明，现代企业制度建立这项改革充分体现了"国有企业改革是经济体制改革的中心环节"的内涵及意义所在。

（二）待解之结

回首现代企业制度建设的道路，现在才真正体会到何谓"任重而道远"。当初的改革留下的很多遗憾、缺失，时至今日仍然是改革的未竟之业。这些未解之结，既有外部环境方面的制约，也有企业难以逾越的先天不足。现代企业制度的发展虽然已有数百年的历史，但对今天的中国企业来说仍然需要加深对这项事物的理解和认识。在试点中绝大多数企业仅仅是简单地将原来的工厂制在形式上改成了公司制，还不能做到着眼于打造公司制企业的内在体制和运行机制，即仅具其表，未得其神。令人遗憾的是，由于种种原因，试点开启的改革并没有如愿地继续并深入地推进下去，直到今天，也依然存在许多未解之结。归纳起来，比较突出的有：

（1）公司法人治理结构不完善。法人治理结构是现代企业制度的灵魂。而试点中的企业一开始就没有真正严格遵循制度的规则，而是采取了各种变通的做法来回避矛盾。比如许多的试点企业国有资产出资人没有真正到位，采取董事会与经理层一套人马，董事长、总经理"一肩挑"，本应相互监督、相互制约的层面，人员配置却高度重合，企业的"新三会"（股东大会、董事会、监事会）形同虚设，在决策机制和运行方式上换汤不换药，更谈不上发挥董事会、监事会作用。干部管理体制制约下，董事长、总经理依然由行政任命，职业经理人队伍难以形成，企业"内部人控制"的局面也未根本改变。这样的机构设置和运行方式，无法达到现代企业制度所要求的分权制衡、有效监督的目的。

（2）内部机制转换不彻底。现代企业制度是企业进入市场的制度创新，它包括两个方面，即既要建立符合《公司法》规范的公司制框架，又要转变企业的经营机制以适应市场竞争的要求。但在试点中，普遍存在重公司改制和资金筹集，轻转换机制和企业内部管理的情况。企业"三项制度改革"在起步之后没有继续深入推进，传统的"大锅饭"体制仍然存在，科学的投资决策机制没有建立，有人决策无人负责的问题仍未解决。试点留下的这些问题是难以避免的，国企改革不可能"毕其功于一役"，问题在于这些方面的改革需要不断推进，否则就会成为"半拉子"工程。

（3）宏观体制环境不配套。首先是统一的国有资产出资人体制没有建立，国有资产保值增值的责任难以落实；其次是政府职能转变不到位，企业投资项目多头审批，企业高管人员党政部门多头管理，企业经营活动多头监督，权责不清；再次是社保体系以及市场各要素尚在建立和完善之中，也制约了企业内部的改革；最后是企业的激励约束机制不健全，企业经营好坏与经理人的薪酬缺乏内在的联系，同时责任也无法落实，企业发展的动力明显不足。

试点中存在的问题和局限，反映出了当时对建立现代企业制度的系统性和艰巨性思想认识不足，准备不够充分，尤其是宏观层面的各项改革没有及时跟进。试点期间"摸着石头过河"是必要的，问题在于，摸到石头过不了河的时候，如何坚定不移地按照已经明确的改革目标和要求，"搭桥修路"，相应调整改革的策略，抓住时机尽快启动相关的配套改革，而不是在矛盾和问题面前止步不前，停顿下来。

（三）"基本规范"为现代企业制度立规

针对现代企业制度试点中出现的问题，国务院领导及时提出了进一步深化规范的要求。1999年10月底，朱镕基同志在西北考察工作时指出，要抓紧制定现代企业制度科学的和规范化的标准，以使每一个国有大中型企业都朝着一个明确的具体的目标努力。2000年3月，朱镕基在人大会上所做的政府工作报告指出，"要抓紧制定符合我国国情的现代企业制度的基本规范，使企业有所遵循"。

1.《基本规范》出台

国家经贸委遵照国务院领导指示，从1999年11月开始着手调查研究，起草了《国有大中型骨干企业初步建立现代企业制度的标准》（下称《标准》）。内容包括：政企分开、出资人到位、实行规范的公司制改革、企业内部经营机制基本转换、建立与市场经济要求相适应的企业管理制度、建立企业技术创新6个方面，共24条。内容涵盖了企业与政府、企业与社会关系以及企业内部改革与管理等方面。

1999年11月，《标准》以会议文件形式在国家经贸委召开的全国经贸工作会上进行了广泛讨论，同时征求了财政部、中央企业工委的意见。经修改后于2000年2月上报国务院。朱镕基总理批示将此件印发国务院各部门，要求同时还要再找20~30家大中企业征求意见。据此，国家经贸委先后听取了17个部门、单位以及中石化、一汽、宝钢、长虹等国有大中型企业对该《标准》的意见。企业的同志们一致认为，《标准》（讨论稿）基本符合企业的实际，对规范国有企业建立现代企业制度十分必要，对转换企业经营机制、全面从严治企、建立符合中国国情的现代企业制度具有现实的指导意义。各部门和企业对《标准》的意见建议很快反馈回来，大家提出了160多条修改意见和建议。经过认真研究，吸收采纳并进行再次修改和完善，文件题目改为了《国有大中型骨干企业初步建立现代企业制度的基本规范》（下称《基本规范》）。2000年3月15日，国家经贸委将修改稿上报国务院，并在4月10日召开的全国企业改革与管理工作会上再次听取与会同志意见。2000年5月9日正式提交总理办公会讨论。

在此之前，国家经贸委为贯彻落实《中共中央关于国有企业改革和发展若干重大问题的决定》和第56次总理办公会"关于加强企业管理"的精神，针对国有企业管理中的薄弱环节和存在的突出问题，起草了《关于加强和改善国有企业管理的若干意见》（下称《若干意见》），对企业在加强发展战略研究，搞好投融资决策，加强成本管理，努力挖潜增效，加强资金管理，严格会计制度，面向市场狠抓产品质量，切实加强企业内部管理、技术创新和管理创新提出要求。此意见一并于 5 月 9 日提交总理办公会讨论。

《基本规范》和《若干意见》后来被合并在一起，形成了《国有大中型企业建立现代企业制度和加强管理的基本规范（试行）》。2000 年 6 月 30 日，国办秘书二局将《国有大中型企业建立现代企业制度和加强管理的基本规范》（下称《基本规范》）转国家计委、国家经贸委、财政部、劳动保障部、科技部、环保总局、工商局、质量监督局、国务院法制办、人民银行、中央企业工委等相关部门研究征求意见。2000 年 9 月 28 日，国务院办公厅正式下发了《关于转发国家经贸委〈国有大中型企业建立现代企业制度和加强管理基本规范〉（试行）的通知》（国办发［2000］64 号）。2000 年 10 月 26 日，国家经贸委下发《关于贯彻落实〈国有大中型企业建立现代企业制度和加强管理基本规范（试行）〉的通知》，要求各国有大中型企业将之作为指导今后一个时期改革、改组、改造和加强管理的重点贯彻落实，认真对照检查采取措施达到《基本规范》提出的各项要求，把现代企业制度建设引向深入。

2. 《基本规范》规范什么

基本规范分 12 个部分共 65 条，涵盖建立现代企业制度所涉及的方方面面的问题，从政企分开到企业内部的战略、决策和创新管理，从职工队伍建设到党组织作用等，都提出了规范性的要求。

专栏 8 - 9

《国有大中型企业建立现代企业制度和加强管理
基本规范（试行）》主要内容

第一，政企分开与法人治理结构方面。要求明确政府与企业的责任，取消企业行政级别，分离企业办社会职能，实行国有资产授权经营，实现公司制改造，建立规范的法人治理结构，强化监事会的监督作用，建立母子公司体制。

第二，发展战略方面。提出要加强企业发展战略研究，确定科学合理的战略目标，做好重大决策的可行性研究，建立重大决策的责任制度。

第三，技术创新方面。提出企业要成为技术创新的主体，建立技术中心，增强创新能力，加强科技人员队伍建设，加大技术改造力度，加强现代信息技术的应用。

第四，劳动、人事、分配制度方面。要求要全面实行劳动合同制，改革用工制度、人事制度、收入分配制度、住房分配制度，要切实维护职工合法权益，建立对企业经营者的激励和约束机制。

第五，成本核算与管理方面。要求要做好成本核算与管理的各项基础性工作，正确核算成本费用，合理计提固定资产折旧、核算利息支出，预提、摊销费用、处理资产损失，开展目标成本管理、比价采购、节能降耗，降低企业费用。

第六，资金管理与财务会计报表管理方面。要求要加强资金的监督和控制，建立全面预算管理制度，建立健全财务报表内部管理制度，加强财务审计和项目招投标管理。

第七，质量管理方面。要求要开展全面质量管理，加强标准化和计量检测工作，搞好产品开发过程的质量控制以及强化过程管理和检验检测，建立健全售后服务质量体系。

第八，营销管理方面。面向市场制定营销战略，加强营销机构和营销队伍建设、资信管理、货款回收管理。

第九，安全生产与环境保护方面。建立健全安全生产规章制度，完善安全生产条件，防止重特大事故发生，建立健全环境保护制度，大力推行清洁生产。

第十，职工培训方面。大力开展对经营管理者和职工的培训，提高素质。

第十一，加强党的建设方面。充分发挥企业党组织的政治核心作用，加强精神文明建设和职工民主管理。

第十二，组织实施方面。明确建立现代企业制度工作由国家经贸委负责组织实施，重点企业中的国有及国有控股企业，以及各省区市计划单列市确定的地方重点企业要对照规范查找不足，积极改进，努力达到各项要求。

从《基本规范》可看出其内容十分全面具体：宏观的，涉及了国有资产管理体制方面；微观的，细化到了企业内部管理包括产供销的每个环节。《基本规范》出台后对实现党的十五大提出的"在'十五'期间建立现代企业制度取得重大进展、到2010年建立较为完善的现代企业制度目标"起到了重要的基础性作用，为引导国企制度创新、加强管理提供了可操作的行为规范。《基本规范》的颁布实施标志着国有企业建立现代企业制度工作进入规范化阶段。

《基本规范》出台后，建立现代企业制度从试点转成为国企改革需要解决的一个长久的课题。对试点中出现的很多问题的讨论一直到今天仍在继续。人们对当年改革的评价褒贬不一，对制度的调整是否成功到现在还没有一个准确答案。

作为一项制度创新，建立现代企业制度无疑是社会主义市场体制建设的重要实践，是国企改革的重大举措。1993年这场对国有企业的全方位改造，为日后国有企业的全面改革打下了基础。

五、千秋大业：夯实国企制度之基

《基本规范》的制定和出台并非难事，但中国式现代企业制度之路却艰巨而漫长。

（一）建立现代企业制度是篇大文章

现代企业制度是市场经济体制的微观基石。国有企业进入市场参与竞争，成为真正的市场主体，制度创新是必由之路。与国企改革中其他单项改革不同的是，现代企业制度的建立作为一个创新的制度体系，涉及整个经济体制的多个层面，不仅包括国有资产出资人制度、公司法人财产制度、有限责任制度，还包括与之相适应的劳动人事制度、社会保障体系、政府职能转变等。从本质上说，建立现代企业制度就是调整生产关系，它所调整和规范的对象不仅是企业内部的各种关系，而且还必然要涉及企业与出资人、企业与债权人、企业与政府、企业与社会、企业与市场以及企业与企业之间等一系列外部关系。因此，建立现代企业制度是包括企业内部和外部、涵盖企业全部经营活动的一项复杂的系统工程。按照国家体改委的解释：建立现代企业制度包括建立企业法人制度、出资人制度和信用制度，建立新型的财产组织制度，建立新型的企业领导体制，建立新型的企业内部管理制度，建立新型的与公司制企业相适应的基层党组织工作制度和职工民主管理制度这六个方面内容，要解决这些深层次的矛盾和问题，建立和完善这些制度体系，必须进行综合性的配套改革，使各方面关系协调、利益一致，步调统一。

（二）理想如何在现实中扎根

毋庸讳言，现代企业制度作为从国外市场经济体制中"移植"来的制度，消化不良与水土不服的问题难以避免。当年进行现代企业制度的试点是从实际操作入手，相关条件的论证和准备工作都不是很充分，也没有任何成功的做法和经验可以学习借鉴，因此在试点的前期和初期，主要是凭着改革的热情和紧迫感，设想有些理想化，相关的配套政策也不完备，以致实践中出现了"动作变形"甚至流于形式的现象。如在试点之初，不少人把主要注意力过于集中在产权清晰上，在外部条件不具备的情况下热衷于搞股份制改造，简单盲目追求上市，出现了重外部改革、轻内部机制和管理的现象。为此，国务院领导在不同场合、多次讲话中都再三强调要全面认真理解和把握"现代企业制度的根本问题"，把"产权清晰、权责明确、政企分开、管理科学"作为一个整体，不能孤立片面地强调某一部分，再三提醒各级政府部门、企业把重点要放在通过明晰产权解决政企不分、内部管理不到位，全面贯彻"三改一加强"方针问题上来。

随着试点的不断深入，当初的热情让位于理性的思考，急于求成的想法让位于持久战的观点，简单改制翻牌的做法让位于系统性综合性的配套推进。对基本或全面建成现代企业制度也逐步趋于实际。试点之初，曾提出两年内在试点企业建立比较完善的现代企业制度，试点后，1999 年 9 月，中共十五届四中全会通过的《中共中央关于国有企业改革和发展若干重大问题的决定》，把建立比较完善的现代企业制度的改革目标推到了 2010 年。但实际上直到现在，我们要实现中共中央《决定》所要求的建立现代企业制度的各项任务目标，依然还有很长的路要走。

（三）制度创新考验改革者的决心

国资委副主任邵宁同志在评价当年的试点说道，现代企业制度的试点在后期被逐步淡化，试点中往往形式重于内容，由于实际出资人不到位，搭了一个公司制度的架子，但在决策、执行、监督等几个关键的方面，机制并没有建立，内部人控制的问题没有真正解决，由于当年大多数企业仍以国有独资为主，实现产权多元改造的公司制企业极少，造成改制只有"公司"皮毛，"形似神不似"，更有的甚至是"新瓶装旧酒"，体制和机制未能如预期那样发生根本的变化。尽管如此，现代企业制度试点仍可圈可点。他把试点比喻为"像往死水一潭的池塘里扔下的一块石头"，打破了旧体制的平静，"石头"所溅起的水花和涟漪，一圈圈扩散，成为以后国企改革的一个个亮点。现代企业制度在国资委成立后仍旧是国有企业改革的一个方向和目标。2003 年，国务院决定成立国有资产监督管理委员会，作为国有企业出资人代表，实行管人、管事、管资产的三统一（尽管是有限的），标志着国有企业改革和现代企业制度建设进入一个新的阶段。有了专门的出资人代表机构，才能在政企分开的同时，从体制上解决长期以来国有资产的产权所有者缺位问题，将国有资产的管理和国有企业的改革统一起来。国务院国资委成立之后，在中央企业中实施清产核资，明晰产权，力推的规范建立法人治理结构的董事会试点，内、外部董事比例调整，正是抓住了现代企业制度建设中的关键和薄弱环节。包括在中央企业实行企业剥离办社会职能，到2005 年的国有资产经营公司的试点，都是当年建立现代企业制度的继承和延伸。

因种种原因，以百户现代企业制度试点为发端的国企改革，未能在短期内实现预期的目标，但建立现代企业制度建设却成为国有企业改革坚定不移的方向。当然改革越深化，困难和阻力越大，突破越艰难，也越需要改革者的决心、勇气和韧劲。"青山遮不住，毕竟东流去"，国有企业改革无论多么艰难曲折，但其大趋势是不可阻挡的。

点评：

牵一发而动全身

现代企业制度是在建立社会主义市场经济体制的改革中从外部引进的"舶来品"，而要将这项外来的制度与公有制的国有企业嫁接，改革的难度是很大的。自1993年十四届三中全会将建立现代企业制度确立为国有企业的改革目标之后，初期的改革者们为了避免这项引进制度陷入"南桔北枳"的命运，付出了极大的艰辛和努力，国有企业由此开始了从工厂制向公司制的深刻转变。正是他们在制度建设方面的探索和实践，为国有企业今天的辉煌打下了重要的基础。但很显然，直到目前我们也还没有实现1999年十五届四中全会提出的"到2010年建立比较完善的现代企业制度"的改革目标。无论是这项制度最初的引进者和设计者，还是参与建立现代企业制度的实践者，可能都没有想到，国有企业建立现代企业制度的过程会这样曲折艰难。以至于到现在，我们也还不能确定建立比较完善的现代企业制度的日程表。

造成这种状况的原因，不是改革的推进不给力，而在于这项改革的复杂程度：第一，对现代企业制度内涵的认识随着时间和实践在不断深化。初期的认识仅仅停留在法律规定的制度框架上，而对于实践中这项制度运行的内在机理并没有深入的理解。第二，建立现代企业制度涉及出资人制度、财产权制度、干部管理制度和用工制度等方面的系统配套改革及相关的外部条件，并不是企业自身所能完全解决的。而这些条件的具备，不仅需要更深入的经济体制改革，也涉及相关的政治体制改革。第三，现代企业制度的治理结构实际上是一个分权制衡的机制，这与我国企业长期以来的"一把手"负责制和习惯于个人说了算的体制和文化难以兼容，需要较长时期的磨合过程。第四，现代企业制度对于国有企业，是从外部引入的，是一种类似外科手术术的移植式的改革，既要清除国有企业原来的体制机制上的障碍，又要与国有企业的运行特点相融合，如党组织和工会职代会的地位作用等。

因此，国有企业建立现代企业制度是一项没有先例的制度建设，不可能一蹴而就。国务院国资委成立以来，在建立现代企业制度方面又进行了新的探索，这就是推进建立符合公司法规定并与国际接轨的规范的董事会试点。试点以来取得显著成效，同时也带来了新的问题，国有企业改革正是在不断发现问题、解决问题的实践过程中，一步步深化的……

——邵　宁

附：

<h1 style="text-align:center">国务院确定的百户企业建立现代企业制度
工作试点阶段目标要求（试行）</h1>

一、产权清晰，权责明确，治理结构规范

1. 企业产权关系清晰。

（1）企业中国有资产产权代表机构明确，国有资产及其他各类出资者产权代表到位，依据《公司法》和《公司章程》行使职权。

（2）企业财产的各类出资者，以投入企业的资本额为限，对企业债务承担有限责任。企业拥有包括国有投资主体在内的各类出资者投资及借贷形成的企业法人财产，并以全部法人财产对其债务承担责任。

（3）逐步实现企业投资主体多元化。通过非银行债权转股权、"拨改贷"转增国家资本金、法人持股、企业内部职工持股、招商引资等多种途径，逐步实现企业投资主体多元化。

2. 确立董事会作为公司决策机构的法律地位。

（1）董事会依据《公司法》和《公司章程》规定产生。

（2）董事会依据《公司法》和《公司章程》行使职权，主要是对公司重大经营决策，高级管理人员任免，重要规章制度制定等行使决策权。

（3）国有独资公司的董事会依据《公司法》享有部分股东会职权。

3. 明确董事会资产经营责任。

（1）有限责任公司和股份有限公司，要在《公司章程》中明确董事会作为股东会受托人的资产经营权限、法律和经济责任。

（2）国有独资公司董事会要与国有资产产权代表机构以签订资产经营责任书形式明确资产经营责任。

（3）资产经营责任书应明确资产保值增值责任指标、考核奖惩办法及违约法律和经济责任等。

4. 明确经理等高级管理人员职责。

（1）确立经理对董事会负责的体制。经理由董事会聘任或解聘，政府行政机构或股东会不考核、任免经理。

（2）经理在依照《公司章程》和执行董事会做出的各项决议情况下，拥有足够的指挥公司的日常生产经营管理活动的权力。

（3）董事长一般不兼任经理。

（4）董事长暂时兼任经理的，具有明确的履行不同岗位职责的管理办法，做到岗位职责明确。

5. 依法成立监事会并履行监督职责。

（1）有限责任公司和股份有限公司监事会依据《公司法》成立，其成员由股东代表和适当比例的公司职工代表组成，职工代表由公司职工民主选举产生。

（2）国有独资公司监事会依据《国有企业财产监督管理条例》成立，其成员由国家授权的监督机构按《国有企业财产监督管理条例》规定派出。对董事长暂时兼任经理的，要特别注意发挥好监事会的制衡作用。

（3）监事会对股东会或国家授权的监督机构负责。董事、经理和财务负责人不兼任监事。

6. 维护《公司章程》的权威性和严肃性。

（1）《公司章程》符合《公司法》的规定。《公司章程》的修改，符合《公司法》规定的程序。

（2）《公司章程》条款全面，科学合理。有关股东会、董事会、经理层和监事会的条款规定明确具体，权责分明，形成有效的制衡关系。

（3）公司严格依据《公司章程》运行，运行中出现的有关问题，严格依据《公司章程》规定处理。

7. 发挥党组织的政治核心作用。

（1）发挥企业党组织的政治核心作用，保证、监督党和国家的方针、政策在本企业的贯彻执行。

（2）公司党组织主要负责人可以按照法定的程序进入董事会或监事会，可与公司董事、监事、经理、副经理交叉任职。

（3）董事会拟聘任的公司经理、副经理及财务负责人由董事会或经理提名，公司党组织进行考察，提出意见和建议，分别由董事会或经理任免。

8. 完善工会工作和职工民主管理。

（1）国有独资公司、两个以上国有企业或者两个以上国有投资主体设立的有限责任公司，通过职工代表大会，实行民主管理。其他有限责任公司和股份有限公司，由职代会或工会代表职工实行民主管理。

（2）职代会的职权和参加董事会、监事会职工代表的职权相互衔接。

（3）依据《劳动法》，公司董事会或其指定的代表可与工会代表签订集体合同。

二、转变政府职能，促进政企职责分开

9. 明确政府行使国有资产所有者职能的机构。

（1）政府通过确定国有资产产权代表机构和对试点企业委派产权代表行使国有资产所有者职能。主要是考核、任免、奖惩作为国有产权代表的董事，制定和考核企业中国有资产保值增值责任指标。

（2）除确定的国有资产产权代表机构外，政府其他行政管理部门对企业不再行使国有资产所有者职能。

（3）由国务院行业主管部门暂时代行企业中国有资产出资者职能的，具有明确的分别行使政府社会经济管理职能和国有资产出资者职能的管理办法。

10. 强化政府社会管理职能。

（1）各级政府要根据深化企业改革的客观需要，不断增强医疗卫生、文化教育、社区服务管理等职能。

（2）各级政府接收试点企业所承担政府职能的措施明确，妥善处理有关经费、资产、人员等相关问题。

（3）建立和完善社会保障体系，培育劳动力市场，推行再就业工程。逐步实现离退休和失业待业职工的社会化管理，为试点企业离退休人员与企业分离、富余人员进入社会创造条件。

11. 加强政府协调、指导、服务和监督。

（1）加强政府各职能部门的综合协调和服务，试点企业的生产经营自主决策，自担风险，在国家政策、法规之外，政府减少审批内容，简化审批程序。

（2）通过政策引导、典型引路、科学评价和发布市场信息，引导企业调整产品结构，加强企业管理。

（3）通过监察、审计和对国有独资公司派出监事会，监督企业的生产经营活动。

12. 企业依法成为市场竞争主体。

（1）改制后的公司不再对应行政级别，不再具有或承担政府的行政职能。

（2）考核任免企业高级管理人员不再套用行政级别。

（3）公司依法成为自主经营、自负盈亏、自我发展、自我约束的法人实体和市场竞争主体，独立享有民事权利，承担民事责任。

三、采取有效措施，减轻企业负担

13. 分流企业富余人员。

（1）企业对富余人员有切实可行的分流方案和程序。

（2）发挥政府、企业和职工三方的积极性，实行多渠道安置、个人自谋职业和社会帮助就业相结合。

（3）试点企业通过多种途径分流富余人员数量占企业富余职工总数的50%以上。做到部分富余职工按照有关规定向社会分流。

14. 分离企业办社会职能。

（1）企业有对自办中小学校移交当地政府的具体目标和实施办法。

（2）具备移交条件的企业，对移交学校资产、经费、人员待遇等有明确的解决方案，开始办理或正在办理移交手续。暂不具备移交条件的，由企业和当地政府共同制订分离的时限和办法。

（3）企业自办的卫生机构，具备条件的实行成建制移交，妥善处理经费、资产、人员等具体问题。对企业兴办的其他后勤服务单位，实行"先分后离"、独立核算、自主管理、面向社会等办法，并提出分离的时限和措施。

（4）对离退休职工实现社会化管理。

15. 调整企业资产负债结构，使资产负债结构趋向合理水平。

（1）企业通过增提折旧、盘活资金，加强资金管理，降低成本等措施，提高资金使用效率，改善企业的资金运营状况。

（2）各级政府及有关部门在权限范围内对调整企业资产负债结构给予必要的政策支持，并已兑现。

（3）按有关政策规定，将"拨改贷"形成的债务，转为国家资本金。

（4）积极探索从机制上解决企业历史债务问题的途径和措施。

四、坚持"三改一加强"，提高企业整体素质

16. 科学重组，建立母子公司管理体制。

（1）企业按照改组方案，调整和设置公司管理机构和职能，做到人员精干，机构科学，管理高效。

（2）实现经营性资产与非经营性资产的分离。

（3）实行母子公司体制的大型企业，依据产权关系确立母公司与全资子公司、控股子公司、参股公司的责权利关系。母公司主要通过在子公司股东会或董事会中的代表行使决策权和管理权。

（4）依据《公司章程》及有关规定，实现母公司、母子公司及子公司的规范化运作。

（5）企业可根据经营战略需要在不同层次上形成投资决策中心、利润中心和成本中心。

17. 加大技术改造力度，推进技术进步。

（1）企业根据改组改制和发展需要，制定符合国家产业政策的"九五"技术进步目标和技术改造规划。

（2）具备条件的企业，建立"技术开发中心"。

（3）建立技术创新体系。不断用先进技术对现有企业技术、装备、工艺材料等进行系列开发和改造，初步实现"挖潜、改造、积累，再挖潜、再改造、再积累"的良性循环。

18. 实行科学管理。

（1）全面实施《"九五"企业管理纲要（试行）》。

（2）学习邯钢经验，加强各项基础管理和专业管理。实行模拟市场价格、目标成本分解、严格考核奖惩等财务管理手段。积极采用国际或国外先进标准，

建立健全包括质量标准、技术标准、管理标准等在内的标准化体系；严格定额管理，加强营销、计划、设备、物资等专业管理制度，实现管理方法和管理手段的现代化。

（3）全面施行《企业财务通则》和《企业会计准则》。加强来自所有者的财务监督，董事会制定财务预、决算，股东会批准财务预、决算，监事会负责公司的财务检查。公司财务报告经注册会计师查账验证后，由股东会或董事会审议批准。

（4）建立企业法律顾问制度。加强企业职工培训，提高职工政治业务素质，逐步建立企业人才培训、开发机制。

19. 改革企业劳动人事工资制度。

（1）取消企业管理人员的干部身份，打破不同所有制职工之间的身份界限。

（2）经理、副经理等高级管理人员与董事会签订聘用合同，其他员工与企业签订劳动合同，确立劳动合同的严肃性。

（3）根据国家有关政策规定和劳动就业供求变化，由企业自主确定本企业的工资水平和内部分配方式，实现个人收入货币化。

（4）经理等高级管理人员的报酬由董事会依据国家的有关规定决定，包括年薪和与经营业绩挂钩的奖励；董事、监事的报酬由股东会或国有资产产权代表机构决定。

五、深化改革，提高企业经济效益

20. 企业经济效益明显提高。

通过建立现代企业制度试点的探索与实践，各试点企业的资本保值增值能力、营运能力、盈利能力、偿债能力、管理能力和发展能力比试点前有所提高。企业的资本保值增值率（期末所有者权益/期初所有者权益×100%）、产品销售率、实现利税、净资产收益率、速动比率［（流动资产—存货）/流动负债×100%］等指标逐年改善。

第九章

出资人登场：探索国有资产

监管体制改革的实践

国有企业在法理上属于"全民所有"，但实践中由谁代表"全民"来具体行使出资人的权利却并不清晰。在计划经济体制下，各个工业部门对所在行业的国有企业任命领导班子、下达生产指令、进行绩效考核，实质上行使的是所在行业国有企业出资人的权利。这种直接指挥、直接干预的管理模式是和计划体制相对应的。出资人权利被分散到多个部门，出现了"九龙治水"的局面。随着从计划经济向市场经济的转轨，这种模式必然走向瓦解。20世纪90年代以后，以前政府的"婆婆式"的出资人模式经历了大规模的调整、变化，国务院各个工业部门相继合并、撤销。而多头负责往往是无人最终负责仍然存在，之后还出现了一些国有企业被内部人控制、企业效益严重下滑甚至国有资产严重流失等问题，出资人缺位问题凸显出来。如何在市场经济体制下建立有效的国有企业出资人代表和国有资产监管体制，已成为亟待解决的棘手问题。要解决这一问题，一方面，不能再延续过去那种直接指挥、直接干预的监管体制；另一方面，国有资产出资人的权利又要得到有效行使；最后还要处理好两个矛盾，即：政府既是公共管理部门需要维护市场的公平秩序，又是市场竞争中重要参与者——国有企业的出资人代表，既是裁判员又是运动员；国有企业既要承担公共服务分担政府职责，又要参与市场竞争，追逐经济利益。在这种相互矛盾的多重身份、多种目标的情况下，如何严格划清政府两种职能的边界，如何重新界定不同国有企业的行为目标，成为新的国有资产监管体制必须面对和解决的问题。

国有资产管理体制调整进入了一个新的时期。

一、蹒跚起步——国有资产管理体制破局

（一）国有资产管理体系探索

20 世纪 80 年代后期，国有企业改革已经从起步阶段的放权让利进入承包经营责任制、资产经营责任制以及股份制的多种路径的探索阶段，但无论采取何种方式都避不开一个问题，就是企业的国有资产由谁管理的问题。中共十四届三中全会《关于建立社会主义市场经济若干问题的决定》提出，"对国有资产实行国家统一所有、政府分级监管、企业自主经营的体制。按照政府的社会经济管理职能和国有资产所有者职能分开的原则，积极探索国有资产管理和经营的合理形式和途径，加强中央和省、自治区、直辖市两级政府专司国有资产管理的机构。"为落实决定的要求，国务院有关部门组成了"国有资产经营与管理的现状及改革的政策性建议"调查小组，提出了改革的原则性意见。

1. 各地对建立国资监管机构的探索

1991 年国家制定的《国民经济和社会发展的"八五纲要"和"十年规划"》中指出：建立合理的国有资产管理体制，将政府行政管理职能与资产所有者代表的职能分开，强化专职管理，逐步建立从中央到地方的国有资产管理体系，代表国家专司国有资产所有者的管理职能，保障国家资本金的收益。各地对国有资产管理体制改革进行了积极的探索。起初的国有资产管理，多是停留在比较狭窄的层面，即主要是管资产而不涉及管事和管人。其基本原则是：坚持国家所有权，维护国家权益；政企、政资职能分开；国有资产的管理和运营职能分开；国家所有权与出资者产权分开；企业出资者产权与企业法人财产权分开。

据此，已经进行改革探索的省市，大体都建立了由三个层次构成的国有资产管理和运营体系。其基本模式是：第一层级，国有资产管理机构。省市政府成立国有资产管理委员会，主要从方针、政策、法规等方面对国有资产进行管理和监督。通过向国有资产经营公司委派产权代表，实施国有资产委托经营，明确资产经营公司的责、权、利，以确保国有资产的保值增值。省市国有资产管理委员会一般下设办公室，承担具体工作。第二层级，国有资产产权经营机构。它由若干个国有资产经营公司构成。由国有资产管理委员会授权，作为国有资产产权运营主体，负责国家投入企业的国有资产经营。国有资产经营公司具有法人资格，是企业的股东。其主要职能是制定国有资产经营计划和目标；监督管理国有企业的经营；代表政府对国有资产参股或控股的企业行使股权；拥有投资能力和产权运作能力；在价值上使国有资产保值增值。第三层级，国有资产经营执行机构。由国有企业、各类含有国有资产的企业集团及政府参股控制的股份制企业构成。这

些企业依法享有出资者投入企业的全部财产，自主经营。

在遵从基本模式的同时，各地从实际出发，形成了各具特点的国有资产管理及运营模式，但总体来说，具有代表性的模式有 3 种。

【模式1】

上海模式

1993 年，上海市成立了以市委、市政府主要领导和市政府各有关部门主要负责人组成的上海市国有资产管理委员会，作为政府管理国有资产的最高机构。1993 年后，上海相继将 19 个行业主管局或行政性公司改制为政府授权经营的 39 家国有控股公司、集团公司，构成了第二个层次，代表国家对下属企业行使国有股东的权利。第三层次是第二个层次所控股和持股的 1 万多家企业。上海市国有资产管理和运营的主要特点是打破了专业局的行业垄断，对于国有资产进行了跨行业的整合与重组。

第一层次：上海市国有资产管理委员会

上海市国有资产管理委员会是本市国有资产所有权的总代表，是市政府领导下专门行使国有资产管理和决策的机构。国有资产管理委员会下设办公室，作为其常设办事机构，遵循政府经济管理职能与国有资产所有者职能分开的原则，对全市国有经营性资产、非经营性资产和资源性资产进行全面管理和监督。

第二层次：国有资产经营公司

撤销企业主管局，先后成立机电、仪表、纺织、冶金等十几家行业性资产经营公司，原来行业主管局的行业管理职能，由行业管理办公室负责。国有资产经营的具体形式主要是国有控股公司。它有两类：一是投资控股公司，主要职能是资本经营、资产运作；二是经营控股公司，主要职能是资本经营、资产运作与生产经营相结合。两类控股公司都是投资主体，以产权为纽带，与下属企业形成母子公司关系。国有控股公司通过资本经营以及战略规划、投资决策、资产收益、产权代表管理等职能，进行产品结构、行业结构和企业组织结构的调整，从而盘活存量、优化资产配置，提高资产运营质量和效益。国有控股公司首要责任是国有资产的保值增值。市国有资产管理办公室对各国有控股公司建立国有资产保值增值责任制考核办法。

第三层次：国有全资、国有控股、国有参股企业

国有资产经营公司将其经营的国有资产投入到各种类型的企业中，并依据在企业中的出资形成国有独资、国有控股、国有参股企业。国有资产经营公司同下属企业的关系是国家作为出资者与法人企业的关系。资产经营公司以产权为纽带行使出资人权利，企业拥有国有资产经营公司及其他资本所有权主体投入的资本

所形成的法人财产，拥有法人财产权。

【模式2】

深圳模式

1987年，深圳组建市投资管理公司。1992年，成立国有资产管理委员会（简称"国资委"），主要针对深圳国有资产管理运作中的一些重大问题进行研究。1993年，成立国有资产管理办公室，作为国资委的常设机构，与投资管理公司是一套人马、两块牌子。1996年，将这两个机构分离，撤销企业工委，组建投资管理公司党委，由其负责下属企业领导班子的管理，开始资产管理和人员管理相结合的实践，从而形成了以产权管理为主线的"国有资产管理委员会——国有资产经营公司——企业"三个层次的国有资产管理体制。国有资产经营公司的构建和运作是核心环节，它没有任何行政管理职能，一般不直接从事生产经营活动，而是由国资委授权，代表政府对相应的国有资产直接行使资产收益、重大决策、选择经营者等出资人权利，具体全体成员国有资产产权经营和资本运作。

第一层次：国有资产管理委员会

国有资产管理委员会是市委、市政府领导下专门行使国有资产管理职能的决策和领导机构，它对深圳市市属经营性国有资产、非经营性国有资产和资源性国有资产进行全方位的宏观管理和监督，并直接对三家市级国有资产经营公司行使国有资产出资者所有权。市国资委人员由市委、市政府各部门负责人组成，市长担任国资委主任，主管经济工作的副市长和市委组织部长任副主任。市国资委定期、不定期地召开会议，研究解决国有资产经营管理中的重大问题。

市国资委的职能为：（1）制定国有资产管理的规章制度，贯彻执行国有资产管理的法律、法规和政策。（2）决定国有资产经营公司的设立、变更、终止，审查批准国有资产经营公司的长远发展规划、年度经营计划、收益运用计划，受理国有资产经营有关重大事项的报告。（3）编制国有资产经营预算草案，经市人民代表大会审查批准后组织实施。（4）按规定程序考核、奖惩国有资产经营公司的董事局主席、副主席、总裁、副总裁、监事会主席等主要领导人员。（5）协调处理市属经营性、非经营性和资源性国有资产管理中的重大事项，指导、监督各区国有资产管理机构的工作以及监管境外国有资产。

市国资办既是市国资委的日常办事机构，又是市政府主管市属国有资产的职能机构（列入政府序列、按正局级建制）。其职能：（1）贯彻执行市国资委做出的各项决议、决定。（2）调查研究国有资产管理工作中存在的主要问题，提出改进方案和措施。（3）组织国有资产的清产核资、产权界定、资产评估和产权登记工作，监管国有资产产权交易，调解处理国有资产产权纠纷和查处国有资产流失。（4）制定国有资产保值增值指标体系，考核三家市级国有资产经营公司的经营状况。

第二层次：市国有资产经营公司

市国有资产经营公司是市国资委授权的国有资产运营机构，是代表国家对部分国有资产直接行使资产收益、重大决策、选择管理者等出资者权利的特殊企业法人和国家授权投资的机构，它从事国有资本的经营和产权运作，担负着国有资产保值增值的任务，并对市国资委负责，接受市国资委的监督。市国有资产经营公司的主要职能：（1）代表市国资委持有企业国有资产的产权。（2）通过对所持国有产权、股权的运作，盘活和管理费用国有资产，实现国有资产的优化组合。（3）任免企业主要领导人员并通过向企业委派产权代表，参与企业重大决策，实现国有资产的保值增值。（4）对市属国有资产的收益进行管理，运用国有资产的收益进行再投资。（5）监控所属企业重大投资、贷款担保及资产运作情况，并对所属企业的融资提供担保。

市国有资产经营公司有三家：市投资管理公司负责公共事业、基础设施等国有资产的管理；市建设集团公司主要负责建筑、安装和施工领域的国有资产管理；商贸投资公司主要负责商业、贸易和旅游等行业的国有资产的管理。第一家、第三家是纯粹的控股公司，第二家是混合控股公司。

第三层次：国有全资、控股、参股企业

深圳市属国有全资、控股、参股企业按产权关系分别归于三家资产经营公司。市属国有企业是独立法人。资产经营公司以产权为纽带行使出资者权利，它与下属企业签订《资产经营责任书》，市属企业对资产经营公司承担国有资产保值增值责任。

【模式3】

武汉模式

武汉的探索被经济学界和有关部门称为除上海、深圳外的国有资产经营管理的第三模式。在"国有资产管理委员会——国有资产运营机构——企业"三层次架构下实现"三个职能"分开：政府作为全社会管理者的职能和作为国有资产所有者的职能分开，政府对国有企业的行政管理职能和国有资产的运作职能分开，国有资产的运营职能和企业的个体生产经营职能分开。

1989年，武汉市成立国有资产管理局。1994年，成立国有资产管理委员会，并组建了武汉市国有资产经营公司，授权其持有市属24家股份制企业的国有股。1997年，武汉市对工业进行全面重组，撤销所有工业主管局，调整组建了武汉国有资产经营公司、市机电国有控股公司、市轻纺化国有控股公司三大综合性的国有资产运营机构。后来，又在交通、农业、旅游、商贸等非工业领域组建了一批专业性的控股公司。

2. 国家层面的国资监管机构首次亮相

1988 年 3 月，经全国人大七届一次会议批准，国务院机构改革增设归口财政部的国家国有资产管理局，这是新中国成立后中国第一个专职从事国有资产管理的政府职能机构。目的是探索建立政企分开、政资分开的国资管理体制，以加强国有资产管理，实现国有资产保值增值，防止国有资产流失。

1988 年 8 月，国家编制委员会批准了国家国有资产管理局的"三定"方案。该方案明确规定：国家国有资产管理局是国务院管理国有资产的职能机构，由财政部归口管理，主要任务是对中国人民共和国境内和境外全部国有资产行使管理职能，重点管理国家投入各类企业的国有资产。国家国有资产管理局行使国家赋予的国有资产所有者的代表权、国有资产监督管理权、国家投资收益权、资产处置权。这样就对国家国有资产管理局的性质、任务、职能有了明确的说法。

专栏 9 – 1

国家国有资产管理局的职能

拟订全国性的国有资产管理条例和各项管理制度并组织实施。对中央和地方各级国有资产现状和变动情况进行调查及登记，监督国有资产保值增值。参与国家投资的分配和回收投资的再分配。会同有关部门对中央级国有企业进行发包、租赁、合资、参股经营等项工作，并参与决定国有企业税后留利分配和合资企业国有资产股权收益的分配。审批中央级国有企业承包、租赁、合资、参股经营和兼并、拍卖、破产清算等经济活动中涉及国有资产的评估、产权变动和财务处理问题，审批中央行政事业单位国有资产产权转移、评估和财务处理问题。

（二）国有资产管理局的工作成效

从国资局的"三定方案"可以看到，国资局行使的只是国有资产管理职能，"管人与管事"都不在其职能范围之内，实际上是国有资产的登记管理机构，还不具备出资人的职能，只能在十分有限的条件下开展相关的工作，尽管如此，初期的探索仍然为后续的改革奠定了一定的基础。

第一，在市场中明晰了产权概念。产权是市场经济的基石。国有资产管理局通过其业务工作把产权的基本概念及国有产权保护的政策制度规章建立起来了。

第二，在实践中探索和实践了政资分开的途径。从理论上讲，当年的国资局就是现在国资委的前身。国资局在当时的历史条件下，受到很多制约，不可能也不具有现在国资委的职能。其中最重要的原因是中央各行业管理部门当时还都在，它们既管全行业的政策制定与监督，又管行业中的中央企业，一身兼两职，形象的说法就是既当裁判又当领队。国资局不可能隔着各行业主管部门履行出资人职能。

第三，建立了一些最基本的国有资产管理制度。国资局初步建立了资产评估、上市公司的股权设置、产权交易、产权登记、清产核资等基本的国有资产管理制度。国资局建立上述制度完全是从无到有，在一片空白的情况下艰难的探索。在这个过程中也出现过大量的冲突和矛盾，观念也在不断地更新，不断地碰撞，每前进一步都要面对无数的争论和巨大的压力。国资局撤销以后财政部基本上延续了这套制度。

第四，在工作中培养了一批初步懂得产权管理和国资管理的人才。

国资局的成立，在实际中对保障国有资产权益，防止国有资产的流失起到了一定的作用。

二、孕育新体制——过渡时期的国资管理体制

1998年，为适应建立社会主义市场经济体制转变政府职能，实现政企分开的要求，国务院组成部门进行了全方位的机构改革，撤销专业管理部门，加强综合经济管理部门。中央决定，包括冶金、机械、化工、内贸等9个行业主管部门被改组为隶属于国家经贸委的9个"国家局"，并明确它们不再管理企业。2001年2月，国家经贸委下属的9个局被撤销。至此，除铁路、烟草、航空、电信等行业外，其他行业的企业不再有专门的行业主管部门，"减了和尚撤了庙"，国有企业从此告别由行业主管部门管理的时代。国务院组成部门的改革和国有企业地位的变化，促进了国有企业管理方式的重大变革，市场经济下国有资产管理体制的探索再次启航。由于撤销了政府直接管理企业的专业部门，从体制上切断了政府与企业之间的隶属关系和直接联系，国有资产出资人机构存在的条件和必要性才真正具备。但建立一个什么样的出资人机构，仍然需要一个不断探索和完善的过程。

（一）中企工委的成立及其职能

经中共中央批准，中共中央大型企业工作委员会（简称"大企业工委"）正式成立，并于1998年7月9日在北京召开了由大型企业领导同志参加的大企业工委工作会议。中共中央政治局委员、国务院副总理、大企业工委书记吴邦国同

志在会上指出，作为党中央的派出机关，大企业工委的主要职责是：负责管理国务院监管的大型国有企业和国家控股企业中党的领导职务……根据社会主义市场经济体制和建立现代企业制度的要求，研究探索改革和加强大型国有企业党的领导班子建设。

1998 年的机构改革，化工部、冶金部等 9 大部委被撤销后，原来由它们所管理的国有企业负责人就面临着由谁来管理的问题。1999 年 12 月 1 日，中共中央下发了《关于成立中共中央企业工作委员会及有关问题的通知》（简称"关于成立中央企业工委的通知"），成立中共中央企业工作委员会（简称"中央企业工委"），作为中共中央的派出机构，将原由国务院管理的 163 户企业领导班子交由中央企业工委管理。其中，对 39 户涉及国家安全和国民经济命脉的国有重要骨干企业的领导班子列入中央管理干部的范围。

调整和加强中央管理国有重要骨干企业的工作机构，是国有企业领导体制与管理制度的一项重要改革，是坚持党管干部原则、改进管理方法的一项重要措施。对加强党对国有企业改革和发展工作的领导，将起着重要的组织保证作用。

专栏 9 – 2

《关于成立中央企业工委的通知》的主要内容

一、中央企业工委是党中央的派出机关，主要职责：保证党的路线、方针、政策和党中央、国务院的有关指示、决定在国有重要骨干企业的贯彻落实；负责国有重要骨干企业党的建设、社会主义精神文明建设和思想政治工作；负责国有重要骨干企业领导班子建设和领导人员管理工作；负责国务院稽察特派员的管理工作；监督检查企业领导人员遵纪守法、廉洁自律的情况，加强党风廉政建设；协调所管企业与地方党委的关系；完成中央交办的其他工作。

二、将现由国务院管理的 163 户企业领导班子交由中央企业工委管理。其中对 39 户涉及国家安全和国民经济命脉的国有重要骨干企业的领导班子列入中央管理干部的范围。这 39 户企业的行政领导职务，中央审批后由国务院任命。其他由中央企业工委管理的国有重要骨干企业的领导职务，由中央企业工委审批；这些行政领导职务，中央企业工委审批后由人事部任命。

正按照中央精神进行产业结构调整、组建企业集团和脱钩工作的国有重要骨干企业，如铁路运输、航空运输、烟草等企业在脱钩或改组后，其领导班子也按照上述 39 户企业的管理办法，列入中央管理干部的范围。

三、成立中央企业纪律检查工作委员会（简称"中央企业纪工委"）。中央企业纪工委是中央纪委的派出机关（与监察机关合署办公），接受中央纪委和中央企业工委的双重领导。主要职责：监督检查党的路线、方针、政策和党中央、国务院以及中央纪委的有关指示、决定在中央企业工委所管理的企业中贯彻执行的情况；指导中央企业工委所管企业的党廉政建设工作；检查、处理中央企业工委所管企业党组织和党员违反党纪的重要案件，其中对涉及列入中央管理干部范围的 39 户企业领导人员违纪违法案件，由中央纪委负责查处，中央企业纪工委协助做好有关工作；受理中央企业工委所管企业党组织和党员的检举、控告和申诉；完成中央纪委和中央企业工委交办的其他工作。

四、将现由人事部承担的国务院向国有重点大型企业和企业集团派出稽察特派员的工作，稽察特派员和稽察特派员助理的日常管理工作，交由中央企业工委管理。

国务院稽察特派员列入《中共中央管理的干部职务名称表》，中央审批后，由国务院任免、派出。稽察特派员助理由中央企业工委任免。

五、由中央企业工委管理的国有重要骨干企业一般设党委；少数关系国家安全和国民经济命脉的特大型企业集团经中央批准可以设党组。

（二）外派监事会制度的作用

行业主管部门被撤销后，国有企业的监管实际上处在一种真空状态。如何在保证企业经营自主权的前提下，对国有企业经营状况进行有效监管，成为一个亟待解决的问题，于是具有中国特色的国有企业监管制度应运而生，那就是国有企业外派监事会制度。从 1998 年国务院试行稽察特派员制度开始，到今天，外派监事会制度已经走过 15 个年头。其间大体分为了两个时期：稽察特派员制度时期和国有企业监事会制度时期。而国有企业监事会制度又分为中共中央企业工作委员会和国务院国有资产监督管理委员会两个阶段。外派监事会制度在这十几年的实践中经历了逐步发展完善的过程。

1. 初建——稽察特派员制度时期

1998 年 3 月，九届全国人大第一次会议审议通过《国务院机构改革方案》，决定由国务院向国有重点大型企业派出稽察特派员，负责监督企业的资产运营和盈亏情况；由国务院人事部任免国务院监管大型企业领导人，同时，承办国务院向国有重点大型企业派出稽察特派员的管理工作。同年 7 月 3 日，国务院正式发布《国务院稽察特派员暂行条例》，标志着稽察特派员制度的建立。

对于稽察特派员的职责，当时明确主要是：检查被稽察企业主要负责人贯彻执行有关法律、法规和国家政策的情况；查阅相关的财务报告、会计凭证、会计账簿等会计资料，包括与企业经营管理活动有关的其他一切资料，以验证其财务报告等资料是否真实反映了企业财务状况；同时还对被稽察企业是否发生侵害国有资产所有者权益的情况进行监督，对主要负责人经营管理业绩进行评价，提出奖惩、任免建议。稽察特派员在稽察工作结束后，要向国务院提交稽察报告等。

从 1998 年 4 月起，国务院先后任命了 38 位稽察特派员，人事部还从中央国家机关有关部门和在京国有重点大型企业中遴选了 160 名稽察特派员助理。试点工作从 1998 年 8 月开始展开，到 2000 年 12 月底，共完成了对 62 家国有重点大型企业的稽察，涉及行业包括机械、电力、石化、煤炭、冶金、烟草、建筑、通信、有色金属、民航、外贸等国民经济主要行业。按《条例》要求，向国务院上报了多份《稽察报告》及重要问题的专项报告。在近两年的稽察实践中，总结了一套可行的工作程序和实施要则，建立了一套相应的制度和规范，特别是培养和造就了一支坚持原则、忠于职守、适应工作、廉洁自律的工作队伍，为如何有效监督国有资产运营探索出了一条可操作的路子。这项制度实行后，对国企监管发挥了积极作用，在社会上产生了较大影响。比如，通过稽察，发现并查处了一些国有企业中的违法违纪案件，如"东方锅炉"、"白银集团"、"猴王集团"等企业问题的查处和披露，在社会上引起了震动，有效地遏制了国有企业管理混乱的状况。

稽察特派员制度的创建和实践，验证了这种外派式国有企业监督方式的必要性和有效性，不过也出现了所存在的如机构设置不稳定等一系列问题。

2. 过渡——中企工委时的国有企业外派监事会制度

稽察特派员制度实施两年后，1999 年 9 月，党的十五届四中全会通过的《关于国有企业改革和发展若干重大问题的决定》明确提出来，要以试行稽察特派员制度为基础，进一步推进国有企业监督体制的规范化和制度化，从体制上、机制上加强对国有企业的监督。1999 年 12 月，《公司法》进行了重大修改，其中，以法律形式明确了在国有独资公司建立监事会制度。同月，党中央决定成立中共中央企业工作委员会，将原来由多个部门和单位分散管理的国有重要骨干企业，包括其日常工作均统一纳入中央企业工委领导和管理。国务院稽察特派员制度也向国有企业监事会制度过渡，稽察特派员更名为监事会主席，稽察特派员助理为专职监事。2000 年 3 月，《国有企业监事会暂行条例》发布。2000 年 8 月，国务院向 100 家国有重点大型企业派出第一批监事会，首批 27 位监事会主席开始入驻企业开展监督检查工作。

专栏 9-3

《国有企业监事会暂行条例》的主要内容

国有重点大型企业监事会由国务院派出，对国务院负责，代表国家以财务监督为核心，对企业负责人的经营管理行为进行监督，确保国有资产及权益不受侵害。监事会与企业是监督与被监督的关系，监事会不参与、不干预企业的经营决策和经营管理活动。

监事会的职责：（一）检查企业贯彻执行有关法律、行政法规和规章制度的情况；（二）检查企业财务，查阅企业的财务会计资料及与企业经营管理活动有关的其他资料，验证企业财务会计报告的真实性、合法性；（三）检查企业的经营效益、利润分配、国有资产保值增值、资产运营等情况；（四）检查企业负责人的经营行为，并对其经营管理业绩进行评价，提出奖惩、任免建议。

监事会由主席一人、监事若干人组成。监事会成员不少于 3 人。监事会主席由国务院任命，由副部级国家工作人员担任，为专职。监事分为专职监事和兼职监事。专职监事从国务院有关部门和单位选任的监事为专职；由国务院有关部门、单位派出代表和企业职工代表担任的监事为兼职。专职监事由监事会管理机构任命，由司（局）、处级国家工作人员担任。企业职工代表担任的监事由企业职工代表大会民主选举产生，报监事会管理机构批准。企业负责人不得担任监事会的企业职工代表。监事会一般每年对企业定期检查 1～2 次，并可以根据实际需要不定期地对企业进行专项检查。每次检查结束后，应当及时做出检查报告。报告内容包括：企业财务及经营管理情况评价；企业负责人的经营管理业绩评价及奖惩、任免建议；企业存在问题的处理建议；国务院要求报告或监事会认为需要报告的其他事项。监事会不得向企业透露检查报告内容。

监事会制度对稽察特派员制度的继承和发展。由稽察特派员制度过渡到外派监事会制度，是我国国有资产监管体制的进一步发展。监事会制度继承了稽察特派员制度独立、客观、公正的精髓，同时也做了相应调整和改革。主要在于：1999 年《公司法》修正时专门增加了国有独资公司监事会的有关规定，2000 年国务院也发布了《国有企业监事会暂行条例》，这使得国有企业监事会制度有了更加明确的法律依据，监事会的工作程序也更加规范。虽然国有企业监事会制度与稽察特派员制度两者在体制上和机制上有一些差别，但本质上是相同的。

3. 发展和完善——国资委时期的国有企业外派监事会制度

2003 年 3 月，十届全国人大第一次会议通过《国务院机构改革方案》，决定成立国务院国有资产监督管理委员会。2003 年 5 月 27 日，国务院发布《企业国有资产监督管理暂行条例》。该条例第 34 条规定："由国资委代表国务院向其所出资企业中的国有独资企业和国有独资公司派出监事会。监事会的组成、职权、行为规范等，依照《国有企业监事会暂行条例》的规定执行"。从此，外派监事会成为国有资产监管工作的重要组成部分，代表出资人对企业国有资产履行监督职责。

国资委成立后，监事会为适应国有资产监管体制改革和国有企业改革发展的新要求，在以往积累的经验基础上，紧紧围绕出资人监督职责进行积极探索和调整。在监督检查工作中，结合出资人关注的重点，以《国有企业监事会暂行条例》规定的四项职责为基础，重点向涉及国有资本权益和资产安全的重要事项倾斜。通过充实监督内容，监事会不仅丰富和具体化了监督职责，与出资人要求和企业改革发展的需要结合得更加紧密，而且加强了与国资委其他职能部门的交流与沟通，初步形成了监督合力，提高了监督的针对性和时效性。为提高监督检查工作的时效性和有效性，监事会进一步改进监督工作的方式方法，由事后监督过渡到当期监督。主要内容包括：坚持集中检查和日常监督相结合，建立快速反应机制，实行分类监督以突出监督重点，注重利用审计和其他社会中介机构的相关工作成果，改进监事会与企业交换意见工作，进一步促进监督检查成果在国资委内部和国务院相关部门的运用落实机制等。关于监事会建设，作为公司治理的一个重要内容，在后面还将作详细介绍，在此不多赘言。

（三）"九龙治水"——出资人缺位

1998 年前，在由企业工委负责国有企业领导人管理、监事会负责企业监督职能的同时，对于国有企业改革与管理、国有资产管理、收入分配等出资人职能则由国务院相关部门分别行使。

1. 国家经贸委指导国有企业的改革与管理

1998 年机构改革，撤销行业主管部门后，组建成立的国家经贸委是综合性的行业管理部门，由原行业主管部门负责的国有企业改革与管理工作成为国家经贸委的重要职责。相关职责包括：

（1）研究拟定国有资产管理方针、政策和企业体制改革方案，推进企业制度的建立；研究发展大型企业和企业集团的政策政策、措施，指导国有企业实施战略性改组；指导国有企业的管理工作；指导企业法律顾问工作。

（2）研究拟定企业国有资产监管的政策、法规；提出需由国务院派出监事会的国有企业名单，审核监事会报告。

（3）组织实施兼并破产工作，配合有关部门实施再就业工程；全国企业兼并破产和职工再就业工作领导小组办公室的工作。

2. 财政部负责管理国有资本金

国有企业中的国有资本金管理工作由财政部负责。相关职责包括：

（1）拟定国有资本金基础管理的法律法规草案和规章制度。

（2）负责监缴所监管企业国有资本金收益。

（3）调查研究国有资本基础管理的重大问题以及国有资本金的分布状况；拟订国有资本金保值增值的考核指标体系；研究提出国有资本金预决算编制和执行方案；组织实施国有资本金权属的界定、登记、划转、转让、纠纷调处等。

（4）负责国有资本金的统计分析，提供有关信息；拟订国有企业清产核资的方针政策以及有关制度和办法；组织实施所监管企业的清产核资工作；组织建设国有资本金统计信息网络。

3. 劳动和社会保障部负责收入分配的管理

国有企业的收入分配由劳动与社会保障部负责管理。相关职责包括：

（1）拟定中央企业经营者的收入分配政策。

（2）审核中央企业工资总额及主要负责人的工资标准。

4. 国家计委负责企业的发展和项目审批

国资委成立之后的10年来，企业的投资项目审批仍由政府负责的状况基本没有改变。

5. 党的各级组织部门负责重点国有企业负责人的任免

根据党管干部的原则，重点国有企业的负责人由中央组织部门考察和任免。

1998年政府机构改革建立由多部门管理国有企业的国有资产管理体制，被称为"九龙治水"。这种体制虽然使国有企业摆脱了来自指令性计划的直接管理，将企业的生产经营推向市场，但出资人职能多头行使的做法却造成了新的政企不分，有人管事无人负责，出资人实际上并没有落实。结果造成了一方面企业仍然受到各部门的行政干预，经营自主权不能真正落实；而另一方面由于没有统一的出资人又出现了许多监管的漏洞，比如财务造假问题、经营者自我激励问题、投资失控问题，等等。

三、出资人"上岗"：统一的国有资产监管体制建立

由多部门管理国有企业最大弊端是国有资产所有者职能被肢解，出资人责任主体不明确。因此，解决问题的方式是选择一个机构来统一行使国有资产所有者的职能，明确出资人职能行使的责任主体，从多部门共同履行出资人职责转变成单一出资人机构专司出资人职责。按照这样的思路，党的十六大在总结国有资产管理体制实践经验的基础上，做出了建立新的国有资产管理体制的重大决策。

党的十六大明确了深化国有资产管理体制改革的基本原则。一是坚持政企分

开、政资分开，政府公共管理职能与国有资产出资人职能分离；二是坚持权利、义务和责任相统一，管资产与管人、管事相结合，落实国有资产保值增值责任；三是坚持所有权与经营权分离，维护企业经营自主权和法人财产权；四是在国家所有的前提下，由中央政府与地方政府分别代表国家履行出资人职责，分级代表，分级监管。

根据党的十六大的决定，十届人大一次会议通过了组建国务院国有资产监督管理委员会的方案。2003年3月，国务院国有资产监督管理委员会成立，这是新中国成立以来中央政府设立的第一个代表国家履行出资人职责的国务院直属特设机构，第一次在中央政府层面上实现了政府的公共管理职能与国有资产出资人职能的分离，基本实现了管资产和管人、管事相结合，解决了长期存在的国有资产出资人缺位和国有资产多头管理问题，这是我国经济体制改革的一个重大突破。

（一）"不错位、不缺位、不越位"——国资委职能定位

依据第十届全国人民代表大会第一次会议批准的国务院机构改革方案和《国务院关于机构设置的通知》（国发〔2003〕8号），国务院国有资产监督管理委员会成立。2003年4月6日，国务院国有资产监督管理委员会（以下简称国资委）正式挂牌。4月25日，经国务院批准，国务院办公厅印发了《国务院国有资产监督管理委员会主要职责内设机构和人员编制规定的通知》（国办发〔2003〕28号），即俗称的"三定方案"。在"三定"方案中明确，国务院授权国有资产监督管理委员会代表国家履行出资人职责，国资委既不同于对全社会各类企业进行公共管理的政府行政机构，也不同于一般的企事业单位，而是国务院直属的正部级特设机构。所监管的范围是中央所属企业（不含金融类企业）的国有资产。

根据"三定"方案，国务院国资委承接了国家经贸委、中央企业工委、劳动和社会保障部、财政部的有关国有资产出资人和监督管理职能，原来分割在政府各有关部门的国有资产出资人职能都集中于国务院国有资产监督管理委员会。

专栏 9-4

"三定"方案中国务院国资委的职责定位

一、划入的职责

（一）原国家经济贸易委员会的指导国有企业改革和管理的职责。

1. 研究拟定国有企业改革的方针、政策和企业体制改革方案，推进现代企业制度的建立；研究发展大型企业和企业集团的政策、措施，指导国有企

业实施战略性改组；指导国有企业的管理工作；指导企业法律顾问工作。

2. 研究拟定企业国有资产监管的政策、法规；提出需由国务院派出监事会的国有企业名单，审核监事会报告。

3. 组织实施兼并破产工作，配合有关部门实施再就业工程；全国企业兼并破产和职工再就业工作领导小组办公室的工作。

（二）原中共中央企业工作委员会的职责。

（三）财政部有关国有资产管理的部分职责。

1. 拟定国有资本金基础管理的法律法规草案和规章制度。

2. 负责监缴所监管企业国有资本金收益。

3. 调查研究国有资本金基础管理的重大问题以及国有资本金的分布状况；拟订国有资本金保值增值的考核指标体系；研究提出国有资本金预决算编制和执行方案；组织实施国有资本金权属的界定、登记、划转、转让、纠纷调处等。

4. 负责国有资本金的统计分析，提供有关信息；拟订国有企业清产核资的方针政策以及有关制度和办法；组织实施所监管企业清产核资工作；组织建设国有资本金统计信息网络。

（四）劳动和社会保障部的拟订中央直属企业经营者收入分配政策、审核中央直属企业的工资总额和主要负责人的工资标准的职责。

二、主要职责

（一）根据国务院授权，依照《中华人民共和国公司法》等法律和行政法规履行出资人职责，指导推进国有企业改革和重组；对所监管企业国有资产的保值增值进行监督，加强国有资产的管理工作；推进国有企业的现代企业制度建设，完善公司治理结构；推动国有经济结构和布局的战略性调整。

（二）代表国家向部分大型企业派出监事会；负责监事会的日常管理工作。

（三）通过法定程序对企业负责人进行任免、考核并根据其经营业绩进行奖惩；建立符合社会主义市场经济体制和现代企业制度要求的选人、用人机制，完善经营者激励和约束制度。

（四）通过统计、稽核对所监管国有资产的保值增值情况进行监管；建立和完善国有资产保值增值指标体系，拟订考核标准；维护国有资产出资人的权益。

（五）起草国有资产管理的法律、行政法规，制定有关规章制度；依法对地方国有资产管理进行指导和监督。

（六）承办国务院交办的其他事项。

"三定"方案还规定了国资委与企业及其他部门的关系。明确：按照政企分开以及所有权和经营权分离的原则，国资委依法对企业的国有资产进行监管，依法履行出资人职责，不得直接干预企业的生产经营活动，企业作为自主经营、自负盈亏的市场主体和法人实体，应自觉接受国资委的监管，实现国有资产保值增值。国资委对所监管的国有资产进行预算管理，条件成熟时按国家有关预算编制规定，负责所监管企业国有资产经营预算的编制工作，作为国家总预算的组成部分由财政部统一汇总和报告，预算收入的征管和使用接受财政部监督。

截至2003年9月30日，纳入国务院国有资产监督管理委员会履行出资人职责的企业有189户。2003年10月21日，国务院办公厅印发通知，公布了该名单，通知指出，今后，国务院履行出资人职责的企业增加或减少及企业名称变更，国务院授权国资委随时公布。

（二）国资委内设机构及人员来源

按照"三定"方案赋予的主要职责，国资委设有18个职能机构，即办公厅（党委办公室）、政策法规局、业绩考核局、统计评价局、产权管理局、规划发展局、企业改革局、企业改组局（全国企业兼并破产和职工再就业工作办公室）、企业分配局、监事会工作局（国有企业监事会工作办公室）、企业领导人员管理一局、企业领导人员管理二局、党建工作局（党委组织部）、宣传工作局（党委宣传部）、群众工作局（党委群众工作部、党委统战部）、研究室、外事局、人事局。此外，还设有机关服务管理局（离退休干部管理局）、机关党委、国务院国有资产监督管理委员会纪律检查委员会。

国资委成立时，其主要人员来自三部分，分别为原中央企业工委全部人员以及原国家经贸委、财政部部分司局人员。

专栏9-5

国务院国资委部分职能部门的职责

职能部门	主要职责
业绩考核局	拟定并组织落实国有资产经营责任制度，研究和完善授权经营制度并对授权企业进行监督，研究提出业绩合同等企业资产保值增值目标管理的方法并组织实施；综合研究国有经济和重点企业的运行状况；根据各方面对所监管企业的评价意见，综合考核所监管企业的经营业绩；研究提出重大决策责任追究的意见和措施。

续表

职能部门	主要职责
统计评价局	负责国有资产的统计和所监管企业财务决算备案工作，建立国有资本金统计信息网络，根据有关规定对外发布统计信息；建立和完善国有资产保值增值考核办法，拟定考核标准；建立和完善企业绩效评价体系并负责组织实施；拟定国有企业清产核资的政策及制度、办法，组织所监管企业清产核资工作；按照国家有关规定，负责所监管企业资产损失核销工作。
产权管理局	研究提出改革国有资产管理办法和管理制度的意见，拟定国有资产产权界定、登记、划转、处置及产权纠纷调处等方面的规章制度和管理办法；负责所监管企业国有资产产权界定、登记、划转、处置及产权纠纷调处等工作；负责所监管企业资产评估项目的核准和备案；对所监管企业国有资产进行预算管理，对资本收益的使用进行监督；审核所监管企业资本金变动、股权转让及发债方案；监督、规范国有产权交易。
规划发展局	研究提出国有经济布局和战略性调整的政策建议，指导所监管企业进行结构调整；审核所监管企业的发展战略和规划；对所监管企业重大投资决策履行出资人职责，必要时对投资决策进行后评估；协助所监管企业解决发展中的有关问题。
企业改革局	研究提出国有企业改革的方针政策；指导国有企业的现代企业制度建设，完善公司治理结构；研究所监管企业合并、股份制改造、上市、合资等重组方案和国有资产经营公司的组建方案，对其中需要国有股东决定的事项提出意见；研究提出发展具有国际竞争力的大公司大企业集团的政策、措施；指导所监管企业的管理现代化和信息化工作。
企业改组局（全国企业兼并破产和职工再就业工作办公室）	编制并组织实施国有企业兼并破产计划，研究提出有关债权损失核销和职工安置等方案；组织协调债转股工作；组织协调所监管企业的合并、分立、解散、清算和关闭破产、困难企业重组工作，协调解决企业改组中的重大问题。

续表

职能部门	主要职责
企业分配局	拟定国有企业收入分配制度改革的指导意见；根据国家有关规定，对所监管企业工资分配的总体水平进行调控，研究拟订所监管企业负责人的薪酬制度和激励方式并组织实施；指导所监管企业分离办社会负担、主辅分离和辅业改制、富余人员分流工作，配合有关部门做好下岗职工的安置工作。
监事会工作局（国有企业监事会工作办公室）	根据《国有企业监事会暂行条例》，负责监事会的日常管理工作。
企业领导人员管理一局 企业领导人员管理二局	根据有关规定，承担对所监管企业领导人员的考察工作并提出任免建议；考察推荐董事、监事及独立董事人选；探索符合社会主义市场经济体制和现代企业制度要求的企业领导人员考核、评价和选任方式；研究拟订向国有控股和参股公司派出国有股权代表的工作方案。

（三）履行职责的法律框架

实际上，从 1993 年起，八届、九届、十届全国人大常委会均将制定国有资产法列入当届立法规划，为国有资产法的起草做了大量的调研和基础工作，只是由于各种条件限制，至到 2003 年国务院国资委成立时，这部法律仍没有出台。这反映出在当时，我国各方面对起草国有资产法的认识尚不十分统一，在国有资产监督、管理和运营方面的实践仍不够充分，不具备出台这样一项法律的条件。

但是，国务院国资委是一个全新的机构，作为国务院重要的特设机构，履行的是全新的职能，如何做好国有资产监管工作，不可能在没有法律法规的依据下运作。如何做到规范运作，有章可循，是工作起步的一项紧迫的任务。因此，起草一项国务院条例成为现实的选择。从 2003 年 3 月中旬开始，经过 2 个多月的紧张工作，国务院国资委与国务院法制办共同起草了《企业国有资产监督管理暂行条例》，经国务院第 8 次常务会议讨论通过，2003 年 5 月 27 日，由温家宝总理签署生效，并以国务院第 378 号令的形式正式发布实施。以行政法规的形式明确了国有资产管理体制的基本框架和国有资产监督管理的基本制度，为开展国有资产监督管理工作提供了法律依据。

专栏 9-6

《企业国有资产监督管理暂行条例》的主要内容

本条例所称企业国有资产，是指国家对企业各种形式的投资和投资所形成的权益，以及依法认定为国家所有的其他权益。企业国有资产属于国家所有。国家实行由国务院和地方人民政府分别代表国家履行出资人职责，享有所有者权益，权利、义务和责任相统一，管资产和管人、管事相结合的国有资产管理体制。国务院代表国家对关系国民经济命脉和国家安全的大型国有及国有控股、国有参股企业，重要基础设施和重要自然资源等领域的国有及国有控股、国有参股企业，履行出资人职责。省、自治区、直辖市和设区的市、自治州人民政府分别代表国家对由国务院履行出资人职责以外的国有及国有控股、国有参股企业，履行出资人职责。

国务院，省、自治区、直辖市人民政府，设区的市、自治州人民政府，分别设立国有资产监督管理机构。国有资产监督管理机构根据授权，依法履行出资人职责，依法对企业国有资产进行监督管理。各级政府应当坚持政府的社会公共管理职能与国有资产出资人职能分开，坚持政企分开，实行所有权与经营权分离。国有资产监督管理机构不行使政府的社会公共管理职能，政府其他机构、部门不履行企业国有资产出资人职责。

国有资产监督管理机构的主要职责是：依照《公司法》等法律、法规，对所出资企业履行出资人职责，维护所有者权益；指导推进国有及国有控股企业的改革和重组；依照规定向所出资企业派出监事会；依照法宝程序对所出资企业的企业负责人进行任免、考核，并根据考核结果对其进行奖惩；通过统计、稽核等方式对企业国有资产的保值增值情况进行监管；履行出资人的其他职责和承办本级政府交办的其他事项。

国有资产监督管理机构不按规定任免或者建议任免所出资企业的企业负责人，或者违法干预所出资企业的生产经营活动，侵犯其合法权益，造成企业国有资产损失或者其他严重后果的，对直接负责的主管人员和其他直接责任人员依法给予行政处分；构成犯罪的，依法追究刑事责任。

所出资企业中的国有独资企业、国有独资公司未按照规定向国有资产监督管理机构报告财务状况、生产经营状况和国有资产保值增值状况的，予以警告；情节严重的，对直接负责的主管人员和其他直接责任人员依法给予纪律处分。

国有及国有控股企业的企业负责人滥用职权、玩忽职守，造成企业国有资产损失的，应负赔偿责任，并对其依法给予纪律处分；构成犯罪的，依法追究刑事责任。

在国资委工作起步的几年中，《条例》一直是国有资产监督管理机构运作的主要法律依据。此外，2005 年 10 月，重新修订的《中华人民共和国公司法》，专门就国有资产监管机构做出了规定，用国家法律形式明确了国有资产监管机构的法律地位。

专栏 9–7

《中华人民共和国公司法》（2005 年 10 月修订版）
关于国有资产监管机构的部分条款

第六十六条　国有独资公司章程由国有资产监督管理机构制定，或者由董事会制订报国有资产监督管理机构批准。

第六十七条　国有独资公司不设股东会，由国有资产监督管理机构行使股东会职权。国有资产监督管理机构可以授权公司董事会行使股东会的部分职权，决定公司的重大事项，但公司的合并、分立、解散、增加或者减少注册资本和发行公司债券，必须由国有资产监督管理机构决定；其中，重要的国有独资公司合并、分立、解散、申请破产的，应当由国有资产监督管理机构审核后，报本级人民政府批准。

前款所称重要的国有独资公司，按照国务院的规定确定。

第六十八条　国有独资公司设董事会。……

董事会成员由国有资产监督管理机构委派；但是，董事会成员中的职工代表由公司职工代表大会选举产生。……

第六十九条　国有独资公司设经理，由董事会聘任或者解聘。

……经国有资产监督管理机构同意，董事会成员可以兼任经理。

第七十条　国有独资公司的董事长、副董事长、董事、高级管理人员，未经国有资产监督管理机构同意，不得在其他有限责任公司、股份有限公司或者其他经济组织兼职。

第七十一条　国有独资公司监事会成员不得少于五人，其中职工代表的比例不得低于三分之一，具体比例由公司章程规定。

监事会成员由国有资产监督管理机构委派；但是，监事会成员中的职工代表由公司职工代表大会选举产生。监事会主席由国有资产监督管理机构从监事会成员中指定。……

2007 年 3 月 16 日，十届人大第五次会议通过的《中华人民共和国物权法》第五十七条也对国有资产监管机构作了规定，即：履行国有财产管理、监督职责

的机构及其工作人员，应当依法加强对国有财产的管理、监督，促进国有财产保值增值，防止国有财产损失；滥用职权，玩忽职守，造成国有财产损失的，应当依法承担法律责任。违反国有财产管理规定，在企业改制、合并分立、关联交易等过程中，低价转让、合谋私分、擅自担保或者以其他方式造成国有财产损失的，应当依法承担法律责任。

（四）"罗马不是一天建成的"——有待完善的国资监管体制

一是纳入国务院国资委监管的资产范围是有限的，主要是原属于中央企业工委的工商类企业。而对国有金融类企业，党口所属企业，各政府部门下属事业单位的资产，铁路、烟草、邮政等经营性企业均没有纳入国资委的监管范围。从这个意义上说，国务院国资委监管的并不是完整的中央级经营性国有资产。

二是国有资本经营预算及管理不够明确。尽管"三定"方案就国有资本经营预算问题做出了规定，但在起步的几年中，还只是进行了国有资本经营预算的研究准备，实际预算工作直到2007年才正式启动。国资委与财政部在预算管理中的职能分工虽然做出了原则规定，但在后来的实施中两个部门在具体职责分工上仍然不太清晰。

四、不做"婆婆加老板"——国资委起步阶段的工作

国资委的工作在备受关注中起步。新中国成立以来形成了庞大的国有资产，却没有一个专门的监管机构，这个制度上的重大缺陷，在国企改革之后变得越来越突出，成为国企改革中的一个"瓶颈"。从世界范围看，还没有一个如此巨大的经济体，带着如此巨量的国有资产进入市场经济。因此中国式的国有资产监管是一项可以说是前无古人的伟大事业，这就决定了国资委的工作极具挑战性、极具探索性。因为没有现成的经验可以借鉴，第一任国有资产监督管理委员会主任李荣融同志在极具探索性极具挑战性的基础上，又加了一句"极具风险性"，而数十万亿元国有资产的监管责任又极其重大，容不得半点闪失。新成立的国资委在坚持改革方向的前提下，一步一步摸索前进，逐步建立具有中国特色的国有资产监管体系。

（一）开前门、关后门、堵旁门，规范改制

根据《企业国有资产监督管理暂行条例》和《国务院国有资产监督管理委员会主要职责内设机构和人员编制规定》（国办发［2003］28号），推进和规范国有企业改制，是企业国有资产监督管理中十分重要的工作，在当时也是一项十分紧迫的工作。

党的十五大提出国有经济有进有退，有所为、有所不为的方针之后，各地以

国有中小企业改制为主线的企业改革全面推开，也取得巨大成效。与此同时，由于出资人体制未建立，改革摸着石头过河缺乏经验，没有统一的规范可以遵循，少数人钻空子，利用改革中饱私囊，败坏了改革名声，改制中出现的一些问题受到了各方面的批评和非议。比如，在改制程序中，进行财务审计和资产评估，一些企业对土地确权定价不规范，对知识产权、技术专利、商誉等无形资产不评估或评估后不入账。在产权交易中，相当一部分企业转让产权未进市场，有的进场未实现竞价转让。一些地方多数搞管理层收购的企业存在不规范行为，出现国有资产流失等。

这些问题引起了社会关注和有关高层领导的重视，进一步规范国有企业的改制行为、防止国有资产流失的呼声一度很高。国资委成立后，在推进国有企业改革改制时，如何进行规范，防止国有资产流失便成为一项重要任务。

1. 具有里程碑意义的国办发 96 号文

2003 年 2 月，一份内部材料反映，一些省份"目前都在大规模地将国有资本从一般竞争性领域退出"，有"个别地方在退出过程中出现'刮风'苗头"；国有资产"在产权交易过程中存在'评估黑洞'，导致国有资产流失"。由于出资人不到位，有些企业管理层暗箱操作，"自买自卖"国有产权，"少数管理层收购（MBO）正成为管理层侵吞国有资产的工具。"

对此，中央领导十分重视，2004 年 2 月 21 日、22 日，胡锦涛、温家宝同志分别做出重要批示，李荣融、李毅中、邵宁同志当即要求有关司局针对国有企业改制中存在的问题进行研究，起草《关于调整国有经济布局和结构，规范国有企业改制工作的意见》（以下简称《意见》），明确在改革中确保国有经济在重要行业和关键领域的控制地位，进一步放开搞活国有中小企业，但不能把转让国有产权作为放开搞活的唯一形式，搞一刀切；向非国有投资者转让国有产权要依法合规进行；要完善企业改制的必备程序，妥善安置职工，依法维护债权人权益。但针对 MBO 反响极大，是否需要单发一个停止 MBO（管理层收购）的通知，各方争议很大。

国资委企业改革局在呈报《意见》请示的同时，对是否暂停 MBO 做了说明，李荣融主任批示："工作可并行做，以利缩短时间，鉴于对股市的影响，文字应以正面提为妥"。李毅中书记批示："可征求部门地方有关意见后定稿。这样就不必单发停止 MBO 的通知了。"在《意见》中采取了对管理层收购存在的问题进行分析和规范方式解决。

《意见》在调查研究基础上，反复征求了相关部委和地方有关部门意见，最终将《意见》修改为《关于规范国有企业改制工作的意见》，2003 年 11 月 30 日由国务院办公厅转发（国办发〔2003〕96 号，以下简称 96 号文件）。96 号文件对国有企业改制中大家关注的批准制度、清产核资、财务审计、资产评估、交易管理、定价管理、转让价款管理、依法保护债权人利益、维护职工合法权益、管理层收购等10个方面作了规定，颁布后在社会上引起很大影响，有些专家学者评价，这份文件对规范国有企业改制具有里程碑意义。

2. 2005年发布《关于进一步规范国有企业改制工作的实施意见》

2003年国务院办公厅转发的96号文件下发后，国有企业改革改制开始纳入规范的轨道，但实践中反映的一些新的矛盾和问题表明操作上仍然有待完善。

为进一步解决实际操作中的问题，2005年12月，国务院以国办发〔2005〕60号文转发了国资委制定的《关于进一步规范国有企业改制工作的实施意见》（以下简称《实施意见》）。《实施意见》除了着重从制度上堵塞漏洞，进一步细化《意见》的有关规定、加强可操作性、增加规范企业管理层持有股权等内容外，还在落实职工知情权、参与权方面作出了更具体的规定。如企业改制方案必须提交企业职工代表大会或职工大会审议；职工安置方案需经企业职工代表大会或职工大会审议通过后方可实施改制；改制企业要向广大职工群众讲清楚国家关于国有企业改革的方针政策和改制的规定，讲清楚改制的必要性、紧迫性以及企业的发展思路；在改制方案制订过程中要充分听取职工群众意见，深入细致地做好思想工作，争取广大职工群众对改制的理解和支持；要及时向广大职工群众公布改制方案和职工安置方案以及企业主要财务指标的审计、评估结果，等等。

3. 管理层持股问题

随着改制企业向大型化方面的发展，一个受人关注的问题就是改制后管理层持股的问题。管理层持股的激励与约束作用，在国外一些大企业中得到了验证，但在国企改制中如何规范运作却是一个新的课题。

2005年4月，为进一步推进国有企业改革，规范企业国有产权转让，保障国有产权有序流转，根据96号文及3号令，由国务院国资委与财政部联合发布了关于印发《企业国有产权向管理层转让暂行规定》（国资发产权〔2005〕78号）的通知。《通知》明确所谓"管理层"指的是转让标的企业及标的企业国有产权直接或间接持有单位负责人以及领导班子其他成员，"企业国有产权向管理层转让"是指向管理层转让，或者向管理层直接或间接出资设立企业转让的行为。对进行产权转让的企业范围明确为国有资产监督管理机构已经建立或政府已经明确国有资产保值增值行为主体和责任主体的地区或部门，方可以探索中小型国有及国有控股企业国有产权向管理层转让（法律、法规和部门规章另有规定的除外）。《通知》的重要指向是，限制（禁止）大型国有及国有控股企业及所属从事该大型企业主营业务的重要全资或控股企业的国有产权和上市公司的国有股权向管理层转让的行为。

专栏 9-8

<h3 style="text-align:center">《通知》对于转让的程序等的明确规定</h3>

"国有产权转让方案的制订以及与此相关的清产核资、财务审计、资产评估、底价确定、中介机构委托等重大事项应当由有管理职权的国有产权持有单位依照国家有关规定统一组织进行，管理层不得参与。""管理层应当与其他拟受让方平等竞买。企业国有产权向管理层转让必须进入经国有资产监督管理机构选定的产权交易机构公开进行，并在公开国有产权转让信息时对以下事项详尽披露：目前管理层持有标的企业的产权情况、拟参与受让国有产权的管理层名单、拟受让比例、受让国有产权的目的及相关后续计划、是否改变标的企业的主营业务、是否对标的企业进行重大重组等。产权转让公告中的受让条件不得含有为管理层设定的排他性条款，以及其他有利于管理层的安排。""管理层受让企业国有产权时，应当提供其受让资金来源的相关证明，不得向包括标的企业在内的国有及国有控股企业融资，不得以这些企业的国有产权或资产为管理层融资提供保证、抵押、质押、贴现等。"

2005年12月国资委又发布了相关《实施意见》，对管理层收购作出了更明确的规定和限制，以防止个别人借改革之名，以权谋私，瓜分国有资产，损害国家和人民群众利益的行为，主要有：一是持股的管理层成员需具备通过公开招聘、企业内部竞争上岗等方式竞聘上岗或是对企业发展做出重大贡献的条件；二是这种行为必须经国有资产监管机构批准且包括各成员在内的管理层持股总量不得达到控股或相对控股数量；三是管理层增资扩股的操作过程必须规范，管理层不得参与制订改制方案、确定国有产权折股价、选择中介机构以及清产核资、财务审计、离任审计、资产评估中的重大事项；四是管理层持股必须提供资金来源合法的相关证明，必须执行《贷款通则》的有关规定，不得向国有及国有控股企业借款，不得以国有产权或资产作为标的物通过抵押、质押、贴现等方式筹集资金，也不得采取信托或委托等方式间接持有企业股权；五是管理层成员存在对企业经营业绩下降负有直接责任等五种情况的，该成员不得持有企业股权。

4. 规范职工持股：开前门、关后门、堵旁门

电力系统的突破。在20世纪90年代初，由于经济的迅速发展，电力供应矛盾非常突出。由于当时国家财力有限，难以满足电力供应日益增长的需要。为此鼓励多方办电，调动各方面的办电的积极性，电力行业职工（含管理层）近水楼台，首先响应号召投资发电企业。多方投资办电应该说在当时的背景下为发电行业的大发展做出了一定的贡献，同时电力企业职工投资发电企业，形成了多元股东结构，对职工参与公司治理，调动职工的生产积极性，也起到了一定作用。但是，由于当时电力行业是网电合一（即电网企业与发电企业在同一个体制内）的体制，电网是垄断的，电网企业职工投资发电企业，因利益冲突而产生的不公平交易的问题必然出现。这引起了一些专家学者和社会上的强烈反映。主要矛头指向的就是：由于经营电网和发电业务的一些国有电力企业职工参与电力企业改制和投资新建电力企业，出现不公平竞争、国有企业利润转移和国有资产流失的现象。

为此，在 2003 年 8 月 6 日，国资委会同国家发展改革委、财政部根据中央领导同志有关批示精神，又联合印发了《关于继续贯彻落实国务院有关精神，暂停电力系统职工投资电力企业的紧急通知》（国资改革〔2003〕37 号，以下简称 37 号文件）。暂时终止了对国有电力企业改制为职工持股公司的行为。

专栏 9-9

37 号文件主要内容

一、暂停将经营发电或电网业务的中央和地方各级国有或国有非上市控股企业（以下简称电力企业）改制为职工持股的企业。改制的形式包括有限责任公司、股份有限公司、股份合作制企业；职工持股的方式包括职工自然人直接持股、工会或职工持股会持股、职工通过持股"三产"及多种经营等企业间接持股电力企业。

二、暂停将电力企业的发电设施、变电设施和电力线路设施及其有关辅助设施等实物资产出售给职工或职工持股的企业。暂停违规改制或新设立职工持股的企业投资新设立发电企业。

三、凡涉及以上内容的电力企业改制方案、实物资产出售方案和新设立企业，各级政府有关部门和各电力企业暂停办理新的审批，正在审批的要立即停止。严禁未经审批实施企业改制、出售资产和新设立企业。

四、严格执行国务院有关规定，凡违反国办发〔2000〕69 号文件有关规定的投资和交易活动一律无效。

五、电力企业必须严格执行国家有关电力生产、电网调度的法律法规，坚持公平、公开、公正的原则，不得违反规定通过电网调度让职工持股的发电企业多发电，不得违反规定擅自改变大电网对市、县供电公司的售电价格，不得擅自提高对职工持股的发电企业的购电价格，不得在采购、委托承包工程、提供服务等业务中通过不合理的价格将电力企业利润转给职工持股企业或者通过其他关联交易造成国有资产流失。

37 号文件下发后，有关部委组成调研组专门对全国 12 省 30 多个市县进行了调研，召开了由地方政府有关部门、电力企业、职工代表参加的 80 多次座谈会，了解电力系统职工投资电力企业的情况，听取各方面意见。

在此基础上，2003 年年底，国资委完成了《关于规范电力系统职工投资发电企业的意见》，《意见》规定，各级电网企业董事会成员、总经理、副总经理、总会计师、总经济师和电网调度人员、财务人员不得持有本省电网内发电企业股份，对已经持股的要求必须清退，但未要求所有职工全部清退所持股份。此方案引起了各方的争议，主要是有人认为这种做法还不够彻底。

为妥善解决有关问题，在多方征求意见后，2008 年 1 月 28 日经报国务院同意，以国资委、发展改革委、财政部、电监会名义，专门印发了《关于规范电力系统职工投资发电企业的意见》（国资发改革〔2008〕28 号）文件，明确细化了相关的政策界限。

专栏 9 – 10

28 号文件主要内容（节选）

二、规范电力系统职工投资发电企业行为

电力系统职工投资发电企业应当遵循自愿、公平和诚实守信、风险自担的原则，依法享有投资者权益。国有电力企业不得以企业名义组织各类职工投资活动。

规范电网企业职工持有发电企业股权的行为。地（市）级电网企业的领导班子成员和省级以上电网企业的电力调度人员、财务人员、中层以上管理人员，不得直接或间接持有本省（区、市）电网覆盖范围内发电企业的股权，已持有本省（区、市）电网覆盖范围内发电企业股权的，应自本意见印发之日起 1 年内全部予以清退或转让，发电企业可以优先回购。电网企业其他职工自本意见印发之日起不得增持本省（区、市）电网覆盖范围内发电企业的股权，自愿清退或转让已持有股权的，发电企业可以优先回购。存在电网企业职工持股行为的发电企业应依照有关法规规定披露电力交易信息，自觉接受电力监管等机构的监督检查。

规范发电企业职工投资发电企业的行为。发电企业职工不得直接投资于共用同一基础设施或同一生产经营管理系统的发电机组，不得在水坝溢流洞、泄洪洞投资安装发电机组。已持有共用同一基础设施、同一生产经营管理系统的不同发电机组股权的，应自本意见印发后逐步予以清退或转让，发电企业可以优先回购。国有发电企业应当针对共用同一基础设施或同一生产经营管理系统的不同发电机组，制定合理分摊各项费用和合理分配对外供热比例的具体办法并严格执行，严禁侵占和损害国有权益。

三、加强组织领导，强化监督管理

国有电力企业是规范电力系统职工投资发电企业工作的责任主体。要认真贯彻执行本意见各项要求，加强领导，认真组织，周密部署，强化企业内部管理，规范企业投资和改制行为，避免国有资产流失。同时，要加强政治思想工作，强化宣传教育和舆论引导，切实维护电力系统安全稳定运行和职工队伍稳定。

各级国有资产监督管理、发展改革、财政、电力监管等部门要加强协调配合，强化监督管理，进一步规范电力调度秩序和交易行为，维护公平竞争的市场秩序，确保规范电力系统职工投资发电企业的各项工作落到实处。国有资产监督管理机构、电力监管机构具体负责本意见贯彻执行情况的督促检查，对违反国家有关法律法规及本意见要求并造成国有资产流失的，要予以严肃查处并追究有关人员责任，涉嫌犯罪的，依法移送司法机关处理。

在规范电力系统企业职工持股取得积极进展的情况下，2008 年 9 月 16 日，国务院国资委根据国企面上职工持股企业的情况，印发了《关于规范国有企业职工持股、投资的意见》（国资发改革［2008］139 号），就国有企业职工持股、投资制定了统一的规范性政策。

139 号文件充分肯定了国有企业职工投资参与国有中小企业改制和国有大中型企业辅业改制、科技骨干参股科研院所改制，对于推进企业股份制改革、完善公司法人治理结构、增强企业活力起到的重要作用，明确了国有企业职工持股、投资的基本原则：一是区别对待，分类指导。进一步规范企业管理层持股、投资行为，妥善解决职工持股、投资存在的问题。二是规范操作，强化管理。引入职工持股应当公开透明，公平公正，严格执行国家有关企业改制和产权转让的各项规定；加强企业内部管理，防止通过不当行为向职工持股、投资的企业转移国有企业利益。三是维护企业职工合法权益，增强企业活力，落实好职工参与改制的民主权利，尊重和维护职工股东的合法权益。

文件中改革内容最大的亮点就是提出了"分红权"的概念。"国有大型科研、设计、高新技术企业改制，按照有关规定，对企业发展做出突出贡献或对企业中长期发展有直接作用的科技管理骨干，经批准可以探索通过多种方式取得企业股权，符合条件的也可获得企业利润奖励，并在本企业改制时转为股权"。当年联想经过批准，给予联想的创业人及管理、科技骨干 35% 的分红权。联想的改制由此启动。实践证明，这一股权激励的措施对联想的发展起到了良好的作用。但由于是个案，一般企业无法操作。139 号文件将这一经过实践证明是成功的做法写入文件，规定符合条件的科研、设计、高新技术企业可以获得企业利润奖励。理论上讲，EVA（经济增加值）等于"0"时，利润所得应是投资资本所应得的收益。EVA 大于"0"时，利润所得应是投资资本与人力资本共同创造的，所以应共同分享利润。

5. 进行全国范围内改制和产权管理大检查

国资委刚成立后不久，国有企业改制是否规范、是否在改制和产权交易中有国有资产流失等问题成为社会焦点，引起了高层领导的关注。2004 年 5 月 14 日，中共中央政策研究室的一份简报反映，96 号文虽明令"严禁国有企业的经营管理者自卖自买国有产权"，但各种隐性管理层收购和贬值国有资产的行为仍在进行，引起了一些专家学者的担忧，强烈要求"堵住国有资产转让中的漏洞"。2004 年 10 月 23 日，一份关于"当前国有企业改制过程中职务犯罪造成国有资产大量流失"的文章显示，2003 年至 2004 年 8 月，全国检察机关查办国有企业人员贪污贿赂犯罪人员中，占查办贪污贿赂案件总数的 41.5%，其中发生在国有企业改制过程中的职务犯罪占相当比例。

胡锦涛、温家宝、黄菊、李长春等中央领导对此都作出了批示，黄菊副总理在批示中，要求国资委要研究分析国有企业实行管理层收购的情况及带来的弊端，加强对地方国有资产转让的指导，严格规范管理层收购行为，研究进一步规范国有企业的措施，防止国有资产变相流失，严厉查处利用企业改制侵吞国有资产的行为。

为贯彻落实党中央、国务院领导同志批示精神，根据中纪委、监察部的要求，2004 年 8 月，国资委印发通知要求各省（区、市）国资委开展国有企业规范改制检查工作。国资委与财政部、监察部、工商总局还联合印发通知，要求各地开展企业国有产权转让检查工作；这次检查的主要任务是遵照中央领导批示精神，指导贯彻落实《国务院办公厅转发国有资产监督管理委员会关于规范国有企业改制工作意见的通知》（国办发［2003］96 号），检查纠正国有企业改制中违规行为，深入了解国有企业改制过程中存在的改革方式和改制制度层面的问题。2004 年 10～11 月，国资委组成 7 个检查组，由李荣融、李毅中等国资委领导分别带队，对江苏、广东等 15 个省的国有企业改制和产权转让工作进行了督查，在检查过程中，检查组与各地方国资委和 41 个省（市）、县政府以及 81 户国有企业进行了座谈，核对了 105 户国有企业的改制程序及其相关资料。

从当时检查情况来看，规范国有企业改制和产权转让工作取得重大进展，并已进入了一个新阶段。检查中也发现各省（区、市）之间，各市（地）、县之间，工作发展不平衡，规范改制和产权转让还存在一些不容忽视的问题。国资委在抓紧出台规范性文件的同时，在 2004 年、2005 年又几次派检查组到全国各地进行改制、产权转让检查工作。

专栏 9 –11

国资委成立后规范改制、产权交易的有关监督检查工作

2005 年 9 月 9 日，与商务部在厦门联合举办了规范国企改制与产权交易高峰论坛。李荣融同志作了题为《规范国有企业改制与产权交易，推动国有产权有序流转》的主旨演讲。各中央企业，各省、自治区、直辖市国资委、产权交易机构及有关境外投行机构的 300 多名代表参加了论坛。

2005 年 10 月 14 日，印发《关于做好国有企业改制监督检查工作的通知》（国资厅改革［2005］288 号），要求各地国资委对 2004 年 1 月 1 日后经批准进行改制的各级国资委所监管企业，以及尚未成立国资委的地方国有及国有控股企业改制工作进行监督检查。

2005 年 5 月 11 日~13 日，在重庆召开了国有企业改制和产权转让工作会议和全国企业关闭破产工作会议。李荣融、邵宁同志出席会议并讲话。

2005 年 11 月 17 日，与财政部、发展改革委、监察部、工商总局、证监会联合印发《关于做好企业国有产权转让监督检查工作的通知》（国资发产权［2005］294 号），要求各省、自治区、直辖市及计划单列市有关部门按照中央纪委关于严格执行产权交易制度和国务院关于规范发展产权交易市场的有关工作要求，认真贯彻落实《企业国有产权转让管理暂行办法》，有计划、有重点地组织做好企业国有产权转让监督检查工作。

2006 年 11 月 21 日，印发《关于开展 2006 年国有企业改制及国有产权转让等监督检查工作的通知》（国资厅发改革［2006］65 号），组织开展对 2006 年进行改制或国有产权转让行为的各级国资监管机构所监管企业及使用农民工较多企业进行专项检查。

（二）清产核资、弄清家底

1. 工作背景和必要性

国务院国资委的重要职责在于落实国有资产保值增值责任，这一工作的基础在于摸清家底。家底不清，责任无法落实。因此，国务院国资委工作启动伊始，进行清产核资既是《条例》、"三定"方案所规定的职责，也是十分必要的。

从 2003 年 9 月至 2004 年年底，国资委在中央企业范围内组织开展了全面的

清产核资工作。此项工作是国资委组建后部署的第一项基础性工作任务，2003年10月23日，李荣融主任批示："这项工作至关重要，应以规范，有序推进"，李毅中书记也曾两次批示："清产核资是基础工作，也是国资委履行职责必须摸清家底的要求，需尽快布置实施"、"关键是抓好清产核资工作，有条件的企业下半年完成，其他企业力争明年上半年至迟年内完成"。

通过清产核资摸清企业国有资产的家底，对国有资产监管具有多方面的意义：一是有利于提高中央企业财务会计信息质量，为有效落实国有资本保值增值责任，建立有效的国有资产经营责任制度奠定基础。二是有利于全面清查核实中央企业各项资产损失情况，为中央企业执行《企业会计制度》创造条件和奠定基础。实际上财政部在2000年12月就颁布了《企业会计制度》，而截至2003年年底，中央企业中只有广东核电等7家执行。企业不能执行《企业会计制度》的一个重要原因就是企业的资产不实，《企业会计制度》全面有效实施，就需要先行处理资产损失。三是有利于核实中央企业所属事业单位的资产、效益状况，规范中央企业会计核算和财务报告。由于企业单位和事业单位长期执行不同的会计制度，在集团内事业单位与企业在客观上形成财务管理"两张皮"现象，难以全面准确反映企业集团的整体经营状况。四是有利于全面清查核实中央企业所属境外企业资产，规范境外企业财务监督管理和财务报告制度。

2. 建立相应的工作规则

为了指导和规范全国国有企业的清产核资工作，保证中央企业清产核资工作有章可循、有条不紊，根据《条例》等法律、法规，国资委于2003年下发了《国有企业清产核资办法》（国资委令第1号，以下简称《办法》），对国有企业清产核资的范围、内容、程序、组织、要求以及相关当事主体和当事人应当负有的法律责任等作出明确的规定。

专栏 9 – 12

《国有企业清产核资办法》部分内容（摘录）

清产核资的范围：

1. 企业资产损失和资金挂账超过所有者权益，或者企业会计信息严重失真、账实严重不符的；

2. 企业受重大自然灾害或者其他重大、紧急情况等不可抗力因素影响，造成严重资产损失的；

3. 企业账务出现严重异常情况，或者国有资产出现重大流失的；

4. 其他应当进行清产核资的情形。

清产核资的内容：

1. 账务清理。指对企业的各种银行账户、会计核算科目、各类库存现金和有价证券等基本财务情况进行全面核对和清理，以及对企业的各项内部资金往来进行全面核对和清理，以保证企业账账相符，账证相符，促进企业账务的全面、准确和真实。

2. 资产清查。指对企业的各项资产进行全面的清理、核对和查实。在资产清查中把实物盘点同核实账务结合起来，把清理资产同核查负债和所有者权益结合起来，重点做好各类应收及预付账款、各项对外投资、账外资产的清理，以及做好企业有关抵押、担保等事项的清理。

3. 价值重估。对企业账面价值和实际价值背离较大的主要固定资产和流动资产按照国家规定方法、标准进行重新估价。

4. 损溢认定。指国有资产监督管理机构依据国家清产核资政策和有关财务会计制度规定，对企业申报的各项资产损溢和资金挂账进行认证。

5. 资金核实。指国有资产监督管理机构根据企业上报的资产盘盈和资产损失、资金挂账等清产核资工作结果，依据国家清产核资政策和有关财务会计制度规定，组织进行审核并批复准予账务处理，重新核定企业实际占用的国有资本金数额。

为了配合《办法》的施行，国资委统计评价局还组织起草了 4 个相关配套工作制度，分别从不同方面对有关工作规范进行细化，包括：

——《国有企业资产损失认定规则》（国资评价〔2003〕72 号）对资产损失认定的证据、原则和各项资产损失的核实和认定工作进行规范。

——《国有企业清产核资工作规程》（国资评价〔2003〕73 号）对企业开展清产核资工作有关立项申请、财务清理、资产清查、价值重估、损益认定、报表编制、中介审计、结果申报、资金核实、账务处理、完善制度等工作进行规范。

——《国有企业清产核资资金核实工作规定》（国资评价〔2003〕74 号）对国有资产监督管理机构根据清产核资企业上报的各项资产盘盈、资产损失和资金挂账等清产核资工作结果，依据国家清产核资政策和有关财务会计制度规定，组织进行审核并批复予以账务处理，重新核定企业实际占用国有资本金数额的工作进行规范。

——《国有企业清产核资经济鉴证工作规则》（国资评价〔2003〕78 号）对中介机构按照国家清产核资政策和有关财务会计制度规定，对企业清理出的有关资产盘盈、资产损失以及资金挂账进行经济鉴证，对企业清产核资结果进行专项财务审计，以及协助企业资产清查和提供企业建章建制咨询意见等工作进行规范。

3. 组织与实施

一是制定并下发了《中央企业清产核资工作方案》（国资评价［2003］58号），明确了此次清产核资工作目标、工作安排、工作内容、工作组织领导和工作要求等，以指导、督促和规范各中央企业的清产核资工作。

二是具体部署中央企业清产核资工作。国资委对中央企业清产核资工作做了统一安排，统计评价局于 2003 年 9 月中旬，两次召开清产核资工作会议，分别对中央企业清产核资工作人员进行工作布置和业务培训，对于清产核资基本工作制度和办法、清产核资工作规程、造成损失认定规则、清产核资报表编制、方法和指标口径以及清产核资工作软件基本操作等内容进行了全面系统的讲解和培训，同时还专门安排了新旧会计制度转换中有关问题处理的专题讲座。

三是积极做好相关部门的政策协调工作。由于清产核资工作专业性和政策性非常强，需要与相关部门做好充分的协调工作。为此，国资委加强与财政部、税务总局等部门联系，对清产核资中盘盈资产税务处理和资产准备列支问题进行协调，争取到了清产核资资产损失抵扣资产盘盈后税前处理政策和境外资产盘盈免税政策，为推动中央企业积极处理历史遗留问题奠定了基础。

四是积极推进与企业效能监察工作的有机结合。为保证清产核资工作质量，国资委将中央企业的清产核资工作与企业效能监察工作实进行有机结合。国资委纪委、监察局专门下发了《关于组织中央企业纪检监察机构在清产核资中开展效能监察工作的实施意见》，组织中央企业对清产核资工作情况及工作结果进行效能监察。在效能监察中，有选择地对部分报损资产多、资产管理薄弱、群众来信来访反映问题多的企业（单位）进行了重点监察，并从清理企业财务账目和资产中发现案件线索。对发现清产核资工作出现的违规、违纪行为，企业有关纪检监察机构进行了认真查处，并追究了相关人员的责任，既严肃了清产核资的工作纪律，又进一步保障了清产核资的工作质量。据不完全统计，中央企业纪检监察机构在清产核资效能监察中纠正各类违规问题 140 余起，涉及金额 1.9 亿元，协助有关部门整章建制 3950 个，发现案件线索 96 件，立案 52 件，给予党政纪处分和组织处理的 66 人，移交司法机关处理 26 人。

五是采取有力措施做好清产核资结果审核工作。加大审核力度，建立了企业自查、中介审计、国资委确认三级审核制度；统一审核方法，完善审核规则。

4. 主要成效及问题

截至 2005 年 1 月底，181 家中央企业全部完成了清产核资主体工作，中央企业清产核资工作任务基本完成。

第一，初步摸清了中央企业"家底"。通过清产核资清理了企业资产，核实了企业负债、权益，清理出各项资产损失或不良资产3521.2亿元，占企业资产总额的4%，占企业净资产总额的8.9%。此外，这次清产核资清理出企业账外资产和或有潜盈资产达343.4亿元。

第二，核实了中央企业资产质量，消化了历史包袱。这次清产核资按原制度清查出的企业资产损失1843.7亿元（抵减盘盈资产后净损失为1500.3亿元），按《企业会计制度》清理预计的资产损失1677.5亿元。据清产核资结果，中央企业中有52家清出资产损失超过了总资产的10%，有8家清出资产损失超过总资产的30%。通过清产核资，各中央企业资产损失或历史包袱按规定通过多渠道基本上予以消化处理，有效提高了资产质量。

第三，揭示了中央企业经营管理中的主要矛盾和问题。在这次清产核资清理出的3521.2亿元资产损失中，应收款项坏账或呆账达1477.9亿元，占42%；固定资产损失1066.1亿元，占30.3%；长期投资损失353.3亿元，占10%；存货损失311.5亿元，占8.8%。剖析资产损失形成的主要原因，除因外部客观原因形成的历史旧账外，大部分是企业内部的原因造成的，如经营管理粗放、投资决策失误、会计核算不规范、风险意识淡薄、内部监督不力等。

第四，推动了中央企业逐步建立稳健的会计核算制度。在清产核资工作中，各企业对各项资产按《企业会计制度》预计了资产损失，建立了较为规范的企业资产减值准备制度。至2004年年底已有150家中央企业执行了《企业会计制度》，初步完成了新旧会计制度的账务过渡工作；还有20多家企业完成了前期准备工作。

第五，为有效推动中央企业结构调整创造了条件。从单个子企业看，掌握各项资产、负债、权益等真实情况，有助于优化企业内部资本结构，并在提高企业经济效益的同时有效控制企业经营风险。从企业集团整体角度看，摸清集团内部各级子企业资产基本状况，有利于对各子企业进行分类管理，推动企业内部资源整合，促进集团资本结构优化重组，突出核心业务，做强做大主业。

第六，反映出的主要问题。从总体情况看，中央企业清产核资工作进展得比较顺利，取得了明显成效，达到了预期目标。但是由于清产核资工作面大、任务重，历史问题较多、企业情况复杂，工作中也反映出了不少问题需要重视。一是清产核资工作进展不平衡。二是部分企业资产损失比重大。三是部分企业清产核资后出现了资不抵债状况。四是不少企业清产核资后合并未分配利润出现负数。五是建筑施工企业清产核资资产损失未能有效处理。六是部分企业接收财政划转资产清理难度大。

（三）"市场经济是法制经济"——国有资产监管法律法规建设

面对 6.9 万亿元庞大的国有资产和 196 户所监管企业，如何依法依规地行使好出资人监管职责，成为国资委成立后首先要解决的问题。建章立法任务繁重。而法规规章建设的重点，是将出资人对国有资产管理纳入法制化、制度化和规范化的轨道，明确出资人与所出资企业之间的权责关系，促进资产经营责任的落实。关键是要保证依法履职，保证出资人的职能到位，不越位、不错位、不缺位，避免陷入"婆婆加老板"的误区，同时，也必须注意转变过去政府传统的行政管理方式。

1. 抓紧建章立制

（1）出台部门规章和规范性文件。围绕《条例》的贯彻实施，国务院国资委制定了一系列配套规章制度文件。截至 2006 年年底，共制定出台了部门规章 16 件（见表 1），内容涉及清产核资、产权转让、法律顾问管理、资产评估、总会计师工作、企业综合绩效评价、地方国有资产监管等多个方面。

除制定部门规章外，国资委相关司局还制定了不少规范性、指导性文件，多数以国资委委文形式下发，有些重要文件经国务院同意，还以国务院或国务院办公厅名义转发。内容涉及规范改制、推动国有资本结构调整和重组、产权管理、发展战略与规划、主辅分离、股权激励、股权分置改革等多个方面。如《国务院办公厅转发国有资产监督管理委员会关于规范国有企业改制工作意见的通知》（国办发［2003］96 号）、《国务院办公厅转发国资委关于国有资本调整和国有企业重组指导意见的通知》（国办发［2006］97 号）、《国有控股上市公司（境外）实施股权激励试行办法》（国资发分配［2005］8 号）、《关于上市公司股权分置方案改革中国有股权管理有关问题的通知》（国资发产权［2005］246 号）、《国有独资公司董事会试点企业职工董事管理办法（试行）》、《中央企业经济责任审计实施细则》、《中央企业综合绩效评价实施细则》等。这些文件办法对于规范管理中央企业起到了十分重要的指导作用。

截至 2006 年年底，以《企业国有资产监督管理暂行条例》为核心、由 16 个规章和 80 余件规范性文件及各省市国资委制定的 1200 多件地方规章和规范性文件构成的国有资产监管法规体系，已经初步形成，国有资产出资人制度的基本框架初步建立，国有资产监管的基础工作进一步加强，国有企业改革重组和国有经济布局结构调整等工作有了相应的规范和操作依据，国有资产管理体制的基本框架和基本制度在立法上进行了初步确立。

表 9－1　　　　国务院国资委出台的主要部门规章（截至 2009 年年底）

名　称	发布文号	发布时间
国有企业清产核资办法	国资委令第 1 号	2003 年 9 月 9 日
中央企业负责人经营业绩考核暂行办法（已修改）	国资委令第 2 号	2003 年 11 月 25 日
企业国有产权转让管理暂行办法	国资委 财政部令第 3 号	2003 年 12 月 31 日
企业国有资产统计报告办法	国资委令第 4 号	2004 年 2 月 12 日
中央企业财务决算报告管理办法	国资委令第 5 号	2004 年 2 月 20 日
国有企业法律顾问管理办法	国资委令第 6 号	2004 年 5 月 11 日
中央企业经济责任审计管理暂行办法	国资委令第 7 号	2004 年 8 月 23 日
中央企业内部审计管理暂行办法	国资委令第 8 号	2004 年 8 月 23 日
企业国有资产保值增值结果确认暂行办法	国资委令第 9 号	2004 年 8 月 25 日
中央企业发展战略和规划管理办法（试行）	国资委令第 10 号	2004 年 11 月 26 日
中央企业重大法律纠纷案件管理暂行办法	国资委令第 11 号	2005 年 1 月 20 日
企业国有资产评估管理暂行办法	国资委令第 12 号	2005 年 8 月 25 日
中央企业总会计师工作职责管理暂行办法	国资委令第 13 号	2006 年 4 月 14 日
中央企业综合绩效评价管理办法	国资委令第 14 号	2006 年 4 月 7 日
地方国有资产监管工作指导监督暂行办法	国资委令第 15 号	2006 年 4 月 7 日
中央企业投资监督管理暂行办法	国资委令第 16 号	2006 年 6 月 28 日
中央企业负责人经营业绩考核暂行办法	国资委令第 17 号	2006 年 12 月 30 日
中央企业财务预算管理暂行办法	国资委令第 18 号	2007 年 5 月 25 日
国有股东转让所持上市公司股份管理暂行办法	国资委　证监会令第 19 号	2007 年 6 月 30 日
中央企业资产损失责任追究暂行办法	国资委令第 20 号	2008 年 8 月 18 日
中央企业安全生产监督管理暂行办法	国资委令第 21 号	2008 年 8 月 18 日
中央企业负责人经营业绩考核暂行办法	国资委令第 22 号	2009 年 12 月 28 日

　　（2）清理法律法规工作。党的十六大之前，我国涉及企业国有资产监管的法律、部门规章或有关规范性文件已达 800 多件，但由于这些文件是在政资不分、政企不分的体制背景下制定的，相当一部分已不适应形势变化的需要。为保证国有资产监管法规的统一性，国务院国资委于 2003 年启动了相关法律、行政

法规和规章的清理工作，并对相关法规的废止、修改、重新制定工作做了相应安排，此项工作于 2004 年基本结束，在此基础上，对有效的国有资产监管法律法规、规章和规范性文件进行了系统整理和编排，出版了《国有资产监督管理政策法规汇编》。

（3）为制定规章立规则。根据立法法和规章制定程序条例规定，结合国资委实际情况，国资委制定了《国资委立法工作规则》，对委内立法草案立项、立法计划编制、起草工作分工与写作、规章备案等环节作出了规定，保证了国有资产立法工作的规范化和程序化。

2. 指导推进企业加强法制工作

（1）积极推进企业法律顾问制度建设。适应国际竞争要求，为企业总法律顾问制度建设积累经验，进一步推进企业法律顾问制度建设，国家经贸委与中组部、中央企业工委、中央金融工委、人事部、司法部、国务院法制办联合决定在国家重点企业开展总法律顾问制度试点，并于 2002 年 7 月 18 日联合印发了《关于在国家重点企业开展企业总法律顾问制度试点工作的指导意见》。试点工作启动以来，全国共有 1000 多户企业开展了试点工作。

2004 年，国资委会同中组部、人事部等部门召开了国家重点企业总法律顾问制度试点工作总结会议，明确了在国有重点企业加快推进企业总法律顾问制度建设的总体目标，国务院国资委印发了《国有企业法律顾问管理办法》（第 6 号令）和《关于在国有重点企业加快推进企业总法律顾问制度建设的通知》（国资发法规〔2004〕225 号），企业总法律顾问制度建设工作得到了进一步加强。

截至 2011 年，中央企业中 98％已实行总法律顾问制度。

专栏 9 - 13

《国有企业法律顾问管理办法》（摘录）

第十六条　本办法所称企业总法律顾问，是指具有企业法律顾问执业资格，由企业聘任，全面负责企业法律事务工作的高级管理人员。企业总法律顾问对企业法定代表人或者总经理负责。

第十七条　大型企业设置企业总法律顾问。

第二十条　企业总法律顾问的任职实行备案制度。所出资企业按照企业负责人任免程序将所选聘的企业总法律顾问报送国有资产监督管理机构备案；所出资企业的子企业将所选聘的企业总法律顾问报送所出资企业备案。

> 第二十一条　企业总法律顾问履行下列职责：
>
> （一）全面负责企业法律事务工作，统一协调处理企业决策、经营和管理中的法律事务；
>
> （二）参与企业重大经营决策，保证决策的合法性，并对相关法律风险提出防范意见；
>
> （三）参与企业重要规章制度的制定和实施，建立健全企业法律事务机构；
>
> （四）负责企业的法制宣传教育和培训工作，组织建立企业法律顾问业务培训制度；
>
> （五）对企业及下属单位违反法律、法规的行为提出纠正意见，监督或者协助有关部门予以整改；
>
> （六）指导下属单位法律事务工作，对下属单位法律事务负责人的任免提出建议；
>
> （七）其他应当由企业总法律顾问履行的职责。

（2）稳步推进普法工作。2003年，国资委全面开展学习宣传和贯彻实施《企业国有资产监督管理暂行条例》的系列活动。2004年在颁布实施一周年之际，国资委还专门组织召开了《条例》座谈会，针对国有资产管理体制改革中的重点问题，在《求是》等杂志刊登了学习贯彻《条例》的文章，组织新闻发布和访谈活动。各级国资委根据《条例》依法履行出资人职责、依法加强国有资产监督管理的法制观念和法律环境进一步形成。此外，为了加强对中央企业普法工作，2004~2006年，国资委对部分中央企业"四五"普法工作进展进行了抽查，并对这项工作进行了总结验收、表彰。

3. 参与研究起草《国有资产法》

参与《国有资产法》的起草，是国资委成立后推进相关法律法规建设的重要内容。2004年、2005年，根据全国人大和国务院的要求，作为副组长单位，国资委参与了研究起草《国有资产法》。2006年，配合人大财经委进行《国有资产法》的起草论证，对该法的重点难点问题进行了专题研究。吴邦国委员长2007年3月11日在向十届全国人大五次会议所做的全国人大常委会工作报告中，将制定国有资产法列入当年立法计划，从此加快了国有资产法的起草的实质性的进度。2008年10月28日全国人大常委会通过《企业国有资产法》，予以正式公布，于2009年5月1日起实施。

（四）"比资产负债表更重要"——建立业绩考核机制

1. 建立业绩考核制度的背景和必要性

国资委成立之前，由于国有企业出资人不到位，国有资产经营中的委托代理关系没有理顺，国有资产经营的约束和激励机制没有真正建立起来，国有企业负责人的经营责任没有真正落实。无论是中央企业还是地方企业，企业负责人普遍存在"有任命没有任期，有任期没有考核，薪酬同业绩不挂钩"的问题。最常见的一句话就是国有企业的老总"干好干坏一个样"。如果不能从制度上真正建立起约束和激励相对称的严约束、强激励的机制，国有企业和国有经济效率低下的问题就不可能从根本上加以解决，国有资产保值增值的责任也难以落实，目标难以实现。在2003年召开的"北京并购重组高峰论坛"上，国际著名咨询机构德勤会计师事务所首席执行官对业绩考核工作的重要性有一句十分精彩的表述，"加强国有资产经营责任制，建立科学的经营业绩考核体系，比资产负债表更重要"，很深刻地说明了这一点。

为了保证考核制度的建立，国务院颁布的《条例》，对建立国有资产经营考核制度作出了明确具体的规定。

专栏 9-14

**《企业国有资产监督管理条例》关于建立国有资产经营
考核制度的规定（摘录）**

第十八条 国有资产监督管理机构应当建立企业负责人经营业绩考核制度，与其任命的企业负责人签订业绩合同，根据业绩合同对企业负责人进行年度考核和任期考核。

第十九条 国有资产监督管理机构应当按照有关规定，确定所出资企业中的国有独资企业、国有独资公司的企业负责人的薪酬；依据考核结果，决定其向所出资企业派出的企业负责人的奖惩。

---

2. 企业经营业绩考核体系的初步建立

在国资委筹备期间，讨论"三定"方案时，李荣融主任就提出：做好国有企业监管，关键是靠机制，建立机制的核心：一是公司治理结构；二是企业业绩考核。在国资委成立之初李荣融主任答记者问时专门针对业绩考核做了强调："为确保国有资产保值增值，必须抓紧建立适合国有企业实际的，体现权利、义务和责任相统一，管资产和管人、管事相结合的国有资产经营业绩考核制度。"国资委成立后，建立中央企业业绩考核工作体系即被摆在了重要位置。2003年11月25日，国资委下发了《中央企业负责人经营业绩考核暂行办法》（国资委令第2号，以下简称《考核办法》）。按照"稳健起步，总体推进"的工作方针，在中央企业的大力支持和配合下，从2004年开始，国资委以出资人身份对中央企业开展业绩考核工作，先后完成2004～2006年三个年度和第一个任期的业绩考核工作。

国务院国资委领导对中央企业负责人经营业绩考核办法的起草工作非常重视，李荣融主任要求"业绩考核办法要体现分类考核的原则，考核指标不在于多，而在于准"，要"按行业分别听取意见和建议，先简后全，扎实细致推进"。李毅中书记批示"业绩考核方案要从实际出发具体分析，认真设计"，"把共性指标和个性指标结合起来"。

但是，建立一套符合中央企业实际、相对公平、为社会各界所接受的业绩考核制度的难度和挑战性很大，这不仅因为前期没有研究的基础，而且中央企业无论从规模、行业，还是从地区、企业的发展基础看，差别很大；更重要的是各方面在思想上还存在疑惑，比如，国有企业不完全同于市场竞争的私人企业，能不能考核？考核以什么为主要目标和标准？在此前曾发生过这样的实例，一家国有企业快破产了，主要负责人明显经营无方，但因为对职工工资福利等方面慷国家之慨，职工投票仍十分拥护该主要负责人。这就提出了问题，考核如何保证主要目标并兼顾各方利益？

在研究制定《考核方法》过程中，相关工作同志通过反复讨论，首先明确了几个问题：一是任何企业都是可以考核的。国有企业虽然发展基础不一样，经营市场化程度有较大的差别，但只要是企业，就必须要考核，这是市场的要求。二是考核内容要以出资人利益为核心。企业有效益，职工利益才能得到保证。出资人最关心的是投入产出效率，考核的基本内容应该是企业的效益和效率。三是企业负责人要有任期目标。如果企业负责人没有明确的任期规定和具体的任期目标，其结果就是干得好与不好没有太大的区别。四是必须要有明确的考核标准。对不同行业、不同类型的企业负责人努力程度和经营业绩，进行具有可比性的量化考核，体现考核评价的客观、公正。五是考核结果一定要与奖惩挂钩。如果企业负责人的薪酬、奖惩与企业的经营业绩不挂钩，就会造成激励机制与约束机制不对称，难以调动企业负责人的积极性，考核就失去了意义。

为了使考核体系科学、规范、可操作，在国资委成立后的半年多时间里，国资委业绩考核局走访、调研了全部中央企业，并多次组织召开座谈会，听取有关方面对考核工作和办法草案的意见和建议。从企业调研和座谈讨论的情况看，绝大多数中央企业支持赞成国资委开展业绩考核工作，对《考核办法》的指导思想和基本思路表示赞同。不少中央企业认为，"建立业绩考核，不仅是国有资产监管制度的创新，而且也是出资人必须要履行的重要职责"，表示"愿意和国资委共同努力，为建立具有中国特色的业绩考核体系做出贡献"。2003 年 11 月 25 日，在深入调查研究、广泛征求中央企业和社会各方面意见的基础上，《考核办法》终于对外发布，并于 2004 年 1 月 1 日起开始施行，从而确立了中央企业经营业绩考核工作的制度基础。

《考核办法》主要明确了以下 4 个方面的问题：

一是明确了业绩考核对象。在调查研究的过程中，不少企业主要负责人都建议在《考核办法》中，把考核对象完整、具体地表述出来，特别是在《条例》中没有具体表述的企业党群系统负责人。根据这方面的要求，在业绩考核局与企干一局、企干二局及法规局进行沟通研究的基础上，根据业绩考核对象同现行干部管理权限相一致的原则，在《考核办法》中的第一章第二条明确了考核的对象。

专栏 9 –15

《考核办法》中对考核对象的分类

国有独资企业和不设董事会的国有独资公司的总经理（总裁）、副总经理（副总裁）、总会计师，党委（党组）书记、副书记、常委（党组成员）、纪委书记（纪检组长）；

设董事会的国有独资公司的董事长、副董事长、董事，总经理（总裁）、副总经理（副总裁）、总会计师，党委（党组）书记、副书记、常委（党组成员）、纪委书记（纪检组长）；

国有控股公司国有股权代表出任的董事长、副董事长、董事、监事、总经理（总裁），列入国资委党委管理的副总经理（副总裁）、总会计师，党委（党组）书记、副书记、常委（党组成员）、纪委书记（纪检组长）。

考虑《考核办法》以行政法规的名义颁布，所以将企业党委系统负责人的考核与奖惩写入附则第三十条。

针对参股企业以及实施被兼并破产企业、基本建设项目法人单位、事业法人单位的特殊情况，在《考核办法》附则中单独写了一条，即上述单位业绩考核事项在合同中另行加以确定。

二是明确了考核指标的选择。考核指标的选择问题，是最重要，也是花费时间和精力最多的问题。为了体现分类考核的原则，把考核指标分为基本指标和分类指标两大类。总体考虑是：基本指标主要要反映出资人关心的资产回报类指标，分类指标则主要反映企业和行业特点的差异性指标。在指标的总体设计上，既要体现基本指标和分类指标相结合，年度指标和任期指标相衔接，又要体现两

类指标相联系但又不重复的原则。

专栏 9-16

业绩指标考核确定的原则

从出资人的角度，对基本指标的选择主要考虑以下几个原则：经营利润最大化原则；经营效率最优化原则；可持续发展原则；资产保值增值原则。据此共选择了四个基本指标：年度基本指标放在经济效益和资产经营效率上，选择了年度利润总额和净资产收益率两个基本指标。任期基本指标放在企业国有资产保值增值和可持续发展能力上，选择了国有资产保值增值率和三年主营业务收入平均增长率两个基本指标。

从出资人和经营者相结合的角度，对分类指标的选择主要考虑了以下几个原则：兼顾行业和企业特点原则；鼓励创新原则；规范、可量化原则；同基本指标钩稽嵌套原则。在分类指标的具体选择过程中，广泛听取了企业的意见。经初步整理，不包括重复计算，企业共提出分类指标建议 38 个（类）。在对企业所提分类指标进行研究并与企业进一步交换意见的基础上，通过对企业所提指标进行合并整理，并按照九类企业（即工业、军工、电力、电信、贸易、交通、建筑、科研及其他）对年度分类指标和任期分类指标进行了选择。为了体现考核指标"少而精"的原则，设计时强调要抓住关键绩效指标，原则上每个合同考核指标均不超过四个。

三是明确了考核计分办法。考核计分各项指标根据其重要程度分别设置了不同的权重，同时还设计了加减分标准。根据企业的建议，在起步阶段，考核计分主要采取企业自己同自己比较的方法。为了体现企业经营难度的差异，在计分办法中，还设计了企业经营难度系数。根据企业净资产、资产总额、营业（销售）收入、利润总额、离退休人员占职工人数的比重和职工人数六大因素，采用回归方程的模型，分别计算出了每个企业的经营难度系数，系数在 1.00～1.15 区间浮动。

对考核结果的安排，是按照企业负责人经营业绩考核的综合得分，将考核最终结果设定为 A、B、C、D、E 五个级别。无论年度考核还是任期考核，只要完成任务就为 C 级。除了正常的考核计分外，在《办法》第二十八条和第二十九条中，还加上了两款部分否决与全部否决的内容。

四是明确了考核与奖惩挂钩。考核与奖惩挂钩是企业非常关心的问题，也是一个难度很大的问题。国资委对考核与奖惩挂钩的基本考虑是，年度业绩考核结果与企业负责人业绩年薪挂钩，任期业绩考核结果与企业负责人任免及中长期激励挂钩。

专栏 9 – 17

业绩考核与企业负责人薪酬挂钩办法

年度业绩考核按照考核的五个级别分别与奖惩挂钩。以完成合同目标任务为 C 级起点，C 级业绩年薪为 1～1.5 倍基薪；B 级为 1.5～2 倍基薪；A 级为 2～3 倍基薪；D 级为 0～1 倍基薪；E 级为 0 倍基薪。业绩年薪的 60% 在年度考核结果确定后当期兑现，40% 延期到离任或连任的下一年兑现。

企业负责人奖惩在内部兑现时，规定了企业法定代表人系数为 1，其余企业负责人按照责任和贡献的大小，系数在 0.9～0.6 之间由企业内部自己确定。

任期考核结果与任免挂钩的办法是：对任期考核结果为 A、B、C 三个级别的企业负责人，按期兑现全部延期业绩年薪。对任期考核结果为 A 级和 B 级的企业负责人，除按期兑现全部延期业绩年薪外，还给予相应的中长期激励奖项。对 D、E 两个级别的企业负责人，国资委除根据考核分数扣减延期业绩年薪外，将根据具体情况，可不再对其任命、续聘或对其进行工作调整。

3. 中央企业负责人经营责任与业绩考核

对企业负责人实行规范的经营责任和业绩考核，是国资委成立之后一项重大的制度创新。2004 年，国资委分三批同 187 户中央企业负责人签订了 2004 年年度经营业绩考核责任书。这标志着中央企业负责人的经营业绩考核工作全面启动，中央企业负责人经营业绩考核制度正式建立。从 2004 年开始，国资委先后开展了中央企业负责人年度和任期经营业绩考核工作。其间，各考核期都分别开展了年度（任期）责任书的签订、年度（任期）考核执行情况的动态跟踪、年度（任期）考核结果测算、年度（任期）考核结果的计算工作。年度考核结果在一定范围内向企业公布。

在国资委成立后的各企业负责人第一任期的 3 年里，中央企业的经济效益不断创出新高，2004 年度有 25 户企业获得 A 级，有 75 户企业获得 B 级，有 66 户企业获得了 C 级；2005 年度有 28 户企业获得 A 级，有 84 户企业获得 B 级，有 48 户企业获得了 C 级；2006 年度有 35 户企业获得 A 级（含试点企业测试结果），有 80 户企业获得 B 级，有 38 户企业获得了 C 级；2004～2006 年任期共对 147 户中央企业进行了考核，有 32 户企业获得 A 级，有 67 户企业获得 B 级，有 45 户企业获得了 C 级。

2007 年 11 月，国资委召开了中央企业第一任期总结表彰大会，会议向 30 户企业颁发了"业绩优秀企业"奖；向 15 户获得国家发明及科技进步一等奖的企业颁发了"科技创新特别奖"；向 18 户企业颁发了"绩效进步特别奖"；向 4

户企业颁发了"扭亏增效特别奖"。时任国务院副总理曾培炎同志亲自到会颁奖，充分肯定了中央企业在第一任期3年里的工作成绩，表达了国务院对央企进行经营业绩考核工作的高度重视。

4. 指导和推动各省市建立国有企业经营业绩考核制度

国有企业经营业绩考核体系建设，不仅仅局限于国务院国资委对中央企业负责人的考核，还对各地方国资委对所监管的国有企业的考核以及各国有企业内部的考核工作起到了指导和借鉴作用，推动企业内部管理迈上新台阶。

2004年，各地方国资委组建成立后，纷纷比照国务院国资委的做法，将经营业绩考核作为开局阶段的重点工作。为推动各地方国资委考核体系的建设，从2005年开始，国务院国资委每年组织召开一次国资委系统业绩考核工作会议，搭建了各地方国资委总结交流业绩考核工作经验的平台，有效促进全国国有企业业绩考核工作的开展。到2005年年末，在全国国有企业范围内，经营业绩考核的制度基本建立，国有资产保值增值责任体系初步形成，国有企业高管人员激励与约束机制开始有效运行。

5. 取得的成效

几年的探索和实践表明，经营业绩考核制度的建立，对完善国有资产监管、落实国有资产保值增值责任、推动中央企业改革和发展发挥了重要作用。

一是促进了出资人监管的到位。随着《考核办法》实施，有效改善了长期以来企业目标多元、导向不清、责任不明、激励约束不到位的问题。尤其是考核工作直接与企业高管奖惩挂钩，以此为基础建立了企业负责人年薪制度，形成较为有效的企业经营激励与约束制度，这是国有企业改革的重大突破。

二是促进了保值增值责任的落实。经营业绩考核体系的建立，一方面将出资人承担的国有资产保值增值责任通过签订年度和任期经营业绩责任书的方式落实到企业。另一方面通过推动企业内部考核制度的建立，分解任务、细化目标、完善奖惩，初步构建起了"考核层层落实、责任层层传递、激励层层连接"的国有资产保值增值责任体系。

三是促进了激励约束机制的建立。随着以经营业绩为基础的企业负责人年薪制度的建立，以及与绩效挂钩的企业负责人任免制度的建立，促进了企业内部三项制度改革，初步形成了"强激励、硬约束"的国有资产经营管理机制。

四是促进了多种监管手段的有机结合。经营业绩考核工作与财务审计监督、薪酬分配管理、企业负责人任免、战略规划管理、监事会监督、纪检监察监督、安全生产监管、节能减排监管等工作逐步形成了紧密的关联，初步形成了业绩考核与多种监管手段有机结合和相互配套的国有资产监管体系。

五是促进了企业经营管理水平的提高。以提高经济效益为导向，树立行业标杆，全面开展行业对标的经营业绩考核工作，有力推动了企业赶先进、争优秀、超标杆活动的开展，促进了企业经济效益和管理水平的全面提高。

（五）"绩效评价的尺子"——薪酬激励制度改革

1. 国资委成立前中央企业负责人薪酬管理存在的问题

国资委成立前，由于出资人不到位、公司的治理结构不完善，人才的市场化程度不高，经理人市场没有形成等诸多原因，中央企业负责人薪酬管理方面问题比较突出，亟须进行规范。这些问题主要表现在以下方面：一是企业普遍存在负责人自定薪酬的现象。据劳动保障部介绍，国资委成立前，只有 15 户中央企业负责人的收入由劳动保障部批准，绝大多数中央企业负责人的薪酬都是由企业自行确定。二是薪酬结构单一，缺乏中长期激励。企业负责人的基本薪酬模式一般由基础工资＋奖金构成，缺乏有效的中长期激励手段。三是企业负责人薪酬分配与经营业绩挂钩不紧，缺乏严格的考核奖惩，激励与约束不对称，少数企业负责人薪酬增长与效益增长不匹配。2003 年国资委对企业负责人薪酬收入调查显示，有部分企业薪酬增幅超过利润增幅，其中还有部分企业利润下降但其负责人薪酬增长的情况。四是企业负责人薪酬收入水平与企业规模、重要程度不相称。一些涉及国家安全和国民经济命脉的重要企业，资产总量大，历史包袱重，改革发展稳定的责任大，但收入水平偏低；而有些规模较小企业负责人的薪酬水平明显偏高。五是从激励与约束机制的改革进展情况来看，中央企业明显滞后于地方企业。国资委成立前，大多数省市都出台了企业经营者年薪制暂行办法，上海、深圳等地还出台了股权中长期激励办法，而中央企业实行年薪制的不足 20 户，除了少数企业在上市公司兼职取得股票期权外，中长期激励基本是空白。

2. 国资委成立后有关薪酬管理的改革调整措施

（1）管理职能的调整。按照国有资产出资人职责与政府社会管理职能分开的要求，根据《企业国有资产监督管理暂行条例》和国资委"三定"方案的规定，2003 年，国资委与劳动保障部就所监管企业收入分配管理工作职能移交问题共同签署了《关于国资委监管企业工资分配管理工作交接有关问题的纪要》，明确了双方的职责划分：劳动保障部作为国务院主管劳动和社会保障行政事务的部门，依法履行政府对全社会各类企业工资收入分配的宏观调控职能，拟定企业工资收入分配宏观调控和工资决定机制改革的有关政策，依法对企业工资分配进行监督检查，并负责对包括国资委监管企业在内的所有企业的收入分配和工资分配政策进行指导；国资委代表国家履行出资人职责，依照国家有关法律法规和政策管理监管企业的收入分配工作，并对监管企业收入分配制度改革进行指导。

按照上述职能划分，以下四项工作由劳动保障部移交至国资委承担：包括拟定国资委监管企业经营者收入分配政策，审核国资委监管企业主要负责人工资标准；审核国资委监管企业工资总额工作，包括工资总额计划和工效挂钩方案；指导国资委监管企业内部分配制度改革工作；解决国资委监管企业因生产经营困难拖欠职工工资问题的有关工作。

（2）薪酬管理体制和制度建设的基础工作。为建立和完善对企业经营者的激励约束机制，2003年，国资委做了一系列的基础性工作。一是调查摸底，了解情况。以前，由于没有明确的国有资产出资人代表，企业负责人薪酬状况没有申报，具体情况并不清楚。通过对2000～2003年薪酬情况进行摸底调查，基本掌握了2000年以来中央企业负责人的薪酬情况。二是借鉴和吸收了劳动保障部、中组部、财政部、原国家经贸委和体改办等部委多年来对经营者薪酬制度改革的研究成果和上海、深圳、广东、湖北、河北、云南等地的相关政策，以及部分企业的经验和做法。三是广泛征求了国内外专家学者、专业人士的意见，了解国内外有关理论和实践，听取他们的意见和建议。四是充分听取有关企业的意见，先后同150多户中央企业进行了面对面的交流，针对基薪的确定因素、绩效薪酬和基薪调节系数等关键问题，汲取了有关中央企业的合理化建议。

3. 企业负责人薪酬管理改革办法

（1）基本思路。中央企业负责人薪酬制度改革是企业分配制度改革的重点和难点问题，涉及方方面面的利益调整，也是一个职工关心、社会关注的热点问题。在起步阶段，需考虑社会各方面和广大职工的承受能力，稳健开局，分步推进。因此在起步阶段，国资委主要做了以下几方面工作：一是建立薪酬与业绩相适应的制度。首先要实行年度经营业绩考核，确定年度考核指标。二是从企业负责人的实际薪酬水平出发，适当增加激励，使多数企业负责人的薪酬随经营业绩考核的实施有所提高，重点解决涉及国家安全和国民经济命脉的关键领域和重要行业中骨干中央企业负责人薪酬水平长期偏低的问题。三是先着重解决短期激励问题，再着手研究规范职务消费和中长期激励问题，逐步形成完整规范的企业负责人薪酬制度。四是切实履行出资人职责，建立出资人对企业负责人薪酬的管理机制。对国有独资公司和国有独资企业，由国资委直接审核主要负责人的薪酬；对已实现产权多元化或董事会制度健全、法人治理结构规范的公司制企业，国资委只确定其出资人代表的薪酬；对市场化选聘的经营者按照市场机制确定薪酬。逐步形成分工管理、职责明确的薪酬管理体制框架，从制度上改变无人考核、无人管理，企业负责人自定薪酬的状况。

（2）薪酬管理改革工作的主要内容。2004年，国资委在广泛研究、听取各有关方面意见的基础上，制定了与经营者业绩考核相适应的《中央企业负责人薪酬管理暂行办法》（国资发分配［2004］227号）和《中央企业负责人薪酬管理实施细则》（国资发分配［2004］231号），并开始在中央企业中执行。《暂行办法》和《实施细则》对中央企业负责人的薪酬水平、薪酬结构、薪酬确定方式和薪酬的兑现等基本问题提出了明确的要求和详细的规定。

——薪酬水平。确定中央企业负责人薪酬水平，需要综合考虑各方面的利益关系和社会承受能力，难度极大。一方面，起步阶段的平均年薪水平，应根据经营业绩考核责任制的建立有所提高，适当加大激励力度；另一方面，提高的幅度宜小不宜大，要与社会和职工的承受能力相适应，并为今后实行中长期激励方式留有余地。《暂行办法》在考虑企业主要负责人2004年度平均年薪水平时，既考虑到了充分调动企业负责人和职工两方面的积极性，也考虑到了2003年各中央企业负责人薪酬的实际增长因素，设计出的企业负责人薪酬水平与2003年度实际薪酬水平大致相当，与企业职工的工资水平的差距没有进一步扩大。

——薪酬结构。中央企业负责人薪酬包括基薪、绩效年薪和中长期激励三个部分，起步阶段的年薪暂由"基薪＋绩效薪金"两部分组成。基薪主要反映企业负责人承担的经营责任及其难度；绩效薪金根据考核结果确定，在考核分数为平均分数的情况下，基薪与绩效薪金的比例为4：6。对于工作难度较大的股权激励和补充保险等中长期激励方式，在总结前期工作经验的基础上，再进行研究探索。

——薪酬确定方式。基薪的确定主要考虑两组因素：一是规模因素，包括企业总资产、净资产、销售收入和实现利润等指标；二是收入因素，包括本企业职工平均工资、行业平均工资、当地企业职工平均工资等指标。绩效薪金与企业经营业绩考核结果紧密挂钩，根据"利润总额"和"净资产收益率"等指标的完成情况确定，并根据业绩考核结果分为五档，最低一档的绩效薪金为零，设计最高的一档为基薪的2～3倍，平均绩效薪金控制在基薪的1.5倍左右。

——薪酬兑现。企业负责人的基薪按月等额支付，绩效薪金在考核结果确定后，60%当期兑现，其余40%在任期结束后，根据考核和离任审计的情况延期兑现。

4. 股权激励试点

（1）高新技术企业的股权激励试点工作。为积极探索管理、技术等生产要素按贡献参与分配的有效途径和实现方式，国资委以高新技术企业为试点，进行了股权激励试点工作。

根据《国务院办公厅转发财政部、科技部关于国有高新技术企业开展股权激励试点工作指导意见的通知》（国办发［2002］48号）有关精神，按照十六大确立的劳动、资本、技术和管理等生产要素按贡献参与分配的原则，针对当时的要素分配现状和人才流失问题，为研究生产要素按贡献参与收益分配的办法，加大对企业关键人才的激励力度，强化对科技人员和关键岗位职工的激励机制，2003年，国资委在充分调研的基础上，会同科技部组织开展了高新技术中央企业股权激励试点工作。

2004年，国资委出台了《关于高新技术中央企业开展股权激励试点工作的通知》（国资厅发分配［2004］23号），对高新技术中央企业股权激励试点工作进行了安排部署。本着严格规范、稳妥推进的原则，对申报试点企业的资格、股权结构、研发力量、经济效益、制度建设、发展战略、股权激励方案等情况逐项进行了审核。当年，试点工作正式启动。

（2）上市公司股权激励工作。按照积极稳妥，分类指导的原则，2005年国资委采取先境外上市公司、后境内上市公司分步实施的办法，对中央企业上市公司股权激励办法进行了深入研究。在广泛调查研究的基础上，拟订并会同财政部联合下发了《国有控股上市公司（境外）实施股权激励试行办法》（国资发分配〔2005〕8号），指导和规范国有控股境外上市公司实施股权激励制度。同时，对有关中央企业中长期激励方案进行了认真审核，规范了企业操作规程，维护了出资人权益。随后，按照《关于上市公司股权分置方案改革中国有股权管理有关问题的通知》（国资发产权〔2005〕246号）的要求，在总结境外上市公司实施股权激励做法经验的基础上，根据《公司法》等法律法规，结合证监会《上市公司股权激励管理办法（试行）》，着手研究拟定了《国有控股上市公司（境内）实施股权激励试行办法》。

5. 规范企业负责人职务消费

规范企业负责人职务消费是党的十六届三中全会的要求，也是建立和完善中央企业负责人激励约束机制的重要内容。为指导和推动企业建立健全规范职务消费的各项制度，2005年国资委成立了规范主要负责人职务消费课题研究组，对规范企业负责人职务消费问题进行了专题研究。在广泛征求意见的基础上，出台具体的管理办法。

专栏 9 – 18

国资委薪酬管理工作 2004～2006 年部分重要事件

2004年4月27日～28日，国务院国资委召开2004年中央企业负责人薪酬管理工作会议，会议传达了国务院和国务院领导同志关于中央企业负责人薪酬管理工作的指示精神，讲解了《中央企业负责人薪酬管理暂行办法》（送审稿）和《中央企业负责人薪酬管理实施细则》（征求意见稿），对做好2004年度中央企业负责人薪酬管理工作做了总体部署。189家中央企业的薪酬管理工作部门负责人参加了会议。

2005年8月8日，印发《关于中央企业试行企业年金制度的指导意见》（国资发分配〔2005〕135号），对中央企业试行年金制度的原则、基本条件、方案设计及组织管理等问题提出了要求。

2005年12月12日，印发《关于做好2005年度中央企业工资总额同经济效益挂钩工作的通知》（国资发分配〔2005〕303 号），就进一步规范工效挂钩有关工作提出要求。

2006 年 2 月 27 日~28 日，分配局在海南召开了国有企业收入分配工作座谈会。会议通报了近年来国有企业分配工作有关情况，研讨了试行股权激励、企业年金、规范职务消费的有关政策，交流了各地加强企业收入分配工作的经验及做法等。各省、自治区、直辖市，新疆生产建设兵团及深圳、青岛、大连市国资委有关负责同志参加了会议。

2006 年 3 月 6 日，印发《关于编报 2006 年度中央企业工资总额计划（预算）的通知》（国资分配〔2006〕203 号），要求各中央企业认真执行国家有关政策，加强工资总额计划（预算）管理调控，逐步建立收入分配的激励约束机制。

2006 年 4 月 29 日，印发《关于规范中央企业负责人职务消费的指导意见》（国资发分配〔2006〕69 号），就规范职务消费工作有关事项提出要求。

2006 年 12 月 27 日，召开了部分中央企业关于规范中央企业负责人职务消费工作交流研讨会。中石化、中煤能源等企业分别介绍了规范企业负责人职务消费管理工作的经验，并就工作中的一些难点问题进行了研讨。会议邀请了美世、韬睿、Hay 集团等薪酬专业机构的专家介绍国外企业规范经营者职务消费的理念、思路、主要做法、发展趋势及成熟案例。

2006 年 12 月 29 日，驻委监察局印发《关于印发〈关于对严重违反政纪的已退休中央企业负责人降低相应待遇的规定（试行）〉的通知》（国资监察〔2006〕8 号），规范了严重违反政纪的已退休中央企业负责人相应待遇问题。

6. 董事会试点企业负责人的薪酬管理

为配合 2005 年开始的国有独资公司董事会试点工作，在研究制订外部董事报酬及待遇管理办法的同时，国资委还着重研究了试点企业负责人薪酬管理的政策衔接问题，起草了《国有独资公司董事会试点企业负责人薪酬管理工作指引》，提出了国资委对相关试点工作进行指导的内容和方式。一是加强董事会包括薪酬委员会建设，充分发挥外部董事作用，提高薪酬决策水平，防止内部人控制；二是加强与董事会成员的沟通，建立必要的协调机制；三是在试点起步阶段国资委指导企业着重处理好几方面的问题，如薪酬的市场化要与企业经理人员配置的市场化同步进行，坚持薪酬与业绩挂钩原则，总体薪酬的增长不高于企业效益增长，不得借试点之机大幅度提高薪酬水平，等等。

7. 薪酬制度改革效果和社会反应

通过对中央企业负责人薪酬进行初步调控，到 2005 年，在中央企业负责人薪酬分配方面出现了一些积极的变化。一是企业自定薪酬的问题得到了初步解决，一些企业负责人在子企业兼职取酬的问题得到了规范；二是企业负责人薪酬增长过快的势头得到了遏制；三是部分关系国家安全和国民经济命脉的骨干企业负责人薪酬偏低的状况显著改善；四是改变了薪酬与绩效脱节、能升不能降的状况，一批企业负责人因为业绩未达到相应考核标准薪酬随之下降；五是部分企业名目繁多的工资外收入得到清理。可以说，经过国资委成立最初两年的努力，中央企业负责人薪酬管理开始步入规范化轨道。

在薪酬调控过程中，国资委通过与中央企业积极沟通，有效解决了企业负责人业绩提高而薪酬下降、副职离任后延期兑现薪酬处理、卸任但未退休企业负责人薪酬管理、境外企业薪酬管理以及兼职取薪等问题，保护了相关企业负责人的积极性，体现了薪酬管理的灵活性。

（六）"企业的永动机"——有序地推进国有企业改革与管理

国资委成立后，始终围绕国有企业深化改革、推进重组、加强管理三条主线，积极开展工作。

1. 大力推进国有企业公司制股份制改革

一是公司制股份制改革稳步推进。企业股份制改造与规范一直是国资委国企改革的重要工作之一，总体而言，国有企业改制进展顺利，但中央企业母公司层面改制较为复杂，进展相对滞后。截至2011年年底，中央企业母公司层面的公司制企业为29户，其中多元股东公司9户，国有独资公司20户。

二是改制上市工作进展顺利。2003年以来，国资委积极推进中央企业公司制股份制改革，努力实现央企主营业务整体上市。中央企业及其下属子企业的公司制股份制改制面已由2002年的30.4%提高到目前的70%。石油石化、通信、交通运输、冶金等国民经济支柱行业的中央企业基本实现了主业资产上市，整体上市企业已达43家。截至2012年6月，央企下属公司中有近100家在境内外资本市场首次公开发行股票并上市，中央企业通过股票发行，从资本市场募集资金达11904.38亿元。截至2011年年底，中央企业控股上市公司共有368家，这些公司总资产、归属母公司净资产、营业收入、归属于母公司的净利润占央企比例分别为54.85%、69.86%、62.39%和116.65%。

三是加强国有企业改制及职工持股的政策规范和监督检查。前文已述，针对国资委成立之前各地国有企业改制过程中存在的职工持股、投资行为不规范，通过关联交易转移国有利益等问题，2003年以来，国务院办公厅陆续转发了国资委《关于规范国有企业改制工作的意见》、《关于进一步规范国有企业改制工作的实施意见》，对国有企业改制中的各个环节以及管理层收购提出了明确要求，国资委还先后出台了《关于规范电力系统职工投资发电企业的意见》、《关于规范国有企业职工持股、投资的意见》等一系列文件，就国有企业职工持股、投资进行具体规定，有效规范了国有企业改制和职工持股行为，维护了职工合法权益，防止了国有资产流失，维护了市场公平，保证了国有企业改制工作的健康有序推进，同时也对强化企业管理起到重要作用。为贯彻落实国务院有关文件精神，国资委还每年组织一次规范企业改制工作的检查，并会同有关部门对部分地区进行监督抽查，对检查中发现的问题，及时予以纠正和处理，以保证文件精神落实到位。

2. 以规范董事会建设为重点，健全国有企业公司治理结构

一是探索开展董事会试点工作。国资委成立后，即着手研究中央企业建立和完善董事会问题。2004 年经国务院同意，提出在中央企业进行试点，印发了《关于中央企业建立和完善国有独资公司董事会试点工作的通知》（国资发改革〔2004〕229 号），明确了试点的主要思路和措施，确定神华、宝钢等 7 家企业为第一批试点企业。以 2005 年宝钢召开试点工作会为标志，中央企业"建立国有独资公司董事会"试点工作正式启动。随着试点工作的展开，国资委在制度建设、董事培训等方面做了大量基础性、开创性工作。与此同时，还加强了地方国资委规范董事会建设工作的培训和指导。各地也积极开展了建设规范董事会的试点工作。

二是妥善处理"双层董事会"问题。鉴于中央企业母公司整体上市尚在探索，为在现阶段妥善解决部分中央企业存在的"双层董事会"机构重叠、职能交叉、效率降低等问题，印发《关于推进和完善中央企业董事会建设妥善处理"双层董事会"有关问题的通知》，总结出了宝钢集团、神华集团、中国中铁的三种不同的运作模式及解决方法，供有关中央企业参考借鉴。

【案例】

宝钢、神华、中国中铁三种"双层董事会"模式

宝钢集团的做法：一是宝钢股份占集团公司总资产的 57%、净资产的 60%、利润总额的 70%；除宝钢股份外，其他资产还有 40%。上市公司占集团公司的资产和利润的比重低，集团公司董事会和上市公司董事会决策事项、范围完全可以分开，不会存在充分决策的问题。二是两层董事会的事权划分清晰、程序明确。宝钢集团对所出资企业采取战略管控型的管控模式，决定了集团公司董事会不但提供方向性以及战略层面的指导和协调，而且要适度介入所出资企业的业务，如宝钢采取"受限"与"不受限"两种情况，并分别制订工作程序，制定了两层董事会工作职责。三是在所出资企业设立董事会、监事会，派出股东董事，建立董事的评价和问责机制。明确董事按照个人职业判断对授权事项进行表

决，与有些派出董事按照集团意见表决的做法相比，责任主体更加清晰。四是注重发挥集团公司职能部门的服务、支撑作用，对重大事项早期介入，利于集团公司与所出资企业的纵向沟通，利于战略意图的贯彻落实。五是需要严格执行企业控制和管理制度执行，通过发挥协同效应创造价值。这种做法，对职能部门人员的整体素质、权力的约束要求比较高，各部门和公司治理相关方对自身的定位要有清晰的认识，并能够按照职责行事。

神华集团的做法：神华股份是神华集团唯一的上市公司，集中了公司的主要优质资产，总资产、净资产、主营业务收入和利润总额，分别占神华集团的62%、67%、69%和91%。集团存续企业有神华集团61%的员工，业务涉及资源扩展、产业培育、协同服务等职能。神华集团建立了以外部董事为主的董事会，董事会成员与股份公司董事会成员重合度比较高，过半数董事双向进入，决策的效率比较高，集团公司战略规划的制定和实施在子公司得到了比较好的体现，适应了当前阶段公司战略管控一体化的要求。神华集团董事会和股份公司董事会工作各有侧重，集团母公司董事会侧重于战略、产业培育和国家战略等职能，股份公司董事会专注于优良资产的运营等，责任比较清晰，能够实现协调运作，较好地解决了双层董事会的问题。在现有治理框架下，需要进一步探索调动两级董事会工作的积极性和责任感，加快推进集团公司整体上市的步伐。

中国中铁的做法：中国铁路工程总公司则是在集团公司建立了以外部董事为主的董事会，并在董事会的推动下进行了整体改制和上市，公司主营业务和人员基本上都进入到了上市公司，母公司只有一小部分存续资产和一些历史遗留问题。在集团母公司基本已成为"壳公司"的情况下，再按照央企董事会试点的制度性安排，母公司建立以外部董事占多数的董事会已经没有意义。中国中铁的做法是虚化集团公司董事会，按照中国资本市场监管的要求，做实、做强上市公司董事会，实现决策主体下沉，中国中铁主要履行法律赋予的股东职责。上市公司董事会既有不少于1/3的独立董事，也有外部董事，内部人担任董事的人员不超过董事会成员的半数。这种做法的好处，不但是决策主体、责任清晰，效率比较高，而且把国务院国资委在央企推行董事会建设的制度性安排与证券市场的监管要求实现了很好的结合，有利于防止内部人控制、提高决策的科学性以及改善上市公司治理。这种做法需要按照资本市场规则，调整国资的监管方式，母子公司关系要从管理转向治理，依法规范公司治理相关方面的关系，实现责、权、利的对等。

三是进一步规范央企决策管理。根据《关于进一步推进国有企业贯彻落实"三重一大"决策制度的意见》的要求，审核中央企业"三重一大"决策制度的实施办法，推进央企进一步规范决策管理，促进央企领导人员廉洁从业。

3. 稳步推进中央企业调整重组

一是研究制定了《关于推进国有资本调整和国有企业重组指导意见的通知》（国办发［2006］97号），明确了国有资本调整和国有企业重组的基本原则、主要目标及政策措施，提出了"进一步推进国有资本向关系国家安全和国民经济命脉的重要行业和关键领域集中，加快形成一批拥有自主知识产权和知名品牌、国际竞争力较强的优势企业"。该文件由国务院办公厅转发，对加快推进中央企业重组发挥了重要的作用。

二是积极稳妥推进中央企业重组，推动国有资本向重要行业和关键领域集中，优化了中央企业的布局结构，增强了大型企业的竞争力。国资委成立后，通过重组，一批企业的产业链、价值链趋于完善，一批企业的技术创新能力得到加强，一批企业实现了业务转型升级，一批大企业集团国际竞争力得到提升。军工、石油石化、电网电力、电信、煤炭、民航、航运等7个重要行业和关键领域的国有资本已占到全部央企国有资本的80%，商贸类企业从37家调整到20家。

三是推进重要行业重组。主要推动了电信、航空工业、民航、医药等行业重组。国资委成立后，即着手研究推动电信企业的重组，并于2008年正式实施。通过6家电信企业和网络资源的调整重组，形成3家拥有全国性网络资源、全业务经营的市场主体和合理的产业格局。重组涉及多家境内外上市公司，情况复杂，难度大。在各方努力下重组圆满成功，社会反映良好。2008年，又对航空工业实施重组，新组建了中国航空工业集团公司。在2009年，推动实施了东方航空与上海航空的重组。持续推进了中央医药企业重组，将6家经营医药及相关业务的央企重组整合为中国医药集团总公司1家，初步打造了集科研、生产和贸易于一体具有较强综合实力的中央医药产业发展平台。此外，涉及30多万名职工转移的电网主辅分离改革也已顺利推进到位，组建了中国能建、中国电建两家设计施工一体化、水火电一体化的大型建设集团。

四是进行国有资产经营公司试点，推动组建国新公司。2005年，选择国投公司和中国诚通进行试点，探索以资产经营公司为平台进行专业化、市场化操作。四年间，通过托管、划转等方式，先后对中包、寰岛、中唱、高新、中企国际及普天集团部分困难企业等实施清理整顿、改制重组、兼并破产和市场化退出。

同时，启动了组建新的国有资产经营公司工作。2009年，向国务院报送了《关于设立中国国新控股有限责任公司的请示》，国务院正式批复。该公司的组建成立，将对下一步推进中央企业布局结构调整、探索国有资产管理体制创新发挥积极作用。

五是推进中央企业非主业剥离重组。2004年印发了《关于中央企业房地产业重组有关事项的通报》（国资函［2004］104号），结合央企确定房地产主业的企业，引导央企房地产业务调整和重组。近年来，积极研究推动中央企业宾馆酒店分离重组。重点推动三家电信企业宾馆酒店剥离，力争取得突破。

六是推动中央企业与地方国有企业重组联合。主要包括攀钢与四川长钢重组、武钢与湖北鄂钢重组、武钢与柳钢重组、中国电子与南京熊猫重组等。

4. 加强中央企业管理工作的指导，大力培育具有国际竞争力的大公司大企业集团

一是推进中央企业减少管理层次。2004 年，国资委制定了《关于推动中央企业清理整合所属企业减少企业管理层次有关问题的指导意见》（国资发改革[2004] 232 号），要求企业通过内部结构调整，压缩管理层级，原则上控制在三层以内。经过几年的努力，中央企业总量和层级在规模快速扩张的情况下都有所减少。据 2009 年的全面调查，有 21 家企业减少 1 个层级，有 4 家减少 2 个层级，二级以下法人单位减少 3157 家。

二是加强对中央企业管理现代化和管理创新工作的指导。推动中央企业学习国际先进的管理理念和方法，积极总结中央企业在管理上的典型经验，如中移动的集中化管理、中石油并购 PK 公司经验等，通过召开各种形式的经验交流会，在中央企业范围内推广。指导、组织中央企业总结管理创新成果，2005～2009 年，央企共有 79 项成果获全国一等奖，占比 50.32%。组织央企向境内外先进企业学习交流，如 2009 年中石化两次赴台塑学习，2010 年 15 家央企高管赴思科学习等。

三是指导中央企业加强全面风险管理。2006 年，印发《中央企业全面风险管理指引》（国资发改革[2006] 108 号），引导中央企业开展全面风险管理工作。自 2008 年开始，开展中央企业全面风险管理年度报告工作，引导企业强化风险管理理念，培育风险文化，建立风险评估机制，切实做好重大风险的应对。2010 年，已有 58 家企业向国资委报年度报告，资产、收入、利润占比分别达73.6%、78.2%和 79.6%。通过培训、召开经验交流，结合每年引发年度报告模本的推动，目前大多数企业已基本建立全面风险管理体系，优化内部控制，为企业应对危机、持续健康发展多形成了一层保障。

5. 积极探索国资委履行多元投资主体公司股东职责的方式和途径

一是研究制定了《国资委履行多元投资主体公司股东职责暂行办法》。在国资委履行股东职责的相关要求、履职方式、内部职责分工，对公司股东会议议题的内部审核程序以及对公司股东会议相关事项的管理等方面，作出了明确规定。

二是积极探索国资委直接持有上市公司股权。对国资委直接持有整体上市中央企业股权的各种方式以及可能存在的问题，做了深入研究。该项工作探索性很强，涉及国资体制改革的深化，该工作已被列为重点项目，目前正抓紧就直接持有上市公司股权试点，做好相关准备工作。

（七）"优化资源配置的保障"——规范国有产权管理

在产权管理方面，国资委主要做了以下工作：

1. 建立健全产权管理制度

建立与完善符合现代产权制度要求的产权管理法规体系，是监督管理国有资产的制度保证，也是产权管理工作的政策依据。作为出资人代表的国资委一成立，便高度重视此项工作，抓住不放：一是根据《企业国有资产监督管理暂行条例》和《企业国有资产产权登记管理办法》（国务院令第192号），国资委制定了《企业国有资产产权登记业务办理规则》，对占有产权登记、变动产权登记、注销产权登记、产权登记程序、产权登记管理等做出具体的规定。二是颁布了《国有产权转让管理暂行办法》（国资委 财政部第3号令），明确了对产权转让的监督管理、产权转让的程序、批准程序、法律责任，为规范产权转让行为提供了法规依据。三是出台了《企业国有产权无偿划转管理暂行办法》（国资发产权〔2005〕239号），对无偿划转的适用范围、划转程序、审批权限等做了规定，规范了新国资监管体制下的企业国有产权无偿划转行为，保障和促进了企业间的重组以及企业内部业务和相关资产的整合。四是在2005年出台了《企业国有资产评估管理暂行办法》（国资委令第12号），对资产评估范围、评估机构选择、评估项目核准备案程序、监督检查、违规行为查处等方面作了严格规定，形成了以出资人监管为主要内容的资产评估管理体系。

专栏 9-19

3号令的主要内容

➤ 企业国有产权转让的监督管理

■ 国有资产监督管理机构对企业国有产权转让履行下列监管职责：制定企业国有产权交易监管制度和办法；决定或者批准所出资企业国有产权转让事项，研究、审议重大产权转让事项并报本级人民政府批准；选择确定从事企业国有产权交易活动的产权交易机构；监督检查企业国有产权交易情况；收集、汇总、分析和上报企业国有产权转让信息；履行本级政府赋予的其他监管职责。

➤ 企业国有产权转让的程序

■ 国有独资企业的产权转让，应当由总经理办公会议审议。国有独资公司的产权转让，应当由董事会审议；没有设立董事会的，由总经理办公会议审议。涉及职工合法权益的，应当听取转让标的企业职工代表大会的意见，对职工安置等事项应当经职工代表大会讨论通过。

■ 企业国有产权转让事项经批准或者决定后，转让方应当组织转让标的企业按照有关规定开展清产核资，并委托会计师事务所实施全面审计（包括按照国家有关规定对转让标的企业法定代表人的离任审计）。

■ 在清产核资和审计的基础上，转让方应当委托具有相关资质的资产评估机构依照国家有关规定进行资产评估。

■ 转让方应当将产权转让公告委托产权交易机构刊登在省级以上公开发行的经济或者金融类报刊和产权交易机构的网站上，公开披露有关企业国有产权转让信息，广泛征集受让方。产权转让公告期为 20 个工作日。

■ 在征集受让方时，转让方可以对受让方的资质、商业信誉、经营情况、财务状况、管理能力、资产规模等提出必要的受让条件。

■ 经公开征集产生两个以上受让方时，转让方应当与产权交易机构协商，根据转让标的的具体情况采取拍卖或者招投标方式组织实施产权交易。

■ 企业国有产权转让成交后，转让和受让双方应当凭产权交易机构出具的产权交易凭证，按照国家有关规定及时办理相关产权登记手续。

➤ 企业国有产权转让的批准程序

■ 国有资产监督管理机构决定所出资企业的国有产权转让。其中，转让企业国有产权致使国家不再拥有控股地位的，应当报本级人民政府批准。

■ 所出资企业决定其子企业的国有产权转让。其中，重要子企业的重大国有产权转让事项，应当报同级国有资产监督管理机构会签财政部门后批准。其中，涉及政府社会公共管理审批事项的，需预先报经政府有关部门审批。

除了上述已出台的制度办法外，国资委还就国有资本经营预算问题进行了研究，并根据国务院法制办立法计划，研究起草了有关文件的讨论稿，并征求了有关部门和专家学者的意见。2007 年 9 月国务院发布《关于试行国有资本经营预算的意见》，决定在 2007 年进行国有资本经营预算试点，收取部分企业 2006 年实现的国有资本收益，2008 年开始在央企实施。

2. 强化产权基础管理工作

国资委继续加强了产权界定、登记、划转、处置、资产评估及纠纷调处等基础管理工作。一是研究改进企业国有资产产权登记方式方法，夯实国有产权管理基础。企业国有资产产权登记记载了国有资本从占有、变动到注销的全部过程。仅 2003 年，国资委就办理了 4710 家企业国有资产产权登记。二是加强产权登记培训，开展换发产权登记证工作。通过换发产权登记证，初步摸清了国有资本分布的行业、级次以及国有企业的组织形式，为地方国有经济布局和产业结构的调整，加强对国有企业的监管奠定了基础。三是理顺产权关系，协调解决产权纠纷。产权界定与产权纠纷调处是国有资产基础管理的重要工作之一，是建立规范的现代产权制度的首要条件。通过产权界定工作，实现归属清晰，才能在维护国有出资人权益的同时，维护好其他出资人和企业的合法权益。四是开展评估监督检查，加大评估监管力度。12号令出台后，集团公司将作为子企业的资产评估监管机构，评估备案工作被大量转移到集团公司。为此，国资委建立了对中央企业的监督检查制度，并加大了检查的力度，完善了资产评估监督检查制度体系，规范了监督检查程序，充实了监督检查内容。

3. 加强产权转让监督管理

企业国有产权转让对于推进国有资产合理流动和优化配置，促进国有经济布局和结构的战略性调整，实现国有经济"有进有退、有所为有所不为"的总体战略目标具有重要意义。产权转让监管是促进国有资本合理流动，防止国有资产流失的关键环节。在产权转让监督管理方面主要做了以下工作：

第一，建立产权交易监测体系。一是继续加强对企业国有产权转让管理的监督检查。2005年，国资委首次对中央企业产权交易情况进行了督查，督促中央企业做产权规范交易的表率。二是多渠道宣传3号令和78号文。国资委组织编写并出版了《企业国有产权交易操作指南》一书，立足于产权转让实务操作，对相关操作程序、关键环节做了较为详细的介绍，对实际操作产权转让具有一定的指导价值。三是规范产权交易机构的执业行为。国资委首次对上海、天津、北京3家产权交易试点机构进行了综合评审，促进产权市场规范发展。

第二，出台了一系列企业国有产权转让的配套性文件。经充分征求有关方面意见，陆续出台了涉及企业国有产权转让的配套性文件，企业国有产权转让监管制度建设取得了初步成效。一是印发了《关于加强企业国有产权交易监管有关工作的通知》，要求地方国资监管机构做好本地区产权交易机构的调查摸底工作，加强对产权交易机构的监管。二是印发了《关于做好贯彻落实〈企业国有产权转让管理暂行办法〉有关工作的通知》，要求各中央企业抓紧制定本集团内部企业国有产权转让管理办法，同时暂将上海联合产权交易所、天津产权交易中心和北京产权交易所作为试点，由其负责发布中央企业产权转让信息，组织相关产权交易活动。三是为指导各地国资监管机构认真做好产权交易机构的选择确定工作，印发了《关于做好产权交易机构选择确定工作的指导意见》，对选择交易机构的基本工作原则、组织方式、工作程序以及重点审核内容和结果公示等提出了指导性意见。四是针对一些地方和企业在操作中反映的问题，印发了《关于企业国有产权转让有关问题的通知》，对在企业国有产权转让过程中遇到的一些共性问题加以明确。

第三，开展企业国有产权转让管理专项检查。按照中央纪委关于严格执行产权交易制度的有关工作要求，了解各地区贯彻落实3号令的相关情况，进一步完善有关法规和制度，保障企业国有产权有序流转，防止国有资产流失。为此，国资委会同财政部、监察部、工商总局等部门共同开展了企业国有产权转让管理专项检查工作，采取召开座谈会、查阅工作档案等方式了解各地企业国有产权转让政策的执行情况。通过专项检查，并在总结各地实践经验的基础上，制订了一系列促进国有产权流动、规范国有产权交易的制度规定和政策措施。

第四，严格落实企业国有产权转让进场制度。虽然产权交易市场已经存在，但初期因为没有强制性要求，多数企业国有产权的转让是在场外进行的，没有价格发现机制，存在着暗箱操作、违规操作，造成国有资产流失、逃废银行债务、侵犯职工权益等问题。为解决上述弊端，促进国有产权转让健康发展，国资委在对全国产权交易机构调查摸底的基础上，按照一定的程序选择确定从事中央企业国有产权转让活动的产权交易机构。

企业国有产权交易进入市场后，产权交易机构在其中如何发挥作用，是企业国有产权转让能否规范、顺利实施的关键环节。《企业国有产权转让管理暂行办法》对产权交易机构从事企业国有产权交易活动的条件、程序和违规处罚都提出了一些基本的要求和规定，从而进一步规范了产权转让行为，也促进了产权转让市场的发展。据各地提供的数据，2004 年以来转让企业国有产权 3599 宗，其中进场交易 3055 宗，进场交易率为 85%，其中，上海市为 100%，广东省为 96%，北京市为 90%，四川省为 87.4%，江西省为 87%。北京、上海、天津产权交易机构完成企业国有产权交易宗数和成交金额分别比上一年增加了 30% 和 40% 以上。不仅如此，中央企业转让的国有产权实际成交价格比挂牌价格平均高约 4%。2005 年，京津沪 3 家产权交易机构转让企业国有产权 3622 宗，成交金额 1080 亿元，与资产评估值相比增加 64.7 亿元，平均升值 6.4%。

4. 积极推进股权分置改革

股权分置改革是我国证券市场具有里程碑意义的一件大事，对于促进证券市场的长期稳定发展，健全市场功能和运行机制，构建各类股东的共同利益基础具有重要作用。

为推进股权分置改革，切实做好有关工作，2005 年国务院国资委单独或会同有关部门出台了《关于做好股权分置改革试点工作的意见》（证监发［2005］41 号）、《关于国有控股上市公司股权分置改革的指导意见》（国资发产权［2005］111 号）等文件。按照《国务院 2006 年工作要点》"基本完成上市公司股权分置改革"的要求，国务院国资委在对全国国有控股上市公司股权分置改革进展情况进行摸底调查的基础上，突出重点，积极推进中央企业所控股上市公司的股权分置改革工作。截至 2006 年年底，股权分置改革工作基本完成，实现了年初《国务院 2006 年工作要点》确定的目标。全国 766 家国有控股上市公司中已有 740 家完成或启动了股改程序，占 97%，其中，572 家地方国有控股上市公司中有 549 家完成或启动了股改程序，194 家中央控股上市公司中有 191 家完成或启动了股改程序。各级国资委对于推进股权分置改革，维护证券市场稳定，提高上市公司质量发挥了积极作用。

股改工作基本完成后，上市公司国有股的监管环境发生了重大变化。国有股股东和国资委将成为证券市场的直接参与者。为适应股改后上市公司国有股监管工作需要，国务院国资委抓紧落实三个方面的工作：一是研究制定股权分置改革的相关配套措施。二是指导和督促国有控股股东研究确定在所控股上市公司中的合理持股比例，确保在全流通条件下国家在关系国计民生及国家经济命脉的重要行业和关键领域上市公司中的控制力，防止恶意收购的发生。三是规范国有控股股东行为，防止侵占上市公司和中小股东利益行为的发生。

专栏 9 – 20

起步阶段国资委推进股权分置改革有关事件

2005 年 6 月 17 日，印发《国务院国资委关于国有控股上市公司股权分置改革的指导意见》（国资发产权［2005］111 号），对国有控股上市公司股权分置改革有关问题提出要求。

2005 年 9 月 12 日～14 日，为深入推进股权分置改革工作，进一步贯彻落实五部委联合印发的《关于上市公司股权分置改革的指导意见》（以下简称《指导意见》）以及国资委《关于上市公司股权分置改革中国有股股权管理有关问题的通知》（以下简称《通知》）精神，国资委就股权分置改革中的国有股股权管理问题在京分别召开了地方国资委和中央企业负责人会议，李荣融同志出席会议并做了《认真总结努力创新积极稳妥地做好股权分置改革工作》的重要讲话。产权局有关负责同志对《指导意见》和《通知》中涉及的相关问题做了详细讲解。

2006 年 7 月 18 日～19 日，在新疆乌鲁木齐召开了股权分置改革工作座谈会，国资委副主任李伟同志出席会议并讲话。李伟同志总结了前一阶段股权分置改革工作，肯定了股权分置改革工作取得的成绩，分析了当前股权分置改革工作面临的问题，并对做好下一步工作提出了要求。各地国资委有关负责同志参加了会议。

（八）"战略是先导"——结构调整与投资规划管理

1. 背景和意义

国资委成立之初，由其管理的中央企业从总体上看，主要集中在关系国家安全和国民经济命脉的重要行业和关键领域，国有经济控制力较强，国有资本布局基本趋于合理，但也存在一些亟待解决的问题。主要表现在：

——中央企业行业分布仍然过宽，在关系国家安全和国民经济命脉的重要行业和关键领域以外的企业数量过多，企业经营规模小，调整重组的任务重。如商贸、交通运输、投资、农业等企业数量占中央企业数量的 36%，但资产仅占中央企业的 12%。

——有相当一批企业经营业务过多，经营范围过宽，核心竞争力不强。

——部分企业从事的主业方向不明确，集团内企业间业务关联不强。

——企业内部结构趋同，重复投资、重复建设、相互无序竞争的现象时有发生。

——在企业重组、并购或国有企业无偿划转等过程中，部分企业接收的企业明显超出了原来主业范围，投资风险加大。

针对上述矛盾和问题，为正确引导中央企业的投资方向和社会资源的配置，严格控制非主业投资，集中有限资源投入到关系国家安全和国民经济命脉的重要行业和关键领域，培育大公司大企业集团，国资委认为有必要通过确认中央企业的主业、加强对中央企业发展战略与规划以及企业重大投资活动的监管等手段，推进中央企业结构的战略性调整，优化国有经济布局，增强中央企业的控制力、影响力和带动力。

2004 年，在广泛调查研究的基础上，国资委规划发展局组织力量重点研究并起草了《关于中央企业国有经济布局和结构调整若干重大问题的思考》，研究提出了中央企业国有经济布局和结构调整的总体思路，明确了"五个优化"和"四个集中"的工作指导思想。"五个优化"，即优化国有经济在国民经济行业上的分布、优化国有经济在我国区域间的分布、优化国有经济在产业内部的分布、优化国有经济在企业业务领域的分布、优化国有经济在企业内部的分布。"四个集中"即中央企业国有资本要向关系国家安全和国民经济命脉的重要行业和关键领域集中，向技术先进、结构合理、机制灵活、核心竞争力强的大公司大企业集团集中，向国有经济仍有竞争优势的行业集中，向中央企业主业集中。

2. 起步阶段国资委推动企业战略规划管理的主要工作

（1）确定并公布中央企业的主业。2004 年 11 月，国资委以《关于公布中央企业主业（第一批）的通知》（国资发规划〔2004〕324 号）形式公布了 49 家关系国家安全和国民经济命脉的重要行业和关键领域的企业主业。对第一批 49 家企业主业的确认，国资委与企业进行了反复沟通、协商，并书面征求了企业的意见，各方面就主业核定达成一致。公布中央企业的主业，主要目的是引导中央企业进一步突出主业，引导中央企业的投资方向，同时也是为了加强对中央企业重大投资活动的管理。今后凡是企业发展规划内、主业范围内的投资，国资委只对其中的重大项目进行备案管理；对企业发展规划外的非主业投资项目包括并购活动，则要实施严格的核准制度。对涉及业务领域较多、核心业务不明确的企业，采取了通过组织专家论证、与企业交换意见，确定其主业及调整方向。对规模偏小、现有主业效益偏低，而且所处行业技术发展比较成熟、市场化程度比较高的企业，则准备采取确认一段时期主业的方式，规范和引导其投资行为。需要说明的是，中央企业主业的确认和公布，是综合考虑优化布局结构、发挥比较优势、尊重历史事实、注重未来发展等因素确定的，在一段时期内具有相对的稳定性，今后可以根据企业竞争能力、市场供求关系、技术发展趋势等情况的变化进行动态调整。

（2）提出中央企业布局调整重组的指导意见。为把中央企业国有经济布局与结构调整落到实处，国资委规划局还重点选择了石油石化、冶金、机械装备、汽车、电信、煤炭、商贸、交通运输、建筑业和投资业等21个业务板块，组织力量开展深入研究，提出了上述行业的资源整合和企业重组思路，形成相关课题研究报告。这些研究成果为研究制定中央企业国有经济布局和结构调整指导意见提供了重要支撑。

通过分行业、分企业国有经济布局与结构调整研究，进一步研究提出有关行业的中央企业布局调整指导意见，以国资委委文形式印发各企业。如提出对电信行业中国有经济应继续保持控制力，重点控制电信基础设施，在条件具备时，推动国有电信运营企业实现全业务经营，电信增值服务领域则应形成不同投资主体充分竞争的格局。对发电企业提出关键要调整中央电源资产结构，优先投入大型水电、核电等清洁能源项目和大型水电、核电、大型煤电基地等重要电源项目。煤炭企业则强调主要是增加生产能力，提高中央企业对煤炭生产的控制力。中央建筑企业的调整、发展方向是工程总承包公司，业务领域主要应集中在大型基础设施和重化工业设计、工程管理、设备成套、安装、调试等高端市场。商贸企业布局与结构调整的关键是继续做强做大为数不多的、承担特殊任务、能够发挥独特作用的优势或排头兵企业，发挥中央企业在行业中的影响力。对其中主业突出、经营规模大的企业，作为该领域资源整合的主体，推进兼并联合；对其中主业较为清晰、规模较大的企业，业务相近的要进行联合重组或进入特大型企业集团；对其他大量的中小企业，要通过多种途径放开搞活，在市场竞争中优胜劣汰。

（3）指导企业编制发展规划并组织论证。为贯彻落实党的十六大和十六届三中全会决定精神，根据全国"十一五"规划编制工作电视电话会议要求和2003年中央企业负责人会议提出的加强企业发展战略和规划管理，加快推进中央企业结构调整的工作部署，2004年国资委发布了《中央企业发展战略和规划管理办法（试行）》（国资委10号令），并于2005年1月1日起施行。《办法》

要求各中央企业应根据各自实际情况和国际国内市场环境变化，把中长期发展战略与近期规划结合起来，研究提出企业 10～15 年的远景发展目标，编制 3～5 年发展规划，并适时调整。规划的主要内容包括：现代企业制度建设、公司法人治理结构；资产重组、企业组织结构调整；核心业务方向与主业、辅业选择；技术创新与科研开发；投资规模和计划、重大投融资项目等。

根据《关于开展中央企业发展战略与规划编制工作的通知》（国资厅发规划〔2004〕10 号）和《关于开展中央企业发展战略与规划编制工作的补充通知》（国资厅发规划〔2004〕68 号）的要求，中央企业普遍开展了发展战略和规划编制工作，研究制定了 2004～2006 年企业发展战略和规划。通过编制发展战略和规划，企业建立健全了规划工作机构，锻炼了规划工作队伍，强化了企业负责人的战略意识，进一步提高了企业发展战略和规划管理的质量和水平。为指导中央企业发展战略和规划编制工作，进一步明确企业发展战略、突出主业，推进中央企业国有经济布局和结构的战略性调整，根据《中央企业发展战略和规划管理办法（试行）》，在总结实践的基础上，2006 年，国资委又发布了《关于对中央企业发展规划进行滚动调整的通知》，提出中央企业编制三年发展规划要逐年进行滚动调整，形成工作制度。即企业三年规划编制完成后，要在规划实施的第一年后，对后两年规划内容和主要目标进行必要调整，并研究提出新的第三年规划目标，形成新的三年发展规划。企业要根据编制完成的滚动发展规划抓好组织实施工作，推进企业发展和结构调整，进一步精干主业，增强核心竞争力。

通过强化战略规划管理，大多数中央企业已经把加强战略规划和管理作为企业管理的重点，改变了以往主要依靠经验决策的方式，促进了企业持续发展。通过加强投资活动全过程管理，企业投入产出效益进一步提高。中石油、中石化、中国电信、华能、国电、国开投等企业建立健全了投资项目后评价制度，后评价工作逐步走向制度化、规范化和程序化。

（4）对企业投资活动的分类管理。为有效履行出资人职责，国资委对企业投资活动实行了分类管理的办法，对企业大量发生的主业投资活动进行备案管理，鼓励企业将资金集中投向主业。对存在问题较多的非主业投资活动进行审核管理，以便对偏离主业的盲目投资活动进行有效控制。国资委对中央企业投资活动监管的主要目的是了解掌握企业投资总体情况，在此基础上及时发现和掌握企业大量投资活动中出现的共性和倾向性的问题并提出指导性意见，通过对企业投资活动的事前、事中和事后全过程的监管，引导企业规避投资风险，实现国有资产的保值增值。

对企业投资活动的管理所采取的主要措施之一是建立企业重大投资报告制度。具体包括：建立中央企业固定资产统计调查制度，要求部分重点行业的骨干企业按季报送企业固定资产投资情况及存在的问题；全部中央企业按年度上报固定资产投资情况及存在的问题。针对中央企业实际情况还先后印发了《关于中央企业收购活动有关注意事项的通知》（国资规划［2004］720号）和《关于加强中央企业重大投资项目管理有关问题的通知》（国资规划［2004］553号），对中央企业收购活动中应注意的问题提出具体要求；明确需报国务院批准的项目和国务院有关部门批准的境外投资项目、中外合资合作项目，企业应在上报国务院及有关部门的同时抄送国资委。

针对国内外市场竞争环境日益复杂、激烈，企业面临的投资风险不断加大的实际情况，为尽快提高中央企业投资决策水平和抗风险能力，贯彻落实《国务院关于投资体制改革的决定》精神，2005年5月，国资委发布了《中央企业固定资产投资项目后评价工作指南》（国资发规划［2005］92号）。投资项目后评价，是通过对投资活动实践的总结，全面考核项目规划的合理性及决策的科学性，总结经验教训，提高项目决策及勘察、设计、施工和监理水平，改善企业生产运营状况，调整投资政策、完善投资管理程序，使投资活动有利于合理配置资源。

（九）"人是第一要素"——国有企业领导人管理

国务院国资委成立后，原中共中央企业工作委员会的职责划入国务院国资委，国务院国资委在承接了原中央企业工委"管人"的任务基础上，需要根据新的体制条件和环境，构建新的央企领导人员管理体制。

1. 央企领导人员管理的新体制

2003年3月，中共中央印发了《中共中央关于成立中共国务院国有资产监督管理委员会委员会有关问题的通知》（中发［2003］6号），文件指出，为贯彻党的十六大精神，加快国有企业改革和发展，建立权利、义务和责任相统一、管资产和管人、管事相结合的国有资产管理体制，中央决定，调整国有重要骨干企业党的领导体制，成立中共国务院国有资产监督管理委员会委员会（简称国资委党委）。国资委党委在党中央领导下进行工作。撤销中共中央企业工作委员会，原由中央管理的53户国有重要骨干企业董事长、总经理（总裁）、党组（党委）书记仍由中央管理；由中央管理的企业副职交由国务院国资委党委管理；原由中共中央企业工作委员会管理的143户中央企业的领导人员，交国务院国资委党委管理。

2003年7月25日，国务院国资委党委第六次会议审议通过了《国务院国资委党委管理的企业领导人员任免工作暂行办法》，明确了企业领导人员的任职年龄、职数，规范了考察、任免的工作程序等，使中央企业领导人员的选拔使用工作初步实现了制度化、规范化。

2003 年 8 月，国务院国资委党委向各中央企业党委（党组）下发通知，明确国务院国资委党委协助中央管理的企业领导人员职务名称、国务院国资委党委管理的企业领导人员职务名称，以及向国务院国资委党委备案的企业领导人员的职务名称。

2. 企业负责人考察、任免工作以及后备人选的选拔考察

国务院国资委成立后，在对中央企业领导班子进行全面分析的基础上，国务院国资委党委坚持以有利于推进中央企业改革与发展来考虑班子建设工作，通过全面考察和广泛听取意见，一批政治素质好、业务能力强的优秀年轻干部通过选拔进入了中央企业领导班子，使中央企业领导班子的年龄结构和专业结构得到了改善和优化，整体素质进一步增强。

按照中央统一的部署和要求，国资委督促各中央企业参照中央的做法，抓紧做好本企业各级领导人员后备人选的选拔考察工作，建立健全后备人才队伍。对由中央管理的董事长、总经理（总裁）、党委（党组）书记等正职后备人选，国资委配合中组部做好继续培养工作；对中央企业其他后备人选，国资委在与企业充分协商的基础上，研究提出了具体的培养措施。中组部、国资委分别选派了企业后备领导人员到中央党校、国家行政学院、国资委党校进行学习深造，还先后组织企业后备领导人员到跨国公司进行考察学习。

3. 企业负责人管理有关政策的研究和出台

为建立有别于党政领导干部、适应现代企业制度要求的国有企业领导人员管理的新体制，按照中央人才工作协调小组要求，国资委积极开展国有企业领导人员的政策研究。研究围绕国有资产管理体制和国有企业改革发展的要求，分析我国国有企业领导人员管理体制和管理方式的发展历程及国外经验，提出党管干部原则与公司治理原则相结合的实现途径，提出了在选拔任用、考核评价、激励约束等方面的创新措施。

国资委充分吸收自成立以来，在企业负责人管理体制、业绩考核、薪酬分配等方面的改革成效，并在借鉴了中组部关于国有重要骨干企业领导人员管理研究成果的基础上，于 2004 年 6 月组织专门力量起草了《中央企业负责人管理暂行办法》，分别从中央企业负责人的任期、职数、任职条件、考评、薪酬、监督与惩戒、培训交流、免职、辞职、退休等多方面的管理进行了全面规范。2005 年，该办法正式出台。

为了加快推进中央企业建立现代企业制度，完善公司法人治理结构，国资委于 2004 年选择了 7 户中央企业开展了建立和完善国有独资公司董事会试点工作。为了配合这一工作的开展，国资委研究制定了《国有独资公司董事会试点企业外部董事管理办法（试行）》，对外部董事的任职条件、选聘程序、主要职责、权利和义务，以及评价、报酬、解聘、辞职等进行了规范。

4. 企业负责人全球公开选聘

为贯彻《中共中央、国务院关于进一步加强人才工作的决定》和《国务院国资委关于加强和改进中央企业人才工作的意见》，国资委坚持党管干部原则与市场化配置企业经营管理者相结合，加快推进国有企业经营管理者选拔方式的转变，加大市场化配置力度，努力创建适应现代企业制度要求的选人用人新机制，逐步形成优秀人才脱颖而出以及人尽其才、才尽其用的良好局面。国务院国资委成立后，在企业领导人管理方面，一个突出的亮点是在企业领导人的市场化全球公开招聘方面进行了积极探索。

（1）公开招聘的基本情况。国资委组建以来，直到 2006 年，连续四年组织了面向海内外公开招聘中央企业高级经营管理者的工作。公开招聘工作按照自愿报名、资格审查、统一考试、考察了解、研究确定人选、人选公示等程序规范运作，最终确定综合成绩。经征求招聘企业主要负责人意见，每个招聘职位严格从考试综合成绩前 3 名中确定考察对象。由国资委组织考察组分别对考察对象的德、能、勤、绩、廉等方面进行全面考察了解。根据考察情况，经招聘企业党委（党组）研究，并经国资委党委会审定，产生招聘职位的人选。

2003 年 9 月 23 日，国资委发布招聘公告，首次组织中国联合通信有限公司等 6 家中央企业的 7 个职位进行公开招聘，在海内外产生了积极反响。首次公开招聘后，几十家网站和一些海内外报刊相继转载了国资委公开招聘的消息，有的还刊登了专家学者的访谈和评论。中央电视台"央视论坛"栏目就这次公开招聘进行了近一个小时的专家评述，认为这次公开招聘是对传统"行政任命制"的突破。舆论认为，国资委作为新设机构，自组建之初就知难而进，大胆探索，展示了国资委与时俱进、开拓创新的改革精神和雷厉风行的工作作风；中国的国有企业为积极应对国际竞争，已经开始按照国际惯例进行经营，这是国有企业在选拔任用机制方面的新变化。

在全面总结 2003 年公开招聘的经验基础上，2004 年，国资委进一步完善和规范了公开招聘的工作程序，增加了招聘职位的数量，选择了中国电子科技集团公司等 22 家中央企业的 23 个职位面向海内外公开招聘。2005 年，组织了中国华源集团有限公司等 25 家中央企业的 25 个职位的公开招聘。其中，中国华源集团有限公司总经理职位和中国建筑科学研究院院长职位是首次面向海内外公开招聘的企业正职。2006 年招聘范围又进一步扩大规模，分三批组织 25 家中央企业 26 个职位的公开招聘。

专栏 9－21

2006 年中央企业面向海内外公开招聘高级经营管理者的情况

继连续 3 年组织中央企业面向海内外公开招聘高级经营管理者，2006 年又进一步扩大规模，分三批组织 25 家中央企业的 26 个职位参加国资委公开招聘。10 家中央企业面向海内外公开招聘 10 个高级经营管理职位；5 家中央企业面向特定范围公开招聘 5 个总会计师职位；受 11 家中央企业委托，面向海内外公开招聘 11 个企业总法律顾问职位。这次招聘共有 1775 人报名应聘，再创历史新高，报名人员中，具有研究生以上学历 793 人（包括博士 209 人），占 41.1%；年龄主要集中在 35~45 岁，共 1194 人，占 67.3%。第一批职位共有 851 人报名，经资格审查符合条件的 264 人，实际参加笔试的 239 人，通过笔试进入面试的 82 人。第二批职位共有 45 人报名，经资格审查符合招聘条件进入面试的共 27 人，实际参加笔试的 25 人。第三批职位共有 879 人报名，经资格审查符合条件的 208 人，实际参加笔试的 184 人，通过笔试进入面试的 66 人。在 2005 年对 2 个正职职位试点采用评价中心技术取得成功的基础上，2006 年在全部职位的考试测评中引入了评价中心技术测评，并试点引入了心理素质测试，试点对各职位综合成绩前 3 名做出综合评价报告。此外，在第二批面向特定范围招聘的 5 个职位的考试测评中，试点采用了"面试＋评价中心技术"的测评方法。

从这四年的实践看，通过公开招聘录用的人员整体上比较年轻，有比较丰富的履职经历，知识层次高，市场意识强，上岗后的工作表现很好，有些副职还被列为企业正职后备人员。经过四年的积累，国资委还建立了人才库，储备了一大批优秀的人才。

（2）企业负责人公开招聘的主要特点。一是始终坚持党管干部原则与市场化选聘相结合。一方面，公开招聘工作的指导思想、基本原则、实施方案、选拔标准和工作程序等重大问题，全部由党委会讨论决定；另一方面，在具体实施过程中，坚持按市场化机制进行运作。在选拔范围上，打破身份、所有制、国籍等界限，凡符合招聘条件和职位要求的人员，均可以报名参加考试；在选拔方式上，改变了过去仅由组织干部部门考察的做法，采取考试与考察相结合的方式进行。聘请了一大批企业家、熟悉企业经营管理的专家和著名学者担任面试考官，根据考官对应聘者的评价，由组织干部部门对有关人选进一步考察了解；在任用方式上，改变传统的委任制，采取聘任制的方式，对公开招聘上岗人员实行契约化管理，有严格的准入机制和正常的退出机制，逐步解决现在干部制度中存在的"能上不能下"的问题，规定 1 年的试用期。试用期满经考核不合格者予以解聘。

二是采用科学的考试测评方法择优录用。这是选好人的关键环节，重点有两个，一个是出好题，另一个是看准人。在招聘前，承担考务工作的单位就深入到企业进行职位调查，了解企业需要什么样的人，根据企业的实际需要出考题，所有试题都紧扣行业和企业发展实际，没有很强的企业经营管理实践经验考不出好成绩。在"看准人"上，改变过去仅由组织人事部门考察选拔的封闭做法，聘请企业家、熟悉企业经营管理的专家和著名学者担任考官，选人的眼光更加全面准确。为了考察考生的整体素质，还增加了心理素质测评，对考生与招聘职位的适配性也加强了考察。可以说，几年来公开招聘的考试测评方式一年比一年更科学、更完善，测评质量和效果也在不断提高。

三是充分保证公平、公正。公开、平等是实现竞争、择优的前提，没有公开、平等，就根本谈不上竞争、择优。国资委在这方面积累了许多宝贵的经验，比如，坚持招聘组织工作和考务工作相分离，实行"物理隔离，相互保密"制度，也就是说，国资委招聘办只负责接触考生和招聘企业的工作，但不接触考题和考官；考务单位只负责命题、制卷、聘请考官等考务工作，但不接触考生。双方交流考生信息都是通过编码来进行的，从制度上杜绝作弊的可能。

四是严密的制度监督。每年的公开招聘，都请国资委纪委全程参加，向社会公布监督电话，而且对拟任人选进行社会公示，强化选人用人的过程监督。这样，通过严格的程序保证了公正，通过专门机构和社会的监督保证了透明公开。

建立专门的国有资产监督管理机构，履行国有资产出资人的职能，是一项开创性的制度创新，没有任何先例可循。世界上还没有一个以公有制为主导的国家实行这样一套制度，因此国资委的实践可以称得上是一种创举。但正如中国经济体制改革的渐进性特征一样，国资监管体制的改革也避免不了渐进式改革所带来的局限。这不仅有国资委自身经验的缺乏问题，更主要的还是整个体制的渐进性改革还没有为规范的国资监管创造相应的条件，国资体制和国资监管改革的局限也可以说是时代和整个宏观体制的局限。这主要体现在以下几点：

第一，管资产与管人、管事还没有完全统一起来。这一点与当前体制改革不到位密切相关。无论是在管资产还是管人、管事等方面，都与相关的政府和党的部门存在职能交叉，56 户国家重点企业领导人的管理任命主要仍由中组部负责。一方面是党或政府的相关部门仍然在履行部分国有资产管理的职能，另一方面则是国资委仍承担了许多属于政府部门的工作。

第二，对国有企业和国有资产的管理还具有比较浓厚的行政色彩。从人员结构和机构设置上，缺乏资产管理的专业性；从管理方式和手段上，还不完全符合《公司法》和国际规范的治理规则；从管理的职能和内容上看，资产管理与其他行政性管理没有完全分开。

第三，国资委作为国有资产监管机构与国有资产保值增值缺乏内在的联系。国资委承担了国有资产保值增值的责任，但却没有相应的机制使国资委的责任与国有资产保值增值具有内在的联系。无论国有资产保值增值的情况如何，国资委既没有奖励也没有处罚。国资委作为专门履行出资人职能的特设机构，与政府行政部门有哪些区别，应该如何根据国有资产保值增值的业绩进行考核和奖惩？这些问题都直接制约了出资人职能的行使。

国资委作为国有企业的出资人机构，在国内外都是没有先例的探索和尝试，它的起步是健康的，效果是显著的，但同时也是不成熟的。这种不成熟既是因为国资委作为一个新的机构，需要在实践中不断完善成长，同时也因为中国宏观经济体制改革远远没有到位，政府职能与国有资产出资人职能的划分并不十分清晰。作为中国社会主义市场经济中的重要一环，国资委从成长到成熟注定与整个经济体制甚至政治体制改革的进程相同步，因此国资监管体制的改革还将继续。

点评：

责任主体就位

国资管理体制改革的根本目的，是要明确国有资产的出资人主体，落实国有资产保值增值的责任。主体不明，责任就不清，国有资产经营的质量和效益就难以保证。从最初放权让利开始，国有企业改革一直面临着实现政企分开与国有资产监管的两难选择。早期的国有企业改革，由于亟须解决经营自主权、结构性调整、破产重组、减轻人员债务和社会负担等一系列突出的矛盾和问题，而所有这些问题的解决都不离开政府各部门的综合协调，因此出资人体制的建立还不那么急迫，只在探索和酝酿阶段。当国企改革走过三年脱困进入建立现代企业制度阶段之后，出资人体制的建立作为改革的重要一环日益凸显。否则，改革已不可能深化了。党的十六大适时确定建立从中央到地方的国有资产监督管理委员会（以下简称"国资委"），作为政府特设机构代表同级政府行使国有资产出资人职能，这是国企改革中的一个重大突破。各级国资委的建立，初步形成了管资产和管人管事相结合、权利责任和义务相统一的国有资产管理体制，结束了此前政府各部门"九龙治水"的多头管理局面，标志着国有企业改革进入到出资人主导的新的阶段。

各级国资委成立之后，遵照相关的法律条例，围绕建立国有资产保值增值的责任体系，积极探索依法履行出资人职能的方式和途径，一系列国资管理的制度规范逐步建立，一个具有中国特色的国有资产管理体系初步形成。新的体制促进了国有企业的改革和发展，许多由于出资人不到位长期难以解决的问题，比如国有产权的有序变动和流转、国有资产的合并重组、对国有企业经营者的激励约束机制、国有资本的经营责任的落实等，都逐步纳入制度化规范化的轨道。国有资产管理体制改革的成效，集中体现在近年来国有企业整体素质和竞争力的不断提升，国有经济在整个国民经济中的地位和作用得到进一步发挥，实践证明这项重大改革的方向是完全正确的。

尽管国资管理体制改革成效显著，但也还面临一些新的挑战。比如管资产与管人管事的结合，还没有完全做到；出资人管理和企业经营自主权如何统一，还需要探索；国资委履行职能的方式也需要根据企业公司治理结构的不断完善进行相应调整，等等。这些都表明，国有资产管理体制的改革并没有完结，还有待不断深化和完善。

——邵　宁

第十章

定位引领者：国有企业战略布局调整

国有企业在改革初期"数量太多、分布太广、质量不高"这三个难题，通过国有中小企业改制和政策性破产工作的实施，已经得到了部分缓解。但剩下的结构调整问题确是国有企业自身难以解决的。这实际上仍然面临两大问题：一方面是由于过去条条块块分割的体制阻碍了国有资产的跨区域、跨产业合理流动，国有企业的资源仍然处于分散状态，不能有效配置，形成优势互补、规模经济，缺乏整体合力；另一方面是由某个行业主管部门整建制转变而成的全国性行业总公司，承接了原来的自然垄断或行政垄断地位，阻碍了社会运营效率的提升，影响了市场竞争的公平。解决前一种问题，重点是"合并"。即在确保市场有效竞争的前提下，打破不合理的体制、利益和观念上的障碍，引导具有协同效应的不同国有企业进行合并，以实现 1 加 1 大于 2 的效果，提高国有企业的质量和竞争力；解决后一种问题，重点是"分拆"。即将具有行业垄断地位的各种"总公司"拆分为数家同行业的企业，最大限度地减少绝对垄断企业的数量，促进市场的有效竞争，提升国有企业运行效率。这"一分一合"看似简单，但直接涉及许多人的利益，因此推动起来也是十分艰难的。

一、"有所为"与"有所不为"——国有企业并非越多越好

新中国成立之后，国家按照苏联模式在计划经济的框架内集中建设了一大批工业企业，所形成的比较完整的工业体系，在较短时间建立起我国社会主义制度赖以巩固和发展的物质基础。

改革开放初期，为调动中央和地方两个积极性，缓解各种生活必需品供应短缺的矛盾，20世纪80年代初期实行财政"分灶吃饭"，催生了大量国有小企业，各地在地方财力的范围之内又新办了一批小棉纺、小造纸、小炼油、小玻璃、小煤矿、小火电以及小酒厂、小烟厂等，致使国有资本的投入范围不断扩大，尽管在一定程度上缓解了供应短缺的矛盾，但与此同时却进一步加剧了国有经济在各行各业过度分布的局面。

进入20世纪90年代中期，国有企业出现了大面积亏损和经营困难，引发了对国有经济布局问题的更深入思考。面对改革开放以来市场环境的深刻变化，"纯而又纯"的国有经济、"一统天下"的国有企业，在参与竞争中暴露出难以适应的弊端，除了变革自身存在机制上管理上问题外，很多的则是单个国有企业无法解决的问题，那就是来自在整个国民经济布局结构上的制度性缺陷：计划体制下企业的建设无需考虑地区、资源、市场等因素，由中央政府按照全国"一盘棋"的格局，实行统收统支要求进行规划，更多考虑的是地区之间行业之间的平衡——而出发点不仅仅是经济上的，更是政治和社会方面的考量。由此而来，国有企业布局历史色彩鲜明、计划色彩浓厚。首先在空间布局上，许多企业远离原材料供应、远离市场，生产成本高，对需求反应慢。其最为典型的代表就是60年代至70年代初期建立起来的一批所谓"三线企业"。这些企业为了备战的需要，按照战时的设想，大多分布在"山（山区）、散（分散）、洞（山中的洞穴）"的隐蔽地区，一旦进入市场，这些企业大多数根本无法适应。其次在行业和领域的分布上，随着改革开放之后多种所有制经济的迅速发展，那些进入门槛较低、又贴近市场的行业和领域，国有企业中一些规模经济较低、技术含量不高的行业如轻工日用品、纺织等行业，越来越明显地暴露出其竞争力的先天不足来。再次在企业的组织结构上，由于缺乏必要的社会分工和市场联系，传统的国有企业大多是自成体系，基本上都是"大而全"、"小而全"，多数达不到经济规模，也没有专业化优势。还有，企业之间在资产质量、技术水平、产品档次等多方面极不平衡，除宝钢等少数70年代末80年代初新建的企业之外，大多数企业资本金严重不足、设备技术老化、产品陈旧，亟待进行技术改造，但无论依靠国家投入还是企业的积累，都不可能解决所有企业的难题。

造成国有经济布局结构上在进入市场经济之后表现出来的主要缺陷与不足的

因素：一是市场竞争对手的"内外夹击"。一方面是"老乡"的崛起。大批乡镇企业凭着适应市场的灵活机制，在一批"能人"的带领下，在刚刚兴起的市场上如鱼得水；另一方面越来越多的外资企业进入中国合资或独资，他们凭借其丰富的市场运作经验、科学的管理手段、强大的技术创新能力和资金实力，二者结合，使国有企业在商战中"腹背受敌"。二是政企关系发生了深刻的变化。在传统体制下，政府凭借掌握几乎所有的资源，对国有企业给予从资金到人才再到技术、产品、"市场"等全方位支持。而随着城市经济体制改革启动，从生产资料价格的放开，到财税、金融体制改革，政府的权力通过改革逐渐还给了市场，已不可能继续无条件对国有企业输血，特别是地方政府掌控资源的权力受到限制后，国有企业"有问题找市长"已成昨日黄花。三是市场环境发生了根本性的变化。经济搞活了，物资丰富了、市场活跃了。卖方市场转变成买方市场，急剧变化的市场需求，使很多国有企业特别是直接面对消费品市场的国有企业一时难以适应。

试着这样描述一下：国有经济布局结构是历史形成的，作为长期计划经济体制下满足自上而下的行政控制需要的产物，企业既不需要自负盈亏，也没有参与市场竞争的压力和动力，政府在布局上亦少考虑资源条件、市场区位、分工的要求，更重要的是，在"一大二公"所有制结构下，国有经济包揽了经济生活的各个方面。而市场开放、多种所有制经济迅速发展，自然对国有企业形成了巨大的竞争压力。因此，两个方面的压力迫使国有企业必须进行布局结构的调整：一是国有企业参与市场竞争的要求；二是所有制结构调整的需要和压力。

二、"一盘棋"与"一统天下"——国有经济布局结构调整是个战略问题

"我国最大的500家企业在整个国有企业和国民经济中是关键的少数，抓住这个关键的少数，就把我们国家的关键抓住了"

——吴邦国（1995年4月在全国试点企业集团工作会议上的讲话）

客观评价，国有企业在进行了初期的一系列改革之后取得了显著成效：相当一部分国有企业自主权扩大之后，发展的活力确实增强了。但人们也不得不承认，由于布局结构不合理，仍有部分企业在原有的基础上根本无法适应市场竞争，而且改革仅仅从企业微观层面着手也是远远不够的。在确立了建立社会主义市场经济的目标之后，按照市场法则构建国有经济运营体系已成为搞好国有经济的方向，逐户拯救"救活"原有的每户国有企业，不仅不现实更全无必要。根据市场竞争的规律，国有经济布局结构的战略性调整与国有企业微观层面的改

革，构成了国有企业改革的两条平行的路径。而在 90 年代初，国有企业陷入困境，更使高层下决心要调结构，收缩国企战线迎接市场挑战。从整体上对国有经济布局结构进行战略性调整和重组作为战略性问题被提了出来。

基于对国有企业改革和国有经济现实状况的分析判断，1993 年 11 月，党的十四届三中全会审议并通过的《中共中央关于建立社会主义市场经济体制若干问题的决定》中有两点引起人们注意，即"公有制的主体地位主要体现在国家和集体所有的资产在社会总资产中占优势，国有经济控制国民经济命脉及其对经济发展的主导作用等方面"，要"发展一批以公有制为主体，以产权联结为主要纽带的跨地区、跨行业的大型企业集团，发挥其在促进结构调整，提高规模效益，加快新技术、新产品开发，增强国际竞争能力等方面的重要作用"。这里面传达了两层含义：第一是指出了公有制占主导地位并不意味着越大越公越好，关键是要控制国民经济命脉并对国民经济的发展起主导作用；第二是国有经济要通过组建大型企业集团，发挥积极作用。这从理论和实际上提出了国有经济布局和结构调整的方向：既要在分布的广度上加以必要的收缩，还要在国有经济存在方式上进行优化。

按照党的十四届三中全会确定的改革路线图，国有经济调结构实施有进有退的改革思路不断明晰。1995 年 3 月 2 日，吴邦国副总理在中央党校省部级领导干部国有企业改革研究班上发表讲话：要着眼于搞活整个国有经济，而不是无一例外地要搞活每一个企业；着眼于整个国有经济结构优化，集中力量抓好一批龙头骨干企业，使其发挥"火车头"的作用。同年 4 月 4 日，吴邦国在参加国家试点企业集团工作会议时，提出要将实施大公司大集团战略作为搞好国有经济很重要的一个突破口，认为，我国最大的 500 家企业在整个国有企业和国民经济中是关键的少数，抓住这个关键的少数，就把我们国家的关键抓住了。

1995 年 3 月 25 日，国务院办公厅转发国家经贸委《关于深化企业改革搞好国有大中型企业的意见》（国办发〔1995〕16 号），提出要"继续抓好国务院确定的 56 家企业集团及国务院批准的其他试点工作，逐步壮大国有大中型企业的实力"。"组织实施好若干城市的企业'优化资本结构'试点工作。""加强对国有企业进行战略性结构调整的指导。"

优化资本结构改革思路的形成，源于国务院有关部委的一次联合调查。1994 年 1 月，由国家经贸委、国家计委、财政部、劳动部、人民银行、审计署、税务总局、国有资产管理局、工商银行等 9 个部门组成联合调查组，选择上海、天津、太原等 18 个城市，就新形势下如何抓紧搞好国有大中型企业问题分四路进行了调研，并将调研结果向国务院写出了专题报告。在《报告》中提到，调研反映，这些城市的国有工业企业普遍存在三方面问题：注资不足，债务沉重；生产经营资金严重短缺；社会负担问题十分突出。此后国务院同意从 1995 年开始，在上述 18 个城市进行企业优化资本结构的试点。试点的主要内容就是：增资、改造、分流、破产。①

优化资本结构的过程是国有经济进行有进有退的调整、流动的过程，也是实现国有资本重新配置的过程。

1995年4月5日，国务院副总理朱镕基、吴邦国主持会议研究深化国有企业改革有关问题，国家经贸委主任王忠禹就有关问题做了汇报。会议认为，搞好企业改革关键是要抓好兼并破产和减人增效的机制，对长期亏损、扭亏无望、不能清偿到期债务的企业，如果总是"抢救"，国有资产受的损失更大。会议重点研究了18个优化资本结构试点城市国有企业破产、兼并有关政策问题，做出了以下决定：对不能清偿到期债务、扭亏无望的企业依法实施破产，银行因企业破产受到的贷款本金、利息损失经批准可从呆账准备金中冲销；优势企业兼并困难企业经批准可免收被兼并企业兼并前所欠银行全部贷款利息，计划还款期内本金可以停息。这些政策成为后来政策性破产的雏形。而正是政策性破产的实施，为国有企业打开了一条重要的退出通道。

1995年5月22日和6月26日，江泽民总书记分别在上海、长春召开企业座谈会，指出"国有经济只要在国民经济重要和关键的行业、领域中占据支配地位，国有经济就会发挥主导作用"。要求"集中力量抓好一批大型企业。""推动国有资产的合理流动，引导国有资产向高效益的领域转移，以利于更有效地实现国有资产的保值、增值。对现有低水平、分散、重复的企业结构，通过兼并、联合，进行结构调整，优化资源配置，实现规模经济效益。"

在逐步理清思路、凝聚共识的基础上，1995年9月，党的十四届五中全会《决定》进一步指出："要着眼于搞好整个国有经济，通过存量资产的流动和重组，对国有企业实施战略性改组。这种改组要以市场和产业政策为导向，搞好大的，放活小的，把优化国有资产分布结构、企业组织结构同优化投资结构有机结合起来，择优扶强，优胜劣汰。"1995年9月28日，全会审议并通过的《中共中央关于制定国民经济和社会发展"九五"计划和2010年远景目标的建议》中提出："要着眼于搞好整个国有经济，通过存量资产的流动和重组，对国有企业实施战略性改组。这种改组要以市场和产业政策为导向，搞好大的，放活小的，把优化国有资产分布结构、企业组织结构同优化投资结构有机地结合起来，择优扶强，优胜劣汰。"

党中央、国务院对国有经济布局结构调整和企业重组的方向原则已十分明确。相应的实施工作也在不断探索推进。1997年2月，国家经贸委、国家体改委发布《国有经济发展战略和布局合理化研究》的研究报告。报告认为，国有经济战线过长、重点不突出、力量分散和配置效率低、竞争力不强是国有经济布

---

① 章迪诚：《国企改革三十年：优化资本结构试点》，中国工业新闻网，2008年11月25日。

局结构两个最根本性的问题。国有经济布局合理化的实际推进，需要多方面的措施配合使用，把结构转换与体制转换结合起来，把存量调整与增量调整结合起来。1997年4月29日国务院批转的《国家计委、国家经贸委、国家体改委关于深化大型企业集团试点工作意见》（国发［1997］15号）再次提道，"要按照建立现代企业制度和搞好整个国有经济的要求，重点抓好一批大型企业集团，连结和带动一批企业的改组和发展，促进结构调整，形成规模经济，提高国有资产的营运效率和效益，积极发挥大型企业集团在国民经济中的骨干作用"。

党的十五大在总结前期改革实践的基础上，基本上是比较系统完整地阐述了国有经济布局结构调整的指导思想。关于国有企业改革和战略性调整的指导思想和目标更加明晰，特别是1999年9月党的十五届四中全会做出《中共中央关于国有企业改革和发展若干重大问题的决定》中，正式提出来调整国有企业经济布局的原则，是要"从战略上调整国有经济布局，要同产业结构的优化升级和所有制结构的调整完善结合起来，坚持有进有退，有所为有所不为"。《决定》明确了国有经济需要控制的四个领域，即"涉及国家安全的行业，自然垄断的行业，提供重要公共产品和服务的行业，以及支柱产业和高新技术产业中的重要骨干企业"。《决定》还提道，"其他行业和领域，可以通过资产重组和结构调整，集中力量，加强重点，提高国有经济的整体素质"。总结起来就是：第一要坚持有进有退、有所为有所不为；第二要实现两个结合两个优化，即与产业结构优化升级和所有制结构调整相结合，实现产业结构和所有制结构的优化；第三根据抓大放小的原则，明确了国有经济需要控制的行业和领域，而其他行业和领域的国有经济是提高质量，放开搞活。

当时国家的决策层充分考虑到了国有经济战略性调整和重组的复杂性，要求在操作上十分注意坚持市场化改革的正确方向，防止出现偏差，特别是对政府行政干预权的回归保持着高度的警惕。有两个事件的例子可以说明这一点。一是当时有一些行业部门，希望在重组中建立资产管理公司，继续对重组后的企业进行控制。1995年10月16日，时任副总理的朱镕基在纺织部报送的《关于中国纺织总会深化改革和成立中纺国有资产控股公司的报告》上批示："目前对控股公司的职能，理解极不一致，多数认为是企业之上的企业，有投资收益使用、分配和经营管理权。……值得研究。"1996年2月28日，朱镕基副总理在国家计委宏观经济研究院课题组《关于设立"国家授权投资的机构"问题的研究与探讨》上批示："组建行业性的控股公司看来问题甚多，不利于企业集团的发展、经营。"由于当时实施企业重组之初，关键是要解决政企分开，让企业成为市场主体，在政企关系尚未理顺的情况下，在企业之上成立行政性的控股公司显然会偏离改革的目标，因此朱镕基同志的这一批示有效地避免了在当时许多主、客观条件不具备的情况下使企业重组再次陷入政企不分的局面出现。二是在1997年

6月23日~24日召开的国家试点企业集团工作会议上，李鹏总理在讲话明确强调：组建企业集团不能"拉郎配"，要进行宏观调控和政策引导。吴邦国副总理在会上也指出：在结构调整中促进企业集团的发展，积极支持它们对国有资产存量进行重组，把调整存量资产与企业转换机制结合起来。

国有经济的布局和结构调整正是在这样的指导思想和原则下展开的。而在实践中，则主要是从两个层面推进：一个层面是国有经济从一些不具备竞争优势且并非国家需要控制的一般竞争性部门的退出，这包括为数不少的地方中小国有企业的改制（即改为非国有）和大中型企业的政策性兼并破产；在另一个层面，对于那些国有经济需要进入的那些行业和领域，则着手进行国有大中型企业进行大规模重组，调整优化资本结构、组织结构，提高企业资源配置能力和竞争力。对第一个层面的战略性重组，本书已有专门的章节进行介绍，因此，本章重点论述第二个层面即国有企业（包括某些行业）的战略性重组。

三、"拆分"与"合并"——行政主导的行业结构调整和重组

基于企业的重组是国有经济布局结构调整的重要载体和实施路径，也是深化国有企业改革的重要内容。以2003年国有资产管理体制改革、建立国有资产监督管理机构为标志，围绕国有经济布局结构调整的企业重组大致可按2002年划分成两个阶段：即2002年前，鉴于国有资产出资人缺位，主要由政府通过行政手段直接推动企业的重组。其特点一是将困难企业并入优势企业，目的是实现国有企业走出困境；二是对一些带有行业垄断性的公司进行分拆重组。后一阶段的重组则是在出资人代表机构的引导下，以企业为主体进行的，其特点是在做强做大的推动下，将规模较小的企业并入规模和实力较大的企业即弱强联合，或较小规模企业合并为更大规模企业。

（一）拆分：打破垄断壁垒

在国务院国资委成立之前，国有企业重组主要由各级政府推动：在中央政府层面，重组调整主要是结合垄断行业改革进行的；在地方政府层面则主要围绕企业脱困，解决困难企业的生存问题。党的十五大和十五届四中全会提出调整国有经济布局和结构战略后，重组调整的力度逐步加大，一方面以打破垄断引入竞争为改革目标的垄断行业的重组开始起步；另一方面部分效益低下的困难行业由于生存压力较大，成为重组的重点，如煤炭、有色、纺织行业等。

首先进行的是电信行业。1994年7月19日，根据《国务院关于同意组建中国联合通信有限公司的批复》（国函〔1993〕178号），由电子部、电力部、铁道部共同组建的中国联合通信有限公司挂牌成立。成立中国联通是我国电信行业

打破垄断、引入竞争的重大举措，打破了电信业一家垄断的局面，与由此拉开了我国电信业改革调整的序幕。随后，以打破垄断、改制上市、提高企业竞争力为目标，一批垄断行业如石油、电信、航空、电力等行业先后开始实施改革重组。

1999年2月，国务院批准《中国电信改革方案》。中国电信按无线寻呼、移动通信和固定电话业务拆分成三家独立的公司，加上卫星通信公司，原邮电部所属的通信企业分成四个公司。经过此轮重组，国内电信市场形成中国电信、中国移动、中国联通、网通、吉通、铁通和卫星通信等7家国有及国有控股的电信运营商，其中，中国移动通信集团公司分离出来独立发展，对中国电信业特别是移动通信的发展具有重大意义。2000年4月20日，中国电信集团公司和中国移动通信集团公司在北京成立，标志着中国通信业在政企分开、邮电分营的基础上实现了战略重组，改革取得新的突破。2001年12月17日，国务院印发《电信体制改革方案》（国发〔2001〕36号），决定对中国电信及吉通、网通进行拆分、重组，将吉通、网通和中国电信北方九省一市固话业务联合重组，组建新的中国网络通信集团公司，中国电信其他地区固话业务仍保留在中国电信，在南北互联互通的前提下允许彼此在对方区域发展业务，从而打破了固话领域的垄断。经过此次重组，我国电信行业形成了中国电信与中国网通、铁通在固话领域竞争、中国移动与中国联通在移动通信竞争的格局。

对电力行业的改革在两年后也有了结果。1996年12月7日，国务院下发了《关于组建国家电力公司的通知》（国发〔1996〕48号）。1997年1月17日，国家电力公司挂牌成立。李鹏总理在次日召开的电力体制改革座谈会上讲话指出：国家电力公司是按照国家有关法律、法规及政企分开原则组建的，由国务院授权经营电力部所属的国有资产，是经营跨区送电的经济实体和统一管理国家电网的企业法人，按照企业集团模式经营管理。组建国家电力公司不仅是电力工业管理体制适应市场经济的需要，也是政府机构改革、促进管理职能转变、实行政企分开的需要。国家其他专业经济部门也要进一步深化改革，逐步改组为不具有政府职能的经济实体，或改为国家授权经营国有资产的单位，或改为行业管理组织，将原有的政府管理职能转移给政府综合部门负责。

2000年11月17日，国务院办公厅印发《关于电力工业体制改革有关问题的通知》（国办发〔2000〕69号），明确电力体制改革工作由国家计委牵头，会同国家经贸委、财政部、国务院法制办、国务院体改办、国家电力公司及中国电力企业联合会等有关部门和单位组成的电力体制改革协调领导小组负责，要求协调领导小组研究制订电力体制改革总体方案报国务院审批。2002年2月10日，国务院印发《电力体制改革方案》（国发〔2002〕5号）。改革的总体目标是要打破垄断，引入竞争，提高效率，降低成本，健全电价机制，优化资源配置，促进电力发展，推进全国联网，构建政府监管下的政企分开、公平竞争、开放有序、健康发展的电力市场体系。原国家电力公司管理的电力资产被重新划分，组建了中国华能集团公司、中国大唐集团公司、中国华电集团公司、中国国电集团公司和中国电力投资集团公司五大发电公司，设立了国家电网公司和中国南方电网公司有限责任公司2个电网公司，以及中国电力工程顾问集团公司、中国水电工程顾问集团公司、中国水利水电建设集团公司和中国葛洲坝集团公司等4家电力设计或施工集团。2002年12月29日，11家新组建公司在北京人民大会堂宣告成立。电力行业一家独大的垄断局面从此结束，竞争格局初步形成。

紧接着，作为能源行业的石油、石化系统重组开始了。1997年7月21日～23日，根据第157次总理办公会有关议定事项和吴邦国副总理指示精神，国家经贸委主任王忠禹率中央财经领导小组办公室（简称中财办）、国家计委、经贸委、体改委、财政部、人民银行组成的调研组赴南京中国石化金陵石油化工公司、扬子石油化工公司、仪征化纤集团公司、南京化学工业集团有限公司等四家企业进行现场调研。8月26日即召开"金陵、扬子、仪化、南化组建集团公司筹备会议"，成立了筹备组，吴邦国副总理到会做重要讲话。4个月以后的11月10日，国务院印发《关于中国东联石化集团有限责任公司组建方案和中国东联石化集团有限责任公司章程的批复》（国函〔1997〕99号），原则同意了国家经贸委上报的在中国石化金陵石油化工公司、中国石化扬子石油化工公司、仪征化纤集团公司、南京化学工业集团有限公司四家企业以及江苏省石油集团有限公司基础上组建东联集团公司的方案和公司章程。11月19日，东联集团在人民大会堂举行成立暨揭牌仪式。

1998年根据九届人大一次会议审议批准的国务院机构改革方案，石油石化行业再次进行了分区域，按勘探开发、加工、销售上下游、产供销、内外贸一体化原则重组。7月27日，新组建的中国石油天然气集团公司和中国石油化工集团公司在人民大会堂举行成立大会。吴邦国副总理在成立大会上讲话指出："党中央、国务院对组建两大集团公司非常重视，在两大集团筹备和组建过程中，国务院多次召开会议进行研究讨论，做出一系列重要指示，朱镕基总理亲自确定了组建的原则方针和要求。两大集团的组建，对于加快石油石化工业的改革与发展具有极为重要的意义。"加上中国海洋石油总公司，中央石油石化企业形成"三大油"并存的格局。

冶金工业是我国重要的工业支柱，也标志着一个国家经济实力。新中国成立以来钢铁工业的发展一直是我国国民经济建设的重点。新中国成立以来国家在上海地区投入了大量资金，配置了不少资源，使上海成为我国最重要的钢铁基地之一。1998年1月12日～14日，根据国务院领导指示，由国家经贸委主任王忠禹任组长，冶金部部长刘淇、国家经贸委副主任陈清泰为副组长，国家经贸委、中财办、国家计委、体改委、财政部、中国人民银行、国家国有资产管理局组成联合调研组对上海地区钢铁企业联合问题进行实地调研。回京后调研组向吴邦国副总理呈报了《关于上海地区钢铁企业联合的调研报告》，提出了对上海地区钢铁企业联合重组及成立联合筹备组等建议。当年11月13日，国务院印发《关于组建上海宝钢集团公司有关问题的批复》（国函〔1998〕96号），原则同意国家经贸委上报的以宝山钢铁（集团）公司为主体、吸收上海冶金控股（集团）公司和上海梅山（集团）有限公司组建上海宝钢集团公司的方案和公司章程。1998年11月在国务院直接关心下，上海地区的钢铁企业实现了重组。11月17日，上海宝钢集团公司正式成立。上海宝钢是我国钢铁行业第一家跨地区、跨部门的特大型钢铁联合企业。上海宝钢重组的特点在于把分属中央、地方两个管理层面，三个企业运作主体的资产组合在一起，以集中发挥和挖掘技术、资金、人才和研发的综合优势和潜力，对建立区域性的钢材生产精品基地，为提升中国钢铁企业在世界钢铁行业的国际竞争实力，对我国钢铁行业结构调整具有十分重要的借鉴意义。2000年5月15日～16日，国家经贸委在上海宝山宾馆召开上海宝钢联合重组经验座谈会，国务院副总理吴邦国在会上就国有企业改革、发展和组建大企业集团、提升企业国际竞争力等问题做了重要讲话。国家经贸委主任李荣融在主题发言中指出，上海宝钢集团联合重组的成功经验是：正确决策是基础，内部重组到位是关键，政府有效支持是保证。

1999年6月28日，国务院对有色金属行业的重组进行批复，同意组建中国铝业集团公司、中国铜铅锌集团公司、中国稀有稀土金属集团公司（国函〔1999〕66号、67号、68号）。

军工领域五大总公司经分拆重组组建的十个军工企业集团的成立大会于1999年7月1日在京举行。江泽民总书记致信祝贺，朱镕基总理出席大会并做重要讲话。五大总公司中的原中国核工业总公司分拆为中国核工业集团、中国核工业建设集团；原中国航空工业总公司分拆为中国航空工业第一集团公司、中国航空工业第二集团公司；原中国航天工业总公司分拆为中国航天科工集团公司、中国航天科技集团公司；原兵器工业总公司分拆为中国兵器工业集团公司、中国兵器装备集团公司；原中国船舶工业总公司分拆为中国船舶工业集团公司、中国船舶重工集团公司。

2002年3月3日，国务院印发《民航体制改革方案》（国发〔2002〕6号），改革的主要目标是：政企分开，转变职能；资产重组，优化配置；打破垄断，适度竞争；加强监管，保证安全；机场下放，属地管理；提高效益，改善服务。民航总局直属航空公司及服务保障企业合并组成六大集团公司，即中国航空集团公司、东方航空集团公司、南方航空集团公司、中国民航信息集团公司、中国航空油料集团公司、中国航空器材进出口集团公司。按照政企分开、属地管理的原则，90个机场实行属地化管理改革。10月11日，民航六大集团正式挂牌成立。

从上述一系列的行业性重组案例可以看出，大都是在中央政府主导下进行的，重组的目的也很明确：就是要打破行业的垄断，实现行业内的有效竞争格局；同时实现政企分开，让企业成为市场竞争的主体。可以说，没有这些重大的行业性重组，政企分开就难以实现，市场竞争的格局不可能形成，企业的市场主体地位也就无法确立。因此这一阶段的重组虽然处在比较初级的阶段，但却是国有企业迈向市场的十分重要的基础性改革。

（二）联合：抱团提升实力

如果说中央层面的国有经济重组是以分拆重组为主，那么地方政府层面则基本以合并重组为主，形成一批行业性的公司。这是因为地方政府所属的国有企业一般规模较小，布局分散，难以形成规模经济和竞争优势，通过整合之后，首先可以在行业内部实现优势互补、资源整合，尽管不尽符合市场经济规律，但在起步阶段总体上效果是积极的，至少比完全分散的状态更有利于发展。在这方面可以上海为代表。如上海机电行业的企业基本都归并到上海电气集团公司和上海仪电控股集团公司，上海的商业企业则合并为上海百联企业集团公司，酒店类企业则合并成立锦江集团公司，还有如上海的上汽集团、城建集团公司、上海交运集团公司、上海广电集团、上海轻工控股集团，等等。全国其他地方企业的重组基本上都按照上海的这一模式，将本地区分散的国有企业按行业进行重组，最终形成一定的规模。最典型的是各地对几乎每省都有一个甚至几个钢铁集团进行的钢铁行业企业的合并重组。

由政府进行行业整合这显然只是一个过渡阶段，不能成为改革重组的最终目标模式，最终应按照市场竞争的规律而不是行政的指令，通过重组打破行业和地域的限制，实现资源优化配置。这就是中国式改革的渐进性和阶段性的特点，自然也存在固有的局限。如果顺着改革的思路继续往前推进，阶段性过渡性的改革就会成为前进的跳板；反之，如果停留在过渡性的改革阶段，就会成为继续深化改革的障碍。

四、重头戏——出资人推动下的央企结构调整

"（中央企业工委管理负责人的）181 户企业（当时管理的企业数量，国资委成立初期已经达到 196 户）实际上有很多是凑起来的企业，相差很悬殊，有许多规模较小的企业，可以把这些小的企业通过改组、兼并、破产，交给现有规模较大的企业集团管理，把力量更加集中一些，把真正的大型企业管理得更好一些。"

——朱镕基总理 2002 年 2 月 28 日视察中央企业工委讲话

在国务院国资委成立之前的一段时间，中央企业曾由中共中央企业工委管理，当时的结构性问题就很突出。为落实朱镕基总理指示，国家经贸委曾会同中央企业工委、财政部对中央企业重组问题进行了研究，并在 2002 年 10 月 17 日向国务院上报了《关于 14 户中央企业进行重组的请示》（国经贸企改〔2002〕754 号），提出中国科学器材进出口总公司等首批 14 户中央企业重组的原则、重组方式、工作程序，启动了中央企业重组工作。但由于中央企业工委不是出资人机构，只管人不管资产，在机构和职能的设计上也没有相应的工作部门，难以落实中央企业重组的任务。

2003 年 3 月国务院国资委成立，推动央企之间的重组就成为国资委履行出资人职能的重要内容，布局结构调整在出资人层面得到了新的组织保证。新的国有资产管理体制，打破了原来的部门和行业的壁垒，在同一出资人下，采取企业自愿和出资人主导相结合实施重组调整，使得国有资本配置的重组调整的目标更明确、范围更广、规模更大，方式也更为灵活。中央企业的重组也主要集中在这个阶段。国务院国资委还在专门负责国企改革的企业改革局设立了重组处负责具体工作，而整体的战略布局与结构调整则是规划局的主要工作之一。2003 年 7 月在国资委召开的第一次中央企业负责人会议上，李荣融主任就提出要"加大企业重组调整的力度。只要是有利于优势互补，有利于优化中央企业结构，有利于提高整体竞争力，我们都给予支持。一时难以达成共识的，我们将积极予以协调，该决定的就决定"。2003 年 11 月 19 日，国务院国资委和联合国工业发展组织联合在北京举办并购重组国际高峰论坛，主要议题就被定为"国际并购重组与中国国有经济布局和结构调整"。李荣融主任在大会发言中指出：国有资产监督管理机构的建立，解决了出资人不到位和多头管理问题，有利于推动国有企业特别是中央监管企业的改组重组，加快国有经济布局和结构调整步伐。这些政策和操作上的准备为央企的重组奠定了良好的基础。

（一）导向：做强做优

中央企业的改革与重组较之于全国国有企业改革一直都比较滞后，这源于自身的特定历史原因。

1. 分布过宽

作为我国经济支柱，中央企业广泛分布在国民经济各个角落，在行业内部，又广泛覆盖全行业、整个上下游产业链。范围过宽问题非常突出。2004 年曾有一个统计，在国民经济的 95 个大类行业中，中央三级以上企业涉足 86 个行业，行业分布面为 90.5%。到了 2007 年，中央三级以上企业分布在基础性行业的比例还占 50%，分布在一般生产加工、商贸服务和其他行业的占 50%。2008 年，在全部 98 个国民经济行业中，仅中央商贸流通一级企业在其中 31 个行业有分布，二级企业在其中 86 个行业有分布，其中有相当比重分布在市场化程度比较高、竞争激烈的行业或领域。在分布过宽的同时，中央企业规模差距悬殊十分突出，资产规模高者不乏超过千亿、万亿元，低者仅有几亿、几十亿元。2010 年，占中央企业总数 30% 的大企业，拥有中央企业资产总额的 80% 以上。

专栏 10－1

中央企业的分类

2003 年，根据对中央企业的分析，190 户中央企业，第一类涉及国防军工、自然垄断、提供重要公共产品、战略资源等直接关系国家安全和国民经济命脉的重要行业和关键领域的企业 38 户，占中央企业总数的 20%，资产总额约占中央企业的 72%（其中重要的大企业 33 户，占用的资产总额约占中央企业的 70%）。第二类涉及冶金、机械、电子、化工、建筑等国民经济支柱产业中的骨干企业和科技型企业 84 户，占中央企业总数的 44%，资产总额占中央企业总资产的 16%（其中重要的大企业 16 户，占用的资产总额约占中央企业的 10%）。第三类其他行业和领域的企业 68 户，占用的资产总额约占中央企业的 12%（其中重要的大企业 9 户，资产总额约占中央企业的 7%）。

---

2. 功能分割

功能分割是国有企业组织方式中的一种特殊情况，在长期计划经济、政企不分体制下，企业同一产业链下的不同环节和功能被人为割裂，带来企业内部业务结构、组织结构等诸多问题。在政企分开前，现在的中央企业大都是各部委按照所属行业属性，设立若干直属企业，各企业又按专业化进行分工，如科技、设计单位承担研发和设计任务，建设单位负责项目建设，工厂负责生产，市场销售则交由专门设立的商贸企业，如果涉及海外市场开发，就设立一个专门负责对外的"窗口"公司，部机关就如同这些企业的"集团总部"。

专栏 10－2

原邮电部直属企业及院所的设置

中国邮电工业总公司（即现中国普天信息产业集团公司）承担通信设备的生产制造，中国邮电器材总公司负责通信设备销售及进出口贸易，中国通信建设总公司主要承担通信工程建设项目，武汉邮电科学研究院、电信科学技术研究院（大唐电信）分别以光纤通信以及程控交换、无线通信为科研主攻方向，郑州邮电设计院（已并入联通）和北京邮电设计院（已并入移动）主要承担通信工程的勘察、设计、咨询等。此外，还设立有从事电信网规划、软科学研究和标准管理的邮电规划研究院、邮电工业标准化研究所。这些企业都为电信管理局负责电信营运的单位服务，上述单位都在邮电部统一领导下分工协作，通过行政手段协调，如在研发上，邮电部每年从电信管理局的营运收入中提取一定量的资金，用于扶持下属院所从事相关电信设备研制工作。

这些部管企业其企业功能被严格区分开来、彼此泾渭分明，好处是各经营单元分工合作，突出了专业化，避免了过度竞争。但是，这种"优点"中却包含了更多致命的缺陷。实际上不由市场原则和企业经营好坏决定的这种企业组织体制，造成了企业在产业链和企业组织上纵向和横向的双重割裂。在行业内部看，从纵向上，科研与生产，设计与施工，产业与贸易这些本来应该紧密联系的上下游业务被分成所属不同的企业，"科工贸"长期脱节、联系松散。分行业看，横向上，不同的部委都有自己的直属企业，形成"条条分割"，各行业所属的企业其经营范围都被限定在本行业过于专业和狭小的业务上，以基建施工为例，电力部门的施工企业负责电力工程建设，交通部门的施工企业负责交通工程施工，而铁道部门的施工企业也只能从事铁路施工。相同业务却缺乏一个社会公共平台，各自为战，即浪费社会资源又降低企业效率。

不实施政企分开，不对国有资产管理体制进行彻底的改革，企业作为政府组织依附和附庸的局面就不可能改变；而仅仅政企分开，不进行必要的重新整合，也不能解决企业在上述组织结构上存在的问题，企业与政府机关脱钩、行业上级主管部门被撤销之后，这些未经整合又被平行地移交出来的"中央企业"们，形成了"一些本来属于同一行业上下游业务的企业被割裂成为了彼此独立的经营'孤岛'，而那些不同行业却又从事着大体类似的业务的企业，客观上又造成同一个出资人下业务雷同的多个竞争主体"的复杂局面。这就是2003年统一移交国资委管理的189户（后调整到196户）中央企业，有商贸类企业37户，科研设计服务型企业34户，机械和建筑企业各有14户的原因所在。

2003年前后中央企业的状况令当时国资委的主官们着实挠头，通过按照上下游产业链或业务类似性"合并同类项"实施重组，恢复企业被割断的组织模式，加快实施中央企业的具有企业业务结构调整和企业组织再造的意义重大。

3. 资源配置分散

从总体上看，尽管中央企业主要集中于关系国家安全和国民经济命脉的重要行业和关键领域，但实际上比较广泛地存在"大而全、小而全"等问题。2007

年在 155 户中央企业 28663 户各级子企业中，三级（含三级及三级以下重要子企业）以上 16870 户，其他三级以下企业 11793 户，占 40% 以上。部分企业主业方向不明确的问题也十分突出，相当一批企业经营业务过多，近一半的企业经营着四个或四个以上的主业。企业在追求规模扩张和企业并购中，超出主业范围投资，更是加大了企业经营风险。不少企业的经营业务之间缺乏必然的联系，涉足领域过多，核心竞争力不强，重复投资、重复建设的现象时有发生。

专栏 10 - 3

央企的宾馆酒店经营业务

2006 年年底，据对 121 户中央企业的统计，这些企业拥有宾馆酒店 1427 家（三星级以上占 4 成），平均每户拥有 11 家，最多的一户拥有近百户，累计投资 597.2 亿元，职工 16 万人。从这些宾馆酒店的分布看，分布在军工企业的有 266 家，电力 219 家，石油石化 193 家，建筑 144 家，通信 113 家，而酒店宾馆并不是这些央企的经营主业，宾馆酒店多是在成立之初为解决职工疗养、安排子女家属就业、内部接待、发展三产而设立的，有的不对外经营，即便经营，从效果看，整体效益较差。2006 年央企 1427 家酒店宾馆整体亏损 7.5 亿元。许多要靠主业补贴勉强维持。据统计，2004～2006 年，有 202 户宾馆酒店共接受上级公司补贴 13.7 亿元，一定程度上加重了企业主业经营的负担。

中央企业的成因、来源比较复杂，有的是由国家重点投资建设形成的，有的是行业性重组形成的，有的是军队武警部队和党政机关所办经济实体脱钩移交形成的，有的是部委所属事业性科研院所改制（有的至今未改制）形成的。其中也有一批企业，是在政企分开中靠"打捆"组建的集团，本身就是行政运作的结果，缺乏内在的有机联系，虽然看起来规模很大，而在企业内部，却存在组织结构先天不足，再加上后期内部整合不力，企业资源配置不合理尤为突出。一是集团业务中完整产业链上的若干重要环节被不同的企业分别拥有，各分、子企业之间缺乏内在的关联，协调困难，各自为战，有的甚至在市场上还成为了竞争对手，集团整体配置的资源混乱无序。二是这些集团的母公司成立往往晚于子公司，所谓"先有儿子，后有老子"，缺乏企业成长的过程，彼此在原来的行政"级别"上可能还是平级的，所谓资产纽带关系是通过行政而不是通过投资的方式形成的，因此集团管控基础非常弱。例如中国材料工业科工集团公司其前身是原国家建材局非金属矿管理局整体转制成立的中国非金属矿工业（集团）总公司，在内部整合前，66 家三级以上成员单位绝大部分为原国家建材局所属企业

及事业单位，大小参差不齐，实力差距悬殊，从国家级高科技材料工业研发到出租车租赁业务，业务十分庞杂，各自为政、协调困难，管理层级多，一些较低层次的企业实际处于失控状态，是典型的政企"脱钩"、行政划拨重组的产物。

相比国际同行业先进企业，与资源分散、低效配置并存的是中央企业经营规模普遍偏小，参与国际竞争的能力较差。在部分重点行业如重大装备、电子、化工、建材、商贸以及房地产等行业，中央企业还缺乏具有明显带动和影响作用的排头兵企业。这些企业如果不解决内部资源配置不合理问题，在愈加激烈的市场竞争中，很难立足，更谈不上成为具有国际竞争力的大公司大企业集团了。

4. 历史包袱过重

在长期的计划经济体制下，国有企业是政府行政机关的附属物，政府的职能与企业的功能错位，政府通过计划干预企业的生产经营，企业则负担大量本应由政府负责的社会事务，企业历史包袱沉重。冗员、后勤、福利等社会服务等，这些社会负担在国有企业走向市场的时候被形象地比喻成"背着包袱、穿着棉袄下水"，而且越是老企业，问题越突出。

专栏 10 -4

企业背负的沉重负担

中国第一汽车集团公司，这个共和国的汽车"长子"，曾是计划经济的楷模，那时候办企业就是办社会，最多时全集团约有 20 万名职工，所有人的吃喝拉撒、生老病死都由企业管。集团所在的区域里，从幼儿园、中小学到职高、中专、大学一应俱全，职工的福利、医疗、住房、社区管理全找企业，连公安局、派出所都是企业办的，除去固定资产投资，集团每年为维持小社会正常运转所发生的补贴费用就高达 5 亿多元。2006 年，一汽和上汽两家公司双双进入《财富》500 强，上汽销售收入为 143.65 亿美元，一汽销售收入为 145.11 亿美元，两企业大体相当，然而上汽职工人数约 6.5 万人，而一汽职工人数却达到 13.7 万人，整整多出 1 倍。社会包袱沉重、运营成本过高成为制约一汽盈利能力提高的重要原因。

企业办社会，对国有企业的影响是巨大的，对社会事业的补贴直接影响企业的效益，从而间接影响企业对未来发展的投入。企业承担的社会职能越多，企业的负担就越重，适应市场竞争的能力就越差。企业承担的许多社会职能是历史沿续下来的，许多职能没有经过相关政府部门按照现行法律法规授权，常常出现企业越位，政府又不到位的问题。涉及企业职工生活的社会管理事务工作量大，又

事关稳定大局，多数必须由企业的主要管理者来处理，牵扯企业大量精力。解决国有企业社会负担重，国有企业职工心理依赖强，历史情况复杂。因此改革不得不要考虑职工、企业、社会的承受能力。

深化国有企业改革绕不开解决企业办社会、消化历史包袱等问题。近年来，包括中央企业在内，主要通过采取股份制改造、主辅分离、辅业改制及分离办社会职能等措施加以解决。

专栏 10－5

辅业改制的推进

截至 2006 年年底，全国共有 1254 家国有大中型企业实施主辅分离辅业改制，涉及改制单位 9433 个，分流安置富余人员 218.5 万人，其中，改制企业安置富余人员 151.4 万人，减免企业所得税共计 6.4 亿元。但由于国有企业的历史遗留问题较多，情况依然十分复杂，2006 年，全国 11.9 万户国有企业中尚有社会职能机构 20461 个，在职人员 107 万人，企业年经费补助 487.3 亿元。

---

5. 资源难以合理流动

据 2004 年对 166 户中央企业的分析，排在后面 66 户的企业，资产规模、营业收入和实现利润分别只占全部中央企业的 1.7%、2.9% 和 0.7%，企业间差距十分悬殊，但要推动资源的合理流动、优化配置却不是件容易的事。

国资委成立后，通过重组调整在一定程度上改善了布局和结构不合理的矛盾。但是布局结构调整并没有完成，产业集中度不高和过度竞争并存，绝大多数中央企业业务庞杂、管理链条过长，产权结构、业务结构和企业组织结构不合理依然突出，重组调整的任务仍然十分艰巨。造成调整难的原因很多：在宏观层面，要通过产业政策、规划等来指导国有资本调整和国有企业重组的原则、方向和目标；在微观层面，调整需要通过具体的企业操作主体来实现。宏观层面难在规划，微观层面难在操作，尤其是一旦落实到具体企业，情况就相当复杂，2003 年以来，中央企业的重组主要采取企业自愿为主，随着中央企业重组工作的推进，受"宁为鸡首、不为凤尾"等传统观念和既得利益影响，重组的难度不断增加。

（二）战略调整超规范

1. 规划

中央企业是我国国民经济的重要支柱，研究制定国有经济布局和结构的战略性调整的政策建议，推进中央企业的战略性调整，优化中央企业国有经济布局是国资委一项重要职责，是一项关系国资委工作全局、影响企业长远发展的重要工作。党的十六大和十六届三中全会都提出要推进国有经济布局和结构的战略性调整，国务院 2005 年工作要点和关于 2005 年深化经济体制改革的意见明确要研究和推进国有经济布局和结构的战略性调整。为此，2004 年国资委在广泛调查研究的基础上，起草了《关于中央企业国有经济布局和结构调整若干重大问题的思考》，对中央企业国有经济布局和结构调整的重大理论和实践问题进行了积极有益的探索，针对国有经济布局优化与国有经济结构调整的不同内涵和中央企业存在的问题，从战略和全局高度研究提出中央企业国有经济布局和结构调整的总体思路，提出"五个优化"和"四个集中"的工作指导思想。

"五个优化"是：优化国有经济在国民经济行业、领域上的分布。中央企业国有资本应更多地投向关系国家安全和国民经济命脉的重要行业和关键领域，切实解决部分重要骨干企业资本金不足、历史包袱过重的问题，切实保障国家政治、国防和经济安全；优化国有经济在区域间的分布。国有经济分布须兼顾区域布局，贯彻实施国家西部大开发战略和东北等老工业基地调整改造战略。中央企业主要在全国范围发挥主导作用，特别是在跨区域、跨流域的基础设施建设、重要能源、资源开发方面。地方国有企业在城市供水、供气、公共交通等公共产品生产服务方面发挥更多的作用；优化国有经济在产业内部的分布。国有资本投向特定的产业和领域时，不应普遍投向产业链的各个环节，而应集中投向特定产业链中市场机制难以发挥作用或需要重点控制的基础产业、基础服务、基础设施、基础原料、关键技术、关键工序和关键零部件等；优化国有经济在企业间的分布。国有资本应更多地向主业突出的重要骨干企业集中。按专业化分工、突出主业的原则，推动中央企业存量资产之间的合理、有序流动和重组，尽量避免归属于同一个出资人的多个竞争主体恶性竞争的局面和各中央企业在特定领域的业务趋同化倾向；优化国有经济在企业内部的分布。国有资本应更多地向企业主业集中，各级子公司可以通过内部整合和外部重组等措施减少企业管理层次，缩短管理链条。关于"四个集中"，包括进一步推动国有资本更多地向关系国家安全和国民经济命脉的重要行业和关键领域集中；向具有竞争优势的行业和未来可能形成主导产业的领域集中；向具有较强国际竞争力的大公司大企业集团集中；向中央企业主业集中。

为把中央企业国有经济布局与结构调整落到实处，国资委抓住重点行业和领域的中央企业开展调整重组研究，重点选择了石油石化、冶金、机械装备、汽车、电信、煤炭、商贸、交通运输、建筑业和投资业等 21 个业务板块，并形成了相关行业的资源整合和企业重组思路课题研究报告。这些研究成果为研究制定中央企业国有经济布局和结构调整指导意见提供了重要支撑。

通过进行分行业、分企业国有经济布局与结构调整研究，国资委有关部门进一步研究提出了有关行业的中央企业布局调整指导意见，如：电信行业中央国有经济应继续保持控制力，重点控制电信基础设施，在条件具备时，推动国有电信运营企业实现全业务经营，电信增值服务领域则应形成不同投资主体充分竞争的格局。发电企业关键要调整中央电源资产结构，优先投入大型水电、核电等清洁能源项目和大型水电、核电、大型煤电基地等重要电源项目。煤炭主要是增加生产能力，提高中央企业对煤炭生产的控制力。中央建筑企业的调整、发展方向是工程总承包公司，业务领域主要应集中在大型基础设施和重化工业设计、工程管理、设备成套、安装、调试等高端市场。商贸企业布局与结构调整的关键是继续做强做大为数不多的、承担特殊任务、能够发挥独特作用的优势或排头兵企业，发挥中央企业在行业中的影响力。对其中主业突出、经营规模大的企业，作为该领域资源整合的主体，推进兼并联合；对其中主业较为清晰、规模较大的企业，业务相近的要进行联合重组或进入特大型企业集团；对其他大量的中小企业，要通过多种途径放开搞活，在市场竞争中优胜劣汰。[①]

2. 流程

2003 年 4 月，结合前期中央企业重组的工作经验，国务院国资委企业改革局制定了中央企业重组应掌握的原则及工作的基本程序，以便于引导重组规范进行。其基本程序是：（1）参与重组的企业或有重组意愿的企业先向国资委汇报双方的重组意向；（2）国资委评估审核重组企业是否具备优势互补、战略协同条件，是否经过双方充分协商，符合企业自愿和班子讨论通过，重组方式合理等；（3）委内有关司局辅导企业准备上报材料并做好服务工作，如指导企业拟定基本重组方案、修改公司章程，帮助企业协调解决有关问题等；（4）就有关央企重组事宜在委内会签有关厅局，委外征求有关部门意见；（5）国资委向国务院报告；（6）在国务院批准后，由国资委确定重组牵头单位和负责人，要求企业制订具体重组方案，做好协调服务工作；（7）重组企业上报重组方案；（8）国资委批复企业重组方案，要求企业贯彻落实重组战略意图、实施计划和进度，强化业务、组织、管理流程的整合和企业文化的融合，精简组织机构，减少管理层次，规范母子公司体制；（9）就国资委所出资企业数量变更及企业更名发布公告；（10）对企业重组情况进行跟踪、调研，评估企业重组进展和效果，协调解决重组中遇到的问题。

3. 规范

针对中央企业实施重组中所涉及到的资产流动与处置等一系列问题，国资委

---

① 王晓齐：《积极探索、勇于创新、找准定位，搞好国有企业规划发展工作》，2005 年 4 月。

还加强了对重组中有关行为规范的指导，出台了一系列配套政策和规定。各级国资监管机构也按照文件要求，进一步健全了相关制度和政策，加强监督检查，整合产权交易机构，国有企业改制和国有产权转让程序更加规范。

专栏 10－6

相关文件的出台

2003 年，国务院办公厅转发了国资委制订的《关于规范国有企业改制工作的意见》（国办发［2003］96 号），同年，国资委、财政部发布了《企业国有产权转让管理暂行办法》，加大对国有产权转让的规范管理力度。2004年，国资委组织开展了全国性的规范国有企业改制和产权转让监督检查工作。在总结 2004 年规范国有企业改制和产权转让工作全国督查情况的基础上，2005 年 4 月，国资委、财政部印发了《企业国有产权向管理层转让暂行规定》。根据国务院领导的指示精神，2005 年 12 月国资委对 96 号文件做了进一步的补充、修改和细化，制订了《关于进一步规范国有企业改制工作的实施意见》，经国务院同意，由国务院办公厅转发。

（三）因势利导不强拧

按照国资委《中央企业布局和结构调整的指导意见》明确的目标和方向以及国有资本集中的领域。在微观操作层面，企业重组涉及企业广大职工特别是领导班子的切身利益及权利的再分配、调整，涉及与其他股东、债权人、消费者、供应商以及社区等方面的关系，涉及法律、经济以及无形资产的保护等棘手问题，需要结合具体个案，考虑经济的、技术的甚至是政治的等许多复杂因素，各种方案的利弊得失需要认真、反复地权衡，方案的出台和实施还需创造一定的条件，把握时机。

国资委对重组的态度积极、明确：给企业三年时间自愿重组。但方式却采取了引导与企业自我协商结合的原则。企业自愿重组既有利于调动经营者的积极性，也与国资委成立之初中央企业的状况以及社会舆论氛围相吻合。在重组方式上，则不拘泥于形式：既有两企业之间的联合重组，也有多个企业参与的行业性重组；既有为完善产业链的企业整合，也有以优扶弱的组织调整；既大力推动了企业集团层面的重组，也大力开展了企业业务层面的调整重组。坚持从企业实际出发，不搞"一刀切"，取得了较好的效果。认真总结这一阶段重组工作的做法和经验，对进一步推动中央企业重组具有积极意义。

以下几个典型案例很能说明问题。

1. 产研结合

早在 1999 年院所转制改革中，一大批院所通过产研结合先后进入了企业（集团）。科学技术部、国家经济贸易委员会《关于印发国家经贸委管理的 10 个国家局所属科研机构转制方案的通知》（国科发政字［1999］197 号）将国家经贸委管理的 10 个国家局所属 242 个科研机构中的 131 个科研机构划入有关企业（集团），实现了科研院所管理体制的重大改革。2003 年国资委成立时，涉及多个行业和领域的有 30 家研究院、设计院成为了国资委管理的中央企业。这 30 家独立经营的科研院所作为国家科研、设计领域重要骨干力量和龙头单位，具有重要的特殊地位。然而限于体制的局限，这些院所程度不同地存在一些问题，如产研脱节，研发机构在选题、经费来源、产业化上等方面存在先天不足，导致研发与市场需求联系不够紧密；由于追求自身的产业化发展，科研单位将一些研究成果通过创办自己的产业基地和公司进行内部转化，而自身所办企业又有其经营规模、管理能力和资金实力的限制，以致发展缓慢，实力不足，影响了紧密高效的产业技术创新体系和技术扩散机制的建立。既制约影响了研究院所科研能力的充分发挥，科技成果的直接转化；生产经营企业因自身缺乏强大的自主创新能力，又难以得到科研单位的支持，即使自创研发机构，由于研发力量不足、效率不高，造成重复投入、重复建设。

随着产业结构调整和市场竞争的加剧，科研院所和产业集团彼此均具有很强的内在需求。生产经营型的产业平台，亟须强大的科研开发能力作为技术支撑；研发机构迫切需要更直接的科技成果转化平台，双方内在的互补性，带来建立更深层次合作的契机。国资委研究后，决定从中央企业布局和结构战略性调整的大局着眼，区别情况，对这批科研院所和设计单位研究推动重组调整。先后有 14 户院所参与了重组，有 10 户院所进入了相关产业集团。如中国建筑材料科学研究院并入中国建筑材料集团公司后，中建材以建材院为基础，将集团所属 11 个院所集中起来，组建了我国最大的建材技术创新中心"中国建筑材料科学研究总院"，联合申报的 5 项重大科研项目先后被列入国家"十一五"科研计划，扭转了"十五"期间建材行业没有国家级科研项目的局面。天津水泥工业设计研究院并入中国材料工业科工集团公司，并与其所属中材国际工程股份有限公司重组整合为中国中材国际工程股份有限公司，进一步巩固和提高了集团在国内外大型水泥工程总承包上的技术领先水平和市场竞争优势，国际市场份额快速增长。中国有色工程设计研究总院并入中国冶金科工集团公司后，促进了冶金科工集团的资源开发和海外业务开展，集团投资控股的合同额 5.2 亿美元的巴布亚新几内亚镍钴矿项目，委托给有色设计研究院工程总承包，通过集团内部设计、施工的高效协同，促使该项目加快推进。中国寰球工程公司并入中国石油天然气集团公司后，得到中石油在科研资金方面的大力扶持，科研设计基地的建设和下游炼化业务得到快速、全面发展。中讯邮电咨询设计院并入中国联合通信集团公司后，既改变了联通没有自己设计院的状况，中讯设计院又得到联通在研发项目等方面的有力支持。中机国际工程咨询设计总院并入中国新时代控股（集团）公司后，弥补了集团科研技术专家力量的不足，增强了集团市场开拓能力。此外，中国食品发酵工业研究院并入中国轻工集团公司，重庆汽车研究所并入中国通用技术（集团）控股有限责任公司，也都取得了较好的效果。

科研院所与产业集团重组，事关深化科技体制改革的重大问题。由于在经营性质、企业文化上的差异，科研机构和设计单位一般不愿与生产型企业进行重组，有些科研单位也担心，生产性企业强调经济效益，重组后可能会对院所的研发业务，尤其是一些基础型研发业务造成冲击；还有的提出，科研单位是为全行业提供公共服务的，并入某一企业，会造成对其他企业造成不公平竞争；还有院所建议国资委应通过若干院所之间的重组，组建一个科研产业集团等。这些问题都还需要进行更深入的研究和探讨。但总体来说，实行产研结合的重组基本上都收到了预期效果。

【案例】

重组中注重"双赢"

建材集团与建材院在重组操作中注重资源的优化配置，实现参与重组的"双赢"，时任全国政协副主席、中国工程院院长徐匡迪，国务委员陈至立先后到建材总院调研考察并指导工作时，称赞这种重组整合是继企业自有研发机构、国资委管理科研院所之后的第三种发展模式。建材集团与建材院重组注意把资产重组与业务结构整合紧密结合，变分散为集中，大力推动业务整合。以原建材院为基础，将建材院和同时重组进入集团的轻机公司4家院所与建材集团原有8家科研设计院进行整合，组建成立了中国建筑材料科学研究总院。成为国内行业中规模最大、技术水平最高、最具权威性的科研开发和工程服务机构。科技资源实现了整合和规模经营，建材集团实现了以科研设计和技术创新能力为依托，加快向装备出口、国际工程总承包方向转变。企业深切体会到：优势互补、实现"双赢"，重组各方都成为发展的受益者是重组整合成功的关键。

2. 强强联合

2005年7月，国资委批准了中国港湾建设（集团）总公司和中国路桥（集团）总公司通过新设合并方式组建中国交通建设集团有限公司（以下称中交集团）方式实行重组。2006年10月8日，中交集团有限公司独家发起设立中国交通建设股份有限公司，当年12月15日在香港挂牌上市，募集资金约24亿美元。

中交集团的重组和整体上市成为中央企业强强联合、重组改制紧密结合的突出典型，在中央企业重组中具有很强的示范作用。

在此之前，中央企业重组多数采取的是并入式方式，即一企业或多个企业整体并入另一企业，并成为其全资子企业。在企业综合实力上，作为重组牵头一方的企业通常较强势，而被并入企业实力相对较弱。这种并入式重组在操作上相对容易，企业和社会震动较小，但受并入企业规模、实力限制，在取得协同互补效应、争取更大市场份额、获得竞争优势等方面则比较有限。还有一些重组尽管也有一些协同互补作用，但由于参与重组企业的实力都不强，属于"弱弱"联合，实际效果并不理想。因此国资委十分重视推动更多中交集团这类"强强联合"式的重组，"强强联合"在重组的动力机制、重组方式和行业监管等问题上，与一般的并入式重组有所不同，在实际操作中，由于各方面原因，这类重组案例并不多。主要是，中央企业中的大型企业经营状况一般较好，竞争力较强，市场地位较高，在相对较好的经营条件和市场环境下，企业重组内在动力不强。在重组模式选择上，首先，中央企业"行政级别"观念根深蒂固，"强强联合"中参与重组的企业实力相当，谁也不愿意在重组中被"吃"掉，一般的并入式重组方式难以接受，安排重组牵头方、管理团队、领导班子难度较大。若采取新设总部或母公司的方式，在原有企业基础上再"造"出一个母公司，即通常所指的"戴帽子"方式，实际上"叠床架屋"，增加了管理层次和管理人员，提高管理成本，降低管理效率，而且参与重组的企业相互融合难度大，影响整合效果。其次，由于大型中央企业市场份额普遍较高，"强强联合"可能导致市场份额的进一步集中，涉及市场垄断问题，这些都是在推动"强强联合"中需要考虑的问题。

从这个意义上讲，中央企业的强强联合不单纯是企业间的重组，涉及到所属行业的重大调整，需要从更高层次加以考虑。在重组方式上，需要改变单纯"同类项"合并的思维定式，从行业重组、产业链整合角度寻求"强强联合"的新突破。

随着中央企业重组工作的不断深化和市场化进程的逐步推进，今后势必会有更多的中央企业通过"强强联合"方式联合起来，形成一批主业突出、业绩优良、具有核心竞争力、拥有自主开发能力和品牌优势、有能力参与国际市场竞争的国有及国有控股大公司大企业集团。

【案例】

强强联合，实现产业优化升级

原中港集团和路桥集团均为原交通部所属企业，两集团主营业务相关性紧密，但相互产业链条不完整，部分业务互相渗透。随着国内外工程承包项目逐步向大型化、专业化方向发展，每项工程通常既有水工工程，又有陆上工程，单凭任何一家的实力很难在竞争中取得优势。实现强强联合有利于传统产业的优化升级，提高企业的核心竞争力。

重组采取了新设合并方式。即将原中港集团和路桥集团予以注销，成立新的中交集团，两家企业的领导班子合并为一套班子，两个总部机构整合为一个机构，双方所持有的各类企业的产权（股权）全部划归中交集团所有。实行重组与上市相结合，借力资本市场平台，不断优化资本结构，增强持续发展能力。535 家法人单位和 54 家分支机构全部纳入上市范围，分别占总数的 95.02% 和98.18%，非上市部分总资产所占比例仅为 0.53%，中交集团作为中交股份的独家发起人和控股股东，对中交股份行使国有股权管理职能，不再设置业务职能部门，不再从事经营业务，不再进行投资活动。改制上市过程中，中交集团在企业内部进行了大刀阔斧的梳理整合，对所属 609 家各级次企业进行调整，对重叠或交叉的业务板块进行重新设计，划分了新的业务板块，明确了各板块的战略定位和未来发展方向。通过业务整合，充分体现勘察、设计、施工、监理、咨询及装备制造一体化的经营特色，打造出公司独特的竞争优势。

重组后的中交集团，各项经济指标较重组前实现了跨越式增长。从 2004 ~ 2010 年，资产总额由 610 亿元增长到 3165 亿元；净资产由 114 亿元增长到 800 亿元；完成营业收入由 674 亿元增长到 2736 亿元；实现利润由 15.8 亿元增长到120 亿元。

3. 上下游产业链结合

按照上下游、产业链延伸，推动企业重组是这几年中央企业重组最常见的方式之一，目的是通过完善上下游、产业链，来实现企业资源的协同互补，增强企业综合竞争实力。

在原来计划经济体制下，出于援外等需要，各个行业主管部门分设了专事海外业务的"窗口"公司，拿订单的"窗口"公司与从事工程承包的"干活"企业由不同的公司分别承担。以致出现了能干活的由于没有对外经营权、海外经营渠道和商务经验而难以直接拿到订单，而拥有对外品牌、人才和商务优势的"窗口"公司，又缺乏总承包能力，项目执行能力和对海外市场的实际控制力。国资委在重组中，通过将海外"窗口"公司并入大型骨干施工企业重组整合彼此的资源，实现互补。如土木工程公司、海外工程公司分别并入中国铁路建设集团有限公司、中国铁路工程集团有限公司后，提升了两个铁道建设集团开拓国际市场的能力，海外工程承包也取得了突破性进展。对药材集团公司与中国医药集团的重组，全面推进了中西药经营网络、科研院所、零售连锁体系和国际业务的整合与互补，实现了医药行业的中西合璧、协同发展。免税品公司与国旅集团的重组，在努力打造、扩充国外旅游者与免税品业务上下游关联的价值链上取得成效，不仅使免税品公司在重组后的2005年营业额增长了33%，而且在免税品公司资金支持下，国旅集团经营状况也大为改善。邯邢矿山管理局并入五矿集团后，五矿集团充分发挥邯邢矿山管理局矿业开发专业优势，使邯邢矿山管理局资源控制量由重组前的1.1亿吨增至4.6亿吨，扩大了3倍。中煤建设公司并入中煤能源集团后，集团增加了煤矿工程设计、施工和煤层气开发三个重要环节，成为功能齐全配套、产业链完整的大型煤炭企业集团。中国土产畜产进出口总公司和中谷粮油集团公司并入中粮集团后，弥补了中粮集团国内营销网络不足，拓宽了相关业务领域，加快了中粮集团打造国内外一体化的国际大粮商的步伐。

从实践上看，实行上下游、产业链的整合，关键是要以尊重市场规律为前提，研究考虑最佳的资产、业务组合关系，避免重走"拉郎配"、"大而全"、"小而全"的老路。作为出资人，国资委在运用产权手段推动所出资企业整合资源、促进资本合理流动中，需要加强对重组双方的引导，积极协调，帮助消除影响重组的各种障碍，创造良好的环境和氛围。对重组企业而言，则从追求价值提升上来考虑上下游、产业链整合，不以单纯业务全、规模大为目标。总体来说，是要按照国有资本战略调整的总体要求，按照市场的需要来实现企业的上下游、产业链重组整合。

【案例】

中国铁建与中土公司的重组

中国铁建经过"兵改工"以来20余年的发展，已形成市场竞争能力强劲、资质体系完整、企业文化独特、品牌影响较大的市场竞争优势，但长期以来其海内外业务发展却是一块"短板"：缺乏海外经营运作经验，缺少海外经营网络和商务经营人才，2003年前海外合同额一直在低位徘徊、不足总合同额的百分之一。中土公司原为铁道部的海外"窗口"企业，过去背靠整个铁道行业，在海外拥有良好的品牌优势、商务优势和海外经营人才优势，具有比较成熟的海外经营经验，海外工程承包业务一直走在行业前列。但由于缺乏设计机构和过硬的、成建制的施工力量，在组织实施海外大型项目时力不从心，"脱钩"后失去了行业依托，中土不敢承揽大项目，使本来能够创造丰厚利益的项目大打折扣，使建立的信誉受到影响。两企业重组整合后，以中土为主体，对两企业的海外经营资源进行了有效的优化整合，实现了优势互补，弥补了两企业的经营"短板"，也使重组后的中铁建海外经营取得一系列历史性突破，2007年中国铁建海外新签合同额占到集团新签合同额的 53%；中土公司由原来单一"窗口"公司发展成为了具有工程总承包资质和实力的现代化大型企业。

2006 年中国铁建进入了世界 500 强企业。

4. 优势企业重组困难企业

通过重组帮助陷入困境的中央企业脱困、对部分困难企业借助优势企业力量进行资本运作，剥离有效资产，帮助摆脱困境，也是中央企业重组需要考虑的因素。这类重组在中央企业的重组中也占有一定比重。

中央企业中的困难企业，有的是长期经营管理不善，有的是资金短缺，有的是出现经营危机，有的是历史包袱沉重，还有的是企业领导班子出现了问题。对这类困难企业，在重组中通过调整班子、改善管理，母公司在资金、市场等方面给予支持，帮助困难企业逐步摆脱困境、化解危机，一些企业开始呈现良好的发展态势。如资产仅 1.33 亿元、在职职工仅 84 人的华轻实业公司长期亏损，由工艺美术集团重组后，积累已久的历史问题得以有效解决，避免了更大的资产损失。轻工机械公司并入建材集团不到一年时间，从亏损 1000 万元变为赢利 2000万元。药材集团重组前一年亏损 4000 余万元，重组后逐年减亏，到 2005 年实现利润 2506 万元。进口汽车贸易中心 2004 年亏损 1300 万元，2005 年重组并入国机集团后，第一年就实现主营业务收入 14.2 亿元，同比增长 146%，实现利润4100 万元。土畜产公司重组前生产经营陷入低谷，重组到中粮集团后第一年利润就翻了一番。

困难企业情况复杂，需要积极探索不同于一般情况下企业重组的有效方式和手段。几年来，国资委在中央困难企业进行先托管后重组等方面进行了一些有益的尝试。这主要是考虑到对困难企业若直接实施重组，由于重组双方彼此情况不了解，容易造成参与重组企业陷入被动，而采取托管方式，则前期工作、操作程序相对简单，参与企业也有一定回旋余地，有利于各项工作平稳推进。在实践中，一般通过对托管企业制订和实施资产重组和处置方案，先进行一些局部调整，创造条件，成熟后再进行重组。作为一种过渡方式，在托管期内，托管企业可以对所托管的资产进行必要的重组整合，或为困难企业制定企业发展战略；或对托管企业进行投资，改善资本负债结构，妥善处理企业财务、经营危机，使其恢复生机；或对有关资产、业务和人员重新整合，合并同类项。被托管部分摆脱危机后，可遵从市场机制，有的与内外部同类企业重组，有的出售给外部战略投资者，有的则进行股份制改组。在中央企业重组中，实施托管的企业，经过一段时间的过渡，后来大多转入了实质性重组。

【案例】

华润托管华源

中国华源集团有限公司主要从事医药、纺织和国际贸易等业务，由于盲目扩张导致资金周转遇到严重困难，随即陷入债务危机。中国华润总公司经营范围涉及电力、零售、啤酒饮料、纺织、医药、房地产等方面，综合实力较强，具有相关人才优势和企业整合的成功经验。两企业在纺织、医药方面关联度较强、协同互补效应明显。2005年，国资委决定由华润对华源实施托管，一年后，国资委将持有华源的9.136%股权无偿划转给华润，其他20家股东也与华润所属一家控股企业签订了依法转让所持华源股权的协议，由此，华源成为华润的板块之一，而不再作为中央企业而独立存在。

对困难企业的重组，需要区别对待不同情况。市场竞争优胜劣汰，经营不善的企业退出市场有其必然性，对一些不属于重要行业和关键领域，又难以扭亏的亏损企业，主要是要研究如何使其平稳退出的问题；一些困难企业存在管理或经营要素缺失，但还具有一些优良的经营资源，对这类企业通过借助外力重组整合，有效激活存量，企业可以恢复生机；还有一些企业尽管尚能生存、但发展潜力有限，蕴含较大经营风险，对这类企业应该未雨绸缪，不能坐等危机出现，要从国有企业布局结构调整的总体框架加以考虑，自觉加以调整。

对困难企业的重组，需要较好的操作平台，国资委在中央企业中选择了国家开发投资公司和中国诚通控股集团有限公司作为资产经营公司的试点企业，通过资产经营平台，托管、重组一批困难企业。如何建立完善资产管理公司在重组中的作用，以及有效使用经营资本预算政策和手段的支持，是今后需要继续研究的重大课题。

【案例】

诚通集团托管寰岛

中国寰岛（集团）公司（下称"寰岛"）是国资委首家成功结束托管的企业。寰岛原系公安部直属企业，主业为消防、酒店旅游和水电业。1999年与公安部脱钩时，将同样原属公安部的中安、京安、华夏三个公司并入，成为中央企业，企业注册资本约为3亿元人民币。截至2004年年底，寰岛亏损3.03亿元。2005年上半年，由于旗下海南寰岛泰得大酒店抵债后的回购问题，引起资金链断裂，面临全面债务危机。2005年8月，国资委决定由诚通集团对寰岛实施托管。

从 2005 年起，国资委一直在推广资产经营公司的试点，希望探索困难企业市场化、专业化重组的新路子。诚通和国家开发投资公司成为首批试点的"探路者"。国资委认为，困难企业单凭自己往往没有能力解困，用行政化的办法处置非常难而且不经济，专业化、市场化探索不仅必要、可操作，而且往往是合理的、经济的。诚通作为国资委重组的操作平台，"受命"介入寰岛协助处置危机。诚通进入后，由总裁亲自挂帅，对寰岛进行认真调研，抽丝剥茧，帮助化解债务危机，进行业务的重新梳理，为其制订完善且可行改制重组方案，使寰岛快速摆脱了危机，也探索了一条国资委不便于直接操作企业重组整合的问题。诚通托管一年后，寰岛危机处置完成，整体改革思路确定，具备了进一步重组整合的条件，剥离的海底旅游板块成为新的孵化产业。2006 年 1 月，报经国务院批准，寰岛集团正式整体并入了诚通集团。

5. 行业重组

行业重组有两个含义，一是在一个产业中多个中央企业的重组，二是伴随行业管理体制改革而实施的相关企业重组。在 20 世纪 90 年代后期，我国先后实施了一系列重大的行业重组，如在 1998 年全国军队武警部队政法机关企业交接、中央党政机关非金融类企业脱钩中的企业重组、1999 年国防科技工业体制改革调整中在五大军工总公司基础上改组组建十大军工集团、2002 年实施的电力电信民航三大行业重组等，这些行业重组对国民经济和社会发展、对国有企业改革都产生了巨大影响。国资委成立后，进一步加大了从行业角度深入研究的力度，形成了石油石化、冶金、机械装备、汽车、电信、煤炭、商贸、交通运输、建筑业和投资业等 21 个行业的资源整合和企业重组思路。

长期以来，不少中央企业在行业管理体制的保护下得到了快速发展。而随着市场的发展和环境的变化，传统行业管理体制也对企业拓展发展空间形成了一定的制约，限制了发展的空间。如我国电信行业过去实施固定电话和移动通信的分业经营，提供固定电话服务的企业不能从事移动通信。随着移动通信的发展，移动通信对传统固话业务形成了日益明显的技术和市场替代，电信企业之间差距急剧拉大，市场严重失衡，并进而影响到整个行业的竞争格局，也对整个电信行业的健康发展造成不利影响。针对上述问题，2004 年开始，国资委提出来，要在电信技术突飞猛进和企业竞争日益加剧的背景下，针对我国电信业发展面临的新情况、新问题，综合考虑电信技术发展、防止重复建设、形成适度有序竞争等多方面因素，加快推动有关行业政策调整，深化电信体制和电信企业改革，在电信体制改革和行业重组调整上实现重大突破，希望对相关电信企业通过重组整合、电信资源优化调整，与电信体制改革形成有效的互动，促进电信业持续稳定健康发展。

对于一些重要行业和关键领域、涉及行业性全国性重大调整重组，涉及面广、情况复杂，操作上程序比较特殊，需要在国务院协调下，在有关部门配合下，研究确定调整重组方案，最终才组织落实。有的行业重组则是由国务院批准，有关部门联合成立专门的工作小组具体负责实施，如电力、电信、民航、邮政等行业体制改革都是如此。行业重组既涉及行业内、包括行业外相关企业的重大利益调整，也牵涉政府产业政策等复杂问题，实施难度大，需要各方面统一思想、形成合力，否则容易久拖不决、难以实施，或者即便实施也错过最佳时机。2004年以来，按照国务院推进电力主辅分离改革的要求，国资委对电网公司从事设计、施工和修造的辅业单位要与电网企业实施分离的问题进行了深入研究，提出了将主辅分离与改革重组相结合，通过将拟分离企业与中央企业中从事相关业务企业重组的办法，对国有电力建设行业实施体制创新，结合电力主辅分离的实施，打造全新的全业务经营、产业链完整的综合电力建设集团，以良好的综合实力参与市场公平竞争。然而，由于上述改革触及多方面，包括部门、行业和企业的利益调整，各方意见分歧，致使相关改革推进遇到诸多困难。

中央企业是各个行业的排头兵和骨干企业，对中央企业的重组调整，很大程度上也是对我国相关行业管理体制的重大调整。行业性重组与经济体制改革如影相随，重组难大。但也正因为唯其难，才凸显出行业重组有别于单个企业局部重组调整的特质和价值。行业性重组一旦突破，便可推动行业发展的重大变革，而这也正是经济体制改革艰难探索、深化国有企业改革的全部意义。

【案例】

电信体制改革工作启动

2008年5月24日，随着《工业和信息化部、国家发展和改革委员会、财政部关于深化电信体制改革的通告》的发布，深化电信体制改革工作启动。在这次电信体制改革中，涉及重组的电信企业包括中国电信集团公司、中国网络通信集团公司、中国联合通信集团公司、中国移动通信集团公司、中国卫星通信集团公司和中国铁通集团有限公司等6大电信基础运营商。《通告》提出以发展第三代移动通信为契机，合理配置现有电信网络资源，实现全业务经营，形成适度、健康的市场竞争格局，既防止垄断，又避免过度竞争和重复建设。主要目标是：发放三张3G牌照，支持形成三家拥有全国性网络资源、实力与规模相对接近、具有全业务经营能力和较强竞争力的市场竞争主体，电信资源配置进一步优化，竞争架构得到完善；自主创新成果规模运用，后续技术不断发展，自主创新能力显著提升；电信行业服务能力和水平进一步提高，监管体系继续加强，广大人民群众得以分享电信行业发展改革的成果。这次电信体制改革中，电信企业重组采取政府推动与市场化操作相结合的办法，通过重组中国铁通整体并入中国移动；通过市场化操作，完成了中国电信收购中国联通C网，中国网通、中国联通红筹公司2008年10月15日正式合并；中国卫通的基础电信业务划入中国电信。这次行业性的重组调整，情况复杂、社会影响大，操作周密安排、稳妥实施，重组工作进展顺利，取得较好效果。

6. 非主业资产重组

非主业资产重组是对中央企业从业务层面入手实施的一种重组调整。主要解决一些中央企业经营管理中存在的主业不突出、辅业庞杂突出的问题。过多的主业既不利于企业集中资源做优做强主，又造成中央企业结构趋同、重复建设、导致过度竞争。业务庞杂还带来企业管理层次过多，造成机构臃肿、监督管理失控、决策效率低下、管理成本增加，甚至国有资产流失。

造成中央企业中主业不突出、辅业庞杂原因很多：有的是由于企业在经营形势好时盲目扩展、多元化发展，所形成大量的非主业和非经营性资产，这些非主营业务许多状况不佳，成为企业经营的"包袱"，有的也与中央企业当初组建时的特殊背景有关，不同的成长背景，造成中央企业之间发展不平衡，水平参差不齐、能力差距悬殊。问题比较突出的是政企"脱钩"通过"打捆"方式进入中央管理序列的企业。

国资委成立后通过审核企业主业、限制非主业投资作为审批中央企业发展战略的主要内容，积极推动中央企业非主业资产向能够更好地发挥效益和优势的其他企业流动和集中，促进企业存量资产深度调整。企业主业与非主业是相对概念，一个企业的辅业业务可能是另一企业的主业，一个企业的"包袱"可能是另外一企业的财富，因此在中央企业之间进行业务资产层面重组调整潜力很大。如原隶属中国工艺美术集团的中国轻工建设工程总公司，其业务在工美集团中属于非主业，2004年轻工建设公司并入从事轻工设计的中国海城国际工程投资总院，正好弥补了海城总院缺乏专业施工力量的缺陷，完善了海城总院工程总承包产业链。

非主业资产重组意义很大，但总体看具体实施还不多。企业往往从自身利益出发，对好的业务、好的资产自然不愿放弃；即便是经营并不好的业务、不良的资产也常常因为"敝帚自珍"而难以割舍。这在对央企房地产业重组中尤为明显。2004年，针对一些主营业务不是房地产的中央企业盲目发展房地产业的状况，国资委印发了《关于中央企业房地产业重组有关事项的通报》（国资函〔2004〕104号），提出拟将房地产作为非主业剥离的中央企业，可在自愿基础上与中国建筑工程总公司、中国房地产开发集团公司等中央企业中以房地产作为主业的企业重组。在这种"号召"下，几年来，也仅有中国华能集团公司将其房地产业务划转给了中国房地产开发集团公司。

非主业的重组主要涉及的是央企二级及以下企业和资产的调整，国资委实际上并不适宜直接操作，推动非主业重组主要是以引导为主。一方面需要积极鼓励，为重组创造良好的氛围和条件；另一方面在操作具体方式上，则由企业根据实际情况自行选择，非主业重组可以通过国有企业间资产无偿划转，也可以通过符合规范操作要求，有利于企业发展的收购、兼并等市场化手段操作。

【案例】

"招商旅游"划转到"港中旅"

2005年6月30日，招商局集团将全资企业中国招商国际旅游管理总公司（简称招旅总公司）的管理权移交给香港中旅集团（下称港中旅），尽职调查完成后，其旗下12家旅行社、3家空运代理公司的相关资产、业务、人员以及"招商旅游"品牌将全部无偿划转给港中旅。

港中旅和招商局集团这两大老牌国企此次在旅游业务上的一进一退，共同的背景是国资委提出的央企发展新思路：剥离辅业，做大做强核心主业。据招商局集团副总裁胡政介绍，国资委批准的招商局集团核心主业共三项，分别是交通运输及相关基础设施建设、经营与服务，金融资产投资与管理，房地产开发经营。而旅游并不在主业范畴，在该集团约649亿港币的总资产中，旅游资产仅占0.4%，其投资回报率仅约2%，明显低于其他业务。"尽管已经形成了一定规模和品牌，但由于是辅业，我们不可能再对旅游业务做更大投入，也不可能将其做成全国最好的，因此选择主动退出。"胡政说，这是招商局集团具有重大意义的战略性调整。

2004年下半年，招商局集团和港中旅就重组旅游业务展开接触，在国资委的支持下，双方很快达成合作协议。胡政说，选择港中旅的原因有三：一是两家企业都属于国资委主管的53家重点央企；二是两大集团的总部都在香港，经营理念、企业文化以及对市场的感受和认识相近，划转之后的旅游资产与港中旅较易融合；三是在招商局集团看来，国内以旅游为主业的央企中，港中旅做得最为出色，尤其是在香港和国际旅游业务方面。

在具体的重组方式上，两大集团曾探讨过整体出售、部分转股等市场化手段，但最终选择了整建制无偿划转这一行政色彩浓郁的合作方式。胡政对此解释说，招旅总公司已形成较为完善的旅游网络，招商局集团想把这一网络完整出让，并使其全部纳入港中旅的旅游主业，这样可保持业务稳定，对员工也是较好的安置。同时，由于同为中央企业，资产划转较市场化运作而言更为简单易行，也较为稳妥。

7. 企业内部重组

许多跨国公司的成长史证明，适时而不断地对企业进行由内而外、由外而内的调整重组，才能促使企业发展壮大。中央企业要发展形成主业突出、业绩优良、具有核心竞争力、具有自主开发能力和品牌优势、有能力参与国际市场竞争的国有及国有控股大公司大企业集团，成为我国综合国力的象征和经济持续发展的带动力量，离不开深入持久的内部整合调整，内部重组是永恒的课题。

中央企业需要加大内部重组整合力度。如前所述，由于历史原因，大多数中央企业都存在内部管理链条过长，经营业务无所不包的问题。为此，做好企业内部的业务结构调整和资源合理配置也是提高企业竞争实力的十分重要的任务。中央企业主要采取了三项措施推动企业内部重组：一是清理整合所属企业，促进企业之间资产合理流动；二是引导推动企业辅业资产或非主营业务资产向其他具有优势互补的企业流动；三是对不符合国有经济布局和结构战略性调整方向，利用主辅分离、辅业改制政策实施退出。

内部重组对两类企业具有特别重要的意义。一是在中央企业重组中，相关参与重组的企业所实施重组后的业务单元专业化分工和进行资本运作，以确保重组达到预期效果和目标；二是为提高市场竞争力、增强集团控制力的需要实施的内部资源调整。

对央企之间重组后的整合，国资委着重指导企业研究制订重组方案，督促企业做好重组的组织实施工作，帮助企业解决重组中遇到的问题，确保重组整合到位，对重组整合效果好的企业在资本调整与重组方面给予重点支持，积极稳妥地推进中央企业重组工作。在中央企业重组中，参与重组的企业在重组过程中深化内部改革、促进管理创新，对业务流程和组织架构进行再造，经营管理全面迈上新台阶。一批重组企业将重组整合与企业改制相结合，内部整合已经具有一定深度，在通过资本运作实现重组后的改制上市，收到较好效果。

针对一些集团控制力较弱的企业，国资委通过宣传典型，提出加强内部重组的要求。几年来，中央企业从主业选择与战略定位，重组与整合，清理与退出三大环节加大内部重组整改力度，涌现了中材科工集团公司、新时代控股公司等内部整合、提高集团控制力的典型。通过专业化整合和资本运作，集团内部组织结构得到调整，资源配置得以优化，集团总体竞争力开始形成，原来松散的、"归大堆"的弱势企业集团，逐渐变成一个强势的、有竞争力的企业集团。

总体来看，中央企业内部重组的工作还远远没有到位，尤其是如何解决一些曾实施重组的企业，解决内部"整合"滞后外部"重组"的问题，避免重组中的"貌合神离"是一个新的课题。在中央企业重组初期，实施重组主要取决于企业意愿，不少重组是企业负责人从策略角度提出的权宜之计，有些是单纯追求规模扩张，或以重组规避重组。在这种情况下实施的重组，只是履行了产权的划转，并没有实质的整合，重组效果不好。尽管这种情况不是主流，但若不注意纠正就会重走"归大堆"、"拼凑集团"的老路。

随着市场竞争更加激烈，以及中央企业重组更大力度、更大范围的推进，对企业内部重组整合的要求也更高。今后中央企业重组中会有更多涉及行业性的大重组，对这类重组，加大内部重组整合更为重要，也更为迫切，内部重组作为一个重大课题，需要在实践中不断进行新的探索，实现新的突破。

【案例】

中材科工集团整合、提高集团控制力的举措

中材科工集团是典型的政企"脱钩"、行政划拨重组的产物。其前身是原国家建材局非金属矿管理局整体转制成立的中国非金属矿工业（集团）总公司（以下简称中非集团），66家三级以上成员单位绝大部分为原国家建材局所属企业及事业单位，1999年以后通过行政划拨进入集团。集团一度存在比较突出的业务庞杂、资源分散、历史遗留问题较多、组织管理体制落后、总部缺乏控制力等问题。

在内部重组整合上，集团具体采取了以下措施：（1）妥善解决历史遗留问题，促使困难企业有序退出。通过采取关闭、破产、改制、产权转让等多种途径退出37家困难企业，妥善安置4357名职工。（2）以核心技术为支撑，按照国际通行模式，构造产业链完整的新的竞争实体。如以新型干法水泥工艺和装备技术为支撑，根据设计—采购—建造（EPC）国际通行的工程建设总承包模式，将所属企业中与工程总承包必备要素相关的经营性资产、资源集中链接在一起，形成可为业主提供系统集成、优质高效的服务能力。（3）以公司制改建和上市为目标，构筑改革发展新平台。组建了中材国际工程股份有限公司、中材科技股份有限公司、中材高新材料股份有限公司等6家公司制企业，前两家均已成功上市。中材科工一开始便将公司制改建特别是成为上市公司作为重组目标，使整合的业务组织模式有了依法规范、严格清晰的硬标准、硬约束，该进入股份公司的必须整合，不应保留的必须剥离或处置，不仅最大限度地减少了整合的弹性和既得利益者讨价还价的余地，顺利推进了整合，而且通过整合促使集团在机制、管理、融资等各方面迈上一个全新的平台。（4）在推进战略性调整的同时，下大力气加强和改进管理、提高集团控制力。采取减少管理幅度和层次、促使组织机构扁平化，巩固重组成果，促进集团健康发展。

中材科工集团通过整合，提高集团控制力，突出了主业，增强了核心竞争力，其中以新型干法水泥为核心技术的水泥工程业务已成功跻身国际水泥工程总承包商强手行列，2005年国际市场水泥工程合同额占50%以上。

五、提升比较优势——国企实力＋市场活力

（一）做大蛋糕促发展

1978 年改革开放初期，我国国有及国有控股工业企业的资产总额占全部工业企业资产总额的比重一度高达 90％ 以上，到 2010 年，规模以上工业企业中国有及国有控股企业资产比重下降到 41.8％；通过改制退出、兼并破产和重组调整，企业户数从 1998 的 23.82 万户大幅下降到 2010 年的 12.44 万户。国资委成立至 2011 年，中央企业通过重组调整，由 196 户减少到 118 户，其中，通过划入和新成立的方式增加了 4 户企业，通过划出和注销的方式减少了 2 户企业，通过重组的方式减少了 76 户企业。通过调整重组，尽管国有企业在整个国民经济中相对比重下降了，户数减少，但"蛋糕"做大了，国有经济总量非但没有削弱，反而不断扩大，质量不断提高，综合实力在不断增强，国有经济运营质量显著提高。1998 ~ 2010 年，国有企业资产总量从 14.87 万亿元增加到 68.62 万亿元，主营业务收入从 6.47 万亿元提高到 31.96 万亿元，实现利润总额从 213.7 亿元提高到 2.21 万亿元。

（二）聚集重要行业与关键领域

通过国有资本调整，分布过散、过宽的局面得到大大改善。国有经济分布范围得以适度收缩，向国民经济基础性及支柱产业集中的趋势不断加快，优势地位不断巩固提高，国有资本在一般加工工业和商贸业的国有资本比重明显下降。以中央企业为例，2010 年中央企业约 80％ 的资产、70％ 的营业收入和 80％ 的利润集中在石油石化、电力、国防、通信、运输、矿业、冶金、机械行业等国民经济重要行业和关键领域，在市场竞争中处于明显的支配地位。中央企业承担着我国绝大部分的原油、天然气和乙烯生产，提供了全部的基础电信服务和大部分增值服务，发电量约占全国的 66.2％，民航运输总周转量占全国的 77.1％，水运货物周转量占全国的 82.2％，汽车产量占全国的 41.3％。其他部门管理的中央企业则在金融、铁路运输、邮政等重要领域占支配地位，发挥着重要作用。地方国有企业在当地机场、港口、重要公路以及城市自来水、煤气供应、公共交通等重要行业和领域占支配地位。

（三）国有大公司露头角

近 10 年来，国有资本在调整中进一步向大型企业集中，国有企业产业集中

度低，企业散、弱、小的局面得到较大改善。我国内地国有或国有控股进入世界 500 强的企业，从 1998 年的 3 家增加到 2011 年的 65 家（含金融企业）、国资委监管的中央企业 42 家，其中不乏中国宝钢、中国五矿、中国建筑等处于完全竞争性领域的企业。2010 年，国资委监管的中央企业，资产总额超过千亿元的有 57 家，销售收入超过千亿元的有 43 家，利润超过百亿元的有 22 家。这些企业在国际市场竞争中都有不凡的表现，在行业地位中的排名不断攀升，其中中国移动的用户数量超过 6 亿，世界第一；神华集团 2007 年产、销均列世界第一；中远集团船队规模世界第 2；宝钢 2007 年粗钢产量 2858 万吨，列世界第 5 位；东电集团发电设备制造连续 3 年世界第一；中石化在世界 500 强中排名第 16 位；中石油在世界 50 家大石油公司中排名第 7 位。国有企业的整体素质和企业管理水平不断提高。

（四）不争规模的"巨无霸"

经过一系列战略性重组后，多年形成的行业垄断基本被打破，竞争格局初步形成。最典型的如电信、电力行业，经过几轮分拆重组之后，竞争日益充分，促进了行业的健康发展。电力企业在相互竞争中，不仅根本改变了以往电力发展的瓶颈状况，发展速度也大大加快，满足了国民经济高速发展的需要，建设成本和运营效率也显著提高。每千瓦火电装机的投资从 5000~6000 元降到不足 4000 元，火电企业的运行人员也大幅度减少。电信行业虽然还有很多问题，但总体上的发展速度和服务质量也有极大的提升。尽管有些行业的竞争还不充分，但已经形成的竞争格局对促进行业和企业发展的积极作用仍然是显著的。

（五）打造有竞争力的市场主体

尽管布局结构的改善取得很大的成绩，但也要清醒地认识到，一些深层次的矛盾和问题依然存在，主要表现在布局结构调整需要进一步深化；国有资产管理体制的变革与国有企业的改革需要继续探索，"有进有退"如何更好"进"的问题还有待解决；公司制改革尤其是大型企业改革任务仍十分艰巨；国有企业法人治理结构还不完善，企业重组的内部动力不足，内部人控制的问题在某种程度上阻碍了重组工作的推进；企业市场化选人用人制度和分配制度需要深化，历史遗留问题的制约依旧存在。2007 年全国国有企业中，资产负债率超过 80% 的企业有 4.7 万户，占 39.5%，其中有近 2.5 万户企业处于资不抵债状态。部分企业资产运行效率和盈利能力有待提高，净资产收益率和销售利润率均低于 1% 的企业有 5.2 万户。从总体上看，"大企业不大、小企业过多"的状况尚未根本改变，截至 2010 年年底，在 12.44 万户国有企业中，小型企业比重 85.5%；其中 9.7 万户地方国有企业中，小型企业占 88.0%。亏损企业较多，全国亏损企业共计

4.35万户，亏损面达35.0%，亏损企业亏损额达4353亿元。国有资本集中度仍然处于较低水平，资源有待进一步整合和利用，加快培育世界级的具有较强国际竞争力的大企业大集团仍是今后进一步深化改革的迫切任务。

点评：

谋篇布局的大文章

国有经济的战略性重组和结构调整，是区别于单个国有企业改革的另一条主线。随着国企改革的不断深入和竞争性市场的逐渐形成，国有企业在布局结构上的缺陷开始暴露出来。从改革初期的搞活搞好国有企业转向搞活搞好国有经济，标志着国企改革认识上的一个重大飞跃。最初的问题集中在两个方面，即分布在一般竞争性领域中的地方国有中小企业和远离材料和市场、缺乏基本的生存能力的企业。这两部分的结构问题分别通过中小国有企业的改革改制和政策性兼并破产基本得以解决。结构性调整的另一个重要方面，则是政企不分的垄断性、行业性国有企业，如电力、电信、石油石化等。对这些企业不进行调整和重组，竞争性的市场无法形成，企业也难以成为真正的市场主体。

但这部分企业的调整与重组难度更大。一方面，这些企业所在的行业都是关系国民经济命脉的关键行业和领域，属于国有经济需要控制的"涉及国家安全的行业，自然垄断的行业，提供重要公共产品和服务的行业。"（见十五届四中全会《决定》），牵一发动全身，影响深远，操作难度极大；另一方面这些企业的垄断地位使其感受不到市场竞争的压力，因之也缺乏内在的改革压力和动力，没有高层决策的推动，难以顺利推进。正是在中央决策的指导和推动下，这些大型特大型的"巨无霸"企业的调整重组有序展开。这部分企业的调整重组对社会主义市场经济体制的建立和完善意义重大：企业实现了政企分开，真正进入市场；行业打破垄断，初步形成竞争格局。

国务院国资委成立之后，正是由于前期对这些大型特大型垄断企业的拆分和重组，才得以纳入统一的国资监管体系。但前期的拆分重组还是基本的和初步的，布局结构调整的任务还远没有完成。国有出资人机构的设立，为国有经济布局结构调整注入了新的活力和动力，同时也提供了更加市场化的方式。国资委作为出资人，理所当然地成为国有经济布局结构调整的重要推手，使这项改革成为国资委履行出资人职责的一项重要工作内容。一方面，对前期的分拆重组进行必要的完善；另一方面，积极稳步推进所出资企业的重组整合，将监管初期的196户（如果加上后来并入或成立的企业实际超过200户）通过吸收合并等方式，逐步调整到110多户，企业户数减少近半，而户均国有资产则从438亿元增长到2396亿元，增长了4.47倍。国有经济布局结构的不断优化，是国有企业近年来持续发展的内在原因之一。

国有经济布局结构的调整重组涉及资产、人员、债权债务等多个方面，特别是社会稳定方面的压力巨大，因此国有经济进入容易退出难。尽管国有经济的战略性调整一直在稳步推进，但距改革的目标仍然还有很长的路要走。2003年10月《中共中央关于完善社会主义市场经济体制若干问题的决定》对国有经济调整提出的明确要求是："完善国有资本有进有退、合理流动的机制，进一步推动国有资本更多地投向关系国家安全和国民经济命脉的重要行业和关键领域，增强国有经济的控制力。其他行业和领域的国有企业，通过资产重组和结构调整，在市场公平竞争中优胜劣汰。"很显然，这里提出的国有资本合理流动的机制、向关系国家安全和国民经济命脉的重要行业和关键领域集中的程度等任务目标，都还没有完成，国有经济布局过宽过广的问题还在一定程度上存在。当然越向深层次改革难度将会越大，这既考验改革者的决心，也要求更高的操作艺术。

——邵　宁

第十一章

公司治理革命：完善国有大企业治理结构的探索

企业出资人与经理层之间建立委托代理机制是现代公司制企业普遍采取的管理方式，这种代理关系的一头是出资人，另一头是经理层。这两头如何有效衔接，到达既能保证出资人这头有效管控企业，不至于让企业背离股东利益，又能保证经理层这头有必要的自由度，不至于让企业僵化和停滞不前，这就需要有一个刚强而又灵活的"关节"来连接出资人和经理层，这便是有效的公司治理结构的本质所在。长期以来，国有企业经常面临"一收就死、一放就乱"的问题，从很大程度上讲就在于没有解决这个"关节"的设计、搭建和作用的发挥上。要么把企业管得死死的，抑制了企业的积极性，要么对企业缺少必要的管控，导致内部人控制、"一把手"高度集权等问题。为了解决这一问题，我国从成熟市场经济国家汲取经验，开始探索建立董事会和监事会的基本框架，将其作为国有企业完善治理机构的核心内容。但是，要使董事会和监事会真正发挥作用，实现有效运行，做到"形似神也似"，绝不是搭个架子、分个层次这么简单，还需要良好的外界环境、配套制度的支撑，需要符合这一制度本质目的的各种具体运行规则的保障，如果没有这些作为前提，就不可能建立起真正科学有效的公司治理结构。所以，探索国有企业治理结构，必然涉及到法治环境、用人制度和资本市场，必然需要研究制定一整套保证公司治理有效运行的具体规则，而这些要触及方方面面的利益。因此这是一个极具挑战性的过程。这个过程至今还远远没有结束。

一、国企治理之弊——单一产权的国有大企业治理

（一）国有独资企业的治理

计划经济时期的国有企业产权都是单一的，随着经济体制的转轨，全国大多数国有大企业重组改制为产权多元化的股份制公司。但是由于种种原因，国务院国资委履行出资人职责的中央企业母公司，大多数仍是单一产权的国有独资企业。截到 2008 年年底，143 户中央企业中，有 109 户是按照《中华人民共和国全民所有制工业企业法》（以下简称《企业法》）进行工商注册的国有独资企业，占中央企业母公司户数的 76%。

国有独资企业的法律基础是 1988 年 4 月颁布实施的《企业法》，其立法背景是国家实行有计划的商品经济。当时我国处于经济体制转轨初期，一方面受计划体制的束缚；另一方面面临日益激烈的市场竞争，迫切需要扩大经营自主权。《企业法》适应了那个阶段经济体制改革的要求，明确规定企业"是依法自主经营、自负盈亏、独立核算的社会主义商品生产和经营单位"，"企业实行厂长（经理）负责制"等，为国有企业向市场主体转变起到了历史性的推动作用。

专栏 11 - 1

《企业法》有关企业治理的主要规定（节选）

一、决策与执行主体

第七条　企业实行厂长（经理）负责制。

厂长依法行使职权，受法律保护。

第四十五条　厂长是企业的法定代表人。企业建立以厂长为首的生产经营管理系统。厂长在企业中处于中心地位，对企业的物质文明建设和精神文明建设负有全面责任。

第四十七条　企业设立管理委员会或者通过其他形式，协助厂长决定企业的重大问题。管理委员会由企业各方面的负责人和职工代表组成。厂长任管理委员会主任。

二、厂长的职权

（一）依照法律和国务院规定，决定或者报请审查批准企业的各项计划。

（二）决定企业行政机构的设置。

（三）提请政府主管部门任免或者聘任、解聘副厂级行政领导干部。法律和国务院另有规定的除外。

（四）任免或者聘任、解聘企业中层行政领导干部。法律另有规定的除外。

（五）提出工资调整方案、奖金分配方案和重要的规章制度，提请职工代表大会审查同意。提出福利基金使用方案和其他有关职工生活福利的重大事项的建议，提请职工代表大会审议决定。

（六）依法奖惩职工；提请政府主管部门奖惩副厂级行政领导干部。

三、企业党组织、职工代表大会和政府的作用

第八条　中国共产党在企业中的基层组织，对党和国家的方针、政策在本企业的贯彻执行实行保证监督。

第十条　企业通过职工代表大会和其他形式，实行民主管理。

第四十四条　厂长的产生，除国务院另有规定外，由政府主管部门根据企业的情况决定采取下列一种方式：（一）政府主管部门委任或者招聘。（二）企业职工代表大会选举。

第四十六条　厂长必须依靠职工群众履行本法规定的企业的各项义务，支持职工代表大会、工会和其他群众组织的工作，执行职工代表大会依法做出的决定。

第五十五条　政府或者政府主管部门依照国务院规定统一对企业下达指令性计划，保证企业完成指令性计划所需的计划供应物资，审查批准企业提出的基本建设、重大技术改造等计划；任免、奖惩厂长，根据厂长的提议，任免、奖惩副厂级行政领导干部，考核、培训厂级行政领导干部。

第五十六条　政府有关部门按照国家调节市场、市场引导企业的目标，为企业提供服务，并根据各自的职责，依照法律、法规的规定，对企业实行管理和监督。

《企业法》明确规定，国有独资企业治理结构的基本模式就是厂长负责制。从企业内部看，这种模式比此前实行的党委领导下的厂长分工负责制，突出了厂长在企业经营决策中的主导作用，权责关系相对较为清晰，更能适应企业走向市场的要求，也为以后明确企业党组织发挥政治核心作用奠定了基础。但由此也带来了新的问题，这就是对厂长的授权过于集中，决策权与执行权合一，缺乏必要的制衡机制，往往造成企业中一个人说了算。于是"成也萧何败也萧何"，企业命运系于一人，风险巨大，难以控制。

点评：

厂长负责制：一个重大的进步

《企业法》用立法的形式把厂长负责制的领导体制固定下来了，这是一个重大的进步。

《企业法》强调了厂长在企业经营管理中的中心地位，同时明确了企业党组织在企业中的政治性的、保证监督的作用，这就给长期争论不休的企业党政关系问题下了一个明确的结论。这有利于理顺企业领导体制，明确企业经营管理的责任系统，强化企业内部的执行力。

当然，厂长负责制对厂长的监督机制是薄弱的。党组织很难进行有效监督；企业内部的制衡机制事实上也不存在，企业管理委员会至多是厂长的一个咨询机构。但在1998年，强化企业的责任系统和执行力可能是最重要的。因为那个时候的国有企业仍主要是国家计划体制中的一个执行单位，决策的余地是十分有限的。

——邵　宁

（二）国有独资公司的治理

从国有独资企业到国有独资公司，是国有企业转变为现代公司制企业的重要一步，尽管都是独资，但法律地位已然不同，最大的区别首先在实质上将国家对企业的无限责任变为有限责任，这是企业自负盈亏的基础。同时从公司治理上与厂长负责人也有了本质的区别，公司治理的基本框架初步建立。2005年修订后的《公司法》规定，国有独资公司"是指国家单独出资、由国务院或者地方人民政府授权本级人民政府国有资产监督管理机构履行出资人职责的有限责任公司"。"国有独资公司不设股东会，由国有资产监督管理机构行使股东会职权"。《公司法》自1994年7月1日施行以后，一批国有企业相继改制成为了国有独资公司，并依照公司法设立了董事会。还有一批国有独资企业，虽然仍按照《企业法》注册登记，但是也设立了董事会。

国有独资公司的治理模式如图11-1所示。

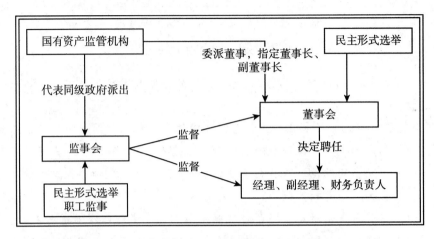

图 11-1　《公司法》规定的国有独资公司治理模式

　　无论是 1993 年通过的《公司法》，还是 2005 年修订的《公司法》，都明确规定了有限责任公司的股东会、董事会、监事会和经理的职权，并规定国有独资公司董事会、经理也分别行使有限责任公司董事会、经理的相应职权。2005 年修订的《公司法》有关规定见专栏 11-2：

专栏 11-2

《公司法》关于有限责任公司董事会、经理职权的规定（节选）

　　第四十七条　董事会对股东会负责，行使下列职权：

　　（一）召集股东会会议，并向股东会报告工作；

　　（二）执行股东会的决议；

　　（三）决定公司的经营计划和投资方案；

　　（四）制订公司的年度财务预算方案、决算方案；

　　（五）制订公司的利润分配方案和弥补亏损方案；

　　（六）制订公司增加或者减少注册资本以及发行公司债券的方案；

　　（七）制订公司合并、分立、解散或者变更公司形式的方案；

　　（八）决定公司内部管理机构的设置；

　　（九）决定聘任或者解聘公司经理及其报酬事项，并根据经理的提名决定聘任或者解聘公司副经理、财务负责人及其报酬事项；

　　（十）制定公司的基本管理制度；

　　（十一）公司章程规定的其他职权。

第五十条 有限责任公司可以设经理，由董事会决定聘任或者解聘。经理对董事会负责，行使下列职权：

（一）主持公司的生产经营管理工作，组织实施董事会决议；

（二）组织实施公司年度经营计划和投资方案；

（三）拟订公司内部管理机构设置方案；

（四）拟订公司的基本管理制度；

（五）制定公司的具体规章；

（六）提请聘任或者解聘公司副经理、财务负责人；

（七）决定聘任或者解聘除应由董事会决定聘任或者解聘以外的负责管理人员；

（八）董事会授予的其他职权。

公司章程对经理职权另有规定的，从其规定。

经理列席董事会会议。

第六十七条 国有独资公司不设股东会，由国有资产监督管理机构行使股东会职权。国有资产监督管理机构可以授权公司董事会行使股东会的部分职权，决定公司的重大事项，但公司的合并、分立、解散、增加或者减少注册资本和发行公司债券，必须由国有资产监督管理机构决定；其中，重要的国有独资公司合并、分立、解散、申请破产的，应当由国有资产监督管理机构审核后，报本级人民政府批准。

前款所称重要的国有独资公司，按照国务院的规定确定。

从《公司法》立法的本意来看，是要通过规定股东会、董事会、监事会、经理各自的职权，明确经理对董事会负责，董事会对股东会负责，来构筑公司的权力机构、决策机构、监督机构、执行机构这一完整的权责配置体系，为形成各司其职、协调运转、有效制衡的公司法人治理结构奠定法律基础。但第一批改制为公司制的企业，最初建立的董事会的最大特点，是董事会成员与经理人员、企业党委成员高度重合，董事长与党委书记一人兼，并担任公司法定代表人（以新兴铸管集团有限公司为例，见专栏3）。这就形成了董事会成员之间的上下级关系，即作为党委成员的董事是作为党委书记的董事长的下级；作为副总经理的董事，是作为总经理的董事的下级。

【案例】

董事会试点前新兴铸管集团有限公司董事会、经理层和企业党委人员构成

董事会（10人）	党委（11人）	经理层（5人）
董事长：范英俊 副董事长：张来亮 　　　　　刘明忠 董　事：刘三省　姜国钧 　　　　张东明　王玉堃 　　　　王世平　王坤法 　　　　廖花吟 注：刘明忠兼集团公司控股的新兴铸管股份有限公司总经理。	书　记：范英俊 副书记：姜国钧 纪委书记：熊仲春 委　员：范英俊、姜国钧 　　　　熊仲春、刘三省 　　　　张来亮、王世平 　　　　王坤法、廖花吟 　　　　王玉堃、张东明 　　　　栗美霞	总经理：刘三省 副总经理：张东明 　　　　　王玉堃 　　　　　王世平 　　　　　王坤法 总会计师：王玉堃 （兼）

新兴铸管集团有限公司1994年被国务院确定为百户建立现代企业制度的试点企业之一。2005年5月，新兴铸管集团公司被国务院国资委确定为中央企业董事会试点单位。

上面列出了董事会试点之前新兴铸管集团有限公司的董事会、经理层、企业党委人员构成情况。从中可以看出：董事会成员全部为企业内部人员；董事会10名成员中有9名进入了党委会，占党委会成员的82%；董事长与党委书记一人兼任；5名经理人员全部进入了董事会，该集团公司控股的主业上市公司的总经理也进入了董事会。

董事会作为决策机构，要真正实现集体决策，不仅要求有多人参与决策，更要求参与决策的人能够独立、客观地表达自己的意见。董事会成员之间存在上下级关系，作为下级的董事就很难完全独立地表达自己的意见，尤其是当他的意见与作为上级的董事的意见不一致时。最初的董事会，由于董事会成员都是董事长兼党委书记的下级，集体决策往往只是体现在形式上，董事长仍然是实际上的"一把手"，而且在企业的资历越深，威信越高，董事长个人决策的成分就越大。

1993年通过的《公司法》规定，"董事长为公司的法定代表人"，2005年修订的《公司法》对此做出了调整，明确公司法定代表人依照公司章程的规定，由董事长或者总经理担任。但由于董事长担任法定代表人的规定已实行了10年

之久，基本已经约定俗成，因此在此后很长时间内国有大公司的法定代表人基本上依然由董事长担任。《公司法》之所以规定法定代表人，是因为我国有关法律法规都把企业法定代表人作为企业第一责任人。如《中华人民共和国民法通则》规定，企业有抽逃资金、隐匿财产、逃避债务等违法违规情形的，除企业承担责任外，对法定代表人可以给予行政处分、罚款；构成犯罪的，应当依法追究法定代表人的责任。由于这些规定，担任法定代表人的董事长，必然对企业的执行性事务负全责，成为企业的"一把手"。在实际操作中，绝大多数单一产权的国有大企业设立董事会时，董事长都是由原总经理担任或者兼任的，公司法定代表人都没有变化。这些董事长自然地继续履行着没有董事会之前的"一把手"职责。

总之，单一产权国有大企业设立董事会后，企业的"一把手负责制"的领导体制并未发生根本改变。

由于董事会成员与经理人员、党委成员高度重合，所以，决定经理人员的选任、考核和薪酬的权力并不在董事会，而是由作为出资人代表的政府部门统一任命，董事会发挥不了管理经理层的作用；而在重大投资决策方面，由于经理层、党委已事先进行研究、讨论，所以再由这些人员组成的董事会决策，只是走一下程序而已。还有少数单一产权国有大企业设立的董事会，董事的构成也不合理，其成员数量过多，而很多人并不适合担任董事职务，如有的企业把中层管理人员作为董事会成员，有的把与本企业业务有关的地方政府的代表也吸收到董事会。这样的董事会，有的一年开1~2次会议，有的基本上不开会，董事会成了有其名无其实的摆设。

鉴于单一产权国有企业的董事会完全流于形式，没有发挥应有的作用，一批已建立了董事会的企业，后来又撤销了董事会。2000~2002年，有26家国有独资中央企业撤销了董事会。第一批实行建立的董事会，就像种在庄稼地里的种子，刚撒进土里未发芽就枯萎了。

按照《公司法》的规定，国有独资公司必须设立监事会，且董事和经理人员不得兼任监事。在国务院决定对国有独资企业和国有独资公司建立稽察特派员制度和外派监事会制度之前，国有独资公司监事会都是本企业内部人员组成，监事会主席基本上都是没有进入董事会的本企业纪委书记或者工会主席兼任，监事会成员由本企业中层管理人员兼任。纪委书记、工会主席和中层管理人员在党政职务上是董事长、总经理、党委书记的下级，所以，这种内设监事会，没有条件和能力履行检查公司财务和对董事、经理人员执行公司职务行为进行监督的职权，完全形同虚设。

点评：

从治理结构到治理机制

无论是 1993 年还是 2005 年的《公司法》，对国有独资公司的治理安排都是很完整的，权力机构、决策机构、执行机构、监督机构构架合理，之间的制衡关系非常清晰。

但长期以来，中国的公司治理、尤其是国有独资公司的治理，存在一种形式化和表面化的问题：应该设立的机构是健全的，人员配备是完整的，形式上的运作是规范的，但实际效果十分有限。

对中国国有公司的治理问题，不能仅停留在治理结构研究的层次，而应该深入到治理机制的层面。在这个层面上需要研究的问题不仅是制衡关系，而是要研究作用在这些机构及其组成人员之上的激励约束机制，使之能够有动力、有条件履行好机构的职能。国有制缺乏内在的动力机制，需要有意识地去塑造。

——邵　宁

（三）看住"内部人"——"一把手负责制"与公司治理的冲突

公司治理的失效，表明国有独资公司并没有解决传统国有企业转向市场之后，权力过分集中的弊端，大多数国有企业在很大程度上还是一个人说了算。这种"一把手负责制"的特点是权力高度集中，决策程序短、速度快，"一把手"的才能可以最充分地发挥，企业内部对"一把手"有很强的"向心力"和"一致性"。同时，这种体制对"一把手"个人的素质提出了很高的要求：既要有很强的决策判断能力，又要有很强的执行力；而且即使在自己领导下企业获得很大发展，也要能时刻保持清醒头脑，具有较强的风险意识和良好的民主作风；同时还要有高的道德操守和自我约束能力，能够自始至终正确对待自己手中的权力，拒腐蚀，永不沾。这样近乎一个完人的"一把手"，在现实生活中实际上是可遇而不可求的。

在市场经济条件下，"一把手负责制"存在两大制度性缺陷：一是重大决策难以集中集体智慧，易形成个人独断的局面，排斥不同意见。而在复杂多变的市场环境中进行重大决策，一个人的知识、经验和视野是不够的，很难有效防范和避免大的失误。二是企业内部缺乏权力制衡和监督机制，"一把手"在用人、花钱等方面权力过大，只能靠自我约束，一旦个人私欲膨胀，就会发生以权谋私等违法违纪行为。现实中不乏国企"一把手"东窗事发的反面案例。

【案例】

"一把手负责制"的问题

三九集团的前身是 1985 年赵新先带着几名大学生创办的深圳南方制药厂，1992 年，以南方制药厂为核心企业组建"三九企业集团"，赵新先被任命为三九企业集团的总经理。1992～994 年，三九企业集团初步形成了一个以制药业为主并同时向多个行业同时发展的经营格局。此时的三九企业集团，除了制药行业外，经营领域还包括包装印刷、房地产、旅游服务、进出口贸易、广告文化、汽车贸易、建筑等。2000 年 3 月，三九医药成功上市。当年，三九企业集团以 200 多亿元身价成为国内资产总额最大的中药企业，被认为是国有企业的一面旗帜。1996～2001 年，三九集团盲目扩张，以承债方式兼并了 140 多家地方企业，平均每个月兼并 2 家。2001 年，三九集团因违规占用上市公司"三九医药"25 亿元资金，遭到中国证监会公开谴责。截至 2003 年年底，三九集团及其下属公司欠银行债务 98 亿元，生产经营出现严重的信用和债务危机，陷入资不抵债的境地。2004 年 7 月，国务院批准对三九集团实施债务重组。

赵新先一直是三九集团的总裁、党委书记，集团成立董事会、监事会后，他又兼任董事长、监事会主席，一身兼四职，在企业内部具有绝对的权威，是典型的"一把手负责制"。赵新先为企业前期的发展做出了成绩，使他在企业中逐步形成了没人挑战、没人说"不"的绝对权威，基本上没有制衡，出现了他一个人说了算、随意决策等问题，导致企业陷入严重资不抵债的困境，国家财产遭受重大损失。2007 年，赵新先因"国有公司人员滥用职权罪"，被判处有期徒刑一年零九个月。

现代公司治理结构的制度设计可以有效防止"一把手负责制"，但由于国企改革的"路径依赖"，相关配套改革的滞后性，使新的治理结构和机制难以建立，这导致了改革中新瓶装旧酒。

二、从稽察特派员到外派监事会制度

"今后政府对企业如何监管？就是要建立国有企业稽察特派员制度。实际上就是国务院派出的监事会，但是为了不同《公司法》规定的企业监事会相混淆，称为稽察特派员。由国务院派出，每个稽察特派员配专职助理四人，主要是配备懂审计、会计、金融和监察等方面的人员。这是企业管理机制的一个根本转变。"

——朱镕基

国有企业在从计划经济体制向社会主义市场经济体制转轨的过程中，企业的经营自主权迅速扩大，相应的外部管理体制和内部的治理机制却没有建立起来，企业在与政府的博弈中处于绝对的优势，信息不对称和内部人控制问题日益突出，难以适应市场竞争的要求。反映在生产经营上，从 20 世纪 90 年代中期开始，一些企业经营管理混乱、重大投资决策失误、资产处置缺乏规则等问题陆续暴露出来，造成国有企业整体效益下滑，国有资产流失。尤其是部分企业假账泛滥，会计信息失真，使政府相关部门失去了判断企业真实情况所需要的可靠依据。在现代公司治理短期难以到位的情况下，经过深思熟虑，1998 年党中央、国务院决定向国有重点大型企业派出稽察特派员，从强化监督入手，对国有企业的经营活动进行规范。稽查特派员制度在 2000 年起转为外派监事会制度。这就如同在在院墙没有建好之前，先加强人员守卫，这比建院墙来得更直接更有效。

（一）国务院稽察特派员制度的建立

根据党的十五大提出的建立有效的国有资产管理、监督和运营机制，保障国有资产保值增值，防止国有资产流失的精神，党的十五届二中全会和九届全国人大一次会议通过的《国务院机构改革方案》中正式提出要建立稽察特派员制度。1998 年 5 月，国务院印发《国务院向国有重点大型企业派出稽察特派员方案的通知》。1998 年 7 月 3 日，国务院总理朱镕基签署了第 246 国务院令，颁布《国务院稽察特派员条例》（以下简称《条例》），标志着该项制度的正式建立。《条例》规定了稽察特派员由国务院派出，由国务院任免，对国务院负责，代表国家对被稽察企业行使监督权力。同时，《条例》还对稽察特派员的工作性质、职责、具备的条件、监督的具体内容、稽察特派员办事处的组成、稽察工作方式和程序、稽察特派员的管理、稽察报告、稽察特派员的奖惩条件等都做出了明确的规定，如稽察特派员一般由部级、副部级的国家工作人员担任，每个稽查特派员配职助理 4 人，组成稽查员办事处，一般负责 5 个企业的稽查工作；稽查特派员和稽查特派员助理的任期为 3 年，可以连任，但对同一企业不得连任。稽查特派员不能参与、不能干涉企业生产经营活动。其主要职责：一是通过财务稽查，发现问题，防止国有资产的贬值和流失；二是以财务分析为基础，对经营者的经营业绩做出评价。《国务院稽察特派员条例》为稽察特派员制度的建立和完善奠定了基础，为稽察特派员开展工作提供了法律依据。

专栏 11 –3

《国务院稽察特派员条例》（节选）

第二条 稽察特派员由国务院派出，代表国家对国有重点大型企业（以下简称企业）行使监督权力。稽察特派员配备稽察特派员助理若干名，协助稽察特派员工作。稽察特派员对国务院负责。

第四条 国务院设稽察特派员总署，工作机构设在人事部，协调稽察特派员在稽察工作中与国务院有关部门和有关地方的联系，承办稽察特派员和稽察特派员助理的日常管理工作。

第五条 稽察特派员依照本条例的规定，维护国家作为所有者的权益，以财务监督为核心，对被稽察企业进行稽察。稽察特派员与被稽察企业是监督与被监督的关系。稽察特派员不参与、不干预被稽察企业的经营管理活动。

第八条 稽察特派员开展工作，设稽察特派员办事处。稽察特派员办事处由稽察特派员一名和稽察特派员助理若干名组成，实行稽察特派员负责制。

稽察特派员履行职责所需经费，列入国家财政预算。

第九条 稽察特派员履行下列职责：

（一）检查被稽察企业主要负责人员贯彻执行有关法律、法规和国家政策的情况；

（二）查阅被稽察企业的财务报告、会计凭证、会计账簿等会计资料以及与企业经营管理活动有关的其他一切资料，验证被稽察企业的财务报告等资料是否真实反映其财务状况，主要包括资产负债情况、还债能力、获利能力、利润分配、资产运作、国有资产保值增值等；

（三）监督被稽察企业是否发生侵害国有资产所有者权益的情况；

（四）对被稽察企业主要负责人员的经营管理业绩进行评价，对被稽察企业主要负责人员的奖惩、任免提出建议。

第十二条 一名稽察特派员一般负责 5 个企业的稽察工作，一般每年到被稽察企业稽察两次。

稽察特派员或者其指派的稽察特派员助理，也可以不定期地到被稽察企业进行专项稽察。

第十三条 稽察特派员开展稽察工作，可以采取下列方式：

（一）听取被稽察企业主要负责人员有关企业财务状况和经营管理情况的汇报，并可以提出质询；

（二）查阅被稽察企业的财务报告、会计凭证、会计账簿等会计资料以及与企业经营管理活动有关的其他一切资料；

（三）调查、核实被稽察企业的财务状况和经营管理情况，并可以要求被稽察企业做出必要的说明；

（四）向被稽察企业的职工了解情况，听取意见；

（五）向财政、审计、税务、工商、监察等有关部门以及银行调查了解被稽察企业的财务状况和经营管理情况。

第十四条　被稽察企业应当定期以书面形式向稽察特派员报告财务状况，如实提供情况，不得拒绝、隐匿、伪报。

第十六条　稽察特派员在稽察工作结束后，应当及时提交客观、真实、明确的稽察报告。稽察报告应当包括下列内容：

（一）被稽察企业财务状况的分析评价；

（二）被稽察企业经营管理情况的分析评价；

（三）被稽察企业主要负责人员经营管理业绩的分析评价；

（四）对被稽察企业主要负责人员奖惩、任免的建议；

（五）国务院要求报告的或者稽察特派员认为需要报告的其他事项。稽察特派员不得向被稽察企业透露稽察结论。

第十七条　稽察报告由稽察特派员签署，经由人事部根据被稽察企业的不同行业，分别送国家经济贸易委员会、国防科学技术工业委员会、对外贸易经济合作部等国务院有关部门进行审核。负责审核的国务院有关部门应当自收到稽察报告之日起 30 日内对稽察报告审核完毕。审核过程中，对稽察报告有不同意见的，应当就涉及的问题同稽察特派员交换意见，取得一致；经交换意见，仍不能取得一致的，应当在稽察报告后附注不同意见，但是不得到被稽察企业进行复核。审核后的稽察报告经由人事部报请国务院审定。人事部根据国务院审定的稽察报告中有关对被稽察企业主要负责人员的奖惩、任免建议，依照法定程序办理奖惩、任免事宜。

第二十八条　对已派入稽察特派员的企业，不再按照国务院关于国有企业财产监督管理的规定派入监事会。

朱镕基在国务院召开的省部级干部推进政府机构改革专题研究班上，就稽察特派员制度做了明确的说明："稽察特派员的任务主要是查账，不干预国有企业经营管理。稽察特派员一年去查两次账，对国有企业的财务状况进行分析、评估，搞清究竟是亏还是盈；同时，对企业主要领导成员的工作业绩进行评价。稽察报告经国家经贸委等部门审核后，向国务院呈报；然后，国务院通过人事部，根据情况决定对国有企业主要领导人的奖惩任免。"他还说，国务院决定向国有大企业和企业集团派稽察特派员是实现政企分开的重要举措，是对国有企业管理方式的重大转变符合国际惯例的。不这样做，大多数国有大中型亏损企业三年脱困的目标就成了空话。对于主要任务，朱镕基说得非常明确，他说，"稽察特派员到企业查账，一要同国有企业财务会计制度的改革结合，逐步建立符合国际惯例的现代企业财务会计制度，派有稽察特派员的企业要先做起来。二要同审计、工商部门结合，要充分利用审计、工商部门的成果，如有必要也可以请合格的会计公司帮助。派有稽察特派员的国有企业不再搞财务大检查，通常的审计也就可以不做了。稽察特派员只要敢于讲真话，不怕得罪人，就能查出问题。"

从 1998 年 4 月起，国务院先后分批任命的 38 位稽察特派员，以及从中央国家机关有关部门和在京国有重点大型企业中遴选出的 160 名同志稽察特派员助理。在任职前分别进行了为期两个月的任职培训，培训班由时任国务院总理的朱镕基亲自倡导举办，朱镕基总理还出席第一、二期稽察特派员培训班的开学和结业典礼，在第一期培训班开班仪式上亲自向首批特派员们颁发了任命证书，并做了重要讲话。1998 年 8 月，稽察特派员及其助理共 200 余人开始"上岗"履新，稽察特派员制度试点工作拉开序幕。此后，国务院又先后批准向 301 家国有重点大型企业派出稽察特派员，涉及石油、石化、煤炭、航空、轻纺、建材、铁道、农业、林业等 25 个行业，分布于除西藏、台湾外的 30 个省、自治区和直辖市。

到 2000 年 12 月底，对 62 家国有重点大型企业的稽察工作如期完成。这 62 家企业涉及机械、电力、石化、交通、冶金、烟草、建筑、通信、有色金属、民航、外贸等行业。稽察特派员对被稽察企业贯彻执行有关国家法律、行政法规和政策情况、财务会计状况、经济管理绩效、组织机构体系、国有资产保值增值情况以及企业主要负责人员的业绩等进行了监督检查和评价，对企业主要负责人员提出了奖惩、任免的建议，并将稽察结果上报国务院。通过稽察，发现了一些国有企业中的违法违纪案件，有效遏制了国有企业管理混乱、国有资产流失的状况。2000 年 1 月 18 日，国务院总理办公会议听取了稽察特派员工作情况汇报。会议认为，试行该制度两年来，稽察特派员及其助理做了大量艰苦和卓有成效的工作，对国有企业改革和发展起到了重要作用。2000 年 6 月 1 日，中央听取了稽察工作情况汇报，充分肯定了稽察特派员的工作成绩。

国务院稽察特派员、国有重点大型企业监事会主席路耀华曾这样谈到稽察特派员制度：

对稽察特派员制度，朱镕基总理很重视。我们每年都给国务院常务会议汇报一次，包括查办的案件，涉及的资产。会议由镕基总理亲自主持，我就参加过朱镕基总理亲自主持的会议。对我们的报告，他也亲自批示。那时镕基总理到我们的办公地点考察，都要到大家的房间转转。

试行稽察特派员制度后，查处了许多有影响的案件，当时都被镕基总理作为案例经常在有关会议上讲。这些案件之前没人查，也没暴露。稽察特派员一进企业，案子就一个个出来了。

稽察特派员制度为什么比较有效，原因在于其很适合中国国情，具有鲜明特点：

第一个特点是具有独立性、公正性。稽察特派员完全独立于企业之外，不跟企业有利益关系，经费由国家财政专项支付，职务由国务院任命，并且三年一换届，不能在一个企业长期待，避免时间长了有感情。有独立性才有公正性，独立看问题就更客观一些、更公正一些。

第二个特点是综合性。稽察特派员有监督评价职能。监督职能主要包括监督企业执行国家方针政策的情况，验证财务报表的真实性；评价职能主要包括评价企业的经营情况，评价企业的领导班子和企业负责人。稽察特派员制度的监督评价职能综合性强，特派员可以提供案件线索，但不办案，不是纪委；可以搞问卷调查评价领导班子，但不是组织部门；可以查账，但不是审计部门。综合性还表现在多种手段查账——稽察特派员可以走访企业所有部门，可以到现场查看，可以发问卷调查，可以找企业任何一个同志谈话，没有第三人，谈话人没什么顾忌。

第三个特点是系统性。稽察特派员在一家企业一般每年至少呆两到三个月，工作是全过程、全系统的。纵的可以从车间到企业党委会；横的可以从海南到黑龙江，都可以去，并且《国务院稽察特派员条例》规定企业必须对稽察特派员完全透明、完全公开，哪一个环节隐瞒都不行。我们想参加企业什么会议，走访企业什么人，想要企业什么资料，企业都得提供。包括企业原始凭证、会议记录我们都可以看。

点评：

发人深思的体制性创造

稽察特派员制度是朱镕基总理的一个创造。在这一制度建立之前，对国有企业并非没有监督，但机制不顺、成效有限。在企业内部，有企业党组织的监督、职代会的监督，公司制企业还有内部监事会的监督；在企业外部，有财政、审计部门的监督，企业主管部门的监督，纪检系统的监督等。上述内部监督靠下级监督上级，在机制上很难是有效的；多头的外部监督工作交叉重叠，更重要的是监督的责任主体不明确。

稽察特派员制度建立之时，既没有法律或政策的依据，也没有成功实践的先例，但这一制度确实是有效的。稽察特派员进入企业后，国有企业中的腐败、财务数据失真等问题开始大大减少。这一制度创造可以给我们很多启示。一个国家的公司治理结构必须从国情出发、从可以利用的社会资源和法制资源出发。发达市场经济国家对公众公司的监督主要依靠市场和法制，中国现阶段没有成熟的市场资源和法制资源，但组织资源丰富。稽察特派员制度实际上利用和立足于我们的组织资源。

——邵　宁

（二）《公司法》助推外派监事会制度

1999 年 9 月，党的十五届四中全会《关于国有企业改革和发展若干重大问题的决定》提出，"继续试行稽察特派员制度，同时要积极贯彻十五大精神，健全和规范监事会制度，过渡到从体制上、机制上加强对国有企业的监督，确保国有资产及其权益不受侵犯"。1993 年出台的《公司法》，没有规定国有独资公司设立监事会。1999 年 12 月，九届全国人大常委会第 13 次会议对《公司法》进行了修改，以法律形式明确了在国有独资公司建立监事会。修改后的《公司法》规定，"国有独资公司监事会主要由国务院或者国务院授权的机构、部门委派的人员组成，并有公司职工代表参加"；监事会行使的职权为：检查公司财务，对董事、经理执行公司职务时违反法律、法规或者公司章程的行为进行监督，以及国务院规定的其他职权。2000 年 3 月，国务院颁布《国有企业监事会暂行条例》，就国有企业派出监事会作了明确规定。

党中央的决议和国家有关法律法规，为稽察特派员制度向外派监事会制度转变奠定了法律基础。2000 年 1 月 18 日召开的国务院总理办公会议要求认真贯彻落实党的十五届四中全会决定，抓紧做好稽察特派员制度向外派监事会制度过渡的各项工作。同年 8 月，经国务院批准，向 100 家国有重点大型企业派出监事会，首批 27 位监事会主席开始开展监督检查工作。

2003 年 3 月，十届全国人大一次会议批准了国务院机构改革方案，设立国务院国有资产监督管理委员会。2003 年 5 月，国务院出台的《企业国有资产监督管理暂行条例》规定："国务院国有资产监督管理机构代表国务院向其所出资企业中的国有独资企业、国有独资公司派出监事会。监事会的组成、职权、行为规范等，依照《国有企业监事会暂行条例》的规定执行。"2005 年修订的《公司法》规定，国有独资公司监事会成员除了职工代表外，由国有资产监督管理机构委派，监事会主席由国有资产监督管理机构指定。2006 年 9 月，国务院国资委印发了《关于加强和改进国有企业监事会工作的若干意见》，从 2007 年开始，监事会由当年检查企业上年度情况逐步调整为检查当年情况，实行当期监督，进一步增强了监督的权威性、有效性和灵敏性。2008 年 10 月，十届全国人大五次会议通过了《中华人民共和国企业国有资产法》，该法规定："国有独资公司、国有资本控股公司和国有资本参股公司依照《中华人民共和国公司法》的规定设立监事会。国有独资企业由履行出资人职责的机构按照国务院的规定委派监事组成监事会。国家出资企业的监事会依照法律、行政法规及企业章程的规定，对董事、高级管理人员执行职务的行为进行监督，对企业财务进行监督检查。"这些规定，进一步巩固了外派监事会制度的法律地位。

外派监事会制度全面继承了稽察特派员制度的成功经验，主要有以下几个方面：

一是监事会由国务院或者国资委代表国务院派出，对国务院负责，向国务院和国资委报告。

二是监事会主席为专职，由副部长级国家公务员担任，国务院任命，专职监事一般由司（局）、处级国家公务员担任。主席、专职监事实行任期制，在同一企业不连任。

三是把企业执行法律法规情况、财务信息真实性、国有资产保值增值情况、企业负责人的经营行为作为监督重点，通过"查、看、听、询"等方式深入企业开展实地检查。

四是监事会开展工作所需费用由国家财政拨付，监事会主席、专职监事不得接受企业的任何报酬、福利待遇、馈赠，不得在企业报销任何费用。

五是监事会与企业是监督与被监督关系，监事会不参与、不干预企业经营决策和经营管理活动。

（三）外部监督的有效性及局限

据统计，1998～2008年，稽察特派员和监事会监督检查涉及资产70.32万亿元，占国资委履行出资人职责企业资产总额的75.8%，向国务院以及国资委报送监督检查报告（稽察报告）和专项报告1622份，揭示重大事项2684件，对3239位企业主要负责人提出了奖罚任免建议，为维护出资人权益，防止国有资产流失，确保国有资产保值增值，促进企业改革发展，发挥了重要作用，做出了突出贡献。

一是建立了一条独立于企业的信息渠道，为领导决策提供了重要参考。稽察特派员和监事会报送的报告，较客观地反映了企业经营业绩、财务状况以及改革发展中的主要矛盾和深层次问题，揭示了涉及国有资产流失的违法违纪违规事件，客观评价了企业领导班子及主要负责人履职情况。稽察特派员和监事会监督检查报告已成为党中央、国务院以及有关部门了解企业真实情况的重要渠道和进行决策的重要参考。2004年以来，国务院常务会议每年都要听取监事会工作汇报，对外派监事会制度和监事会工作给予充分肯定和高度评价。

二是发现和纠正了企业财务核算中存在的问题，促进了会计信息质量的提高。建立稽察特派员制度前，企业假账泛滥，许多企业会计报表不真实。如国家审计署对全国1290户国有及国有控股大中型企业1999年度的审计和审计调查结果显示，会计报表不真实的有882户，占68.46%；试行稽察特派员制度初期，稽察企业170户，有166户程度不同地存在资产不实和效益不真的问题。稽察特派员和监事会以财务监督、不造假账为工作重点，发现和纠正了这方面的大量问题。对于被监督企业来说，瞒天过海的假账造不成了，不真实、不规范的会计报表过不了关了，稽察特派员制度和外派监事会制度起到了有效的监督和制约作用。10年来，特别是国资委成立以来，中央企业的财务核算不断规范，会计信息日趋准确客观。

三是强化了企业负责人自律意识，维护了国有资产的安全完整。10年来，稽察特派员和监事会检查发现涉及国有资产流失的违法、违纪案件线索合计320件，涉及金额977亿元，依照程序移交司法、纪检、审计机关，使犯罪分子受到了法律的制裁，使违纪人员受到了纪律处分，挽回经济损失数亿元。

四是促进企业改善经营管理，推动了企业的改革发展。据不完全统计，10年来，稽察特派员和监事会在监督检查报告中累计提出改进企业经营管理、规范企业经营行为等方面的建议6824条，为促进中央企业改善经营管理，推动中央企业改革发展起到了重要作用。

五是完善了企业国有资产监督管理体制，促进了监督和管理的协同配合。监事会监督作为出资人监督的重要组成部分，有效纳入国有资产监督管理体系，是企业国有资产监督管理制度的自我完善，也是我国国有资产监督管理体制的重要发展。2003年以来，根据国有资产监管需要，监事会始终将出资人关心关注的企业投资决策、重组改制、产权转（受）让、清产核资、业绩考核、薪酬分配及高风险业务情况纳入监督检查重点，对中央企业执行国资委相关政策规定情况进行有效监督。

从企业治理结构上看，外派监事会制度在对企业财务监督和及时了解并向出资人报告企业真实情况方面，发挥了不可替代的重要作用。但是，由于其功能定位是监督，既不参与决策，也不负责执行，所以，外派监事会制度无法解决"一把手负责制"的体制问题，如重大决策"一把手"说了算，"一把手"在花钱、用人方面权力过大，缺乏有效制衡等。就是说，单靠外派监事会制度，无法有效防范重大决策失误和"一把手"以权谋私。

点评：

外部制度的局限性及相关制度安排

稽察特派员及外部监事会制度也有其局限性，就是过度依赖于稽察特派员和监事会主席个人的判断和个人的价值取向。同一个问题由不同的人去检查，结论可能是不一样的。稽察特派员或监事会主席判断失准、对问题定性不当的情况也会发生。这种局限性的存在很正常，监督者也是具体的个人，谁都不是理想化的监督主体。所以，一些企业负责人会因为"赶"上一个好的监事会主席而感到庆幸。

正因为如此，与监事会制度相关的制度安排很重要。一是企业经营中的重大决策不能一锤定音，要有相应的机构对重大决策进行核实、对问题的定性把关。二是更适合于进行事后监督。稽察特派员主要进行事后监督的制度安排是明智的，因为时间可以对大部分问题做出结论。这套制度如果前移至过程监督，其个人判断的局限性就很难避免。三是要防止必然会出现的监督力度弱化的问题。

——邵　宁

三、打破"内部人控制"：独立董事制度

国有企业通过重组改制为产权多元的股份制公司，进入资本市场上市交易，是一个极其重大的制度变革。而无论是在境外还是境内资本市场上市，都必须按照上市地的公司法，设立规范的公司治理机构，由此国有企业的公司治理机构改革进入到依法规范、与国际惯例接轨的新阶段。在这个阶段，公司治理的制度规则引入到国有企业的治理中，由此开始了公司治理一系列制度性变革。

（一）决策应非单方作出——独立董事制度引入公司治理

独立董事制度是各国上市公司通行的做法。在我国，第一版公司法并没有相应的规定，最早设立独立董事的是国有控股的境外上市公司。1993年青岛啤酒H股在香港上市，按香港联交所的规定，建立了独立董事制度。

1997年12月，中国证监会发布的《上市公司章程指引》（2006年进行了修订）首次引入独立董事制度。该指引的第112条规定，"上市公司可以根据需要设立独立董事"，并对独立董事任职条件做出初步规定，特别注明设立独立董事为"选择性条款"，由公司自行决定，并非强制性要求。

1999年3月29日，国家经济贸易委员会和中国证监会联合发布《关于进一步促进境外上市公司规范运作和深化改革的意见》，其中第6条提出，"逐步建立健全外部董事和独立董事制度"，规定应增加外部董事的比重，公司董事会换届时，外部董事应占董事会人数的1/2以上，并应有2名以上的独立董事。但该文件规范的是境外上市公司，要求上市公司按照境外证券交易所的规则进行管理。

2000年11月，上海证券交易所发布的《上市公司治理指引》中规定：公司应至少拥有两名独立董事，且独立董事至少应占董事总人数的20%。当公司董事长和总经理由一人担任时，独立董事占董事总人数的比重应达到30%。独立董事应提出客观、公正的意见，特别是当公司决策面临内部人控制和与控股股东

之间存在利益冲突时，独立董事可征求外部独立顾问的咨询意见，公司应为此提供条件。独立董事应保证投入足够的时间履行其职责，并应获得与其承担的义务和责任相应的报酬。董事会下设委员会应主要由独立董事组成，并由独立董事担任主席。

到 2001 年上半年，我国境内 1150 家上市公司中，有 204 家初步建立了独立董事制度，有 314 名独立董事，约占上市公司全体董事的 3%。

2001 年 8 月，中国证监会发布《关于在上市公司建立独立董事制度的指导意见》，对上市公司独立董事的构成比例、资格、任期、权责和薪酬等做了指导性规定，并要求各境内上市公司应当按照该指导意见的要求修改公司章程，在 2002 年 6 月 30 日前，聘任适当人员担任独立董事，董事会成员中应当至少包括 1/3 的独立董事。

专栏 11 -4

中国证监会关于在上市公司建立独立董事制度的指导意见（节选）

一、上市公司应当建立独立董事制度

（一）上市公司独立董事是指不在公司担任除董事外的其他职务，并与其所受聘的上市公司及其主要股东不存在可能妨碍其进行独立客观判断的关系的董事。

（二）独立董事对上市公司及全体股东负有诚信与勤勉义务。独立董事应当按照相关法律法规、本指导意见和公司章程的要求，认真履行职责，维护公司整体利益，尤其要关注中小股东的合法权益不受损害。独立董事应当独立履行职责，不受上市公司主要股东、实际控制人、或者其他与上市公司存在利害关系的单位或个人的影响。独立董事原则上最多在 5 家上市公司兼任独立董事，并确保有足够的时间和精力有效地履行独立董事的职责。

（三）各境内上市公司应当按照本指导意见的要求修改公司章程，聘任适当人员担任独立董事，其中至少包括一名会计专业人士（会计专业人士是指具有高级职称或注册会计师资格的人士）。在二○○二年六月三十日前，董事会成员中应当至少包括 2 名独立董事；在二○○三年六月三十日前，上市公司董事会成员中应当至少包括 1/3 独立董事。

二、独立董事应当具备与其行使职权相适应的任职条件

担任独立董事应当符合下列基本条件：

（一）根据法律、行政法规及其他有关规定，具备担任上市公司董事的资格；

（二）具有本《指导意见》所要求的独立性；

（三）具备上市公司运作的基本知识，熟悉相关法律、行政法规、规章及规则；

（四）具有五年以上法律、经济或者其他履行独立董事职责所必需的工作经验；

（五）公司章程规定的其他条件。

四、独立董事的提名、选举和更换应当依法、规范地进行

（一）上市公司董事会、监事会、单独或者合并持有上市公司已发行股份1%以上的股东可以提出独立董事候选人，并经股东大会选举决定。

（二）独立董事的提名人在提名前应当征得被提名人的同意。提名人应当充分了解被提名人职业、学历、职称、详细的工作经历、全部兼职等情况，并对其担任独立董事的资格和独立性发表意见，被提名人应当就其本人与上市公司之间不存在任何影响其独立客观判断的关系发表公开声明。

在选举独立董事的股东大会召开前，上市公司董事会应当按照规定公布上述内容。

五、上市公司应当充分发挥独立董事的作用

（一）为了充分发挥独立董事的作用，独立董事除应当具有公司法和其他相关法律、法规赋予董事的职权外，上市公司还应当赋予独立董事以下特别职权：

1. 重大关联交易（指上市公司拟与关联人达成的总额高于300万元或高于上市公司最近经审计净资产值的5%的关联交易）应由独立董事认可后，提交董事会讨论；

独立董事做出判断前，可以聘请中介机构出具独立财务顾问报告，作为其判断的依据。

2. 向董事会提议聘用或解聘会计师事务所。

3. 向董事会提请召开临时股东大会。

4. 提议召开董事会。

5. 独立聘请外部审计机构和咨询机构。

6. 可以在股东大会召开前公开向股东征集投票权。

（二）独立董事行使上述职权应当取得全体独立董事的1/2以上同意。

（三）如上述提议未被采纳或上述职权不能正常行使，上市公司应将有关情况予以披露。

（四）如果上市公司董事会下设薪酬、审计、提名等委员会的，独立董事应当在委员会成员中占有1/2以上的比例。

六、独立董事应当对上市公司重大事项发表独立意见

（一）独立董事除履行上述职责外，还应当对以下事项向董事会或股东大会发表独立意见：

1. 提名、任免董事；

2. 聘任或解聘高级管理人员；

3. 公司董事、高级管理人员的薪酬；

4. 上市公司的股东、实际控制人及其关联企业对上市公司现有或新发生的总额高于300万元或高于上市公司最近经审计净资产值的5%的借款或其他资金往来，以及公司是否采取有效措施回收欠款；

5. 独立董事认为可能损害中小股东权益的事项；

6. 公司章程规定的其他事项。

（二）独立董事应当就上述事项发表以下几类意见之一：同意；保留意见及其理由；反对意见及其理由；无法发表意见及其障碍。

（三）如有关事项属于需要披露的事项，上市公司应当将独立董事的意见予以公告，独立董事出现意见分歧无法达成一致时，董事会应将各独立董事的意见分别披露。

2002年1月，中国证监会和国家经贸委联合发布的《上市公司治理准则》，对独立董事的任职条件、选举更换程序以及职责、权利和义务等又作出明确规定。

截至2003年6月底，境内1250家A股上市公司中，有1244家上市公司配备了独立董事，独立董事总人数达到3839名，平均每家公司达到3名以上。在配有独立董事的1244家上市公司中，独立董事占董事会成员1/3以上的有800家，占总数的65%；独立董事占董事会成员1/4以上的公司有1023家，占总数的82%。至此，我国绝大多数上市公司已按要求配备了独立董事，独立董事制度基本建立。

除了制定规章外，中国证监会采取了一系列措施促进独立董事制度的建立和独立董事履行职责。2001年9月，中国证监会第一次公开处罚失职的独立董事：对郑百文独立董事陆家豪罚款10万元并认定为市场禁入者。自2007年以来，中国证监会共对11家上市公司的31名独立董事进行了处罚，主要涉及2005年之前的上市公司违法行为。

【案例】

中国独立董事被罚第一案

陆家豪自 1995 年 1 月至 2001 年担任郑百文第三、四届董事会独立董事。2001 年 9 月 27 日中国证监会做出《关于郑州百文股份（集团）有限公司及有关人员违反证券法规行为的处罚决定》（证监罚字〔2001〕19 号），基于郑百文虚假出资、股本金不实、上市公告书重大遗漏、上市后虚增利润、编制虚假会计报表和进行虚假信息披露等违规事实，认定包括陆家豪在内的公司数名董事负有直接责任，分别对他们处以罚款，陆家豪被罚 10 万元。对此，陆家豪不服，曾提出行政复议。2002 年 3 月 4 日，中国证监会做出维持原处罚决定的行政复议决定。这是中国证监会第一次公开处罚失职的独立董事。

大唐电信独立董事渎职遭中国证监会警告

2004 年，大唐电信为了避免连续亏损而被迫退市，虚增利润 3718 万元人民币，并在当年年报中有若干虚假陈述和重大遗漏。在 2005 年 4 月召开的董事会上，公司各高管及大部分独立董事均未对年报提出异议，仅有独立董事、审计与监督委员会主任李敏对虚假陈述之一提出质疑，但仍签字通过年报。2008 年 5 月，中国证监会宣布对于 ST 大唐 2004 年年报的虚假陈述及重大遗漏进行行政处罚，其中包括对各高管和各独立董事的警告，并认定独立董事、审计与监督委员会主任李敏没有尽到勤勉尽责的义务，为直接责任人员之一。

（二）不做"橡皮图章"——独立董事制度的积极作用

我国独立董事制度的建立，对完善上市公司治理，促进上市公司规范运作起到了积极的作用：

一是提高了董事会的独立性，有利于维护公司整体利益和保护中小股东合法权益。过去，控股股东侵占上市公司利益的问题比较严重，包括违规占用上市公司资金，让上市公司替控股股东支付费用和提供担保，关联交易价格不公允，等等。独立董事的进入，改变了董事会成员全部来自控股股东的局面，在董事会中形成了一定的制衡，使董事会相对于控股股东和管理层具有了一定的独立性。同时，独立董事被赋予特别职权，包括认可重大关联交易，提请召开临时股东大会、对重大事项发表独立意见等。这对防范控股股东侵占上市公司利益，保护中小股东合法权益，起到了积极的作用。与过去比，近些年，控股股东侵占上市公司利益问题大大改善，保护中小股东合法权益取得明显进展。究其原因，除了证券监管的有力措施外，独立董事制度起到了不可替代的作用。

二是加强了董事会的财务监督职能，弥补了上市公司监事会制度的缺陷。上市公司的财务数据直接反映了公司高管的经营业绩从而影响到高管的薪酬，也关系到公司再融资的条件等。因此，财务报告是否真实可靠，与公司高管存在潜在的利益冲突。按照《公司法》的规定，上市公司的财务监督应当由监事会负责。但是，除了境外上市公司有少数独立监事外，国有控股上市公司的监事都来自公司内部，属于董事长、总经理、党委书记等被监督对象的下级，如果高管要影响财务报告的真实性，监事会是无法起到监督作用的。上市公司董事会都下设了由独立董事组成的审计委员会，其主要职责就是财务监督，保障财务报告的真实性。从实际运行看，许多上市公司的审计委员会较好地履行了这项职责，弥补了监事会制度的缺陷。

三是优化了董事的结构，提升了董事会的决策水平和经营管理水平。近些年，一些国有控股上市公司引入了一批具有企业高层工作经历的经营管理人员、企业财务会计专家、行业专家等深具履行董事职责经验的独立董事，提升了董事会的决策水平和经营管理水平，也得到了公司高管的认可。

（三）痛苦的磨合——独立董事制度的不足

制度创新不仅需要相应的理念，更需要与之相适应的土壤和环境，同时新制度的效能需要整体配套才能发挥，这一切在改革创新的初期都可谓"奢侈品"。由于缺乏经验且各种配套制度和外部环境不够完善，刚刚引进的独立董事制度犹如一支嫩芽，还难以发挥它应有的作用，主要表现在以下几个方面：

一是独立董事仅占董事会成员的 1/3 限制了其制度性作用。《公司法》规定，上市公司董事会做出决议，必须经全体董事的过半数通过。除了行使特别职权外，独立董事的意见无法左右董事会的决策，难以对重大决策进行把关。

二是部分独立董事的素质与其承担的角色不相适应，缺乏企业经营管理实践经验。据对 2003 年 6 月底的情况统计，1244 家上市公司配备的 3839 名独立董事中，大学教授和专家学者占 44%，中介机构人员占 24%，公司外部经营管理人员占 13%。大学教授、专家学者和中介机构人员中，从事过企业经营管理工作的人员极少，这对其履行参与企业重大决策的职责产生了不利影响。独立董事履行职责有一个特点，除了提出建设性、咨询性意见外，就是提出必要的质疑。而上海证交所 2008 年 11 月发布的《中国公司治理报告（2008）：上市公司透明度与信息披露》显示，只有不到 5% 的上市公司出现独立董事曾对董事会讨论的事项提出异议的情况。该比例如此之低，应该与大部分独立董事缺乏企业经营管理实践经验密切相关。

三是独立董事的选聘与激励影响了其独立性。在我国，绝大多数国有企业都是把优良资产剥离出来改制上市，国有母公司持有上市公司控股股份，国有母公司负责人既是上市公司控股股东的人格化代表，又进入上市公司的董事会、管理层。也就是说，国有控股上市公司的所有权（控股权）与经营权是合一的。按照《公司法》和中国证监会有关股东大会选举和更换董事包括独立董事并决定其报酬的规定，这些上市公司独立董事的提名权、聘任权和其报酬决定权实际上掌握在国有母公司负责人和上市公司执行董事、高管手里。如湘财证券曾在2001年进行过上市公司治理调查，设立独立董事的212家上市公司中，独立董事由控股股东、董事长提名的公司占57%以上。这种状况势必会影响独立董事的独立性，削弱其制衡控股股东和上市公司执行董事、高管的作用。

四、"拿来主义"——相关国际经验的比较及启示

公司治理在发达市场经济国家，已经历了数百年的实践，仍在不断发展完善。1999年，由29个发达国家参加的"经济合作与发展组织"（OECD）发布了《公司治理原则》。此后，美国和欧洲、亚洲、澳洲许多国家的政府和有关组织相继出台了有关规定，以完善公司治理。这场世界性的完善公司治理运动，一个主要目标，就是提高董事会的独立性。如OECD发布的《公司治理原则》提出，"董事会应能够在公司事务中做出客观独立的判断"；"对存在潜在利益冲突的任务，董事会应考虑指派足够数量的能做出独立判断的非执行董事"。从各国的实践看，提高董事会独立性的措施主要有：提高独立非执行董事在董事会及其下设的专业委员会中的比例；绝大部分外部董事具有丰富的商业经验；越来越多的大公司董事长和首席执行官（CEO）分设；董事长和CEO未分设的大公司开始设立首席独立董事；董事会充分发挥专业委员会的作用。这些通行的做法和宝贵的经验在制度创新中必须得到充分的重视。

（一）提高独立非执行董事比例

董事可以分为外部董事与内部董事，也可以分为执行董事与非执行董事。

外部董事指非本公司职工担任（兼任）的董事，且其仅在公司的董事会（含董事会下设的专业委员会）中担任职务，不负责公司的执行性事务，不在公司全日制工作。外部董事包括独立董事。独立董事除满足外部董事的条件外，还应独立于股东。内部董事则是指企业内部人员担任的董事。用内部董事称谓的国家极少，绝大多数国家都用独立董事的称谓。

执行董事与非执行董事的称谓在很多国家普遍使用。OECD发布的《公司治理原则》就用此称谓。我国《公司法》中有"执行董事"的称谓，但仅限于在股东人数较少或者公司规模较小的有限责任公司可以不设董事会的有关条款中（《公司法》第51条）。执行董事是公司的职工，一般都是公司的高级管

理人员，负责公司执行性事务，且可以在公司商业合同上签字代表公司。执行董事相当于除职工董事外的内部董事。非执行董事不是公司的正式职工，不负责公司执行性事务，一般不代表公司在商业合同上签字。非执行董事一般都是外部董事。

经过几十年的公司治理实践，外部董事包括独立董事、非执行董事在提高董事会独立性方面的作用普遍受到重视。如美国辉瑞公司《治理准则》就明确指出，"董事会监督公司高级管理人员行为的职能主要通过熟悉公司业务的、德高望重的外部董事的参与来实现。公司的政策是，依据《纽约股票交易规定》的规定，董事会大部分由独立董事组成"；美国英特尔公司《董事会公司治理重大事项指引》指出，"董事会认为独立董事应该占董事会多数"。许多国家的政府或非政府组织出台规定，要求或倡导这些董事在董事会及其下设的专业委员会中占多数或占相当比例。

早在1998年7月，英国就出台了公司治理《综合规范》（《Combined Code》，又译为《联合准则》，2003年6月修订）。该规范提出：董事会应包括执行董事与非执行董事（特别是独立的非执行董事）的平衡以确保没有个人或小集团可以操纵董事会的决策；除小型公司外，董事会中的独立非执行董事应至少超过半数（包括董事会主席）；提名委员会由独立董事占多数并任主席，薪酬委员会全部由独立董事组成。《综合规范》是英国公司治理的一个里程碑。伦敦证券交易所规定，在该所上市的公司，对《综合规范》要么遵循，要么解释不遵循的原因并公开披露。

2003年3月、4月，美国纳斯达克证券交易所和纽约证交所分别出台了公司治理和上市标准，要求提高董事会的独立性，规定董事会大部分成员必须由按照严格"独立"意义定义的独立董事组成。美国公司治理商业圆桌会议（非政府组织）制定的公司治理原则（自愿性质）提出，董事会大多数成员是独立董事，提名、薪酬委员会仅由独立董事组成。

2003年，澳大利亚、荷兰、西班牙等国家都出台了类似于英国的规范。此前，加拿大、丹麦、希腊、瑞典、瑞士等已出台类似的规定；法国、比利时、意大利、韩国、新西兰等国家出台的规定，都要求独立非执行董事在董事会中占一定比例。

随着各国广泛推行独立非执行董事制度，独立非执行董事在董事会中的比例越来越高。根据世界大企业联合会《2005公司治理手册》，按营业收入分组的美国公司董事会中独立董事比例见表11-1：

表 11-1   美国公司董事会独立董事比例

美国公司董事会	独立董事在董事会比例	
按营业收入分组	2004 年（％）	1999 年（％）
100 亿美元以上	74	68
大于 30 亿小于 100 亿美元	73	67
大于 10 亿小于 30 亿美元	65	—
大于 5 亿小于 10 亿美元	68	58
大于 5 亿美元	68	58
所有公司平均	70	62

从表 11-1 可以发现，美国公司独立董事在董事会中的比例呈上升趋势，且越是大企业，董事会中独立董事的比例越高。

法国公司治理既存在不设监事会的单层董事会体制，也存在既设监事会又设由高级管理人员组成的管理董事会的双层董事会体制，其中单层董事会体制是法国的主要传统。在这种体制下，法国多数公司的董事会规模一般介于 11～19 人之间，其中执行董事不得超过董事会的 1/3，也即非执行董事至少占 2/3。

瑞典国有独资、控股公司提供的增加值约占本国 GDP 的 1/4，这些公司的董事会中只有 1 名执行董事，有代表行业的职工董事，其他成员都是外部董事。

日本 2002 年进行商法改革后，公司可以在传统的董事会、监事会模式和英美的单层董事会模式中自由选择。选择改革的企业，可以废除传统模式下依法必设的监事会，但必须在新模式的董事会下设立由独立董事任主席的审计、薪酬和提名等 3 个委员会。在新商法生效后的第二年，有 71 家日本上市公司选择改革。转向单层董事会模式的代表性企业有索尼、日立、东芝和日本电信等知名公司。在转向新制度的公司中，外部董事一般都占多数。如索尼公司在 2003 年转向英美的单层董事会前，董事会成员一度有 38 人，其中除了 2 名外部董事和 1 名外国人以外，35 人属"内部晋升型"。目前，公司公司董事会由 16 名董事组成，其中，内部董事 3 名，外部董事 13 人。

表 11-2   部分国际大公司非执行董事比例

序号	公司名称	董事会规模（人）	非执行董事（其中：独立董事）（人）	非执行董事比例（％）
1	微软公司	10	9（8）	90.0
2	英特尔公司	11	10（9）	90.9
3	马拉松石油公司	12	11（10）	91.7

序号	公司名称	董事会规模（人）	非执行董事（其中：独立董事）（人）	非执行董事比例（％）
4	摩托罗拉公司	13	12（11）	92.3
5	花旗集团	15	14（13）	93.3
6	沃尔玛	15	12（12）	80.0
7	通用电气	18	15（15）	83.3
8	IBM 公司	12	10（10）	83.3
9	埃克森美孚公司	11	10（10）	90.9
10	宝洁公司	17	15（15）	88.2
11	波音公司	11	10（9）	90.9
12	美国银行	17	15（14）	88.2
13	汇丰控股	19	13（12）	68.4
14	英国沃达丰	9	9（9）	100.0
15	诺基亚	10	9（8）	90.0
16	法国圣戈班集团	15	7（独立董事）	46.7
17	法国阿尔卡特朗讯公司	15	12（独立董事）	80.0
18	法国雷诺公司	18，其中：职工董事 3 人 股东代表 2 人	8（独立董事）	44.4

点评：

决策组织与执行组织

提高独立非执行董事在董事会中的比例，是世界各国改善公司治理的一个共同趋势。这一趋势的原因值得深入研究。

对于一个大公司而言，公司内部有决策组织和执行组织。由于其功能不同，这两种组织有着不同的内部规则。决策组织为实现科学决策，强调内部的民主，不能搞"一言堂"；因此董事会中董事之间是平等的，个人决策、个人负责。执行组织为提高执行效率，强调内部的权威和一致性，不能相互掣肘；因此经理班子内部是不平等的，下级服从上级。由此，决策组织与执行组织的内部规则几乎是相反的，相互之间很难相容。

如果董事会内部的执行董事比例过大，实际上是决策组织与执行组织一体化。如果我们从组织规则的角度去研究，就会发现一体化后，由于规则冲突很难运作，其结果不是影响决策的科学性，就是影响执行的效率。这可能就是世界各国都在提高董事会中非执行董事比例的内在逻辑。

——邵　宁

（二）独立非执行董事的选择标准

世界各国公司在不断提高董事会独立性的同时，也在不断优化独立非执行董事的构成。从实际情况看，大公司的绝大多数独立非执行董事都具有丰富的商业经验和骄人的从业记录。

如美国微软公司董事会现有 10 人，除董事长比尔·盖茨（非执行董事）、首席执行官斯蒂夫·鲍尔默和前总裁乔恩·雪莉（非执行董事）外，其余 7 人均为独立董事。7 名独立董事分别为：默克制药公司的前总裁雷蒙德·吉尔马丁，Netfix 公司前董事长、CEO 里德·哈斯汀，宝马公司董事会前主席赫尔穆特·庞克，摩根大通前首席财务官蒂娜·达布隆，August Capital 创始合伙人大卫·马夸特，美国电话电报公司前副董事长、高级副总裁兼首席财务官查尔斯·诺斯基，以及哈佛商学院教授詹姆斯·凯什。由此可见，7 名独立董事中 6 人具有大企业高层工作经历和经验。

表 11－3　　　　　　　部分国际大公司非执行董事来源情况

序号	公司名称	非执行董事	非执行董事来源
1	英特尔公司	10	具企业高层经历7人（其中5人跨行业）；2人为大学教授；具政府背景1人（巴尔舍夫斯基，美国前首席贸易谈判代表，总统内阁成员）
2	马拉松石油公司	11	具企业高层经历9人（均跨行业，包括非执行董事长）；学者1人；航天飞行员1人
3	摩托罗拉公司	12	具有企业高层经历10人（其中7人跨行业）；学者2人
4	花旗集团	14	具企业高层经历12人（其中7人跨行业）；大学教授1人（兼具政府背景，曾任美国国防部副部长、中情局局长）；洛克菲勒基金会1人（兼具学者背景，曾任大学校长）

序号	公司名称	非执行董事	非执行董事来源
5	沃尔玛	12	具企业高层经历10人（其中9人跨行业）；大学教授1人；具政府背景1人（曾任美国小企业管理局执行长官，为克林顿政府内阁成员；兼具企业高层经历）
6	通用电气	14	具企业高层经历10人；大学教授3人；具政府背景1人（参议员）
7	IBM公司	10	具企业高层经历8人，均跨行业，其中1人兼具政府背景（曾任美国助理国务卿）；教授2人（分别为电子与电脑工程学、理论物理学）
8	埃克森美孚公司	10	具企业高层经历8人，均跨行业；学者2人（其中1人曾任大学校长，1人为政府机构经济领域研究人员）
9	宝洁公司	15	具企业高层经历11人（均跨行业）；大学教授3人；中介服务机构（麦肯锡公司）1人
10	波音公司	9	具企业高层经历7人（均跨行业）；咨询公司1人（兼具军方背景，曾任白宫三军参谋长）；具政府背景1人（现任与美国政府机构有关的协会负责人，并曾任美军欧洲司令部司令兼欧洲盟军总司令）
11	美国银行	15	具有企业高层经历13人（其中10人跨行业）；大学退休校长1人；具有政府背景1人（美国陆军退役4星上将）
12	汇丰控股	13	具企业高层经历13人（其中11人跨行业）
13	英国沃达丰	9	具有企业高层经历8人（均跨行业）；来自会计师事务所1人
14	诺基亚	8	具企业高层经历7人（其中6人跨行业，1人来自与电信相关的软件行业）；大学教授1人

续表

序号	公司名称	非执行董事	非执行董事来源
15	法国圣戈班集团	7（独立董事）	企业界领袖5人；大学教授1人；法国私营企业协会主席1人
16	法国阿尔卡特朗讯公司	12（独立董事）	企业界领袖9人；具政府背景2人；律师1人
17	法国雷诺公司	8（独立董事）	企业界领袖导6人；律师2人

注：本表统计截至2008年年底。

（三）大公司董事长与CEO分设是发展趋势

董事长与CEO（包括不设CEO的总裁，下同）分设即由两人分别担任，是大多数欧洲国家、澳大利亚、加拿大、新西兰和新加坡等国盛行的模式。

在英国，早在1992年的《Cadbury报告》就提出CEO和董事长不能由同一人担任。1999年的《综合规范》和2003年的西格斯报告（Higgs Report，2003年1月）都坚持了这一原则。《综合规范》A.2.1规定：董事会主席与首席执行官不应由同一个人担任；主席与首席执行官之间的权责应清晰划分，明文列出并经董事会通过。《综合规范》A.2.2规定：首席执行官不应升任同一公司的主席；如果董事会决定选举首席执行官为其主席，董事会应提前征询大股东意见，并在任命时和下一年度报告中向股东列出原因。

从实际情况看，目前约有95%的英国公司实行董事长与CEO分设。如进入世界500强的英荷壳牌公司、BP、汇丰银行、杰华（保险）集团、特易购（Tesco）、沃达丰、巴克莱银行、联合利华（英荷）、英国电信、葛兰素史克制药公司，都是董事长、CEO分设。在实行董事长、CEO分设的大公司里，董事长基本上是由跨行业的外部董事担任。如一直在诺基亚公司工作的该公司董事长奥里拉（2006年之前还兼任诺基亚公司CEO）还同时担任壳牌公司董事长；沃达丰董事长庞约翰在汇丰银行工作了45年，曾任CEO、董事长。

在法国，长期以来公司董事会主席自动兼任CEO。但2001年5月法国颁布了《新经济管理法案》，规定董事会主席应与CEO分离（这一规定不具有强制性），董事会主席的角色在于维持董事会的组织和运作，确保董事享有完成任务所需的信息，确保公司管理机构的运行效率。

以美国为代表的一些国家，大多数大公司的CEO兼任董事长。根据美国公司图书馆前几年的统计，大约有75%的美国公司是CEO兼任董事长。但近些年也有越来越多的美国公司实行董事长、CEO分设。如进入500强的美国公司中，目前已有沃尔玛、微软、英特尔、马拉松石油、摩托罗拉、花旗集团等公司董事长与 CEO 分设。据世界大企业联合会提供的数据，2002 ~ 2005 年美国上市公司董事长、CEO 分设的比例有了较为明显的增加，由 23% 增长到 29%。据美国投资者职责研究中心统计，标准普尔前 1500 家公司实行董事长和 CEO 分设的，2000 ~ 2004 年由 25% 上升至 35%。尽管美国企业界、学术界对董事长与 CEO 是否需要分设还存在争论，但从统计数据看，分设有上升趋势。

表 11 - 4　　　　　　　部分国际大公司董事长、CEO 职务配置情况

序号	公司名称	董事长、CEO 是否分设	董事长是否来自本行业
1	微软公司	是	是
2	英特尔公司	是	否
3	马拉松石油公司	是	否
4	摩托罗拉公司	是	是
5	花旗集团	是	是
6	沃尔玛	是	是
7	通用电气	否	否
8	IBM 公司	否	是
9	埃克森美孚公司	否	是
10	宝洁公司	否	是
11	波音公司	否	否
12	美国银行	否	是
13	汇丰控股	是	否
14	英国沃达丰	是	否
15	诺基亚	是	是
16	法国圣戈班集团	是	是
17	法国阿尔卡特朗讯公司	是	否
18	法国雷诺公司	是	否

（四）首席独立董事设立及其作用

美国通用汽车公司是首席独立董事的首创者。20 世纪 90 年代初，通用汽车公司独立董事对 CEO 兼董事长罗伯特·C. 斯坦派尔普遍心存怀疑，但独立董事在董事会上难以有机会坦诚地交换意见。独立董事发现这一问题并经过私下交流后，推动董事会把董事长和 CEO 分开，并让"外人"——宝洁公司原首席执行官约翰·斯梅尔担任通用汽车公司董事会主席。随后，该公司 1994 年发布了《通用汽车董事会指引》，其中规定如果 CEO 兼任董事长，应当由外部董事选出一名成员负责主持外部董事例会。

由于美国大公司 CEO 兼董事长的情况较为普遍，为加强董事会内的权力制

衡，在董事会内设立首席独立董事（lead independent director），已越来越成为大公司较为普遍的做法。如美国英特尔公司、辉瑞公司等大企业都设立了首席独立董事。据美国投资者职责研究中心的统计，标准普尔500家美国公司中任命首席独立董事的比例从2003年的26%增长到2004年的52%，翻了一番。首席独立董事一般是全体独立董事选举产生或由董事会审计委员会、薪酬委员会等专业委员会主席轮流担任。

专栏 11–5

《英特尔公司董事会关于重大公司治理问题的指导方针》有关规定（节选）

董事会应当制定一名首席独立董事，其特殊任务如下：

a）向董事长建议关于董事会会议的合理时间安排，争取保证非执行董事能尽职尽责地履行他们的职责，而同时不会介入公司的正常经营；

b）向董事长提供关于董事会会议和专业委员会会议的议事日程准备工作的安排；

c）建议董事长关注管理层提交的信息的质量、数量和时效性，确保这些信息对促使非执行董事负责、高效地履行职责是必要和及时的；

d）向董事长推荐直接对董事负责的建言人或顾问人选的名单；

e）首席独立董事同时兼任董事会下设的执行委员会和公司治理委员会主席；

f）协助董事会、董事会下设的公司治理委员会、公司高管更好地遵照执行《董事会关于重大公司治理问题的指导方针》；

g）遇到敏感问题时，为非执行董事与董事长之间的主要联络员；

h）向主席推荐专业委员会的人员组成及其主席人选。

对CEO兼任董事长的美国公司，董事会可以召开没有执行董事参加的会议，会议一般由首席独立董事主持。只有外部董事参加的董事会一般主要讨论高管人员的业绩标准和薪酬、评估高管人员业绩表现、审阅会计师事务所出具的报告等。对召开这类董事会的次数，很多美国公司还做出了明确规定。如运通公司规定每年3次，辉瑞公司规定每年4次。

英国公司虽然董事长和CEO分设，但《综合规范》也建议：董事会应任命其中一位独立非执行董事为高级独立董事（senior independent director）。对高级独立董事的主要职责，《综合规范》规定：当股东产生疑问但通过董事会主席、CEO等正常渠道无法解决时，高级独立董事应对股东有所作为；在高级独立董事的领导下的非执行董事，负责对董事会主席的绩效进行评价，并参考执行董事的意见。

（五）健全的专业委员会

英、美等许多国家大公司一般在董事会下设审计、提名、薪酬等专业委员会，并注重发挥专业委员会对董事会的支撑作用。

审计委员会是董事会中十分重要的专业委员会。美国、加拿大、新加坡等国都规定，上市公司必须设立全部由独立董事组成的审计委员会，并规定了审计委员会的具体职责。作为英国公司治理《综合规范》附录的《史密斯指引》（由英国财务报告理事会 2003 年 1 月发布）指出，"审计委员会有着特殊的作用……独立于执行层行动，确保股东的利益在财务报告和内部控制中得以适当保护"。

专栏 11 –6

美、英和欧盟有关审计委员会职责的规定

有关文件	审计委员会职责
美国 《萨班斯—奥克斯利法案》	➤ 事前核准未禁止的非审计服务； ➤ 接受主要会计政策和做法以及备选会计处理方法的报告； ➤ 监督会计师事务所（包括报酬的支付）； ➤ 确定揭发会计舞弊的程序； ➤ 有权雇佣外部顾问。
英国 《综合规范》	➤ 监督公司财务报表和与公司财务有关的所有正式通告是否真实，审查包含在其中的重要财务报告判断； ➤ 审议公司的内部财务控制，除非公司单独有一个由独立董事组成的风险管理委员会或由董事会自己负责，否则审计委员会还要审议公司的内部控制和风险管理体系； ➤ 监控、审查公司的内部审计工作绩效； ➤ 向董事会做出关于外部审计师任命、再任命和调动的建议，以便股东大会批准外部审计师的薪酬和聘用条款； ➤ 审查监督外部审计师的独立性、客观性和审计程序的有效性； ➤ 研究、执行外部审计师提供非审计服务的政策，考虑关于外部审计师事务所非审计服务提供的相关伦理指引，确认哪些行为需改进，将上述结论报告给董事会并介绍具体步骤。

续表

有关文件	审计委员会职责
欧盟 《法定审计指令》	➢ 监控财务报告程序； ➢ 监控公司内部控制、内部审计和风险管理体系的效率； ➢ 监督对年度会计报表、合并报表的法定审计； ➢ 审查、监控法定审计师或审计事务所的独立性，尤其要监督向被审计机构提供的非审计服务。

对提名、薪酬委员会，英、美等许多国家都要求全部或大部分由独立董事组成。一些国家还明确规定了其职责。

专栏 11-7

英国公司治理《综合规范》关于提名、薪酬委员会的有关规定（节选）

A.4.1 应设立提名委员会来领导董事的任命程序，并向董事会提出推荐人选建议。提名委员会的大多数成员应为独立非执行董事。提名委员会主席应由董事会主席或一名非执行董事担任。但当提名委员会处理董事会主席的继任问题时，董事会主席不能参与。提名委员会应明确其职责权限。

A.4.2 提名委员会应评价董事会成员间的技能、知识、经验是否平衡，并依此提出需后备的董事的专长和能力的意见。

A.4.3 对于董事会主席的任命，提名委员会应准备一份工作详述，包括本委员会期望的时间承诺和应对危机能力的评价。

A.4.6 年度报告应有单独的一部分来描述提名委员会的工作情况，包括提名委员会采用的董事任命程序。如果在董事会主席或非执行董事任命中没有采用外部调查咨询或公开广告招聘，应说明原因。

B.2 薪酬委员会应向董事会主席或首席执行官建议其他执行董事的薪酬问题。薪酬委员会还应聘任顾问，决定执行董事薪酬。当执行董事或高级管理人员向薪酬委员会建议或提供支持时，应保持警惕并避免利益冲突。

B.2.1 董事会应成立至少有3名委员的薪酬委员会，小型公司应至少有2名成员，他们都应是独立非执行董事。薪酬委员会的授权应切实可行。当薪酬委员会聘任薪酬顾问时，应详细陈述他们是否与公司有其他关系。

B.2.2 薪酬委员会应被授权负责为所有执行董事和主席设计薪酬，包括退休金和其他补偿支付。薪酬委员会也应建议和监督高级管理人员的薪酬水平和结构。

为充分发挥专业委员会的作用，很多跨国公司的董事会还专门制定了专业委员会章程，统一纳入本公司的治理文件。

专栏 11-8

通用电气公司提名和公司治理委员会章程（节选）

通用电气公司的董事会提名和公司治理委员会应包括至少 4 名董事，其中应包括审计委员会、管理发展委员会和薪酬管理委员会的主席。

董事会可以指派和辞退委员会成员。委员会所有成员应为独立董事，都应满足通用公司提名和公司治理委员会制定的独立性条例。

委员会的目的是协助董事会发掘合格的董事，确定董事会及其委员会的人员组成，监督评估董事会的工作流程和效率，发展和执行公司治理条例。为了促进这一目的的实现，委员会具有以下职责：

领导搜寻合格候选董事的工作，向股东大会提名董事候选人。委员会选出的提名董事应该具备以下素质：具有高度的专业性和正直的人格，具有处理特殊情况的能力和很强的判断能力，能够与其他提名董事进行有效合作，一起为实现股东的长期利益努力。

回顾董事会各专业委员会的组成结构，对选聘各专业委员会的成员提出建议，如有空缺，还应推荐候补人选。

对董事会批准的一系列公司治理条例的完善提出建议。委员会应该至少每年回顾这些条例，如果可能频率可以更高，如有必要则提出改进建议。

对董事会及其委员会的年度自我评估流程提出评价和改进意见。委员会应检查年度自我评估文件。

每年回顾董事的薪金和福利状况。

专栏 11-9

微软公司审计委员会章程（节选）

审计委员会协助董事会履行对公司的监督职能。委员会的目标是对公司的会计和财务报告流程、公司资产负债表审计报告和公司内部与外部独立审计员的业绩进行监督。

委员会还应对以下三个方面予以特别关注：公司给股东的财务报表的质

量，公司商业和财务风险管理程序，公司行为在法律、道德和管治要求上的合规性。委员会直接负责独立审计员的聘任、津贴、留任。

委员会至少包括 3 名成员，每一名成员都应满足董事会和有关法律、法规和上市条件所确立的独立性要求。委员会每一名成员都应该能阅读最基本的财务报表，并且其中至少有一名成员能称得上是美国证券交易委员会所定义的"审计委员会财务专家"，至少有一名成员满足纳斯达克证券市场有关规定所定义的财务娴熟标准（该人可以是前述的"审计委员会财务专家"）。

委员会成员和主席均由董事会指派。一般而言，不允许委员会成员同时为 3 家以上的上市公司的审计委员会工作。

委员会成员至少每年会面 6 次。若委员会或其主席觉得有必要，可以增加会面的次数。

上述提高董事会独立性的措施，对完善公司治理起到了重要作用。

（六）公司治理实例——新加坡国有大企业董事会概况

【案例】

新加坡的国有大企业

新加坡国内的国有大企业，基本上都是由新加坡淡马锡控股（私人）有限公司（以下简称淡马锡）持股的。

淡马锡是新加坡政府全资拥有的投资控股性公司，新加坡财政部持有其100%的股权。从 1974 年 6 月成立至 2008 年 3 月 13 日，淡马锡以市值计算的年股东总回报达到 18%，以股东权益计算则达到 17%，每年派发给股东的股息超过 7%。2007 财年（指当年 4 月 1 日到 2008 年 3 月 31 日，下同），按 1 新元兑4.88 元人民币计算，淡马锡总资产 11829 亿元，股东权益 5563 亿元；营业收入3640 亿元，股东权益净利润 444 亿元。

2008 年年底，淡马锡董事会共 9 名成员，主要情况如下：

——董事长丹那巴南，独立董事，曾任淡马锡控股的新加坡星展银行、新加坡航空公司的董事长；

——副董事长柯宗盛，独立董事，埃克森美孚亚太私人有限公司主席兼董事总经理；

——独立董事许文辉，本国私营企业家，兼任星展银行董事长；

——独立董事柯逢豹，康福德高集团（新加坡上市公司，全球第二大的陆路交通公司，跨国经营巴士、出租汽车）董事经理兼集团总裁；

——外部董事张铭坚，新加坡财政部常任秘书；

——独立董事马库斯·瓦伦堡，瑞典斯德哥尔摩私人银行主席；

——独立董事吴友仁，本国私营企业家，吴控股有限公司执行董事；

——执行董事伊盛盟，澳大利亚人，2009 年加入新加坡国籍，曾任达能集团执行委员会成员、达能集团亚太区董事长；

——执行董事兼总裁何晶。

由以上可以看出：淡马锡董事长与总裁分设，董事长是独立董事，不是在公司全日制工作的执行董事；独立董事占 2/3，全都有大企业高层工作经历，其中有私营企业家，有国外大公司和国内上市公司的高管；董事会成员中本国人占多数，也有 1 名外国人。

淡马锡董事会下设常务委员会、审计委员会、领袖培育与薪酬委员会，均由独立董事担任主席，审计委员会全部由独立董事组成，其他两个委员会独立董事占多数。其中常务委员会的主要职责是经董事会授权、代表董事会审核批准一定权限内的事项；领袖培育与薪酬委员会的主要职责是提名董事、总裁，提出有关董事、总裁薪酬的建议。

淡马锡董事会的结构在新加坡国有企业中很具代表性，但其有两名执行董事是个例外，其他国有企业基本上都是 CEO 或不设 CEO 的总裁 1 人作为执行董事进入董事会。

虽然是政府直接持股的全资企业，但新加坡政府并不干预淡马锡及其控股企业的任何经营活动。政府只管淡马锡两件事：一是在由淡马锡董事会自己挑选、提名的基础上，批准董事的任免，其中董事长、总裁由民选总统批准；二是向淡马锡收取分红。

淡马锡在国内拥有的全资、控股企业（以下称淡联企业）中，大企业有 30 多家，分布在民航、港口、电信、能源、金融、基础设施、房地产、生物科学、媒体等领域。淡联企业提供的增加值约占本国 GDP 的 10%。淡马锡并不代替或者越过淡联企业的董事会干预企业的经营活动，而是致力于支持、帮助企业建立强大而有效的董事会。淡马锡极少派本公司员工进入淡联企业的董事会，而是让各企业董事会（提名委员会）自己去挑选深具商业经验尤其是大企业高层工作经历、专业和经验互补的独立董事。淡联企业董事会事先听取淡马锡的意见，淡马锡董事会的领袖培育与薪酬委员会会关注挑选这些董事的情况，必要时也会帮助淡联企业董事会搜寻董事人选。

2005～2008 年，国资委组织中央企业董事会试点企业董事分成 9 个团组赴新加坡考察淡马锡和一批大型淡联企业董事会的运作。从考察的情况看，这些淡联企业确实都有一个深具商业经验、对股东负责的强大的董事会。在这样的董事会的带领下，淡联企业显示出很强的市场竞争力，取得了很好的经济效益，有的企业成为全球同行业中的一流企业。例如，新加坡航空公司（以下简称"新航"）是淡马锡控股的上市公司。由于新加坡无国内航线，所以，新航从成立那天起就飞国际航线，与国外航空公司竞争。2003～2007年，新航的净资产收益率分别为9%、11%、9%、15%和13%，5年平均值在全球同行业领先。同时，新航还多年被世界权威杂志《国际航空运输》等评为最佳航空公司。

新加坡港务集团是淡马锡全资拥有的国有独资企业，是全球最大的港口营运企业之一。港务集团参与了亚洲、欧洲、美洲15个国家的26个港口项目，其在新加坡拥有的港口虽然是国内独此一家，但港口吞吐货物中80%是周转的，本国用的仅占20%。与该港口相距不远的马来西亚港口也主要是货物周转，与新加坡港口形成竞争。2003～2007年，港务集团的净资产收益率分别为20%、25%、29%、32%和46%。

五、在规范中创新——中央企业董事会试点

建立现代企业制度的核心是完善公司法人治理结构，没有完善的公司治理机制，现代企业制度就是新瓶装旧酒，徒具形式。而建立现代企业制度的重点和难点在于如何在国有企业中建立规范的公司治理机制。国资委成立之后，责任重大，任务艰巨，时任国资委主任李荣融十分清醒地看到，新成立的国资委在履职方式上面临两难的选择：如果继续过去机关职能部门直接行使出资人的各项权利的做法，很难避免对企业的行政干预，企业的经营自主权将受到极大削弱；如果将出资人的权力放到企业，则无法解决"一把手"的权力制衡问题。因此要避免走上过去"一放就乱、一管就死"的老路，必须在改革创新中谋求出路。

（一）拿自己的权力开刀——从董事会试点寻求突破

国务院国资委成立以后，针对国有大型企业治理结构存在的问题，经过在国内外进行的大量调研，最后聚焦到了董事会这一制度创新上。董事会制度作为现代企业制度的核心，早在国有企业进行公司制改革时即已引入，但效果却并不明显。调研结果表明，关键在于董事会的建设不规范，"经是好经，却念歪了"，不能因此否定这项制度本身。放眼国外，不仅市场经济国家中的董事会大多运作良好，而且最具有借鉴意义的是新加坡淡马锡控股的国有企业，其董事会作用显著，且企业在市场竞争中表现优异。李荣融同志由此看准了改革的方向，这就是老老实实地向优秀的企业学习，引进成功的做法和经验，建立规范的董事会。2004年即着手在中央企业推进规范的董事会试点工作。经过几年的努力，试点工作的成效逐步显现。

2003 年 7 月，国资委草拟了开展试点的文件。在酝酿试点的思路时，当时面临两项重大选择：

一项是外部董事在董事会中占多数还是少数。当时的判断，外部董事占少数，也能发挥一定的作用，且试点工作容易起步。但是，要让董事会有自己的决定而不是管理层的决定，要让董事会履行管理经理人员的职责，外部董事应当占多数。当时确定按外部董事占多数进行试点。草拟的文件于当年 11 月征求了部分中央企业的意见，一些企业回复意见对此表示异议，最后文件出台时改为"试点初期外部董事不少于 2 人。根据外部董事人力资源开发情况，在平稳过渡的前提下，逐步提高外部董事在董事会中的比例"。

另一项是试点放在中央企业的母公司还是其控股的子公司。当时已经有不少中央企业的全部或者大部分主业资产进行了改制，进入一家上市公司。试点放在这样的股份制子公司，规范的董事会建设与股份制可以紧密结合，有利于完善股份制改革。但是，这些子公司的控股股东是母公司而不是国资委，试点只能由母公司进行操作，国资委只能提要求而不能直接推进。而试点放在母公司，国资委就可以直接操作，既可以完全体现自己的意志，又可以在国有资产监督管理机构与企业之间的关系方面进行制度创新。但是，中央企业母公司基本上都是国有独资，受资产质量、规模和历史包袱等因素的制约，绝大多数母公司整体搞股份制没有可能性。在母公司搞试点，只能依照《公司法》改为国有独资公司并建立董事会。国资委最后决定在母公司进行"建立和完善国有独资公司董事会试点"。鉴于试点企业只有一个股东，可不必过分强调董事公平地对待每一个股东，即董事的独立性，试点用了"外部董事"的称谓而未用"独立董事"的称谓。

2004 年 2 月，国务院召开第 38 次常务会议，听取国资委工作汇报，汇报中提出在中央企业进行建立和完善国有独资公司董事会试点工作，得到国务院同意。会后，国资委与中央组织部共同商量，确定神华集团、宝钢等 7 家企业作为第一批试点单位。2004 年 6 月，国资委印发了《关于中央企业建立和完善国有独资公司董事会试点工作的通知》。该文件提出了开展试点的指导意见，包括"建立外部董事制度，使董事会能够做出独立于经理层的判断"，"国资委对国有独资公司履行出资人职责的重点放在对董事会和监事会的管理"，"从目前的实际情况出发，平稳过渡，逐步推进，总结经验，不断改善"等基本思路。文件还明确了第一批试点企业和国资委成立试点工作领导小组以加强组织领导。第一批试点企业包括神华集团、上海宝钢、中国铁通、中国诚通、中国医药集团总公司、中国高新投资集团公司、中国国旅集团等。

2005 年 5 月底至 6 月初，国资委召开了两期"国有独资公司董事会运作研讨班"，7 家试点和新扩大的 4 家试点企业有关负责同志以及作为外部董事人选的 18 位中央企业原负责人参加了会议。这次会议，全面阐述了试点的重要意义，进一步明确了试点的基本思路和主要措施，部署了下一阶段的各项工作，起到了统一思想、提高认识、明确任务的作用。这次会议有两个重点，一个是分析了外部董事制度的各项作用，明确提出这是试点的"关键性、支持性的制度安排"；另一个是明确提出把重大投融资决策和挑选、考核经理人员并决定其薪酬的权力交给董事会，使董事会有足够的职权对国资委负全责。

2005 年 8 月，国资委组织试点企业董事、外部董事人选和国资委、中央组织部有关厅局的同志分三期赴新加坡淡马锡公司考察交流，大家亲眼看到该国国有企业规范有效的董事会，大大增强了对试点的信心。2006~2008 年，国资委每年都组织这样的考察交流，新加入试点的企业董事和董事会秘书参加，受到董事和董事会秘书的普遍欢迎。国资委还组织了企业财务会计、薪酬与考核、风险管理、国企改革、董事会运作基本知识等专题培训，为董事履职提供必要的信息。

2005 年 10 月 17 日，国资委在上海召开了宝钢集团董事会试点工作会议，该企业中层以上领导参加了会议，中央组织部有关厅局主要负责同志出席了会议。国资委领导向该企业的 5 名外部董事（超过了董事会成员数的半数）颁发了聘书，并在会议上作了讲话，阐述了试点的重要意义和各项制度安排与措施，对宝钢集团的试点工作提出了具体要求。会后，宝钢集团董事会即召开会议，其作为外部董事到位的第一家企业正式启动了董事会的运作。到 2006 年年底，国资委分别召开了各企业试点工作会议，外部董事全部到位，董事会都正式启动了运作，其中，中国外运集团由外部董事担任董事长。

2007 年年初，外部董事到位、董事会正式开始运作的试点企业达 17 户，其中 14 户试点企业外部董事超过了半数。同年 3 月，国资委召开了试点企业董事长座谈会；5 月召开了关于现代企业制度与党组织政治核心作用研讨会；6 月召开了外部董事座谈会；7 月 2 日~17 日，国资委先后 6 次召开会议，专门听取各试点企业董事会向国资委报告工作。从这些会议看，各试点企业董事长、董事和监事会主席高度认可试点工作，并提出了很多好的意见和建议。一些来自体制外的外部董事深有感慨：国资委是真拿自己的权利开刀进行改革，只有这样的董事会才有可能不成为摆设。

2008 年 6 月中旬，国资委两次召开试点企业外部董事履职座谈会；6 月下旬至 7 月上旬，国资委先后 5 次召开会议专门听取各试点企业董事会报告上一年工作；11 月，中央组织部、国资委联合召开了试点工作座谈会，会议主要任务是学习贯彻中央组织部、国资委党委印发的《关于董事会试点中央企业董事会选聘高级管理人员工作的指导意见》和《董事会试点中央企业董事会、董事评价办法（试行）》，国资委、中央组织部领导做了讲话，3 家试点企业负责人进行了交流发言。这次会议充分肯定了两文件在深化国有资产管理体制改革、完善公司法人治理结构、创新国有企业领导人管理体制、探索现代企业制度下党管干部原则方面的重要意义，强调要把健全现代企业制度与发挥企业党组织政治核心作用结合起来，使政治优势转化为企业核心竞争力。

2009 年 2 月，中共中央政治局常委、中纪委书记贺国强同志在中央企业调研座谈会上指出，"公司法人治理结构探索取得新突破，选择部分中央企业开展了建立和完善董事会的试点"；"要推进国有企业公司制股份制改革，扩大董事会试点范围，完善法人治理结构"，"形成企业决策权、执行权和监督权既相互制约又相互协调的机制"。同年 2 月，国务院副总理张德江同志对国资委上报的试点总结报告做出重要批示："近几年，央企董事会试点工作是成功的，经验十分宝贵，为国企建立现代企业制度、完善公司法人治理结构，探索出了新路。希望巩固和扩大试点，积极探索，认真总结，使这项制度日臻完善。"2 月底，国资委召开了董事会试点企业外部董事工作会议，认真贯彻落实党中央、国务院关于巩固和扩大中央企业董事会试点的精神，以加强外部董事队伍建设为重点，进一步推进和深化试点工作。各试点企业董事参加了会议。3 月，国资委下发文件，明确新增 7 户试点企业，试点企业户数达 24 户。这新增 7 户试点企业是：国家开发投资公司、车风汽车公司、中国东方电气集团公司、中国中煤能源集团有限公司、中国机械工业集团有限公司、中国钢研科技集团有限公司、中国中材集团有限公司。

（二）关键在于规范——试点的主要制度安排和措施

（1）建立外部董事制度。主要是由国资委从企业外部选聘符合条件的人员担任董事；其超过董事会全体成员的半数；总经理进入董事会，经理层副职原则上不进入董事会；进行外部董事担任董事长的探索；为外部董事履职及时提供相关信息；外部董事领取固定的报酬，不与企业经营业绩挂钩；根据外部董事的不同情况，任期 1~3 年；外部董事履职时间每年不得少于 30 个工作日，参加董事会定期会议次数不得少于实际召开次数的 3/4；对外部董事履职情况每年进行评价等。

（2）完善和落实董事会的职权。董事会定位于对公司进行战略性管控，分三个方面：把握公司发展方向与速度，防范重大风险；审核批准投资、财务等业务中的重大事项；优选高级管理人员，并建立对其的考核、薪酬等激励与约束机制。根据这个定位，试点企业董事会除了享有《公司法》规定的职权外，国资委还把以下职权授予了董事会：依照《公司法》有关国有资产监管机构可以授权国有独资公司董事会行使股东会的部分职权的规定，把应由国资委行使的批准企业投资计划、预算等权力授予董事会行使；把国资委行使的决定经理层的经营业绩考核和薪酬权利交给外部董事超过半数、制度健全的董事会，国资委加强指导；把国资委党委负责的经营管理人员管理权下放给外部董事超过半数、制度健全的试点企业董事会，国资委实行任前备案管理。国资委还下发了文件，详细规定了试点企业董事会的 25 项职责。

（3）规范董事长与总经理的职责定位，实现试点企业主要负责人的平稳过渡。试点企业董事长与总经理分设，试点前已有董事长的，保持不变；没有董事长的，原总经理比较优秀的，或者总经理要退休党委书记比较优秀的，就担任董事长，再从副职中提拔一名总经理。只有当企业原"一把手"退休或调整时，才选择由外部董事担任董事长。董事长是董事会的领导，主要职责是组织董事会运作，国资委对其履职进行评价，但不对其进行经营业绩指标考核。总经理是企业执行性事务的负责人，对董事会负责，履行《公司法》规定的各项职权。

（4）建立董事会有效运作的机制。国资委规定，公司章程和董事会制定的有关制度必须详细规定董事会的各项职权；董事会每年召开定期会议的次数不得少于 4 次；董事会必须对决议执行情况进行检查；董事会应当下设薪酬与考核、提名、审计委员会，还可以根据公司情况设置其他专门委员会；公司董事会成员有公司驻地以外人员且必须由董事会决策事项较多的，经国资委批准，可以设立常务委员会，行使董事会授权的部分职权；提名、常务委员会中外部董事应当占多数；薪酬与考核、审计委员会应当全部由外部董事组成；属于专门委员会职责范围的事项，应当先由专门委员会讨论，为董事会决策提供意见和建议。

（5）董事会试点与发挥企业党组织政治核心作用相结合。企业党组织负责人和职工代表进入董事会；董事会负责重大决策与党组织参与重大问题决策、职工民主管理相结合；党管干部原则与董事会依法选聘高级管理人员相结合。

（三）功夫不负有心人——试点取得的成效

1. 制度建设取得重大进展

一是外部董事制度基本建立。到 2008 年年初，17 家试点企业外部董事都超过董事会成员的半数，有 3 家试点企业的董事长由外部董事担任。共聘请外部董事 69 名，其中，中央企业原负责人 45 人，财务会计等方面的专家教授 9 人，其余 15 人为熟悉企业工作的政府机关已退休负责人、地方大型国企原负责人、民营企业家、境外大公司董事和高管人员。储备了 34 名外部董事人选，建立了外部董事人才库。

二是指导试点的制度建设取得重大突破。2008 年 10 月，中央组织部、国资委党委联合印发了《关于董事会试点中央企业董事会选聘高级管理人员工作的指导意见》，把国资委党委管理的试点企业经理人员的权限下放给董事会。这个文件，体现了党的十六届三中全会关于"坚持党管干部原则"、"董事会选择经营管理者"的精神，是国有企业领导人员管理体制改革的重大创新和突破，对于国资委进一步完善公司治理结构，建立有别于党政领导干部的企业领导人员管理体制和机制具有重要的意义。国资委也把对经理人员的考核、奖罚职权交给了董事会。这些重大制度性措施，有利于实现董事会的权利、义务和责任的统一，有效发挥董事会的作用；也有利于国资委集中精力做好挑选、评价董事和指导、评价董事会的工作，是国有资产管理体制改革的进一步深化。中央组织部、国资委还出台了对董事会、董事的评价办法，国资委单独出台了涉及外部董事管理、职工董事履职、董事会向国资委报告工作、董事会运作、董事报酬管理、董事会管理高级管理人员薪酬的指导意见等文件。

三是试点企业制定的规章制度初步形成了体系。各试点企业的制度都包括公司章程、董事会和专门委员会的职责和议事规则、对外部董事信息提供制度、总经理工作规则等。不少企业还制定了规范董事会、党委会、经理层相互工作关系的有关规则。特别是在有关决策程序的制度建设方面，各董事会十分重视，取得了一些好的经验。如规定需要进行可行性研究论证的决策事项，必须进行风险评估；决策议案及其相关资料提前 10 天、至少 5 天送达董事；凡是由高管人员提出的议案，须经总经理办公会议讨论后方可提交董事会；属于专门委员会职责范围内的事项先由该委员会研究提出意见；对董事会决议的执行情况，董事会定期检查，总经理或有关高管人员定期报告；把一般性决策事项授权常务委员会、董事长、总经理行使，以提高效率。

2. 董事会实现了正常运作，监事会开展了相关监督评价

一是健全了组织机构。试点企业董事会都设立了提名委员会、薪酬与考核委员会、审计委员会等专门委员会，都聘任了董事会秘书且大多数为专职；明确了公司相关职能部门作为董事会各专门委员会的工作支撑机构，以保障董事会运作的有效性。

二是董事会和专门委员会召开会议的次数能够满足其履职需要。试点企业平均每年召开董事会 8 次，最少的召开 4 次，最多的召开了 13 次。专门委员会会议次数最少 4 次，最多 30 次，平均 11 次。董事会和专门委员会会议议题，基本上涵盖了企业经营管理和改革的重大事项。

三是初步形成了董事全方位沟通机制。一些试点企业在外部董事中自发形成"首席外部董事"，由其组织外部董事之间以及外部董事与国资委之间的沟通；一些试点企业在重大议题提交董事会前，由经理层与外部董事进行专题沟通；有的试点企业在董事会会前召开外部董事碰头会，交换意见和看法。

四是各董事会向国资委报告年度工作。通过这项工作，董事会总结检查了自己的工作，国资委能更好地了解董事会履职情况，为更好地评价董事会工作、加强与其沟通搭建了平台。

五是监事会开展了对董事履职和董事会工作的监督评价。监事会主席、监事都列席了试点企业董事会会议和部分专门委员会会议，对董事履职、取薪等情况进行监督检查，对董事会的工作进行评价。有的监事会还采用书面、口头等形式将监督检查工作情况向董事会、董事通报。试点企业董事会对监事会的意见很重视，如宝钢董事会及时采纳监事会所提意见和建议；国药集团董事会专门向监事会作了整改报告；恒天集团董事会要求经理层对监事会提出的意见和建议专题研究，专人负责进行整改。

3. 董事会较好地发挥了作用

一是董事会起到了决策把关的作用。试点以来各董事会都否决和缓议了一批议案。如农发集团，否决和两次审议才通过的议案各占 7.5%；中冶集团否决 6 项、缓议 5 项议案。这充分说明董事会在决策把关上发挥了作用。不少董事、监事会主席反映，从被否决和缓议的项目看，董事会的决定是正确的。如神华集团董事会经审议后调整了拟收购菲律宾电厂项目，其他企业收购该电厂后，亏损巨大；攀钢董事会否决和延缓表决 11 个项目，其中拟投资超过 18 亿元的热轧板材项目，董事会决定改为用 2 亿多元进行技术改造，效果很好，受到好评。

二是董事会管理高管人员的薪酬与考核工作起步良好。第一，注重这项工作的平稳过渡。为便于起步，不少董事会基本采用了国资委对面上中央企业的有关管理办法，与国资委的规定保持了一致；同时，许多企业董事会还把与国资委在这方面的事先沟通纳入相关制度。第二，体现试点企业的个性化管理。除了与国资委有关管理办法的衔接外，各董事会从本企业实际出发，普遍采用了个性化管理办法。一方面增设个性化考核指标，如诚通集团增设了资产经营项目指标，中房集团增设了成本控制和不良资产处置指标；另一方面评价考核经理层各副职的工作，如诚通集团、中房集团、中国外运、国药集团实行了副职向董事会年度述职与民主评议相结合的考核机制，各副职之间的分配系数拉开了差距。第三，积极采用先进的业绩考核方法。目前，已有神华集团、中国电子、宝钢等 7 家企业采用了经济增加值（EVA）作为辅助考核指标，4 家企业引入了平衡计分卡绩效管理工具。

三是董事会促进了企业战略管理水平的提高。各董事会都十分重视企业发展战略和规划的制订、完善，并重点从符合实际、能够落实方面审核把关。董事会的重视，促使经理层认真拟订相关方案，狠抓战略与规划的落实。采取的措施包括：不符合战略与规划的投融资项目一律不通过；把规划的目标分解落实到年度预算中并纳入对经理层的考核。

四是董事会促进了企业风险管理体系的建立。一方面，董事会都有较强的风险意识，向国资委报告年度工作，不仅报成绩，也报面临的风险和存在的问题；

董事会讨论投资议案，更多的是关注存在的风险和应对的措施。另一方面，董事会普遍都做出了加快建设风险管理体系的决定，负责指导该体系建立的有关专门委员会为此做了大量工作。

五是董事会促进了企业预算管理和财务管理的加强。批准公司预算方案，是国资委授权试点企业董事会行使的一项职权。各董事会认真履行这一职责，促进了预算管理和财务管理的加强。如神华集团董事会及其财务委员会以预算管理为核心实施财务跟踪监控，要求经理层关注近年来公司成本费用增幅高于营业收入增幅问题，并得到了解决；中国电子董事会要求经理层加强对借款、担保的管理，有效控制财务风险，2007 年在销售收入和资产规模大幅增长的同时，负债率和担保额显著下降；中冶集团董事会研究 2008 年预算，把二级公司上报的投资额削减了 70%；攀钢、恒天集团、中房集团、农发集团、国药集团等公司董事会在预算和财务管理方面都提出了一系列措施和要求，并得到了落实。

六是董事会促进了企业改革的深化。在股份制改革方面，加入试点后，中国中铁、中国铁建、中冶集团、国旅集团已完成了整体上市。在压缩管理层级方面，不少董事会都提出了明确要求并得到了落实。如中国电子 2007 年清理整合了 101 家子企业；中国中铁已经注销了 183 家子企业；中国铁建已撤销了 223 家子企业和 32 家分公司。在重组改制和职工安置方面，经宝钢董事会批准，2007 年清理重组资产 41 亿元，涉及在册职工 2000 多人；恒天集团董事会决策的子企业搬迁改造和 1 万多名职工劳动关系变更项目实施非常成功；攀钢董事会批准的内部重组调整项目涉及职工 1 万多人，没有发生不稳定等问题。在子企业建立规范的董事会方面，大部分试点企业董事会都在积极推进。如神华集团已在煤制油等 2 家子企业开展试点，外部董事已陆续到位；新兴铸管集团 56 家子企业中，38 家外部董事超过半数，7 家由外部董事担任董事长。

4. 探索董事会试点与发挥企业党组织政治核心作用、职工民主管理相结合

试点一开始国资委就明确，要与充分发挥企业党组织政治核心作用、职工民主管理相结合，积极探索中国特色的公司法人治理结构。各试点企业的党组织主要负责人都进入了董事会，各董事会中均有 1 名职工董事。

宝钢董事会与公司党委在这方面摸索了不少经验，形成了党组织在决策、执行、监督等各个环节发挥政治核心作用的方法和程序，实现了党管干部原则与董事会选聘高管人员以及高管人员依法行使用人权的结合。农发集团、中冶集团、新兴铸管集团董事会、经理层在研究决定重大问题前征求党委意见，党委研究讨论重大事项，主要是从政治、政策和国家、职工利益方面进行原则性研究，提出意见，不做决定，由董事会依法决策。董事会做出决策后，党委全力支持，维护董事会决议的权威性。中国中铁、农发集团等企业党委，还在坚持党管干部原则和董事会、总经理依法行使用人权相结合方面，做了积极探索。

试点企业设职工董事，起到了强化民主管理的作用。职工董事进入董事会，可以把广大职工的意见直接反映到最高决策层，有利于重大决策反映和体现职工的意愿，提高决策的科学性和认可度。如宝钢董事会审议企业年金方案，认真研究汇集后的职工意见，使方案获得广大职工的认可和支持。中国电子职工董事就企业重组整合中的职工安置问题，召开有关职工参加的座谈会，传达了公司的有关政策措施，听取了职工的意见建议，并反馈到董事会，受到董事会的重视，收到了好的效果。

点评：

董事会试点看到的机制性变化

国有独资公司董事会试点虽然时间还不长，试点企业还不够多，但已能看到一些重要的机制性变化。

——重大决策一个人说了算的局面彻底改变了。由于具有经营管理经验的老资格外部董事的进入，且占到董事会的多数，以往企业重大决策"一言堂"的局面被改变了。各试点企业都出现了重大议案被否决或缓议的情况，董事会的决策质量明显提高。

——对企业的个性化管理开始出现。随着对经理层的考核权逐步下放董事会，董事会对经理层的考核出现了个性化的趋势。考核指标更加符合企业实际，个性化指标的设置更加准确。这样就有可能消除国资委对众多不同类型企业进行共性化考核的不足。

——改革和结构调整力度加大。董事会试点开始后，很多试点企业长期没有解决的难点问题开始得到推动，改革和结构调整的力度在加大。究其原因，原体制下决策主体和执行主体一体化，出题的人和解题的人是同一批人，不给自己出难题是人之常情，而董事会试点把二者分开了。

——邵 宁

（四）制度磨合待有期——试点的初步经验和需要探索解决的问题

1. 外部董事的素质必须满足董事会的职责要求

中央企业董事会试点区别于过去的董事会实践的主要特征，就是外部董事制度。而其制度性作用的发挥，是通过每一名外部董事来实现的。因此，试点能否成功并普遍推开，最终取决于外部董事的素质、结构和数量，这是试点的生命线。早在国资委搞董事会试点之前，我国上市公司已经设立了独立董事制度。且大学教授、专家学者和中介机构人员合计占68%。2003年11月，国资委就草拟的试点文件征求中央企业意见时，一些中央企业就以上市公司独立董事没有什么作用为理由，质疑试点的外部董事制度。因此，国资委进行试点，首先面临的问题，就是外部董事的来源。国资委的出发点是：选什么人担任外部董事，要看董事会履行什么职责。既然董事会负责企业经营管理和改革的重大决策以及挑选、考核、奖惩经理人员，且外部董事又要在较短时间里对这些事项做自己的分析和判断，那么，外部董事就必须在这些方面具有丰富的实践经验和高水平的专业知识，特别是大部分外部董事必须有大企业经营管理的实际经验。

近年来，从中央企业领导岗位上退下来一大批老同志，其中大部分同志在上述方面具有丰富的经验，具有很强的敬业精神，在政治方面包括廉洁自律等也经受了长期考验，从第一线退休后可用于履行外部董事职责的时间较充裕。而且，对于比较讲究资历的国有企业来说，这些老同志比较易于为现职企业经理人员所接受。因此，国资委把这些原中央企业负责人作为宝贵资源，试点一开始，国资委就选聘了一批以往业绩突出、身体良好、有继续工作愿望的老同志作为外部董事。从董事会知识和业务结构的完整性出发，国资委还从大学、研究机构中挑选了一批高水平的财会、金融、法律和行业方面的专家，从一些地方国企和境外大公司选聘了高素质人才，从政府部门退休人员中选聘了具有履行董事职责能力的原领导干部。

在试点过程中，对于选聘较多原中央企业负责人担任外部董事曾有一些不同看法。但几年的实践表明，这些老同志的资历、经验、敬业精神、履职所投入的精力，是试点企业董事会有效运作最重要的基础。因此，这是从实际出发的合理选择，也是正确的选择。各试点企业内部负责人、监事会主席等普遍对国资委选择的外部董事的经验和专业知识、敬业精神给予了较高的评价，认为试点之所以能取得积极成果，这是一个主要原因。可以对比分析的是，只有不到5%的上市公司曾出现独立董事对董事会讨论的公司有关事项提出异议的情况，而该比例在试点企业是100%。上市公司该比例如此之低有多方面原因，但独立董事缺乏企业经营管理实践经验是其中一个重要原因。

2. 制度建设的重点在于形成外部董事发挥作用的保障机制

外部董事发挥作用，除了自身队伍建设外，需要一套机制做保障。探索建立这套机制，是试点制度建设的重点。

一是必须由国资委选聘外部董事。依照《公司法》、《企业国有资产法》，作为国有独资公司的中央企业母公司，董事应当由国资委选聘，董事会、董事对国资委负责。国资委通过选聘外部董事、指导董事会建设，从而决定了试点的质量。国资委也注意到新加坡、欧美大公司是由提名委员会提名外部董事的，这主要是由股权结构和董事资源的市场化程度决定的。考虑到试点企业外部董事必须对股东负责且需要与所进入企业有尽可能少的利益关系，要继续坚持由国资委选聘外部董事的制度。当然企业也可以推荐合适人选，但必须由国资委认可和聘任。

二是外部董事必须超过半数。我国的《公司法》规定，超过半数的董事同意，董事会的决议才能通过。因此，外部董事超不超过半数，其作用有实质性差别。超过半数，外部董事的作用才能发挥；如果按照上市公司独立董事占1/3的比例配备，甚至仍按试点起步时的不少于2人的要求配备，那外部董事的作用相比现在就会大打折扣，甚至成为一种摆设。

三是外部董事必须在有关专门委员会中占多数。鉴于董事会的不少职责是依托提名、薪酬与考核、审计等专业委员会来履行的，因此各试点企业外部董事在这些委员会中基本上都占多数，有的全部由外部董事组成。从制度建设的要求看，这是完全必要的；从实际运作效果看，是有利于发挥外部董事作用的。

四是必须确立外部董事与董事长之间的平等地位。有的董事长觉得自己负责组织董事会的运作，是董事会的领导，似乎也是董事的领导。国资委认为，外部董事应当服从董事长确定的董事会会期、议题等。但是，并不能因此而说外部董事受董事长领导，如果是上下级关系，外部董事发表意见就要看董事长脸色，那就没必要搞外部董事制度了。因此，要保障外部董事发挥作用，就必须在制度上明确外部董事与董事长之间的平等地位。

五是必须为外部董事履职及时提供足够的信息。相关信息是外部董事履职不可或缺的条件。信息是否足够、及时，关系到外部董事工作质量的高低、作用发挥的大小。由外部董事履职特点所决定，其自身能够获取的信息有限，主要依靠公司提供，这也是公司的责任。各试点企业对此十分重视，形成了一套制度和好的做法。如定期提供公司重要信息，开放公司内部网络，组织调研考察，举办行业信息与知识培训等，收到了好的效果。

六是必须建立健全外部董事的激励与约束机制。在激励方面：试点一开始，国资委就注意把握好外部董事的年度报酬水平。每年5万～7万元，水平不高；如果按照年均工作30天计算，每天的报酬也不算低。对于国资委聘请的中央企业外部董事来说，物质待遇只是一个方面。中央企业在我国具有重要地位和社会影响力，担任中央企业的外部董事，体现着人的社会价值和地位；对于原中央企业负责人，还意味着对他们在职期间工作和业绩的认可，意味着对他们的信任。这些精神方面的激励对于高素质的人来说，是有效的。在约束方面：国资委和中央组织部出台的对董事会、董事的评价办法，有改进工作的目的，但主要目的还是约束，以便及时发现和调整不称职人员。

3. 董事长的选任具有探索性

对于规范的董事会，董事长是组织董事会运作的领导人，总经理是执行性事务的负责人，两者位于不同的组织机构，履行不同的职责，不存在谁是"一把手"或者"谁大谁小"的问题。对于规范的董事会，总经理由董事会挑选、聘任，并决定其薪酬与考核；总经理对董事会负责，执行董事会决议并接受董事会就执行情况的检查，向董事会报告工作。应该说，董事长与总经理的职责与分工在法理上是清晰的。

我国国有企业在董事长的配置方面有自己的历史沿革。1999年9月党的十五届四中全会提出："党委书记和董事长可由一人担任，董事长、总经理原则上分设"。从此，国有大企业董事长与总经理开始分设，且董事长是在企业全日制工作的执行董事（以下也称执行董事长）。尤其是我国关于公司法定代表人的规定，在世界各国几乎是唯一的。1993年通过的《公司法》规定："董事长为公司的法定代表人"。我国的《民法通则》等法律法规规定法定代表人是企业债务、安全生产、质量等事务的第一责任人。所以，董事长作为法定代表人实际上也成了公司执行性事务的"一把手"。虽然经修订后的《公司法》规定，公司法定代表人依照公司章程的规定，由董事长或者总经理担任，但是在企业几乎都仍然由董事长担任。所以，近15年来，在国有及国有控股企业董事长和总经理分设情况下，董事长仍然是企业的"一把手"，总经理是"二把手"。凡是这样定位的，董事长与总经理的关系就比较顺；不这样定位，两人比高低、争大小的，就产生内耗。

在这种历史背景下搞董事会试点，对董事长的配置国资委十分慎重。国资委考虑，试点前企业有一位好的"一把手"，企业内部比较认可、领导与被领导关系比较顺、内部有很强的凝聚力，这是件好事。搞董事会试点，只要不影响试点的原则性制度安排，就要保持企业内部团队有一位好的领军人。现阶段董事长人才奇缺，需要一个培养、成长的过程。比较合适的对象就是优秀的总经理。因此，国资委选聘董事长充分考虑了企业主要负责人的平稳过渡，大部分试点企业的董事长由企业原"一把手"担任，是执行董事。

在国外，谁担任董事长基本上只有两种情况。一种是董事长与总经理分设，由外部董事担任董事长，欧洲绝大多数国家和新加坡等就是这种情况。另一种由CEO兼任董事长，美国绝大多数公司是这种情况。但是近年来的发展趋势是两者分设，更多地引入外部董事；两者一人兼的，则设首席外部董事。国资委在董事会试点中安排的执行董事长和总经理分设，在国外极少见，因为这种安排在制度上存在一定矛盾：一是执行董事长如果仅仅履行董事长的职务，一方面他不用在企业全日制地工作，时间和精力上浪费；另一方面他的薪酬不好定，作为执行董事长，薪酬不应比总经理低，但他的工作负荷又不如总经理满。二是执行董事长作为公司法定代表人，是执行性事务的第一责任人，如果又规定他不能介入执行性事务，制度安排上不合理。三是企业内部团队需要有一个领军人物，自然应当由从本企业干出来的执行董事长担任，而要求其不负责执行性事务，与领军人的地位相矛盾。

解决这个矛盾的总的思路是：按照建设规范董事会的方向，董事长不负责执行性事务，同时国资委要采取措施利用好执行董事长"富余"的时间和精力，如国资委已安排中国建材的执行董事长兼任国药集团的外部董事长；由董事会负责挑选总经理，董事会认为总经理不称职的，由董事会撤换；进一步细化董事长、总经理各自的职责；根据试点进程，逐步由总经理担任公司法定代表人，确保企业内部团队有足以胜任的领军人，确保内部关系和谐。

与执行董事长相比，外部董事长没有上述制度上的矛盾。总经理担任法定代表人，是企业内部团队的领军人，有利于充分发挥总经理在执行性事务中的作用。外部董事长的职责只是组织董事会的运作，这不仅是制度要求，他本身也没有介入执行事务的动力。外部董事长专注于董事会的运作，有利于有效发挥董事会和外部董事的作用。从3家试点企业看，外部董事长很敬业，董事会能有效运作，总经理也很满意。

配置外部董事长，需要有配套条件：一是董事会应在选任总经理方面有足够的发言权，否则可能会使董事会缺乏权威。二是要能选得到高素质的外部董事长人才。三是应按照企业内部团队领军人的要求选聘总经理，确保其足以胜任工作，有足够的威信。配置外部董事长在我国国有企业还是第一次，具有探索性。从试点的实际情况看，在保证上述配套条件的前提下，可以大胆探索、积极推进。

4. 从试点到制度确立需要解决的主要问题

试点工作虽然取得了积极成果，但总体来看还是初步的。从长期实行的"一把手"负责制的体制转向董事会制度跨度很大，转变需要一个过程。试点中还存在一些需要解决的问题：

从董事会运作看，有的董事会职责不完善；有的董事会管得过多、过细，仍存在董事长与总经理职责界限不清的情况；有的提交董事会的方案质量差，有的不给外部董事留下充足的时间审阅就开会表决；有的经理人员先签投资协议，再交董事会讨论，等等。

从外部董事的素质看，管理与专业水平参差不齐，有的经验与专业知识不够，其发表意见的水平企业内部负责人不认可；有的审核把关的责任心不强，不敢大胆发表不同意见或者发表意见不积极，甚至个别也有徒有虚名之嫌。

从配套政策和制度的实施看，虽然有关制度已经出台，但尚未全面实施由董事会挑选经理人员；外部董事长仅配置了3家企业，除中国外运长航外，其他2家企业配置的时间较短；董事会与国资委派出监事会之间的衔接、配合工作制度尚未建立。

从国资委与董事会、董事的沟通看，主动向董事会、董事了解情况、听取意见和建议不够及时、深入，没有形成制度；国资委如何对每家企业提出个性化要求，这方面的工作机制有待完善。

从试点企业的类别和组织架构上看，尚未确定试点还局限于国有独资公司这一种形式，没能扩大到股份制企业；面对有的试点企业绝大部分资产进入了一家上市公司的新情况，尚未确定试点是放在母公司还是子公司，有的企业面临母公司、上市公司双层董事会架构问题。

点评：

意义深远的制度性建设

中国企业的领导体制一直没有摆脱人治的、"一把手"负责制的范畴。企业领导人奋发、清醒时，企业蓬勃发展；企业领导人状态下降，企业就走下坡路。这种性质的领导体制对于大企业来说尤为不利，因为一个大企业的成长需要一个积累的过程，如果企业发展过度依赖某一个个人，企业的发展过程是不会稳定的。

把企业发展的体制基础从依靠个人转到依靠制度上来，是中国大企业改革必须实现的一个基本目标。国有独资公司董事会试点在这个方向上进行了可贵的探索。至少对于企业的决策组织而言，试点企业对个人的依赖程度已经减少，由于个人判断失准而导致企业产生重大决策失误的可能性大大降低，由此企业发展的稳定性得以提高。非常重要的一点在于，这是一种制度建设的效应。

——邵 宁

附1：

部分国家有关独立非执行董事数量的规定

国家	文件名称和发表时间等	要求
英国	西格斯报告（Higgs Report），2003年1月发布 综合规范（Combined Code），1998年7月发布，2003年6月更新	现已成为《综合规范》的一部分。董事会（主席除外）半数成员为独立非执行董事；提名委员会由独立董事占大多数并任主席；薪酬委员会全部由独立董事组成 自2004年起，半数董事必须是独立的非执行董事，但对小公司只要求有两名独立非执行董事
美国	公司治理规则建议，由纽约证券交易所2003年4月发布 公司治理和上市标准，由纳斯达克2003年3月发布 公司治理原则，由商业圆桌会议2002年5月发布	作为上市标准，大部分董事应当是独立的 作为上市标准，大部分董事应当是独立的 自愿性质。董事会大多数成员是独立董事；专业委员会特别是提名和薪酬委员会仅由独立董事组成
法国	改善公司治理规范，Bouton报告，2002年9月发布 Hellebuyck委员会建议，1998年6月发布，2001年10月更新 Vienot报告Ⅰ和Ⅱ，分别于1995年7月和1999年7月发布	独立董事占1/3～1/2；审计及薪酬委员会全部由非执行董事组成，2/3须为独立董事 建立董事会专业委员会，其中1/3到多数须是独立董事 董事会中至少1/3为独立董事；审计委员会中1/3的成员为独立董事
日本	公司治理原则，由日本公司治理论坛2001年10月发布	自愿性质。大多数董事会成员是外部董事；建立由外部董事任主席并占大多数的专业委员会；对于审计委员会，则应由独立董事任主席并占大多数
澳大利亚	良好公司治理原则与最佳实践推荐，澳大利亚证券交易所（ASX）公司治理委员会2003年3月发布 IFSA公司治理，基金经理和公司指导2002年12月发布	澳大利亚证券交易所上市规则要求的"遵守否则解释"原则。平衡董事会内的权利，成立以独立董事为主的董事会专业委员会 "遵守否则解释"原则。有能力、组成多样、以独立董事为主的董事会
比利时	比利时公司联合协会建议，1998年1月发布 Cardon报告，1998年12月发布	董事会内应有相当数量的非执行董事；专业委员会具有独立性 比利时证券交易所上市规则要求的"遵守否则解释"原则。平衡董事会内部的权利，且董事会内应有相当数量的独立非执行董事

续表

国家	文件名称和发表时间等	要求
加拿大	超越遵守：建设一个治理文化（Saucier 报告），2001 年 11 月发布	董事会监督管理层，且董事会应由外部（非执行）董事组成；建立只由外部董事组成的审计委员会
丹麦	Norby 报告及建议，2001 年 12 月发布 丹麦股东协会指引，2000 年 2 月发布	由董事会监督管理层；董事会完全由非执行董事组成 董事会内部有 4 名非执行董事
希腊	Mertzanis 报告，1999 年 10 月发布	董事会大多数成员是非执行董事；建立至少有 3 位非执行董事的内部审计委员会
意大利	公司治理规范 Borsa Italiana 修订版，2002 年 7 月发布（Preda 规范）	自愿性。对非执行董事与独立董事无具体数量规定，但要求适度；建立大多数成员为非执行董事的薪酬委员会；建立内部控制委员会，全部由非执行董事组成，多数成员为独立董事
西班牙	Olivencia 报告，1998 年 2 月发布	董事会大多数成员是非执行董事
瑞典	瑞典股东协会政策，1999 年 11 月发布，2001 年 10 月修订	除总经理外，董事会全部由非执行董事组成，建立提名、审计和薪酬委员会，由股东提名，所有成员都是非执行董事
瑞士	瑞士国家治理最佳实践规范（又称瑞士规范），瑞士商业联合会 2002 年 7 月发布	董事会主要由非执行董事组成

资料来源：依据《公司治理：对 OECD 各国的调查》一书的有关内容制作。

附2：

国资委关于董事会职责的规定（节选）

第四章　董事会的职责

第三十条　对国资委负责，执行国资委的决定，接受国资委的指导和监督，保障公司和董事会的运作对国资委具有透明度。

第三十一条　按照国资委关于公司董事会年度工作报告的有关规定向国资委报告工作。

第三十二条　根据国资委的审核意见，决定公司的发展战略和中长期发展规划，并对其实施进行监控；决定公司的投资计划，批准公司的交易性金融资产投资和非主业投资项目，确定应由董事会决定的公司重大固定投资、对外投资项目的额度，批准额度以上的投资项目。董事会决定的公司发展战略和中长期发展规划、年度投资计划，应当报国资委备案。

第三十三条　批准公司年度预算方案并报国资委备案。

第三十四条　制订公司的年度财务决算方案、利润分配方案和弥补亏损方案。

第三十五条　制订公司增加或者减少注册资本的方案以及发行公司债券的方案。

第三十六条　制订公司合并、分立、解散或者变更公司形式的方案。

第三十七条　决定公司内部管理机构的设置，制定公司的基本管理制度。

第三十八条　按照有关规定，行使对公司高级管理人员职务的管理权；决定聘任或者解聘公司总经理，根据总经理的提名决定聘任或者解聘公司副总经理、总会计师，决定聘任或者解聘董事会秘书。

第三十九条　外部董事人数超过董事会全体成员半数、制度健全、运作规范的董事会，按照国资委有关规定决定公司高级管理人员的经营业绩考核和薪酬等事项。

第四十条　除应由国资委批准的有关方案外，批准一定金额以上的融资方案、资产处置方案以及对外捐赠或者赞助，具体金额由董事会决定。对公司为他人提供或者不提供担保做出决议。

第四十一条　决定公司内部有关重大改革重组事项，或者对有关事项做出决议。包括：批准清理整合公司内部过多层级、过多数量子企业的方案，批准公司内部业务结构调整（包括非主业资产剥离、重组）方案，批准公司劳动、人事、分配制度改革方案，对以公司资产进行股份制改革的方案做出决议，对公司职工分流安置方案、辅业改制方案和分离公司办社会机构方案做出决议。其中，涉及公司职工切身利益的有关改革方案，须按照国家有关规定经职工代表大会或者其他民主形式审议通过后，董事会方可批准或者做出决议。

第四十二条　依据国资委有关规定，制订公司的重大收入分配方案，包括企业工资总量预算与决算方案、企业年金方案等；批准公司职工收入分配方案。其中，涉及公司职工切身利益的有关方案，须按照国家有关规定经职工代表大会或者其他民主形式审议通过后董事会方可批准或者做出决议。

第四十三条　决定公司的风险管理体系，制订公司重大会计政策和会计估计变更方案，审议公司内部审计报告，决定公司内部审计机构的负责人，决定聘用或者解聘负责公司财务会计报告审计业务的会计师事务所及其报酬，决定公司的资产负债率上限，对公司风险管理的实施进行总体监控。

第四十四条　听取总经理工作报告，检查总经理和其他高级管理人员对董事会决议的执行情况，建立健全对总经理和其他高级管理人员的问责制。

第四十五条　建立与监事会联系的工作机制，督导落实监事会要求纠正和改进的问题。

第四十六条　决定公司行使所投资企业股东权利所涉及的事项。

公司子企业数量较多的，董事会可以选择其中的重要子企业，由董事会决定行使股东权利所涉及的事项，也可仅对行使重要股东权利所涉及的事项进行决定。董事会选择重要子企业时，应当根据公司子企业的总资产、净资产、营业收入、实现利润、职工人数等指标占公司相应指标的比例和子企业在公司战略中的重要性以及子企业在行业中所处地位等因素确定。

第四十七条　除本章规定的上述职权外，行使法律、行政法规和公司章程规定的其他职权。

第四十八条　董事会根据公司具体情况，可以把主业范围内一定金额的投融资项目决定权，一定金额的公司资产转让、对外捐赠或者赞助的批准权，授予董事会设立的常务委员会等被授权人。董事会应当制定授权的管理制度，明确授权的范围和数量界限，规定被授权人的职权、义务、责任和行使职权的具体程序。被授权人须定期向董事会报告行使授权结果。

第四十九条　董事会行使职权应当与发挥公司党组织政治核心作用相结合，董事会决定公司的重大问题和选聘高级管理人员，应当事先听取公司党组织的意见。

第五十条　董事会行使职权应当与职工民主管理相结合，支持公司工会、职工代表大会依照有关法律、行政法规履行权利，维护职工的合法权益。

第五十一条　董事会应当积极维护出资人和公司的利益，追求国有资产保值增值，并妥善处理出资人、公司、高级管理人员、职工之间的利益关系，有效调动高级管理人员和广大职工的积极性、主动性、创造性，促进公司的稳定和持续发展。

第五十二条　董事会应当对公司实施有效的战略监控，准确把握公司发展方向与速度，防范投资、财务、金融产品、知识产权、安全、质量、环保、法律以及稳定等方面的重大风险。

第五十三条　董事会应当认真执行国资委关于高级管理人员选聘、考核、薪酬等有关规定，建立健全规范公司高级管理人员在资金使用、用人、办事等方面权力的制度体系，并确保各项制度严格执行。

第五十四条　董事会应当指导和支持公司企业文化的建设工作，督促和指导公司切实履行社会责任。

第五十五条　董事会未有效行使职权、履行义务并致使公司遭受严重损失的，国资委对董事会实施改组。

（摘自《董事会试点中央企业董事会规范运作暂行办法》）

附 3：

国资委关于董事长、总经理职责的规定（节选）

第七章　董事长的职责

第七十一条　董事长享有董事的各项权利，承担董事的各项义务和责任，同时行使召集和主持董事会会议等职权并承担相应的义务和责任。

第七十二条　根据公司章程的规定确定全年董事会定期会议计划，包括会议的次数和召开会议的具体时间等。董事长认为有必要时可以单独决定召开董事会临时会议。董事长应当熟知董事会的职责和与此有关的公司事务，并关注董事会会议的次数和每次召开的时间能否满足董事会充分履行其各项职责的需要。

第七十三条　根据董事会的职责确定董事会会议议题，对拟提交董事会讨论的有关议案进行初步审核，并决定是否提交董事会讨论。

第七十四条　按时召开董事会会议，确保需要董事会表决的重大事项不延误。董事长主持董事会会议应当执行董事会议事规则的规定，使每位董事能够充分发表个人意见，在充分讨论的基础上进行表决。董事长应当关注董事会会议的效率，引导董事针对议题，突出重点、简明扼要地发表个人意见。

第七十五条　负责组织拟订公司的利润分配方案和弥补亏损方案，公司增加或者减少注册资本的方案，公司合并、分立、解散或者变更公司形式的方案，以及董事会授权其拟订的其他方案，并提交董事会表决。

第七十六条　及时掌握董事会各项决议的执行情况，必要时，由董事长本人或其委托的董事对决议执行情况进行督促、检查；对发现的问题，应当及时提出整改要求；对检查的结果及发现的重大问题应当在下次董事会会议上报告。

第七十七条　负责组织制订、修订公司董事会职责和议事规则、董事会各专门委员会职责和议事规则等董事会运作的规章制度，并提交董事会讨论通过。董事长应当关注董事会制度建设情况，并负责组织实施和检查，不断改进和完善，促进董事会规范运作。

第七十八条　根据董事会决议，负责签署公司聘任、解聘公司总经理、副总经理、总会计师、董事会秘书等公司高级管理人员的文件；代表董事会与高级管理人员签署经营业绩考核合同和高级管理人员薪酬的有关文件；签署法律、行政法规规定和经董事会授权应当由董事长签署的其他文件。

第七十九条　提名董事会秘书、提出其薪酬与考核建议，并提请董事会决定聘任或者解聘及其薪酬事项。董事长负责提出各专门委员会的设置方案及人选建议，提交董事会讨论表决。董事长应当关注董事会秘书的履职情况和专门委员会设置的合理性、运作的有效性；必要时，董事长应当提出调整建议并提交董事会讨论表决。

第八十条　负责组织起草董事会年度工作报告；召集并主持董事会讨论通过董事会年度工作报告；代表董事会向国资委报告年度工作。

第八十一条　按照国资委有关要求，负责组织董事会向国资委、监事会及时提供信息。董事长应当组织董事会定期评估该信息管控系统的有效性，检查信息的真实性、准确性、完整性，对发现的问题及时要求整改，保证信息内容真实、准确、完整。

第八十二条　负责建立董事会与监事会联系的工作机制，对监事会提示和要求公司纠正的问题，负责督促、检查公司的落实情况，向董事会报告并向监事会反馈。

第八十三条　与董事进行会议之外的沟通，听取董事的意见，并组织董事进行必要的工作调研和业务培训。

第八十四条　董事长应当按照既保证董事会及各专门委员会工作需要、又合理控制经费总额的要求，指导董事会秘书编制董事会年度工作经费方案，董事长负责审批该方案和各项经费支出，并确保董事会工作经费的使用符合有关规定。

第八十五条　在发生不可抗力或者重大危机情形，无法及时召开董事会会议的紧急情况下，董事长对公司事务行使符合法律、行政法规和公司利益的特别裁决和处置权，并在事后向董事会报告。

第八十六条　法律、行政法规和公司章程规定的其他职责。

第八章　总经理的职责

第八十七条　总经理对公司董事会负责，向董事会报告工作，接受董事会的监督管理和监事会的监督。

第八十八条　总经理行使《公司法》规定的下列职权：

（1）主持公司的生产经营管理工作，组织实施董事会决议；

（2）组织实施公司年度经营计划和投资方案；

（3）拟订公司内部管理机构设置方案；

（4）拟订公司的基本管理制度；

（5）制定公司的具体规章；

（6）提请聘任或者解聘公司副总经理、总会计师；

（7）决定聘任或者解聘除应由董事会决定聘任或者解聘以外的负责管理人员。

第八十九条　总经理还应当行使以下职权：

（1）拟订公司的经营计划和投资方案；

（2）拟订公司的年度财务预算方案；

（3）拟订公司建立风险管理体系的方案；

（4）拟订公司的改革、重组方案；

（5）拟订公司的收入分配方案；

（6）拟订公司的重大融资计划；

（7）拟订公司一定金额以上的资产处置方案；

（8）根据董事会决定的公司经营计划和投资方案，批准经常性项目费用和长期投资阶段性费用的支出；

（9）建立总经理办公会制度，召集和主持公司总经理办公会议，协调、检查和督促各部门、各分公司、各子企业的生产经营和改革管理工作。

第九十条　行使董事会授予的职权和法律、行政法规、公司章程规定的其他职权。

第九十一条　总经理对公司和董事会负有忠实义务和勤勉义务，应当维护出资人和公司利益，认真履行职责，落实董事会决议和要求，完成其年度、任期经营业绩考核指标和公司经营计划，承担公司安全生产和环境保护第一责任人的责任。

（摘自《董事会试点中央企业董事会规范运作暂行办法》）

2003 年首次公布的 189 家中央企业名单

1. 中国核工业集团公司
2. 中国核工业建设集团公司
3. 中国航天科技集团公司
4. 中国航天科工集团公司
5. 中国航空工业第一集团公司
6. 中国航空工业第二集团公司
7. 中国船舶工业集团公司
8. 中国船舶重工集团公司
9. 中国兵器工业集团公司
10. 中国兵器装备集团公司
11. 中国电子科技集团公司
12. 中国石油天然气集团公司
13. 中国石油化工集团公司
14. 中国海洋石油总公司
15. 国家电网公司
16. 中国南方电网有限责任公司
17. 中国华能集团公司
18. 中国大唐集团公司
19. 中国华电集团公司
20. 中国国电集团公司
21. 中国电力投资集团公司
22. 中国长江三峡工程开发总公司
23. 神华集团有限责任公司
24. 中国电信集团公司
25. 中国网络通信集团公司
26. 中国联合通信有限公司
27. 中国移动通信集团公司
28. 中国电子信息产业集团公司

29. 中国第一汽车集团公司

30. 东风汽车公司

31. 中国第一重型机械集团公司

32. 中国第二重型机械集团公司

33. 哈尔滨电站设备集团公司

34. 中国东方电气集团公司

35. 鞍山钢铁集团公司

36. 上海宝钢集团公司

37. 武汉钢铁（集团）公司

38. 中国铝业公司

39. 中国远洋运输（集团）总公司

40. 中国海运（集团）总公司

41. 中国航空集团公司

42. 中国东方航空集团公司

43. 中国南方航空集团公司

44. 中国化工进出口总公司

45. 中粮进出口（集团）有限公司

46. 中国五金矿产进出口总公司

47. 中国通用技术集团

48. 中国建筑工程总公司

49. 中国储备粮管理总公司

50. 国家开发投资公司

51. 招商局集团有限公司

52. 华润（集团）有限公司

53. 香港中旅（集团）有限公司

54. 中国节能投资公司

55. 中国高新投资集团公司

56. 中国国际工程咨询公司

57. 中谷粮油集团公司

58. 中国包装总公司

59. 中国进口汽车贸易中心

60. 中商企业集团公司

61. 中国华孚贸易发展集团公司

62. 中国诚通控股公司

63. 中国华星集团公司

64. 中国中煤能源集团公司

65. 煤炭科学研究总院

66. 中国汽车工业总公司

67. 中国机械装备（集团）公司

68. 机械科学研究院

69. 中国农业机械化科学研究院

70. 中国钢铁工贸集团公司

71. 中国冶金建设集团公司

72. 钢铁研究总院

73. 冶金自动化研究设计院

74. 中国昊华化工（集团）总公司

75. 中国化学工程总公司

76. 中国化工供销（集团）总公司

77. 中国化工建设总公司

78. 中国蓝星（集团）总公司

79. 中国轻工集团公司

80. 中国轻工业对外经济技术合作公司

81. 中国轻工业机械总公司

82. 中国工艺美术（集团）公司

83. 中国盐业总公司

84. 华诚投资管理有限公司

85. 中国纺织物资（集团）总公司

86. 中国恒天集团公司

87. 中国纺织科学研究院

88. 中国非金属矿工业（集团）总公司

89. 中国建筑材料集团公司

90. 中国建筑材料科学研究院

91. 中国有色矿业建设集团有限公司

92. 北京有色金属研究总院

93. 北京矿冶研究总院

94. 中国国际技术智力合作公司

95. 中国远东国际贸易总公司

96. 中国国际企业合作公司

97. 中国经济技术投资担保有限公司

98. 中国地质工程集团公司

99. 中国四维测绘技术总公司

100. 中国房地产开发集团公司

101. 中国建筑科学研究院

102. 中国北方机车车辆工业集团公司

103. 中国南方机车车辆工业集团公司

104. 中国铁路通信信号集团公司

105. 中国铁路工程总公司

106. 中国铁道建筑总公司

107. 中国港湾建设（集团）总公司

108. 中国路桥（集团）总公司

109. 中国外轮理货总公司

110. 中国普天信息产业集团公司

111. 中国邮电器材集团公司

112. 中国长城计算机集团公司

113. 中国卫星通信集团公司

114. 电信科学技术研究院

115. 中国水利电力对外公司

116. 中国水利投资公司

117. 中国水产（集团）总公司

118. 中国农垦（集团）总公司

119. 中国牧工商（集团）总公司

120. 中国种子集团公司

121. 中国纺织品进出口总公司

122. 中国工艺品进出口总公司

123. 中国对外贸易运输（集团）总公司

124. 中国土产畜产进出口总公司

125. 中国丝绸进出口总公司

126. 中国轻工业品进出口总公司

127. 中国成套设备进出口（集团）总公司

128. 中国出国人员服务总公司

129. 中国海外工程总公司

130. 中国生物技术集团公司

131. 中国医疗卫生器材进出口公司

132. 中国唱片总公司

133. 中国林业国际合作集团公司

134. 中国福马林业机械集团有限公司

135. 中国医药集团总公司

136. 中国国际旅行社总社

137. 中国免税品（集团）总公司

138. 中国旅游商贸服务总公司

139. 中国中旅（集团）公司

140. 中国新兴（集团）总公司

141. 中国保利集团公司

142. 中国新时代控股（集团）公司

143. 珠海振戎公司

144. 中国海洋航空集团公司

145. 中国建筑设计研究院

146. 中国电子工程设计院

147. 中国寰球工程公司

148. 中煤国际工程设计研究总院

149. 中国海诚国际工程投资总院

150. 中国纺织工业设计院

151. 中国有色工程设计研究总院

152. 中国冶金地质勘查工程总局

153. 中国煤炭地质总局

154. 新兴铸管集团有限公司

155. 中国民航信息集团公司

156. 中国航空油料集团公司

157. 中国航空器材进出口集团公司

158. 中国电力工程顾问集团公司

159. 中国水电工程顾问集团公司

160. 中国水利水电建设集团公司

161. 中国黄金集团公司

162. 中国储备棉管理总公司

163. 中国印刷集团公司

164. 攀枝花钢铁（集团）公司

165. 邯邢冶金矿山管理局

166. 鲁中冶金矿业集团公司

167. 长沙矿冶研究院

168. 中国乐凯胶片集团公司

169. 沈阳化工研究院

170. 中国华源集团有限公司

171. 华联发展集团有限公司

172. 中国广东核电集团有限公司

173. 中国寰岛（集团）公司

174. 中国长江航运（集团）总公司

175. 长江口航道建设有限公司

176. 上海船舶运输科学研究所

177. 中国华录集团有限公司

178. 上海贝尔阿尔卡特股份有限公司

179. 彩虹集团公司

180. 武汉邮电科学研究院

181. 上海医药工业研究院

182. 华侨城集团公司

183. 南光（集团）有限公司

184. 天津水泥工业设计研究院

185. 中机国际工程咨询设计总院

186. 中讯邮电咨询设计院

187. 西安电力机械制造公司

188. 中国葛洲坝集团公司

189. 三九企业集团（深圳南方制药厂）

（摘自《国务院办公厅关于公布国务院国有资产监督管理委员会履行出资人职责企业名单的通知》（国办发［2003］88 号））

1994 年国务院确定的百户现代企业制度试点企业名单

一、百户试点企业

1. 北京第一轻工业总公司
2. 北京化工集团公司
3. 北京牡丹电子集团
4. 天津汽车工业公司
5. 天津立达（集团）公司
6. 天津钢管公司
7. 河北省保定变压器厂
8. 河北省唐山碱厂
9. 太原重型机械集团公司
10. 太原钢铁（集团）公司
11. 包头市纺织总厂
12. 本溪钢铁公司
13. 金城造纸股份有限公司
14. 沈阳机床股份有限公司
15. 瓦房店轴承厂
16. 通化钢铁公司
17. 吉林化纤股份有限公司
18. 长春市汽油机股份有限公司
19. 黑龙江龙涤股份有限公司
20. 佳木斯造纸股份有限公司
21. 桦林集团公司
22. 上海汽车工业总公司
23. 上海针织内衣集团公司
24. 上海无线电三厂
25. 上海一百（集团）有限公司
26. 上海三维制药公司
27. 无锡威孚股份有限公司

28. 徐州工程机械集团公司

29. 南京电瓷总厂

30. 杭州汽轮动力（集团）公司

31. 绍兴中国轻纺城股份有限公司

32. 宁波敦煌集团股份有限公司

33. 中国扬子电气集团公司

34. 安徽轮胎厂（安徽开元集团公司）

35. 福建省福州第二化工厂

36. 厦门海燕实业总公司

37. 江西新余钢铁有限责任公司

38. 烟台合成革总厂

39. 济南大观园股份有限公司

40. 山东淄博化学纤维总厂

41. 青岛益青实业总公司

42. 河南安阳钢铁公司（河南省安阳钢铁股份有限公司）

43. 河南嵩岳纺织工业集团公司

44. 湖北化学纤维总公司

45. 大冶特殊钢股份有限公司

46. 武汉锅炉厂

47. 湖南省国光瓷业股份有限公司

48. 湖南物资产业集团总公司

49. 广州味精食品厂

50. 深圳华强电子工业总公司

51. 广东省物资集团公司

52. 深圳市物资总公司

53. 海南省海口罐头厂

54. 广西桂糖（集团）股份有限公司（原广西贵港甘蔗化工厂）

55. 四川省物资集团公司

56. 四川省射洪沱牌实业股份有限公司

57. 成都红光实业股份有限公司

58. 重庆钢铁（集团）公司

59. 贵州开阳磷矿矿务局

60. 昆明重型机械工业总公司

61. 西北第七棉纺厂

62. 秦川机床厂

63. 中国标准缝纫机（集团）公司
64. 兰州第三毛纺织厂
65. 兰州民百股份有限公司
66. 西宁钢厂
67. 宁夏西北轴承厂
68. 新疆八一钢铁总厂
69. 西藏拉萨啤酒厂
70. 新疆石河子八一毛纺织厂
71. 中国新兴铸管联合公司
72. 长春高新技术产业股份有限（集团）公司
73. 中国建筑第一工程局
74. 福建省电力局（福建省电力公司）
75. 兖州矿务局
76. 彩虹电子集团公司
77. 冶金工业部舞阳钢铁公司
78. 贵州赤水天然气化肥厂
79. 大连铁路分局
80. 广州海运（集团）公司
81. 邮电部武汉通信电源厂
82. 水利部丹江口水利枢纽管理局
83. 中国水产总公司
84. 中国林业机械总公司
85. 中国机电设备总公司
86. 中国五金交电化工公司
87. 中国粮油进出口总公司
88. 中国成套设备进出口（集团）总公司
89. 中国机械进出口总公司
90. 中国国际旅行社总社
91. 昆明三聚磷酸钠厂
92. 中国纺织机械工业总公司
93. 北京新型建筑材料总厂
94. 中国医药对外贸易总公司
95. 江南造船厂
96. 建设工业（集团）公司
97. 航天部南京晨光机器厂

98. 大港石油管理局
99. 北京燕山石油化工公司
100. 大厂矿务一局

二、三家国家控股公司试点

1. 中国石油化学工业总公司
2. 中国航空工业总公司
3. 中国有色金属工业总公司

2005～2008 年国资委确定实行董事会试点的 19 户中央企业名单

1. 神华集团有限责任公司
2. 上海宝钢集团公司
3. 中国高新投资集团公司
4. 中国诚通控股公司
5. 中国医药集团总公司
6. 中国国旅集团公司
7. 中国铁通集团有限公司
8. 中国电子信息产业集团
9. 中国恒天集团有限公司
10. 中国建筑材料集团有限公司
11. 中国铁道建筑总公司
12. 中国农业发展集团有限公司
13. 中国外运长航集团
14. 新兴铸管集团有限公司
15. 中国铁路工程总公司
16. 中国中煤能源集团公司
17. 中国冶金科工集团
18. 攀枝花钢铁有限公司集团
19. 中国房地产开发集团公司

参 考 文 献

1. 《美国专家谈现代企业制度》,《国家体改委一九九三年度出国考察报告汇编》,1993 年 11 月 27 日考察团报告。

2. 陈清泰主编:《建立现代企业制度试点工作手册》,中国经济出版社 1996 年版。

3. 国家经贸委法规司原司长张楠赴芬兰、奥地利考察工作笔记。

4. 王梦奎:《社会主义市场经济体制的第一个总体设计——十四届三中全会〈决定〉起草的回忆》。

5. 《从十一届三中全会到十四届四中全会党的建设大事记》。

6. 国家经贸委企业司编:《全国建立现代企业制度试点工作会议文件汇编》,改革出版社 1995 年版。

7. 国家经贸委企业司编著:《现代企业制度——中国改革的方向》,中国经济出版社 1994 年版。

8. 国家经贸委企业改革司编:《国有企业改革与建立现代企业制度》,法律出版社 2000 年版。

9. 《朱镕基讲话实录》,人民出版社 2011 年版。

10. 张卓元:《"市场经济"终于写入十四届三中全会文件》,《中国经济周刊》2009 年 9 月 27 日。

11. 李天斌、詹国枢等:《"小机"斗"大机"——记发生在大连市的"三师出走"风波》,《经济日报》1993 年 2 月 7 日至 3 月 10 日系列报道。

12. 陈水璘、王佩:《翻牌公司的内幕新闻》,《经济日报》1993 年 2 月 11 日。

13. 张卓元、郑海航主编:《中国国有企业改革 30 年回顾与展望》,人民出版社 2008 年版。

14. 《中国共产党 80 年大事记》,人民网 1991 年、1992 年。

15. 中国共产党新闻网:关于中央工作会议(1991 年 9 月 23 日~27 日)。

16. 高尚全:《国有企业转换经营机制的难点和对策》,《经济日报》1993 年 4 月 20 日。

17. 王珏:《企业走向市场需理顺产权关系》,《经济日报》1993 年 3 月 12 日。

18. 国家经贸委调研小组关于《建立社会主义市场经济体制相适应的现代企业制度》调研报告的说明。

19. 张用刚、陈全生、刘春生、王梓木、张楠：《赴黑龙江参加国际会议并调研的情况报告》，1993 年 9 月 1 日。

20. 中国企业史编辑委员会编：《中国企业史（现代卷，中）》，企业管理出版社 2002 年版。

21. 国家体改委副主任洪虎：《关于选择一批国有大中型企业进行现代企业制度试点的方案（草案）》的说明。

22. 《中国财政年鉴 2002》。

23. 陈清泰、吴敬琏、蒋黔贵：《重塑企业制度》，中国发展出版社 2008 年版。

24. 《中国企业脱困报告》，经济管理出版社 2002 年版。

25. 吴晓波：《激荡三十年——中国企业 1978～2008》，中信出版社 2007 年版。

26. 林毅夫、李志赟：《中国的国有企业与金融体制改革》，北京大学中国经济研究中心工作论文。

27. 《国家统计局历年中国经济数据统计年鉴 2000～2005 年国有企业财务决算摘要》。

28. 《省长助理陈光谈诸城改革》，《齐鲁晚报》2008 年 10 月 27 日。

29. 罗放良：《跨越：长沙国企改革两个置换纪实》，中国经济出版社 2008 年版。

30. 张文魁：《国有企业改革的中国范式及其面临的挑战》，《改革》2008 年第 10 期。

31. 张军：《中国企业的转型道路》，上海人民出版社 2008 年版。

32. 周其仁：《长沙的路子》，2008 年 9 月 26 日。

33. 国家经贸委中小企业司：《中小企业的改革与发展》，《中国经济年鉴》1999 年。

34. 章迪诚编著：《中国国有企业改革编年史（1978～2005）》，中国工人出版社 2006 年版。

35. 中国集团公司促进会编：《国有企业改革政策演变（1978.12～2002.10）》，中国财政经济出版社 2003 年版。

36. 《邓小平文选》第二卷，人民出版社 1994 年版。

37. 田纪云：《经济改革是怎样搞起来的》，摘引于《炎黄春秋》2008 年第 1 期。

38. 章迪诚：《国企改革三十年：全面推行承包经营责任制》，中国工业新闻网，2008 年 10 月 8 日。

39. 于吉：《国企改革回顾与展望》，《企业管理》2008 年第 9 期。

40. 戴维·德罗萨：《20 世纪 90 年代金融危机真相》，朱剑锋、谢士强译，中信出版社 2007 年版。

※ 本书中涉及的数据、相关资料，除来自国家统计局及有具体说明者以外，不少还来自有关部门不同时期、不同年份、不同范围的调研报告、工作总结、工作汇报及有关单位的专项统计等。

后 记

从 20 世纪 70 年代末启动的中国经济变革,正在世界范围内发生深远的影响,并持久地吸引了全世界的目光,曾经是经济体制改革中心环节的国企改革,无疑是最为精彩的篇章。如果说改革是从没有路的地方走出来的,中国的国企改革则更是经历了上下求索、攻坚克难的曲折过程,至今尚未到达他的终点,有些问题甚至还在争议中。本书出版适逢中共中央十八届三中全会关于《中共中央关于全面深化改革若干重大问题的决定》启动新一轮改革,鉴往知来、温故知新,我们希望通过回顾过往的改革实践,为继续深入研究思考和推进国有企业改革提供借鉴,尽快抵达国企改革的光辉顶点。

1998 ~ 2008 年,正是国企从重重困境的低谷重新焕发出活力和生机的时期,这一阶段的改革迎难而上,瞄准国企进入市场的障碍一一破解,既波澜壮阔,又跌宕起伏,非亲历者难解其味。呈现给读者的,是当年参与国企改革工作的部分同志用数年时间的酝酿、讨论、收集和整理的记载这一历程的一本纪实性书籍。本书真实、客观地反映了这一期间国企改革的场景,从"三年脱困"的一系列改革——减负放权,重组改制、减员增效,增资减债、关闭破产、主辅分离、分离企业办社会等,到探索建立现代企业制度,直至新的国有资产监管体系建立,国有企业开始走上与市场经济接轨的发展之路,涵盖了其间所发生的一些重大事件、重要政策出台以及实施过程。

还是在 2008 年我国迎来改革开放 30 周年的前夕,一些长期从事国企管理改革研究的同志座谈回顾这十年所经历的那些令人激动又有些唏嘘的往事时,联想到眼下国企改革的现状,萌发了将当年所亲身经历的关于国企改革的一些重大事件、重要政策出台以及实施过程记录下来的想法。作为改革的亲历者,我们有幸生活在这样一个激情澎湃的时代,有幸获得这样一个平台,有幸参与这样一项伟大的事业,也有责任将这段波澜起伏的历程记录下来,尽可能真实地呈现给后人。在曾任国家经贸委企业改革司司长,后任国务院国资委副主任的邵宁同志的召集下,我们组织当年参与国企改革工作的部分同志,经过数年时间的酝酿、讨论和收集整理,形成了这本国企改革的实录。

在本书的编写过程中,我们坚持实事求是的态度,以忠实记录当时的事件和过程为己任,尽可能真实、客观地还原当年的改革历程,重点放在介绍当年围绕国企改革都发生过什么、过程如何、取得了怎样的阶段性成果、留下了什么遗憾、出现了什么新的课题。同时也不避讳在这一过程中所遇到的问题、困惑、矛盾、思考和博弈，甚至是冲突，包括留下的遗憾以及不尽如人意之处。尽管不可避免地会有一些作者的看法和观点，但我们力求不做结论性的表述，目的是为大家提供思考、评价、批判的依据和空间。我们很清楚，国企改革的路还很长，国企改革的内容也极为深刻丰富，本书只是集中选取了一个特定时段的改革场景，局限在所难免。

这是一项令人极其兴奋的工作。很多同志都为此付出了努力。邵宁同志逐篇进行了精彩点评，为本书增色不少。国资委企业改革局原局长现任国新公司总经理刘东生、现任局长白英姿，企业改组局原局长邓实际、现任局长李冰，企业分配局局长李燕斌，国资委经济研究中心党委书记李保民，北京市国资委副主任尹义省等都参与了本书的讨论和编撰工作，提供了宝贵的帮助。原国家经贸委企业脱困办的杨永萍同志，自始至终参与了本书的编撰修改工作，为本书的问世付出了极大的心血。曾参加国家经贸委现代企业制度调研组的张澜女士，为本书提供了大量生动翔实的第一手资料。正是有这样一批充满激情、关心和支持国企改革的同志，才能有今天这本书的顺利面世。鉴于本书是一项集体劳动的成果，只能将参与策划编撰的作者统一列示，在此恳请谅解。

在编写过程中，我们还查阅和借鉴了田纪云、袁宝华、王梦奎、陈清泰、蒋黔贵、张文魁、张卓元、郑海航等许多国企改革领导、专家和学者的回忆文章，查阅了当年文件、纪要、简报、调研报告以及工作笔记等，在此我们对这些专家学者也表示衷心的敬意。

感谢所有为本书提供过支持和帮助的人们所做的无私奉献。

毋庸讳言，由于我们的局限性，本书不可避免地存在很多疏漏和遗忘，也会有由于记忆差错而出现不准确乃至错误的地方，衷心期待当年的亲历者和读者给予补充修正。

最后，我们要把最真诚的感激和祝福送给所有当年为国企改革做出贡献甚至牺牲的广大国企职工，把我们的崇敬献给所有改革的引领者、参与者、操作者。把我们的敬意献给这个伟大的时代！

对本书有主要贡献以及撰稿者：邵宁、刘东生、熊志军、杨永萍、白英姿、李冰、李燕斌、李保民、尹义省、周放生、王润秋、杜崇敏、许保利、高云飞等。

编　者

2013 年 8 月于北京

图书在版编目（CIP）数据

国有企业改革实录（1998~2008）/ 邵宁主编 . —北京：经济
科学出版社，2014.4
ISBN 978 - 7 - 5141 - 4451 - 2

Ⅰ. ①国… Ⅱ. ①邵… Ⅲ. ①国有企业 - 企业改革 - 研究 -
中国 - 1998~2008 Ⅳ. ①F279.241

中国版本图书馆 CIP 数据核字（2014）第 051788 号

责任编辑：杨　莉
责任校对：靳玉环
版式设计：高文悦
责任印制：李　鹏

国有企业改革实录（1998~2008）
邵　宁　主　编
熊志军　杨永萍　副主编
经济科学出版社出版、发行　新华书店经销
社址：北京市海淀区阜成路甲 28 号　邮编：100142
总编部电话：010 - 88191217　发行部电话：010 - 88191522
网址：www.esp.com.cn
电子邮件：esp@esp.com.cn
天猫网店：经济科学出版社旗舰店
网址：http://jjkxcbs.tmall.com
北京季蜂印刷有限公司印装
787 × 1092　16 开　37 印张　740000 字
2014 年 4 月第 1 版　2014 年 4 月第 1 次印刷
ISBN 978 - 7 - 5141 - 4451 - 2　定价：110.00 元
（图书出现印装问题，本社负责调换。电话：010 - 88191502）
（版权所有　翻印必究）